国家林业局普通高等教育"十三五"规划教材

森林病理学

（第2版）

贺 伟 叶建仁 主编

中国林业出版社

图书在版编目（CIP）数据

森林病理学／贺伟，叶建仁主编. —2版. —北京：中国林业出版社，2017.6（2025.4重印）
国家林业局普通高等教育"十三五"规划教材
ISBN 978-7-5038-9046-8

Ⅰ.①森… Ⅱ.①贺…②叶… Ⅲ.①森林-植物病理学-高等学校-教材 Ⅳ.①S763.1

中国版本图书馆CIP数据核字（2017）第125653号

中国林业出版社·教育出版分社

| 策划编辑：肖基浒 | 责任编辑：肖基浒　高兴荣 |
| 电　　话：83143555　83143611 | 传　　真：83143561 |

出版发行　中国林业出版社（100009　北京市西城区德内大街刘海胡同7号）
　　　　　E-mail:jiaocaipublic@163.com　电话:(010)83143500
　　　　　http://www.cfph.net
经　　销　新华书店
印　　刷　三河市祥达印刷包装有限公司
版　　次　1996年5月第1版
　　　　　2017年6月第2版
印　　次　2025年4月第3次印刷
开　　本　850mm×1168mm　1/16
印　　张　22
字　　数　522千字
定　　价　65.00元

未经许可，不得以任何方式复制或抄袭本书之部分或全部内容。

版权所有　侵权必究

《森林病理学》(第2版) 编写人员

主　　编：贺　伟　叶建仁

编写人员：(按姓氏笔画排序)
　　　　　　王占斌（东北林业大学）
　　　　　　田呈明（北京林业大学）
　　　　　　叶建仁（南京林业大学）
　　　　　　朱天辉（四川农业大学）
　　　　　　刘会香（山东农业大学）
　　　　　　宋瑞清（东北林业大学）
　　　　　　李会平（河北农业大学）
　　　　　　余仲东（西北农林科技大学）
　　　　　　周国英（中南林业科技大学）
　　　　　　贺　伟（北京林业大学）

主　　审：张星耀（中国林业科学研究院）

第 2 版前言

为适应森林保护专业学习森林病理学的需要，反映当前国内外森林病理学发展的水平，本教材对1996年出版的《森林病理学》进行了修订。

本书在编写结构上，保持原版本的特点，即按病害发生的部位，分别为种实、叶部、枝干、根部、立木和木材腐朽各类病害分章编写，由于苗木病害与种实病害有密切的联系，而且在生产上苗木病害与成年树病害有着不同的发病特点和防治策略，故将种实病害与苗木病害放在一章中进行讨论。每章分概论和各论两部分。概论的任务在于论述该类病害的危害性质、症状特点、发生发展过程及防治策略中的规律性的内容。叶部病害和枝干病害的种类和症状类型较多，其各论部分按症状类型分别阐述，每一类型的病害前又进行综述。通过学习"概论"和"综述"，使学生能根据森林病理学的原理，透过具体森林病害的现象认识其本质，从中找出有规律的东西，进而分析和解决同类的问题。

由于教学课时数缩减，本教材较原版本篇幅有所减少。将原书后的几种林木病害鉴定检索表和彩色图片删除。为方便查找，增加了病害中文名称和病原学名索引，对每一种病害都相应地给出了英文名称。对近二十年来在国内发生较为严重、研究较多的病害适当扩充篇幅，并反映其最新研究进展；而对那些少有研究、无新进展的病害则减少篇幅。

参加编写人员的分工是：贺伟撰写绪论，第1、3、4、6章第1节，溃疡病类、丛枝病类的概论及部分病害。叶建仁撰写第2章第1节，叶斑病类、炭疽病类、枯萎病类概论及部分病害。宋瑞清撰写第5章和部分病害。田呈明撰写叶锈病类和干锈病类的概论和部分病害。朱天辉撰写叶变形类、寄生性种子植物引起的病害的概论和部分病害。刘会香撰写白粉病类概论及部分病害。余仲冬撰写煤污病类概论和部分病害。周国英、李会平、王占斌均撰写了部分病害内容。北京林业大学韩婧编制了病原学名索引，并进行文字校对。全书最后由贺伟和叶建仁统稿。

周仲铭、杨旺、沈瑞祥教授对本教材的修订给予指导,并提出宝贵意见,在此表示感谢!

参加本教材修订的教师虽然尽了很大努力,但由于水平有限,经验不足,错误之处在所难免,敬请读者指正。

编 者
2016 年 9 月

第1版前言

60年代初，我国曾编写出版过一本交流讲义《森林植物病理学》。为适应森林保护及有关专业教学的需要，急需一本能反映森林病理学当今发展水平的新的教材。

本书参考了国内外有关森林病理学的书籍和教材的编写方式，采用按种实、叶部、枝干、根部、立木及木材腐朽各大类病害分章的编写方式，每章分概论及各论2部分，概论的任务在于论述该类病害的危害性质、症状特点、发生发展过程及防治的一些规律和特点。叶部和枝干病害的各论部分按症状类型分别叙述，而且在每类病害前加概述，进一步阐述该类病害的病原、症状特点、发病规律及防治原则。加强"概论"及"综述"的目的在于学生从植物病理学基本理论和基本知识角度认识和理解发生的一些森林病害的现象和本质，从中找出有规律的东西，进而学会分析和解决同类的问题。由非生物因素引起的病害，尤其是大气污染引起的植物病害日趋严重，本书特地加强了这部分内容。

参加编写人员的分工是：本书主编、北京林业大学杨旺撰写绪论，第1、6章，第2、3章的第1节，溃疡病类、叶螨类及藻斑病类的综述和其他部分病害。南京林业大学朱熙樵撰写第4章第1节，白粉病类、煤污病类、叶斑病类、炭疽病类、丛枝病类、枯萎病类、肿瘤病类和膏药病类的综述及其他部分病害。东北林业大学何秉章撰写第5章，叶锈病类和干锈病类的综述及其他部分病害。中南林学院谢宝多撰写叶变形类、细菌性叶部病害和寄生性种子植物病害的综述及所述病害，以及其他部分病害。北京林业大学贺伟撰写部分病害。

袁嗣令、李传道、邵力平、周仲铭、张素轩、沈瑞祥诸教授曾为本书的编写提供大量建设性意见，并请周仲铭教授审阅全书，在此一并致谢！

由于我们水平有限，经验不足，错、漏之处在所难免，敬请读者指正，以便将来修订时借鉴。

杨　旺
1994年12月

目 录

第 2 版前言
第 1 版前言

第 0 章 绪 论 (1)
0.1 森林植物病害的危害性 (1)
0.2 森林病害的特点和发生原因 (2)
0.3 森林病理学发展简史 (2)
0.4 相关学科对森林病理学发展的影响 (4)

第 1 章 林木种实和苗木病害及其防治 (6)
1.1 概 论 (6)
1.1.1 种实和苗木病害的危害性 (6)
1.1.2 种实和苗木病害的症状类型及病原 (7)
1.1.3 种实和苗木病害的发生特点 (8)
1.1.4 种实和苗木病害的防治原则 (11)
1.2 各 论 (12)
1.2.1 种实病害 (12)
(1)种实霉烂 (2)板栗实腐病 (3)橡实僵化病 (4)桑葚菌核病 (5)云杉球果锈病 (6)樟树粉实病
1.2.2 苗木病害 (21)
(1)苗木猝倒病 (2)松苗叶枯病 (3)苗木茎腐病 (4)苗木白绢病 (5)根结线虫病 (6)云杉雪枯病 (7)云杉雪霉病 (8)苗木灰霉病

第 2 章 林木叶部病害及其防治 (36)
2.1 概 论 (36)

2.1.1　叶部病害的普遍性和危害性 …………………………………………… (36)
2.1.2　叶部病害侵染循环的特点 ……………………………………………… (37)
2.1.3　叶部病害的防治原则 …………………………………………………… (40)
2.2　各论 ……………………………………………………………………………… (40)
2.2.1　叶变形类 ………………………………………………………………… (40)
　　(1)桃树缩叶病　(2)油茶叶肿病　(3)毛白杨皱叶病　(4)漆树瘿螨病
2.2.2　白粉病类 ………………………………………………………………… (46)
　　(1)板栗白粉病　(2)桑白粉病　(3)梭梭白粉病　(4)橡胶白粉病　(5)黄栌白粉病
　　(6)苹果白粉病　(7)紫薇白粉病　(8)刺槐白粉病
2.2.3　煤污病类 ………………………………………………………………… (56)
　　油茶煤污病
2.2.4　锈病类 …………………………………………………………………… (59)
　　(1)松针锈病　(2)云杉叶锈病　(3)落叶松褐锈病　(4)毛白杨锈病　(5)落叶松—
　　杨锈病　(6)胡杨锈病　(7)苹果(梨)—圆柏锈病　(8)枣锈病　(9)桑赤锈病
　　(10)台湾相思叶锈病　(11)柚木锈病　(12)咖啡锈病
2.2.5　叶斑病类 ………………………………………………………………… (81)
　　(1)松赤枯病　(2)杉木赤枯病　(3)松落针病　(4)杉木叶枯病　(5)松赤落叶病
　　(6)松针褐斑病　(7)松针红斑病　(8)落叶松早期落叶病　(9)云杉毡枯病　(10)柳
　　杉赤枯病　(11)油桐黑斑病　(12)柿角斑病　(13)楝树褐斑病　(14)杨树黑斑病
　　(15)杨树斑枯病
　　(16)杨树灰斑病　(17)杨叶枯病　(18)杨树黑星病　(19)油茶软腐病　(20)油橄榄
　　孔雀斑病　(21)橡胶树麻点病　(22)桉树焦枯病　(23)桉树紫斑病　(24)桉树褐
　　斑病
　　(25)梨黑星病　(26)沙枣褐斑病　(27)泡桐黑痘病　(28)阔叶树漆斑病　(29)杉木
　　细菌性叶枯病　(30)核桃细菌性黑斑病　(31)桑细菌性疫病　(32)丁香细菌性疫病
　　(33)杨树花叶病　(34)阔叶树藻斑病
2.2.6　炭疽病类 ………………………………………………………………… (129)
　　(1)杉木炭疽病　(2)油茶炭疽病　(3)泡桐炭疽病　(4)核桃炭疽病　(5)油桐炭疽
　　病　(6)油橄榄炭疽病　(7)杨树炭疽病　(8)橡胶炭疽病　(9)榆树炭疽病

第3章　林木枝干病害及其防治 ………………………………………………… (146)
3.1　概论 ……………………………………………………………………………… (146)
3.1.1　枝干病害的危害性 ……………………………………………………… (146)
3.1.2　枝干病害发展特点及防治原则 ………………………………………… (146)
3.2　各论 ……………………………………………………………………………… (148)
3.2.1　干锈病类 ………………………………………………………………… (148)
　　(1)五针松疱锈病　(2)樟子松疱锈病　(3)松瘤锈病　(4)槐树瘤锈病　(5)竹秆锈

病　(6)冷杉丛枝锈病

  3.2.2　溃疡病类 ·· (159)
    (1)杨树溃疡病　(2)杨树大斑溃疡病　(3)杨树细菌性溃疡病　(4)欧美杨细菌性溃疡病　(5)红松流脂溃疡病　(6)槐树溃疡病　(7)橡胶树割面条溃疡病　(8)猕猴桃细菌性溃疡病　(9)杨树腐烂病　(10)板栗疫病　(11)刺槐干腐病　(12)核桃干腐病　(13)落叶松癌肿病　(14)松枝枯病　(15)核桃枝枯病　(16)沙枣枝枯病　(17)肉桂枝枯病　(18)松枯梢病　(19)落叶松枯梢病　(20)雪松枯梢病　(21)毛竹枯梢病　(22)油茶半边疯病　(23)毛竹基腐病

  3.2.3　丛枝病类 ·· (203)
    (1)泡桐丛枝病　(2)枣疯病　(3)桑树萎缩病　(4)竹丛枝病　(5)枫杨丛枝病　(6)苦楝丛枝病

  3.2.4　枯萎病类 ·· (216)
    (1)松材线虫病　(2)榆树枯萎病　(3)栎树枯萎病　(4)油桐枯萎病　(5)合欢枯萎病　(6)黄栌枯萎病　(7)桉树青枯病　(8)木麻黄青枯病　(9)油橄榄青枯病

  3.2.5　肿瘤病类 ·· (234)
    油橄榄癌肿病

  3.2.6　树木膏药病 ·· (236)
    (1)女贞膏药病　(2)茶树膏药病　(3)桑树膏药病　(4)漆树膏药病

  3.2.7　寄生性种子植物引起的病害 ··· (240)
    (1)桑寄生害　(2)槲寄生害　(3)油杉寄生害　(4)菟丝子害

第4章　林木根部病害及其防治 ··· (253)
4.1　概　论 ··· (253)
  4.1.1　根病的危害性及特点 ·· (253)
  4.1.2　根病的症状类型及病原 ··· (254)
  4.1.3　根病的侵染循环特点 ·· (256)
  4.1.4　根病的防治原则 ·· (260)
4.2　各　论 ··· (261)
  (1)林木根朽病　(2)针叶树根白腐病　(3)根癌病　(4)镰刀菌林木根腐病　(5)白纹羽病　(6)紫纹羽病　(7)红色根腐病　(8)杉木半穿刺线虫病　(9)雪松根腐病

第5章　立木和木材腐朽 ·· (278)
5.1　概　论 ··· (278)
  5.1.1　腐朽的概念 ·· (278)
  5.1.2　木材腐朽的模式 ·· (279)

5.1.3　木腐菌的循环特点及发病条件 …………………………………………（281）
　　5.1.4　立木和木材腐朽的防治原则 ……………………………………………（282）
5.2　各　论 ……………………………………………………………………………（283）
　　（1）针叶树干心材白色腐朽　（2）落叶松心材褐色腐朽　（3）冷杉边材白色腐朽　（4）山杨树干心材白色腐朽　（5）阔叶树边材黄褐色腐朽　（6）松干基褐色腐朽　（7）针、阔叶树干基褐色腐朽　（8）木材变色

第6章　非生物因素引起的林木病害 ……………………………………………（295）

6.1　概　论 ……………………………………………………………………………（295）
　　6.1.1　林木非侵染性病的危害、症状及诊断 …………………………………（295）
　　6.1.2　林木的非侵染性病害与侵染性病害的关系 ……………………………（296）
　　6.1.3　林木非侵染性病害的防治 ………………………………………………（297）
6.2　各　论 ……………………………………………………………………………（297）
　　6.2.1　大气污染引起的林木病害 ………………………………………………（297）
　　6.2.2　缺素症 ……………………………………………………………………（302）
　　6.2.3　药害 ………………………………………………………………………（303）
　　6.2.4　温度不适宜引起的林木病害 ……………………………………………（305）
　　6.2.5　土壤水分失调引起的林木病害 …………………………………………（307）
　　6.2.6　盐性土引起的林木病害 …………………………………………………（308）
　　6.2.7　综合因子引起的林木病害 ………………………………………………（308）
　　　　（1）杉木黄化病　（2）森林衰退病

参考文献 ………………………………………………………………………………（314）

病原学名索引 …………………………………………………………………………（333）

第 0 章

绪 论

森林病理学是植物病理学的一个分支。它是运用植物病理学的基本概念、原理和方法,研究木本植物病害的病因、发生发展规律和防治措施的理论和技术。森林病理学的研究对象主要是森林的病害,既包括大面积的用材林、防护林和经济林病害,也包括四旁绿化、旅游景点树木和圃地苗木的病害,阐述各种病害的分布地区、危害、症状特点、病原、发病规律、诊断技术、防治措施等。

0.1 森林植物病害的危害性

森林植物病害是自然界非常普遍的一种灾害。林木自种实、幼苗到大树的全部生长发育过程中,经常受到多种侵染性或非侵染性病害的侵袭,生长受到抑制,林产品变质或减产,有时甚至大量死亡。20 世纪,在欧洲和北美洲发生的榆树枯萎病使这些国家和地区的榆树几近毁灭;栗疫病使美国东部的主要硬木木材种类美洲栗从天然林中消失;美国山地白松(*Pinus monticola*)是美国西北部最有价值的木材树种之一,由于易感五针松疱锈病,在病害发生高风险地区不得不改种其他树种。近年来虽然科学技术的进步明显地促进了森林病害的理论及防治技术的发展,但由于种种原因,一些严重病害时有发生,经济损失惊人,生态环境遭到严重破坏。近几年,我国森林病虫鼠害年均发生面积为 $800 \times 10^4 hm^2$ 左右,木材损失量达 $1700 \times 10^4 m^3$,年直接经济损失 119 亿元,间接经济损失 760 亿元。在林业发达国家,病虫害所造成的损失也很惊人。根据美国林务局的估计,20 世纪 90 年代每年由于病虫害造成的木材损失量为 $6790 \times 10^4 m^3$,大约是每年木材收获量的四分之一。在我国,历史上比较严重的病害屡治不愈,其影响且随人工林面积的增加而不断扩大。如北方地区的杨树腐烂病、溃疡病,落叶松的枯梢病、早期落叶病等,南方的松针褐斑病、松枯梢病、桉树青枯病、油茶炭疽病等,华中、华东及华北地区泡桐丛枝病等,都对林业生产和生态构成严重威胁,造成了重大经济损失。近年来,境外传入的危险性病害种类日益增加,传播蔓延迅速。如 1982 年我国在南京中山陵首次发现松材线虫病,当时仅 200

余病株，现已扩散到江苏、浙江、安徽、广东、山东等10余个省（自治区），受害面积达 $7.67 \times 10^4 hm^2$ 以上，累计枯死松树4882万株，目前仍有扩大蔓延之势，严重威胁松树造林的发展。由于森林病害的隐蔽性，其认识及防治的难度大，其损失往往被人们所忽视。例如三北防护林中部分地区大面积杨树死亡原因，多单纯归咎于杨树天牛之危害。事实上，除天牛危害外，杨树腐烂病、溃疡病的作用也绝不能忽视。在林业生产中病害造成的实际损失往往超出人们对它的估计。

0.2　森林病害的特点和发生原因

森林树木病害有着与大多数农作物病害显著不同的特点。林木生长期长，因此林木病害的病程历时也较长，许多病害往往不是在1个生长季或1年内完成其侵染循环。例如松干锈病，从病菌侵入到出现症状需2~3年；木腐菌侵入树木枝干至出现子实体往往需要几年甚至一、二十年，这给防治和研究带来困难。由于森林结构的多样性，有混交林、异龄林等复杂的林相，且有各种下木和活地被物，使林分成为一个比较稳定的生态系；在林分发育过程中，还有自然稀疏和抚育间伐，使病弱个体不断被淘汰，以保持林木个体和林分的健康；此外，森林树木种群复杂，基因资源丰富，对病害的应变能力强，不会因病原物的变异而迅速丧失抗病能力。因此，在天然更新的森林中，一般不容易发生大规模流行性病害。大面积森林病害的发生，多与不适宜的林木栽培和管理有关，例如营造林工作中的病害预防措施不力，人工造林以单一树种的纯林为主，未贯彻适地适树的原则，造林质量不高，又疏于管护等，使树木的生长势减弱，对病害的抗性降低；或者使森林生态环境遭受干扰和破坏，导致生态系统中各个因素之间动态关系失调和失衡。气候的异常，直接作用于森林生态环境，也可能对森林病害的发生产生影响。如1998年夏秋季雨量较大，高湿气候适合病菌传播，加之1999年春季北方地区寒潮不断，导致树势衰弱，诱发了杨树和柳树烂皮病的大面积暴发流行。2000年冬季出现强降温过程，导致一些林木，特别是由低纬度地区引入的植物种类的冻害，并在一定范围再度造成某些寄主主导型病害的流行。近年来由于国内外经贸往来的日益频繁，病虫害远距离传播蔓延和外来有害生物入侵的风险增加。一些地区盲目引种，结果引进的树木因不适应当地环境造成病害的发生。

0.3　森林病理学发展简史

树木生病并造成经济损失，作为一种自然现象早已有所记载。公元前300多年，古希腊学者Theophrastus即描述了树木具有比作物更强的抗病能力；我国3000多年前甲骨文中就有关于植物病害的描述；公元前的《神农本草经》中已有关于"桃枭"（即桃褐腐病所致僵果）在树不落的记载。19世纪以前，欧洲曾有学者对树木病害及其原因进行探讨，例如，德国人G. L. Hartig及其子T. Hartig关于树木腐朽原因的论述，但当时病因学说尚未充分确立，各种病因的结论大多是错的。因此，19世纪以前出现的众多有关树木病害的观察、初步试验及分析，只能看作森林病理学这门学科的孕育阶段。

森林病理学作为一门独立的学科应始于19世纪80年代前后，为森林病理学奠定稳固基础的林学及植物病理学当时已有长足的发展。1866年，德国植物学家M. Willkomm发表了《森林的微小敌人》(Die microscopischen Feinde des Waldes)，对森林病害的研究起了巨大的促进作用。G. L. Hartig的孙子Robert Hartig被公认为是本学科的奠基人，他做了大量树木病害，特别是树木病理解剖的研究。1874年和1875年，他分别发表了《林木主要病害》(Wichtige Krankheiten der Waldbäume)和《木材损伤现象》(Zersetzungsers cheinugendes Hotzes)等有关林木病害的专著。1882年，他的《树病学》(Lehrbuch der Baumkrankheiten)一书出版，这是世界上第1本完整的森林病理教科书，一般认为，这标志着森林病理学的诞生。在森林病理学领域，随后还出版了一些较有影响力的教科书或专著，如 J. S. Boyce (1938, 1961)的 Forest pathology；D. H. Phillips 和 D. A. Burdekin (1982, 1992)的 Diseases of Forest and Ornamental Trees；P. D. Mannion (1981, 1991) 的 Tree Disease Concepts. Second Edition，W. A Sinclair 和 H. H. Lyon (1987, 2005)的 Diseases of trees and shrubs 等，英文期刊《Forest pathology》还专门刊登森林病害的研究内容。这些文献丰富了森林病理学的理论，对森林病理学的发展起了很大的推动作用。

从诞生至今的100多年历史中，森林病理学在各个国家的发展历程虽不相同，但都经历了几个类似的阶段。按照美国林病学者G. H. Heptig的意见，大体上可分为3个时期，每个时期约经历30~40年。初始阶段主要是进行病害种类、分布和危害程度的清查，进而进行重点病害发病规律及防治措施的研究。欧美一些发达国家自19世纪末至20世纪初即开始进行森林病害的研究。森林病理学发展的第二个时期将工作重点转向对一些毁灭性病害的纵深研究，理论方面的探讨明显增加，病害生态学、寄主与病原物的相互关系、抗病育种的研究及先进技术的应用有长足的进展，环境污染与森林病害关系的研究、植物菌原体（以下简称植原体）病害等也受到重视。20世纪70年代以后，森林病理学深入发展，利用现代数学和信息管理技术进行病害检测监测、病害损失量估计方面的研究增加，将森林病害综合治理纳入森林经营规划的思想逐渐被林业工作者所接受。进入90年代，森林健康理论的提出对森林保护的理论与实践产生深刻影响。分子生物学和生物技术也日益广泛地渗透到森林病理学的研究之中，对森林病理学的发展起到极大推动作用。

我国森林病理学的发展基本上开始于20世纪50年代。50年代以前只有少数林学家、植物病理学家和真菌学家对个别林区的森林病害做过初步调查，或对个别林木病害进行过一些研究。自1917—1959年的42年中，有关森林病害的调查或研究的文章计约50篇，当时多侧重真菌学方面的记述。邓叔群的《中国的真菌》反映了这种情况。当时全面的病害调查、研究和防治实践尚未开始。

自1954年起，林业部陆续派森林调查队到东北、西南、西北林区进行森林经理调查，包括森林病害调查，搜集了大量有关病害的资料。1979—1983年，在全国（大陆）开展了第一次森林病虫害普查工作，普查名录中收录森林病害1500种；绘制出全国主要森林病害分布图，全国检疫对象及疫区、保护区分布图，汇总了全国主要森林病虫害的发生面积和危害程度等资料。其中，生产上较为严重的病害60余种，为制定全国防治对策和研究方向提供了重要依据。1984年出版的《中国森林病害》和1997年出版的《中国乔、灌木病害》是这一时期中国森林病理研究成果的集中体现。2004—2007年进行了全国(大陆)第二次林业有害生物普查工作,查明5种境外入侵的林木病害在国内发生、分布基本情况,新发现77种林木病害,进一步明确了全国林木病害发生的状况。从"六五"开始,国家对几种分布普遍、危害严重的森林病害拨出专款进行深入持续的研究,如杨树溃疡病、杨树烂皮病、落叶松枯梢病、松针褐斑病、松材线虫病、泡桐丛枝病、枣疯病、桉树青枯病、松枯梢病等,主要研究病害的生理学、生态学、寄主与病原物的互作,以及在此基础上的综合治理技术。这对我国森林病理学的发展和病害防治起了极大的促进作用。

从1979年在成都召开全国第一次森林病害学术讨论会起,先后进行过5次全国森林病害学术研讨会。从2006年起,森林病理的研究成果,在每两年1次的中国森林保护学术大会中集中得到体现。这些学术活动对活跃学术气氛,交流研究成果,促进森林病理学的发展起了重要作用。表明我国的森林病理学的研究已经取得了长足发展,并建立了一套比较完善的体系。

0.4 相关学科对森林病理学发展的影响

森林病理学的研究和发展涉及一系列生物学科,包括植物学、植物生理学、生物化学、微生物学等学科,为森林病理学的研究提供了理论和方法上的基础;由于森林自身的特点,森林病理学与森林生态学、森林培育学、林木遗传育种学、森林昆虫学、土壤学、气象学等林学学科也有着密切的联系。

近年来,许多现代科学和技术日益渗透到森林病理领域。例如,分子生物学的发展影响到病理学的各个领域,从分子水平上揭示病原物与寄主的互作关系已成为病理学的重要研究内容。生物工程技术在森林病虫害的防治中,显示出了巨大的应用前景。DNA指纹技术用于进行森林病害病原物的分类,特别是一些相似种的区别鉴定,为病害检疫提供了重要方法。构建基因操作平台,研究病原物基因的功能已成为致病基因研究的重要手段。在抗真菌性病害研究方面,已克隆出几丁质酶基因和角质酶基因,构建了能在杨树细胞中表达的几丁质酶基因的表达系统。此外,利用酶联免疫法(ELISA)、免疫荧光技术检测、核酸限制性片段多态性分析(RFLP)和聚合酶链式反应(PCR)及其衍生的技术等,对森林病害进行早期检测和诊断,在世界范围的森林病虫害防治工作中,也发挥着极为重要的作用。重要病原物的全基因序列的测定,为在分子水平上研究病原物的致病机理、病原物与寄主的相互作用等,为揭示森林病害的本质提供了有力的工具。

信息技术广泛应用于森林保护工作,使得森林病虫害的监测水平得到显著提高。如计算机在森林病虫害的预测预报、决策支持系统的建立、综合管理的决策模型以及信息管理等,在世界的许多国家被广泛利用。地理信息系统(GIS)、遥感技术(RS)、全球定位技术(GPS)、红外摄影技术以及航空摄像技术在美国和加拿大已用于森林病虫害监测和防治上,大大提高了森林病虫害防治的管理水平。远程诊断、网络技术对森林病理研究产生了深刻影响。

森林病理学已走过了100多年的历程,不再是一门年轻的学科,对目前已知的重要森林病害的发生发展规律和防治方法已经积累了大量的资料。当这些病害出现时，能够提出解决的办法，但仍有许多防治措施尚待完善。很多病害的基础研究还很缺乏，一些重要森林病害形成和流行的规律还不清楚，林木抗病和病原物致病的机制有待阐明，以森林健康理论为指导的森林病害防治技术有待开发，许多新问题还在不断出现。因此，要不断更新旧观念、充实新知识，并不断开拓新的理论和新的技术，才能应对生产实践中所提出的越来越高的要求。

第 1 章

林木种实和苗木病害及其防治

【本章提要】 森林培育始于苗木，而苗木多来自种子。种实、苗木是林业生产发展的基础。种实、苗木病害影响森林培育的成败。本章介绍了林木种实和苗木病害的危害性，症状类型及病原、病害的发生特点；种实和苗木受侵染途径；影响种实病害和苗木病害的因素；种实和苗木病害的防治原则。介绍了林业生产中常见的 6 种种实病害和 8 种苗木病害。

1.1 概 论

1.1.1 种实和苗木病害的危害性

果实及种子是木本油料树种，如核桃、油茶、油橄榄、油桐、乌桕等极重要的产品，也是某些林果兼用的林木，如板栗、橡、红松、华山松、银杏等的重要产品。对于果树而言，果实更是其唯一的产品了。就一般林木讲，包括用材林、防护林、风景林等，果实和种子虽然不是造林的基本目的，但用其作为播种繁殖材料。其数量的多少和质量的好坏，不论对人工造林或天然更新，都产生重要影响。苗木是林业生产的基本资料，苗木的健康状况，直接影响造林质量。

果实、种子和苗木病害所致损失相当严重。如我国南方油茶产区的油茶炭疽病普遍发生，对油茶果实的产量和质量造成相当大的损害；板栗实腐病在贮藏条件恶劣时，霉烂严重。至于鲜果类病害的危害造成损失的例子更是屡见不鲜。例如，梨黑星病，不仅使果实产量严重受损，而且品质降低。在四川西部一些地区，云杉球果锈病造成种子产量降低，千粒重下降，萌发率降低。在苗圃中，针叶树苗木猝倒病发生普遍而严重。虽然这种病害在世界上已有长期的研究历史和大量的防治经验，但由于引起病害的原因多，其中侵染性病原又有多种，多为土壤习居菌，对环境的适应性强，而幼苗娇嫩，对环境的适应性弱，很容易遭受猝倒病的危害。其他苗木病害，如茎腐病、根结线虫病等，对苗木生长都产生果实、种子和苗木病害带来的危害除直接使产量降低、质量下降外，还由于某些种实和苗木携带病菌使病害随种实、苗木调运而进行远距离传播，形成新的病区。其次，种实和苗木带菌可成为病害的初侵染来源，例如，橡实僵化病的僵果形成菌核，将作为侵染新橡实的侵染来源。再次，携带病菌的种子播种后，当温度、湿度合适时，病菌开始活动，使种子或幼芽腐烂，出现缺株、断行现象，形成种芽腐烂型的苗木猝倒病。

发生于果实上的病害，特别是幼果上的病害，除贮藏期间和成熟后发生在种实上外，也常见于叶片和嫩枝上，而且往往是首先在叶片、嫩枝上发生，然后再蔓延到幼果上去，如梨黑星病、油茶炭疽病、油桐黑斑病等。因此，种实病害与叶部病害的病原、发生发展规律及防治措施等有许多相似之处。但病害发生在种实上与发生在叶及嫩枝上后果显然不同。叶部病害影响树木光合作用，造成树势削弱，生长不良；而种实病害只造成经济上的严重损失，对树木整体的健康状况几乎无害，有时反而起到疏果作用，在一定程度上有利于保持树势。

苗木组织柔嫩，对病害的抵抗力弱；植株体积较小，一旦染病，受病部分的面积占全植株面积的比例往往比较大，如刚出土的幼苗，一个不大的病斑就可能环割幼茎，切断营养物质的运输，使叶片和幼根受害。同时，在苗圃中，植株密集，圃地湿度大，这种生态环境很适于病菌的传播和侵染。因此，苗木病害的发生常较幼林和成年林的病害严重。

1.1.2 种实和苗木病害的症状类型及病原

常见的种实和苗木病害主要有以下几种症状类型：畸形(deformation)、斑点(spot)、腐烂(rot)及发霉(mould)等，白粉病(powderymildow)、锈病(rust)类型也常见于果上。

(1) 畸形

囊果是最常见的畸形类型的果病。囊果病主要见于蔷薇科植物，如李、稠李、樱桃等。有时也见于杜鹃、油茶、茶、肉桂等植物。蔷薇科植物的囊果病由外囊菌属(*Taphrina*)真菌所致，而油茶的囊果病和樟树粉实病则由外担菌属(*Exobasidium*)真菌所致。病菌早期侵入子房，破坏其正常发育能力，子房壁急剧增生而肿胀，变成一个没有种子的空囊。

由植原体引起的枣疯病及由类病毒引起的苹果锈果病也造成果实的畸形。锈菌所致的云杉球果锈病和苹果、梨等的果实锈病以及梨黑星病和苹果黑星病，如果实染病较早也会出现畸形。

由线虫危害导致一些苗木的根上产生大小不等、圆球形或不正形的瘤状虫瘿。瘿瘤形成初期表面光滑，颜色较浅，后期表面粗糙，颜色较深，剖开瘿瘤，可见瘤内有白色稍发亮的小粒状物。镜检可观察到线虫。

(2) 斑点

果实和苗木叶片在生长期中最常发生的病害类型。在果实和叶片上形成明显的具有一定形状、颜色和大小的坏死斑。核桃黑斑病发生在幼果上时，由于内果皮尚未木质化，病菌自外果皮进入中果皮、内果皮，直扩展至核仁，引起全果黑腐。但如发生在果实生长的后期，则只形成直径 3~7mm 的病斑。油桐黑疤病亦有类似的情况。受松苗叶枯病、云杉雪枯病危害的针叶上出现变色的病斑。

(3) 腐烂

根据发生的部位，可分为软腐(soft rot)、茎腐(stem rot)和根腐(root rot)。软腐发生在柔软多汁的果实上，进入成熟阶段的果实和贮藏中的果实特别容易发生。核果类和仁果类的褐腐病、炭疽病、柑橘的青霉病等均属之，病菌分泌果胶酶，消解果实组织的胞间层，使组织瓦解、崩溃。某些水果软腐病，如桃、杏、苹果、梨等的褐腐病，到后期当腐烂组织中的水分蒸发之后，便形成僵果(mummy)。但僵化类型的种实病害，主要为林木的各种干果所特有。桦木和赤杨的种子、板栗、橡实及其他壳斗科植物的种实，枫香的果实等都常因真菌的侵害而僵化。病菌从侵染点扩展到整个果实的过程中，由于干果类含水量较水果类少，没有软腐的现象发生，通常只是在被侵组织部分出现不太显著的水浸状病斑，病菌在组织中的扩展，远较软腐类型缓慢。橡实感染僵化病菌(*Sclerotinia pseudotuberosa*)后，至整个橡实子叶被侵，即使处在最适宜于病害发展的条件下（高湿和20℃左右的温度），亦需2~3周以上。

僵化病(mummification)主要的特点是，种实组织被害而最后干缩，菌丝贯穿于病组织中，使整个病果变成一个假菌核，失去发芽能力。假菌核通常是在越冬后萌发产生子实体。

一些苗木的根部和茎基部受到病菌的侵染，皮层组织腐烂，坏死组织上常出现白色菌丝和粒状物，这是根腐和茎腐的特征。幼苗猝倒病也属此种类型。

(4) 发霉

此类病害多发生于运输及贮藏期间，尤其是贮藏不善更易发生。主要由毛霉属(*Mucor*)、根霉属(*Rhizopus*)、腐霉属(*Pythium*)、青霉属(*Penicillium*)、镰孢菌属(*Fusarium*)、链格孢属(*Alternaria*)等腐生菌类或弱寄生菌引起。在种实表面产生粉、白、青、黑等各色菌落，形成显著的发霉症状。这些真菌丝起初都是在种实表面或伤口表面，利用表面的有机物质营腐生生活，只有当环境条件特别适宜，种实生活力极度微弱时，菌丝才能侵入种实组织内部。但有些种实的致病菌在花期即侵入花内，此后潜伏于果实内，在贮藏期，当环境条件适于其生长发育时，病菌开始生长，致使果实腐烂、发霉。

在苗圃和温室中，当出现弱光、温度为15~23℃，空气相对湿度在90%以上或幼苗表面有水膜时，一些苗木的花、果、叶、茎受病菌侵染，组织局部水渍状，扩展蔓延至整个组织坏死，表面产生灰色霉状物，此为灰霉病的症状。由无性型菌物灰葡萄孢(*Botrytis cinerea*)引起。

由于苗木对环境胁迫的抵抗力较幼树和成年树弱，苗木常受到环境因素的影响而发生非侵染性病害。例如，由高温、低温、干旱、水涝、营养缺乏等引起的病害。

1.1.3 种实和苗木病害的发生特点

由于在幼果期间或生长季节发生的果病大多也发生于叶及幼枝上，苗木病害中一些叶片和嫩茎上发生的病害，如松苗叶枯病、苗木灰霉病等，多与叶病相似，因此它们的侵染循环及发病的环境条件方面，可参看叶部病害部分。本处主要叙述种子病害和那些病原物通过土壤传播的苗木病害的侵染循环问题。

1.1.3.1 种子和苗木带菌方式

林木种子是人工育苗造林及天然更新的重要繁殖材料，但林木种子带病现象相当普遍。根据 Paul Neergaard(1979) 所著《种子病理学》(Seed Pathology) 记载，在 42 属 80 多种林木中，携带 61 种种子真菌病害，2 种细菌病害，18 种病毒病害和 1 种线虫病害。种子携带的病害，由于国际间的交流及广泛的种植，可使危险性病害在别的国家和地区引起暴发性流行。

树木种子带病方式有 3 种情况，即机械混杂型、表面附着型和种内潜伏型。

① 机械混杂型 病原体以菌核等方式混杂于种子之中，如桦杯盘菌 (Ciboria betula) 的菌核可混于红皮桦、白桦、欧洲桦及瘤皮桦的种子之中；栎杯盘菌 (C. batschiana) 的菌核可混于欧洲栗及英国栎等树种的种子之中。此外，核盘菌 (Sclerotinia sclerotiorum) 的菌核可混杂于北美黄杉、栎类等多种树木的种子之中。

② 表面附着型 属于这一类型的病害较多，《种子病理学》所列 80 种林木中有 34 种林木种子表面附有各种真菌。它们以菌丝或孢子附着于种子表面，如粉红聚端孢菌 (Trichothecium roseum) 可附着在卫矛、欧洲山毛榉、欧洲白蜡、雪松、银冷杉、挪威云杉、欧洲赤松、栎类、刺槐、小叶椴等各种林木种子表皮上。再如，胡枝子锈病 (Uromyces lespedezae - procumbentis) 的孢子可附着于种皮进行长距离传播。

③ 种内潜伏型 属于这一类型的病害，其病菌多以菌丝等潜伏于种皮和果皮之间、种皮内、胚乳及胚内。严格地说，只有这种情况才算真正的种子传病。此类病害种类较多。Paul Neergaard 的统计资料显示，80 种林木中有 35 种携带各种真菌病原物。如海岸松、美加黄松、香翠柏等种子内潜伏有松赤枯病病菌 (Pestalotiopsis funerea)，核桃黑斑病病菌 (Xanthomonas arboricola pv. juglandis) 也潜伏于种子内部。托叶胡枝子叶斑病菌 (Xanthomonas axonopodis pv. lespedezae) 可由种子表面带菌，也可深入到种子内部。板栗实腐病病菌之一的葡萄座腔菌 (Botryosphaeria dothidea) 在生长期以菌丝的形式潜伏在栗果内，在栗果贮运期发病，引起果腐。

松苗猝倒病的病原菌之一的镰刀菌，附着在种子的表面和潜伏在种子的内部，通过带菌种子的调运而传播。苗木白绢病病菌可以菌核的形式在寄主植物病残体上越冬，根结线虫病可通过调运病苗传播。真正由种子传播的病毒病害的数量远不及真菌病害。据 2013 年的报道，由种子传播的植物病毒和类病毒病害达 231 种，但对林木种子传播病毒的研究较少。据 Paul Neergaard 报道，林木种子可携带苹果花叶病毒等 20 余种病毒。各种树木种子带毒率相差悬殊，从 1% 到 100% 不等。影响种子带毒率的原因多种多样。首先与病毒种类有关，种子传播的病毒大多可以汁液传染，而症状表现为局部症状，如环斑、局部坏死、蚀斑、褪绿斑痕等。此外，凡线虫能传播的病毒，往往种子也可以传播；而叶蝉传播的病毒则不属于种子传播的病毒。其次，与寄主植物种类有关，豆科植物种子传毒者较普遍。所报道的 114 种植物中有 23 种属于豆科，13 种属于茄科，12 种属于蔷薇科。此外，还与侵染寄主的时期有关，一般来说，侵染时间愈早，种子带毒率愈高。

1.1.3.2 种实和苗木受侵染途径

有些种实病害是通过体内蔓延方式，由植物的其他部分先受侵染，然后在果实上显现出来的，属于系统性病害。由植原体引起的枣疯病，由类病毒引起的苹果锈果病等都是如此。但真正的果实病害，绝大多数都是从花器、伤口及其他自然孔口侵入的。在花器中，柱头往往是病菌侵入的重要途径。多数核果类及仁果类，如桃、杏、苹果、梨等的褐腐菌[桃褐腐核盘菌(Sclerotinia laxa)及苹果核盘菌(S. mali)]常常通过这一途径侵入。病菌的分生孢子在柱头上萌发后，其芽管穿过花柱进入子房，最终引起花腐或果腐。有些林木种子携带的病毒也是由花粉带毒经柱头进入胚部。如美洲榆种子内所携带的榆花叶病毒即是由带病毒的花粉通过柱头侵入胚内。核桃黑斑病的病原细菌也是由花粉携带，经柱头侵入种子很深的部位。

伤口是病菌侵入果实的重要途径。果实上的伤口主要由各种蛀食果实的昆虫，特别是它们的幼虫所引起。核桃举肢蛾在核桃的外果皮及中果皮中纵横蛀食，蛀孔很易受黑斑病菌所沾染。种子、果实在运输及贮藏过程中容易出现腐烂、发霉，这除了与种实本身生活力的降低有关外，主要是由于在采收、装卸、运输的过程中，造成了各种易被病菌侵入的伤口所致。苗木茎腐病菌通过苗木茎基部被灼伤造成的伤口侵入。

有些病菌也可以通过种实上的自然孔口(气孔和皮孔)进入种实内部。如橡实僵化病菌的菌丝可通过橡实种脐处的维管束进入种壳内。一些苗木病害的病原物可以直接侵入寄主植物的幼嫩组织，如苗木白绢病病菌和根结线虫。

1.1.3.3 影响种实病害和苗木病害的因素

(1) 影响贮藏期间种实病害发生的因素

果实、种子采收后，脱离植物母体，病害发生的情况与采收前大不一样，受外界大气候因素的影响较小，而与贮藏方式、仓库的环境条件等有密切关系。

① 病菌数量 贮藏期间种实病害的侵染来源主要有2个，一是种子带病菌的多寡。不论是混杂于种子之间还是附着于种皮之外的病菌，或者潜伏于种子之内的病原，在贮藏时如温湿度合适，便可活动导致病害，成为侵染来源。二是贮藏场所病菌的多少。未经认真处理的贮藏场所，经常存在大量引起种实感病的病原菌，尤其是引起种实腐烂发霉的腐生菌，如毛霉属(Mucor)、根霉属(Rhizopus)、腐霉属(Pythium)、青霉属(Penicillium)、镰孢菌属(Fusarium)、链格孢属(Alternaria)等。

② 贮藏温湿度 病菌生长发育的适温一般均在25~27℃左右，如果入库时种子、果实的含水量过高，在较高的温度条件下很易霉烂。一般林木种实都以贮藏在0~5℃左右的低温下为宜，除橡实等大粒的含水量高的种子外，一般种子可干燥至湿度为10%~15%时再贮藏。鲜果类的贮藏除要避免霉烂外，还要考虑保存果实的风味，对贮藏环境湿度及果实含水量有特殊的要求。

③ 种实生活力 成熟种子的生活力较强，因此，应在种子充分成熟时采收。降低贮藏环境的温湿度和种子的含水量，主要目的在于防止附着在种实表面的病菌孢子萌发及抑制潜伏于种子内部的病菌活动。但种子的含水量与种子的生活力是密切相关的，过分地降低种子的含水量会使种子的生命活动处于极度微弱的状态，甚至失去萌发能力，变成完全失去抵抗各种腐生菌侵袭能力的死种子。附着在种皮表面的各种腐生菌孢子萌发后很容易

侵入到种实组织内部。因此，贮藏期间，既要控制贮藏环境的温湿度和种子的含水量，又要保证不降低种实的生活力，以利于控制种实病害的发生。

在贮藏期间种实多处于高度密集的状况中，在这种情况下，由于种实的呼吸和蒸发，往往使得小气候环境中的温湿度显著升高，并可能在种实表面形成一层很薄的水膜。这种条件为各种病菌的孢子萌发和侵入创造了极为有利的条件。此外，在贮藏期间为已病种实和健康种实的直接接触而传播病害提供了机会，有可能造成大量种实腐烂。

(2) 影响苗木病害发生的环境因素

苗木病害中那些土壤习居菌的病原菌种类、土壤环境对病害的发生发展有重要影响。如苗木猝倒病的病原菌平时在土壤的植物残体上腐生，以休眠结构度过不良环境，一遇合适的寄主和潮湿的环境便侵染危害。苗圃地土壤黏重、圃地粗糙、低洼积水等均影响苗木生长发育，在此环境下，苗木容易发生猝倒病。夏季土壤温度很高的地区，银杏等树种苗木茎基部受到灼伤，病菌通过伤口侵入。在积水的苗圃，苗木生长势弱，容易发生苗木白绢病。土壤温度是影响线虫生存的最重要因素，超过40℃或低于5℃时，任何种类的根结线虫都缩短其活动时间或失去侵染能力。当土壤干燥时，卵和幼虫即死亡。

1.1.4 种实和苗木病害的防治原则

1.1.4.1 检疫

对种实和苗木在进出国境或国内各地区间调拨进行严格的植物检疫，是防止危险性病害蔓延的重要手段。如属进口的种实和苗木，要在卸货现场做现场检疫，观察有无检疫性病原体(菌核等)、感病种实和苗木等，然后抽样作精密检验。如发现有病，则采用适宜的方法消毒或汰除，不能处理者则做销毁或退货处理。对国内的种实苗木检疫首先要做好产地检疫，在种子园、果园、采种基地和苗圃调查病害发生及处理情况，并作为调拨时的检验工作。应建立林木检疫苗圃，将从国外进口的种子首先在检疫苗圃进行隔离试种复检。因有些种子传带的病原菌寿命相当长，而且不易检验出来，虽经处理仍能复活。因此，必须经过试种，观察一段时间确诊无病后再放行。

1.1.4.2 林业技术措施

苗木病害防治的根本途径是执行正确的育苗技术措施。苗圃地应选在背风处，避开霜穴；避免在黏重、潮湿、排水条件不良的土壤中培育苗木，应选择与苗圃地气候条件相近的种源的种子育苗；及时催芽、播种、除草；合理施肥、灌溉，促使苗木健壮生长；实行轮作；适时遮阴和去除覆盖物；做好苗圃卫生等。在夏季温度很高的地区，如不及时遮阴，不仅会直接使苗木受灼伤，而且易于诱发茎腐病和立枯病等传染性病害。

种子充分成熟后采收，可明显降低贮藏期种子病害的发生率。在采收、装卸或运输林木种实的过程中，应尽量避免机械损伤和冻害。如水果的套袋、纸包装，对防虫防病、保护果皮均有利。

防止贮存期中种实腐烂发霉的首要条件是控制贮存库中的温湿度，在冷藏库中，控制低温并配合使用保鲜罩、保鲜膜等措施控制CO_2含量及水分，可减少腐烂发霉，延长种实的贮存时间。

1.1.4.3 化学防治

(1) 喷药保护

不少种实病害是种实生长期间所感染，且同时危害叶及嫩枝，可在此期间喷药保护，具体措施与叶部病害防治相同。具有转主寄主的种实锈病，如云杉球果锈病，除喷洒化学药剂对云杉进行保护外，还可利用药剂或人工对转主寄主稠李、鹿蹄草等进行铲除。在苗圃中使用化学药剂防治苗木病害，必须注意适时、适量。

(2) 种实和土壤的处理

种实带菌可进行表面消毒，直接消灭病原菌。对于混入菌、附着菌、种皮内侵入菌，可用杀菌力强、广谱性和渗透性强的杀菌剂消毒。如病菌侵入胚部、胚乳或种皮及其空隙组织，用一般药剂处理效果甚微，可采用熏蒸。氯化苦、植物杀菌素等均可作为熏蒸剂，但高浓度的氯化苦易影响种子发芽。熏蒸剂也可用来处理土壤，消灭土壤中的病菌和线虫。对于播种或贮藏的种实进行药剂处理，不仅具有消毒作用，而且在对播种到土壤中或存放入库的种实起保护作用，免受病菌侵害。

1.1.4.4 物理防治

对种实和苗木病害还可用射线或热力处理，杀灭种实或土壤中的病菌和线虫等病原物。

1.1.4.5 生物防治

生长季节在植物表面和土壤中施用生物制剂，使其在植物表面或土壤中定植，抑制或排斥病原物，达到防治病害的目的。如用绿色木霉、绿黏帚孢霉的菌粉制剂可有效防治多种植物的苗木猝倒病。在苗木上接种菌根菌，使苗木形成菌根，提高苗木对病害和逆境的抗性。

1.2 各 论

1.2.1 种实病害

(1) 种实霉烂(Seed decay)

【分布及危害】 种实霉烂是全世界普遍发生的病害。种实收获前、贮藏期及播种后都可能发生霉烂。种实霉烂不但影响种子质量，降低食用价值和育苗的出苗率，而且对人畜也有害，如致癌性特别强的黄曲霉毒素是由一些引起种实腐烂的霉菌产生的。

【症状】 被害种实多数在其种壳或果实外皮上生长各种颜色的霉层或丝状物，少数为白色或黄色的蜡油状菌落。霉烂的种子一般具有霉味。生有霉层的种子变成褐色。切开种皮时内部呈糊状，有的仍保持原形，只有胚乳部分有红褐色至黑褐色的斑纹，也有形状颜色无变化的。

【病原】 引起种实霉烂的病原多半是无性型菌物(Anamorphic fungi)和接合菌门菌物，

少数为细菌。生产中常见的种实霉烂菌类主要有下列几类：

① 青霉菌类(*Penicillium* spp.)：霉层中心部呈蓝绿、灰绿或黄绿色，霉层边缘都是白色菌丝。分生孢子球形，串生。

② 曲霉菌类(*Aspergillus* spp.)：种皮上的菌丝层稀疏，在放大镜下可见针头状的子实体。子实体在种子上井然排列，呈褐色或黑褐色。被害种子种皮腐烂，烂芽或不萌发。

③ 链格孢菌(*Alternaria* spp.)霉层绒毛状，培养后期产生黑色素，边缘白色。被害种子不萌发或萌发后烂芽。

④ 葡枝根霉 [*Rhizopus stolonifer*(Ehrenb ex. Fr.)Vuill](或黑根霉 *R. nigricans* Ehrenb)：菌丝细长白色，菌丝老熟后生出小黑点即孢子囊。

⑤ 镰孢菌类(*Fusarium* spp.) 发病种皮上生白色霉层，后期中心红色或蓝色，其上可见小水珠(图1-1)。

细菌引起的种实霉烂：被害种子表面生有油状或白蜡状菌落，当病菌侵入种子内部，种子糊化而失去萌发力。

【发病规律】自然界中引起种实霉烂的病原菌到处都是，种子和这些菌接触的机会很多，通常它们都是以孢子或菌丝附着在种实表面。健康、活力旺盛的种实不易受到此类病原菌危害，但种皮受伤、种子生命力降低、含水量高或贮存环境温度过高、通风不良等易造成病原菌的侵染危害。

引起种实霉烂的病原菌以25℃左右为其最适生长温度，但高于或低于此温度也可生长发育。因此，在贮藏库里，湿度往往成为种实发生霉烂的主要环境因子。

【防治措施】

① 种实成熟及时采收，避免损伤。

② 贮藏种子应适当干燥，除板栗等大粒种子外，一般种子应干燥至含水量为10%~15%。仓库内保持0~4℃低温，保持通风。

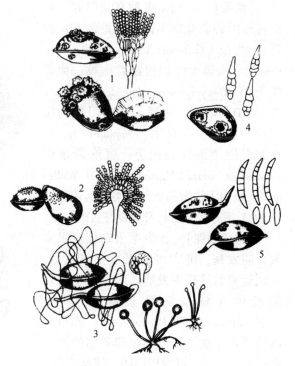

图1-1 种实霉烂(仿李楠)
1. 青霉菌引起的种实霉烂 2. 曲霉菌引起的种实霉烂
3. 黑根霉引起的种实霉烂
4. 链格孢霉菌引起的种实霉烂
5. 镰孢菌引起的种实霉烂

③ 在种子存放前，剔除坏种、病种和虫蛀种。仓库应消毒处理，并保持库内卫生，减少病菌。

④ 用沙埋种子催芽时，种子和沙均要消毒。用0.5%的高锰酸钾溶液浸种15~35min，清洗后再混沙。沙子先用40%甲醛1:10倍液喷洒消毒，堆放30min待无药味后再用。

(2) 板栗实腐病(Chestnut seed rot)

【分布及危害】 板栗实腐病分布于河北、北京、陕西、山东、河南、安徽、江苏、浙江、江西、湖北、湖南、广西等地的板栗(*Castanea mollissma* BL)产区。在国外，日本栗(*C. crenata* Sieb)在日本，欧洲栗(*C. sativa* Mill.)在欧洲南部也有实腐病发生。该病是贮藏期重要的病害。在较好的常规贮藏条件下，栗实腐病的损失约为10%左右，而贮藏不当时，损失率可达50%。

【症状】 栗果发育的后期，少数栗果即发病。病栗多从栗苞顶端开始发病，向下蔓延，使种仁腐烂，种皮表面生灰白色菌丝。多数栗果在采收时外表无异常变化，但在贮藏和运输的过程中果实霉烂或干腐。病栗种仁的颜色多样，与病菌的种类有关，分别表现为黑色、褐色、灰色和白色或几种颜色的混合。

【病原】 该病由多种真菌引起，各地病原的种类有所不同。常见的有：胶胞炭疽菌(*Colletotrichum gloeosporioides* Penz.)，隶属无性型菌物腔孢类；葡萄座腔菌(*Botryosphaeria dothidea* (Moug.) Ces. & De Not.)，隶属子囊菌门葡萄座腔菌目；拟茎点霉菌(*Phomopsis* sp.)，隶属无性型菌物腔孢类；腐皮镰孢菌[*Fusarium solani* (Martins) App. et Wollenw]，隶属无性型菌物丝孢类。上述病原在PDA培养基上生长发育良好(图1-2)。

【发病规律】 少数栗果在板栗果实发育期发病，绝大多数栗果在采收后、贮藏运输的过程中发病。病原菌主要以菌丝体在枝条病斑上越冬，其中 *C. gloeosporioides* 和 *Phomopsis* sp. 亦可在落地栗苞中越冬；翌年在越冬部位产生孢子器，孢子通过风雨传播，侵染栗果。

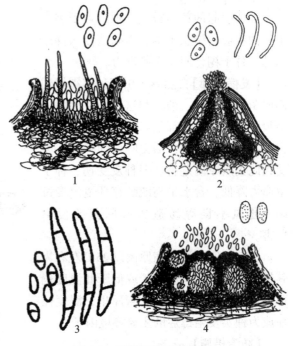

图1-2 板栗实腐病病原菌
1. 胶胞炭疽菌 2. 拟茎点霉菌
3. 腐皮镰孢菌 4. 葡萄座腔菌

定期组织分离表明，在北京，病菌侵染始于板栗授粉期之后和胚乳吸收期之前的一段时间，通过柱头和栗苞表皮侵入。8月中旬侵入的病原菌数量明显增加。种子成熟前的一段时间病原菌逐渐进入种仁。病菌从花期侵入栗果组织，侵染后不表现症状，而在栗果采收及至贮运过程中发病，存在潜伏侵染现象。

板栗种子属于顽拗性种子，种子含水量对其生活力的影响很大。采收后，随含水量减少，种子发芽指数下降，脂质过氧化物含量增加，细胞膜透性增大；种子失水超过10%以后，随种子含水量的降低，种子发芽率也随之下降，自由基清除剂超氧物歧化酶(SOD)、过氧化物酶(POD)活性明显降低，表明种子失水降低了种子的生活力和抗病力。随着淀粉水解，可溶性糖含量增加，病原菌解除潜伏，导致发病。

种子成熟度影响发病率，成熟度越差，发病率越高。

【防治措施】

① 化学防治　自板栗雌花授粉期开始至栗果成熟前30d左右，定期喷洒杀菌剂，阻止病菌侵入。可施用75%百菌清700倍液防治。贮藏场所使用前应消毒，保持清洁。

② 物理防治　尽量在栗果成熟后开始采收，采收后须放在阴凉通风的条件下暂存。种子从栗苞中脱出来之后，使其失去少量水分后（不超过5%），即开始在较低的温度条件下保湿贮藏；如有冷库，可在温度不低于-2℃、相对湿度90%的条件下贮藏，抑制病菌的扩展。

(3) 橡实僵化病 (Acorn mummification)

【分布及危害】　橡实僵化病在有的地区被称为栎实僵干病，发生在栎属树林内或栎属林木比较集中的林内，东北长白山漫江一带发病率为30%~50%，高者达70%。河南省西部山区栎类林内也有分布。该病害对栎类的天然更新和种子利用有严重影响。

【症状】　病害初期，坚果果壳表面产生变色斑，后变灰褐色，病斑周围铅黑色，剥开种壳可见子叶上出现橙色小点，周围有暗色晕斑。后期子叶变暗黑色，皱缩，并有一层浅色可以剥离的菌膜包被。子叶充满菌丝，组织疏松，体积膨胀，橡实失去萌发力，成为假菌核。被害子叶后期缺水，迅速干缩，其体积甚至比健康者小一半。到来年生长季节后，假菌核吸水膨胀，种壳裂开，有时在假菌核上生出几个小喇叭状子囊盘(图1-3)。

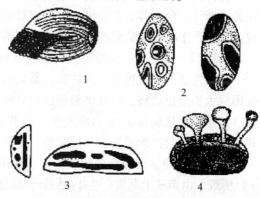

图1-3　橡实僵化病
1. 病害初期橡实　2、3. 僵化的橡实　4. 病菌的子囊盘

【病原】　引起橡实僵化病的病原为假块状核盘菌[*Sclerotinia pseudotuberosa* (Rehm) Rehm]。属子囊菌门柔膜菌目核盘菌属。本菌只有菌丝体与子囊盘，没有分生孢子。子囊盘呈小喇叭状，在每一假菌核上生3~6个小囊盘，有一个细长的柄。盘内着生子实层，子实层成排，直立，深黄色，后期深褐色。子囊圆柱形，内有8个子囊孢子；子囊孢子单胞，无色，近椭圆形，单行排列，大小为(8~10)μm×(5~6)μm。假菌核内的菌丝有分枝，表面带疣状突起。

【发病规律】　病菌的菌丝在林地上的假菌核内越冬，翌年春季吸水形成子囊盘，子囊孢子在橡实落地前后成熟飞散。在新橡实坚果成熟落地后，有些坚果与老病果菌核、菌丝和子囊孢子接触，靠菌丝或孢子萌发产生的芽管从种壳缝或坚果基部维管束侵入果壳内。菌丝从子叶得到营养物质继续生长，逐渐形成新的假菌核。混在健康坚果中间的病果，在适宜温、湿度下生长出菌丝，在坚果中生长蔓延，直接通过菌丝侵染健康果实。一般在20℃及高湿条件下病害发展迅速，经2~6周就可以完全破坏子叶而形成假菌核。

落地坚果的感染，一般零星发生，但当大量收集橡实混杂成堆时，难免混入病果，给健康坚果提供侵染源。当橡实中含水量达40%以上，且温度又高，此时传染很快，特别是虫害果。如坚果吸水发芽时发生霜冻，便于病菌侵染，致使子叶、根、幼芽变色，甚至死亡。橡实含水量过高，仓库中温湿度过大，有助于贮存期间病菌的蔓延危害。

【防治措施】

① 林业技术措施　通过详细调查和观察，确定无病林区，在无病林区采集坚果作为种源。

对采集的种子，通过精选，除去虫果、伤果等劣质果，再集中贮存。对贮存的橡实要定期检查，如发现变色者要及时处理。

② 物理防治　贮存的橡实应摊放在通风良好的库内阴干，使坚果含水率降至30~40%再混沙贮藏。贮存坚果的库内温度控制在5~10℃，并且要干燥通风。

③ 热水浸泡及生物防治　热水浸泡(41℃，2.5h)可延长橡实的贮存期，热水浸泡后再利用木霉菌(*Trichoderma virens*)处理具有更好的效果。

(4) 桑葚菌核病(Mulberry fruits sclerotial disease)

【分布及危害】　桑葚菌核病是桑葚上主要的病害，该病害分布在四川、辽宁、山东、江苏、浙江、台湾等桑葚栽培区。该病对桑产叶量虽无影响，但主要危害花被及子房，形成白葚，严重时影响桑果产量、留种及育苗。

【症状】　桑葚菌核病是肥大性菌核病和缩小性菌核病的统称。

肥大性菌核病花被及子房肿胀，桑葚膨大肿胀，呈乳白色或灰白色，桑葚内部菌丝蔓延形成大型黑色菌核，病葚破裂后散出臭味。

缩小性菌核病在5、6月间发生，病葚灰白色，逐渐整体缩小和质地变硬，表面散生褐色斑点，病葚内形成黑色坚硬菌核，易脱落。桑葚落地后腐烂，仅存黑色菌核。

【病原】　桑葚肥大性菌核病是由子囊菌门桑实杯盘菌[*Ciboria shiraiana*(Henn.)Whetzel]所致，由菌核上萌发产生1~5个子囊盘，肉质，褐色，杯状，有3~5cm的长柄，柄部褐色圆筒状，盘上生有子囊和侧丝，子囊圆柱形至近圆柱形，大小为(140~170)μm×(8~11)μm，内含有8个子囊孢子，有线状侧丝；子囊孢子椭圆形，无色透明，在子囊中单列排列，大小为(11~15)μm×(5~6)μm，侧丝直立，线形，宽2.5~3μm。

桑葚缩小性菌核病是由子囊菌门的核地杖菌[*Scleromitrula shiraiana*(Henn.)S. Imai]，引起。在桑葚褐斑部分产生分生孢子梗，顶端着生分生孢子；分生孢子无色，单胞，近球形，大小为(2~4)μm×(2~3.2)μm。菌核为黑色圆形小块，上面长出具长柄的子囊盘。子囊生于其纵沟部分，子囊圆柱形或棒状，大小为(80.0~73.0)μm×(7.5~6.3)μm，子囊孢子8个，单列、透明，单细胞，卵圆形或肾形，大小为(12.5~9.0)μm×(5.3~3.0)μm(图1-4)。

病菌在燕麦片培养基上的生长明显优于PDA培养基。在25℃条件下，燕麦片培养基上菌丝生长十分迅速，10d左右即可长满整个培养皿(φ12cm)，菌落初为乳白色絮状菌丝，后呈灰白色，培养基底色略呈紫红色，有少量分生孢子，分生孢子无色近圆形，而PDA培养基上的病菌生长十分缓慢，菌落初为乳白色絮状菌丝，经2周后变成淡褐色。

【发病规律】　2种桑葚菌核病的病菌均以菌核在土壤中越冬。翌年(桑花开放时)条件适宜，菌核萌发产生子囊盘，盘内子囊释放出子囊孢子，借气流传播到雌花上，菌丝侵入

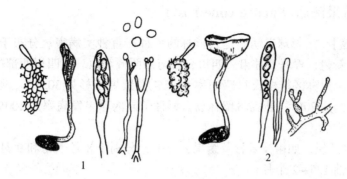

图1-4 桑葚菌核病
1. 缩小性菌核病菌核、子囊盘、子囊、分生孢子梗、分生孢子
2. 肥大性菌核病菌核、子囊盘、子囊、分生孢子梗、分生孢子

子房内形成分生孢子梗和分生孢子,最后菌丝形成菌核,菌核随桑葚落入土中越冬。

桑葚菌核病的发生与气候条件、桑园地理位置、桑树栽植密度以及树龄等均有一定的关系。

桑葚菌核病的发生与温湿度条件关系密切,该病原菌适于在偏低温度下生长,菌核产生子实体的适宜温度为15℃左右,孢子萌发的适温范围为5~10℃,菌丝生长的适宜温度为20℃左右。若春季温暖、多雨、土壤潮湿,有利于菌核萌发,产生的子囊孢子多,则病害重。若桑树开花期遇到连续3d以上阴雨或低温侵袭,就有可能大量发病。

新栽果桑一般第1年极少发生桑葚菌核病,翌年开始有少量发生,第3年明显增多,并对桑果产量造成一定影响。此后若不采取有效措施,其发生量将逐年增加,严重时颗粒无收。

桑园地势低洼多湿、桑树栽植密度大、通风透光差、桑园间作物多或杂草丛生的田块发病重,新栽果桑的前作为桑树或靠近老桑园的田块容易发病。

【防治措施】

当发展果桑需要拓植新桑园时,应选择地势高、排灌方便的田块,并尽量避免其前作为桑园或靠近老桑园附近发展新桑园,可减少桑葚菌核病的发生和危害。对于老的桑园:

① 物理防治 桑园中病葚落地后应集中深埋。翌年春季,菌核萌发产生子囊盘时,及时中耕,并深埋,对发病严重的果桑园,在采果后或冬季结合施冬肥对园地进行1次全面的深耕,可使部分病原菌被深埋土中而不利于其萌发;在果桑树开花前用农用薄膜覆盖地面,可有效隔离病原菌,使之无法侵染桑树花器,减少侵染源。

② 林业技术措施 提高树势,适当进行修剪,注意排水,保持桑园通风透光。

③ 化学防治 花期喷洒50%速克灵可湿性粉剂1500~2000倍液、50%扑海因可湿性粉剂1000~1500倍液、70%甲基托布津可湿性粉剂1000~1500倍液、50%多菌灵可湿性粉剂800~1000倍液。重点喷洒花芽,间隔7~10d重复1次,整个春季用药2~3次。发病严重田块也可于3月上中旬采用上述药剂喷洒地表,以减少病原孢子的产生。

(5) 云杉球果锈病 (Spruce cone rust)

【分布及危害】 云杉球果锈病是云杉林的一种严重种实病害。分布于黑龙江、吉林、内蒙古、陕西、新疆、青海、甘肃、四川、云南和西藏等地。在四川西部的云杉林内发病非常普遍,如小金川林区粗枝云杉感病率64.5%,紫果云杉为30.7%,黑龙江、长白山林区球果被害率高达20%;新疆巩留林场云杉种子园内球果发病率为100%。病害危害性表现在以下几个方面:

① 病果提早开裂,如粗枝云杉及紫果云杉上,分别于8月下旬和9月上旬开始焦裂,比正常成熟期提前1.5~2个月。

② 种子数量减少,病果不结实,或结实少,出好籽率仅0.4%~20.3%,而健果为35.6%~50.2%。四川每年因此病危害导致云杉种子产量下降40%以上。

③ 种子质量降低,病果种子千粒重减少,且多黏连在果鳞上,发育不全,发芽率低。如云南丽江的粗云杉和紫果云杉发病中等的球果,种子发芽率降低50%,种子千粒重降低25%~35%。在该病大发生的年份和地区,很难采到播种所需要的种子,严重影响云杉林的天然更新和采种育苗工作。

【症状】 云杉球果锈病由几种锈菌引起,因其致病菌不同而表现不同症状类型。

由杉李盖痂锈菌 (*Thekopsora areolata*) 引起的云杉球果锈病,主要发生在球果上,有时也危害枝条,形成"S"形弯曲和坏疽现象。球果被侵害初期,鳞片略突起肿大,鳞片外面出现白色疱状的球形颗粒,不露出组织,即为锈菌的性孢子。后期鳞片张开,在鳞片内侧的下部表皮上密生多个深褐色或橙色的球状锈孢子器,直径2~3mm,排列整齐,似虫卵状。少数在鳞片外表面也出现锈孢子器。病果鳞片向外反卷,锈孢子器愈多,鳞片反卷愈明显。锈孢子器成熟时开裂,散放出黄色粉状的锈孢子。在稠李等樱属植物的叶片两面(背面居多),着生夏孢子堆及冬孢子堆,夏孢子堆集中成疣状或斑点状,褐色;冬孢子堆深褐色,多角形,呈有光泽的痂壳(图1-5)。

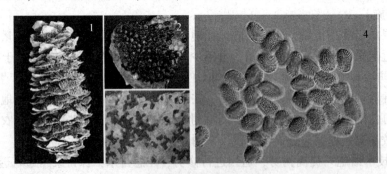

图1-5 云杉球果锈病
1. 球果上的锈孢子器 2. 鳞片上虫卵状锈孢子器
3. 转主寄主叶片上的冬孢子堆 4. 锈孢子

由鹿蹄草金锈菌 (*Chrysomyxa pyrolae*) 引起的云杉球果锈病,在球果鳞片外侧基部形成2个黄色、扁平垫状的锈孢子器,形状不规则,直径3~4mm;球果鳞片提前开裂,但鳞片不反卷。夏孢子堆及冬孢子堆生于转主寄主鹿蹄草 (*Pirola* spp.) 的叶上。

云杉上还有一种锈病由畸形金锈菌(*Chrysomyxa deformans*)引起,主要危害芽和嫩梢,也危害幼果。造成枝梢畸形、多头、发叉。在球果鳞片两侧可见到金黄色、圆形或椭圆形、扁平、蜡质的冬孢子堆。球果受害后不再继续生长。

【病原】 杉李盖痂锈菌[*Thekopsora areolata*(Fr.)Magnus,异名:*Pucciniastrum areolatum*(Fr.)G. H. Otth.]。性孢子器盘状,单生,生于鳞片角质层下。锈孢子黄色,圆形、椭圆形、六角形或梭形,大小为(24~32)μm×(19~24)μm。孢子壁厚2~4μm,表面具疣状突起,孢子基部及一侧有一平滑区,孢子串生于锈孢子器中。护膜细胞数层,多角形,黄褐色,大小(23~46)μm×(23~30)μm,细胞壁厚2~4μm,表面光滑。夏孢子堆叶背生,淡黄色,夏孢子长卵形或不规则形,表面具刺,大小为(15~21)μm×(10~24)μm,孢子壁厚1~2μm。冬孢子叶面表皮下生,长卵形,略呈圆筒形或梭形,有纵横隔膜将其分为2~4个细胞,大小为(22~40)μm×(8~24)μm。外壁薄,淡褐色,平滑。

鹿蹄草金锈菌(*Chrysomyxa pyrolae* Rostr.)的锈孢子器生于鳞片外侧,每个鳞片生2个扁平、圆盘状的锈孢子器,大小为3~4mm;锈孢子淡黄色,串生,表面有疣,球形;在鹿蹄草的叶上产生黄粉状的夏孢子堆,冬孢子堆为红褐色垫状,串生于堆内。

畸形金锈菌[*Chrysomyxa deformans*(Dietel)Jacz.]的冬孢子堆生于鳞片两侧,扁平,表面被以蜡质膜,微具光泽,金黄色,冬孢子单胞,串生,浅黄色,矩形、长椭圆形或不规则形,表面光滑,大小为(10~17)μm×(6~10)μm。

【发病规律】 杉李盖痂锈菌的锈孢子从10℃开始萌发,20℃萌发率最高,30℃停止萌发。相对湿度对孢子萌发也有影响,锈孢子在100%相对湿度下萌发率最高,随着相对湿度下降,萌发率降低,当相对湿度降至79.3%时,锈孢子萌发降为零。病菌冬孢子只有在通过林间越冬后,在自然条件下,才能萌发。

杉李盖痂锈菌及鹿蹄草金锈菌为长循环型锈菌,性孢子及锈孢子世代产生在云杉球果上,锈孢子侵害转主寄主稠李或鹿蹄草等植物,在其上形成夏孢子,夏孢子可进行多次再侵染,秋末冬初形成的冬孢子在转主寄主上越冬。春季,冬孢子萌发产生担孢子,借气流传播,侵入云杉球果,初夏在鳞片上出现白色疣状扁平的性孢子器,夏末产生锈孢子器。越冬后,翌年5月锈孢子逐渐成熟,并从破裂的锈孢子器中散放出来,借风传播。

畸形金锈菌为短循环锈菌。只有冬孢子阶段,以冬孢子入侵云杉芽内越冬,病芽先期开放,云杉放叶期为发病盛期。形成冬孢子堆,作为初侵染来源。

云杉球果锈病的发生,与云杉树种、转主寄主的多寡、林分组成、海拔高低及温湿度状况等有一定的关系。由于自然条件和地理位置的原因,不同地区分布的树种差异,使云杉球果锈病发病的程度相差悬殊。例如,在四川,粗枝云杉感病率43.5%~64.5%,紫果云杉感病率为1.8%~30.0%。转主寄主野樱桃数量多的林区云杉球果锈病就严重发生;相反,在高海拔区,气温偏低,以抗病的云杉种为主,且野樱桃数量很少,则球果锈病很轻。

云杉纯林的病害重于混交林,而且处于不同位置的林木发病状况不同。例如,林缘木、孤立木的病害重于林内木及被压木;阳坡重于阴坡;山脊重于山中,而山中又重于山下林木。就一株树而言,树冠上部的球果感病率高于中、下部的球果,位于树冠阳面的球果感病率高于阴面的球果。此外,与树木生长状况有关,树木生长良好、发育快的,发病轻，反之，则发病重。

【防治措施】

① 林业技术措施　选择适宜地点建立云杉母树林和种子园，以提供优良无病种子进行育苗造林。在云杉母树林和种子园内及周围200m以内的转主寄主要全部清除。

选择抗病云杉营造混交林。如在高海拔区可与冷杉、桦木混交，低海拔区可与油松、落叶松混交。

加强幼林的抚育，增强树势，提高抗病能力。

② 化学防治　对现有林区采用施放杀菌烟雾剂，或在云杉球果鳞片开裂授粉期，喷1:(300~500)倍粉锈宁，春季用2-4，D丁酯等除草剂铲除林内苔藓层上的鹿蹄草，并采用人工挖除转主寄主野樱桃等的营林措施，防治效果高达90%。

(6) 樟树粉实病(Exobasidium galls and blisters on camphor tree)

【分布及危害】　粉实病是樟树、肉桂、阴香等经济植物的重要果实病害，因寄主植物及病原不同，分别称为樟树粉实病、肉桂粉实病和阴香粉实病，但症状及发病规律等颇为近似。粉实病分布于广东、广西、云南、湖南、福建、台湾等地。此病主要危害果实，严重影响樟树、肉桂和阴香的采种育苗。广西宁明县和广东郁南县一些地区栽植大面积肉桂，据1958—1959年的调查，这两县肉桂果实的感染率，分别为5%和20%。广州市郊的樟树和阴香普遍发病，果实发病率常达30%~80%。

【症状】　樟树果实受害后，初生黄色小点，逐渐扩大并突起。初痂状，后成瘤状。终至全果肿大，呈球形或不规则形，直径约1~1.6cm。初期局部呈黄色粉状，后期侵害全果实表面。肉桂及阴香果实受害初期由坚硬寄主组织外壳包围，表面为栗褐色，粗糙，直径1~2.5cm。外壳破裂后，露出白色粉状物。核心为寄主组织，全果干缩后，呈黑褐色，挂于树梢不脱落。

【病原】　是由担子菌门外担子菌目的泽田外担子菌(*Exobasidium sawadae* Yamada)侵染引起的。担子从寄主表皮细胞间长出，棍棒状，顶端稍圆，大小(14~16)μm×(6~7)μm。担孢子4~8个，长椭圆形至倒卵形，常不规则，大小(8.3~16.6)μm×(5.5~10.0)μm，无色或淡绿色，表面具细疣。

肉桂粉实病由花生油盘孢菌(*Elaeodema floricola* Koissl)引起。分生孢子梗密生于菌丝上，棍棒状；分生孢子单胞，被疣，矩圆形、卵形、椭圆形、近球形或纺锤形，具网状饰纹，大小为(12.5~17.5)μm×(6.25~10)μm，初期白色，成熟后褐色。

阴香粉实病由樟油盘孢菌(*Elaeodema cinnamomi* Syd.)引起。分生孢子椭圆形、长椭圆形或矩圆形，大小为(8~15)μm×(5~10)μm，表面粗糙，初期白色，成熟后橄榄褐色(图1-6)。

【发病规律】　粉实病的病原菌主要来自树上不脱落的病果或地上病果。发病时间因树种和地区而异，在夏秋间，果实开始形成时，由风雨传播的孢子接触果实，随后萌发侵入，由于果皮幼嫩，孢子萌发的芽管可以直接进入寄主组织内发育繁殖，刺激细胞增生，使果实肿大。在广州的樟树果实每年9月开始发病，11月果实内出现白色粉层，12月中旬呈橄榄绿色，翌年2月变褐色。肉桂粉实病在广西，每年夏季从果实开始形成时发病，

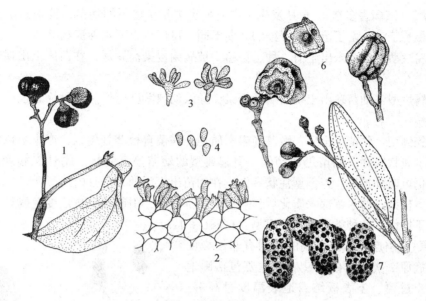

图1-6 樟树粉实病和肉桂粉实病
樟树粉实病：1. 被害果实 2. 担子子实层 3. 担子和担孢子 4. 担孢子(仿杨可四、梁子超)
肉桂粉实病：5. 病果 6. 病果剖面 7. 分生孢子(仿李楠)

此后逐渐发展；在云南河口地区，每年8~9月开始发病，10月即明显可见，11月病果肿大，呈栗褐色，翌年1月，病果外壳开裂，白色粉状物外露，孢子飞散，3月以后病果核心部变为褐色，继而干缩为黑褐色，落地或仍挂在树上。病害与环境的关系调查发现，上坡处发病最轻，中坡次之，沟槽上的发病最重；树冠的中、下部发病重于上部。可见，低洼阴湿的环境和通风透光不良的密集树冠有利于发病。

【防治措施】

① 林业技术措施　避免在沟槽低洼地区种植，结合修剪，保持林地通风透光。在春季施肥时提高钾肥使用量。采收果实时彻底打落悬挂于树上的病果，并清除地下病果，集中深埋或烧毁。

② 化学防治　果实形成时喷27%高脂膜100~150倍液或1%波尔多液保护；发病期间可喷洒75%十三吗啉乳油1000~1500倍液，大富生1200倍液，甲基硫菌灵500倍液，代森锰锌500倍液。

1.2.2　苗木病害

(1) 苗木猝倒病(Damping-off of seedlings)

【分布及危害】　猝倒病又称立枯病，是一种世界性病害，我国各地苗圃中普遍发生。主要危害杉属、松属和落叶松属等针叶树苗木。此外，也危害泡桐、香椿、臭椿、榆树、枫杨、银杏、桦树、桑树、木荷、刺槐等多种阔叶树幼苗，还危害许多农作物和蔬菜等。每年苗木猝倒病发病率都很高，严重时达50%以上，是针叶树育苗成败的关键，也是阔叶树育苗中的重要问题。

【症状】 该病害多在4~6月发生，主要危害1年生以下的幼苗，特别是出土1个月以内幼苗最易感病。由于苗木受侵染的时期不同，可出现以下4种症状类型：

种芽腐烂型：幼苗未出土前，种、芽组织被病菌侵染而腐烂，在苗床上出现缺苗、断垄现象。

茎叶腐烂型：幼苗在出土期受病菌侵染，导致幼苗茎叶腐烂。这种症状也称首腐或顶腐型猝倒病。

幼苗猝倒型：幼苗出土后，嫩茎尚未木质化，病菌自根茎处侵入，产生褐色斑点，迅速扩大呈水渍状腐烂，病苗迅速倒伏，引起典型的幼苗猝倒症状，此时苗木嫩叶仍呈绿色，病部仍可向外扩展。猝倒型症状多发生在幼苗出土后的1个月内。

苗木立枯型：苗木茎部木质化后，病菌由根部侵入，引起根部皮层变色腐烂，造成苗木枯死而不倒伏。这种类型也叫根腐型立枯病(图1-7)。

【病原】 引起苗木猝倒病的原因有非侵染性和侵染性病原2类。非侵染性病原主要包括圃地积水、覆土过厚、土表板结或地表温度过高等。侵染性病原主要有菌物中的丝核菌、镰孢菌和腐霉菌，偶尔也见到链格孢菌等其他菌种。

引起猝倒病的丝核菌主要是茄丝核菌(*Rhizoctonia solani* Kuhm)，为无性型菌物。菌丝有隔，粗8~14μm，幼嫩时无色，呈锐角或直角分枝，分枝处细胞明显缢缩。老菌丝黄褐色，细胞稍粗，分枝近直角，分枝处稍缢缩。菌核疏松，形状、大小不等，直径1~10mm，深褐色。适于pH4.5~6.5的条件下生长，对CO_2忍耐性低，多分布在10~15cm深的土层中，菌丝生长适温为24~28℃，但在18~22℃时苗木容易发病。

图1-7 杉木猝倒病症状
1. 种芽腐烂型 2. 茎叶腐烂型
3. 幼苗猝倒型 4、5. 苗木立枯型

镰孢菌中主要有腐皮镰孢[*Fusarium solani* (Mart.)Sacc.]和尖孢镰孢(*F. oxysporum* Schltdl.)，为无性型菌物。它们的菌丝多隔，无色，细长多分枝，产生2种孢子，即小型单胞的分生孢子和大型分隔(多为3~5个)镰刀状分生孢子。在菌丝和大型分生孢子中，有时还形成厚垣孢子。厚垣孢子顶生或间生。镰孢菌分布在土壤表层中，生长适温为25~30℃，以土温20~28℃时苗木感病最重。

腐霉菌中主要有瓜果腐霉[*Pythium aphanidermatum* (Edson) Fitzp.]和德氏腐霉(*P. debaryanum* R. Hesse)，属藻物界卵菌门菌物。它们的菌丝无隔，无性繁殖时产生薄壁的游动孢子囊。前者游动孢子囊呈球形，后者为长形或不规则形，囊内产生游动孢子，游动孢子借水游动，侵染苗木。有性繁殖时，产生厚壁色深的卵孢子。腐霉菌喜水湿环境，能忍耐CO_2，生长适温为26~28℃，但在土温17~23℃时危害苗木严重。

链格孢中，主要是细链格孢(*Alternaria tenuis* Nees)，为无性型菌物。菌落毡状，深绿色至深褐色。菌丝有隔，分生孢子梗有隔，无分枝，棕褐色。分生孢子串生，由8~10个孢子链生，分生孢子有斜横隔及少数纵隔。分生孢子形状变化较大，颜色较深(图1-8)。

【发病规律】 丝核菌、镰孢菌、腐霉菌都是土壤习居菌，平时能在土壤中的植物残体上营腐生生活。它们分别以菌核、厚垣孢子和卵孢子度过不良环境，一旦遇到合适的寄主和潮湿的条件即可萌发侵染危害。因此，土壤带菌是该病病原菌的主要来源。病害发生发展与下列情况有关：

① 前作感病 前作是茄科、葫芦科及十字花科等感病植物，或是连作针、阔叶苗木，土壤中病株残体多，病菌基数大，繁殖快，苗木容易感病。

② 雨天操作 在雨天进行整地、做畦或播种作业，常因土壤潮湿，容易板结，不利于种子萌发和幼芽出土，种子易被病菌侵染发病。

③ 圃地粗糙 土壤黏重，土块太粗，苗床不平或太低，圃地积水，均有利于病菌繁殖，不利于苗木生长，苗木易发病。

④ 肥料未腐熟 未经腐熟的有机肥料常常混有病菌及病株残体，有利于病菌繁殖，而且肥料在苗床上腐熟时发热会伤及种苗，为病菌侵染提供方便条件。

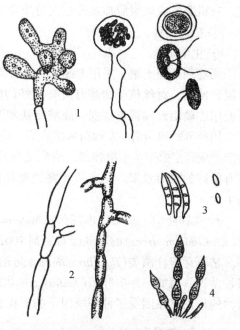

图1-8　苗木猝倒病病原菌(引自周仲铭，1990)
1. 腐霉菌的孢囊梗、孢子囊、游动孢子和卵孢子
2. 丝核菌的幼、老菌丝　3. 镰孢菌的大、小分生孢子
4. 链格孢的分生孢子梗及分生孢子

⑤ 播种过早或过迟 在南方如播种过迟，幼苗出土晚，出土后又遇梅雨季节，湿度大，有利于病菌生长。此时苗茎幼嫩，抗病性差，病害容易流行。在北方如播种过早，常因气温偏低，延长幼苗出土时间，易发生种芽腐烂；播种晚也易发病。

此外，种子质量、播种量的多少以及管理措施是否及时，都会直接或间接影响幼苗猝倒病的发生和发展。

【防治措施】 根据苗木猝倒病发生发展规律，在防治上主要采取以改进育苗技术措施和减少土壤中病菌数量为主的综合措施。

① 选好圃地 选好苗圃地尽可能避免用连作地，以及易感病植物的栽培地育苗。如不得已，则需经过土壤消毒后再播种。在南方可利用山地育苗，新垦山地育苗，若无新垦山地，可采用熟土或梯田育苗。

② 细致整地 播种前，苗圃地要精耕细整，以免高低不平积水。整地要在土壤干爽和天气晴朗时进行，以免水分太大造成板结，影响苗木出土。南方酸性土壤，可结合整地每公顷撒 300~375kg 石灰，抑制土中病菌生长，使植物残体分解。在南方，播种前可在播种沟内垫一层1cm厚的心土或火烧土，播后再用心土或火烧土覆盖种子，但心土易板结，不宜常用。条件方便地区，可用森林腐殖土，既可改变土壤结构和土壤微生物区系，减少病菌侵染机会，也能增加土壤肥力，促进苗木苗壮生长，增强抗病能力。

③ 合理施肥 肥料应以有机肥料为主，无机的化学肥料为辅；以基肥为主，追肥为

辅。有机肥料或垃圾肥都要经过充分腐熟后才能使用。

④ 精选良种，适时播种。

⑤ 化学防治

用药剂处理土壤。采用 $FeSO_4$、多菌灵或地菌净（120 g/100kg）中的一种单独使用或几种混合使用，对丝核菌和镰刀菌有很好的防治效果。在以腐霉菌为主引起猝倒病的地区，可使用乙磷铝或瑞毒霉药剂。硫酸亚铁和波尔多液也是常用药剂。

用药剂处理幼苗。发现苗木感病后，应尽快用药防治。可以敌克松、多菌灵或代森锌等药剂制成药土撒于苗木根颈部，或配成药液喷洒。铜大师（1:800）、普力克（1:600）对该病亦有很好的防治效果。发现茎叶腐烂型猝倒病，应喷波尔多液或其他药剂防治，10～15d喷1次。

⑥ 生物防治　用哈瑞木霉（*Trichoderma harzianum*）的麦麸蛭石制剂 $50g/m^2$，绿色黏帚霉（*Gliocladium virens*）的麦麸蛭石制剂 $100g/m^2$ 防治由茄丝核菌引起的苗木猝倒病有明显效果。枯草芽孢杆菌类（*Bacillus subtilis*）防治茄丝核菌引起的杉苗猝倒病效果显著。此外，接种菌根真菌如厚环牛肝菌（*Suillus grevillei*）对松树幼苗猝倒病有很好的抗生作用。但生物防治的作用往往因受多种环境因子的干扰而大大减弱。

（2）松苗叶枯病（Cercospora blight of pine seedling）

【分布及危害】　松苗叶枯病最先在日本发现，以后在朝鲜、越南、马来西亚、菲律宾、印度、斯里兰卡和非洲的一些国家有报道。我国长江流域以南各省，东起台湾西至湖南，南起香港北至河南南部均有分布，是松苗上发生较普遍的病害。该病在我国的主要寄主有马尾松、台湾松、黑松、油松、黄山松、加勒比松等。湿地松和火炬松很少发病。当年播种苗和 1～2 年生苗受害最重，严重时发病率高达 100%，枯死率达 50%。

【症状】　病菌首先侵染幼苗下部针叶，逐渐向上扩展。受害针叶从叶端开始先出现一段一段的褪色黄斑，以后逐渐变成灰褐色至灰黑色，表面密生黑色霉点，沿气孔线纵行排列，即病菌的分生孢子梗和分生孢子，最后病叶先端枯死或全叶枯死（图 1-9）。病死叶干枯后下垂扭曲，但不脱落。

【病原】　病菌的无性型为赤松假尾孢[*Pseudocercospora pini-densiflorae*（Hori & Nambu）Deighton]。菌丝体在寄主针叶气孔下室或较深处形成分生孢子座，从子座上产生一束紧密成丛的分生孢子梗，自气孔中伸出针叶表面。分生孢子梗淡褐色，有 1～2 个分隔，大小为（15～18）μm×（3.5～5）μm。分生孢子单生，长棍棒状或鞭状，直或稍弯曲，有 2～5 个分隔，大小为（30～50）μm×（2.5～3.2）μm，初无色后变淡黄色（图 1-9）。在东南亚和非洲等地发现其有性型，定名为吉布逊小球腔菌（*Mycosphaerella gibsonii*

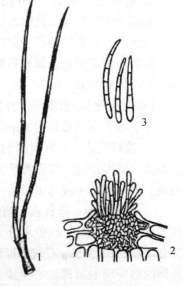

图 1-9　松苗叶枯病菌（仿彭建华）
1. 病叶，示段斑　2. 病菌的子座和分生孢子梗　3. 病菌的分生孢子

H. C. Evans）。国内只在香港发现，其他地区未见报道。

该病菌在 PDA 培养基上不产生孢子，但若稍增加葡萄糖或蔗糖，pH 5~6 时，经荧光灯（BL-B）连续照射，在 20~25℃ 下经 5d 培养可产生较多的分生孢子。分生孢子在 18℃ 下萌发迟缓，在 25℃ 下 4h 即开始萌发，24~28℃ 萌发率最高。孢子萌发需相对湿度 95% 以上，在水滴中萌发最好，若干涸，芽管即停止伸长，24h 后重加水滴，芽管仍能继续伸长，说明病菌对干旱有一定的抵抗力。

【发病规律】 病菌以菌丝体或子座在感病针叶内越冬，越冬后有近 40% 的病叶保存有活的病菌，如果病针叶埋入土中，病菌的存活率随埋入的深度增加而减少。春季环境适宜时产生分生孢子进行初侵染，孢子随风或雨水溅滴传播。因此，发病圃地连作松苗时，往往发病严重。2 年生苗木的老病叶在 5 月上、中旬已有分生孢子产生，是重要的侵染来源。当年生播种苗于 7 月中、下旬开始发病，8~10 月为盛发期，11 月以后逐渐停止。高温高湿有利于病菌的侵染。

发病程度与苗木生长情况有较密切的关系。凡土壤瘠薄，整地粗糙，保水保肥差，苗木过密，生长纤弱的圃地，发病较重。此外，不同松树和年龄感病程度不同，湿地松、火炬松抗病性最强；赤松较抗病，1~2 年生苗虽有时发病较多，但栽植后的幼树很少发病；马尾松苗期很感病，定植后 2~3 年生幼树也易发病，但随树龄增长抗性明显提高；海岸松、加勒比松等最感病。

【防治措施】
① 林业技术措施 选择土质疏松肥沃，利于排灌的地方作苗圃。如在病圃连作或邻近病圃地育苗，应彻底清除病苗及其残余物集中烧毁或起苗后深耕翻入土中。

加强苗木抚育管理 适时间苗，促进苗木健壮生长，增强抗病力。

② 化学防治 发病期间应仔细检查，及早拔除病苗，集中烧毁。并用 1:1:（100~200）的波尔多液或 0.3°Bé 石硫合剂每隔 15d 左右喷 1 次，约 2~3 次。

（3）苗木茎腐病（Charcoal root rot）

【分布及危害】 茎腐病是亚热带地区的病害，我国主要发生在淮河流域以南，尤以长江流域以南地区发生普遍而严重。本病可危害银杏、香榧、杜仲、鸡爪槭、扁柏、柏木、侧柏、金钱松、柳杉、杉木、水杉、马尾松、湿地松、火炬松、枫香、麻栎、刺槐、乌桕、臭椿、板栗、大叶黄杨、槐树、大叶桉、细叶桉等 20 多种针阔叶树苗，尤以银杏、香榧、杜仲、鸡爪槭、扁柏等受害最重。银杏 1 年生苗木常发生该病，严重时枯死率达 90% 以上。病害随苗龄的增长而减轻，即使是最感病的银杏，3~4 年生苗感病的也极少。此外，还可危害多种农作物。

【症状】 苗木初发病时，茎基部出现水渍状黑色病斑。随后包围茎基部，并迅速向上扩展，叶片失去正常绿色，并逐渐枯死，枯死叶下垂不脱落。苗木枯死 3~5d 后，不同寄主表现的症状不完全一致。银杏、香榧等苗木茎基部皮层较厚，病部皮层稍皱缩，内皮组织腐烂呈海绵状或粉末状，灰白色，其中有许多黑色小菌核。髓部变褐色，中空，也有小菌核产生。杜仲、板栗等茎部皮层较薄的苗木，坏死皮层不皱缩，而紧贴于木质部，皮层组织不呈海绵状，更不呈粉末状，剥开病部皮层，在皮层内表面和木质部表面也有黑色小

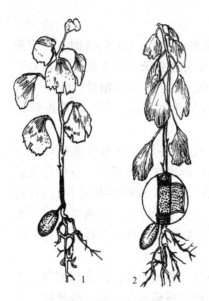

图 1-10　银杏茎腐病(仿董元)
1. 茎腐病状　2. 病部皮下菌核

菌核产生(图 1-10)。最后病部扩展至根部，使根部皮层腐烂。

当年生苗木最易受害，随着苗龄的增长抗病性逐渐增强，2 年生苗只有在严重发病的年份受侵发病，但根部常仍保持健康，当年尚可萌发。1 年生苗发病轻的也有这种现象。

【病原】　该病由无性型菌物腔菌类中的菜豆壳球孢菌[*Macrophomina phaseolina*(Tassi) Goid.]引起。病菌在树苗上一般不产生分生孢子器，感病桉树上偶有发现。在芝麻和黄麻上比较容易产生分生孢子器。分生孢子器埋生于病部表皮下，近球形，有孔口，直径 89～275 μm。分生孢子梗细长，不分枝，无色，(10～14) $\mu m \times$ (2.5～3.5) μm。分生孢子长椭圆形，壁薄，单胞，无色，先端稍弯曲，大小为(10～30) $\mu m \times$ (5～10) μm。容易形成大量菌核。

病菌在 PDA 培养基中生长的最适温度为 30～32℃，对酸碱度的适应范围广，在 pH 4～9 之间生长良好。在 30℃ 下经 48h，菌落直径达 70mm 以上，2～3d 后，即形成大量菌核。菌核黑色，表面光滑，近圆或扁圆形，大小受营养条件的影响。在 PDA 斜面培养基上，菌核直径为 80～300 μm。但在土壤中生长常受颉颃微生物影响。

【发病规律】　该病菌是一种土壤习居菌，以菌丝体和菌核在土壤中生活和生存，在适宜的条件下自伤口侵入寄主危害。病害发生与寄主生长状态及环境条件有密切关系。据在南京对银杏苗木茎腐病的研究发现，夏季炎热，土壤温度升高，苗木茎基部受高温灼伤，给病菌侵入提供了条件。因此，病害一般在梅雨季结束后 10～15d 开始发生，以后发病率逐渐增加，至 9 月后停止发展。病害的严重程度取决于 7、8 月间的气温。例如，1953 年梅雨期早而短，6 月底即结束，7 月初气温逐渐上升，接着出现长期高温干旱，银杏 7 月中旬即开始发病。由于发病早，银杏苗木木质化程度低，故这一年发病极重，发病率高达 70%。1954 年雨季延迟至 7 月底才结束，病害至 8 月中旬才开始，比 1953 年迟了 1 个月。由于苗木木质化程度较高，抗病力提高，故发病率较低，在 40% 以下。1955 年夏季气温较低，病害在 8 月底才开始发现，发病率仅 10% 左右。因此，在南京地区可以根据每年梅雨期的早迟和长短以及 7～8 月的气温和降雨变化来预测当年病害发生的迟早和严重程度。

【防治措施】　苗木茎腐病的防治主要采取两方面的措施：其一是施用有机肥，促进苗木健壮生长，提早木质化，提高抗病力；其二是夏季降低苗床土表温度，防止灼伤苗木茎基部。

① 林业技术措施　育苗时施足腐熟的厩肥或以棉籽饼肥作基肥，适当追肥，可促进苗木生长，增强抗病力。同时可能影响土壤中拮抗微生物群体的变化，抑制病菌的生长和蔓延，可显著降低发病率。

在苗床上搭架荫棚降低土温，可收到极好的防治效果。遮阴要管理好，时间不宜过长,否则苗木生长较差(苗期耐阴的树种如香榧等不会有此缺点)。南京地区可从梅雨期结束后开始,至9月上旬,晴天自10:00~16:00遮盖。在发病季节用稻草等覆盖苗床,以降低土温和减少水分蒸发,防治效果也较好。此外,在水源方便的地方,高温干旱时可灌水抗旱,既降低土温,又利于苗木生长。

② 化学防治 在病害发生之前或发生初期及时喷洒50%多菌灵wp800倍或70%甲基托布津wp1000倍液可减轻该病的危害。

(4) 苗木白绢病(Southern blight)

【分布及危害】 白绢病又称菌核性根腐病和菌核性苗枯病,发生在亚热带和热带地区。白绢病的寄主范围广,包括森林植物、经济林植物、园林植物。例如,马尾松、苹果、柑橘、葡萄、泡桐、楸树、梓树、樟树、楠木、香榧、梧桐。白绢病一般发生在苗木上,据报道,有些苗圃罹病苗木死亡率为20%,严重的达50%左右。

【症状】 各种感病植物的症状大致相似。病害主要发生在苗木近地面的根颈部或茎基部。初发生时,病部的皮层变褐,逐渐向周围发展,在潮湿的条件下,在病部产生白色绢丝状菌丝,菌丝作扇形扩展,蔓延至附近的土表上,后期在病苗的基部表面或土表的菌丝层上形成油菜籽状的茶褐色菌核。苗木受害后,茎基部及根部皮层腐烂,植物的水分和养分输送被阻断,叶片变黄枯萎,全株枯死。

【病原】 无性型菌物齐整小核菌(*Sclerotium rolfsii* Sacc.)。菌丝白色棉絮状,后稍带褐色。菌核表生、球形,直径1~3mm,与油菜籽相似,棕褐色至茶褐色,光滑,易与菌丝分离,内部白色。有性型为担子菌中的罗氏阿太菌[*Athelia rolfsii* (Curzi) C. C. Tu & Kimbr.,异名:*Corticium rolfsii* Curzi],很少出现,只在湿热环境中,偶于病斑边缘产生担子和担孢子(图1-11)。

病菌生长最适温为30℃,最低为10℃,最高为42℃。酸、碱度适应范围为pH 1.9~8.4,在pH 5.9时最适于繁殖。光线能促进菌核的产生,最有效波长是在蓝光及接近紫外线的区域。

【发病规律】 病菌一般以成熟菌核在土壤、被害杂草或病株残体上越冬。通过雨水或调运病苗、移动带菌泥土传播。菌核在土壤中可存活5~6年,在适宜的温湿度条件下,菌核萌发产生菌丝直接或从伤口侵入植物体。病菌在侵入寄主时,先分泌草酸、果胶酶、纤维素酶及其他酶,杀死并分解寄主组织后进

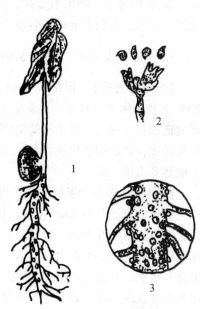

图1-11 苗木白绢病(仿经济林病理学)
1. 病苗 2. 病菌的担子和担孢子
3. 病根放大示病部着生病菌的菌核

入。我国长江流域,病害一般在6月上旬发生,7~8月是病害盛发期,9月以后基本停止发生。在18~28℃和高湿条件下,从菌核萌发至新菌核再形成仅需8~9d,菌核从形成到成熟约需9d。

土壤湿度和性质,对病害发生有直接影响。通常在湿度大的土壤中,发病率高,土壤有机质丰富,含氮量高的圃地,病害很少发生,而贫瘠的土壤,尤其是缺肥苗床,苗木生长纤弱,抗病力低,往往病害严重,在酸性至中性 pH5~7 土壤中病害发生多,而在碱性土壤发病则少。土壤黏重板结的园地,发病率高。

【防治措施】

① 林业技术措施　发病严重的圃地,可与玉米、小麦等不易受侵害的禾本科作物轮作 4 年以上;整地时深翻土壤,将病株残体及其表面的菌核埋入土中,可使病菌死亡;筑高床、疏沟排水、及时松土、除草,并增施氨肥和有机肥料,以促进苗木生长健壮,增强抗病能力。

② 化学防治　土壤消毒用 80% 敌菌丹粉可预防苗期发病;苗木消毒可用 70% 甲基托布津或多菌灵 800~1000 倍液、2% 的石灰水、0.5% 硫酸铜溶液浸 10~30min;发病初期,用 1% 硫酸铜液或用 10mg/L 萎锈灵或 25mg/L 氧化萎锈灵浇灌苗根,可防止病害蔓延。

③ 外科治疗　用刀将根颈部病斑彻底刮除,并用抗菌剂 401 的 50 倍液或 1% 硫酸铜液消毒伤口,再涂波尔多液浆等保护剂,然后覆盖新土。

④ 物理防治　采用土壤曝晒法,即在炎热的季节,用透明的聚乙烯薄膜覆盖于湿润的土壤上,促使土温升高,杀死菌核,从而达到防治病害的目的。

⑤ 生物防治　利用木霉菌、假单胞杆菌及链霉菌等微生物制剂处理土壤、种子或其他繁殖器官,有较明显的防病效果。

(5)根结线虫病(Root knot nematodes)

【分布及危害】　根结线虫病分布广泛,寄主范围宽。据报道,根结线虫可寄生在 2000 多种植物上,林木一旦发生此病不仅根部严重受害,而且地上部将凋萎、枯死,在经济上造成很大损失,树木从幼苗到成株均可受侵染,但受害最重的是在苗期,幼苗受害后生长缓慢,如法国梧桐在青岛 5 年就可出圃移植,但受根结线虫危害后,7 年后梧桐苗也未能达到出圃标准。

【症状】　根系受害后,在主根和侧根上形成大小不等的虫瘿,有的直径达 1cm 或 1cm 以上;有的直径只有 2mm 左右。切开虫瘿可见白色粒状物,在显微镜下可观察到梨形的线虫雌虫。根结线虫的二龄幼虫侵入根以后,线虫头部周围的细胞受线虫分泌物的刺激,细胞壁溶解,相邻细胞内含物合并,同时核内发生有丝分裂,形成数个巨型细胞。在外观上就是根瘤,并且感病根比未感病根要短,侧根和根毛都少。由于根功能衰退,感病植物地上部分表现出黄、矮、生长不良,严重植株大部分当年死亡,个别的翌年春季死亡。

【病原】　主要由根结线虫属(*Meloidogyne*)的一些种引起。目前全球报道的根结线虫有 85 种,在我国已报道 29 种。世界上分布最广和最常见的根结线虫有:北方根结线虫(*Meloidogyne hapla* Chitwood)、南方根结线虫[*M. incognita*(Kofoid et White)Chitwood]、爪哇根结线虫[*M. javanica*(Treub)Chitwood]和花生根结线虫(*M. arenaria*(Neal)Chitwood)。不同种的根结线虫有其不同的寄主范围。根结线虫具有寄主小种分化现象,其中南方根结线虫有 4 个生理小种,花生根结线虫有 2 个生理小种。根结线虫属的成虫为雌雄异形,雌成虫呈梨形,长 0.8mm,宽 0.5mm,有一个明显的颈;卵产于尾部胶质的卵囊中。雄成虫线形，体长 1.0～2.0mm；幼虫长 0.5mm(图 1-12)。

植物寄生线虫大部分生活在土壤耕作层。最适于线虫发育和孵化的温度范围为 20～30℃，最高温度 40～55℃，最低温度为 10～15℃。最适宜的土壤温度为 10～17℃。

【发病规律】 根结线虫的传播主要依靠种苗、肥料、农具和水流，以及线虫本身的移动。因其本身移动能力很小，所以其传播范围很难超出 30～70cm 的距离。大多数线虫是在土壤表面下 5～30cm 处，1m 以下线虫就很少了。但在种植多年生植物的土壤中，线虫分布可深达 5m 或更深。二龄幼虫从根冠上方侵入根，在细胞间移动，最后把头叮在靠近细胞伸长区的生长锥内定居不动，而身体在皮层中。二龄幼虫在巨型细胞上连续取食，身体逐渐膨大，经 3 次蜕皮后成雌、雄成虫。主要的危害阶段是二龄幼虫和雌成虫。

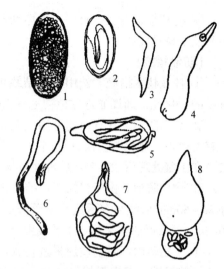

图 1-12 根结线虫生活史
1. 卵 2. 卵内孕育的幼虫 3. 性分化前的幼虫
4. 成熟的雌虫 5. 在幼虫包皮内的雄虫 6. 雄虫
7. 含有卵的雌虫 8. 产卵的雌虫

三、四龄幼虫不取食，口针和中食道球退化，雄虫也不取食。根结线虫一般是孤雌生殖。雌虫产卵，分泌的胶质物把卵聚集在卵块中。由于寄主根表皮破裂，卵块在根表皮外。卵孵化成一龄幼虫，在卵内蜕一次皮成二龄幼虫，二龄幼虫穿透卵壳逸出，在土壤中寻找寄主根并侵入。以二龄幼虫或卵在土壤中或未成熟雌虫在寄主根内越冬。

线虫生存的最重要因素是土壤温度，其次是湿度。土壤结构对线虫的虫口密度也有重要影响。北方根结线虫最适温度范围为 15～25℃，而南方、花生、爪哇根结线虫的最适温度为 25～30℃，超过 40℃ 或低于 5℃ 时，任何种类的根结线虫都缩短其活动时间或失去侵染能力。在适宜的温湿度条件下有利于线虫的生长和繁殖。过于潮湿或干旱均不利于卵的孵化和线虫的生存。当土壤干燥时，卵和幼虫即死亡。当土壤中有足够的水分并在土壤颗粒上形成水膜时，卵则迅速孵化。多数线虫在砂壤土中容易繁殖和侵染植物。

通过解剖学观察发现，根结线虫侵染植株后，根部形成巨型细胞和根结造成根部导管、表皮和皮层组织破裂。咖啡树感染根结线虫后，植株体内 P、Mg、Fe、Ca 和 B 含量降低，但 K、Mn、Cu、Zn 含量增加。南方根结线虫侵染棉花植株后，成株和幼株叶片的渗透势降低，但水势没有变化，根和茎的水通量降低，从而降低了水分在体内的运输。根结线虫侵染导致棉花植株叶片蒸腾速率和气孔导度降低，叶片温度升高。

根结线虫—植物—根区土壤三者相互影响，增加了根结线虫致病机理研究的复杂性。南方根结线虫侵染植株根系后，根部形成的根结成为植株的代谢库，大量的营养物质通过韧皮部被转运到根结内，从而导致从根系溢流到根际土壤中的物质增加。

线虫食道腺的分泌物对寄主植物可产生的影响是：

① 刺激寄主细胞增大，形成巨细胞；
② 刺激细胞分裂，形成瘤肿和根过度分枝等畸形；
③ 抑制根茎顶端分生组织细胞分裂；

④ 溶解细胞壁及中胶层，破坏细胞及使细胞离析等。所以植物受害后可表现局部性症状及全株性症状。

【防治措施】

① 林业技术措施　选用无根结线虫的土壤育苗。对曾发病的苗圃，根据根结线虫对寄主的专化性，选择非寄主植物进行轮作。

② 化学防治　在育苗前可用熏蒸剂处理土壤以杀死土壤中的线虫。可用的土壤熏蒸剂有溴甲烷、氯化苦、D.D 混剂、二氯丙烯、二氯丙烷、棉隆等。熏蒸剂对植物有害，一般要在土壤处理后 15~25d 后再种植物。

③ 物理防治　由于根结线虫的死亡温度为 45℃，所以温室土壤或病苗用 45℃ 蒸气处理 30~60min 后线虫存活数量显著减少。如染病球茎在 47℃ 水中浸泡 60min 或 50℃ 浸泡 30min，可杀死仙客来球茎中的线虫。

④ 生物防治　目前被用来进行根结线虫病生物防治的天敌生物包括真菌、细菌和放线菌。据报道，寄生于根结线虫卵的真菌有 20 多个属，其中研究最多的是淡紫拟青霉(*Paecilomyces lilacinus*)，该菌对南方根结线虫(*M. incognita*)卵的寄生率高达 60%~70%。巴氏杆菌属(*Pasteuria*)细菌在土壤中广泛存在，具有内生孢子，易于附着线虫体壁和侵染线虫，寄生后产生大量孢子，对多种线虫防效显著。试验表明，植物根际细菌球形芽孢杆菌(*Bacillus sphaericus*)、荧光假单胞菌(*Pseudomonas fluorescens*)和枯草芽孢杆菌(*B. subtilis*)等，均对根结线虫病显示出较好的生物防治作用。据报道，用阿维菌素的颗粒剂或液态制剂来防治南方根结线虫，效果极佳。

(6) 云杉雪枯病(Snow blight of spruce)

【分布及危害】　国外分布于美国、加拿大、瑞典、吉尔吉斯斯坦，国内仅知分布在新疆天山、阿尔泰山、准噶尔西部山地和昆仑山，以海拔 1300~2800m 地带发生频率高，林区苗圃发病率 10%~100%，幼林发病率 2%~88%。病原的寄主，国外记载有欧洲云杉、白云杉、黑云杉、红皮云杉、雪岭云杉，国内有雪岭云杉、天山云杉(雪岭云杉的变种)、新疆云杉、青海云杉和川西云杉。

【症状】　在雪下发病，初期针叶呈水煮状褪绿(3月下旬至4月上旬)，表面发生污白到浅褐色絮状菌丝或菌膜，融雪一个多月后，病叶变红褐色，叶两面散生近 1mm 的红褐色隆肿斑，溢泌污白色胶滴或卷须，是病菌的无性型，后期病叶呈黄褐色，沿气孔线出现暗褐色线点并连接成线段，由凹陷变平展，进而隆起，外观泡状，稻草色，顶部或侧方纵向开裂，为病菌的子囊盘，可见内部污白色有光泽子实层。

【病原】　为子囊菌门柔膜菌目的北方顶裂盘菌(*Lophophacidium hyperboreum* Lagerb.)，子座叶背面生或周生，分散到群集。子囊盘纵长，泡状，常常几个子座融合，长达数毫米，有些几乎与针叶等长。子实层草黄色，富含胶质。子囊棒状，(89~122)μm×(14~19)μm，含 8 个孢子，双列，顶部孔口遇碘液变蓝。子囊孢子长卵圆到纺锤形，直或略弯，含 2~3 个油滴，近无色，(14~21)μm×(5~7)μm，侧丝丰富，线形 90~130μm，2~4 个隔膜，有时分枝(图1-13)。无性型属于腔孢类座壳梭孢属(*Apostrasseria* sp.)，分生孢子器生于子座中，产孢细胞葫芦形到近筒形，无色，(9~15)μm×(2~3)μm，瓶梗产孢。分生孢子无色，单胞，(2.5~4.0)μm×(1~1.5)μm，浸没在胶质中，不易分散。发病初期在表生菌丝中产生大量的黑褐色小菌核，融雪后易脱落，菌核长形，粒状，略弯曲，表面粗糙，由褐色、纵长、具隔膜的厚壁菌丝集结成束状，轻压易散开，(80~320)μm×(40~120)μm(图1-14)。

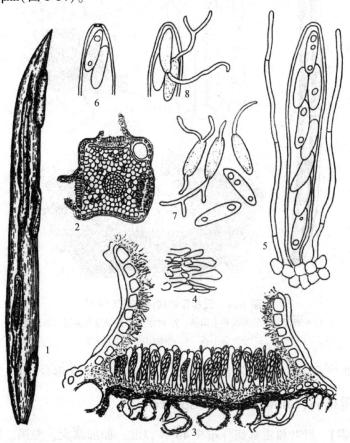

图1-13 北方顶裂盘菌形态
1. 叶生子囊果整体 2. 叶生子囊果横切面 3. 子囊盘 4. 拟周丝
5. 子囊、子囊孢子及侧丝 6 子囊顶环 7、8. 萌发的子囊孢子

【发病规律】 病原菌只危害云杉属植物，9~10月以子囊孢子传播，在雪下入侵云杉针叶，历经无性型和有性型的发育过程，翌年秋季又发生新的侵染。发病轻时，有明显的发病中心，在田间呈点状和团块状分布。育苗时间长，多年连作的苗圃，障碍物多、低洼背风、融雪期长的林地发病重。云杉雪枯病和雪霉病经常在同一地区和同一植株上发生，雪霉病多在植株下部发生。对引种栽植在乌鲁木齐市(海拔800m)的天山云杉，进行人工堆雪(保持30cm深度)接种，也能发病。

【防治措施】
① 严格检疫 严禁用病苗换床移植、更新造林和调苗外运。
② 铲除发病中心 于6~7月份前及时清除病株，重病株全部拔除，轻病株剪除病枝，集中销毁。

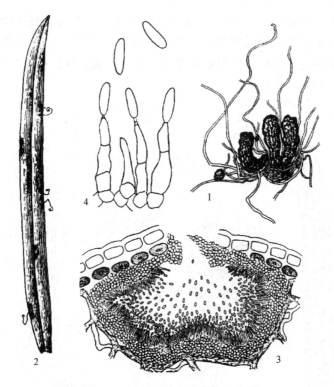

图 1-14 云杉雪枯病病菌的无性型
1. 针叶表面着生的菌丝和小菌核　2. 叶生分生孢子座和溢泌的胶质卷须
3. 分生孢子器　4. 产孢细胞和分生孢子

③ 各项林业技术措施和化学防治技术见"云杉雪霉病"相关部分。

(7) 云杉雪霉病 (Snow molds of spruce)

【分布及危害】　针叶树雪霉病分布在 40°N 以北,如加拿大、美国、挪威、瑞典、英国、俄罗斯、吉尔吉斯斯坦、日本等地。国内仅知分布新疆天山西部、准噶尔西部山地和阿尔泰山西部的云杉林区,以海拔 400～2100m 的中山地带发病严重,病害流行期间苗木平均损失率为 41%～62%,严重威胁苗木生长和更新造林。

病原的寄主,国外记载有落叶松、柳杉、挪威云杉、苏格兰松、多种冷杉和云杉,国内只知危害雪岭云杉、天山云杉、新疆云杉及引进的多种云杉。

【症状】　针叶和地上部全株在雪下被侵染,覆盖灰褐到深褐色菌丝层。菌丝层的色泽、质地和厚薄因病情而异,病轻时呈白或灰褐色絮状,严重时深褐色毡状。融雪后,病叶脱落,茎的皮层溃烂,地上部枯死。发病初期田间呈现团块状缺苗断行,连年继发,造成苗木大面积枯死。

【病原】　主要有无性型菌灰葡萄孢 (*Botrytis cinerea* Pers.)、子囊菌门柔膜菌目核盘菌 [*Sclerotinia sclerotiorum* (Lib.) de Bary]、无性型菌窄截盘多毛孢 [*Truncatella angustata* (Pers.) S. Hughes]。

灰葡萄孢菌核近黑色,表面粗糙,叶生直径 0.1～1mm,茎生直径 2～3mm,形状不规则，成熟时半外露，不易脱落，由菌核和生殖菌丝产生分生孢子梗和分生孢子，孢子顶生或间生。核盘菌菌核黑色，表面光滑，蚕豆形，4～8mm，幼茎、小枝、子叶节、新芽顶端生，偶生叶上，易脱落，由菌核产生营养菌丝或形成子囊盘。窄截盘多毛孢，盘座茎生，黑色胶质状，(250～1100)μm×(100～140)μm，半外露，菌丝和盘梗产孢(图1-15)。

灰葡萄孢等三种病原菌的营养生长适生温度在0～22℃，在云杉雪霉病的发生区，积雪深厚(50～80cm)，在雪盖下，冬季土壤不结冻，苗冠层和土壤层处于低温高湿状态，长达5～6个月，适合病原菌的营养生长和繁殖，导致寄主受害严重，特别是初冬和早春气温不稳

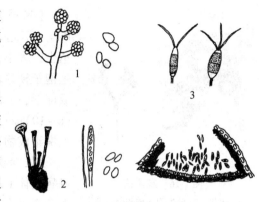

图1-15 云杉雪霉病(仿刘振坤)
1. 灰霉葡萄孢菌分生孢子
2. 核盘菌菌核、子囊盘、子囊、侧丝及子囊孢子
3. 狭窄平截盘多毛孢菌分生孢子盘及分生孢子

定经常出现冻雨、雨夹雪，在积雪层下形成冰盖，被压倒伏的苗木透气性差，更加有利于病害的发展。病原菌均属于弱寄生菌，苗木受冻害，生理干旱，灼伤等各种自然的和人为的伤害，以及管理粗放，多年连作，高密度种植，不利于排水、通风，不及时采取化学防治，将造成病害大发生。

【防治措施】 轻病区要强调综合防治，重病区应全面采取化学防治。

① 林业技术措施 选择中山带海拔偏低的地段建立苗圃，严格控制种植密度，适时间苗、定苗、剔除弱苗和及时换床分级移植；放叶和新梢期防晚霜时，适量施用化肥、促壮剂、除草剂，防止徒长和灼伤；改善苗床通透条件。

做好造林前的清林整地，选择合格的健壮苗木造林；造林后及时扶苗、培土、除草、割灌、清障、预防植株被压倒伏。

② 化学防治 苗圃初积雪覆盖前喷施广谱性、药效期长、有内吸性和吸附性强的杀菌剂，如20%粉锈宁乳油1.5～4.5kg/hm²，70%甲基托布津3.0～9.0kg/hm²，25%多菌灵或多福合剂9～12kg/hm²等，药剂稀释5～10倍，用超低容量喷雾器喷施1次。

(8) 苗木灰霉病(Gray mold disease)

【分布及危害】 苗木灰霉病是一类病害的总称。可危害多种园林植物，特别是草本观赏植物，在温室条件下危害很大。灰霉病病症很明显，在潮湿条件下灰霉层显著。灰霉病防治较困难，有时会造成毁灭性的危害。

【症状】 植物的花、果、叶、茎均可发病。若果实染病，青果受害重，残留的柱头或花瓣多先被侵染，后向果实或果柄扩展，致使果皮呈灰白色，并生有厚厚的灰色霉层，呈水腐状；叶片发病从叶尖开始，沿叶脉间成"V"形向内扩展，黄褐色，边有深浅相间的纹状线，病健交界分明。灰霉病病苗色浅，叶片、叶柄发病呈灰白色，水渍状，组织软化至腐烂，高湿时表面生有灰霉。幼茎多在叶柄基部初生不规则水浸斑，很快变软腐烂，缢缩或折倒，最后病苗腐烂枯死。

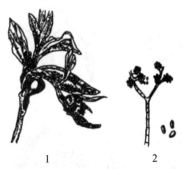

图1-16 灰霉病
1. 症状 2. 分生孢子梗和分生孢子

【病原】 由无性型菌物灰葡萄孢（*Botrytis cinerea* Pers.）引起。菌丝匍匐，灰色，分生孢子梗无色或灰色，丛生，大小为(260~550)μm×(12~14)μm，有横隔。分生孢子梗顶端为枝状分枝，分枝末端膨大，顶端细胞膨大成球形，上面有许多小梗。分生孢子单胞，(9~16)μm×(6~10)μm，无色，椭圆形或卵形，少数球形，着生小梗上聚集成葡萄穗状(图1-16)。

【发病规律】 病菌以病残体中的菌丝体和菌核在土壤或病残体上越冬，温度在20~30℃。病菌耐低温，7~20℃大量产生孢子。苗期棚内温度15~23℃、弱光、相对湿度在90%以上表面有水膜时幼苗易受侵染发病。苗木花期最易感病，病菌借气流、灌溉及农事操作从伤口、衰老器官侵入。如遇连阴雨或寒流大风天气，放风不及时、密度过大、幼苗徒长，分苗移栽时伤根、伤叶，都会加重病情。

【防治措施】

① 林业技术防治 加强栽培管理，避免阴雨天浇水，发病后控制浇水和施肥，集中处理病果、病叶，注意农事操作卫生；加强苗床管理，搞好大棚通风排湿工作，使空气的相对湿度不超过65%，这是防止和减轻灰霉病的有效措施；不偏施氮肥，增施磷、钾肥，培育壮苗，以提高植株自身的抗病力。适量灌水，阴雨天或下午不宜浇水，预防冻害；清除病苗。发现灰霉病病苗要及时拔除，并放入塑料袋内携出棚外，并及时处理。

② 化学防治 抓住移栽前、开花期、果实膨大期三个时期用药，移栽前用速克或扑海因1500倍液喷淋幼苗，花期在配好的2,4-D或防落素稀释液加入0.1%的扑海因或0.2%~0.3%的甲霜灵蘸花或涂抹，结果期用20%惠多丰1500倍液或50%灰霉速净600倍液或40%施佳乐800倍液喷雾。

本章小结

种子和苗木是林业生产的基本资料。种子数量的多少和质量的好坏，不论对人工造林或天然更新，都产生重要影响。苗木的健康状况，直接影响造林及林分质量。

果实、种子和苗木病害带来的危害除直接使产量降低、质量下降外，还由于某些种实和苗木携带病菌使病害随种实、苗木调运而进行远距离传播，形成新的病区。其次，种实和苗木带菌可成为病害的初侵染来源；携带病菌的种子播种后，苗木易患种芽腐烂型的苗木猝倒病。

常见的种实和苗木病害主要表现为畸形、斑点、腐烂及发霉等症状，白粉病、锈病类型也常见于果上。病原包括真菌、细菌、植原体、病毒、线虫等侵染性因素，也包括高温、低温、干旱、水涝、营养缺乏等非侵染性因素，尤其是苗木病害，其对环境胁迫的抵抗力较幼树和成年树弱。

树木种子带菌是种子和苗木病害发生的条件之一。病菌不仅以种子作为越冬场所，也可通过种子的运输传播病害，条件适宜时侵染种子和苗木引起病害。花器、伤口及其他自然孔口是许多果实病害侵入的主要途径。

影响贮藏期间种实病害发生的主要因素包括种子带菌和贮藏环境的病菌数量、贮藏温湿度、种实生活力；而苗木病害中那些土壤习居菌的病原菌种类、土壤环境对病害的发生发展有重要影响。

种子的病害主要是霉烂问题，多发生于贮藏期、催芽期和播种至出芽期间。霉烂的发生与贮藏条件、催芽处理方法、种子带菌情况以及种子的生命力等有着密切联系，在防治上主要着重于贮藏环境中温度、湿度的控制，种子消毒和保持种子适当的生命活动。预防果实和种子在田间染病也是种实病害防治的重要一环。选择适宜地点建立母树林和种子园，以提供优良无病种子进行育苗造林。应在种子充分成熟后采收种子，以提高种子的生活力。

苗木组织柔嫩，对病害的抵抗力弱；同时，在苗圃中，植林密集，圃地湿度大，有利于病菌的传播和侵染，为苗木病害的发生创造了条件。

苗木病害防治的根本途径是执行正确的育苗技术措施。应选择适宜的圃地育苗，避免在黏重、潮湿、排水条件不良的土壤中培育苗木，选择与苗圃地气候条件相近的种源的种子育苗；及时催芽、播种、除草；合理施肥、灌溉，促使苗木健壮生长；实行轮作；做好苗圃卫生等。必要时进行化学防治，抑制病原种群的数量增长。

复习思考题

1. 种实和苗木病害有哪些常见的症状类型？试举例说明。
2. 树木种子和苗木有哪些带菌方式？
3. 树木种实受侵染的途径有哪些？
4. 影响贮藏期间种实病害发生的因素有哪些？
5. 引起种实霉烂的病原有哪些类群？
6. 试述板栗实腐病的发病规律。
7. 云杉球果锈病的发生与哪些因素有关？
8. 苗木猝倒病的防治要以育苗技术措施为基础的原因是什么？
9. 怎样根据松苗叶枯病的发病规律进行病害防治？
10. 苗木茎腐病诊断的主要依据是什么？
11. 苗木茎腐病的发病规律及防治措施？
12. 怎样防治苗木白绢病？其病理学依据是什么？
13. 试述根结线虫病的发病规律。简述根结线虫的致病机理。
14. 怎样防治根结线虫病？其病理学依据是什么？
15. 怎样区分云杉雪霉病和云杉雪枯病？其发生条件有何相似之处？
16. 苗木灰霉病发病的主要环境条件是什么？

推荐阅读书目

1. 叶建仁，贺伟. 林木病理学(第3版). 中国林业出版社. 2011.
2. 朱天辉. 园林植物病理学. 中国农业出版社. 2002.
3. 袁嗣令. 中国乔灌木病害. 科学出版社. 1990.

第 2 章

林木叶部病害及其防治

叶部病害即发生在树木叶片上的病害。叶部病害的症状类型多样，病原类群和种类繁多。叶部病害影响树木的光合作用，减少树木光合产物的积累，使树木生长势减弱；少数叶部病害则对树木造成严重危害，甚至引起死亡。本章根据症状将叶部病害分为 6 类；在病害种类较多的叶斑病类中，又根据其病原物类群排序，体现了症状与病原的对应关系。

2.1 概 论

2.1.1 叶部病害的普遍性和危害性

林木的叶部最易受各种侵染性和非侵染性因素危害。叶部病害种类多，数量大，分布广，所有树种均有各种各样的叶部病害，在一片森林中几乎找不到无叶部病害的植株，即使被认为"无病虫"灾害的银杏也不例外。林木叶部病害的种类远远超过枝干和根部病害的数量。据《中国经济植物病原目录》记载，我国杨、松、栎 3 属树木上的约 80 种病害中，叶部病害约占 60%，超过枝干和根部病害的总和，尤其在栎属的 35 种病害中，叶部病害将近占 70%。由于林木叶片数量多，总面积大，局部叶片或针叶受害，其余健康正常的叶片仍可继续进行光合作用，即使树叶因病脱落后，仍可萌发新叶，因此，树木的叶部病害往往被忽视，一般认为，叶部病害对树木的生长、果实产量影响不大，且很少引起树木死亡。但事实并非如此，有些叶部病害的危害十分明显，引起大量落叶、落果，严重影响树木及果实产量，甚至导致全株死亡。例如，松针褐斑病不仅造成针叶枯死脱落，而且大面积松树因病而死。南方一些地区成千上万亩松林秋季一片枯黄，多与松赤枯病、赤落叶病危害有关，如连年危害，针叶逐渐短小，节间变短，发芽期推迟，树势衰弱，终至全株枯死。落叶松早期落叶病是我国东北地区的严重病害，可使树木提前 50d 落叶，致使树木高生长量下降 21%，胸径生长量下降 76% 以上，立木材积生长平均降低 40%。梨和苹果的赤星病及梨黑星病等经常引起果木的大量减产，甚至完全无收，经济损失严重。

2.1.2 叶部病害侵染循环的特点

　　叶部病害的种类多、病原亦多，真菌、细菌、病毒、植原体、螨类、藻类等都能引起林木叶部的病害，非生物因素也能引起叶部病害。真菌引起的叶部病害种类最多，尤其是锈菌、白粉菌、子囊菌(生长季节中多以无性型出现)引起的病害占了叶部病害的大多数。细菌、病毒、植原体病害多见于阔叶树种，极少见于针叶树上。例如，杉木细菌性叶枯病是目前国内唯一的一种由细菌引起的针叶树叶部病害。许多阔叶树的叶片上表现出病毒病害的症状，但此类病害在生产上很少引起重视。许多非侵染因素引起的林木病害也多首先在叶部表现出症状，如各种大气污染物(二氧化硫、臭氧等)、农药等所致中毒或因铁、硼等缺乏造成的缺素症。

　　叶部病害的症状有畸形、小叶、黄化、花叶、白粉、煤污、黄锈、叶斑、炭疽、毛毡等多种类型，多数症状类型都与具某类特点的病原有密切联系。如白粉病、锈病、煤污病、炭疽病和毛毡病分别由真菌中的白粉菌、锈菌、煤污菌、炭疽菌和螨类引起；叶片皱缩、变小或为囊状的畸形则由真菌中的外子囊菌、外担子菌、病毒或某些非生物因素引起；病毒、植原体及某些生理因素、污染物可造成叶片变小、黄化或花叶；真菌、细菌、病毒及某些非生物因素是造成形状、颜色、大小各异的斑点类病害的病原。大多数真菌引起的叶部病害可根据前述症状特点鉴别其病原，但由细菌、病毒、植原体及某些非生物因素引起的叶部病害仅仅根据外部症状特点往往不易准确判断病原。某些枝干及根部病害甚至虫害，也可导致树叶黄化枯萎。

　　由于林木的叶片多为1年生，即使常绿树也仅2~3年生，因此叶部病害的发展具有明显的年周期性。绝大多数叶部病害在一个生长季中都有多次再侵染发生，其初侵染来源和再侵染来源有多种形式。叶部病害的初侵染来源往往和病原的越冬场所密切相关，初侵染来源主要有以下几个方面。

　　(1) 病落叶

　　已定殖于叶片上的病原物，入冬前随病叶脱离病株，常绿树种虽不是每年落叶，但严重病叶也多在入冬前落叶。在病落叶中，病原物可以无性繁殖器官或有性繁殖器官越冬，并作为初侵染源。如绝大多数白粉病以有性繁殖器官闭囊壳越冬。但有许多真菌在我国通常不产生有性世代，在自然界中只能以无性繁殖器官越冬和进行初侵染，例如，*Cercospora*、*Marssonina*、*Septoria* 等属中的许多种类即如此。有些真菌，如毛白杨锈病菌、胡杨锈病菌等虽也产生有性孢子，但冬孢子在整个侵染循环中不起作用。还有许多病害的病原菌以菌丝状态在病叶中越冬，翌年在病落叶上产生繁殖器官作为初侵染源，如落叶松早期落叶病菌以菌丝或子囊腔的雏形越冬，翌年发育成熟的子囊孢子才进行初侵染；松落针病菌大多数也以菌丝状态在病落叶中越冬，翌年产生子囊盘。

　　由于叶部病害病菌在病落叶上越冬或越夏，后产生的繁殖器官作为初侵染的来源，借风力进行传播侵害叶片，所以树冠不同位置的叶片受害程度不同。如落叶松早期落叶病的病叶率，树冠下部的远大于上部的，这是由于距地面愈近，空气中的孢子愈多，孢子捕捉材料距地面0.5m处的病菌孢子量分别为距地面2m、4m和6m处的2、4、6倍。松针褐斑病、松苗针枯病等也如此，由树冠基部针叶开始感病，逐渐向上蔓延。

叶部病害的轻重与越冬病菌的数量有密切关系。但不是所有定殖于叶上的病菌都能越冬，事实上大多数病菌在越冬过程中被恶劣的环境淘汰掉了，能够保存下来具有再次侵染活力的只是其中的少数。病菌在越冬中大量死亡，并非完全由严寒所致，绝大多数真菌的孢子和细菌对低温都有很强的忍耐能力，能在低温下保存很长时间。越冬过程中病菌的大量死亡主要是由于冬末春初气温和土温逐渐升高，土壤湿度大，叶片被腐生菌分解迅速腐烂，腐生能力较弱的叶部病菌很易被腐生力很强的微生物淘汰掉。早春叶部病菌的大量死亡还可能是由于温度的忽高忽低骤然变化，使已经萌发的孢子无法适应而导致死亡。

许多常绿树的叶部病害，如松赤落叶病、油橄榄孔雀斑病等的病菌在树上的病叶中越冬，翌年老叶病斑产生繁殖器官作为初侵染来源。

(2) 先年被害枝条

一些叶部病害，除危害叶片外，也同时危害枝条。如杨树黑斑病除以病落叶作为初侵染来源外，受害嫩梢上溃疡斑中的病菌也可越冬然后侵染。北京杨炭疽病菌只危害叶柄基部及附近嫩梢，叶干枯长久不落，该菌便以菌丝体及分生孢子盘状态在未脱落的病叶柄基部和嫩梢的病斑中越冬，翌年夏湿度合适时，病斑上产生分生孢子进行初侵染。

(3) 被侵害的冬芽

桃缩叶病菌的芽孢子或子囊孢子在芽鳞上越冬，翌年作为初侵染来源侵染刚开放的芽。毛白杨锈病、胡杨锈病以菌丝状态在芽鳞内越冬，翌年春当冬芽发芽时，锈病菌活动，刚萌发的嫩芽上布满橘黄色的夏孢子堆，然后作为初侵染来源侵害其他嫩叶。梨黑星病及某些白粉病等也以类似状况进行初侵染。

(4) 转主寄主

转主寄主是某些锈病的唯一的初侵染来源，如梨(苹)—桧锈病的初侵染来源于圆柏，栎叶锈病(松栎锈病)的初侵染来源于转主寄主松瘤中每年产生的锈孢子。

除上述几种初侵染来源方式外，昆虫亦可作为病毒和植原体所致叶部病害的初侵染来源。

越冬后病原的数量直接关系到当年初侵染的数量，因此影响病害的危害程度。尤其对于没有再侵染的病害，如落叶松早期落叶病等，越冬病原的数量更直接地影响发病的程度。

初侵染的时期一般都在早春至初夏，这一方面是由于当时气温逐渐升高，湿度逐渐增加，适于越冬后病菌孢子的放射、传播和萌发侵入。另一方面叶片幼嫩，外部的保护组织及内部的抗性机制尚不健全，对病菌的侵入尚缺乏足够的抵抗能力。例如，毛白杨锈病菌在芽鳞内越冬后随芽的萌发而产生夏孢子，侵染毛白杨嫩叶，6、7月时叶片逐渐成熟，很少受侵染，8、9月时，病菌侵害秋天新长出来的嫩叶，使之发病。有些病菌在春天至初夏活动与不耐高温有关，如桃缩叶病。但也有些叶病的初侵染时间是夏天，例如，杨树黑斑病($Marssonina\ brunnea\ f.\ sp.\ multigermtubi$)在北京地区6、7月才发生，北京杨炭疽病在6~8月当有适当雨量时才产生分生孢子进行初侵染。同为白粉菌类，各种白粉菌的初侵染时间也不尽相同，例如，苹果白粉病、蔷薇白粉病春天就开始进行初侵染，以侵害嫩叶为主；而臭椿白粉病等则在7、8月才侵染。

多数叶部病害在一个生长季中具有多次再侵染。再侵染的来源比较单纯，已经受侵染的同类植物或受同类病原侵染的异种植物均可作为再侵染来源。再侵染的次数一方面取决于病原菌本身的生物学特性：一是潜育期的长短，各种叶部病害的潜育期长短各异，从几天到二、三个月不等；二是各种叶部病害危害期长短不一，例如，北方地区许多种白粉病仅秋天时危害，只要温、湿度合适可多次再侵染。另一方面还取决于温、湿度及树木特性等多种因素，例如，北京杨炭疽病的发病迟早及再侵染次数取决于当年雨季到来的迟早及雨量大小，凡雨季提前，降雨次数多，强度大，阴雨连绵，则该病发病早，危害严重。

叶部病害病原的传播主要靠风、雨、昆虫等作为动力或媒介，而病原本身的主动传播几乎无任何实际意义。许多叶部病害可以产生大量适合风传的孢子，借风力进行远距离传播。例如，梨—桧锈病菌的担孢子可传播 2.5~5km。许多在地面落叶上越冬的病菌是借风力将孢子传播到树冠上去的。也有不少病菌是靠雨水淋洗、溅滴或风雨协同作用而传播的，如细菌及某些产生于分生孢子器、子囊果内的孢子或有胶状物的病原，必须借助雨水或风雨的协同作用传播。昆虫传播的叶部病害一般仅局限于由病毒和植原体引起的病害，但昆虫在叶面上活动时也会携带一些病原菌的孢子而起传播作用。

许多病原真菌直接穿透角质层侵入叶内。病菌分泌酶软化表皮组织，加上侵染丝产生的机械压力穿透角质层和细胞壁。一些细菌和真菌可通过气孔进入植物体内。植物叶片上布满气孔，它们不仅为各种病菌侵入植物体内提供通道，而且由于叶片呼吸、蒸腾及分泌等在气孔周围形成了一个特殊的生态环境，为病菌在叶部的蔓延和侵入提供了水湿和营养条件。所有的病原细菌、大部分病原真菌都可从伤口侵入，病毒和植原体常通过其媒介昆虫在植物上造成的伤口侵入叶内。

叶表面是一个复杂的生态环境，除有各种病原物外，还有多种其他微生物及微生物生存所需要的营养物质，这些营养物质主要是外来的，也有一部分是由叶片渗出的，包括糖、氨基酸、植物生长素、生物碱、酚及无机盐等。叶围微生物种类繁多，在植物叶表面附生或腐生，当病原微生物落到叶表时，便处于叶围微生物的包围之中。叶围微生物对病原微生物产生极复杂的影响：抑制或促进真菌孢子的萌发、附着孢的形成、菌丝的生长及侵入活动。病原微生物只有摆脱各种叶围微生物的不利影响之后，才能侵入到叶内。这既包括对营养物质的竞争，也包括对某些病原物的寄生或分泌具有拮抗作用的物质。

叶围微生物不仅通过抑制或促进病原微生物的活动而影响病害的发生，而且对植物产生复杂的影响。例如，一些煤污菌虽未与植物建立寄生关系，但由于叶面布满暗黑色的菌丝层而影响植物的光合作用。此外，有些在叶表的腐生微生物在特定的条件下也可变为寄生物，而导致病害发生。在叶面上加入某种营养物质或微生物，改变叶围的生态环境，可促进某些有益微生物的增加，抑制一些有害微生物的活动，并能改变植物内部的生理活动。

很多植物的叶片中存在着丰富的植物内生菌，一些种类的植物内生菌对叶部病害病原菌的生长具有抑制作用。一些植物内生菌可以产生促进植物生长的物质，能够增加植物对病原菌的抗性。

植物叶片的结构、生物学特性及叶片的物理化学性状都影响叶部病害的发生。叶面角质层的厚度，表皮细胞的强度及其他附属物状况均影响病菌的侵入；气孔的多少、大小及开放时间的长短则直接影响由气孔进入的病菌的数量。孢子的萌发和芽管的生长、侵入都需要一定的水分,叶片细胞液的外渗,通过气孔水分的排出,在叶面凝结的露水等均能改变叶围的水分状况,满足孢子萌发及芽管生长所需要的水分,有利于病害的发生。

2.1.3 叶部病害的防治原则

在成年林中,绝大多数叶部病害都不表现出显著的危害,因此一般都不必进行防治,只有大面积严重发生,造成重大经济损失时才采取必要的防治措施,如南方国外松的松针褐斑病,北方落叶松早期落叶病。但苗圃、幼林、果树、经济林木以及行道树和公园等旅游景点的树木叶部病害,或者造成严重经济损失,或由于严重影响景观,则需要及时采取有效的防治措施。

清除侵染来源是防治叶部病害经常采用的有效措施之一,包括清除病叶、病果和病芽,一般结合果园、苗圃等地的抚育管理工作进行,也可喷农药清除。桃树发芽前喷洒高浓度的石硫合剂可铲除在植物表面或芽鳞内越冬的桃缩叶病病菌。发芽后不久在树冠上喷洒粉锈宁是杀死毛白杨病芽上的夏孢子、铲除毛白杨锈病侵染来源的有效措施。防治具有转主寄主的锈病最有效的措施是在其有效传播距离内铲除所有转主寄主,例如,在距梨园5 km 范围内没有圆柏则不会有梨—桧锈病发生;但无论附近有无转主寄主存在,毛白杨每年仍能照常发生锈病。

喷药保护是叶部病害防治的重要手段,根据病原物侵染规律,结合病害流行的短期预测,于病菌侵染期适时在植物组织表面喷药,可以有效阻止或抑制病菌的侵染。在林区交通、用水不便处释放烟剂同样可起到防治效果。

选育和栽培抗病品种在防治某些叶部病害时收到显著效果。例如,栽培抗病的 I-72 杨,I-69 杨,杨树黑斑病发生很轻,而相邻地块健杨则因黑斑病危害几乎叶片全部落光。

加强管理,改善环境状况,尤其是湿度条件,提高树木对病害的自控能力是防治叶部病害的另一重要措施,此项措施可结合抚育、修剪等林业措施进行。

2.2 各 论

2.2.1 叶变形类

叶变形类病害主要包括叶的皱缩、小叶、叶裂、泡囊等。不仅影响植物正常生长,在园林观赏植物上发生时还影响其观赏价值。导致叶变形的原因很多,如某些真菌、叶螨、病毒和某些生理因素。这里只限于讨论由病原真菌中的外囊菌属(*Taphrina* spp.)和外担子菌属(*Exobasidium* spp.)侵染,以及叶螨引起的以叶片皱缩为主要特征的叶变形病害。

外囊菌和外担子菌侵染植物的叶芽、嫩叶,也侵染子房、幼果和嫩梢,产生吲哚乙酸或其他生长激素,使叶肉细胞增大。全叶受害的呈肥大耳状,局部受害、增长不均的呈皱缩状。由于病叶、果叶绿素被破坏,病部初为淡绿色或浅黄色,渐变为粉红色。后期叶、果角质层破裂,显露出白色粉状的病菌子实层。

外囊菌和外担子菌虽分属子囊菌门和担子菌门,却有许多相似的特点。首先,它们都属强寄生真菌,在人工培养基上不形成正常的菌丝体;在 PDA 培养基上,前者可形成白色酵母状菌落,后者产生灰色至褐色酵母状菌落。第二,两者均以双核菌丝在寄主细胞间寄生,两者的生殖细胞就是由此双核菌丝直接发育产生,都不形成任何形式的子实体。第三,这 2 属病原所需要的生态条件也相近,即在早春阴雨冷湿的条件下发展迅速,一般超过20℃就很少发病。

叶螨引起的叶变形,是由于瘿螨虫体在树木叶背或叶肉中危害叶片,刺激被害部位的表皮细胞伸长和变形,呈绒毛状,受刺激细胞产生褐色素或红色素,多数绒毛相聚成毡状,故称毛毡病。严重时全叶皱缩和卷曲、枯萎和落叶。瘿螨亦可侵染嫩茎、幼果和果柄,受害部位隆起呈虫瘿状,不能开花结实,树势衰弱,产量和质量降低。

害螨属于节肢动物门、蜘蛛纲、蜱螨目、瘿螨科、瘿螨属。引起多种阔叶树,如赤杨、毛白杨、椴树、梨树、樟树、三角枫、漆树、沙柳、柑橘、荔枝的毛毡病或瘿螨病。

叶变形类病害的防治,应坚持清除侵染来源和喷药保护相结合的方法。在树木休眠期在树体上喷洒铲除剂清除越冬病原;在病叶初现时及时摘除病叶,集中烧毁;亦可在树木春季展叶期喷保护剂,春季在瘿螨开始活动期和发病高峰期喷洒杀螨剂,减少害螨的虫口数量。加强林地的抚育管理,适当通风透光,可提高树木的抗病力,减轻病害的发生。

(1) 桃树缩叶病(Peach leaf curl)

【分布及危害】 桃树缩叶病是桃树重要病害之一,在我国分布于辽宁、山东、江苏、四川、云南、贵州等地。该病不仅导致桃树早期落叶、削弱树势,还严重影响翌年的花芽形成。除危害桃外,还可危害扁桃、蟠桃和油桃。

【症状】 桃缩叶病主要危害桃树幼嫩部分,以嫩叶片为主,也可危害花、嫩梢和幼果。春季嫩叶发病,叶片变厚,卷曲状,颜色发红。春末夏初在叶表生一层灰白色粉状物(子囊层),最后病叶变褐,焦枯脱落。枝梢受害后呈灰绿色或黄色,病部肥肿,枝条节间短,其上叶片丛生,严重时整枝枯死。花受害其花瓣肥大变长且大多脱落。幼果受害呈畸形,果表龟裂。

【病原】 畸形外囊菌[$Taphrina\ deformans$(Berk.)Tul.],属子囊菌门外囊菌目的真菌。病菌以双核菌丝在寄主细胞间寄生,后在角质层下形成一层产囊细胞,经核配发育形成裸生的子囊,突破角质层而外露,子囊平行排列于病叶表面,子囊圆筒形、顶部平截,无色,大小为$(18\sim42)\mu m \times (5\sim12)\mu m$,内含 $4\sim8$ 个子囊孢子。子囊孢子椭圆形,单胞,无色,$(5\sim7)\mu m \times (4\sim5)\mu m$,可在子囊内或子囊外通过芽殖产生许多芽孢子。芽孢子卵圆形,分为厚壁和薄壁两种,前者能抵抗不良环境,后者能直接再芽殖,也可萌发产生菌丝体。孢子萌发时,细胞核发生有丝分裂,两个核都进入芽管。伴随菌丝生长,两个细胞核同时分裂,产生双核菌丝(图 2-1)。

畸形外囊菌的寄生性很强,在自然条件下营寄生生活,但在 PDA 培养基上能形成白色酵母状菌落。病菌生长温度为 $10\sim30$℃,适温 20℃;侵染最适温度 $10\sim16$℃。

【发病规律】 病菌主要以子囊孢子或厚壁芽殖孢子在桃芽鳞片中越冬,亦可在枝干的树皮上越冬。翌春,越冬芽孢子萌发,直接侵入或从气孔侵入正在发育的叶片和其他器官内。病菌分泌多种生理活性物质刺激中层细胞大量分裂,胞壁加厚,叶绿素减少,从而使

图 2-1 桃缩叶病
1. 病叶症状(伍建榕摄) 2. 病菌子囊及子囊孢子

叶片生长不均而发生皱缩、肿胀、变红和质脆。初夏,在叶面形成子囊层,产生子囊孢子和芽孢子;芽孢子在芽鳞中和树皮上越夏,夏季温度高,不适于孢子的萌发和侵染,故再次侵染对病害发展不重要。

影响该病流行的主要因素是气象条件,凡是早春低温多雨的地区,桃缩叶病较重;早春温暖干旱,则发病较轻。一般在4月上旬开始发生,4月下旬至5月上旬为发病盛期,6月份停止发病。品种间以早熟品种发病较重,晚熟品种发病较轻。

【防治措施】

① 林业技术措施 在病叶表面还未形成白色粉状层前摘除,集中烧毁。加强栽培管理,促使树势恢复。

② 化学防治 桃芽膨大,花瓣露红时为防病关键时期。喷布一次5°Be石硫合剂,1:1:100波尔多液,50%多菌灵500倍液或40%克瘟散1000倍液,对桃缩叶病有较好的防治效果。

(2) 油茶叶肿病(Leaf gall of oil camellia)

【分布及危害】 油茶叶肿病又称油茶饼病、油茶茶苞病、果肿病、茶泡、茶苞、茶桃、茶片。寄主除油茶外,尚有茶树、茶梅、杜鹃、马醉木等植物。该病主要分布于安徽、浙江、湖南、江西、福建、台湾、广西、广东、贵州等省(自治区),有些地方发病十分严重,如广西宁明县某些油茶产区,株发病率可达96.6%。多出现在3~15年生、长势柔弱、林密、阴湿的茶林。此病能危害花芽、叶芽和嫩枝,引起芽、叶肥肿变形,嫩芽最终枯死,花芽受害形成桃状肿大,不结茶果,严重影响油茶产量和植株生长。

感病的树种除油茶(*Camellia oleifera*)外,还有茶梅(*C. sasanqua*)和云南茶(*Thea yunnanensis*)。

【症状】 本病主要危害花芽、叶芽和嫩叶,导致过度生长,芽、叶肥肿变形。花芽感病后,子房肥肿膨大成桃状,中空,直径5~11cm,称茶苞。病部为淡绿色,后表皮开裂脱落，变为白色，似裹了一层白粉。最后茶苞变黑腐烂。受害严重的油茶林茶苞多，像桃子一样挂在树上，故群众把这种油茶林称为"桃林"。

叶芽（包括数片叶或小枝的全部叶片）感病后，叶片肿大成肥耳状，数个肿大的叶片连在一起，似鹰爪。肥耳状叶片开始时呈淡绿色水渍状，后呈黄绿色，叶背隆起，表皮开始脱落，露出白色粉状物，最后病叶干缩后长期悬挂枝头而不脱落。

嫩叶受害后，局部形成圆形肿块，表面呈红色或淡绿色，叶正面凹陷，背面隆起，为黄粉色，后期有一层白色粉状物，即病菌的担子和担孢子，最后病叶脱落。

【病原】 为担子菌门、外担菌目、外担菌属的细丽外担菌 [*Exobasidium gracile* (Shirai) Syd. & P. Syd.]。担子层长于病部的内层，担子从菌丝上直接生出，单个或成簇突破寄主表皮，形成白色子实层。担子棍棒状，无色，成熟后顶生 2~4 小梗，上生担孢子。担孢子倒卵形，有时略弯曲，单胞，无色，有时生 1~4 分隔，大小为 (14.6~22.8) μm × (6~7.8) μm（图 2-2）。

该病菌菌落呈圆形，中央凸起，表面不光滑，边缘不整齐，正面为茶黄色，周缘为乳白色。它的生长率较慢，直径增长率约为每天 0.8~1.6mm。菌丝体无色，有隔。该菌菌丝生长及孢子萌发在 15~31℃ 的范围内均

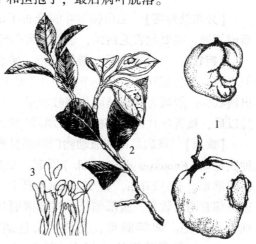

图 2-2 油茶叶（果）肿病（仿杨可四、梁子超）
1. 病果 2. 病枝、叶 3. 病菌的担子和担孢子

能生长，25~28℃ 为其适宜的生长温度，最适温度是 25℃，低于 10℃ 或高于 35℃ 停止生长；在 pH 3~7 的范围内均能生长，适宜生长的 pH 范围为 5~6，最适的 pH 值为 5.5，pH 值低于 2 或高于 8 停止生长，最适的相对湿度是 100%。

【发病规律】 该病原为强寄生菌。病菌以菌丝体在病组织内过冬，翌年春天产生担子和担孢子，担孢子随风传播。侵染当年新抽发的各幼嫩组织，潜育期为 7~17d。每年发生 1~2 次，以第一次为主（春末夏初为第一次，秋末为第二次）。

本病的发生与气温、日照和湿度有密切关系，最适温度为 12~18℃。在低纬度地区，如广西南部，病菌以越夏方式潜伏。日照每月在 70~80h，云量在 25% 以上的阴天达半月以上时，有利于本病的发生。所以如果春季潮湿多雨、林分过密、阴湿，则油茶容易发病；油茶林偏施氮肥，寄主生长柔嫩，则发病重；更新分蘖枝及树冠中下部发病重；高山区油茶比丘陵或平原发病重。

据初步观察，发病期担孢子成熟飞散，借风雨传播。环境条件适宜时，被侵染的嫩叶在当年春季发病，叶片局部出现肿块，后导致落叶；环境条件不适宜时，病菌则以菌丝体形态在植物组织内潜伏，待来年春季条件适合时侵染发病。

细叶小果油茶比较抗病，因春季萌动较迟，常在发病后期尚未萌动，因而避开了病菌侵染。大叶中果油茶、大果油茶萌动早，发叶快，新叶抽出时，恰好是发病的适宜时节，所以较易受感染。

【防治措施】

① 物理防治　在早春，担孢子成熟前及早摘除病叶、病果，烧毁或土埋，减少侵染来源。加强油茶林的抚育管理，使之通风透光，提高寄主的抗病力。

② 化学防治　在重病区可于每年春季展叶时喷 1:1:100 的波尔多液，或 500 倍敌克松液或 $0.3°\sim0.5°Be$ 石硫合剂。

(3) 毛白杨皱叶病 (Leaf curl of China white poplar)

【分布及危害】　毛白杨皱叶病分布于山东、河南、河北、北京、山西、陕西、甘肃、新疆等地。主要危害毛白杨，也可危害山杨、青杨。从苗木到大树均可受害。

【症状】　叶片被害后，皱缩变形，肿胀变厚，卷曲成团，呈紫红色，形成大小球状，似鸡冠，故名皱叶病。在一个芽中几乎所有叶片都受害。春季当冬芽开始舒展后，即表现出病状，一般被害芽较健康芽展叶较早。以后随着叶片的生长，皱叶亦不断增大。直到 6 月以后，被害叶片逐渐干枯，呈"绣球"状，悬挂在树上，若遇大风，则大量脱落。

【病原】　该病是由节肢动物门蜱螨目瘿螨属的一种四足螨 (*Eriophyes dispar* Nal.) 引起。成螨黄褐色，体圆锥形，长 125μm，宽 27.5μm，具有多数环纹。近头部有两对软足。腹部细长，尾部两侧各生有一根细长的刚毛。卵椭圆形，光滑，无色透明，直径 40～50μm。幼螨体形比成螨小，体色浅，环纹不明显。若螨形似成螨，体色浅，呈乳白色至浅黄色，体壁环纹不明显(图 2-3)。

【发病规律】　四足螨在毛白杨冬芽鳞片间越冬。据调查，由顶芽向下数第 1～11 个芽受害最多，占被害芽总数的 89.7%，尤其集中在第 5～8 个芽中；第 19 个芽以上，已基本无被害芽。调查中还发现，绝大多数枝条上只有 1 个冬芽被害，少数枝条为 2～3 个。

图 2-3　毛白杨皱叶病
1. 病状　2. 病原螨

由于四足螨在冬芽内越冬，因此病害可随苗木的调运作远距离传播。风能否作为传播媒介，尚需继续研究。定期镜检皱叶病，当皱叶刚一出现，即可见到越冬的成螨，5 月中旬可见到大量四足螨，肉眼观察在病叶上像一层土黄色的粉状物。不同类型的毛白杨单株受害程度则不相同。发芽较迟，枝条细长或弯曲的植株，被害严重。雄株普遍受害，雌株尚未发现被害者。

【防治措施】

① 物理防治　幼树发芽后，摘除病芽，集中烧毁或埋入土中，可收到良好的防治效果。

② 化学防治　在发芽前喷 $5°Be$ 石硫合剂。5 月中旬至 6 月上旬，当四足螨大量出现时，喷 1 次 $0.2°Be$ 的石硫合剂，或 40% 乐果乳剂 800 倍液。

(4) 漆树瘿螨病(Leaf curl of true lacquer tree)

【分布及危害】 漆树瘿螨病分布于陕西、甘肃、河南、江苏、浙江、福建、湖北、江西、广西、湖南、云南、四川、贵州等地的漆树栽培区。漆树瘿螨主要危害树木的嫩叶、嫩芽、嫩枝等，常使漆树幼苗、幼树大量死亡，生漆产量下降，引起经济上的重大损失。一般以幼苗和5年生以下幼树受害较重，幼树感病后生长不良，生长量降低，开始割漆年限比健康林木推迟3～5年。

【症状】 漆树感染此病后，病部表现组织增生，瘿瘤出现。瘿瘤表面有绒毛，初为淡绿色，后变为深绿色，在强烈阳光照耀下，颜色可转变为鲜艳的朱红色，8、9月时呈黄褐色并逐渐枯萎。因受病部位的不同，瘿瘤的形状也不一致。病株主干上出现球形直径约2cm左右的瘿瘤；病株顶梢的瘿瘤呈棒状；侧芽受害后呈穗状，不规则；叶片受害后叶背凹陷，叶面突出，整个叶片皱缩变形。

【病原】 为一种瘿螨(*Eriophyes* sp.)。瘿螨体呈锥形，雌螨体色浅黄或朱红，体壁由62～67个环纹组成，近头部有足两对。体长90～160μm，宽45～70μm。雄螨比雌螨小，卵形、透明，大小为17μm×45μm。瘿螨发育周期短，繁殖量大，为两性生殖或孤雌生殖，世代重叠，生长发育最适温度为18～26℃，气温低于6℃瘿螨潜伏不动，6～8℃开始活动取食，8℃以上可产卵繁殖(图2-4)。

图2-4 漆树瘿螨病
(仿周仲铭，1990)
1. 症状 2. 瘿螨

【发病规律】 漆树瘿螨每年秋季在芽鳞下越冬，近距离主要靠风传播，远距离靠漆苗调运传播。漆树生长期间，瘿螨活动危害，漆树休眠期间，瘿螨活动减弱。树木先期以叶片受害为主，5月底至6月初即达到全年发病的最高峰。6～7月份病情稳定，7月下旬漆树抽发新梢，病情再次加重，8月上中旬出现第二次发病高峰，以后病情逐渐消退，9～10月份，病情停止发展。

不同的地区，年份、气温的不同，病害发生的时期各异。一般说来，该病常在漆树萌动15～20d开始，这一特点可作为监测该病是否进入发生时期的可靠物候标志。

【防治措施】

① 检疫 漆树的远距离传播主要靠苗木调运，因此，提倡就地播种育苗造林，苗木出圃时应严格检查，若发现病原应杀死后才可栽植，重病苗应烧毁。

② 化学防治 在严重发病地区，必要时有限度地进行化学防治。可在每年4月下旬和7月中旬各喷洒一次0.5°Bé或0.7°Bé的石硫合剂，也可在4月下旬喷洒一次40%乐果乳剂800倍液，防治效果较好。

③ 保护天敌 有钝绥螨和蓟马是漆树瘿螨的天敌，应注意加以保护。

2.2.2 白粉病类

【分布及危害】 白粉病是多种阔叶树上最普遍的一类病害，广泛分布于我国各省（自治区），杨树、柳树、苹果、核桃、枫杨、桤木、板栗、榆树、朴树、刺槐、橡胶树、山楂、梭梭等多种林木和果树上都有白粉病，其主要危害叶片，有的还危害嫩梢、花、果实。裸子植物上没有发现。

一般情况下白粉病对林木的危害并不严重，但对经济林木、果树以及一些嫩梢嫩叶的危害应引起注意。历史上最有名的病例是葡萄白粉病（*Uncinula necator*）由美洲传至欧洲，在1845年后一段时间，欧洲葡萄白粉病大流行，使法国等地的葡萄蒙受极大损失。我国目前白粉病的危害有加重趋势，其中比较重要的白粉病，如橡胶白粉病（*Oidium heveae*），危害嫩叶、嫩梢及花序，使叶片早落，甚至造成枝梢枯死，落花落果，影响胶液产量。桑白粉病（*Phyllactinia moricola*）危害桑叶，在广东由于发病较早，病叶喂蚕影响蚕的发育。在其他地区，该病的危害也严重影响了桑叶的产量和质量。板栗的两种白粉病（*Phyllactinia roboris*）和（*Microsphaeria alni*）在苗圃和幼树普遍发生，危害叶和嫩梢，对苗木和幼树生长影响很大。月季白粉病（*Sphaerotheca rosae*），在北方地区分布广，危害重，使月季嫩梢变粗，不开花，很快枯死。黄栌白粉病（*Uncinula verniciferae*）在北京香山及山东济南红叶谷等多处风景名胜区发生严重，引起叶片早落或红叶不红，使景观造成很大破坏。山楂白粉病（*Podosphaera clandesrina*）危害果实后可引起果实品质的急剧下降甚至造成绝产，严重影响山楂的持续发展。

【症状】 白粉病最明显的特征是由表生的菌丝体和粉孢子形成白色粉末状物。后期在白色粉末层中产生初为淡黄色、后颜色逐渐加深、最后成黑色的小颗粒，即为白粉菌的有性繁殖结构—闭囊壳。大多感染白粉病的叶片本身没有明显变化，一般仅在着生白粉层处，稍褪色呈淡黄色斑。除上述的症状外，另一类症状是病叶皱缩，扭曲，在皱缩部叶背面生有白粉，如桃白粉病（*Podosphaera tridactyla*）；第三类症状是嫩叶变成披针形，成簇向上，叶表长满一层白粉，如苹果白粉病（*Podosphaera leucotricha*）；第四类症状是嫩枝变粗或病部肿起，树枝上长满白粉层，果实感染白粉菌后常发生锈斑和凹陷，形成僵果，如苹果白粉病。

树木白粉病中白粉层的浓淡不仅在不同种白粉病中有差异，而且在不同季节中同种白粉病的白粉层也有浓淡之别，一般白粉病在生长季节前期，主要进行无性繁殖，大量产生分生孢子时期，白粉层十分明显，很浓，在后期，进入产生有性阶段闭囊壳时，无性阶段分生孢子产生减少或停止，白粉层就变淡或不明显。

【病原】 白粉病是由子囊菌门白粉菌目（Erysiphales）的真菌引起，白粉菌的主要形态特征是无性繁殖产生椭圆形、圆桶形或圆锥形的分生孢子，分生孢子无色，单生或串生，生于分生孢子梗上；有性生殖形成没有孔口的闭囊壳，生在表生菌丝上或埋生菌丝中，初期淡黄色，后变黄褐色、褐色，到黑褐色、球形、陀螺形、扁球形。闭囊壳上生丝状、节指状、球针状、叉丝状、钩状等不同形态的附属丝，闭囊壳内有子囊1至多个，子囊椭圆形、倒梨形、棍棒形，基部有一短柄，子囊内有子囊孢子2~8个，少数只有一个子囊孢子。子囊孢子椭圆形或圆形。但有的白粉菌不产生闭囊壳，如橡胶白粉病（*Oidium heveae*）。

白粉菌的菌丝体多数生于寄主表面，表生的菌丝产生膨大的附着胞，从附着胞产生侵入丝，伸入寄主表皮细胞内并产生吸器，以吸收养分，但也有以部分菌丝从寄主气孔进入叶肉中层，再生吸器伸入寄主细胞吸收养分的，如球针壳属（*Phyllactinia*）及多针壳属（*Pleochaeta*）的白粉菌。还有少数白粉菌的菌丝都进入寄主组织内，如内丝白粉菌（*Leveillula*）属的白粉菌，它们只有到形成分生孢子时，才从寄主气孔伸出分生孢子梗及表生菌丝。一般白粉菌表生菌丝在一定时期内产生直立的不分枝（极少数有分枝）的分生孢子梗及分生孢子。

白粉菌全部是专性寄生菌，专化性很强，一般情况下寄主范围较窄，有不少白粉病菌的寄主范围仅限于同科内几个属的植物，有的甚至仅限于同属的几种植物，如苹果白粉病菌只能寄生在苹果属的苹果、花红、海棠等树上，有时侵染杜梨。

有人将白粉菌可分为3种类型，一类是耐旱类，它主要发生在荒漠地区的植物上，如内丝白粉菌属（*Leveillula*），主要分布在内蒙古、青海、宁夏和新疆。第二类是喜潮湿类，它主要发生在河谷、山区等植物上，如叉丝壳属（*Microsphaera*）、钩丝壳属（*Uncinula*）等。第三类是中间类型，如白粉菌属（*Erysiphe*）等。

【发病规律】 白粉菌的越冬方式有两种：一是以闭囊壳在病叶、病枝上越冬，翌年春，在放叶期闭囊壳破裂，释放出子囊孢子进行初次侵染，潜育期只有几天，很快就会产生分生孢子，并随风散布，进行再次侵染。如此往复，直至秋季或寄主停止生长以及衰老时产生闭囊壳。另一类是以菌丝体在芽鳞内越冬，翌年芽刚开放，嫩叶嫩梢就可能被侵染。而在南方和北方温室的植物，白粉菌只有分生孢子阶段，无需越冬。

大多白粉菌是比较耐旱的真菌，对湿度的适应范围较广，在相对湿度30%~100%内均可发芽，其中以75%~80%最为适宜，一般分生孢子在水面和水中均不萌发。有人认为白粉菌在干旱的条件下发病重，是由于寄主受旱降低了细胞膨压，削弱了寄主抗病力所致。

白粉菌对温度的要求，一般最适约在11~28℃，平均气温在22℃。白粉菌耐热的能力低于其寄主。一般认为高低温的交替有利于白粉病菌的生长发育，有人观察到温度的交替对闭囊壳和子囊孢子的形成是有利的。温度可能影响白粉菌对其他环境因子的反应。

白粉菌对光照的要求因种类而异，大多白粉菌在隐蔽条件下比在充足的阳光下生长要好，但黄栌白粉病（*Uncinula verniciferae*）等病菌的菌丝、分生孢子及闭囊壳只发生在叶片向阳的一面，背阴面经人工接种也不生长。有些白粉菌喜隐蔽的一面，可能是降低了温度和增加了湿度。光照对白粉菌的直接作用是可以增加孢子的萌发，但分生孢子暴露在强的日光下3~5h即会丧失其萌发力。

除上述温度、湿度和光照3个因子对白粉菌直接影响外，土壤的肥力对白粉病的发生也有一定的影响。如果偏施氮肥缺少钾肥，植物会徒长，抗病力下降，白粉病常发生严重。所以，在温暖而干燥、较弱的光照和肥沃的土壤条件下，有利于白粉病的发生。

【防治措施】

① 清除侵染来源 对以菌丝在嫩梢芽鳞中越冬的，应在春天萌芽和嫩梢初发之际及时检查，剪除病梢并集中烧毁，可以减少其蔓延扩展的机会。

② 林业技术措施 苗圃地幼苗不要太密，应及时间苗，合理密度，注意通风透光。

幼林及时修剪下部被压枝条和根蘖苗,可促使幼林生长健壮,增强抗病性。对于经济林和果园应加强管理,施肥时应注意低氮高钾以减轻白粉病的发生。

③ 化学防治 由于一般白粉菌菌丝表生的特点,喷洒对白粉菌极敏感的药剂,能起到铲除和治疗的效果,一般以硫素剂的效果较好,通常喷胶体硫。在萌芽发叶前喷 $3°\sim 5°$Be 的石硫合剂,在生长期喷 $0.2°\sim 0.5°$Be 的石硫合剂,或用70%的甲基托布津可湿性粉剂800~1000倍液等喷2~3次,都可取得良好的效果,新的内吸性杀菌剂均可以起到很好的防治效果。

④ 选育和利用抗病品种 如在防治苹果白粉病及橡胶白粉病等工作中都已开始注意并利用抗病品种。

(1) 板栗白粉病(Powdery mildow of chestnut)

【分布及危害】 分布于辽宁、吉林、河北、河南、四川、贵州、云南、山东、安徽、江西、湖南、湖北、江苏、浙江、广东、广西等地。危害板栗成林和苗木的嫩叶、嫩梢,导致叶片枯黄早落,枯梢,植株生长停滞,板栗产量下降,育苗失败。

【症状】 板栗白粉病表现2种症状特征:表白粉病,可危害板栗叶片,嫩梢和叶芽,以感病叶片、嫩梢和芽等幼嫩组织表面着生一层灰白色粉霉状物为特征。受害叶片上白粉层可生于叶正面或背面。其二是里白粉病,发病初期从叶面可见不规则形的褪绿黄斑,尔后,在叶片背面产生淡灰白色菌丝和白粉层。入秋后在白粉层上产生淡黄色—棕黄色—黑褐色的小球状物,即闭囊壳。感病的嫩梢,表面有灰白色粉层,尔后干枯,嫩芽受害,往往叶片不能伸长,若幼叶局部染病,则通常扭曲变形。

里白粉病与表白粉病在症状上的主要区别是:病菌的菌丝部分内生,白粉层较为淡薄;且均在叶背面,而没有着生于叶正面。闭囊壳比表白粉病菌约大3倍,肉眼易于区别。

【病原】 表白粉病是由子囊菌门白粉菌目的中国叉丝壳菌(*Microsphaera sinensis* Y. N. Yu)引起的,闭囊壳直径78~100μm,平均88.2μm。附属丝4~13根,顶端叉状分枝4~6次,全长90~110μm。子囊2~6个,多为3~4个,卵圆形至长卵圆形,(43~63)μm×(34~54)μm。子囊孢子7~8个,大小为(16~24)μm×(8~15)μm。无性型为栎粉孢霉菌(*Oidium quercinum* Thum.)。分生孢子梗直立,不分枝,顶生成串的分生孢子。分生孢子单胞,卵形或椭圆形,大小为(32~39)μm×(16~24)μm。我国南方主要出现此菌的无性型,甚至不产生有性型。里白粉病由栎球针壳[*Phyllactinia roboris*(Gachet) S. Blumer]引起。闭囊壳直径214~250μm,平均247μm。附属丝针状,基部膨大,10~20根,长460~467μm。子囊15~30个,多为长卵形,(46~67)μm×(29~30)μm,子囊孢子2~3个,单胞,椭圆形,无色或淡黄色,大小为(28.5~44.3)μm×(17.2~24.6)μm。无性型为拟小卵孢菌的一种(*Ovulariopsis* sp.)。分生孢子梗直立,不分枝,分生孢子单个生于孢子梗顶端,草履虫状,大小为(50~120)μm×(8~15)μm(图2-5)。

【发病规律】 病菌以闭囊壳在板栗病落叶、病梢或土壤上越冬,翌年春,由闭囊壳放出子囊孢子,借气流传播到嫩叶、嫩梢上进行初侵染,表白粉病通常于4月上、中旬于新叶上出现辐射状白色霉斑,逐渐发展成白色霉层,4月中、下旬产生分生孢子,进行再次

图 2-5 板栗白粉病
板栗表白粉病：1. 症状　2. 病菌的闭囊壳和附属丝　3. 病菌的无性孢子
板栗里白粉病：4. 症状　5. 病菌的闭囊壳和附属丝　6. 病菌的无性孢子

侵染。里白粉病出现稍晚，5月中旬发病叶面才出现不规则黄色斑，随即在叶背面散生稀疏的白粉层上产生分生孢子，成为整个生长季节再侵染源。入秋亦形成闭囊壳，在病落叶或病梢上越冬。

板栗林或苗木过密，地势低洼潮湿，通风透光不良，光照不足，有利于病菌侵染和流行；圃地偏施氮肥，而磷钾不足，苗木徒长发病重；不同板栗品种对白粉病的抗性差异较显著。

【防治措施】　参照白粉病类概述中的"防治措施"进行防治。

(2) 桑白粉病 (Powdery mildew of mulberry)

【分布及危害】　世界性分布，在我国北京、江苏、浙江、安徽、湖南、福建、湖北、四川、贵州、云南、陕西、甘肃、宁夏和台湾等地均有分布，被害桑叶提早硬化，养分被消耗，影响秋蚕饲养，严重时导致树势下降，使翌年春叶减产。

【症状】　受害桑叶，初在叶背面产生白色且分散、细小的霉斑，逐渐扩展，以至遍及全叶成白色粉霉层。病斑的相应部位，在叶片正面出现褪色，变成淡黄色至褐色。在叶背面白粉层上，后期出现密生淡黄色，渐变为棕色，最后呈黑褐色小粒点，即病菌的闭囊壳。

【病原】　由桑生球针壳[*Phyllactinia moricola* (P. Henn.) Homma.]引起。闭囊壳扁球形至双凸透镜形，直径 158~277μm，平均 188.2μm。附属丝 4~25 根，针形，基部膨大呈球形，长 109~354μm。子囊 5~45 个，多为 15~24 个，长卵形至近柱形，大小为 (50~94) μm×(15~49)μm。子囊孢子多为 2 个，罕为 3 个，单胞，椭圆形，大小为 (19.4~44.5) μm×(14.8~29.5)μm(图2-6)。

【发病规律】　病菌以闭囊壳在病组织上越冬，翌年春夏散发出子囊孢子，进行初次侵染，经潜育后从寄主叶背病斑上产生分生孢子，进行再侵染，扩大危害。病菌生长适温为

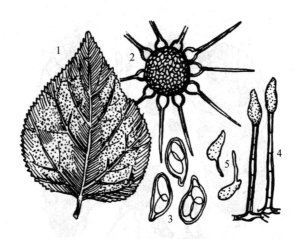

图 2-6 桑白粉病
1. 病叶　2. 闭囊壳和附属丝　3. 子囊和子囊孢子
4. 分生孢子梗和分生孢子　5. 分生孢子萌发

22~24℃，孢子萌发时湿度要求严格，相对湿度在 30%~90% 时都能萌发，温度较高且多雨湿的气候条件有利于病菌繁殖，一般在入秋后桑叶将硬时发病，以 9~10 月间发病重，桑叶硬化较早的桑树品种发病较重。

【防治措施】　参照白粉病类概述中的"防治措施"进行防治。

(3) 梭梭白粉病 (Powdery mildow of saxoul)

【分布及危害】　主要分布于干旱地区的内蒙古、甘肃、宁夏和新疆等地，梭梭白粉病是梭梭重要的病害之一，常造成大片梭梭林的严重病害。

【症状】　梭梭叶退化，白粉病发生在具有光合作用的绿色枝条上。开始时，一段段地变为淡黄色或淡黄绿色，并有水肿现象，2~3d 后变色病斑上出现稀疏的粉霉，白粉越长越厚，最后成毡状。此时，在白粉层中出现淡黄色至黄褐色的小点，密集，埋生于由菌丝体组成的白粉层中，发病轻时，仅仅是一段段的绿枝被白粉覆盖，发病严重时，全枝被白粉层覆盖，甚至引起枝条的枯死。

【病原】　由猪毛菜内丝白粉菌 [*Leveillula saxaouli* (Sorokin) Golovin] 引起。分生孢子单胞顶生，初生分生孢子圆柱形，两端多有一环带状膨大，顶端渐尖，呈锥状，基部渐细后平截，大小为 (33~60) μm × (16~24) μm；次生分生孢子圆柱形。闭囊壳埋生于菌丝体中，褐色至暗褐色，扁球形，或中央凹下呈碗状，直径 160~243 μm；附属丝丝状，有分枝，短于闭囊壳直径；子囊 10~19 个；子囊倒卵形、长椭圆形，具柄，子囊孢子 2 个，椭圆形、窄卵形，大小为 (17~48) μm × (13~33) μm (图 2-7)。

【发病规律】　病菌以闭囊壳在病枝上越冬。据调查，凡生在沙丘后面低洼较阴湿地方的梭梭林发病率高，而生长在沙丘顶、半固定性沙丘等地方的梭梭林发病率低。在沙丘立地条件下发病轻，在土质立地条件下，多是在沙丘间平地、河谷等处发病重。此外，白粉病的发病轻重与沙鼠危害成正比，沙鼠危害重的地区白粉病的发病率也较高，这可能是由

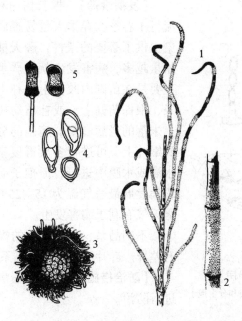

图 2-7 梭梭白粉病(仿新疆森林病害调查研究成果)
1、2. 病枝 3. 闭囊壳 4. 子囊及子囊孢子 5. 分生孢子

于沙鼠咬断了枝条,引起不定芽萌发,树枝多而密,适于病菌侵染;另一种可能是沙鼠危害后,树势减弱,抗病力降低所致。

【防治措施】 参照白粉病类概述中的"防治措施",结合当地实际条件进行防治。

(4)橡胶白粉病(Powdery mildow of rubber)

【分布及危害】 白粉病是橡胶树的重要叶部病害。在云南、广西、广东、福建、海南各地橡胶栽植区均有分布。该病主要危害橡胶树的嫩叶、嫩芽、嫩梢和花序。严重发生时能引起大量落叶落花,导致树势衰弱,枝梢枯死,影响胶树开割时间,胶乳减产,种子歉收。

【症状】 本病主要侵染橡胶树的幼嫩部分,嫩芽开始萌动就可受到侵染,严重时半萌动的芽即被害枯死。嫩叶两面均会被侵染,初产生淡黄色油点状病斑,后扩大成不规则斑,上生白色菌丝体和粉状分生孢子。叶片老化后病斑即停止扩大,最后病斑变成褐色,尚未完成伸展的嫩叶受害后,叶片失去光泽,皱缩,容易脱落,但叶柄仍残留一段时间,花穗感病后,雄蕊大量脱落,花梗上长满白色菌丝体,严重时花序枯死脱落。

【病原】 无性型菌物橡胶树粉孢菌(*Oidium heveae* B. A. Steinm.)。菌丝表生,伸入寄主叶片表皮细胞内的吸器为梨形。分生孢子梗直立,单生。分生孢子卵形至椭圆形,大小$(32\sim45)\mu m \times (17\sim27)\mu m$;尚未见其有性型。菌丝存活期长,可达 2~3 个月,有时可活 4~5 个月(图 2-8)。

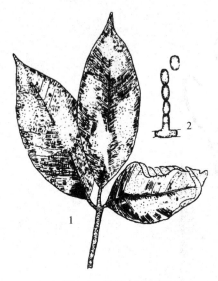

图 2-8　橡胶树白粉病
1. 病叶　2. 病菌的分生孢子梗和分生孢子

【发病规律】　橡胶树白粉病可周年发生，但主要流行于春季，春季大量易感病的嫩叶组织为病菌的侵染提供了必要的条件，春天抽叶过长，病菌繁殖和积累量越多，病害发生就越严重。白粉病菌的活动场所主要是在苗圃内胶苗上及林下自生苗和断树的萌生枝条、根株萌蘖上，或补植幼树上，也有的存活在胶树上未落的老病叶上。病菌的分生孢子借气流传播，达到嫩叶上，可进行多次再侵染。病菌的侵染不需要在水滴或水膜中进行，但孢子萌发需要较高的湿度；白粉病发展最适气温为 15~25℃。高湿、低温、阴暗多雾天气有利于病害发生。

不同品系、不同种源的橡胶树对白粉病的抗病性有差异。叶片角质层厚的品系较角质层薄的抗病性强。

【防治措施】　参照白粉病类概述中的"防治措施"进行防治。

(5) 黄栌白粉病 (Powdery mildow of smoke tree)

【分布及危害】　黄栌白粉病是黄栌上的重要病害。该病主要分布在北京、辽宁、河北、河南、山东、陕西、四川等地，其中北京、济南、西安的黄栌发病最严重。白粉病对黄栌最大的危害是秋季红叶不红，变为灰黄色或污白色，失去观赏性。

【症状】　白粉病主要危害叶片。发病初期，叶片正面出现针尖大小的白色粉点，逐渐扩大成为污白色的圆斑，犹如水滴溅起的泥浆所形成的泥斑，不易发现，但病斑最后发展成典型的白粉斑，病斑边缘略呈放射状。发病严重时，白粉斑往往相连成片，整个叶片被厚的白粉层所覆盖。发病后期白粉层上出现白色、黄色、黑色的小点粒，此时白粉层逐渐消解，叶片褪绿，黄栌叶片不变红而呈黄色，引起早落叶。发病严重时嫩梢也受害。连年发生使树势削弱。

【病原】　由漆树钩丝壳[*Uncinula verniciferae*(Henn.) U. Braun & S. Takam]引起。分生孢子柱形、桶形、串生，大小为(27.0~33.5)μm×(12.5~16.6)μm；秋季在白粉层上散生或聚生小颗粒状物，即闭囊壳。闭囊壳暗褐色，扁球形，直径 112~126μm；附属丝 14~26 根，无色，长度为闭囊壳直径的 1~1.5 倍，顶端卷曲呈钩状。子囊 3~13 个，多为 5~8 个，卵形、近球形、无色，大小为(43.2~63.8)μm×(33.8~43.2)μm；子囊孢子 4~8 个，长卵形、卵形、矩圆形，大小为(15.0~29.1)μm×(10.2~15.2)μm(图 2-9)。

【发病规律】　病原菌以闭囊壳在病枯

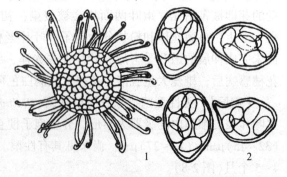

图 2-9　黄栌白粉病(仿观赏植物病害)
1. 闭囊壳　2. 子囊孢子

落叶上越冬，成为次年的初侵染来源；也可以以菌丝在病枝条上越冬，在温湿度适宜条件下次年春季直接产生分生孢子进行初侵染。孢子由风雨传播，雨水对闭囊壳涨发及子囊孢子的释放有重要作用；病菌直接侵入。子囊孢子6月中、下旬释放。子囊孢子和分生孢子的萌发适温为25~30℃。6月底或7月初叶片上出现白色小粉点。潜育期10~15d。生长季节有多次再侵染。植株密度大、通风不良发病重；山顶部分的树比窝风的山谷发病轻。黄栌生长不良发病重；黄栌和油松等树种混交比黄栌纯林发病轻；分蘖多的树发病重。

【防治措施】 参照白粉病类概述中的"防治措施"进行防治。

(6) 苹果白粉病 (Powdery mildow of apple)

【分布及危害】 苹果白粉病在全国苹果产区普遍发生。除危害苹果外，也能侵染花红 (*Malus asiatica*)、海棠 (*M. apectabilis*)、山定子 (*M. baccata*) 等。主要危害幼苗及大树的新梢嫩叶，使其卷曲萎缩，甚至枯死，有时也危害花及幼果，造成落花落果或畸形果。

【症状】 主要危害新梢、叶片、芽和花，病害严重时，也危害果实。病芽在春季萌发较晚，抽出的新梢和嫩叶上覆盖一层白粉，病梢变细，节间缩短，叶片狭长，叶缘常向上卷曲，逐渐变褐而枯死。病芽瘦小，鳞片闭合不严密。花器受害，花萼、花梗畸形，花瓣细长、扭曲，干枯脱落。在生长期，幼叶染病后，叶正面生成褪绿斑，叶背面产生白粉层，纵向卷曲。幼果发病，多在萼洼或梗洼产生白粉状斑，逐渐形成网状锈斑，果面常形成裂纹。发病部位后期的白粉层中常出现很多黑色小粒点（即闭囊壳），特别是在病梢、叶柄及叶腋处小黑粒点密集成片。

【病原】 白叉丝单囊壳 [*Podosphaera leucotricha* (Ellis & Everh.) E. S. Salmon]。分生孢子椭圆形、单胞，大小为 $(22~27)\mu m \times (14~17)\mu m$。闭囊壳圆球形、褐色，表生3~10根直立的长附属丝，附属丝上部1~2次叉状分枝或不分枝，闭囊壳基部还有一种短而屈曲的附属丝，菌丝状。闭囊壳直径为45~96μm，内生1个子囊；子囊无色，椭圆形、近球形，大小为 $(45~75)\mu m \times (31.5~67.5)\mu m$；子囊孢子8个，无色，单胞，卵圆形，大小为 $(15.0~30.0)\mu m \times (8.8~30.0)\mu m$（图2-10）。该菌不常产生或很少产生闭囊壳，而无性繁殖很发达。

【发病规律】 该病菌主要靠菌丝潜伏在芽鳞内或其间越冬。翌年春季气温10℃时，5d后越冬病菌即产生分生孢子侵染。气温升高到21~25℃、相对湿度70%以上时，有利于分生孢子繁殖和传播。子囊孢子的侵染作用不明显。病害潜育期3~6d。春梢生长期危害最重，夏季发病停滞，秋梢生长期再度蔓延危害。凡春季温暖干旱，夏季多雨凉爽，秋季少雨晴朗则利于发病。苹果品种间抗病性有差异，倭锦、红玉、红星、乔纳金、国光、大国光、祝光、印度等易感病。金冠、元帅、白龙等发病轻。

在果园管理粗放，肥水不足，或苗木栽植过密、生长过旺、土壤潮湿的苗圃，白粉病的发生较重。修剪不当，造成树势衰弱，抗病力降低，或留枝过密，保留病原相对增多，均有利于白粉病的发生。

【防治措施】 参照白粉病类概述中的"防治措施"进行防治。

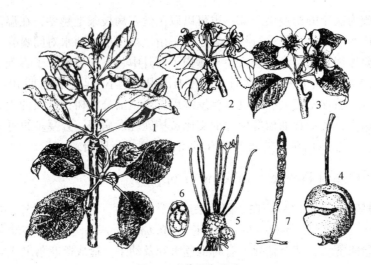

图 2-10 苹果白粉病
1. 病叶　2. 病花　3. 健康花　4. 病果　5. 闭囊壳
6. 子囊　7. 分生孢子梗和分生孢子

(7) 紫薇白粉病(Powdery mildow of crape myrtle)

【分布及危害】 紫薇白粉病在我国普遍发生。据报道，云南、四川、湖北、浙江、江苏、山东、上海、北京、湖南、贵州、河南、福建、台湾等地均有发生。苗木、幼树、成年树均可受害，以苗木受害较重，影响紫薇正常生长，降低经济价值和观赏价值。

【症状】 白粉病主要侵害紫薇的叶片，嫩叶比老叶易感病，嫩梢和花蕾也能受侵染。叶片展开即可受侵染。发病初期，叶片上出现白色小粉斑，扩大后为圆形病斑，白粉斑可相互连接成片，有时白粉层覆盖整个叶片。叶片扭曲变形，枯黄早落。发病后期白粉层上出现由白而黄，最后变为黑色的小点粒——闭囊壳。花蕾染病后，亦在表面出现白色粉霉，并产生褪色斑，严重时不能正常开花。花期受病则花瓣上产生不规则褪色斑，表面亦生白色粉霉，后期呈萎蔫状，提早脱落。

【病原】 由南方小钩丝壳菌[*Uncinuliella australiana*(McAlpine) R. Y. Zheng & G. Q. Chen]引起。分生孢子生于棍棒状的分生孢子梗上，分生孢子单胞，椭圆形，大小为(25.5~32.4)μm×(13.5~16.7)μm。闭囊壳聚生或散生，暗褐色，球形至扁球形，直径70~142μm。附属丝有长短二型：长型附属丝常6~28根，不分枝，直或弯曲，上下近等粗，长约子囊果的1~2倍，顶端钩状或弯曲1~2圈；短型附属丝10~28根，弯管形或其他形，大小为(8.3~22.9)μm×(2.5~5.2)μm。子囊3~5个，卵圆形或近球形，大小为(48.3~58.4)μm×(30.5~40.6)μm；子囊孢子5~7个，卵形或矩圆形，大小为(17.8~25.4)μm×(10.2~15.2)μm(图2-11)。

【发病规律】 病原菌以菌丝体在病芽或以闭囊壳在病落叶上越冬，次年春释放子囊孢子，经气流传播，或潜伏于叶芽的菌丝随叶芽萌动而开始活动，侵染新抽出的嫩叶，经潜育后，菌丝迅速布满全叶，并产生大量分生孢子，分生孢子由气流传播，生长季节有多次再侵染。分生孢子萌发最适宜的气温为19~25℃，气温范围为5~30℃，空气相对湿度为

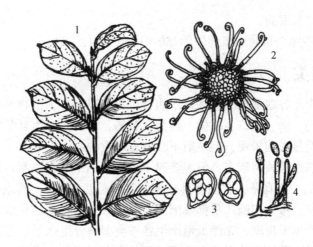

图 2-11　紫薇白粉病
1. 病叶　2. 闭囊壳和附属丝　3. 子囊和子囊孢子　4. 分生孢子梗和分生孢子

100%，有自由水存在时更有利于萌发。分生孢子的萌发力可以持续 15d 左右，侵染力维持 13d。栽植过密，通风透光不良、偏施氮肥，有利于病害发生。春季冷湿的天气，发病较重，高温季节病害停止发生。紫薇白粉病主要发生在春、秋季，秋季发病危害最为严重。

【防治措施】　参照白粉病类概述中的"防治措施"进行防治。

(8) 刺槐白粉病 (Powdery mildow of locust)

【分布及危害】　北京、山东等地有分布。侵染刺槐 (*Robinia pseudoacacia*)，对幼苗、萌芽条的危害较重。

【症状】　白粉层多发生在叶片表面，初为不规则的斑块，后逐渐扩展布满叶片，有时叶背面也生有白粉层。白粉层是病菌的菌丝体、分生孢子梗和分生孢子。秋后白粉层中形成黄褐色渐变为黑褐色的小粒点，是病菌的闭囊壳。嫩梢受害，白粉层明显，常造成枝条扭曲。

【病原】　由刺槐叉丝壳 (*Microsphaera robiniae* F. L. Tai) 引起，闭囊壳聚生，扁球形或半球形，直径 71~146μm，附属丝 5~25 根，长 216~278μm，为闭囊壳直径的 1.3~3.2 倍，弯曲或直，曲折或屈膝状，顶端二叉状分枝 3~7 次。子囊 4~21 个，多为 4~10 个，卵形或长卵形、椭圆形，大小为 (40~67)μm×(26~41)μm；子囊孢子 4~8 个，卵形或椭圆形，大小为 (14.5~23.3)μm×(9.1~14.6)μm (图 2-12)。

【发病规律】　病菌以闭囊壳在病落叶或病梢上越冬，翌年春闭囊壳释放出子囊孢子，随风传播到叶片上，进行初侵染。分生孢子可以进行多次再侵染。常在 5 月中下旬开始发病。苗床上苗木密度过大，阴湿等不利环境条件有利于发病。苗

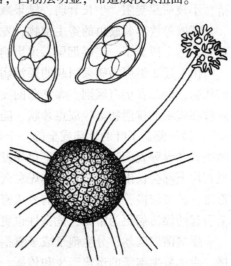

图 2-12　刺槐白粉病菌的闭囊壳、子囊和子囊孢子

木徒长、枝梢幼嫩也易发病。

【防治措施】 参照白粉病类概述中的"防治措施"进行防治。

2.2.3 煤污病类

煤污病是我国南北各地常见的一种林木病害，分布广，寄主植物种类多，不仅危害多种阔叶树，如毛白杨、柳、油茶、柑橘、竹类、黄杨、海桐等，而且危害针叶树，如华山松、油松等。虽然明显影响景观，但一般不会造成严重的经济损失。

引起煤污病的病原菌种类较多，但主要属于子囊菌门中的煤炱目（Capnodiales）和小煤炱目（Meliolales）中的一些真菌，它们都具有表生的暗褐色菌丝体。其主要区别是，煤炱目真菌的菌丝成念珠状，每个细胞几乎都成圆形，如不成念珠状则结合成束，菌丝上一般无附着枝，有性繁殖产生子囊座，无性繁殖产生各种类型的分生孢子，有的分生孢子器呈长颈烧瓶状；小煤炱目真菌的菌丝不成念珠状，菌丝上有附着枝，有性繁殖表生闭囊壳，但无分生孢子阶段。在寄生性上，前者是腐生物，大多数种类无寄主偏好，它们的菌丝完全表生，偶有伸入角质层。表生菌丝从一些吸汁性害虫如蚜虫、介壳虫和粉虱等排泄的蜜汁中或植物外渗的汁液中直接吸收养分。而后者是严格寄生物。除有表生的菌丝体外，并由固定在植物表面的附着枝伸出吸器自表皮细胞内吸取养分。目前报道小煤炱菌科5属170种和变种，寄生在41个科植物上；煤炱菌科真菌95属250种，危害100多科植物。

另外，还有一些也可以在植物体表表生的真菌。凡能形成明显的黑色霉层的真菌，广义说，也可算是煤污病病菌，如枝孢属（Cladosporium）、刀孢霉属（Clasterosporium）、链格孢属（Alternaria）和长蠕孢属（Helminthosporium）等属。有时在同一发病部位可能有多种真菌同时存在。

由于煤污病菌菌丝体表生的特点，在寄主被害部表面覆盖了一层煤烟状物，它们对寄主没有明显的直接的病理作用，但影响和阻碍了寄主的光合作用和呼吸作用。小煤炱菌虽然有吸器侵入寄主，但对寄主直接损害不大。表生的煤污层，严重时会使寄主叶片逐渐脱落，小枝萌芽受阻，生长衰弱，结果减少。庭园绿化树种更有损美观及其经济价值。

黄檀等放养紫胶虫的寄主植物，发生煤污病时，不仅对黄檀等生长有影响，而且因紫胶虫虫体上覆盖了一层煤烟层，也影响到紫胶虫的生长和产胶质量。

由上述2类煤污病菌引起的煤污病，在症状上虽然都在寄主被害部表面覆盖了一层煤烟状物，但二者仍有区别。煤炱菌的发生常伴随着吸汁性害虫的发生，黑色煤烟状的霉层附着在害虫的排泄物上，成点片状，随后菌丝层变密增厚扩大合并成大的不定型的"煤烟层"，最终覆盖了叶的大部或全部。干燥时这种煤烟层会开裂剥落，外观如纸片状。这在油茶、冬青等表面光滑的叶片上更易发生。这类煤污病菌在有昆虫排泄物的地面杂草、甚至石块上都会长出煤污层。而小煤炱菌引起的煤污病，在病部最初只形成小而圆、散生的霉斑，扩展较慢，煤烟层不如前者浓密，颜色也淡些，不易开裂剥落。在自然界，由煤炱菌引起的煤污病更为常见，危害性也更大。

煤炱菌以菌丝、分生孢子或子囊孢子在寄主病部和昆虫体上越冬，借风、雨和昆虫传播。由于分生孢子的迅速产生和传播。在生长期间可广为蔓延扩展。煤炱菌的发生更和介壳虫等害虫有着非常密切的关系，不仅如此，这类病菌还可通过喜食介壳虫、蚜虫等的排泄物的蚂蚁、蝇类和蜂类等传播。一些林木煤污病常在介壳虫发生1~2周后随之发生。有些植物，如黄波罗、毛白杨、桑树、朴树、苹果等植物的外渗物质多，病害也较严重。

在通风透光不良、山坞密林等阴湿的地方容易发生煤污病。夏季气温高又干燥以及多雷暴雨的地方不利于煤污病的发生。小煤炱菌也可发生在那些雨季和长期干旱交替的地方。

煤污病的防治首先应该防治介壳虫等害虫；其次是改善林地环境，使林地通风透光良好；必要时也可使用石硫合剂等杀菌剂。

油茶煤污病（Sooty mold of oil camelia）

【分布及危害】 该病是我国油茶上的重要病害之一，各油茶产区均有发生。浙江青田和常山曾因该病大面积发生，造成落花落果，甚至大片油茶林因而荒芜，使茶籽产量和质量大大降低，损失巨大。

【症状】 由煤炱菌类引起的煤污状的菌苔，初常从叶正面沿主脉两侧开始，扩展较快，可覆盖全叶，以至叶背和小枝表面。菌苔较厚，呈绒毡状，有时还可见到毛刺状物。在高温干燥或缺乏营养元素等不良环境下，煤污层易开裂剥落。由小煤炱菌引起油茶煤污病，先在叶正面产生圆形暗灰褐色的霉点状菌苔，扩展较慢，后成不规则形或相互汇合覆盖叶面，菌苔薄，色较浅，不易剥落（图2-13）。

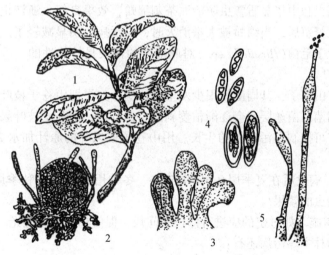

图2-13 油茶煤污病（仿杨旺，1996）
1. 病害症状　2. 山茶生小煤炱菌的闭囊壳　3. 田中氏煤炱菌的子囊座
4. 煤炱菌子囊及子囊孢子　5. 煤炱菌的分生孢子器

【病原】 在油茶上引起煤污病的主要也是煤炱菌科和小煤炱菌科中的一些真菌。但在国内由于缺少系统的调查和鉴定，所以引起油茶煤污病的病菌种还不具体，根据该病大发生与介壳虫有关的情况来看，主要病原菌可能是煤炱菌中的若干种，国内曾发现浙江油茶煤污病由田中氏煤炱菌（*Capnodium tanaka* Shirai et Hara）引起。另外，茶煤炱菌（*Capnodium theae* Boedijn）也可能危害油茶。小煤炱菌中已知有山茶生小煤炱菌（*Meliola camellicola* W. Yamam.）、茶小煤炱菌（*Meliola theacearum* F. Stevens）均可危害油茶（图2-13）。

田中氏煤炱菌子囊座圆筒形，有分枝，顶端膨大成球形，头状。子囊棍棒状，大小为(30~45)μm×(10~12)μm，有6~8个子囊孢子。子囊孢子长椭圆形或梭形，有横隔膜3个，深褐色，(10~15)μm×(4~5)μm。分生孢子器长颈烧瓶状，分生孢子椭圆形或卵形，无色，大小(3~4.4)μm×(2~2.5)μm。

山茶生小煤炱菌闭囊壳球形，直径80~150μm，有刚毛和附着枝。子囊内有8个子囊孢子，子囊孢子暗色，长圆形，具3个分隔，大小为(16~18)μm×5μm。

【发病规律】 病菌主要以菌丝越冬，借风雨和昆虫传播。在油茶生长季节可以不断蔓延扩展。据浙江调查，油茶煤污病每年3月上旬至6月下旬，9月下旬至11月下旬为2次发病的盛期。常随着油茶刺绵蚧和黑胶粉虱的发生而发生，尤其是由煤炱菌引起的煤污病和这些害虫关系更密切，不仅为病菌提供了营养来源和传播的媒介，并且虫体也是病菌的越冬场所。

油茶煤污病在山坞密林、通风透光不良、阴湿凉爽的林地容易发生。在最低最高气温10~22℃，平均气温13℃左右，并伴有雾或露水时则会迅速蔓延。暴雨对煤污病菌表生菌丝及繁殖体均有冲刷作用，能减轻病害的发生。夏季高温干燥不利于煤污病的发生，但在山坞密林和海拔500~700m的山上仍可能继续发展。

【防治措施】

① 生物防治 防治介壳虫和黑胶粉虱等与煤污病发生密切相关的害虫。除用杀虫剂外，曾用黑缘红瓢虫和中华显盾瓢虫防治油茶刺绵蚧，效果良好。浙江也有报道七星瓢虫随绵蚧的大量发生繁殖后，当绵蚧被大量消灭时，煤污病也明显减轻了。寄生在油茶刺绵蚧上有一种刺绵蚧多毛菌(*Hirsulella* sp.)对刺绵蚧的侵染是持续性的，可使虫口密度不断下降。

油茶林内如有山苍子，其周围就很少发生煤污病。如果把山苍子枝叶挂在有煤污病的油茶树上，煤污病菌的菌丝层就会逐渐枯萎剥落。据分析，山苍子枝叶果内含有某些挥发性芳香油类物质，可抑制煤污病菌的生长。用山苍子枝果叶的原汁加水20倍喷洒也有同样的效果。

② 化学防治 病发后在夏季用0.3°~0.5°Be、冬季用3°Be、春秋季用1°Be的石硫合剂喷洒，有杀菌治虫的效果。

③ 林业技术措施 如过密的应进行修枝和间伐，促使林内通风透光。

在我国常见的林木煤污病还有：

① 毛白杨、柳树煤污病 柳煤炱(*Capnodium salicinum* Mont.)、柑橘煤炱(*C. citri* Berk & Desm)。

② 樟树煤污病 赛楠小煤炱(*Meliola sempeiensis* Yam.)、萨卡多小煤炱(*M. saccardoi* Syd.)、钓樟小煤炱(*M. linderae* Yam.)等。

③ 润楠煤污病 润楠小煤炱(*M. machili* Yam.)、安蒂小煤炱(*M. antioquensis* Orejuela)、疏忽小煤炱(*M. praetervisa* Gaill.)等。

④ 竹煤污病 藤黄小煤炱(*Meliola garcinia* Yates.)、山竹子生小煤炱(*M. garciniicola* Jiang)、黄果木生小煤炱(*M. mammeicola* Hansf.)主要发生在多花山竹子上。刚竹小煤炱(*M. phyllostachydis* W. Yamam.)主要发生在毛竹、台湾桂竹和山竹等上。

⑤ 板栗煤污病　栲弯枝小煤炱（*M. castanopsis* Hansf.）、矩孢小煤炱（*M. taityuensis* Yam.）等。

⑥ 栎树煤污病　朝鲜小煤炱（*Meliola kiraiensis* Yam.）、高雄小煤炱（*M. kodaihoensis* Yam.）、栎小煤炱（*M. quercina* Pat.）等。

⑦ 枇杷煤污病　美座附丝壳[*Appeniculella calostroma* （Desm.）Hoehnel]。

⑧ 石楠煤污病　红果树生附丝壳[*A. stranvaesiicola*（Yam.）Hansf.]。

⑨ 金合欢树煤污病　金合欢小煤炱（*Meliola acaciarum* Speg.）、鲁宾逊小煤炱（*M. robinsonii* Syd.）等。

⑩ 相思树煤污病　相思树小煤炱（*M. koae* Stev.）。

⑪ 红豆树煤污病　红豆树小煤炱（*M. franciscana* Hanfs）除发生在海南红豆树外，还寄生于鸡血藤属植物上。

⑫ 茶树煤污病　福特煤炱（*Capnodium footii* Harv. ex Berk. & Desm）、茶槌壳炱（*Capnodaria theae* Hara）。

⑬ 柑橘煤污病　巴特勒小煤炱（*Meliola butleri* Syd. & P. Syd.）。柑橘煤炱菌（*Capnodium citri* Berk. & Desm.）、烟色刺壳炱[*Capnophaeum fuliginodes*（Rehm.）W. Yamam.]主要发生在台湾。

2.2.4　锈病类

由锈菌引起的针阔叶树叶部病害，是林木中最常见的一类病害，有些锈菌不仅危害叶部，还会危害果实、叶柄或嫩梢，甚至枝干，引起重大经济损失。

林木叶部锈病症状和危害特点引起锈病的病菌都是专性寄生菌，是依赖寄主植物活体获取营养而生存的，因此，在其生活过程中要和寄主植物保持相对的稳定性。病菌侵染后，一般不会直接或很快引起组织的坏死，在症状上只产生褪绿，淡黄色或褐色斑点，而在病斑上，常常产生明显的病征。当嫩梢、嫩叶等幼嫩组织被侵染时，病部常肥肿。

引起树木锈病的锈菌多为转主寄生的长循环型锈菌，产生5种不同类型孢子，因此在症状上，由于不同的生活史和寄主，所以不同时期表现各异。一般而言，性孢子器多为蜜黄色至暗褐色点状或颗粒状，锈孢子器（或锈孢子堆）常表现黄白色各形的孢子器，少数只有黄色粉堆；夏孢子表现为黄色粉状，冬孢子堆常为橘红色或锈褐色。

寄主被病菌侵染后，生理功能发生变化，如蒸腾作用和呼吸作用的提高，光合作用减弱，导致营养失调，渐渐使叶或嫩梢枯死，病叶提早脱落，感病严重时则影响生长或致整株死亡。苗木受害比大树更重。

病害侵染循环的特点引起叶部锈病的锈菌多数具有转主寄生性。因此转主寄主植物的存在对病害的发生发展是不可缺少的，如落叶松–杨叶锈病，松针锈病等。但对于夏、冬孢子阶段的寄主，如果锈菌以菌丝或夏孢子越冬时，这种锈病的转主寄主存在与否，就不是不可缺少的了，如毛白杨锈病等。有的锈病菌没有转主寄主，或者尚未发现它的转主寄主，如玫瑰锈病菌、枣锈病菌和咖啡锈病菌等。树木锈病菌的转主寄主因菌种而异，有木本植物，也有草本植物，或木本、草本兼而有之。

叶锈病菌的越冬场所和方式，依其菌种生物学特性和地理分布不同，表现差异很大。

一般来说，冬孢子通常需要经过一个或长或短的休眠期后才能萌发，因此，冬孢子常在病落叶上越冬，翌年春季萌发产生担孢子成为初次侵染源，如落叶松-杨叶锈病。但有的叶锈病菌的冬孢子成熟后，不经休眠就能萌发产生担孢子，担孢子侵染寄主后，以菌丝体在病组织内或寄主休眠芽内越冬，如松针锈病菌等。有些叶锈病菌则既可以冬孢子在落叶上越冬，又可以菌丝在病组织上越冬，如玫瑰锈菌等。而枣锈病菌可以夏孢子越冬。随着气温的变暖，主要以冬孢子越冬的锈菌，少数夏孢子也可以越冬成为初次侵染源，如落叶松-杨叶锈菌。

生活史中有5种类型孢子的锈菌，对寄主能发生侵染作用的只有锈孢子、夏孢子和担孢子，它们主要由风传播。性孢子由昆虫传播。担孢子萌发后可直接穿透表皮或从气孔侵入寄主，而锈孢子和夏孢子一般从气孔侵入。在一个生长季节中只有夏孢子有再侵染的作用，因此借助夏孢子，锈菌迅速增加种群数量，使病害范围扩大。锈菌孢子经萌发后方可侵染，而孢子萌发对温、湿度要求甚严，一般要求相对湿度95%以上，最适宜的温度在12~23℃之间，尤其冬孢子萌发温度要求偏低些。因此，林木锈病的发生，以春、秋两季为多。

【防治措施】

① 林业技术措施　营造混交林，注意不能和转主寄主树种混交，并结合营林措施清除转主寄主植物。清除越冬病原菌，尽量减少初次侵染来源。

② 化学防治　在孢子放散、侵染期间，可喷波尔多液、石硫合剂、敌锈钠、代森锌、百菌清、粉锈宁等药剂，或在孢子放散开盛期施放烟剂防治。

③ 选育抗病品种。

（1）松针锈病（Pine needle rust）

【分布及危害】　松针锈病是国内外松树分布广，寄主多的一类病害。我国发现受害树种有云南松、马尾松、华山松、樟子松、黑松、油松、赤松、红松、湿地松、火炬松等。一般对大树不致引起严重的危害，但苗木和幼树发病严重时，导致松针枯死早落，影响树木生长，甚至全株枯死。

【症状】　各种松树上发生的针叶锈病，其症状基本相似，感病针叶最初产生褪绿的黄色段斑，其上生蜜黄色小点，后变为黄褐色至黑褐色，即性孢子器。随后病斑上出现橙黄色的囊状突起，为锈孢子器。锈孢子器常数个相连，成熟后不规则开裂，散出黄色粉状孢子。病叶上常残留白色膜状包被。最后病叶枯黄脱落或病斑上部枯死（图2-14）。

【病原】　松针锈病由隶属于担子菌门鞘锈属（*Coleosporium*）的一些种引起。该属已报道100余种，分布全世界，我国发现约50多种。因转主寄生的寄主植物不同，可分为白头翁鞘锈菌（*Coleosporium tussilaginis* f. sp. *pulsatillae* Boerema & Verh.），异名：*Coleosporium*

图2-14　松针锈病症状（锈孢子器）

pulsatillae(F. Strauss)Fr.、紫菀鞘锈菌[*C. asterum* (Dietel) Syd. & P. Syd.]、款冬鞘锈菌[*C. tussilaginis* (Pers.)Lév]、风毛菊鞘锈菌(*C. saussureae* Thüm)等，除少数种外，均未在松树上进行过接种试验。

红松针叶锈病是由风毛菊鞘锈菌(*C. saussureae*)引起的。性孢子和锈孢子阶段寄生于针叶上，夏孢子和冬孢子阶段寄生于风毛菊属(*Saussurea*)植物叶片上。性孢子小，球形，单胞，无色，生于性孢子器内。锈孢子器较大，呈舌疱状，锈孢子黄色，链生，卵圆形至椭圆形，孢子表面布有疣突，无平滑区，每个疣由数个细柱组成，有 5~7 层环棱，基部有纤丝相连。锈孢型的夏孢子与锈孢子相似，孢子堆(350~600)μm×(250~550)μm，孢子卵圆形或球形，(19~29)μm×(11~21)μm，孢子表面有疣突，每个疣突由数个细柱组成，有的细柱下端分离，上端聚集稍膨大。冬孢子堆橘红色，蜡质，圆形，不开裂，147~576μm。冬孢子圆筒形，上端略粗，淡黄色，(64~85)μm×(17~30)μm，萌发时生 3 隔。担孢子淡褐色，卵圆形或肾形，(15~27)μm×(12~20)μm。

樟子松松针锈病的人工接种结果表明，在不同地区其转主寄主不同，内蒙古红花尔基林业局的是蒙古白头翁(*Pulsatilla ambigua*)，大兴安岭塔河林业局为掌叶白头翁(*P. patens*)和轮叶沙参(*Adenophora tetrphylla*)，因而确定病原菌为白头翁鞘锈菌，但在辽宁省，其转主寄主为黄檗(*Phellodendron amurense*)，黑龙江省哈尔滨市阿城区、勃利等地的转主寄主为紫花铁线莲和黄檗。

马尾松和华山松等上还有紫菀鞘锈菌[*C. asterum*(Dietel) Syd. & P. Syd. = *C. solidaginis*(Schw.)Thüm]，性孢子和锈孢子生在马尾松、华山松等松树上，夏孢子和冬孢子阶段生在一枝黄花属、翠菊属、紫菀属等菊科植物上。款冬鞘锈菌(*C. tussilaginis*)的宿主较广，其性孢子和锈孢子阶段生于云南松上，夏孢子和冬孢子阶段生于千里光属植物上。黄檗鞘锈菌(*C. phellodendri* Kom.)的性孢子和锈孢子生在油松上，夏孢子和冬孢子生在黄檗属植物上(图 2-15)。另外，我国偃松上还有一种短循环型的偃松鞘锈菌(*C. pini-pumilae* Azbukina)，性孢子不详，缺锈、夏孢子，冬孢子生于偃松针叶上。陕西的马尾松松针锈病是由紫菀鞘锈菌(*C. asterum*)引起，转主寄主为羽裂紫菀(*Aster pinnatifidus*)和白头翁(*Pulsatilla chinensis*)。

近年来，在香港发现一种新的鞘锈菌鸡蛋花鞘锈(*Coleosporium plumierae* Pat.)，主要寄生在鸡蛋花植株上，但性、锈孢子阶段的寄主不详，为中国首次报道(图 2-16)。

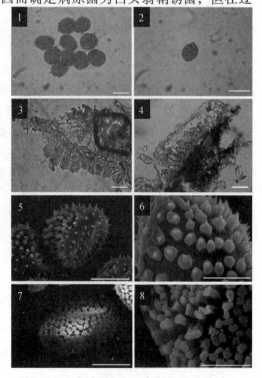

图 2-15 寄生在黄檗属植物上的鞘锈菌的夏孢子、冬孢子和锈孢子的形态

1、2. 夏孢子(LM)　3、4. 冬孢子(LM)
5、6. 夏孢子(SEM)　7、8. 锈孢子(SEM)
(标尺：图 1、2、3、4、6 为 5μm；
图 5、7 为 10μm；图 8 为 4μm)

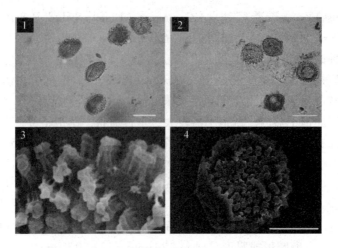

图 2-16 寄生在鸡蛋花上的鞘锈菌的夏孢子形态
1、2. 夏孢子(LM) 3、4. 夏孢子(SEM)
(标尺：图 1、2 为 5μm；图 3 为 4μm；图 4 为 10μm)

【发病规律】 各种松针锈病的发病规律都很相似。红松松针锈病是 8 月下旬在转主寄主上的冬孢子萌发产生大量的担孢子，由气流传播，担孢子萌发后由气孔或直接穿透侵入松针，以菌丝体在松针内越冬。翌年 4 月形成性孢子器，5 月上、中旬产生锈孢子器，5 月中旬至 6 月中旬锈孢子放散，锈孢子萌发后侵入风毛菊叶片，并于 7 月上旬至 8 月下旬形成并放散锈孢型的夏孢子，同时形成冬孢子，冬孢子当年萌发产生担孢子侵染松针。

4 月中旬的气温平均 2℃时即可产生锈孢子器，如平均气温达 6℃时，可提早 5d 形成锈孢子器。锈孢子放散与 5 月平均湿度有关系。如湿度大时，放散孢子时期便提早，山阴坡发病率比阳坡重；山中下腹的发病率比山上部重。在同样条件下，高在 50cm 以内的苗木受害最重，15 年生以下幼树次之，大树更次之。树冠下部发病重，中部轻，上部次之。

【防治措施】

① 林业技术措施 营造混交林时，不要造松和黄檗等转主寄主的混交林，并且相距应在 2km 以上。做好造林调查设计，避免在目的树种的转主寄主多的地块造林，并结合锄草松土和幼林抚育。各种松树的针叶锈病的转主寄主较多，尽量铲除转主寄主风毛菊、千里光、紫菀等植物，也可喷除莠剂防治。

② 化学防治 有条件地区可喷硫黄粉或 0.3°~0.5°Be 石硫合剂，或用 80% 代森铵 500 倍液等防治。

(2) 云杉叶锈病 (Spruce needle rust)

【分布及危害】 云杉叶锈病广泛分布在世界各地，我国四川、云南、甘肃、青海、新疆、台湾等地的主要林区都有发生。可危害丽江云杉、鳞皮云杉、粗枝云杉、油麦吊云杉、林芝云杉、雪岭云杉和西伯利亚云杉等。据调查，伊春林区的幼壮林发病面积达 $3.6hm^2$，平均发病率为 49.3%，病情指数为 30.3。苗圃 2~4 年生幼苗发病率为 93.7%。甘肃省天祝县的青海云杉(*Picea crassifolia*)天然林发病面积达 $2.8×10^4 hm^2$，严重受害面积占总面积为 43.1%，材积生长损失平均为 20%。该病不仅危害云杉天然林，而且人工幼林、苗圃均受害严重。病株针叶早期脱落，翌年迟发芽或不发芽，新梢年生长量只有健株的10%，病情重的林分生长衰弱，叶色黄绿，枝叶稀疏，球果少，种籽不饱满，发芽率低，影响天然更新和育苗造林。

【症状】 病菌主要侵染针叶，也侵害嫩枝。在枝叶上产生黑色小突起，为病菌性孢子器。病叶上形成黄绿相间的段斑，后在性孢子器一侧产生锈孢子器。锈孢子器成熟后散发出黄粉状锈孢子。在杜鹃叶背面和嫩枝上产生橘红色夏孢子堆。病叶不落，翌年在夏孢子堆处产生暗棕色的冬孢子堆。云杉病梢顶芽延迟发芽或不生长，枝梢长度逐渐变短，严重影响生长（图2-17）。

【病原】 由担子菌门的金锈属（*Chrysomyxa*）真菌引起。包括祁连金锈菌（*Chrysomyxa qilianensis* Y. C. Wang, X. B. Wu & B. Li）、杜鹃金锈菌[*Chrysomyxa ledi* var. *rhododendri*（DC.）Savile]，同时文献记载喇叭茶金锈菌[*C. ledi* var. *ledi*（Alb. & Schwein.）de Bary]、舒展金锈菌（*C. expansa* Dietel）、韦尔金锈菌（*C. weirii* H. S. Jacks）及琥珀束梗锈菌[*Stilbechrysomyxa succinea*（Sacc.）M. M. Chen]等也可引起该病害。

图2-17 青海云杉锈病的症状

杜鹃金锈菌的性孢子器生于嫩叶上，呈棕褐色丘状小突起，直径0.2~0.25mm，高0.1~0.12mm；内含受精丝和性孢子；性孢子椭圆形，大小为（4.3~6.5）μm×（2.3~3.4）μm，成熟后，从性孢子器顶部泌出。锈孢子器初为橘红色小斑，逐渐隆起，呈扁长柱形；锈孢子卵圆形，表面有疣区和光滑区，瘤呈尖塔形，光滑区呈"U"形；锈孢子大小为（16.8~19.2）μm×（19.2~20.2）μm。夏孢子堆橘红色，尖塔形，基部直径0.3~1.5mm，高1.2~2.0mm，有拟包被；夏孢子橘黄色，广卵形，串生，表面具疣，可分为凸凹2个区，孢子大小为（24~30）μm×（15~18.6）μm，壁无色，厚2μm。冬孢子堆扁圆形，棕红色，基部相连汇成大片。冬孢子短圆形，单孢链生，大小为（10~20）μm×（16~21）μm，全链长达40~80μm；壁厚1μm，无色光滑。担孢子鲜黄色，不规则圆形，表面有短刺疣，圆顶，疣密不均，大小为（22~24.7）μm×（16~21）μm（图2-18）。

甘肃省的青海云杉的病原菌为祁连金锈菌（*C. qilianensis*），其转主寄主为青海杜鹃（*Rhododendron przewalskii*）。此菌只侵染云杉叶，在青海杜鹃上不产生夏孢子堆。在四川、云南、新疆等地还有 *Chrysomyxa ledi* var. *rhododendri* 及 *C. weirii* 等病原菌引起的叶锈病。

【发病规律】 春夏之交在针叶上产生锈孢子器，包被破裂后散出锈孢子，锈孢子借风力传播到杜鹃的叶上，萌发后自气孔侵入，在叶背产生冬孢子堆。冬孢子不越冬，遇阴雨天气，即可萌发产生担子和担孢子。担孢子借气流传播到云杉嫩梢上，萌发侵入，在寄主芽内越冬。翌年在针叶上产生性孢子器和锈孢子器。

新疆的云杉叶锈病只有冬孢子阶段，病菌在芽内以菌丝潜伏越冬。翌年病芽长出的针叶全部感病。冬孢子遇到阴雨天气，萌发产生担子和担孢子。担孢子在云杉冬芽内潜伏

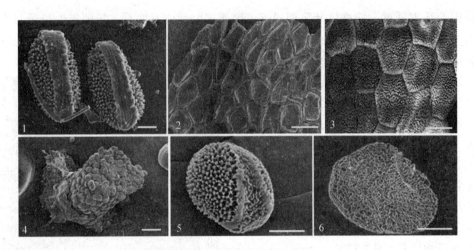

图 2-18 杜鹃金锈菌形态
1. 锈孢子 2. 锈孢子器的外包被 3. 锈孢子器的内包被
4. 夏孢子堆 5、6. 夏孢子
(标尺：图 1、4 为 5μm；图 2、3 为 20μm；图 5、6 为 10μm)

越冬。

在伊春地区，7 月上旬在云杉当年嫩枝、叶上产生性孢子器，7 月中旬在性孢子器侧方产生锈孢子器，8 月上旬锈孢子成熟放散，借风力传播到杜鹃叶上，萌发后由气孔侵入，8 月中旬叶面上产生夏孢子堆（少数在嫩枝上），夏孢子可重复侵染 2 次，至初冬停止。冬孢子堆当年秋末只在夏孢子堆底部形成原基，翌年 5 月下旬由原基发育成冬孢子堆，6 月中、下旬冬孢子堆发育成柱形、链生的冬孢子。冬孢子萌发产生担孢子，借风力传播侵染云杉嫩枝、嫩叶。

青海云杉叶锈病的病情随海拔高度增加而明显递增，海拔高，气温低，新叶抽出迟且成熟晚，延长受侵染的嫩叶期，又和冬孢子萌发时期相吻合。在病害发生前半个月内的平均气温 9~13℃，晴阴交替、间断小雨天气，有利于病害发生，而连日降雨过多，不利于担孢子传播，则发病较轻。林缘、疏林地及林冠上部病重，单株树上阳面重于阴面，说明光照有促进发病作用。

【防治措施】

① 林业技术措施　在缺少烧柴的地方，可鼓励群众砍掉转主寄主杜鹃，切断侵染链。对发病较重的边远山区，可有计划地改造林相。避免在杜鹃较多的地块造云杉林，最好造针阔混交林。

② 化学防治　苗木发病时，可向云杉苗木上喷粉锈宁等，并除掉苗圃周围的杜鹃。

(3) 落叶松褐锈病 (Larch brown rust)

【分布及危害】　该病普遍发生在黑龙江、吉林和辽宁等地的落叶松人工林和苗圃中。兴安落叶松、日本落叶松、黄花落叶松、长白落叶松、华北落叶松和新疆落叶松均能被侵染。其中以黄花落叶松和日本落叶松被害较重。国外分布于俄罗斯的远东地区。

【症状】　发病初期在叶尖或中部出现褪绿斑，逐渐扩大；6 月中、下旬，在褪绿斑的背面形成红色夏孢子堆。当夏孢子飞散后，留下夏孢子堆痕迹，逐渐变棕褐色。8月中、下旬，叶背面出现褐色至棕褐色粉状的冬孢子堆，冬孢子堆有时生于老熟的夏孢子堆中。冬孢子堆常随叶片落地越冬。病害严重时，叶片产生的褪绿斑变为红色，远看与早期落叶病相似(图2-19)。

【病原】 该病由担子菌门锈菌目落叶松拟三孢锈菌[*Triphragmiopsis laricina* (W. F. Chiu) F. L. Tai]引起。病原菌为同主寄生菌。夏孢子堆椭圆形，红色，无包被，生于叶背表皮下。夏孢子单胞，有柄易脱落，多为椭圆形，鲜黄色，末代夏孢子常为球形且为淡棕褐色，大小为(27.6~53.6)μm×(13.8~34.5)μm，表面有锥刺，基部锥刺较长。冬孢子堆破皮而出，粉状，黑褐色；冬孢子3细胞，倒品字形，褐色，表面有稀疣，大小为(34~43)μm×(30~34)μm(图2-20)。

图2-19 落叶松褐锈病症状

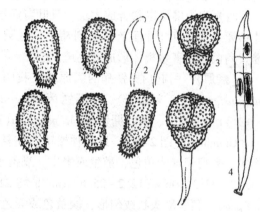

图2-20 落叶松拟三孢锈菌(引自中国乔、灌木病害)
1. 病原菌夏孢子 2. 侧丝 3. 冬孢子 4. 示叶背的孢子堆

【发病规律】 越冬后产生的担孢子为该病的初侵染源，再侵染源为夏孢子。冬、夏孢子的萌发都需要95%以上的相对湿度。冬孢子在5~25℃下萌发，以19℃为宜，萌发后6h产生担孢子，再过6h担孢子萌发。夏孢子在14~24℃下萌发，以18℃为宜。担孢子、夏孢子均借风力传播。担孢子产生、分散、侵染时间从5月中下旬一直延续到7月下旬。夏孢子侵染后的潜育期为14~22d。低温小雨天气最适于病菌扩散与侵染，因而降雨量大的年份该病普遍严重。落叶松从幼苗到成林均可发病。林内50cm以上2m以下的落叶松枝条发病较重，2m以上的枝条发病较轻。

【防治措施】

① 物理防治 春秋两季把林地、苗圃地内落叶松落叶集中成堆，点燃烧毁，可降低落叶松的发病率，但要注意防火。

② 林业技术措施 苗圃地内苗木栽植不能过密，通风降湿，防止徒长，提高抗病力。

③ 化学防治 在5~6月发病前，喷洒波尔多液、石硫合剂等，可预防病害的发生。6月末至7月初喷洒代森铵1000~1200倍液，隔15d喷第2次，对病原菌的冬孢子和夏孢子萌发有较强的抑制力。百菌清油剂低量喷雾可有效地控制苗圃和幼林内的落叶松褐锈病。对于已经郁闭的林分，可利用硫黄烟剂或百菌清烟剂防治。

④ 生物防治 锈寄生菌[*Sphaerellopsis filum* (Biv.) B. Sutton]对落叶松褐锈病菌有寄生

作用,用其制成生物制剂防治病害有显著防治效果。

(4) 毛白杨锈病(China white poplar rust)

【分布及危害】 毛白杨锈病广泛分布于我国毛白杨栽植区,以北京、河北、河南、山东、山西、陕西、内蒙古等地部分地区较为严重。主要危害幼苗及幼树,引起芽枯,叶片提早脱落,严重时引起嫩梢枯死,影响杨树的生长。因此,该病是毛白杨苗木生产中的一个重要问题。除了危害毛白杨外,还危害新疆杨、苏联塔形杨、河北杨、山杨、银白杨等白杨派树种。

【症状】 春天杨树展叶期,受侵染的冬芽早于健康芽2~3d开始萌发,形成布满黄色粉堆的畸形芽,似一束黄色绣球花的病叶,严重时病芽经3周左右便干枯。正常展出的叶片受侵后,形成黄色小斑点,在叶背面可见到散生的黄色粉堆,即病菌的夏孢子堆(图2-21)。严重时夏孢子堆可以联合成大块,且叶背病部隆起。受侵叶片有时形成大型枯斑,甚至叶片枯死。在病落叶叶面上可见到赭色,近圆形或多角形的疱状突起,即为病菌的冬孢子堆。病菌也危害嫩梢,形成溃疡斑。

【病原】 引起白杨锈病的病原菌在我国记载或使用的名称有马格栅锈菌(*Melampsora magnusiana* G. H. Wagner)、杨栅锈菌(*M. rostrupii* G. H. Wagner)、锈栅锈菌(*M. aecidioides* (DC.) J. Schröt.)、杨叶栅锈菌(*M. populnea* (Pers.) P. Karst.) 和圆疱夏孢锈菌(*Uredo tholopsora* Cummins)(图2-21)。这几种栅锈菌在夏孢子和冬孢子以及侧丝的形态和大小上差异不大。夏孢子堆为黄色,散生或聚生。夏孢子橘黄色,圆形或椭圆形表面有刺,大小为(13.3~33.3)μm×(12.2~25.6)μm(平均21.8μm×16.7μm),壁厚(1.1~5.0)μm(平均2.8μm)。侧丝呈头状或勺形,淡黄色或无色。冬孢子堆生于寄主表皮下,冬孢子近柱形,大小为(37.1~53.3)μm×(7.8~12.1)μm。据国外报道,马格栅锈菌的转主寄主应为紫堇属(*Corydalis*)和白屈菜属(*Chelidonium*)植物,杨栅锈菌的转主寄主应为山靛属(*Mercurialis*)植物。Miyake(1914)在我国辽宁的草河口采集到寄生于紫堇属植物(*Corydalis* sp.)上的性孢子器和锈孢子器世代,后来Miura(1928)报道为 *Caeoma fumariae*,但并未研究其与 *M. magnusiana* 的关系。Tian等(2004、2005)基于 *M. magnusiana*、*M. rostrupii* 和 *M. aecidioides* 在形态学和分子系统学上的差异甚微,认为它们是一个种,并提出中国毛白杨锈病的病原菌应该统一采用 *Melampsora magnusiana* Wagner。有关毛白杨锈病菌的转主寄主在我国尚未研究清楚。

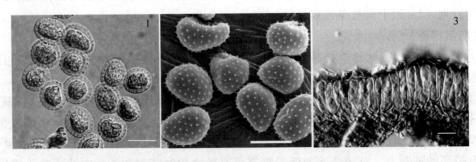

图2-21 毛白杨锈病菌病原形态(引自Tian,2005)
1. 夏孢子 2. 夏孢子表面刺突 3. 冬孢子

【发病规律】 病菌以菌丝状态在冬芽和枝梢的溃疡斑中越冬。随着春季回温，受侵冬芽不能正常展开，受越冬菌丝发育影响而形成满覆夏孢子堆的绣球状畸形叶，这些病芽成为田间初侵染的中心。病落叶上的夏孢子经过冬天后虽有一部分具有萌发和侵染能力，但随着春季气温的逐渐升高，其萌发率迅速丧失，因此，在初侵染的作用中远不如带病的冬芽重要。在自然条件下形成的冬孢子，由于其数量不多，在侵染中并无重要作用。

该病有两次发病高峰期。在北京地区，于4月上旬气温升高到13℃左右，病芽便陆续出现，病芽主要发生在枝条上部，4月中下旬大量出现。风力传播，从病芽上产生的夏孢子重复侵染，5~6月形成第一个发病高峰。7~8月气温升高，不利于夏孢子的萌发侵染，此时病害进入平缓期。8月下旬以后，随着气温逐渐下降以及枝叶的第二次抽发，病害又进入发展阶段，形成第二个发病高峰期。至10月下旬，由于气温不断下降，病害便停止发展。

夏孢子萌发气温为7~30℃，15~20℃最适。夏孢子萌发后通过芽管直接穿透角质层侵入寄主。病害潜育期长短与气温和叶龄有密切关系。当日平均气温为12.9℃时潜育期为18d，15~17℃时为13d，20℃时为7d。在同样气温下，展叶7d的幼叶潜育期为10d，展叶22d的成长叶为12d，而展叶50d的老叶为17d。

幼叶受感染后潜育期短，发病严重。这种抗病性的差异除了与幼叶气孔分化少，角质层发育弱，以及细胞壁薄等特性有关外，与抗坏血酸、酚类物质的含量有关，也与过氧化物酶和过氧化氢酶的活性有关。叶片中精氨酸、组氨酸、苏氨酸的含量与抗病性也有密切关系，糖分含量高的植物易感病。

寄主植物的抗病性差异也很大，白杨派普遍易感病，但也有差异。毛白杨与新疆杨最易感病，河北杨与山杨不易感病，银白杨抗性较强。此外，毛白杨的不同无性系其抗病性也有差别，与无性系的产地有一定关系。如来自河南中南部的无性系多为高度感病，而陕西西南部的无性系则多为抗病类型。在自然条件下，毛白杨锈病多发生在1~5年幼苗和幼树上，10年生以上植株基本上无病。

【防治措施】
① 减少初侵染源 出苗后，从第一片真叶开始，发现病苗及时拔掉，并拔除弱苗，并保证通风透光；及时摘除病芽并随摘随装入塑料袋中，避免夏孢子扬散。对病芽喷25%可湿性粉剂粉锈宁800~2000倍液。春季起苗时用质量浓度为$200×10^{-6}$的25%粉锈宁可湿性粉剂浸根60min，防治效果较好。移栽毛白杨时进行修剪，去除顶梢与枝梢可有效控制病害的发生。清除田间病落叶，减少病菌的可能来源。

② 化学防治 粉锈宁：每公顷用有效成分600~750g，苗木在10cm以下时用150g。一般15%粉锈宁用300~500倍液，25%粉锈宁乳剂用800~1200倍液。羟锈宁：每公顷用有效成分450~600g。硫胶悬液：用500~1000倍液。一般从3~4片真叶开始喷15%粉锈宁800倍液，以后每隔30d再喷1次，共喷3次，叶老化之后，用300~500倍液。

③ 选育抗病树种 选用抗病的毛白杨品种栽培，避免大面积营造毛白杨纯林。

④ 生物防治 研究发现广泛存在于毛白杨病叶上的 *Cladosporium*、*Alternaria*、*Trichoderma* 等属的一些真菌对夏孢子有消解作用，有望用于生物防治，但离实际应用尚有一段距离。

(5)落叶松—杨锈病(Larch-poplar rust)

【分布及危害】 广泛分布于杨树栽植区,在华北北部、东北、西北地区危害较重。危害多种落叶松和杨树,主要侵染青杨派、黑杨派以及它们的杂交种。从小苗到大树都可发病,但以小苗和幼树发病严重。病害造成叶片提早1~2月脱落,严重影响苗木和幼树的生长,削弱树势,为寄生性病害的发生创造了条件。

【症状】 在落叶松上,起初在针叶上出现短段褪绿斑,病斑渐变成淡黄绿色,并有针头状橘黄色小疱隆起,其上有黑褐色小点,此为病菌的性孢子器。褪绿斑下表面产生小型舌状疱斑,表皮破裂后露出黄粉堆,为病菌的锈孢子器。严重时针叶死亡。在杨树叶片背面产生淡绿色小斑点,很快便出现橘黄色小疱,疱破后散出黄色粉堆,为夏孢子堆。秋初于叶正面出现红褐色至深褐色不规则蜡质多角形隆起斑,即病菌的冬孢子堆。病害一般是由下部叶片先发病,逐渐向上蔓延。

【病原】 落叶松杨栅锈菌(*Melampsora laricis-populina* Kleb.)。性孢子和锈孢子阶段在落叶松上,夏孢子和冬孢子阶段在杨树上。性孢子单胞,无色,球形。锈孢子球形,鲜黄色,表面不光滑有细疣。夏孢子椭圆形至长椭圆形,胞壁在赤道部明显加厚,表面有刺但头部具光滑区,大小(20.2~54.5)μm×(11.3~29.8)μm。冬孢子寄主表皮下生,长筒形,棕褐色,大小(20~45)μm×(7~12)μm(图2-22)。

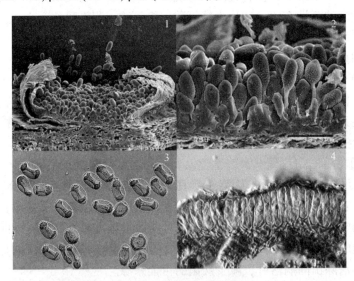

图2-22 落叶松—杨栅锈菌形态(Tian,2005)
1. 夏孢子堆 2. 单生夏孢子头部具光滑区 3. 夏孢子赤道部加厚 4. 冬孢子堆

【发病规律】 早春,上一年杨树病落叶上的冬孢子萌发,产生担孢子,由气流传播到落叶松上,芽管由气孔侵入,经过1~2周潜育期后,在叶背面产生性孢子和锈孢子。锈孢子不侵染落叶松,由气流传播到转主寄主杨树叶上萌发,由气孔侵入叶内。经7~14d后在叶正面形成黄绿色斑点,然后在叶背面形成黄色夏孢子堆。夏孢子重复侵染,故7、8月份锈病往往非常猖獗。到8月末以后,杨树病叶上形成冬孢子堆,随病叶落地越冬。夏孢子过冬后,只有0.3%的萌发率,故在侵染中并无实际作用。

杨栅锈菌萌发的最适温度，担孢子和锈孢子为 15~18℃，夏孢子 18~20℃，冬孢子 13~18℃，各类孢子萌发对湿度的要求都非常严格。潮湿的环境是各类孢子萌发侵染的先决条件。凡是高温、干旱并常有季节性大风的年份，发病期延迟，病情较轻；气候温和，雨量适中，并时有小阵雨的年份，病害发生较早，病情也重。林分密度大，树木徒长有利于病害流行。与落叶松相邻的杨树林发病期早，病情重。

青杨叶锈病菌（*M. larici-populina*）表现出高度的生理专化性，西欧国家存在 E1、E2、E3、E4 等生理小种，我国已建立了自己的鉴别系统，并鉴定出 5 个不同于欧洲小种的落叶松杨栅锈菌生理小种，且发现小种分化与地理分布关系不大。

树种抗病性有明显差异，青杨派树种感病，黑杨派抗病，但黑杨和青杨的杂交种则低抗，而白杨派树种免疫。幼树比大树感病，幼嫩叶片易发病。

据研究，杨树叶中含糖量的改变与感病有关，葡萄糖与葡萄糖＋蔗糖的比例大，则植物易感病。受病叶中丙氨酸的含量显著减少，而天门冬氨酸的含量显著提高。寄主细胞壁可溶性糖、可溶性蛋白、氨基酸、SOD、CAT 和 POD 的活性与过敏性坏死有关。病菌入侵寄主过程中，感病品种—病菌组合内细胞壁降解酶的活性较抗病品种—病菌组合大，而病菌分泌的上述酶类并不受寄主防卫反应的影响。栅锈菌侵入影响寄主的光合、蒸腾作用，且亲和性组合中影响显著。杨树品种与栅锈菌相互识别和抗性表达发生在第一个吸器出现之前，感病品种的抗病反应在入侵前与寄主抗性无关；不同非亲和性组合中的病菌侵染结构的受抑制情况不同，通常乳突和胼胝质的出现与寄主对病菌的反应有关，淀粉粒出现与寄主抗性有关。

【防治措施】

① 选育和利用抗病树种　结合当地的生产实际和生态条件，选育抗病树种，淘汰感病重的品种。同时避免树种单一，实行多树种或多品种混植。

② 林业技术措施　避免落叶松林与杨树林混交，至少避免同龄混交。苗圃内合理密植，避免林木生长过密和林分湿度过大。合理使用化肥，避免氮肥过量和钾肥不足，提高苗木的抗病能力。

③ 清除侵染来源　苗木、幼林早春放叶后采集病芽，随采随装入塑料袋中，集中深埋或烧掉，以免夏孢子扬散。

④ 化学防治　于 4 月末用 1% 波尔多液喷洒落叶松幼苗，夏季用 25% 粉锈宁 1000 倍液、70% 甲基托布津 1000 倍液或 1% 波尔多液喷洒杨树苗木。

(6) 胡杨锈病 (Euphrates poplar rust)

【分布及危害】　胡杨锈病分布于新疆、甘肃、内蒙古、宁夏等地的胡杨、灰杨林分和苗圃中，是胡杨幼苗、幼林的重要病害之一。1~2 年生苗木发病率常达 100%，引起叶片早落，长势衰弱，苗木死亡 20%~70%。成林受害较轻。

【症状】　病叶开始显黄绿色的圆点，逐渐扩大呈黄白色，中央形成橘黄色的小疱，不久表皮破裂，露出橙黄色夏孢子堆。严重时许多夏孢子堆联合成片，叶片则枯黄脱落。后期在夏孢子堆周围或对应的叶面处形成多角形、棕褐色、蜡质的冬孢子堆。有时在夏孢子堆周围坏死的组织上也形成冬孢子堆。越冬病芽展叶时，叶片皱缩，上面覆盖黄粉，夏孢子堆大而明显，形似一朵黄花；发病严重时病芽枯死。嫩枝上的夏孢子堆长条状，病斑处缢缩，病枝曲膝状弯曲，易风折。

【病原】 病原菌是担子菌门柄锈菌目的粉被栅锈菌(*Melampsora pruinosae* Tranzschel)。夏孢子堆生于病叶、嫩枝和芽上，叶背面较多。橙黄色，直径0.5~1.5mm；夏孢子圆球形至卵圆形，内含物橙黄色，壁较厚，壁上密生小刺，大小(19.2~32.1)μm×(14.8~24.6)μm（平均24.3μm×19.9μm）。侧丝棍棒状，顶端球状膨大，无色透明。冬孢子堆生于叶两面，形状不规则，棕褐色至深褐色；冬孢子圆柱形，大小(37.3~60.2)μm×(9.4~13.1)μm(图2-23)。

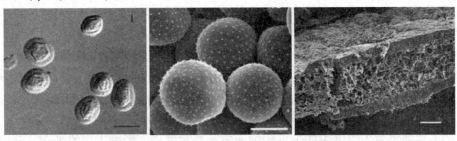

图2-23 胡杨锈病菌形态图(Tian, 2005)
1. 夏孢子形态　2. 夏孢子表面的细刺　3. 冬孢子堆叶两面生

【发病规律】 病原菌以菌丝体在芽内和枝条的病斑上越冬，翌年冬芽放叶后，在病叶、嫩枝上就出现橙黄色的夏孢子堆，这些夏孢子成为初侵染源。侵染发病后产生的夏孢子可进行重复侵染。秋后侵入芽内形成双核菌丝越冬。病叶上的冬孢子堆的作用尚不清楚，也未发现转主寄主。

病害发生程度与苗圃和林分内空气湿度有密切关系：凡是苗木密度大，通风透光不良，病害发生早且重；浇水次数多，或雨量偏多的年份，病害发生相对严重；处于地势低洼的胡杨林，锈病都发生严重。苗期发病最重，幼林次之，成林大树受害相对最轻。

据报道，胡杨中存在抗锈病能力不同的类型。其中抗病类型的分枝角度小，过氧化物酶活性较低。

【防治措施】 参照毛白杨锈病的防治措施。

(7) 苹果(梨)—圆柏锈病(Apple-juniper rust)

【分布及危害】 又名赤星病。除苹果、梨外，还可危害山楂、木瓜、花楸、海棠等多种蔷薇科植物。病菌为转主寄生菌，它的转主寄主除圆柏外，还有高塔柏、新疆圆柏、欧洲刺柏、希腊柏、矮柏、翠柏及花柏等。病害引起叶片干枯、早落，甚至幼苗枯死。果实受危害呈畸形，不能食用，且易早落，严重影响产量和质量。在圆柏上，主要危害嫩枝和针叶，严重时使针叶大量枯死，甚至小枝死亡。

【症状】 此病主要危害叶片、幼果和新梢。叶片受害，在叶片正面产生黄绿色小斑，逐渐扩大为圆形黏状橙黄色斑，边缘红色，稍肥厚。一个叶片可有多个病斑。此后，在病斑表面密生橙黄色针头大小的小粒点(性孢子器)，潮湿时溢出淡黄色黏液(性孢子)。黏液干燥后小粒点变黑色。之后病斑表面密生，后期病斑变厚，背面呈淡黄色疱状隆起，并在隆起部位产生数根灰黄色的毛管状物(锈孢子器)。不久,锈孢子器顶端破裂,散出黄褐色粉末(锈孢子)。最后病斑逐渐变黑干枯,毛管状物脱落。同时叶片向内卷曲,叶色变淡,最后全叶变黑干枯脱落。

幼果受害,在果面产生近圆形病斑,初为橙黄色,后为黄褐色,上生小黑点和毛状物。病部生长停滞,质地坚硬,果实多成畸形,容易早落。

新梢、果梗和叶柄被害时,与果实被害症状大体相同,病斑上也产生性孢子器和锈子器,后期病部龟裂。叶柄、果柄受害易引起落叶、落果。新梢被害后,病部以上部分常枯死,病部凹陷,易被风折断。

转主寄主圆柏染病后,在针叶、叶腋或小枝上出现淡黄色斑点,稍隆起,翌年4月,病菌突破表皮生出褐色角状物,即病菌的冬孢子角。冬孢子角高5mm、横径2mm左右。遇水后吸水膨胀,成为黄色舌状胶质块,犹如柏树开花。受害小枝肿起的瘤状物称为"菌瘿"。春季菌瘿表面破裂。通常苹果—圆柏锈病病菌主要危害小枝,梨—圆柏锈病主要危害针叶(图2-24)。

图 2-24　苹果—圆柏锈病
1. 苹果叶片上的病斑　2. 柏树针叶上的菌瘿

【病原】　在我国,引起苹果树锈病的病原菌为山田胶锈菌(*Gymnosporangium yamadae* Miyabe),梨树锈病的病原菌为亚洲胶锈菌(*G. asiaticum* Miyabe ex Yamada,异名:*G. haraeanum* Syd.)。这两种菌都为转主寄生菌,在苹果树或梨树上产生性孢子和锈孢子,在圆柏等转主寄主上产生冬孢子。两种病菌在形态上很相似,山田胶锈菌性孢子器近球形,埋生于寄主组织内,性孢子无色、单胞、纺锤形,器壁由六角形细胞组成。锈孢子黄褐色,单胞,球形或多角形,3~8mm,膜厚,微带疣状突起,有数个发芽孔,锈孢子器包被网状纵向开裂;冬孢子堆生于针叶或小枝上,成黄褐色角状物,冬孢子双细胞,稀有3~5个细胞的,具长柄,卵形,椭圆形或顶端截断,分隔处稍缢缩,黄褐色,萌发时每个细胞各长出一个有分割的担子。担孢子圆形。亚洲胶锈菌的锈孢子器2~5mm,包被条状纵向开裂(图2-25)。

【发病规律】　病菌以菌丝体在圆柏病部组织或菌瘿中越冬。病菌侵入圆柏后,当年10~12月出现黄色小斑。翌年3月开始冬孢子角突破寄主表皮而外露。气温14~15℃时,冬孢子成熟约需10~20d。3月下旬以后冬孢子才逐渐成熟,萌发时期主要在4月中下旬。当气温在5℃以上时,冬孢子角遇雨即胶化,冬孢子萌发产生担孢子,干燥后呈黄粉状的担孢子借风雨、气流传播。当担孢子飞散,落在梨树等寄主的嫩叶、新梢和幼果上时,

图 2-25 苹果(梨)—桧锈病
1. 苹果病叶前期症状　2. 叶背的锈孢子器　3. 病叶剖面　4. 性孢子器
5. 性孢子　6. 锈孢子　7. 冬孢子　8. 冬孢子萌发产生担子和担孢子

孢子萌发后直接从表皮侵入，也可从气孔侵入，并在叶肉细胞之间蔓延，10d 左右形成病斑，一般展叶 1~9d 叶龄的梨叶感受病最重，展叶 13~21d 侵染较轻，展叶 25d 后，潜育期约 6~15d。接着在病斑上长出性孢子器，性孢子混于蜜汁液中，并由性孢子器孔口随黏液溢出，靠昆虫、雨水传带到其他性孢子器上，经受精后约 3~5 周，在叶背面形成锈孢子器。锈孢子成熟由气流传播到圆柏上侵染针叶或嫩枝，以菌丝体在病部越冬。该病菌无夏孢子阶段，不发生重复侵染。

病害发生轻重，与梨园周围有无圆柏的栽植，数量多少及距离远近有关，尤其距梨园 2.5~5km 范围内有无圆柏关系极大。在圆柏存在的条件下，病害能否发生严重，主要决定于气候因素。气温、降雨、风力是决定病害流行的三个主要条件。山田胶锈菌在早春平均气温达 7~12℃时冬孢子就大量形成，萌发适温为 18~22℃。若在梨树展叶至幼果期间温暖多雨，冬孢子大量萌发，则病害发生严重；若天气干旱无雨，冬孢子不能萌发，则病菌受到抑制。风力决定孢子传播的有效距离，而发病季节的风向与侵染的范围有关，据调查，孢子一般可传播 5~10km，最远可达 50km。品种和病害发生程度有关。中国梨易感病，日本梨其次，欧洲梨抗病。

【防治措施】

① 清除转主寄主　彻底砍除距离梨园 5km 以内的圆柏类树木，是防治梨锈病菌的有效方法。在建立新梨园时，也应考虑附近有无圆柏存在，如有零星圆柏，应彻底砍除。

② 化学防治 如梨园附近圆柏不宜砍除时，可对圆柏喷药。喷药时间在果树发芽前，冬孢子角已经成熟，但未胶化时为宜，基本可以控制梨树发病。于每年 3 月上旬至 4 月中下旬春雨前向圆柏喷洒 160~240 倍波尔多液或 3°~5°Be 石硫合剂，可有效抑制冬孢子萌发产生担孢子；也可在 10 月中旬至 11 月底，喷施 0.3% 五氯酚钠与 1°Be 石硫合剂混合液。

在梨树萌芽至展叶后 25d 内为宜，即在担孢子传播侵染盛期进行，每隔 10d 喷药 1 次，连喷 3 次。药剂种类，可用 25% 粉锈宁可湿性粉剂 1000~1500 倍液或 65% 代森锌可湿性粉剂 500 倍液、50% 硫悬浮剂 200 倍液、50% 退菌特可湿性粉剂 800~1000 倍液、石灰倍量式 160~200 倍波尔多液。

③ 选育和栽培抗病品种。

④ 生物防治 据四川农业大学试验，在性孢子成熟后喷施梨锈重寄生菌（$Tuberculina\ vinosa$）孢悬液，对锈子器的寄生率可达 92% 左右，从而抑制了锈孢子的形成，减少对转主寄主圆柏的侵染。采用这种防治法虽然不能立即见效，但可逐年减轻锈病的发生。

(8) 枣锈病 (Jujube rust)

【分布及危害】 枣锈病俗称枣雾，寄主有枣（$Zizyphus\ jujuba$）、酸枣（$Z.\ jujuba$ var. $spinosa$）和马甲子（$Paliurus\ ramosissimus$）。枣锈病在我国河北、河南、山东、安徽、陕西、湖北、江苏、浙江、四川、云南、广西、贵州、辽宁、湖南等地均有分布，以冀、豫、鲁等地最普遍。枣锈病对产量及品质影响很大，如河南内黄枣区、山东乐陵枣区、河北沧州枣区曾因此病而大量减产。

【症状】 枣锈病发生仅限于叶片。发病初期，受害叶背面散生或聚生淡绿色小点，以后逐渐形成暗黄褐色突起，即病菌的夏孢子堆。夏孢子堆多发生在中脉两侧及叶片尖端和基部，形状不规则，直径约 0.5mm，发生在叶脉两侧的，有时密集，相互连成条状。夏孢子堆最初生于表皮下，具假包被，以后表皮破裂，散发出黄色粉状物，即夏孢子。夏孢子堆发展后期，在叶正面相对的位置，出现绿灰色小斑点，边缘不规则，使叶面呈花叶状，并渐失去光泽，后变为黄褐色角斑，叶片严重受害时易变黄干枯，早期脱落。枣锈病会直接影响枣当年的产量和品质，病害严重时，往往在枣实接近成熟前，造成大量落叶，只留下未成熟的小枣挂在树上，以后失水皱缩，导致枣糖度降低，进而削弱树势，严重影响以后枣树的生长和年产量。

【病原】 担子菌门柄锈菌目的枣层锈菌（$Phakopsora\ ziziphi$-$vulgaris$ Dietel）。夏孢子堆中有少数菌丝状的侧丝，夏孢子球形、卵圆形或椭圆形，淡黄色至黄褐色，单细胞，表面密生短刺，大小 (14~26)μm × (12~20)μm，壁厚 1.5μm。冬孢子堆位于夏孢子堆边缘，多在落叶期和落叶后形成，或于翌年在病落叶上产生，近圆形或不规则形，较小，直径 0.2~0.5mm，黑褐色，稍突起，但不突破表皮。冬孢子结合成多层，长椭圆形或多角形，平滑、单胞，顶端壁厚、栗褐色，下端稍薄，色淡，大小 (8~20)μm × (6~20)μm，壁厚 1~1.5μm（图 2-26）。

【发病规律】 枣锈菌的越冬场所和方式尚未完全研究清楚。河南内黄枣区用室外保存的越冬病叶于翌年 5~7 月间做大田接种试验，证明其夏孢子堆有一部分可以在病落叶内

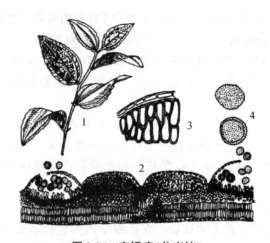

图 2-26　枣锈病(仿李楠)
1. 病叶症状　2. 冬孢子堆和夏孢子堆　3. 冬孢子堆　4. 夏孢子

越冬存活，但越冬后的夏孢子中仅有极少数具萌发和侵染能力；也有人认为可能以冬孢子在病落叶上越冬，但冬孢子作用及转主寄主尚不完全清楚。我国有些枣区，发现枣树芽中潜伏有锈菌的多年生菌丝，是枣锈菌越冬的另一方式。另据内黄枣区两年的试验材料，每年开始捕到空中夏孢子的时间，都在大田开始发生枣锈病之前半个月左右，表明该枣区高空外来的夏孢子，也是初侵染源之一。

枣锈病通常在 7 月中、下旬开始发病，发病盛期一般在 8 月下旬到 9 月上旬。在山东枣区，个别年份，可在 6 月上、中旬出现病叶。在河北东北部枣区，8 月初开始发病。发病后夏孢子由风力传播，不断再次侵染，8~9 月空中夏孢子的数量一直很大，使发病达到高峰，并开始落叶。有些年份，病落叶可推迟到 11 月初。

枣锈病的流行与 7 月份降水量的多少，以及枣林间的湿度成正相关。若 7~8 月多雨、高温，则病害严重。如河南内黄枣区，经近 8 年的观察，凡是 7 月份总降水量达到 200~300mm 的年份，锈病就比较严重，8 月底枣叶即大部分脱落。7 月份降水量在 130mm 以下的年份，9 月初才开始发病，落叶期推迟到 11 月间。榆林枣锈病的发生及病害的轻重与 7~8 月的降水量、气温、空气湿度等密切相关，当 7~8 月出现 3d 以上连阴雨天气，空气相对湿度在 70%~80%，日平均气温达 25.0℃，最高气温在 30.0℃ 以上时，发病率可达 80% 以上。枣区若地势低洼，枣行郁闭，行间种植玉米、高粱等高秆作物，枣锈病发生往往早而严重。地势高、通风好的枣林发病轻。同株发病部位冠中比冠周发病重，树冠下部首先发病，逐渐向上发展。枣树不同品种的感病情况有明显差异。在河南各枣区，以'鸡心枣''扁核酸'(安阳大枣)'灰枣''灵宝大枣'等易感病，而'核桃纹''九月青''赞黄大枣'等较抗病。在甘肃宁县，晋枣最易感病，夏枣次之，冬枣很少发病。

【防治措施】

① 林业技术措施　枣园不宜栽植过密，不宜种高秆作物，过密枣园应适当疏剪枝条，以利通风透光。加强土肥水管理，增加有机肥，控制化肥用量，合理灌溉。生长期在叶面喷施 0.5% 尿素液或 0.3% 的磷酸二氢钾溶液 2~3 次，以增强树势，雨季应及时排除园内积水。栽植丰产抗病品种。

② 物理防治　晚秋清除落叶，集中烧毁，消灭越冬菌源。

③ 化学防治　在发病初期喷 1:1:200 波尔多液，间隔一个月再喷一次，可以防止锈病流行；喷施代森铵 1000 倍液、50% 锈粉威也有一定的防治效果。

（9）桑赤锈病（Mulberry rust）

【分布及危害】　桑赤锈病也称赤粉病，国外分布于日本、朝鲜、印度、泰国等亚洲国家，在我国分布较广，江苏、浙江、安徽、山东、四川、陕西、河北、辽宁、福建、安徽、广东、广西、山西、云南、甘肃、新疆、台湾等地蚕桑区均有发生，在江浙太湖流域和山东临朐都曾严重发生，主要危害桑树嫩芽、幼叶、新梢等，被害桑园产叶量大减，甚至整个桑园无一片好叶，严重影响桑叶产量和质量，造成蚕的饲料不足而蚕茧歉收。

【症状】　叶、叶脉、叶柄、新梢、嫩枝、桑芽均可被害，叶片染病在叶片正背面微生圆形有光泽小点，逐渐隆起成青泡状，颜色变黄，后呈橙黄色，表皮破裂，散发出橙黄色粉末状的锈孢子，布满全叶，故有"金桑"之称。当锈孢子飞散后，病部留下黑色下陷的疤痕。新梢染病后畸形或弯曲，桑芽不能萌发，已萌发的桑芽会局部肥大、盘曲变形，并出现橙黄色病斑，病斑逐渐变黑凹陷。叶柄、叶脉染病沿维管束方向呈纵条状扩展，出现弯曲畸形，表面也都生有橙黄色锈子器。

【病原】　由担子菌门柄锈菌目的桑锈孢锈菌（*Aecidium mori* Barclay）引起。该锈菌只有锈孢子器阶段，锈孢子器生于叶的两面和其他发病部位的表面，橙黄色，直径 0.15~0.22mm，呈杯状。锈孢子串生，幼时无色，成熟后为球形或椭圆形，淡橙黄色，表面有细小的短刺，大小为 (12~16)μm × (11~14)μm。包被细胞 (18~24)μm × (13~15)μm。由于在一个生长季节中可以重复产生锈孢子，从个体发育系统来说，该菌产生的孢子类型属于锈孢型夏孢子（图 2-27）。

 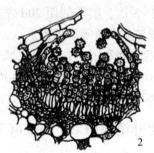

图 2-27　桑赤锈病
1. 叶面症状（贺伟摄）　2. 锈孢子器

【发病规律】　病菌以菌丝体状态在枝条或冬芽中越冬，翌年春，随芽叶的生长产生锈孢子，锈孢子借风力传播到新梢、桑叶及花葚上，进行初侵染。病菌侵入寄主组织，在表皮发育形成菌丝，并在细胞组织间隙内生长发育，不断伸展，伸达维管束后，菌丝不再继续前伸，而改变为同维管束平行生长，在表面内侧聚成团块，团块菌丝可分化发育成球形锈子器，使被害新梢患处局部肥厚隆起，呈畸形。锈孢子器产生的锈孢子可进行再侵染。病菌锈孢子萌发侵染气温为 5～36℃，最适气温 13～28℃，相对湿度 93%。当气温高于 30℃，湿度低于 80%，则发病受到抑制。锈孢子耐寒力弱，冬季易被冻死，中国南方桑树全年有绿叶，具备以锈孢子器和锈孢子越冬条件，长江流域及其以北地区一般不能越冬。据报道，在我国桑赤锈病菌可分为南方型和北方型 2 个生态型。长江流域和珠江流域的病原菌喜湿，所以也称为湿润型生态型。而黄河流域的病原菌适应年降水量 600～700mm 较干旱的气候环境条件，称为干旱型生态型。两个生态型侵入寄主后，在寄主组织内适存性不同，即湿润型生态型菌丝侵入绿色嫩组织，当组织木栓化后，菌丝较快停止发育；而干旱型生态型，却可在木栓化的新梢内继续生长发育。因此，在长江流域和珠江流域主要于春、夏发生危害，黄河流域在桑树全生长期发生危害。

该病发生程度与品种及农业措施有关，山东的鲁桑、实生桑与广东的伦教 40 号发病重，湖桑发病则轻。新老桑树混栽、春伐夏伐兼行、收获叶不伐条、留枝留芽或出杔法收获以及留大树尾收获的，都造成桑树生育期间树上留有绿叶，利于病菌存留和侵染，易发病。冬季温暖，4、5 月多雨潮湿是该病流行的重要因素之一。在山洼通风不良的桑园易发生。不修剪、不砍伐桑树，病菌潜伏的概率增加，也就增加了初次侵染源。秋季桑赤锈的发生程度与来年春季初次发病有极显著相关性。

【防治措施】

① 林业技术措施　春季巡视桑园，如发现淡黄色病芽和病梢立即剪除烧毁。在留枝剪定的地区，春季如发现该病，应全部进行夏伐。在发病的桑园应全部在早春发芽前伐条。在发病严重的地区，还要注意桑园附近的野桑和篱笆桑常有此病发生，也应及早处理，以绝病源。

应注意桑园不宜过密，注意排水和肥培，促进生长，减少发病。

② 化学防治　初发病桑园在病叶上"泡泡纱"状病斑未转黄色前喷洒 25% 三唑酮可湿性粉剂 1000 倍液、或 20% 百科乳油 3000 倍液、或 25% 可湿性粉锈宁粉剂 1000 倍液，重点喷布桑芽，连喷 2～3 次，喷药间距 20d 左右，可控制发病；生长期中在不影响采叶饲蚕的前提下，适当喷波尔多液等杀菌剂。

③ 抗病品种的栽培和利用　在黄河流域干旱型生态型危害区域，种植抗性品种湖桑 32 号、湖桑 7 号和黄鲁头等桑品种；在长江流域和珠江流域湿润型生态型危害区域，栽种桂桑优 12、桂桑优 62、伦教 40 等桑品种，可减轻桑赤锈病危害。

(10) 台湾相思叶锈病 (Leaf rust of Taiwan acacia)

【分布及危害】　相思树锈病主要分布于广东、福建、台湾、广西等地。日本也有此病的发生。感病的树种只有台湾相思 (*Acacia confusa*)。

本病主要危害苗木和幼树，大树很少发病。广州市郊台湾相思幼树普遍发生此病，毁坏叶片，严重影响植株的生长。

【症状】　该病危害台湾相思的嫩叶、嫩梢和荚果。病部开始时呈浅绿色，有时带红色，最后变为茶褐色或污褐色。受病部位膨大、肥厚，如盘状小瘤，向一面隆起，枝、叶、果实因而卷缩或畸形。在小瘤上相继出现浅绿色精子器，暗褐色夏孢子堆和灰白色绒毛状冬孢子堆。病树衰弱，生长不良。

【病原】 本病的病原菌是透灰白冬孢锈菌[*Poliotelium hyalosporum* (Sawada) Mains]。精子器浅绿色，半球形，直径 95～150μm。精子无色，卵形或椭圆形，大小(3～6)μm×(3～5)μm。夏孢子堆暗褐色，直径 0.3～0.8mm。夏孢子黄褐色，纺锤形或长椭圆形，顶端钝尖，基部平直，表面有疣状突起，中部有 4～6 个发芽孔，具网纹，有侧丝，大小(55～69)μm×(19～22)μm。冬孢子堆灰白色，半球形，成熟时绒毛状，有时冬孢子堆和夏孢子堆混生在一起，直径 0.3～1mm。冬孢子无色，单胞，椭圆形或长椭圆形，两端钝圆，胞壁光滑，大小(41～55)μm×(16～28)μm。担子棒状，有 4 条小梗，顶端着生担孢子。担孢子无色，球形(图2-28)。

夏孢子在蒸馏水或自来水中不能萌发，在琼脂平板、润湿载玻片上也不萌发。冬孢子在蒸馏水或自来水中很易萌发，一昼夜后冬孢子萌发率达 90% 以上。

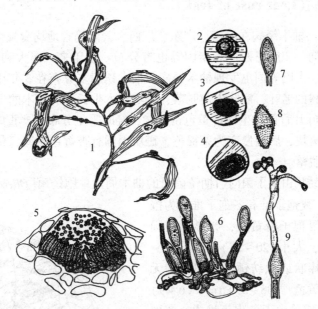

图 2-28　台湾相思树叶锈病(仿杨可四，岑炳沾)
1. 病叶症状　2. 病菌精子器　3. 夏孢子堆　4. 冬孢子堆　5. 精子器(切面)
6. 冬孢子堆(切面) 7. 冬孢子　8. 夏孢子　9. 冬孢子萌发产生的担子及担孢子

【发病规律】 根据在广州市郊的接种试验结果，冬孢子的侵染力最强，夏孢子次之，精子无侵染力。用带有冬孢子或夏孢子的病叶靠近健叶进行接种，比喷射冬孢子或夏孢子清水悬液进行接种容易成功。用冬孢子接种，5d 后开始出现精子器，15d 后开始出现夏孢子堆，20d 后开始出现冬孢子堆，一个侵染周期约 15～20d。

在广州市郊，相思树老叶并不脱落，3月份开始抽新叶，4月上、中旬嫩叶上出现大量病菌的精子器和夏孢子堆，4月下旬产生冬孢子堆。自 4 月上旬至 12 月止，病害连续发生，每次新叶抽出后，都有一个发病高峰。

病原菌的夏孢子只能从相思树半老嫩叶侵入，幼嫩、生长迅速的嫩叶和已经老化、发育完全的老叶，都不利于病原菌的侵入和扩展。冬孢子的侵染一般限于非常幼嫩的叶子，即从顶端数起第一、二片叶子，偶尔侵染第三片叶子的顶部，而在老叶（第三至第六片叶子）上，只见轻微的感染。

除了叶龄，病菌对寄主的侵染，温湿度亦是决定因素。春秋两季，雨水充沛，气温在19~28℃时发病最重。苗木过密，郁闭度大，以及林下的幼树发病重，而高温干燥不利于病菌侵染，发病轻。

【防治措施】

① 物理防治　在新叶抽出前，清除染病叶、枝条和荚果并烧毁。

② 化学防治　在嫩叶抽出后，可喷洒药剂 2~3 次。有效药剂有 1∶1∶100 波尔多液，或 0.3°~0.5°Be 石硫合剂，或 80% 代森锌 600 倍稀释液，百菌清 400 倍液。也可在病害发生后用 20% 粉锈宁 1000~1500 倍液，每 10~20d 喷施 1 次，效果良好。

(11) 柚木锈病（Leaf rust of teak）

【分布及危害】　柚木锈病在海南、广东、广西、云南等省地均有发生。印度、巴基斯坦、斯里兰卡、缅甸、印度尼西亚和泰国等也有分布。近年来，澳大利亚、哥斯达黎加、墨西哥、厄瓜多尔、古巴等国也发现柚木锈病。柚木锈病多分布在 3 年生以上的幼林，主要危害柚木苗和幼树的老叶，病叶提前脱落，影响苗木生长，对林木的生长量影响较微。

【症状】　受害叶片背面产生深橙黄色锈状物，轻时零星分布，严重时布满叶背。叶片表面初期呈杏黄色斑块，后慢慢变为茶褐色，斑块周围有杏黄色晕圈，最后斑块变为灰褐色，以至叶片早期脱落。

【病原】　柚木锈病由担子菌门、柄锈菌目的柚木周丝单胞锈菌[*Olivea tectonae*（Racib.）Thirum.]侵染所致。夏孢子堆和冬孢子堆均为橙黄色，难以区别。夏孢子橙黄色，卵形至椭圆形，表面具有小刺，大小 (20~27)μm × (16~22)μm，冬孢子棍棒状或拟纺锤形，细胞壁无色，细胞内含物橙黄色，(38~51)μm × (6~9)μm，与夏孢子混生或单生于冬孢子堆中。冬孢子一旦成熟立即萌发，产生具有 4 个隔膜的担子，担子上再产生球形的担孢子。侧丝生于夏孢子堆或冬孢子堆的边缘，圆柱状，向内弯曲，橙黄色，细胞壁厚达 25μm（图 2-29）。

【发病规律】　柚木周丝单胞锈菌是一种严格寄生菌，只在柚木叶片上寄生。尚未发现中间寄主，病害只在林间传播，传播途径主要为气传。发病适温为 23~27℃，湿度为 90% 以上，林间高湿、多雨有利于发病。在海南，病害周年均有发生。在广州市郊，一般从 10 月中旬开始至翌年 5 月发病。温暖干燥的气候有利于病害的发生和发展。片林发病多，散生柚木

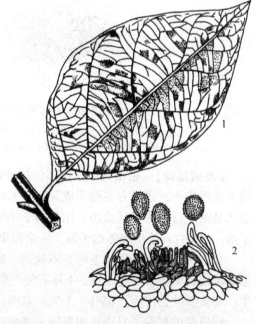

图 2-29　柚木叶锈病（仿杨可四，梁子超）
1. 柚木叶背的夏孢子堆　2. 夏孢子堆及夏孢子

发病少。3年生以上的幼林较多发病，1~2年幼林少发病。不同的地理种源其感病性不同，从印度引种的柚木较易感病。

【防治措施】

① 林业技术措施　采用修枝、疏伐使林内通风透光，增强树势，以减少病害发生。

② 化学防治　喷百菌清400倍液、0.3°Be的石硫合剂、敌锈钠或25%萎锈灵200倍液喷雾等进行防治。

③ 种源选择　选择抗病性较强、生产性状较好的地理种源进行栽培。

(12) 咖啡锈病 (Coffee rust)

【分布及危害】　咖啡锈病是世界著名的植物病害之一，对咖啡生产危害很大。国外分布于印度、印度尼西亚、斯里兰卡、越南、老挝、非洲和太平洋沿岸各岛国等栽培咖啡的国家。1970年初，在巴西的巴伊亚州和圣保罗州爆发咖啡锈病，严重地影响南美洲咖啡种植业的发展。我国云南、广西、海南、广东和台湾等地凡有种植小粒种、大粒种咖啡的地区也都有锈病发生。云南思茅地区自1986年种植咖啡以来，每年面积均在增加，现已发展到12万余亩。据2000年12月调查，咖啡锈病发病率为14.3%。树木受害后叶片早期脱落，树势受到削弱，导致减产，严重时树木死亡。

【症状】　咖啡锈病主要侵染叶片，有时也危害幼嫩枝条和幼果，在成熟果实及老枝条上极少发病。叶片被锈病菌侵染后，叶背面最初出现浅黄色水渍状小病斑，病斑周围有浅绿色晕圈，病斑扩大到5~8mm时，病部从气孔长出橙黄色粉状孢子堆，病斑逐渐扩大，后期数个病斑连成不规则形的大病斑，晚期病斑中央干枯变深褐色，褐色病斑在叶片两面都可见，严重时大量落叶，枝条干枯甚至整株枯死。

【病原】　病原菌有两种：咖啡驼孢锈菌（*Hemileia vastatrix* Berk. & Brome）引起黄锈病，咖啡锈菌（*Hemileia coffeicola* Maubl. & Roger）引起灰锈病，其中以咖啡驼孢锈菌引起黄锈病危害较为广泛和严重。

咖啡驼孢锈菌为担子菌门、驼孢锈属真菌，菌丝有隔膜，多分枝，在其生活史中仅发现夏孢子，冬孢子和小孢子，且后两者很少产生。夏孢子由病叶背面气孔长出，呈柠檬形、肾形或三角形、橙黄色，背脊表面密生许多圆锥形尖刺，凹面光滑，大小为(30.6~41.5)μm×(21.6~39.6)μm。冬孢子形状很不一致，一般呈陀螺形或不规则形，基部凸起，上部有乳头状突起，米黄色。大小为(24.4~30)μm×(16~24.7)μm。病菌生活史中主要以夏孢子进行侵染活动。夏孢子在干燥条件下寿命一个月左右。萌发适温为14~30℃，最适19~24℃（图2-30）。

对我国云南、海南和广东咖啡植区收集到的58个咖啡驼孢锈菌菌株标本进行生理小种鉴定，鉴定出小种有7个。各咖啡植区除共同出现Ⅱ号生理小种外，云南咖啡植区还出现Ⅰ、ⅩⅤ、ⅩⅩⅢ和ⅩⅩⅣ号生理小种；海南则出现Ⅵ和ⅩⅫ号小种；广东咖啡栽培地区未发现有新的生理小种。各咖啡植区新生成的生理小种种类有明显不同。

【发病规律】　病株上的残留病叶是主要侵染来源，病菌以菌丝体在组织中度过不良环境。气候条件适宜时病斑产生夏孢子堆靠风、雨、人畜和昆虫传播。病菌夏孢子接触寄主，萌芽后由叶背气孔侵入寄主，并在寄主细胞间隙产生菌丝体，形成吸器伸入寄主细胞内，吸取寄主的营养。以后菌丝体在气孔内密集成团，长出一束孢子梗，孢子梗顶端着生夏孢子，此为新生的夏孢子堆。病菌潜育期长短和寄主抗病性与叶龄有关，一般潜育期为14~30d。

病害发生的最适温度为21~26℃，适当的雨湿是锈病产孢、萌发、传播的条件。适中的温度，适量、均匀的降雨，较多的侵染来源和感病而长势衰弱的寄主植物是咖啡锈病大发生流行的最基本条件。

国外非常强调海拔与咖啡锈病的关系。一般海拔在1300m以下，锈病很严重。在海拔1800m~2000m地区，降水量较少，平均气温较低，气候干燥，锈病严重流行，因而主张咖啡种植在海拔1300~1800m地区。我国云南发病地区的海拔常在910~920m之间。

咖啡不同品种间抗病性差异很大。调查发现，锈病主要发生在波邦、铁毕卡品种上，而"catimor"上未见受害。

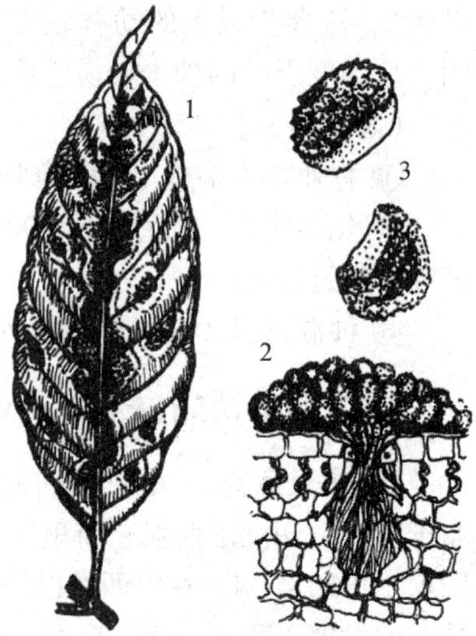

图2-30 咖啡锈病
(仿《热带作物病虫害防治》)
1. 病叶症状 2. 从病叶背面气孔长出的夏孢子堆 3. 夏孢子(放大)

目前我国咖啡植区仍以含单个毒力基因V5的Ⅱ号生理小种为主，占鉴定小种数量的55.2%，分布于所有咖啡栽培区。其次是Ⅵ号生理小种，占鉴定样品的20.7%，主要分布于海南的中、大粒种咖啡，是侵染这两类咖啡的锈菌生理小种，其毒力基因不明。其他生理小种占24%，其中含双毒力基因的生理小种占17.3%。

【防治措施】

① 抗病品种选育与利用　思茅地区引种的含SH6抗性基因的"catimor"系列：catimorP3、caimorP4、caimor7963抗病性能强，应推广种植。

② 严格检疫　引种和贮运苗木时，应严格做好检疫工作，防止病菌扩散蔓延。同时在当地要建立无病苗圃。

③ 林业技术措施　加强栽培管理，合理密植，合理施肥，每生产250kg鲜果，需要N肥5kg，P肥0.5kg，K肥6.25kg，这样既保产又防治咖啡早衰，同时还能提高植株抗病力。

此外，咖啡园应适当种植荫蔽树，如荔枝、杧果、橡胶等，可改变园内小气候和土壤环境，同时减弱光合量使咖啡适量结果，保持咖啡树的正常生长势，从而增强对锈病的抵抗力。

④ 化学防治　铜制剂对咖啡锈病防效较好，还能促进咖啡生长，增加产量。采用0.5%~1%等量式波尔多液在流行期喷施2~3次，每隔7~10d喷1次，能收到较好的防效；用0.1% $CuSO_4$ 溶液喷雾，防效也显著。20%粉锈灵可湿性粉剂400倍、50%氧化萎锈灵1000倍对咖啡锈病有内吸治疗效果，残效期长达2个多月，能铲除病组织内菌丝和抑制夏孢子的产生，但黏着力差，常被雨水冲洗。波尔多液和粉锈宁交替使用，在流行期间喷药2~3次即可。

2.2.5 叶斑病类

这类病害是林木中最普遍最常见的一类病害。叶斑病表现为叶片局部组织坏死，使叶上产生各种大小形状和颜色的枯斑。斑点平或稍隆起，有的后期形成穿孔。易引起叶枯和落叶。在症状上，炭疽病亦属叶斑病类，但因其症状和病原有某些特殊性，本书将其单列为1节。

引起叶斑病的病原种类，侵染性病原中除细菌、病毒等外，主要是真菌中的子囊菌。在真菌引起的病斑上，还常产生特征性的病症，如由尾孢菌引起的叶斑上会产生霉状黑色小点的病症；漆斑病类在病斑上形成稍隆起的具有黑色光泽的斑块的病症等。

叶斑病种类庞杂，几乎发生在所有各种针阔叶树上。因此，无论从病原种类、症状特点、危害性、发病规律等方面，都不像叶变形、锈病、白粉病、煤污病和毛毡病等类叶部病害那样具有密切的内部联系。

针叶树叶斑病的危害性远比阔叶树叶斑病严重得多，这是由针叶的构造和针叶树种的生物学特性所决定的。由于针叶狭长，任何一个面积不大的病斑，就可能截断病斑以上部分和树体的联系，引起叶枯和落叶，而针叶树的再生能力又远不如阔叶树强。对苗木和幼树的危害性就更大。

为了高效生产木材，森林经营部门正越来越依靠集约的林木培育。由于大面积栽植单纯的同龄林，病害问题日益严重。作为主要人工用材林树种的松、落叶松、杉、柳杉等在我国占有很大的比重。因此，针叶树种叶部重要病害不断有新的发生，除松落针病和20世纪50年代已发生的落叶松早期落叶病等外，60~70年代的松赤落叶病和松赤枯病在一些地方逐渐严重起来；70年代随着国外松的引进，松针褐斑病在福建等地危害，使湿地松和火炬松的发展受到很大的阻碍；80年代的松针红斑病首先在东北樟子松上发现。这些病害的发生发展已明显地或正加重影响着林木生产，逐渐引起人们的重视。

病菌的生活史不同，使得病菌的侵染循环也有所不同。松落针病、松赤落叶病和落叶松早期落叶病的病菌，它们的有性型都很发达，而无性型不发达，或无性孢子在侵染中作用不大。病害的发生主要决定于子囊孢子的侵染。一般来说，这些病害没有再次侵染或再次侵染作用不大，但子囊孢子飞散侵染持续时间可能较长。另一类如松叶枯病、松赤枯病、松针褐斑病、松针红斑病等的病菌，没有或在我国尚未发现有性型，而分生孢子阶段很发达，分生孢子不仅起初次侵染的作用，潜育期较短又使其有多次再侵染，使病害在生长期间不断蔓延扩展。

这些病害的病菌主要在病落叶上或残留在树上的病叶组织中以菌丝、分生孢子或子囊孢子越冬。孢子通过风或雨水传播。一般纯林比混交林发病重，郁闭度大的比郁闭度小的重。多雨高湿度有利于病菌孢子的传播、萌发和侵入。林木生长衰弱也常诱发和加重病害的发生。

这类病害的防治，除应结合营林措施和选育抗病品种，改善林地条件，促进林木生长外，必要时如有条件，采取清除病落叶等办法，尽量减少病菌的侵染来源。在病菌孢子飞散侵染期间，喷洒杀菌剂或施放杀菌烟剂，对于发生还不普遍的病害，还应加强检疫，严禁带病产品入境，限制其蔓延扩展。

(1) 松赤枯病(Pestalotiopsis needle blight of pine)

【分布及危害】 松赤枯病是松树上一种常见的病害。分布广，在四川、贵州、广西、广东、江苏、云南、福建、湖北等地都有发生。近年来有逐渐扩大蔓延之势。在贵州和四川尤为严重，受该病侵染严重的松树林分枯红，犹如火烧，严重影响松树的生长。国外分布于法国、德国、英国。

松赤枯病菌危害马尾松、油松、黑松、湿地松、沼泽松、美国黄松、加勒比松、水杉、柳杉、南亚松、岛松等。是云南松幼龄林上比较严重的叶部病害。国外报道该菌还可侵染针叶树的多个属，如崖柏属(*Thuja*)、刺柏属(*Juniperus*)、云杉属(*Picea*)、黄杉属(*Pseudotsuga*)等。

【症状】 主要危害新针，表现为叶尖枯死以致全针枯死，针叶当年不脱落，翌年提早落针。松针受害后最初显现水浸状黄色段斑，后渐变褐，稍缢缩，最后呈灰白色或暗灰色，有凹陷或不凹陷的病斑。受病组织与健康组织交界处通常有一暗红色环。病部散生圆形或椭圆形的黑色小点状分生孢子盘。在潮湿环境下，分生孢子盘长出褐色或黑褐色的丝状或卷发状的分生孢子角。症状类型有叶尖枯死、段斑枯死、叶基枯死和全针枯死。

【病原】 为无性型菌物的枯斑拟盘多毛孢[*Pestalotiopsis funerea*(Desm.)Steyaert]。分生孢子盘初埋于寄主表皮下，后外露呈黑色小颗粒，孢子盘直径约100μm。分生孢子梭形散生于病叶上。一般有5个细胞，4个横隔，中间3个细胞暗褐色，两端细胞圆锥形无色，顶端有2~4根刚毛，长约10~19μm，孢子大小为(15~25)μm×(7~10)μm，基部有5~7μm的无色小柄。病叶保湿培养很易长出褐色或黑褐色丝状卷曲的分生孢子角(图2-31)。

图2-31 松赤枯病病原(仿四川森林病害，2006)

病菌在PDA培养基上生长良好。菌落呈白色圆形，白色茸毛状气生菌丝发达。菌落中心基质略带黄色。随着菌落生长的扩大，基质变色区也随之扩大。在24~29℃的条件下培养14~19d开始产生大小不等的黑点状孢子堆，分生孢子在水中5~33℃可萌发，24~25℃为萌发的最适温度。

病菌在PD培养液中可产生3种植物含氮多糖的致病毒素，破坏松针细胞膜、叶绿体、线粒体。松属植物中，马尾松、油松、云南松对毒素最敏感，湿地松、火炬松次之，华山松、辐射松、黑松有较强的抗毒素能力，而不同科属的木本植物柳杉、杉木、南洋杉、蓝桉对毒素也有不同程度的反应，说明该毒素为非专化性毒素。

【发病规律】 该病病菌以分生孢子和菌丝体在树上或落在地面的病针内越冬，越冬后萌发速度快。分生孢子一般借风雨传播，潜育期依环境条件而定，一般3~8d，五月中、下旬病菌开始侵染，6~9月上旬为病害大发生时期，发病高峰期在7月中、下旬，10月以后逐渐停止。赤枯病有多次再侵染。

高温多雨的环境有利于病害的传播。这是因为早期的大量降雨有利于病菌孢子的扩散。而接踵而来的低湿气候使寄主的蒸腾作用加快,降低了抗病能力,从而加速了孢子的形成。经调查,平均气温在16℃以上病害开始发生,11℃左右病害发生基本停止,27℃时发病最多。该病主要危害10年左右的幼树,随着树龄的增大危害能力降低。

病害的发生与立地条件、生态因子有很大关系。海拔超过800m、土壤瘠薄的林区,病害较严重;阳坡比阴坡发病重,同一坡向,下部比上部重;同一林分内,林缘比林内重。马尾松纯林比松杉混交林发病重。15年生以下的幼龄发病重,随着林龄的增大则发病程度减轻;林分密度大发病重;经营粗放、寄主长势弱,则发病重。

在非适生区栽植松树,土壤干旱贫瘠,管理粗放,树势衰弱,则赤枯病严重。

不同松树对松赤枯病菌的抗性有一定差异。据研究,用松赤枯病菌经PD培养液培养产生的毒素对不同松属树种进行测定,马尾松、油松、云南松最敏感,湿地松、火炬松次之,华山松、辐射松、黑松有较强的抗性。

【防治措施】

① 林业技术措施　提高造林质量和管理水平。应根据适地适树原则选择适生的阔叶树和松树混交,在幼龄林的防治上应及时灌水施肥,加强树种的抗病性。

② 清除侵染来源　冬春季节应将枯枝集中烧毁,发病中心林木要及时处理。

③ 化学防治　据报道在四川地区6月中旬施放一次烟剂效果良好。用621烟剂或741烟剂;10%多菌灵粉剂和75%可湿性粉剂百菌清500倍液等也有一定的防治效果。

(2) 杉木赤枯病(Pestalotiopsis needle blight of China fir)

【分布及危害】　杉木赤枯病是杉苗后期和幼林时期的病害,在我国的湖北、湖南、江苏、江西、广东、广西、四川、云南等地均有发生。湖南双牌县林业科学研究所调查,1978年杉苗发病率达65%,杉苗顶芽枯死,病苗枯黄,形成多头。幼树被害树冠基部黄化和顶梢枯死。

【症状】　杉木赤枯病有3种类型,分别是杉苗尖枯型、树冠基枯型和杉木顶枯型。

杉苗尖枯型初期在杉苗顶梢的嫩叶出现淡黄色斑点后渐变红褐色,最后扩展到全针叶,呈枯褐色,最后病苗顶梢赤枯。

树冠基枯型初期出现暗褐色小点,病斑扩大,在中部产生微突起的黑褐色子实体,然后病叶尖端枯死,在针叶病健处出现红褐色交界线。

杉木顶枯型初期,杉苗梢部嫩叶基部出现淡黄色斑点,后为红褐色,然后全针枯黄色,最后顶部赤褐色枯死,并向下扩展,苗木死亡(图2-32)。

【病原】　该病由无性型菌物枯顶拟盘多毛孢[*Pestalotiopsis apiculata* (T. Z. Huang) T. Z. Huang]引起。分生孢子盘生于表皮下,成熟后突破表皮向外散放分生孢子。分生孢子盘直径约200μm,分生孢子长梭形,有4个分隔,分隔处稍缢缩,两端细胞无色透明,中部3个细胞淡褐色,大小(23.3~28.3)μm×(6.7~7.8)μm,顶端有鞭毛3根,也有的有2~4根,基部有一无色透明的分生孢子梗。

【发病规律】　病菌由灼伤组织或垂死组织侵入,以菌丝体和分生孢子在被害针叶组织内越冬,借风雨传播。地下水位过高,砂土或重黏土,氮肥过多,苗木太嫩,苗床未及时遮阴，这些都是影响病害发生和流行的因素。

【防治措施】

① 林业技术措施　选择适宜杉木生长的肥沃、湿润、排水良好的造林地，创造有利于杉木生长的生态环境，提高抗病能力。在夏季高温季节保证林地的水肥供应。

② 化学防治　参考松赤枯病防治方法。

(3) 松落针病(Lophodermium needle cast)

【分布及危害】　松落针病是松树常见病害之一，广泛分布于世界各国。在我国，遍布于所有松树分布区，危害红松、樟子松、油松、白皮松、华山松、新疆五针松、马尾松、赤松、黑松、黄山松、大别山五针松、云南松、思茅松、高山松、乔松、湿地松、火炬松等松树种类。1984年辽宁红松人工林落针病发病面积 4000hm²，占红松林面积的 20%；至 2006 年，辽宁省油松落针病发生面积已超过 $15 \times 10^4 hm^2$，占全省油松林面积的 18.75% 以上；福建省马尾松遭受松落针病的危害，提早落针，严重影响了松木生长。

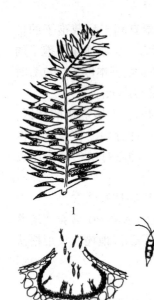

图 2-32　杉木赤枯病（毛犇绘）
1. 受害状　2. 病原菌的分生孢子盘及分生孢子

【症状】　松落针病菌通常危害2年生针叶，有的1年生针叶也可受害。由于树种和落针病病原菌种类的不同，表现症状略有差异。在马尾松针叶上，最初出现很小的黄色斑点或段斑，至晚秋全叶变黄脱落；油松的针叶初期看不到明显病斑，针叶颜色由暗绿色变成灰绿色，逐渐变成红褐色而脱落。通常情况下，针叶上的病斑在春末夏初出现，夏末秋初即有部分脱落，大部分病叶则在秋末冬初脱落。此外有的病叶枯死而不脱落。

翌春，在病落叶上产生黑色或褐色横线，将针叶分为若干段，在二横线间产生黑色或褐色长椭圆形小点，即病菌的分生孢子器。此后产生较大的黑色或灰色椭圆形突起，有油漆光泽，中间有一条纵裂缝，即子囊果。因病原种类不同，有的针叶上横线纹较多，有的少或缺；子实体的数量和大小亦不同。

【病原】　该病由子囊菌门的散斑壳属(*Lophodermium* spp.)引起。我国对散斑壳属的分类研究始于20世纪80年代，现在已报道松树上有21个种，多数种生在衰老或枯死的松针上，营腐生生活，少数种为寄生或兼性寄生引起落针病。其中以扰乱散斑壳(*L. seditiosum* Minter, Staley & Millar)、大散斑壳(*L. maximum* B. Z. He & D. Q Yang)、针叶散斑壳[*L. conigenum*(Brunaud)Hilitzer]和寄生散斑壳(*L. parasiticum* B. Z. He & D. Q Yang)危害较重。

扰乱散斑壳的子囊盘长椭圆形，表面灰色，遇湿显黑色，周边线明显，稍突出松针表面。自子囊盘中间做横切标本片时，子囊盘为全表皮细胞下生，基壁线黑色，子囊盘开口处有唇状细胞结构，多无色，有时灰色，子囊圆筒形，大小为 $(120 \sim 170) \mu m \times (9 \sim 13) \mu m$；子囊孢子线形，单胞，无色，大小为 $(83 \sim 120) \mu m \times (2 \sim 3) \mu m$；侧丝较直，顶端膨大不明显，有时弯曲，$(138 \sim 145) \mu m \times 2 \mu m$。无性型为 *Leptostroma rostrupii* Minter.，分生

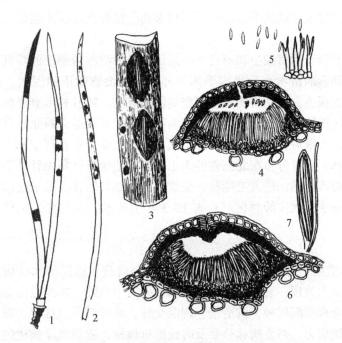

图 2-33 松落针病(仿周仲铭,1990)
1. 樟子松受病针叶 2. 松针上产生子囊盘 3. 子囊盘放大 4. 分生孢子器
5. 分生孢子梗及分生孢子 6. 子囊盘横切面 7. 子囊及侧丝

孢子短杆状,无色,单胞(图2-33)。据报道,该菌也生在球果的鳞片上。

针叶散斑壳的子囊果长椭圆形或两端常尖,湿时呈黑色,有漆亮光泽,干燥时仅在中央处呈黑色,具清晰的黑色周边线,突出针叶表面。成熟时纵向开裂。做子囊果中部横切片,可见子囊果的唇口处具灰色或浅黄褐色的唇状细胞;盾状壳黑色,两侧对称,发育不延伸到基壁线,整个子囊果为部分表皮下生,表皮游离细胞一般5~7个,不规则地分散在基壁线上;子囊圆筒形,无色,大小(160~215)μm×(11.5~14.0)μm;子囊孢子8个,线形,无色,平行排列于子囊内,大小(90~130)μm×2μm;侧丝直棒形,无色,偶见顶部膨大,大小比子囊孢子略大。分生孢子器黑色,圆形,偶见椭圆形,单生,稀见联生;分生孢子梗短,分生孢子杆状,无色,大小为(4.5~9.5)μm×1μm。

【发病规律】 病菌以菌丝体或子囊盘在病落叶或未脱落的病针叶上越冬。翌年3~4月间形成子囊盘,4~5月子囊孢子陆续成熟,雨天或空气潮湿时,子囊盘吸水膨胀而开张,露出乳白色子囊群。子囊孢子从子囊内放射出来后借气流传播,子囊孢子萌发后通过角质层和气孔侵入,经1~2个月的潜育期后出现症状。病菌分生孢子萌发能力较差,在病害蔓延中作用不大,因此该病害无再侵染。由于子囊孢子的放射时间可持续3个多月,因而病害的发生历时也较长。

病害发生与气候因子密切相关。当日均气温为25℃,相对湿度90%以上时,对病菌多数种的子囊孢子飞散、传播和萌发侵入有利。子囊孢子放射期间,如逢持续阴雨,降雨量又较大,则对孢子的飞散有抑制作用。

幼林发病率高,20年生以上林分则较少发病。天然纯林及混交林发病较轻,人工纯林发病较重。郁闭度大、通风不良的林分发病率高。地势低洼、土壤瘠薄、苗木过密发病严重。

苗木生长弱有利于病害发生和流行。一般认为松针细胞内膨压的降低，有利于病害的发生，因此，一切影响苗木水分供应平衡和降低松针细胞膨压的因素，都能促使病害发生。另据国外最近报道，该病害的发生与空气污染有关。随着林木衰退病理论的引入，目前则认为是空气污染物影响土壤和气候，进而使林木生长衰退，因此导致病害发生。

红松落针病由大散斑壳和寄生散斑壳引起，前者主要分布在辽宁和吉林部分林区，危害苗木和人工幼林；后者分布东北三省的人工林内。油松落针病由针叶散斑壳引起，主要分布在辽宁、陕西等地的油松人工纯林，也危害天然油松幼林。樟子松落针病由扰乱散斑壳引起，主要分布于大兴安岭林区，危害1～3年生苗木，也危害人工林，是樟子松重要的苗期病害。

【防治措施】

① 林业技术措施　对苗期的落针病应加强育苗管理，提高苗木抗病力。换床时剔除弱苗和病苗，并运出处理；清除圃地周围的病针并集中烧毁，减少侵染源。造林时应遵循适地适树原则，合理搭配树种，营造松、阔混交林，成林后及时抚育、修枝，保持合理的密度，提高林分抗病力。对发病林分要及时伐除重病株，适当修除病树的底枝，防止病害扩展蔓延。

② 化学防治　按照病害发生规律，适时进行喷药（一般在孢子放散盛期前），并根据病情发展，确定喷药次数。药剂可选用波尔多液（1∶1∶100）、65%代森锌、45%代森铵200～300倍液等。也可选用硫黄烟剂或百菌清烟剂进行防治，硫黄烟剂每公顷施药量为7.5kg。

③ 生物防治　辽宁引进贵州马尾松针叶上分离到的假单胞杆菌（*Pseudomonas* sp.）P.751和蜡状芽孢杆菌（*Bacillus cereus*）BC752发酵制剂农丰菌2号和农丰菌1号，对红松落针病有较好的防治效果。

（4）杉木叶枯病（Leaf blight of China fir）

【分布及危害】　该病在我国广东、广西、江西、福建、湖南、湖北、浙江、江苏、贵州和四川等地均有发生，为杉木幼林和成林中的常见病害，尤以偏南的杉木林区为多。一般受害植株生长缓慢，种子产量和品质降低；发病重的植株，顶梢以下枝条上的针叶全部枯死。

【症状】　该病主要侵染2年生杉木针叶。多自树冠下部和中部针叶开始发生，向上部针叶蔓延。发病枝条上多从基部针叶发生，向端部针叶蔓延。受害初期，针叶叶尖和叶缘失绿变黄，逐渐向下和向内扩展，叶面上出现黄红色斑块，整叶逐渐变黄枯死。枯死针叶上产生许多黑色小点，是病菌的分生孢子器。枯黄的病针叶，一般不脱落。最后，沿叶脉两侧出现黑色有光泽的纺锤形或长椭圆形的子囊盘。此时，病叶从枯黄色逐渐变成灰褐色。

【病原】　该病由子囊菌门的杉叶散斑壳菌（*Lophodermium uncinatum* Darker）引起。子囊盘散生于针叶角质层下，针叶的表面较背面多。子囊盘长0.5～1.5mm，宽0.25～0.45mm。

子囊盘成熟时有纵向的长裂口。子囊圆柱形至棍棒形,有短柄,大小为(100~120)μm×(13~15)μm。子囊孢子丝状单胞,无色,大小为(45~62)μm×1.6μm。侧丝顶端弯曲成钩状。分生孢子器直径约160~250μm(图2-34)。

【发病规律】 病菌以菌丝体和子囊盘在病叶内越冬。翌年4、5月间子囊孢子成熟借风传播,侵染杉木针叶。在杉木生长健壮时,基部虽有少数针叶感病,但对杉木生长影响不大。杉木林郁闭后,本病菌还能促进杉木的自然整枝。但有时也有在中上部侧枝发病的。生长在山脚、山冲和山湾的杉木,由于土层深厚疏松、肥力好而生长健壮,发病轻。但在山脊等土层浅薄、肥力差处,发病常重。在丘陵地区,西南坡日照长,土壤干燥,空气湿度小,杉木生长差,发病也重。

【防治措施】
① 林业技术措施 适地适树,良种壮苗,大穴整地,提高造林质量,促使杉木生长健壮。必要时辅以药剂防治。
② 化学防治 在4、5月间子囊孢子飞散时,喷0.8%波尔多液,或65%可湿性代森锌500倍液,或50%可湿性退菌特800倍液,每半月1次。

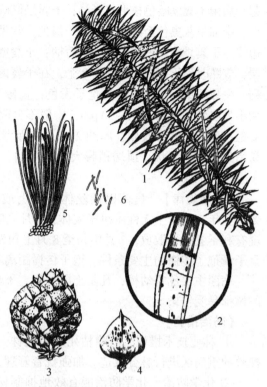

图2-34 杉木叶枯病(仿李楠)
1. 叶部症状 2. 叶部症状(放大)
3. 球果症状 4. 球果鳞片症状(放大)
5. 子囊、侧丝和子囊孢子 6. 分生孢子

(5)松赤落叶病(Meloderma needle casts of pine)

【分布及危害】 该病在非洲、美洲、欧洲、大洋洲等均有分布,在我国主要分布于贵州、四川、广西、广东、湖南、云南、重庆等地。松赤落叶病为近年来越来越受到重视的一种叶部病害,主要发生于1年生针叶上,针叶枯红,远视如火烧,翌年枯落。一般幼林受害严重,当年主梢生长量平均降低20%~80%。通常,林木随着感病指数的升高,主梢生长量相应的下降。马尾松林严重感病后,据测定每年每公顷损失立木蓄积量2.885~3.93m³。该病主要危害马尾松和华山松,油松、黑松、云南松、湿地松、加勒比松、火炬松、黄山松等树种也会受害。

【症状】 松赤落叶病多发生在当年的针叶上,常与松赤枯病、落针病等针叶病混合发生,症状易混淆。5月初针叶中上部出现少量黄色小点,6月中下旬黄色小点变成橙黄色病斑,病斑向下蔓延,当年秋天感病部分变为红褐色,感病与健康部分变为黑褐色。翌年3月病部由红褐色变为灰褐色,3月底病斑上出现灰白色小点,此后小点发展成纵向、梭形、黑色、有光泽的突起的子囊盘,4月针叶开始脱落,到7月基本落光。

【病原】 该病由子囊菌门的德斯马泽黑皮盘菌[*Meloderma desmazieri*(Duby)Darker]引

起。病菌子囊座暗色梭形有光泽；子囊果椭圆形至长圆形；中部呈灰黑色至黑色，外围灰褐色，常见到暗色周边线。子囊袋状，长椭圆形，具短柄；子囊壁较薄、单层，成熟时易压碎；子囊孢子8个，在子囊内成双行排列，少数呈单行排列，子囊孢子无色，长梭至圆柱形，大小为(14~32)μm×(3~5)μm，一般不分隔，偶尔有双孢；孢子外壁有胶膜，厚约2μm，在保湿培养中很易消失。侧丝线状，顶端稍膨大，微弯曲，等于或长于子囊(图2-35)。

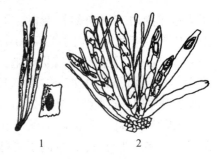

图2-35　松赤落叶病(仿周仲铭，1990)
1. 症状　2. 子囊和子囊孢子

【发病规律】　病菌以菌丝体在树上或病针上越冬。翌年2月产生无性阶段子实体，3月底陆续形成子囊盘，6月子囊孢子成熟，高温高湿有利子囊孢子散放，7月中旬至8月上旬发病，8~9月为发病高峰期。天气潮湿并有风是子囊孢子传播的主要条件。孢子传播距离不远，故病株多呈团状分布。

病菌主要危害幼树，凡是土层贫瘠、干旱或因人为破坏、受病虫害危害、抵抗能力低的树都易受侵染。

【防治措施】
① 林业技术措施　清除枯死及重病株　改善林地卫生状况，减少侵染来源。对难于挽救的重病区进行林分改造。加强抚育管理，促进树木生长，提高树木的抗病能力。

② 化学防治　化学防治能有效地抑制松赤落叶病的发生，对松赤落叶病病原菌敏感的杀菌剂有：三唑酮、百菌清、多菌灵、代森锰锌等。

(6) 松针褐斑病(Brown spot needle blight of pine)

【分布及危害】　松针褐斑病在国外主要分布在北美洲、南美洲和欧洲有零星分布。我国1978年在福建省顺昌县洋口林场和沙县官庄林场的湿地松幼林中首次发现该病，目前除福建外，在江西、安徽、广东、广西、浙江、湖南和江苏等地均有发现，其中以福建北部以及江西、广东、安徽的某些地区发生较普遍而严重。在美国，该病的寄主有28种松属树种，其中长叶松和欧洲赤松受害最重。我国南方的乡土树种几乎都是抗病的，引种的国外松多为高度感病或中度感病。感病植株轻者生长受影响，重者整株枯死，在严重地区还常造成8年生以下幼林成片毁灭。该病已成为湿地松发展的一个严重障碍。

【症状】　病害只发生在针叶上。感病针叶最初产生褪色小斑点，多为圆形或近圆形，后变为褐色，并稍扩大，直径1.5~2.5mm，2、3个病斑连接可形成3~4mm长的褐色段斑。在病害适生的季节，病斑出现数天后中间即产生子实体，每个病斑上多数只产生1个子实体。子实体初为灰黑色小疱状，针头大小，或为长1mm左右的长形小疱。子实体成熟后，常自一侧或两侧破裂，黑色分生孢子堆自裂缝中挤出。在针叶枯死部分，无病斑的死组织上也可能产生子实体。

一针叶上常产生多数病斑，重病叶上可达20个以上。典型病叶明显分为3段：上段变褐枯死，中段褐色病斑与绿色健康组织相间，下段仍保持绿色。当年生针叶感病后，多于翌年5~6月枯死脱落。新生嫩叶感病，常不表现典型病斑，针叶端部迅速枯死，不久在枯死部位产生子实体。病害自树冠下部开始发生，逐渐向上发展，重病植株常只有顶部

2~3轮枝条梢头保持部分绿色，不久整株枯死。

马尾松及台湾松一般只有少数针叶感病，病叶上出现1~2个褐色段斑，长1~2mm，针叶仍保持绿色，在林间较少产生子实体。个别感病较重的马尾松植株发病针叶上病斑数较多，并有典型的褐色圆斑出现，可使针叶端部枯死（图2-36）。

【病原】 该病由无性型菌松针座盘孢 [*Lecanosticta acicola* (Thüm.) Syd.] 引起。其有性型为子囊菌门的狄氏小球腔菌（*Mycosphaerella dearnesii* Barr.），在我国尚未发现。病菌的分生

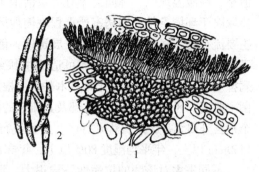

图2-36 松针褐斑病菌（引自袁嗣令，1997）
1. 子实体切面 2. 分生孢子

孢子座生在针叶两面的叶肉组织中，块状或纽扣状，黑色，高75~225μm，宽100~275μm。长度变化较大，可达1mm以上。子座上方平展呈浅盘状。分生孢子梗淡褐色，不分枝，(15~25)μm×3μm。分生孢子圆筒形，直或不规则弯曲，两端较狭窄，先端钝尖，下端略平截，茶褐色或烟褐色，1~6个隔膜，大多为3个隔膜，大小为(23~48)μm×(3~5)μm，平均大小为34.4μm×3.7μm。

病菌在PDA或PSA培养基上，12~32℃下都能生长，以24~28℃为最适。菌落生长缓慢，在25℃下，单胞分裂4d后出现白色菌落，10d后菌落表面变为墨绿色，同时形成黑色隆起的子座，11~12d后子座上长满漆黑色的分生孢子堆，18d菌落直径约7mm。分生孢子萌发气温为8~28℃，但以20~24℃为最适。

经研究发现，松针褐斑病菌可产生2种毒素，导致寄主细胞内产生超氧阴离子自由基，继而引发膜脂过氧化反应，造成细胞膜破损，发生严重的离子渗漏现象，最后导致细胞死亡。毒素对寄主细胞酶系统也有一定影响。

中国各地所产松针座盘孢菌的形态、培养性状和致病性基本相似，应属同一个菌系。但广西宁明县桐棉松（马尾松桐棉种源）上所生褐斑病菌有较大差异，它的分生孢子长宽比较大，在培养基上发育较快，6~8d后整个菌落化为黑色子座，16d的菌落直径仅5mm左右。桐棉松菌系对桐棉松不造成很大危害，对日本黑松、湿地松的致病力更弱，因此它不会引起松类的流行病。

【发病规律】 病菌以菌丝体和子实体在树上病叶越冬，至春季产生分生孢子进行侵染。在福建北部地区，孢子产生盛期为4月下旬至5月中旬，10月中旬又可出现一次小高潮。分生孢子在有自由水的条件下释放和萌发，借雨水冲溅飘扬而传播。人为携带带菌苗木可造成病菌的远距离传播，未发现种子带菌。

分生孢子萌生的芽管自气孔侵入，大多于接种后第三至第四天侵入。菌丝只在叶肉组织中发育，不穿透内皮层进入输导组织。在适宜的条件下，潜育期为20~23d。

若旬平均气温为20~25℃，湿度大，雨日多，雨量大，病害发展迅速。若旬平均气温高于27℃，病害发展就较缓慢。雾能保持松针表面的水膜，有利于孢子的萌发和侵入，所以雾日多也是有利于病害发生发展的因素。

松针褐斑病菌生长缓慢，侵染和潜育期较长，自然传播距离不远，不利于病害流行。

但是，在暖湿地区，林间终年有大量活孢子存在，侵染随时都可发生。病害的发生流行主要取决于环境条件，即病害严重程度因地区而异。松针褐斑病流行地区分为3类：A类为主要流行区，病害常年流行，发展迅速，能造成大面积幼林枯死；B类为偶然流行区，病害在气候适宜年份局部流行，可造成块状或片状林木枯死；C类为无害区，有病害存在但病害发展慢，偶有单株或小片林木枯死。根据各流行区气候资料分析发现：我国松针褐斑病菌主要流行区集中在福建中北部及其毗邻的江西东南端和浙江南端一带，其他省(自治区)除个别县外属无害区或偶然流行区。主要流行区的气候条件是平均气温18~20℃，年降水量1450mm以上，年平均湿度80%以上，年雾日数50d以上。丘陵地区一般属于无害区。

不同寄主对该病的抗病性差异很大。湿地松、火炬松、日本黑松等为高度感病树种；长叶松、短叶松、砂松、加勒比松等为中等感病树种；马尾松、台湾松等为抗病树种；海南五针松为不感病树种。

随松树年龄增长，寄主对松针褐斑病菌的感病性降低，湿地松2~4年生发病重，5~8年生抗病力增强，发病轻。

湿地松和火炬松不同地理种源之间存在感病差异，但总的来说是高度感病的。

湿地松个体之间的抗性差异非常显著，在重病林分中常常可以见到感病极轻或完全不感病的植株。通过选择抗病优树的方式建立了抗病无性系种子园，种子园子代测定研究表明，其子代的抗病性增益可提高30%以上。

【防治措施】

① 林业技术措施　不在松针褐斑病流行地区营造湿地松和火炬松林，在偶然流行区造林时应避开深沟低谷等湿度大的地区。避免连片集中造林，小片隔离的林分可限制病害蔓延的范围，最好造混交林。营造国外松林时，应清除林地及其附近原有的可能成为侵染源的各种松树。

在病害发生高峰期之前，每年的7~8月或11月至翌年3月，选择晴天，对轻病林分内中等危害以上的病株和发病中心范围内的病株进行择伐，对其余轻度感病病株的下部病枝进行剪枝，将病树病枝清出林外集中烧毁；对重病林分，全部砍除有病松类树种，清理林地及其周围残留的病枝病叶，就地集中烧毁，禁止当柴烧或调运其他地方，以免引起病原扩散蔓延。

② 选用抗病无性系　抗病种子园子代测定研究表明，其子代的抗病性增益可提高30%以上，因此应大力推广使用。

③ 化学防治　在苗圃或小面积幼林中，在发病期，用25%多菌灵或70%甲基托布津500倍液喷2~3次。在苗木定植前，用含有效成分3%~5%的多菌灵或5%~8%的甲基托布津的黏土泥浆作松苗打浆，栽植后1~2年内对该病有良好的防治效果。

④ 严格检疫　尚未发生病害而又可能流行的地区应进行严格检疫，防止病菌随苗木传入。

(7) 松针红斑病(Red band needle blight of pine)

【分布及危害】　松针红斑病是世界闻名的松树叶部重要病害之一，在北美洲、南美洲、欧洲的多个国家及澳大利亚、新西兰、南非等国家都发现过该病害。在我国自1980

年以来，该病害已扩展到吉林、辽宁和黑龙江及内蒙古大兴安岭林区。据报道其可危害超过60个种的针叶树，主要危害樟子松、赤松和红皮云杉，还危害油松、长白松、红松和偃松。常造成樟子松和红皮云杉苗木绝产，幼树受病严重者枯死，大树病后影响生长。该病害曾使一些国家造林失败，圣诞树因不能销售而造成重大经济损失。

【症状】 病害发生在各龄松树针叶上，首先在叶尖端或其他部位产生褪绿斑点，中心渐变黄色，边缘绿色，随着病斑的扩大，病斑中心变红色到红褐色，边缘为淡黄色。在老树的病叶上病斑常扩大为0.2~0.5cm宽的横带，因此西方国家叫"红带斑病"。病斑中的红色主要是由于病原菌产生的真菌毒素"dothistromin"所引起的，毒素在侵染发生后产生，在病菌菌丝生长之前先杀死寄主细胞。该毒素可能伤害人体细胞中的染色体，因此对于作业于松针红斑病的林业工作者来说要注意保护，所穿工作服应经常清洗等。病害多自树冠下部开始发病，逐渐向上扩展，严重时全树冠针叶枯黄，提前落叶，只有当年新生的松针保持绿色，秋季又会被病原菌所侵染，出现淡黄色褪绿斑。发病严重的苗圃，呈现一片枯黄，多数苗木死亡。

病斑上的小黑点为病原菌的子实体，生于表皮下，成熟后突破表皮外露。病原菌的子实体常在松针上横向排列，似黑线纹。在老的枯死松针上，子实体常密集布满整个松针。在落地或挂在树上的病叶子实体周围常产生明显的红色带。

红松和赤松感病后，后期在松针上常形成较长的段斑。

【病原】 由无性型菌物腔孢类的 *Dothistroma septosporum* (Dorogin) M. Morelet 引起。病原菌的分生孢子盘为黑色，埋生于表皮下，初期似分生孢子器状，成熟后顶端形成一开口，突破表皮成为分生孢子盘。分生孢子盘单生或几个并生在一个子座上，子座淡黄色或黄褐色。分生孢子盘由纵向排列的菌丝和分生孢子梗密集而成。分生孢子线形，无色，略有弯曲，成熟的分生孢子有1~5个隔膜，一般为3个隔膜。大小为(17.3~39.5)μm×(2.7~4.2)μm(图2-37)。

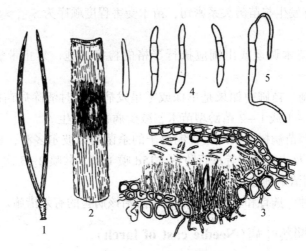

图2-37 松针红斑病
1. 病松叶　2. 病松针上红斑中的分生孢子盘
3. 病松针切片　4. 分生孢子　5. 分生孢子萌发

根据早期文献报道，该病原菌采自不同国家和地区其分生孢子大小、生长速度和分生孢子萌发速率及地理分布方面差异很大，因而确定为3个变种。但依赖于分生孢子大小的分类一直备受争议。2004年，Irene Barnes 等人应用分子生物学方法对来自全世界13个国家的32株松针红斑病病原菌进行分类，确定其分为两种，即 *Dothistroma septosporum* 和 *Dothistroma pini* Hulbary。前者分布于世界各国发生松针红斑病的地方，后者分布于美国中北部地区。松针红斑病菌的有性型为松球腔菌(*Mycosphaerella pini* Rostr. ex Munk)，但在我国尚未见报道。

病菌在培养基上生长缓慢，菌落初期无色，培养后期产生红色素，逐渐使培养基染成红色。在培养基及自然界均能产生分生孢子。分生孢子萌发的最佳条件，温度为15~20℃，湿度为98%~100%，pH值为6.6~8.0。

【发病规律】 病原菌以菌丝或分生孢子盘越冬，翌年春季突破表皮外露，产生分生孢子成为初次侵染来源。分生孢子借雨水反溅作用和气流传播，但传播距离有限。分生孢子萌发后由气孔或伤口侵入松针，经过60d左右潜育期便表现症状。

分生孢子放散时间和多少与温度、湿度及降水量有密切关系，多雨年份孢子放散较多，所以病害发生严重。而温度的影响没有湿度那么重要，因为侵染和症状的发展在5~26℃都能进行，低温时的侵染危害主要依赖于高的湿度。

病害的发生与树种有很大的关系。接种实验表明，樟子松和红皮云杉都感病，潜育期达65~90d，而落叶松和冷杉都不感病。樟子松和赤松等感病树种混交，一旦发病，很易流行，而樟子松和落叶松等非感病树种混交则病害轻。据国外研究，树木对红斑病的抗性机制来自对真菌毒素 dothistromin 的过敏性、针叶表面脂肪酸和松脂酸对病菌的抑制作用、植保素的合成、病斑边缘组织的木质化等。

在林区把樟子松作为苗圃内的行道树或防风林时，感病的针叶直接落到苗床上，为病菌侵染苗木创造有利条件，因此造成苗木病害严重。发病苗圃连年重茬，病原菌积累多，病害发生也重。病害发生与苗龄关系密切，苗木受害程度顺序为 $S_{2-1} > S_{2-0} > S_{1-2} > S_{1-1}$。

【防治措施】

① 严格检疫 苗木调运或出圃应执行严格的检疫措施，禁止带病苗木外运或上山造林。

② 林业技术措施 苗圃中如果是单株或零星发病应及时清除病苗病叶，并运出圃外烧毁或深埋。培育1-1或1-2苗龄型苗木，减少病害的发生。

③ 化学防治 病苗病树可喷一些含铜离子的杀菌剂如波尔多液，也可采用75%百菌清600~1000倍液以及代森锰锌等进行防治，15d喷1次，共喷2~3次。人工林郁闭后要适当修枝，或用百菌清烟剂进行防治。

④ 选育抗病品种 选育和利用抗病品种是防治该病害的有效措施。

(8) 落叶松早期落叶病(Needle cast of larch)

【分布及危害】 落叶松早期落叶病是我国落叶松天然林和人工林中普遍发生的一种叶部病害。该病在黑龙江、吉林、辽宁、内蒙古、河北、山东、甘肃等地均有分布。国外分布于日本、朝鲜和韩国。该病害危害十分严重，仅1983年黑龙江省尚志市一面坡林场的被害面积已达 2 万余亩。根据吉林省的观察，病情指数在 25 以下时，对林分蓄积生长量影响不是很大，病情指数为 26 以上时，树高、胸径和材积生长量均出现明显损失。一次发病影响到三年的生长，特别是对翌年的生长影响最为严重。病情指数为 80 的林分，其树高、胸径和材积平均生长量较正常林分降低 31.3%、44.8%、64.7%。

【症状】 该病可发生在针叶的任何部位。自苗木开始各种林龄的落叶松林均能感病，其中 5~20 年生的林分发病最为严重。在东北染病林木的针叶较健康林木提早落叶 30~50d，翌年晚放叶 5d 左右。感病针叶色泽不正常，稀而且小，色淡。发病初期，病部出现褪绿斑，为淡黄色近圆形小点，逐渐成为不足 1mm 的褐色病斑，外围淡黄色。病斑逐渐扩大、相连，针叶表面呈现黄绿相间的段斑，使病叶的全部或一半变成暗褐色。后期，在针叶病部隐约可见散生的小黑点，即病原菌的性孢子器。危害严重时感病针叶变为红褐色，整个树冠似火烧状。部分病叶提前形成离层组织，早期脱落。病害通常是距地面越近的枝叶越重。

【病原】 该病害由子囊菌门煤炱目的日本落叶松球腔菌（*Mycosphaerella larici-leptolepidis* Kaz. Ito, K. Sato & M. Ota）引起的。该菌仅有性孢子和子囊孢子两种孢子类型。性孢子器暗褐色，球形，初埋生于表皮下，后孔口露出表皮，内生许多性孢子。性孢子单胞，无色，为短杆状。子囊腔初埋生于表皮下，后期孔口稍突出，呈暗褐色至黑色，扁球形至球形。子囊棍棒形，直或略弯曲，无色，底部丛生，无侧丝。子囊内有 8 个子囊孢子，子囊孢子双胞不等大，无色，梭形，分隔处略缢缩，大小为 (11~18)μm×(3~5)μm，遇湿后表面产生一层胶质物（图 2-38）。

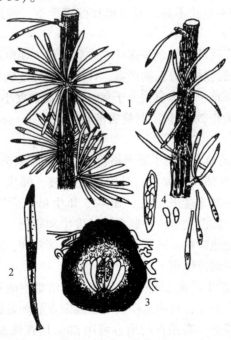

图 2-38 落叶松早期落叶病
1. 病状 2. 病叶上小黑点（病原物的性孢子器）
3. 病原菌的子囊腔 4. 子囊及子囊孢子

子囊孢子为该病的唯一侵染源。成熟的子囊孢子在适宜的条件下，经 3～5h 开始萌发，24h 后凡有萌发能力的孢子几乎全部萌发。水或落叶松针叶浸汁液均为良好的萌发液。孢子萌发最适温度为 25～30℃，湿度在 98% 以上时发芽率最高，低于 94% 时难以萌发。萌发时绝大多数孢子在两端各伸出一个芽管，也有极少数只在一端伸出一个芽管，偶尔可见在其他部位伸出芽管。

【发病规律】 病菌以双核菌丝和未成熟的子囊腔在落地病叶中越冬，翌年 5 月下旬子囊腔开始成熟，子囊孢子大约在 6 月中、上旬逐渐成熟，吸足水分后子囊腔顶部开裂释放孢子。子囊孢子主要借气流传播，传播期持续 2 个月左右。6 月下旬和 7 月上旬为主要传播时期。此时期内如遇大雨或连续降水，则迅速出现孢子飞散高峰，其放散量约占 2 个月放散总量的 50%。孢子飞散高峰每年可出现 1～3 次，多为 2 次。一般距地面越高，孢子量越少。在适宜的条件下传播到落叶松上的子囊孢子借胶膜附着在落叶松上，萌发后由气孔侵入针叶内。经过约 1 个月的潜育期，在 7 月中旬开始发病，7 月下旬至 8 月初在病斑上出现小黑点即性孢子器。8 月下旬感病针叶全部或部分变黄，开始落叶，有时 9 月以后又发出新叶。新生针叶进入 10 月降温后即被冻死。病原菌在落地病叶上继续发育，出现比性孢子器稍大的小黑点，即初期形成的子囊腔。有的仅形成菌丝团，尚未形成子囊腔便开始越冬。该菌 1 年中仅有 1 次侵染，子囊孢子是其侵染来源。

病害的发生和危害程度与生态环境因子关系密切。落叶松放叶后气温在 20℃ 左右，空气湿度达 75% 以上，有利于病菌的侵入，所以每年降雨量大，降雨次数增多的时候发病重；如天气干旱则发病轻。土壤贫瘠、黏重、排水不良的林地发病重，如白浆土透水速度差，容重大，pH 值低，林木生长不好，所以比灰棕壤严重。经过抚育疏伐的林木一般较未经抚育的病害轻。

在不同的寄主中，兴安落叶松、黄华落叶松发病最重，朝鲜落叶松次之，日本落叶松发病最轻。大面积的落叶松纯林林分发病严重，针阔混交林发病较轻。密度大的林分比密度小的林分发病重。林分下草、下木覆盖大于 90% 的比覆盖度小的发病重。林内衰弱木和被压小径木发病都重。林龄在 20 年以上时病害渐轻。

【防治措施】
① 加强检疫 对输出或输入的苗木要严格检疫，防止带病苗木调运、传播。

② 林业技术措施 幼林郁闭后要进行适时适度修枝，间伐，控制林分密度，通风透光，以改善生态条件，促进林木生长健壮。10～15 年生易感病的落叶松纯林是防治的重点。适地适树，大力营造针阔混交林，控制病害的发生和蔓延。

发病林分通过控制火烧地被物，既可清除病源防治落叶病，又可达到增加土壤肥力作用，但此法技术复杂，必须谨慎使用。

③ 化学防治 大面积发生可按 15kg/hm² 使用百菌清烟剂防治。放烟时期选在雨季子囊孢子集中放散时放烟效果更好，可用流动放烟法或定点放烟方法。也可用 10% 百菌清油剂进行地面或飞机超低量喷雾。有条件的地方可用 50% 代森铵 600～800 倍液、36% 代森锰 200～300 倍液或多抗菌素 150 倍液喷洒树冠。

④ 培育抗病品种 营造抗病性强的日本落叶松和朝鲜落叶松以及以其为亲本的杂交种落叶松。

(9) 云杉毡枯病(Rosellinia blight of spruce)

【分布及危害】 该病害在我国是 1985 年在黑龙江省绥棱林业局的红皮云杉人工林内发现的，发病面积达 468hm²，平均发病率为 69.9%，平均病情指数达 27.8，受害严重的林分，整个树冠枝叶凋萎枯死。国外分布于英国、法国、比利时、德国、哥伦比亚等国，主要危害冷杉、云杉，对幼树、容器苗危害严重。

【症状】 发病初期，在树冠下部稠密的枝叶上生长蛛网状菌丝体，很快扩展后，在枝和叶的基部下面，形成一层毡状菌丝层，厚度约 1~2mm，并继续向活的枝叶上蔓延。菌丝初为黄白色，渐变灰色，被害枝上表面形成黑色霉层。此时剥开菌丝层，皮层组织仍为绿色，输导组织完好，所以枝的顶部叶仍为绿色。但继续危害后，小枝和叶的大部分或全部被菌丝层覆盖，并形成厚的菌丝套膜，甚至在皮下也形成菌膜，使皮孔和气孔堵塞而窒息，引起枝叶枯黄凋萎，落叶或死亡。此时，霉层开始干瘪平伏在枯死枝叶表面，并产生群生或并生的黑褐色球状物，即病原菌的子囊壳。

【病原】 子囊菌门炭角菌目的拟蔓毛座坚壳菌(*Rosellinia herpotrichoides* Hepting & R. W. Davidson)。培养基上菌丝体淡灰色至灰色，密集成毡状。子囊壳群生或并生，埋生于毡状菌丝层内或在菌丝层上，近球形，暗褐色，炭质，直径 501~855μm，有明显的黑色乳头状孔口。子囊圆柱形，有短柄，顶端加厚，用 Melze's 液染色，顶环被染成蓝色，子囊大小为(180~207)μm×(10.5~13.6)μm。子囊孢子单行斜列，褐色，单胞，不等边椭圆形至方形，孢子一侧有明显芽缝，有时两端尖，内有 1~2 个油球，孢子大小为(20~24)μm×(8.5~10)μm。子囊孢子在 PDA 培养基和 10% 玉米粉培养基上，20~25℃下，20h 即可萌发，从孢子芽缝处生 1~2 个芽管。渐由白色疏松菌丝发展成灰色菌丝层。在培养基逐渐干后，可见疣状的子囊壳原基。子囊孢子在水悬滴中不易萌发。2% 麦芽糖琼脂膜比 2% 葡萄糖、蔗糖、麦芽糖等营养液中萌发好，说明孢子萌发需要大量空气。菌丝体分隔稍缢缩，分支不垂直，菌丝体细胞膨大或顶端膨大，有厚垣孢子产生，大小(16~25)μm×(12~18)μm，平均 23μm×15μm。分生孢子梗 Botrytis 型，分生孢子无色卵形，大小 (5~8)μm×(3~5)μm(图 2-39)。

【发病规律】 目前对该病的发生规律尚不是很清楚。初侵染可能由分生孢子经空气传播引起，也可能由受菌丝体污染的土壤传播或子囊孢子传播引起，或者三者同时作用引起。通常，在冬季气温条件下，凋落到土壤中的寄主组织上会形成子囊孢子，而分生孢子则形成于夏季。但在合适的环境条件下，这种情况可能会有差异，也可能在夏季由子囊孢子侵染而形成侵染中心，而在冬季则由分生孢子侵染形成。

据报道，该病菌经常附生在寄主体表面上，只在一定的生态条件下才会引起林木病害。当林分过密，透光通风均较差，又遇夏季高温连雨天，林内空气湿度大时，病害容易发生和流行。林缘比林内的病害轻。人工纯林比混交林病重。阴坡和坡下腹或沿河低谷地林分发病均较重。未经及时抚育的人工纯林发病都较重。

苗圃或容器育苗若介质排水不良，浇水不当，环境湿度大，发病严重。

【防治措施】

① 林业技术措施 及时清除感病植株。成林后及时抚育，必要时要人工修枝，进行

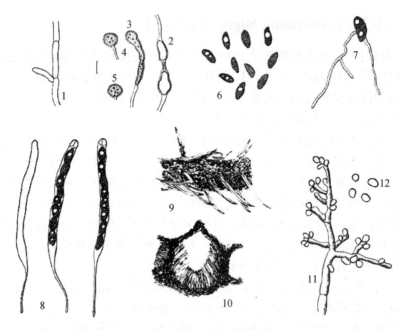

图 2-39 云杉毡枯病(仿佐藤邦彦,1959)

1. 菌丝体分支形状 2. 膨大的菌丝体细胞 3. 原生质体向膨大的菌丝体顶部集中 4,5. 厚垣孢子
6. 子囊孢子 7. 萌发的子囊孢子 8. 子囊及子囊孢子 9. 感病的云杉枝条,示枝条表面子囊壳
10. 子囊壳 11. 葡萄孢状分生孢子梗 12. 分生孢子

卫生伐,清除林内枝桠、倒木,促进林木健康生长,提高抗病力。

苗圃或容器育苗,要保证排水流畅,减少浇水强度,控制环境和容器湿度,增加透风透光强度,必要时对苗圃进行休闲和强光暴晒。

② 化学防治 在病情较重的林分,可施放75%百菌清烟剂防治,用药量为15kg/hm^2,具有一定防治效果。或使用噻烯酰亚胺灌根和喷施也有一定防治效果。

(10) 柳杉赤枯病(Passalora needle blight of China cedar)

【分布及危害】 随着柳杉栽植越来越广泛,近年来受柳杉赤枯病的危害的地区也逐渐增多,有些地区造成苗木大量死亡,所以该病已成为我国严重的林木病害之一。据四川报道,2000年四川的退耕还林地区苗圃1~3年生苗全部发病,枯死苗达50万株以上,病苗出圃造林后也易枯死。受该病感染的树梢枯死,树形和高生长都会受到影响。该病在日本有发生,在我国主要分布在四川、江苏、江西、浙江、台湾等地。

在我国的感病寄主有柳杉、落羽杉(*Taxodium distichum*)、铅笔柏(*Sabina virginiana*)等。除柳杉外,落羽杉发病较普遍。

【症状】 柳杉苗木下部的枝叶首先发病,生病枝叶变为赤褐色,逐渐蔓延发展到上部枝叶,最后全株枯死。枝茎生病处的褐色病斑溃疡下陷,逐渐扩大包围小枝或全茎,病斑以上部分即枯死。后期,病部出现多数黑色霉点,是病菌的分生孢子梗和分生孢子。

【病原】 为无性型菌物柳杉钉孢霉[*Passalora sequoiae*(Ellis & Everh.) Y. L. Guo & W. H. Hsieh, = *Cercospora sequoiae* Ellis & Everh.]。病菌的子座初生于表皮下,后突出寄

生表面，黑色，块状或近球形。分生孢子梗多数丛生子座上，褐色，有分隔长30~90μm。分生孢子淡褐色，鞭状，直或弯，有3~5个分隔，少数6~9个分隔。分生孢子(32~65)μm×(5~8)μm。在柳杉上春、秋季产生的分生孢子互有差异。春季分生孢子分隔少，缢缩不明显，秋季分生孢子分隔多，孢壁较厚，色较暗，缢缩和刺状突起明显（图2-40）。

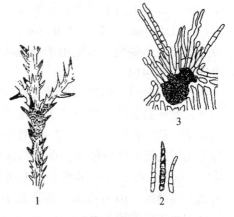

图2-40　柳杉赤枯病（毛氁绘）
1. 症状　2. 分生孢子
3. 子座、分生孢子梗及分生孢子

【发病规律】　病菌以菌丝体在被害枝叶组织内或随被害枝叶落地越冬，翌年春天产生分生孢子梗或分生孢子，借风雨传播进行初侵染。柳杉苗木5月下旬开始发病，并产生分生孢子进行多次重复侵染，以梅雨期最严重，10月以后逐渐停止。圃地施氮肥过多，苗木生长过密易感病，扦插苗比实生苗受害轻。

【防治措施】
① 林业技术措施　苗圃地应实行轮作，苗圃200m范围内不要栽植柳杉；清除并烧毁发病枝叶；增施磷、钾肥，提高苗木抗病力。
② 化学防治　发病时喷洒1%波尔多液或50%多菌灵500倍液，或"401"抗菌剂800倍液，从5月中旬起，每月2次，到9月下旬止。

(11) 油桐黑斑病(Black spot of tung tree)

【分布及危害】　油桐黑斑病又称油桐黑疤病或角斑病。在我国的广东、广西、云南、四川、贵州、江苏、浙江、安徽、河南、陕西、江西、湖北、福建、台湾等地均有分布。该病的病菌主要侵害寄主植物的叶和果，1998年，云南省福贡县新植桐林地大面积发生了此种病害。桐籽的产量由$200×10^4$kg减少到$125×10^4$kg，且桐籽的出油率由3%下降到25%，给油桐生产造成严重的经济损失。

【症状】　叶片被感染后发病初期正面出现褐色小点，随后逐渐扩大呈多角形病斑，叶背更为明显，叶面病部呈褐色或暗褐色，背面黄褐色。病斑可连成大片斑，严重时全叶枯焦，导致早期落叶；后期产生灰黑色霉状物，即病菌的分生孢子梗束和分生孢子。受黑斑病侵染的果实初期出现淡褐色圆斑，病斑逐渐扩大，纵向发展较快，形成质地坚硬的椭圆形黑褐色大块硬疤，表面有皱纹。8月份以后出现黑色小点，即病菌子实体。病部稍隆起呈硬块，状似伤疤。然后整个果实变黑，于9月份左右开始脱落，有一部分果实变黑后则长期挂于树梢直至翌年，没有机械力的作用，不会轻易落下。

【病原】　为子囊菌门煤炱目的油桐球腔菌[*Mycosphaerella aleuritis* (I. Miyake) S. H. Ou]。假囊壳散生，多分布于叶的下表面，黑色、球形，埋生或半埋生于寄主组织内，直径60~100μm，假孔口处有乳头状突起。子囊棍棒状，成束，无假侧丝，大小(35~45)μm×(6~7)μm，子囊孢子椭圆形，双细胞，上部细胞稍大，无色，大小(9~15)μm×(2.5~3.2)μm。无性型为油桐假尾孢菌(*Pseudocercospora aleuritis* (I. Miyake)

Deighton)。分生孢子无色，长鞭状，直或弯曲，大小为(35~135)μm×(2.5~5.0)μm，有2~12个分隔。分生孢子座赤褐色，分生孢子梗丛生，淡褐色，2~6个细胞(图2-41)。

【发病规律】 病菌以假囊壳在病落叶或病落果内越冬。翌年油桐展叶时形成子囊孢子，子囊孢子借风雨传播，从气孔侵入叶片。5~6月份出现病斑，产生分生孢子进行多次再侵染。在果实成长期又可侵染果实。5月上旬和7月中旬至8月上旬是分生孢子分散的两个高峰期。10月份以后病害趋于停止。在油桐生长期内病害可连续发生。

病害的发生与海拔、林龄、经营方式、油桐品种及林分状况等有密切的关系。其中海拔以560m为分界线，560m以下是病害严重发生的区域，560m以上病害逐渐减轻。在林龄方面，病菌主要侵害3年生左右的幼林龄及20年生以上的成熟林。病害的发生与温

图2-41 油桐黑斑病
(仿林木病理学，1991)
1. 症状　2. 病原

度的关系尤为密切。当旬平均气温22℃时病害进入始盛期，25℃以上且相对湿度较高时，病叶、病果上可见散生的黑色霉状子实体。一般而言，树冠下部的叶、果比上部的发病早而重。抗病性方面，感病品种叶片和果皮的超氧化物歧化酶(SOD)活性比抗病品种下降幅度大，三叶桐感病品种游离丙氨酸、多酚类和黄酮类化合物含量均比抗病品种低。千年桐有较高的抗病性。

【防治措施】
① 化学防治　用50%甲基托布津800~1000倍液，每年3~4月喷洒1~2次，连续2~3年。另外还可用五氯酚钠烟剂在林内燃薰。
② 林业技术措施　及时对桐林进行垦复，合理施肥，合理间伐过密林，营造混交林和施行桐农混作。冬季清扫落地病叶和病果。

(12) 柿角斑病(Angular spot of persimmon)

【分布及危害】 柿树角斑病是柿树的主要病害之一。在我国分布于四川、广东、广西、湖北、湖南、河南、河北、山东、台湾等地。受该病感染严重的柿树呈现早期大量落叶、落果；轻时果实不落，但易变软，不易加工柿饼，常造成很大的经济损失。该病除危害柿树外，还危害君迁子。

【症状】 此病危害柿树叶片及果蒂。叶片受害后，由于叶脉的限制，正面常呈现不规则形黄绿色小晕斑，经淡褐色至深褐色，最后呈红褐色或灰褐色。病健交界处有黑色线，病菌的分生孢子堆呈极小的黑色绒状颗粒体。有时病叶变红色，但病斑周围呈黄绿色。果蒂受害时，病斑多出现在蒂的四角，呈黑褐色，有的有明显黑色边缘，圆形或不定形，有蒂的尖端向内扩散，大小约5~9mm，背面的黑色小粒点较正面明显。

【病原】 该病由无性型菌物柿假尾孢(*Pseudocercospora kaki* Goh & Hsieh)引起。病菌

子座呈黑色绒状小颗粒,暗褐色,半球形或扁球形,大小为(22~66)μm×(17~50)μm,其上丛生分生孢子梗。分生孢子梗淡褐色至棕色,直立或弯曲,短棒状,不分枝,不分隔,尖端较细,大小为(7~17)μm×(3~4.5)μm。分生孢子棍棒状,尖端稍弯曲,基部宽,无色或淡褐色,大小为(15~77.5)μm×2.5~5μm,有0~8个分隔(图2-42)。

病菌在10~40℃的条件下均可发育,在30℃左右发育最好,人工培养时的最适pH值为4.9~6.2,在PDA培养基上产生黑褐色的菌落,生长缓慢。

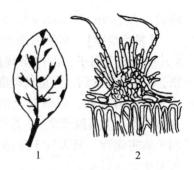

图2-42 柿树角斑病
(仿林木病理学,1991)
1. 症状
2. 病菌的分生孢子梗、分生孢子

【发病规律】 柿树角斑病以菌丝体在落叶和柿蒂上过冬,树上残留的病蒂,是主要的侵染来源,翌年6~7月产生新的分生孢子进行初侵染。病菌主要靠雨水冲溅传播。孢子萌发后,从叶背气孔侵入叶内。当条件适合时,新病斑上的分生孢子可进行多次再侵染。潜育期25~38d。

柿树的生长状况和柿树的发病程度关系密切,环境条件直接影响柿树生长的好坏。若土壤贫瘠,干旱,易使柿树感病,而土壤条件好、长势旺盛的柿树则比较抗病。

在河北、山东一带柿树角斑病于8月份开始发病,9月大量落叶落果,江南5月始发,7~8月最严重,发病轻重与雨水多少关系密切。在河北,5~8月降雨早,雨日多,雨量大,发病早而重;反之,发病晚而轻。

【防治措施】
① 林业技术措施 改良土壤,增施肥水,以使树势健壮,增强抗病力。因君迁子也易感染此病,且病柿蒂小不易摘净,故在柿园中避免混栽君迁子,以防止病菌交叉传染。搞好清园。柿树落叶后至萌芽前,结合冬剪清除病枯枝和落叶,摘掉挂在树上的病柿蒂,集中烧毁。

② 化学防治 可喷洒1:(2~3):(200~220)的波尔多液1~2次,也可喷布70%代森锰锌600倍、70%甲基托布津600倍或40%福星乳油5 000倍液。

(13) 楝树褐斑病(Brown spot of melia)

【分布及危害】 楝树褐斑病是楝树苗木上的主要病害。分布于我国的江苏、广西、四川、湖南、广东、河南等地。常引起楝树的早期落叶,影响高生长量,严重的引起幼苗死亡。一般幼树受害较轻。

【症状】 该病主要危害叶片。初期在叶片上出现黄褐色不规则或圆形的小斑点,随病斑逐渐扩大,颜色加深为褐色,数个病斑可汇合成一个较大的斑块,最后变成多角形,病斑边缘褐色或暗褐色,中央灰褐色或灰色。秋季在病斑中央生出许多小黑点,即病菌的子座、分生孢子梗和分生孢子。

【病原】 该病由无性型菌楝假尾孢[*Pseudocercospora subsessilis*(Syd. & P. Syd.)Deighton]引起。子座近球形,直径35~78μm;分生孢子梗无隔膜,密集丛生于子座上,大小(12~20)μm×(3~3.5)μm;分生孢子圆柱形或细倒棒棍状,直或微弯,近无色,3~9个隔膜，大小(36~72)μm×(3.5~4.5)μm(图2-43)。

【发病规律】 病菌以菌丝体在病落叶上越冬，翌年4、5月产生分生孢子，由风雨传播至楝树等叶上，进行初侵染，6月开始发病，可重复侵染。7~8月为病害盛发期。苗木先下部叶发病，逐渐向上部叶蔓延。苗木播种过密时，在细弱苗上发病最严重，7月即可落叶。夏、秋季多雨，有利于病害流行。遇天气干旱造成树势衰弱时，也有利于病害发生。

【防治措施】

① 林业技术措施　选用抗病品种，加强苗木管理。播种应及时，前期加强肥、水管理，提高苗木抗病力。冬季收集病叶烧毁，减少侵染来源。

② 化学防治　6~7月喷洒1:2:200倍的波尔多代森液或65%代森锌锰可湿性粉剂600倍液2~3次，防病效果良好。

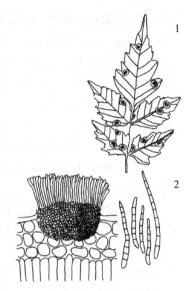

图2-43　楝树褐斑病(毛霓绘)
1. 症状
2. 病菌的分生孢子梗及分生孢子

(14)杨树黑斑病(Marssonina leaf spot of poplar)

【分布及危害】 杨树黑斑病是杨树重要病害之一，在欧洲、亚洲、北美洲和大洋洲均有分布。国内分布于华北、西北、东北及华中、华东等地的杨树栽培区。此病主要危害杨树叶片和叶柄，受害杨树光合效率下降并提早1~2个月脱落，严重影响苗木的正常生长。在某些杨树的嫩梢上产生溃疡斑，严重时形成枯梢。树木若连年受害，则引起树势衰弱，为溃疡病、腐烂病等弱寄生菌所致病害的发生创造了条件。

【症状】 病害症状因病原菌种类不同或同一种病原菌寄生于不同杨树种类而有一定差异。由 *Marssonina brunnea* 引起的黑斑病，在青杨派树种上，病斑主要在叶背；在黑杨派和白杨派树种上，叶片正反两面都产生病斑。叶斑初期为针刺状发亮的小点，后扩大成直径约1mm的近圆形黑褐色病斑；少数树种则形成角状或不规则形病斑，直径1~2mm(图2-44)。由 *M. populi* 引起的黑斑病，病斑主要生于叶正面，褐色，近圆形或角状，有些杨树种类上形成污渍状或边缘树枝状的病斑。病斑直径1~10mm，平均4~5mm。*M. castagnei* 在叶面上形成直径1~6mm的近圆形、暗褐色病斑。空气潮湿时，在黑斑病的病斑上产生1至多个乳白色小点，病斑数量多时，可连成不规则斑块。在嫩梢上病斑初为梭形，黑褐色，长2~5mm，后隆起，出现略带红色的孢子盘，嫩梢木质化后，病斑中间开裂成溃疡斑。响叶杨的果穗上也产生病斑。

【病原】 该病由无性型菌盘二孢属(*Marssonina*)真菌引起。分生孢子盘位于病叶角质层下面，分生孢子无色，双细

图2-44　由 *M. brunnea*
f. sp. *multigermtubi*
引起杨树黑斑病症状

胞，上胞大，钝圆，下胞小，略尖。我国有以下3种：

① 杨生盘二孢菌[*M. brunnea*(Ellis & Everh.)Magnus] 分生孢子盘宽110~350μm，分生孢子狭窄倒卵形至倒卵形，直立或稍弯，大小为(12~20.5)μm×(4.5~8.5)μm，分布于各杨树产区。在华北和华东地区，根据寄主范围和孢子萌发时产生芽管的数目，可分为多芽管专化型(*M. brunnea* f. sp. *multigermtubi*)和单芽管专化型(*M. brunnea* f. sp. *monogermtubi*)。前者寄生于黑杨派和青杨派树种上，孢子萌发时产生1~5个(通常2~3个)芽管；后者寄生在白杨派树种上，孢子萌发时产生单个芽管。

② 杨盘二孢菌[*M. populi*(Lib.)Magnus] 分生孢子盘宽200~300μm，分生孢子阔倒卵形至梨形，上端细胞多向一侧弯曲，大小为(17~26)μm×(7~11)μm。分布于新疆。

③ 白杨盘二孢菌[*M. castagnei*(Desm. & Mont.)Magnus] 分生孢子盘宽70~400μm，分生孢子倒卵形，直立或稍弯，大小为(16~22.5)μm×(7~11)μm，分布于新疆(图2-45)。

病菌的有性型为子囊菌门的 *Drepanopeziza* 属真菌，在我国尚无报道。

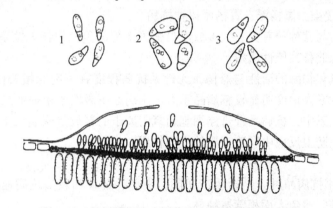

图 2-45 杨树黑斑病病原菌分生孢子盘及分生孢子
1. *M. brunnea* 的分生孢子 2. *M. populi* 的分生孢子 3. *M. castagnei* 的分生孢子

取发病初期的新鲜病叶，用常规叶组织法分离即可得到上述3种菌的纯培养。在PDA培养基或麦芽琼脂培养基上，菌落生长缓慢，容易形成分生孢子。杨生盘二孢菌多芽管专化型分生孢子堆颜色为酱红色，单芽管专化型孢子堆为黄绿色。

【发病规律】 病菌在不同地区分别以菌丝体、分生孢子盘和分生孢子在落叶中或1年生枝梢的病斑中越冬。越冬分生孢子和翌年新产生的分生孢子均可成为初侵染源。在欧洲西北部及美国中北部地区，还可以子囊盘或子座越冬，以子囊孢子进行初侵染。病菌的分生孢子堆具胶黏性，需通过雨水和凝结水稀释后，随水滴飞溅或飘浮借风传播。分生孢子在9~28℃下均可在寄主上萌发，与水滴接触时萌发率较高。芽管顶端的侵染丝分泌胞外酶，溶解角质层，穿过表皮直接侵入，有时也可通过气孔侵入。潜育期的长短取决于气温和树种的抗病程度。在I-214杨上，相对湿度80%，20~22℃下，潜育期6~8d，低于16℃或超过25℃，为10~12d。在高度感病的树种上潜育期仅4~6d。在气温和降雨适宜时很快产生分生孢子堆，又能进行新的侵染，因此病害的发展极为迅速。

病害发生季节因病菌种类、分布地区而异。由 *M. brunnea* 单芽管专化型引起的毛白杨黑斑病，在毛白杨叶片完全展开之后不久，若遇雨水，即开始发病。在南京，4月初开始显症，5月发病最重，炎热的7~9月基本停止发病，9月下旬病菌常侵染由于早期落叶而萌出的新叶，病情逐渐加重直至落叶为止。由 M. brunnea 多芽管专化型引起的黑斑病，常于6月上中旬开始发病，以后逐渐加重直至落叶。在新疆伊犁地区，由 M. populi 和 M. castagnei 引起的黑斑病，6~7月是发病盛期。

病害发生与发病季节雨量和雨日的多少关系密切，雨多发病重，反之则轻。苗圃低洼或排水不良，苗木密度大的苗床发病较重。在重茬苗床上病情严重，重茬次数越多，病情越重。土壤肥力不足的苗圃病害较重。

不同杨树种类对上述3种黑斑病菌的抗病能力不同。对于 M. brunnea 多芽管专化型病菌，白杨派树种免疫，I-69杨、I-72杨、西玛杨高度抗病，加杨、沙兰杨、I-214杨、北京杨等高度感病，其他杨树种类均不同程度感病。毛白杨、山杨、胡杨为 M. brunnea 单芽管专化型的感病树种，其他种类均抗病。M. populi 可侵染黑杨派、青杨派及其杂交种中的许多种类，但只有少数种类在新疆自然条件下严重感病。银白杨、新疆杨、山杨、胡杨均受 M. castagnei 的侵染，黑杨派、青杨派树种抗病。

寄主抗病能力与其种源有关。大多数产自美国南部的美洲黑杨无性系对 M. brunnea 的抗性较强，随种源北移其抗性递减。

寄主体内过氧化物酶的活性与黑杨派无性系抗病程度有一定的相关性。接种病菌后，抗病品系的酶活性升高幅度明显较感病品系大。用病原菌激发子粗提液处理不同抗病品种悬浮细胞，互作体系中，抗病品种悬浮细胞超氧阴离子的释放量明显大于感病品种，表明活性氧在杨树抗病防卫反应中有着重要的生理作用。

【防治措施】

① 培育和选用抗病品种　结合生产实际，引种、选育和栽培抗病速生优良品种。实行多树种混合栽植，避免大面积营造纯林。

② 林业技术措施　选择排水良好的圃地，避免连作，如需连作应清除病落叶，以减少初侵染源。合理密植，及时修枝间伐，改善苗木的通风透光条件。苗木调运时，若枝梢上有病斑，应剪除烧掉。

③ 化学防治　根据当地历年病害发生情况，在初侵染开始之前，向苗木喷65%代森锌125~250倍液或0.5%波尔多液，连喷2~3次。

(15) 杨树斑枯病 (Septoria leaf spot of poplar)

【分布及危害】　杨树斑枯病在意大利、捷克、土耳其、伊朗、俄罗斯、美国、阿根廷等国都有报道，我国以河南、河北、陕西、甘肃、宁夏、新疆、湖南、贵州和江苏等地较普遍。危害毛白杨、胡杨、箭杆杨、北京杨、青杨、二白杨、小叶杨等树种，以毛白杨受害最重，其苗木和幼树感病后，提前大量落叶，叶片枯焦，造成树势衰弱。

【症状】　该病主要危害叶片，在叶片上产生病斑，病斑特点因寄主和病菌种类的不同而有差别。毛白杨感病后，最初在叶片正面出现褐色近圆形小斑点，直径0.5~1mm，此后病斑逐渐扩大成多角形，直径2~10mm，中央为灰白色或浅褐色，边缘深褐色。斑内散生或轮生许多小黑点，即病菌的分生孢子器。叶背有毛的叶片病斑不明显，叶背无毛的叶片也可见病斑和黑点。1个病叶上可生数十个病斑，互相连接后，叶片变黄，干枯早落。

【病原】 杨树斑枯病由无性型菌壳针孢属(*Septoria*)真菌引起,在全世界有 9 种壳针孢菌能引起该病,我国仅发现有两种。一种是杨生壳针孢菌(*S. populicola* Peck.),有性型为杨生球腔菌(*Mycosphaerella populicola* G. E. Thomps.),另一种为杨壳针孢菌(*S. populi* Desm.),有性型为杨球腔菌[*Mycosphaerella populi*(Auersw.) J. Schröt.],杨树斑枯病病菌的有性型在我国尚未发现。

杨生壳针孢菌在我国分布较广,其分生孢子器黑褐色,近球形,位于叶表皮下,直径 115～140μm,分生孢子细而长,无色,微弯曲,有 3～5 个隔膜,大小为(32～48)μm×(3～5.5)μm。10 月份以后,病斑内混生小型性孢子器,位于叶表皮下,近球形,黑褐色,直径 60～71μm。性孢子单胞,无色,椭圆,大小为(4.5～6)μm×(2.5～3)μm。杨壳针孢菌的分生孢子圆柱形或腊肠形,有 1 个隔膜,大小为(30～45)μm×(3～3.5)μm,在新疆有记载(图 2-46)。

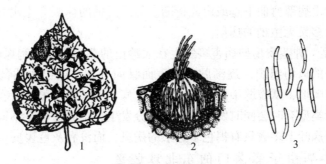

图 2-46 杨树斑枯病
1. 毛白杨病叶 2. 分生孢子器 3. 分生孢子

【发病规律】 病原菌以分生孢子器在病落叶内越冬,翌年 4、5 月放出分生孢子,借风传播,侵染幼叶。有再侵染发生。在河南毛白杨苗木上,该病于 6 月中、下旬发生,先从下部叶片发病,渐向上部蔓延,7～9 月为盛期,9 月病叶开始脱落。幼树发病较晚,10 月开始落叶。

夏秋多雨,植株过密,有利于病害发生和蔓延。不同树种发病情况有差别,毛白杨、小叶杨易感病,中东杨较抗病。毛白杨中河南的箭杆毛白杨易感病,河北毛白杨和小叶毛白杨较抗病。

【防治措施】
① 选用抗病速生的优良品系造林。
② 林业技术措施 加强抚育管理,提高树木抗病性。晚秋及时收集病落叶烧掉,以减少侵染源。7～8 月适当摘除苗木下部病叶,防止病菌向上部叶片传播,并可改善通风透光条件,减少发病。
③ 化学防治 发病初期喷 1:2:200 波尔多液或 65% 代森锌 400～500 倍液,每 15～20d 喷 1 次,共喷 2～3 次,防止叶片染病。

(16)杨树灰斑病(Mycosphrella leaf spot of poplar)

【分布及危害】 杨树灰斑病分布在黑龙江、吉林、辽宁、陕西、河北、内蒙古等地。

从幼树到大树均能发病,以苗期最为严重。我国曾经大力推广的优良品种小黑杨也普遍发生灰斑病。如在1981年大兴安岭讷河苗圃育小黑杨苗187亩,灰斑病普遍发生,严重地块折头苗竟达19.6%,影响到苗木和幼林的正常生长,给育苗生产造成严重损失。我国"三北"防护林体系建设的主要树种杨树受灰斑病危害相当严重,造成生长量严重下降,甚至由于该病的危害,使树势减弱,诱发了烂皮病的发生。

【症状】 病害发生在叶片、嫩枝梢上。根据发病部位和发病条件可归为4种类型。

① 灰斑型 病叶初生水渍状斑,很快变褐色,最后变灰白色,周边为褐色。在灰斑上产生许多小黑点,久之连片呈黑绿色,这是病菌的分生孢子堆。

② 黑斑型 多发生在雨后或高湿度的条件下,病斑多从叶尖或叶缘开始,并迅速发展成大块状坏死黑斑,在黑斑上产生黑绿色霉层,病叶干后扭缩、变得易碎裂。

③ 枯梢型 病菌侵染嫩枝梢后,病部组织很快变黑枯死,俗称"黑脖子"。其上部分叶片变黑死亡,常由病部弯曲下垂或由此折断。邻近叶柄的休眠芽生出几条小梢,小梢长成小枝,结果成为多叉无主梢的病苗。

④ 肿茎溃疡型 肿茎溃疡型病害多发生在大龄苗的茎、干部,刮风时易从病部折断。病部不断地产生新的愈伤组织,逐渐肿大,表面纵向开裂,露出木质部,木质部初为红色。个别的肿大成畸形,从裂缝中流出红色汁液。病皮上长出的黑点为病原菌的子囊腔。

上述几种症状类型有时会同时发生,有时部分发生;不同树种在不同的发病时期表现也有差异。如加杨病叶上多数只有褐色多边形的病斑,而没有灰色表皮。

【病原】 本病由子囊菌门的东北球腔菌(*Mycosphaerella mandshurica* Miura)引起。子囊座近球形,散生、群生或几个连生,具短孔口,直径10~14μm;初埋生于寄主表皮下,越冬后翌年春季成熟突破寄主。子囊双壁,长椭圆形或棍棒形,无柄,无假侧丝。子囊内含8个子囊孢子,子囊孢子近无色,双行排列,近梭形或椭圆形,中间有一个横隔,大小为(14~17)μm×(4~5)μm。其无性型为杨棒盘孢菌(*Coryneum populinum* Bres.),分生孢子盘生在叶的表皮下。分生孢子由4个细胞构成,上数第3个细胞最大且自此稍弯。中间两胞大,色深,两端细胞无色、透明、稍尖(图2-47)。

分生孢子在水滴中易萌发,萌发温度是3~38℃,3℃只有个别孢子萌发且慢,以23~27℃萌发快、萌发率最高,35℃时孢子虽能萌发,但芽管多呈畸形。孢子多从两端萌发,萌发必须在高湿条件下,在相对湿度100%时孢子萌发率高,95%时只有少量孢子萌发。孢子萌发pH值为2~12,以pH值6~8萌发最好。

该菌在PDA和麦芽糖培养基上生长良好,25℃下2~3d后长出凸出的白色菌落,4~6d后气生菌丝变为

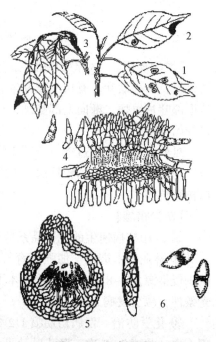

图2-47 杨灰斑病
1. 灰斑型病状 2. 黑斑型病状 3. 枯梢型病状 4. 病菌分生孢子盘及分生孢子
5. 病菌子囊腔 6. 子囊及子囊孢子

暗灰色，基质菌丝为灰黑色，平展，生长缓慢，约10d后基质菌丝盘结开始形成分生孢子盘，20d即可产生分生孢子，分生孢子很快萌发形成菌丝。

【发病规律】 病菌以分生孢子盘、分生孢子和子囊座在病部及其残体(病落叶、病梢等)上越冬。翌年5~6月在子囊座内形成子囊和子囊孢子，子囊孢子和越冬后的分生孢子都是初次侵染来源。分生孢子和子囊孢子借雨水反溅、淋洗和气流传播。在自然界，分生孢子在病害的流行中起着很重要的作用。孢子接触寄主后萌发产生芽管及附着胞从气孔或伤口侵入寄主组织，少数直接穿透表皮侵入组织。潜育期5~10d，发病后2d即可形成新的分生孢子进行再侵染。

东北地区，每年6~9月均能发病，8月进入发病盛期，雨后出现黑斑型或枯梢型。有的地区9月时病更重，9月末基本停止发病。病害发生与降雨，空气湿度关系很大，连阴雨之后，病害往往随之流行。

小叶杨、小青杨、钻天杨、青杨、箭杆杨、中东杨、哈青杨、山杨等易感病；黑杨、大青杨次之；加杨感病相对较轻。肿茎溃疡以小×黑、小青×黑等受害最重。

病害的发生和苗龄有着很大的关系。苗床上1年生苗发病受害最重；幼树发病较轻；老龄树虽病，但受害不大。根据调查结果，苗圃内小地形不同，发病情况明显不同，低洼地块由于灌溉或降雨易产生积水发病早且重，地势较高地块发病轻。另外苗圃地密植病害严重。

【防治措施】

① 林业技术措施　选择合适的苗圃地，培育幼苗的苗床应远离大苗区。育苗地要平整，以防低洼地块湿度过大。播种苗不要过密，当叶片密集时，应适当间苗，或打去下部叶3~5片，以通风降湿。苗圃周围大树下萌条要及时除掉，以免病菌大量繁殖。秋后初春清除病枝叶，减少初次侵染源。

② 化学防治　15d喷1次，每年防治3~4次，波尔多液、65%代森锌500倍液、70%的甲基托布津600倍液或50%的多菌灵等均可收到比较好的防治效果。

③ 选育抗病品种。

(17) 杨叶枯病(Alternaria leaf spot of poplar)

【分布及危害】 杨叶枯病分布于东北、华北地区及河南、山东等地，危害毛白杨、小叶杨、小青杨、银白杨、北京杨等多种杨树，既危害插条苗，又危害实生苗，发病最重者整株叶片全部枯死。该病害近年来在黑龙江省大面积发生，导致很多苗圃的苗木死亡，给林业生产造成了很大的经济损失，已成为影响当地杨树优质高产的主要因素之一。1981年，北京市东北旺苗圃的毛白杨由于连年受此病害的危害，感病率达到100%，使大量叶片提前脱落。

【症状】 发病初期叶片上呈现隐约可见的小褐斑，随着病情的发展，斑的面积逐渐扩大，病组织失绿，紧接着病斑中央部分变褐色。病斑多为圆形、椭圆形、或不规则形。病斑中部产生黑色的霉状物，为病原菌的分生孢子梗和分生孢子。病斑直径一般为1~5mm。

【病原】 病原菌为无性型菌物链格孢菌[*Alternaria alternata* (Fr.) Keissl.]。分生孢子梗多数丛生，少数单生，暗橄榄色至淡橄榄色，有隔。直立或弯曲，分枝或不分枝，长度变化比较大，一般为(6~145)μm×(4.5~8.5)μm。分生孢子通常串生成链，一般由10或10个以上的孢子组成。孢子呈长卵形、暗橄榄色至橄榄色；有1~9个横隔，0~6个纵隔，喙长短不等，大小为(9.9~88)μm×(7.2~16.3)μm(图2-48)。

该菌在PDA培养基上生长速度较快，分离培养的第二天，即从接菌部位长出白色的气生菌丝，棉絮状。第五天下层菌丝及中央部分气生菌丝变成浅橄榄色。下层菌丝较气生菌丝颜色更暗，但向边缘逐渐色淡，至边缘仍为一圈白色菌丝。中央菌丝颜色加深的时候即开始产生分生孢子，分生孢子具有很高的萌发率。

 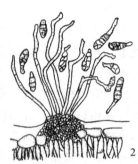

图2-48　杨叶枯病
1. 病叶症状（贺伟摄）　2. 病菌分生孢子梗及分生孢子

【发病规律】　病原菌以分生孢子和菌丝在病落叶及芽中越冬，作为翌年的初侵染来源。病落叶上的分生孢子越冬后的萌发率接近40%，有20%的越冬芽内具有病菌的菌丝和分生孢子。分生孢子借风雨传播，每年4月下旬至9月均有孢子放散，5月出现第一次小高峰，7月下旬为孢子飞散盛期。孢子萌发后由伤口侵入，潜育期很短，在温度、湿度适宜时，2d即出现新病斑，一般为4d左右。在北京地区，5月中旬出现病斑，7月普遍发生，8、9月达到高峰，大量落叶。高温多雨，高湿有利于病害的发生，苗木过密，通风透光不良会促进病害的扩展。

【防治措施】
① 林业技术措施　加强抚育管理，及时清除带病枯枝落叶，并将其带出林外集中烧毁或沤肥。
② 化学防治　在发病严重的地方喷2~3次药。药剂可选用65%的代森锌600倍液、75%的百菌清500倍液、50%的多菌灵1000倍液。
③ 抗病品种选择与利用　在同一苗圃或林地上，不能连作某一种易感病品种。

(18)杨树黑星病(Poplar scab)

【分布及危害】　杨树黑星病在国内分布于陕西、新疆、河南、贵州、辽宁等地，危害树种有小叶杨、冬瓜杨、大关杨、川杨、15号杨、苦杨、阿河杨(苦杨×欧洲山杨)和107杨。国外分布于欧洲、北美洲、亚洲的印度等国家。杨树黑星病对幼苗危害较重，主要危害叶和嫩梢，感病嫩枝、叶变黑枯死，常造成全株死亡。

【症状】　该病危害植株的叶、叶柄和嫩枝，感病嫩叶变黑扭曲，很快枯死。老叶生病，常形成圆形斑点，叶正面病斑黄色，中央渐变褐色或黑褐色，病斑四周有一圈黄色晕环。在叶背面生黑灰色霉状近圆形或不规则斑，周边有放射状的细纹。病叶呈黄色，卷曲、萎缩和凋落，严重时，每叶生有 40~50 个霉斑，发病后期，病斑上产生一层灰绿色的霉层。嫩枝、叶柄、叶脉生病，形成长条状的病斑，嫩梢生病常遍生黑霉。枝条下垂，枝叶皆枯，好似沸水烫过一样。

【病原】 病原为杨黑星菌[*Venturia populina* (Vuill.) Fabric]和斑点黑星菌[*Venturia macularis* (Fr.) E. Mull. & Arx]。杨黑星菌主要侵染黑杨派和青杨派的种类，斑点黑星菌则侵染白杨派的种类。

斑点黑星菌的子囊壳埋于叶中，孔口外露，喙的四周长有刚毛数根。子囊壳 120~165μm。子囊棍棒形或圆柱形，(60~85)μm×(12~16)μm，内有子囊孢子 8 个。子囊孢子双胞，一个细胞小，占全孢子长的 1/3，大小为 (15~18)μm×(6~9)μm。子囊壳在越冬后的病落叶上形成。分生孢子梗橄榄色，丛生，无分隔；分生孢子长椭圆形，细胞壁双层，通常有一分隔，顶部钝圆，基部平截，基细胞直或稍歪，大小为(10~18)μm×(6~7)μm(图 2-49)。

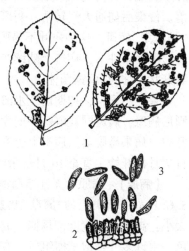

图 2-49 杨树黑星病
1. 叶片症状 2. 分生孢子梗 3. 分生孢子

【发病规律】 病原菌以分生孢子或菌丝在病枝条或落叶上越冬，翌年条件适宜时，产生分生孢子，分生孢子借风、雨传播，从气孔侵入。该病一般 5 月开始发生，7 月为发病盛期，8 月若出现高温少雨，病菌基本停止侵染，发展缓慢，至 9 月降雨增加，气温有所下降，病害发展又出现高峰，10 月上旬病害发展迅速减缓，直至 10 月中、下旬病害发展停止。在新疆天山中部地区，病菌还可在落叶上越冬，翌年产生子囊孢子，以子囊孢子进行初侵染。该病发生的轻重与湿度关系密切，侵染所需湿度较大。欧美杨品种间抗性差异大，北抗、桑巨杨、创新、天演杨、中林 2001 等在河南省濮阳表现为良好的抗病性，而 107 杨、02 杨则表现为感病。

【防治措施】
① 林业技术措施 选用抗病树种，苗圃地应注意排水和灌水，不使苗床及垄沟里积水；勿过度密植，间苗要早。剪除病枝，清除枯枝病叶，集中销毁，减少侵染来源。

② 化学防治 重茬苗圃或大垄育苗时，注意早期发现病苗，发病初期，每半月喷一次 1∶1∶125 波尔多液或多菌灵 500~800 倍液，或 65%代森锌 600 倍液，或粉锈宁 1500 倍液，喷药时间最好在 15∶00 以后进行。

③ 加强检疫，不用有病的苗木造林。

(19) 油茶软腐病(Soft rot of oil camellia)

【分布及危害】 该病又名油茶落叶病、叶枯病，是我国油茶产区的重要病害，危害苗木、幼林和成林的叶片和果实，引起大量落叶、落果、无花芽分化，造成减产。在湿度大、生长衰弱的油茶林中发病较重，排水不良，杂草丛生的洼地发病较多。据 1992 年湖南省浏阳县、株洲县林业科学研究所调查，发病高峰期两年生苗株发病率在 50%以上，重病区达100%。

【症状】 油茶软腐病感病叶片最初在叶尖、叶缘或叶中部出现水渍状黄色斑点，后扩大为黄褐色圆形、半圆形或不规则形病斑。侵染后如遇连续阴雨天气，病斑扩展迅速，边缘不明显，叶肉腐烂，呈淡黄褐色，形成"软腐性"病斑。这种病叶常在2~3d内纷纷脱落。侵染后如遇天气转晴，病斑扩展缓慢，棕黄色至黄褐色，中心褐色，边缘明显，形成"枯斑型"病斑。这种病叶不易脱落，有的可留树上越冬。叶片感病5~7d后，在适宜的温度、湿度条件下，病斑上陆续产生许多土白色或淡黄色小颗粒，为病菌的分生孢子座，呈蘑菇状，称为"蘑菇菌体"。

果实感病后，初期出现水渍状淡黄色斑点，逐渐扩大成为土黄色至黄褐色圆形或不规则形病斑，病斑同炭疽病初期症状相似，但软腐病病斑色泽较浅，病部组织腐烂，干后常开裂。病果易脱落。病果上也有蘑菇菌体。感病果实自发病到脱落，约经2~4周，一般自7月份开始，直至10月份采收，均可脱落。

【病原】 病原为无性型菌油茶伞座孢菌（*Agaricodochium camelliae* X. J. Liu, A. J. Wei & S. G. Fan），病斑上的"蘑菇"状菌体是它的分生孢子座，单生于病斑表面，初白色，针头大小，高度大于宽度，具柄。成熟后扁圆形，正面似馒头，背面中间凹陷，乳白色或淡黄色，由许多分生孢子梗组成。有时整个分生孢子座呈黑褐色。

分生孢子座大小为$(148.5~355.0)\mu m \times (64.5~432.4)\mu m$。分生孢子梗无色，有5~8个隔膜，略弯曲，双叉分枝5~9次，大小$(78.5~164.5)\mu m \times (9.9~15.7)\mu m$。顶端的产孢细胞瓶状，无色透明，无隔，瓶口"V"形叉开，边缘有2~6个缺刻。4~8个瓶梗轮生，呈树冠状，瓶梗单点产孢。瓶梗大小$(4~14.5)\mu m \times (1.6~3.2)\mu m$。分生孢子2~4个链生（可多达16个链生），并常黏联成黑色黏质孢子团。单个分生孢子淡青褐色，圆或略圆，基部较平，无隔膜，直径2.1~3.7μm（图2-50）。自然条件下一般只产生分生孢子座，很少见到孢子。而在室内保湿或在培养物上，则产生大量孢子。

该病菌在PDA培养基上的菌落呈毛毡状，初为白色或灰白色，基质浅黄色，有时有环带，营养菌丝黄绿色深入培养基内，连接成硬块，后期菌落淡褐色，其上产生黑色水样的点状物，散生或成堆，即其分生孢子座。

【发病规律】 病菌以菌丝体及未产孢的分生孢子座在树上或落地的病叶、病果上越冬，翌年春，当温度适宜时陆续产生"蘑菇体"，与越冬后的"蘑菇体"经雨水冲刷及风传播，成为初侵染来源。在20~25℃下，相对湿度在90%~100%时，约经24~48h的潜育期，被侵叶片显症。每年3月下旬开始发病，4~6月为发病盛期。在多雨年份，10~11月可能出现第2个发病高峰。一般是树丛下部叶片特别

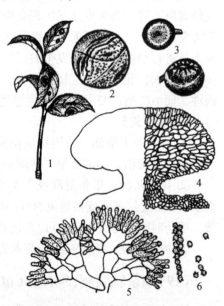

图2-50 油茶软腐病（仿魏安靖）
1. 病叶症状 2. 病斑放大 3. 病果症状
4. 分生孢子座 5. 分生孢子梗和瓶状小梗
6. 分生孢子

是根际萌条上的嫩叶先发病。气温达13℃，相对湿度85%以上时，开始发病。气温在15~25℃之间时，相对湿度95~100%时，病害迅速蔓延，危害严重。气温低于10℃，高于35℃，相对湿度低于75%，发病轻或不发病。雨天发病重；密植或郁闭度过大的油茶林，通风透光不良，林内湿度增大，易造成病害的大流行；山凹、阴坡或排水不良以及抚育管理粗放杂草丛生的油茶林或苗圃，容易发病。

【防治措施】

① 林业技术措施　生长过密的油茶林，要进行适当修枝或疏伐，使林内通风透光好。冬季结合油茶林垦复，清除树上或地面的病叶、病果，消灭越冬病菌。

② 化学防治　发病时喷洒1%波尔多液、2.00 g/L 50%多菌灵溶液和1.25~1.67 g/L 10%吡唑醚菌酯溶液，可喷药多次，具体次数应视当地病情和天气，特别是降雨情况而定。

(20) 油橄榄孔雀斑病（Olive leaf spot）

【分布及危害】　孔雀斑病是油橄榄种植区内普遍发生的一种病害。在地中海沿岸地区、伊朗、非洲北部及美国，此病是油橄榄的重要病害之一。我国主要在云南、四川、江西等油橄榄引种区发生严重。孔雀斑病主要危害油橄榄的叶片，有时也能侵染果实和嫩枝，造成大量落叶、落果，影响油橄榄的生长和结实。病株的大量落叶，不仅影响当年的结实量，而且使植株翌年的生长发育受到不良影响，病情的逐年加重，使许多病株丧失结果能力。

【症状】　孔雀斑病的主要症状是油橄榄叶片的表面呈现暗褐色环状病斑。受害叶片最初在叶面出现灰黑色小圆点，周围呈褐色。随着病斑的日渐扩大，周围颜色由浅褐色变为深褐色，病斑直径可达10~12mm。严重时一张叶片可出现数十个病斑。在温暖的月份，病斑外围有一个黄色晕环，形状与孔雀的眼睛相似，故称之为孔雀斑病。后期病叶背面沿主脉上出现一层褐色绒毛状的分生孢子层，病叶逐渐枯黄、早落。

果面病斑与叶片病斑相同，红褐色稍下陷，在果实成熟季节也容易感病。枝条和果柄感病后，初期病斑小不易发觉，后呈长条状。后期，果、果柄和枝条的病部长出黑褐色绒毛状的分生孢子层。

【病原】　该病由无性型菌物丛梗孢目的油橄榄环梗孢菌[*Spilocaea oleaginea*(Castagne)Hugh.]引起，病菌的菌丝体为淡褐色，仅在油橄榄叶片内一或二层上表皮细胞间或细胞内寄生。菌丝体发育到一定程度，形成许多短小分枝，穿过角质层伸出叶片表面，发育成分生孢子梗。分生孢子梗褐色，单胞、烧瓶状，顶端通常具环痕3~4个。分生孢子褐色，典型的为双胞，少数单胞或三胞，纺锤形至椭圆形，顶细胞渐尖，基部细胞略呈平截状，分隔处稍内缩，内有1~3个油球，大小为(14~27)μm×(10~12)μm。该菌在环境条件不适宜时形成厚垣孢子。厚垣孢子椭圆形，双胞，暗褐色，大小

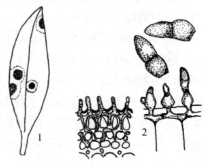

图2-51　油橄榄孔雀斑病
（仿《林木病理学》）
1. 病叶　2. 病菌的分生孢子梗和分生孢子

为 10.1μm×6.7μm。其有性型属于子囊菌门，但不常出现(图2-51)。

病菌在人工培养基上生长极慢。17~22℃，在 PDA 培养基上经 15~20d 培养，出现黑褐色小点状的菌落。经 25~35d，产生灰色绒状菌落，再经 16~31d，菌落圆形，灰黑色绒状，大小 1.0~1.2cm，菌丝疏松，此时才产生少量分生孢子。

【发病规律】 病菌以菌丝体和分生孢子在植物的病叶和病枝中(上)越冬，翌年春，越冬叶片上的老病斑继续向外扩展，并形成一圈黑褐色分生孢子层，成为当年病害发生的主要侵染来源。分生孢子借雨滴飞溅和风夹雨传播。飞落在叶表面的分生孢子萌发后，穿过角质层直接侵入叶表组织。潜育期短，在适宜的条件下只需 14d 左右，不适宜时则需 1 个月左右，甚至数月。在低温多雨年份，病害有多次再侵染。

孔雀斑病流行的季节变化，与空气中的温、湿度密切相关。病菌分生孢子萌发的适温范围 6~28℃，最适温度 16~20℃，菌丝体生长的适温范围 12~30℃，最适温度 20℃左右。相对湿度在 80% 以上有利于生长发育。春夏期间只要降雨多湿度大，病斑扩展快，分生孢子产生量也多。夏季高温季节，病害停止扩展，病菌处于休眠状态。秋天气温下降，湿度大时，病害又有一个发展蔓延的阶段。冬季病菌处于休眠状态。若夏季多雨，气温较低时，病害发生也较重。

在同一种植区内，因局部地形不同，病情亦有差异。生长在山谷底部，沟槽地带的油橄榄林发病最重，半坡次之，顶坡较轻。同一植株不同部位，叶片发病率也不一样，树冠中部发病最重，下部次之，顶部较轻。此外，枝叶繁茂的植株通常受害较重。

油橄榄不同品种对孔雀斑病的感病性存在较大差异。'卡林'最感病，'贝拉''爱桑'次之，'佛奥''米扎'感病最轻。施氮肥过多，水分条件好，枝叶生长过密的情况下，孔雀斑病易发生；但土质坚实，透气不良、干旱贫瘠、植株生长不良时，也易感染孔雀斑病。

孔雀斑病远距离传播，靠人为引种调苗。据四川省林业科学研究所报道：从意大利、西班牙、法国引进的 53 个油橄榄的种穗条中，孔雀斑病的带病率为 56.66%。

【防治措施】

① 加强苗木检疫　严禁病苗外调，对外调的苗木进行消毒处理。

② 林业技术措施　适当灌溉，合理施肥，适度修剪等，增强树势，以提高其抗病能力。适时清除、烧毁病枝、病叶、病果，以消灭越冬病源。

③ 选育和引种抗病性强的高产品种。

④ 化学防治　在发病重的种植区，必要时可在发病前和发病初期喷洒化学药剂。历年来的药剂防治经验表明，喷洒 50% 可湿性多菌灵 500 倍稀释液、百菌清 400 倍液、三唑酮 400 倍液或 50% 可湿性苯来特 1000 倍稀释液，防治效果都很好，不仅能预防病害的发生，还能控制病害的扩展。防治实践还表明，1:2:150 倍量式波尔多液防治效果虽然也比较好，但如施用不当，易引起病叶的提早脱落，对油橄榄的生长可能还有抑制作用。

(21) 橡胶树麻点病(Bird's eye spot of rubber tree)

【分布及危害】 橡胶麻点病是橡胶幼年期的一种重要叶片病害。对苗圃 1 年生橡胶苗危害严重，对开割的橡胶一般不造成危害。主要危害叶片、叶柄和嫩梢，严重时可引起嫩叶脱落，顶芽不能正常抽出，苗木生长缓慢，茎粗生长受到抑制，重病苗比轻病苗茎粗增长少1/4~1/3，使苗木不能在预定时间内达到芽接标准。如因病落光顶篷叶片的胶苗，不仅在芽接时难以剥皮，而且芽接后的成活率也很低。本病于1904年在马来西亚首次发现，以后相继在斯里兰卡、印度尼西亚、印度、菲律宾、越南、非洲和南美洲的一些橡胶园发生。中国于1951年才有此病发生的报道，后来在各植胶区均有发生。近年来在海南分布极为广泛和发病最为严重。

【症状】 古铜色嫩叶感病后，最初出现暗褐色水渍状小斑点。重病时叶片皱缩，变褐枯死，以致叶片脱落。顶梢多次落叶引起畸形肿大，淡绿色叶片感病后，最初出现黄色小斑点，随后扩展到直径1~3mm的圆形或近圆形病斑。病斑中央灰白色，略透明，边缘褐色，外围有黄晕。叶片老化后，病斑穿孔。接近老化的叶片感病后，出现深褐色小点。叶片的主脉、叶柄及嫩枝条感病后，只出现褐色条斑。在潮湿情况下，病斑背面长出灰褐色霉状物。

【病原】 为无性型菌橡胶树平脐蠕孢[*Bipolaris heveae*(Petch)Arx]，分生孢子梗褐色，弯曲或稍弯曲，膝状。分生孢子舟形，两端钝圆，深褐色，有隔膜7~8个，多的有13个隔膜。大小约91μm × 15μm（图2-52）。有性型为 *Cochliobolus heveicola* Tsukib. & W. H. Chung，出现在狗牙根褐条病病叶上，但在橡胶树上未见。

寄主的汁液对分生孢子萌发有明显促进作用。分生孢子对不良环境有很强的抵抗力。将病叶风干后放在24~29℃下，保存2个月孢子仍然存活；把孢子撒在玻片上，置于60℃的温度下，经过6d仍有93%的孢子发芽率。

【发病规律】 幼树及苗圃中的病叶是本病每年发生的侵染来源。每年3~4月间在老叶上越冬的分生孢子，借风雨和人的耕作活动传播到嫩叶的表面，在潮湿的条件下，孢子

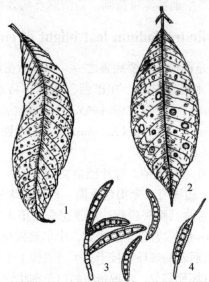

图2-52 橡胶树麻点病（仿《热带作物病虫害防治》）
1. 嫩叶上的水渍状斑点　2. 中龄叶症状　3. 病菌分生孢子梗和分生孢子
4. 分生孢子萌发

发芽形成附着胞,从附着胞腹面长出侵入丝直接侵入叶片组织,潜育期为 18h 左右。叶片发病后,病斑在适宜条件下产生分生孢子,并开始重复侵染。

影响病害发生的主要因素有:

① 苗圃类型 苗圃类型对麻点病的发生流行影响最大。靠近老苗圃的新开苗圃地或在幼树行间设置的苗圃,发病较早,流行速度也快。主要原因在于这些苗圃越冬菌量较大。相反,远离老苗圃,发病较迟,病情也轻。

② 苗圃环境 因苗圃环境不同,发病的严重程度有差异。如设在山谷、低洼地、近河边和四周蒿草灌木丛生,通风程度很差的苗圃,发病严重;高坡地或通风良好的平地苗圃,发病较轻。

③ 栽培措施 如施过多氮肥,胶苗叶片大而嫩,利于病菌侵染,发病较重;施足基肥,同时追施全肥,发病较轻。淋灌水过多或株行距较密的苗圃一般发病较重。

④ 气象因素 气象因素中,主要是温、湿度与发病关系密切,日平均气温在 20℃ 以下和 32℃ 以上,病害几乎不发展或基本不发病。高湿和降雨不仅有利于孢子产生,而且也促使胶苗抽出新叶,从而有助于病害的发生和发展。

【防治措施】

① 林业技术措施 选择土壤肥沃、排水良好、通风透光的地区育苗,应尽量避免在老苗圃或靠近老苗圃的幼苗圃间育苗,而且不宜过密。加强抚育管理,施足基肥并合理施用氮、磷、钾肥、避免偏施氮肥和淋水过多,及时清除苗圃周围的杂草、灌木,以利通风透光降低湿度。

② 化学防治 在病害流行季节之前,可用 0.3% 代森锰或 4% 茶麸水每 5d 喷 1 次。共喷 5~6 次,对减少病叶脱落有一定效果。近年来,马来西亚用 5% 代森锌铝与一种无毒油剂作载体,用背负式热雾机产生烟雾笼罩苗圃,防治麻点病效果较好。

(22) 桉树焦枯病 (Cylindrocladium leaf blight of eucalyptus)

【分布及危害】 焦枯病是桉树的重要病害之一。在扦插苗圃中常发生。危害嫩叶、嫩枝、嫩梢。感病严重时,苗木迅速枯死。在巴西、印度、马来西亚危害巨桉 (*Eucalyptus grandis*)、圆角桉 (*E. umbellate*)、白桉 (*E. citriodora*)、赤桉 (*E. marginata*)、剥桉 (*E. deglupta*)、圆锥花桉 (*E. paniculata*)、大叶桉 (*E. robusta*)、柠檬铁皮桉 (*E. staigeriana*)、托里桉 (*E. torelliana*)、蓝桉 (*E. globulus*) 等。

【症状】 病菌主要危害叶片和枝梢。叶片感染初期出现针头状大小的水渍斑,病斑逐渐扩大,组织坏死如被烧灼,边缘有一赤褐色晕圈,后期病斑中部变灰褐色,多数病斑连结造成叶尖和叶缘枯,病叶卷曲、脆裂脱落。严重感病的苗木叶片全部脱落、顶枯。幼树感病后叶片由下而上脱落 2/5~4/5,甚至全脱光秃,个别整株死亡。枝条染病,表皮层遍布近圆形或长条形的小点,扩大后若病斑环绕枝干,可造成枝干干枯死亡。在雨后或者高湿环境,尤其在靠近地面枝条也有坏死部分,出现密布的白色霉状物,即为病菌的分生孢子堆。

【病原】 焦枯病由无性型菌物柱枝孢属的真菌 (*Cylindrocladium quinqueseptatum* Boedijn & Reitsma) 引起,同属的 *C. ilicicola* (Hawley) Boedijn & Reitsma 和 *C. clavatum* Hodges & L. C. May 也可引起相同的焦枯症状。分生孢子梗从菌丝上长出,直立、大小为 (110~484)

μm×(4.7~9.5)μm，大多分3级分枝，最后一级有2~4个瓶梗，其上产生堆状的分生孢子，分生孢子柱形，两端圆，有1~5个分隔，不育性丝状体顶生有棍棒形的泡囊。*C. quinqueseptatum* 的分生孢子多为5个分隔，大小为(60~120)μm×(5.0~7.0)μm，有性型为丽赤壳属的 *Calonectria quinqueseptata* Figueiredo & Namek. 真菌(图2-53)。

图2-53　桉树焦枯病(仿高步衢，1997)
1. 叶部症状(陈帅飞摄)　2. 分生孢子　3. 泡囊着生　4. 分生孢子梗

以常规方法分离在PDA培养基上培养得纯菌，病原菌生长迅速，开始为乳白色到浅褐色的气生菌丝构成整齐的菌落，72 h产生似粉状孢子堆，成熟的菌落从中心向外呈深褐色—浅褐色—微褐色的变化，边缘色更浅。整齐或不整齐，菌落可呈轮纹状，在培养皿背后看轮状更清晰，并可看到褐色分泌物，长时间培养可形成类似菌核的东西。

【发病规律】　桉树焦枯病的三种病原真菌可在苗圃侵害桉树的苗木和4年以下的幼林，同时也侵染萌芽林。造成大量落叶、枝梢干枯，严重的整株死亡。这些病原菌以菌丝体在感病的枝梢或落地病叶病枝上越冬，翌年3月初产生大量的分生孢子进行初侵染，幼林的初侵染源不是来自落地的病残体，而是树上的病枝梢。分生孢子借风吹或雨水飞溅传播，分生孢子萌发芽管后，可从叶片、嫩枝的伤口或直接穿透表皮细胞进入组织取得养分。病菌的潜育期很短，一般为1~3d。短期内又可产生大量分生孢子进行再次侵染。5~6月达到发病盛期，7~9月，病情危害稍缓，10~11月又有上升趋势，但不会再流行扩展。病菌一旦进入叶片，2~3d内大部分脱落，感病枝条6~8d干枯。

桉树焦枯病的发生发展与当地气候条件密切相关，气温、降水量和相对湿度都很大程度上决定了该病的发展程度，高温、高湿有利于病害的发生与流行，不同小气候条件影响该病害的发生率和发生程度。

【防治措施】
① 林业技术措施　苗圃地应设于空气流通处，不宜密插。控制苗床水分。夏天适当遮阳、覆草以降低土温，适当增施肥料，促进苗木生长以提高抗病能力。

② 化学防治　在高温高湿的夏天应每周喷一次0.5%~1%的波尔多液保护苗木或75%的百菌清600~800倍液。扦插苗的插穗要进行消毒，一般用0.2%~0.3%的高锰酸钾浸泡6h，再用清水洗净，才插入营养袋内。入袋后的第二天便开始第一次施药，先用0.2%的高锰酸钾消毒，后用清水洗苗，然后再用75%的百菌清600~800倍液喷洒，每周1次。发现病苗，应及时拔除，并用0.2%~0.3%的高锰酸钾喷射苗木以抑制病害继续扩展。喷后用清水洗苗。

(23) 桉树紫斑病 (Purple spot of eucalyptus)

【分布及危害】 桉树紫斑病是桉树幼苗期和造林期最常见的病害，主要危害叶片，引起严重落叶，影响桉树的质量及生长速度。此病在华南全年均能发病，5~10月较为严重，尤以8~9月最为严重。在国外，该病在美国、葡萄牙、意大利都有报道，国内分布在广东、广西、云南、海南等地。窿缘桉、细叶桉、斜脉胶桉、赤桉等桉属的多个树种，以及金合欢和橡胶树受害。

【症状】 初期病叶上出现黄绿色小点，后斑点逐渐扩大呈多角形或不规则形蓝紫或紫褐色。后期病斑可连成片。春季在紫色病斑上会出现黑色小粒状突起或黑色粉状物，有时会产生暗褐色或近黑色的卷须状物，严重时叶尖或叶缘干枯，甚至全叶干枯卷曲。

【病原】 该病由无性型菌物的桉壳褐针孢菌 (*Phaeoseptoria eucalypti* Hansf.) 引起。分生孢子器群生于叶片病斑两面，有时可突破表皮组织外露，球形或扁球形，大小为 (103~155) μm × (83~124) μm。分生孢子浅褐色，基部色略深，柱状拟纺锤形，直或弯曲，向端部渐细，表面多有较明显的小粒状突起而显粗糙，多具3~5个横隔，分隔处多不缢缩，大小为 (39~55) μm × (3.9~5.2) μm。分生孢子梗短，瓶形或短柱状，浅褐色，(4~10.5) μm × (2.5~4) μm，顶部有1~3个环痕，即产孢方式为全壁芽生环痕式。病菌的分生孢子梗短，柱状，浅褐色，无环痕 (图2-54)。

此外，也有病原菌是桉壳针孢菌 (*Septoria mortarlensis* Penz. et Sacc.) 的报道，后者分生孢子梗无环痕，分生孢子无色。

【发病规律】 该病全年可见病斑。昆明地区，3月中旬孢子器发育成熟，孢子角大量溢出，使病叶表面大部分覆盖有一层很薄的煤烟状物，病菌以分生孢子借风雨迅速传播蔓延。

图2-54 桉树紫斑病 (仿袁嗣令，1997)
1. 病叶症状 2. 分生孢子器 3. 分生孢子梗及分生孢子

在广州市郊，该病全年均有发生，5月以后逐渐加重，8~9月为高峰期。5~10月在病部上都能形成小粒状的病原物。高温、高湿的天气，病害发生严重。

【防治措施】

① 林业技术措施 加强桉树林的抚育管理，促进幼树健壮生长，提高桉树的抗病力。及时清除病叶，集中烧毁或提炼桉叶油，杜绝或减少侵染源。

② 化学防治 初春喷洒等量式100倍波尔多液预防，春末病害发生期喷洒多菌灵、百菌清或托布津等进行防治。

（24）桉树褐斑病（Brown spot of eucalyptus）

【分布及危害】 桉树褐斑病分布在华南各省（自治区）和四川等地，主要危害赤桉、窿缘桉（*Eucalyptus exserta*）、蓝桉、海绿细叶桉（*E. umbellata* var. *glaucina*）、薄皮大叶桉（*E. crawford*）、斜脉桉（*E. kirtoniana*）、细叶桉（*E. robusta*）、大叶桉和圆锥花桉。其中以赤桉、薄皮大叶桉和海绿细叶桉最易感病。该病主要危害苗木和幼树，在广州市郊，上述树种的幼树普遍发病，1~3年生的赤桉、薄皮大叶桉和海绿细叶桉感病率达90%。该病引起桉树的大量落叶，严重影响植株生长。

【症状】 发病初期，感病叶上出现灰绿色斑点，逐渐扩大变成圆形或不规则形，病斑边缘水渍状，中央沙土色、污棕黄色或暗棕色。发病后期，叶背病斑边缘有白色菌丝体出现，病斑上产生许多突起的小黑点，轮纹状排列，为病原菌分生孢子器，遇水湿后，病斑迅速扩展。在蓝桉上，还危害枝条，造成梢枯和枝枯。而窿缘桉大部分叶尖被侵染，成为叶尖枯。

【病原】 为无性型菌物桉盾壳霉（*Coniothyrium kallangurens* B. Sutton & Alcorn）。分生孢子器着生于寄主的叶、茎表皮之下，椭圆形或扁椭圆形，大小为 $(100\sim162.5)\mu m \times (75\sim112.5)\mu m$。分生孢子淡褐色，单孢，椭圆形或卵形，大小为 $(6.9\sim13.8)\mu m \times (5.0\sim5.5)\mu m$。在PDA培养基上，菌丝体开始无色，后淡褐色，匍匐于基质上，子实体黑色（图2-55）。

【发病规律】 病原菌以分生孢子器在树上病叶或地面落叶上越冬，条件适宜时产生分生孢子，分生孢子靠雨水和昆虫传播。高温、高湿有利于病害发生。食叶害虫严重时，发病也重。一般下部叶片先发病，逐渐向上蔓延。该病一般5月下旬开始发生，11月以后停止发展。水肥条件差，土壤瘠薄，树木生长弱，发病重。

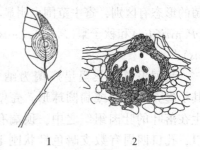

图2-55 桉树褐斑病（毛霓绘）
1. 病状 2. 病菌的分生孢子器和分生孢子

【防治措施】

① 林业技术措施 清除病叶、病株，集中烧毁。加强栽培管理，适当追肥，增强苗木抗病力。

② 化学防治 发病初期，喷施1%波尔多液或代森锌等药剂。

（25）梨黑星病（Pear scab）

【分布及危害】 梨黑星病又名疮痂病，是梨树的一种主要病害，易引起梨树早期落叶，削弱树势。梨果被害后果面形成黑色霉层，甚至畸形龟裂，产量和质量大大降低。此病在世界产梨区普遍发生，我国的河北、辽宁、山东、河南、陕西、山西等北方梨区受害最严重。近年来，该病在南方的江苏、浙江、安徽、云南、四川等地的危害也日趋严重。

【症状】 梨树的叶片、果实、嫩梢及芽鳞均可受害。

叶片受害症状：幼叶易感病。多数先在叶背面的主脉和支脉之间出现黑绿色至黑色霉状物，尤以叶脉上最多，不久在霉状物对应的正面出现淡黄色病斑，严重时叶片枯黄、早期脱落。叶脉和叶柄上的病斑多为长条形中部凹陷的黑色霉斑，边缘呈星芒状辐射，感病严重时叶柄变黑，叶片枯死或叶脉断裂。叶柄受害后，往往引起早期落叶。

果实受害症状：果实上初期为淡黄色斑点，圆形或不规则形。幼果受害后呈畸形、开裂、早落。果实成长期受害，在果面形成圆形、黑褐色5~10mm的疮痂状凹陷病斑，果肉变硬，表面木栓化、常发生星状开裂，呈荞麦皮状，并可生黑霉，但不呈畸形。成熟果实受害，病斑淡黄绿色、稍凹陷，上生稀疏的霉层。

新梢感病症状春季从病芽萌发的新梢为病梢，病梢上布满黑霉。后期病部皮层开裂呈疮痂状，病斑向上扩展可使叶柄变黑。病梢叶片初变红，再变黄，最后干枯，不易脱落，或脱落而呈干橛。

芽鳞感病症状：在一个枝条上，亚顶芽最易受害，感病的幼芽鳞片，茸毛较多，后期产生黑霉，严重时芽鳞开裂枯死。

【病原】 引起梨黑星病的病菌有2种，纳雪黑星菌(*Venturia nashicola* S. Tanaka & S. Yamam.)和梨黑星菌(*Venturia pyrina* Aderh.)，属于子囊菌门格孢腔菌目黑星菌属。2种菌的形态有区别，寄主范围也明显不同。前者主要寄生在白梨(*Pyrus bretschneideri*)、沙梨(*P. pyrifolia*)和秋子梨(*P. ussuriensis*)等亚洲梨的种类，后者主要寄生在西洋梨(*P. communis*)上。

我国报道的梨黑星病菌为纳雪黑星菌。其子囊壳圆球形或扁圆球形，壳壁暗褐色埋生在落叶的叶肉组织之中，顶端有乳头状孔口，孔口四周有数支暗色针状刚毛。子囊棍棒状，无色透明着生于子囊座底部，子囊孢子长卵形或长椭圆形，有一隔膜，上胞大，下胞小，分隔处稍缢缩，淡黄褐色，大小为(11.1~13.6)μm×(3.7~5.2)μm。

病菌的无性型为黑星孢(*Fusicladium nashicola* K. Schub. & U. Braun)。分生孢子梗暗褐色，散生或丛生。分生孢子卵圆形、纺锤形或椭圆形，单胞，淡褐色或橄榄色，大小为(8.0~24.0)μm×(4.8~8.0)μm(图2-56)。

病菌菌丝在5~28℃下均可生长，但以22~23℃为最适。分生孢子萌发所需的相对湿度为95%以上，干燥和较低的温度有利于分生孢子的存活，湿润温暖条件下，分生孢子不易越冬，代之以产生子囊腔，这是病菌在系统发育过程中对环境条件适应的一种表现。

以果实上的新鲜病斑和早春初发病梢病斑上的新鲜孢子分离病菌较易成功，在20℃下培养再移至16℃下最易产孢，先黑暗后黑

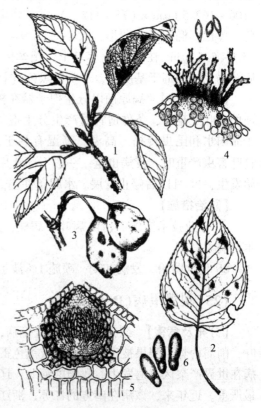

图2-56 梨黑星病
1、2. 病叶症状 3. 病果症状 4. 分生孢子梗及分生孢子 5. 子囊及子囊孢子 6. 子囊孢子

光处理产生的孢子量较多，麦芽琼脂培养基上生长较好。

该病菌在北方地区曾发现过子囊阶段，但不常出现。在昆明地区，早春在先年落叶上的子囊壳较普遍。

纳雪黑星菌的种内存在生理分化。范燕萍等对四川、浙江、安徽、河北、辽宁等地不同梨品种采集的6个纳雪黑星菌(*Venturia nashicola*)的单孢分离物，利用菌体酯酶同功酶测定，认为在我国栽培梨上的黑星菌存在生理分化，并将其分为4个类型。沈言章等将河北、江苏、四川等地不同梨品种上分离到的12个纳雪黑星菌的单孢菌株划分为5个分化类型。在日本，Ishii等将纳雪黑星菌分为3个生理小种，试验证明一些梨品种中存在生理小种专化性抗性。

欧洲和北美发生的梨黑星病由梨黑星菌(*Venturia pyrina*)引起，种内同样存在不同的生理小种或生物型。

【发病规律】 病菌有3种越冬方式：在落叶上形成有性器官，翌年产生子囊孢子进行侵染；在枝梢旧病疤上越冬，翌年产生分生孢子进行侵染；在芽鳞及落叶上越冬。其中以在芽上越冬的病菌为最主要的侵染来源。春季，一般在新梢基部最先发病，病梢上产生的分生孢子，通过风雨传播到附近的叶、果上，环境条件适宜时即可侵染。病菌侵入的最低日均气温为8~10℃，最适流行气温则为11~20℃，侵入期5~48h，潜育期14~25d，可重复侵染。该病自开花、展叶期至果实采收均可在植株地上部的幼嫩部位进行侵染，以叶片和果实受害最重。初侵染的时期和再侵染的次数依地区的不同而不同。如辽宁等地5月中下旬开始发病，8月为盛期；河北省4月下旬至5月上旬始发，7~8月雨季为盛发期；浙江4月中下旬始发，梅雨季节为盛发期。

黑星病发生及流行程度主要决定于降雨。一般说来，降雨早、雨日多、雨量大，该病就提早流行。各地的观察表明：降雨，特别是连续几天的阴雨，是病菌侵入的必要条件。梨树过密或枝叶过多，造成局部空气湿度高，也会加重病情。

梨黑星菌可直接侵入叶片。植物—真菌之间的联系是一种特殊的寄生关系：真菌菌丝的侵入和分生孢子梗的伸长被限制于植物角质层和表皮细胞之间。*V. nashicola* 侵入到角质层后，形成亚角质层菌丝，菌丝继续进入到果胶层并在其中横向扩展，不再侵入到表皮细胞的细胞质中去。*V. nashicola* 对抗性、易感和非寄主材料的初期侵染相似，当真菌侵入角质层之后，亚角质层菌丝在易感材料中的增长速率远远高于抗性和非寄主材料，并且在抗性和非寄主材料上出现死亡菌丝，这些都表明抗性是在真菌侵入角质层之后表达的。寄主植物一般以中国梨最感病，中国梨中又以白梨系统最感病，日本梨次之，西洋梨较抗病。品种不同，抗病性也不同。鸭梨、秋白梨、京白梨、香椿梨、安梨、华盖梨、秋子梨、麻梨等品种比较感病；玻梨、巴梨、面酸梨、香水梨、洋梨、油梨、红霄梨、今村秋、长十郎等比较抗病；雪花梨、蜜梨等很少发病。但是近几年发现雪花梨也开始严重感病。另外树龄大、肥水管理差和结果量过大，造成树势衰弱，也能增加梨树的感病性，使病情加重。此外，地势低洼，树冠茂密，通风不良，湿度较大的梨园及树势衰弱的梨树，都易发生黑星病。

许多学者研究认为梨对黑星病的抗性呈显性遗传，抗病性对感病性为显性。通过品种间杂交可获得抗黑星病的类型。梨杂交后代对黑星病的抗性受亲本品种的影响，以西洋梨作杂交亲本，后代中绝大多数不感染由纳雪黑星菌(*Venturia nashicola*)引起的黑星病。

【防治措施】

① 铲除病源　及时清扫落叶，剪除病虫枝，收集病果烧毁或深埋。发芽前（一般3月中旬）喷65%五氯酚钠200倍加45%代森铵400倍。5月份及时剪除黑星病梢、病叶、病果深埋。

② 加强栽培管理　在树冠郁闭、杂草丛生、田间湿度大的梨园极易发生黑星病。因此，要加强管理，去除密挤、冗长的内膛枝，疏除外围过密、过旺、直立生长枝条，以改善树体通风、透光条件。同时增施有机肥，调整好负载，以提高树体抗性。还可结合喷药进行根外追肥，增强叶片的抗病性。如喷0.3%尿素或0.3%磷酸二氢钾。

③ 化学防治　花谢70%是黑星病危害嫩梢、幼果、新叶高峰期，该期叶片较嫩，应选择安全有效药剂。如80%代森锰锌800倍液、70%甲基托布津1000倍液或50%苯菌灵1000倍液等。5月下旬至6月上旬是梨果木栓化期，该期用药不当易诱发果实锈斑，特别是波尔多液，应喷对果皮结构刺激性小的药剂。6月中下旬至9月上旬根据降雨及发病情况10~15d喷1次药，如70%代森锰锌900倍液、12.5%睛菌唑2500倍液等，1:2.5或3:(240~280)倍波尔多液。

④ 抗病品种的选择和利用　实践证明选育和合理推广抗病新品种是综合防治梨黑星病减少农药污染的最有效措施。应根据生产需要栽培适宜的抗病品种。

(26) 沙枣褐斑病 (Brown spot of russia olive)

【分布及危害】　沙枣 (*Elaeagnus angustifolia*) 是西北荒漠区造林的优良树种之一，沙枣褐斑病是沙枣幼苗、幼林的重要病害之一，主要分布于新疆、内蒙古、宁夏等地，此外辽宁、吉林西部也有发生。病菌的寄主还有尖果沙枣 (*E. oxycarpa*)、大沙枣 (*E. moorcroftii*) 等。沙枣褐斑病是沙枣叶部的重要病害，引起提早落叶，植株生长衰弱，再加上白粉病危害，常造成幼苗枯死。

【症状】　受害叶片初期在叶正面产生黄色至褐色，圆形或不规则形的小斑点，大小为1~5mm，以后病斑逐渐扩大，常相互愈合，病斑中心变为灰白色，外围保留深褐色的圈，中间散生黑褐色至黑色的小点粒，此即为病菌的分生孢子器，埋生于寄主组织中。叶背面因密生白色丛毛，因而仅显褐斑，病斑轮廓模糊。

【病原】　病原菌是沙枣壳针孢 (*Septoria argyrea* Sacc.)。分生孢子器埋于病叶组织中，大小为81~120μm，孔口稍突起并外露，呈扁球形、近球形或烧饼状，黑色，分生孢子梗不明显。分生孢子无色，柱形，有时不规则状弯曲，具1~3横隔，不缢缩，大小为(15~24)μm×(2.4~3)μm，两端钝圆者较多 (图2-57)。

【发病规律】　病菌以分生孢子器在落叶上越冬，越冬后的分生孢子在新叶萌发

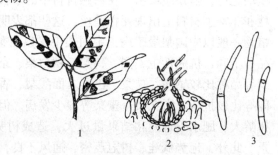

图 2-57　沙枣褐斑病 (仿杨旺，1996)
1. 病害症状　2. 分生孢子器　3. 分生孢子

不久就开始释放,分生孢子借风雨传播,感染新叶,每次灌水后就出现一次侵染。7~8月为发病盛期,一般在多雨高湿的年份发病较重,苗木密度大,通风不良,发病较重,1年生苗距沙枣林带近或有2年生以上的留床苗,往往发病早而严重。

【防治措施】

① 林业技术措施　苗圃地应避免重茬,圃地四周不要用沙枣做林带,不要在留床苗旁边育苗。秋季清扫落叶,深埋或烧掉,以减少侵染来源。

② 化学防治　发病前喷洒1:1:100波尔多液或50%代森锌可湿性粉剂250倍液,每隔10~15d喷1次,共喷3次,可减轻危害。

(27) 泡桐黑痘病(Black spot of paulownia)

【分布及危害】　泡桐黑痘病是泡桐苗木的主要病害之一,在我国泡桐栽植区如河南、河北、陕西、山东、湖南、江苏、湖北、安徽等地广为发生,近年来,在陕西关中和陕南地区其危害日趋严重,寄主有兰考泡桐(Paulownia elongata)、白花泡桐(P. fortunei)、毛泡桐(P. tomentosa),以及多种杂交泡桐。泡桐黑痘病对一年生实生苗和根蘖苗影响严重,常引起顶梢枯死,主茎变短,分枝降低,植株矮小,树形变劣,甚至地上部完全枯死。泡桐黑痘病在国外见于日本、朝鲜。

【症状】　此病主要危害嫩叶、叶柄、嫩梢和苗木主干。病菌侵染幼叶,开始表现点状失绿,渐变为褐色小斑点,直径0.5~2.0mm,椭圆形或近圆形,病斑边缘叶肉稍肿胀,色淡,似水浸状,患病后常全叶皱缩、畸形。叶上病斑多沿叶脉发生,病斑中心易破碎成穿孔。后期病斑变为灰褐、黑褐至黑色,病斑凸起,形似"黑豆",有时凸起部表面粗糙似"疮痂",潮湿天气病斑上生一薄层白粉,为病菌的分生孢子堆。梢部受害严重时,病斑连成片,病叶卷缩,病梢枯死;苗干上病害严重时,病斑呈串状或成排纵向排列,顶梢干枯。

【病原】　此病由泡桐痂圆孢菌[Sphaceloma paulowniae(Tsujii)Hara]引起。病菌分生孢子盘垫状、蜡质、灰白色,大小不一,一般在雨后形成,包被早期破裂,露出分生孢子堆。分生孢子梗长10~12μm,粗2.0~2.5μm,无色,无隔膜,成纵行紧密排列,不分枝。分生孢子顶生,长椭圆形,无色,单细胞,大小为(2~3)μm×(4~5)μm,两端或中间常有两个油点(图2-58)。分生孢子萌发最适温度25℃,萌发最低相对湿度75%,最适pH值5.6。

【发病规律】　病菌主要以菌丝体和分生孢子盘在病枝叶的病斑内越冬。翌年春天,产生新的分生孢子,靠气流、风雨传播,多从叶柄、嫩梢和幼茎的皮孔侵入,围绕皮孔产生病斑,进行初次侵染,潜育期5~6d。一般5月开始发病,6~7月为盛期,直到晚秋为止。夏季多雨,苗木过密时,则发病严重;患丛枝病的嫩小枝叶发病较重;弱苗、实生苗、留根苗感病重。

各种泡桐的抗病性互有差异,白花兰考泡桐和兰考泡桐雎优一号最感病,其幼苗病株率可达20%~31%;其次为兰考泡桐、光泡桐(P. glabrata)和毛泡桐,病株率为8%~10%;白花泡桐、楸叶泡桐(P. catalpifolia)、川泡桐(P. fagesii)、山明泡桐(毛泡桐一品种)台湾泡桐(P. kawakamii)等较抗病。

【防治措施】

① 林业技术措施　加强苗木管理，提高育苗技术。如播种育苗，可用塑料薄膜阳畦育苗，尽量做到早播种、早移栽、移壮苗，促使苗木健壮生长，提高抗病力。

冬季清理病叶，剪除病枝，减少越冬菌源，对留床苗、带病苗和弱苗，应进行早春平茬，以清除地上部病梢，促萌健壮主干。

② 化学防治　5~7月发病期间，用1:2:200倍波尔多液，或50%多菌灵1000倍液，或70%达克宁1000倍液，每10d左右喷1次，连喷3~4次，特别要保护弱苗，新抽生的嫩梢及幼叶。

③ 选用抗病树种　如白花泡桐、山明泡桐、楸叶泡桐、豫杂1号泡桐等。

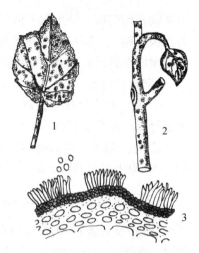

图2-58　泡桐黑痘病
1. 被害叶片症状　2. 被害枝条症状
3. 病菌分生孢子梗和分生孢子
（仿杨旺，1996）

(28) 阔叶树漆斑病 (Tar spot of a broadleaf tree)

【分布及危害】　漆斑病又称黑痣病，主要危害槭属植物（Acer spp.），有时也发生在榆树、柳树、小檗等树种上，普遍分布于全国各地。

【症状】　受害病叶于夏、秋之间出现圆形淡黄色斑点，之后在病斑中央部分形成突出的、有光泽的漆黑斑点，好似黑漆覆盖在黄斑表面，仅留一圈黄色的周边。因寄主与病原菌种类不同，症状也随之有差异。圆形病斑的直径从2~13mm不等，有时数个小病斑聚合成一个大病斑，形状仍近似于圆形。漆斑病危害槭属植物到秋末槭叶变红时，病斑周围仍保持绿色。

【病原】　分别由子囊菌门斑痣盘菌目（Rhytismatales）的斑痣盘菌属 [*Rhytisma*] 和煤炱目（Capnodiales）的符氏盘菌属（*Vladracula*）引起。斑痣盘菌属真菌子囊盘长形、弯曲，放射状排列于子座内，子囊孢子线性；符氏盘菌属真菌子囊盘近圆形，扁平，黑色，不规则或辐射状开裂，子囊孢子椭圆形（图2-59）。常见的种类如下：

斑痣盘菌 [*R. punctatum* (Pers.) Fr.]：该病寄生在多种槭树上，病斑小，由数个小病斑聚合而成，有的病斑散生，每个小斑的直径约2~3mm。

漆斑痣盘菌 [*R. acerinum* (Pers.) Fr.]：在五角枫等槭树上形成较大的黑痣状斑，直径约6~13mm。

柳斑痣盘菌 [*R. salicinum* (Pers.) Fr.]：寄生于柳树上，病斑直径2~5mm。

环纹符氏盘菌 [*V. annuliformis* (Syd., P. Syd. & E. J. Butler) P. F. Cannon, Minter & Kamal；该病菌危害三角枫，与斑痣盘菌引起的症状相似，病斑黑色，由十多个小黑斑相聚而成。

图2-59　槭树漆斑病
（仿周仲铭，1990）
1. 病叶　2. 病菌子囊盘
3. 子囊、侧丝及子囊孢子

【发病规律】 子囊孢子5~6月份成熟，萌发后从气孔侵入。菌丝在表皮组织内蔓延。由于它破坏了表皮细胞的细胞壁，故受害叶产生黄色病斑。随后菌丝与寄主表皮纠结，形成有光泽的、黑色的盾状子座覆盖于病斑上，呈漆黑状。子囊盘在子座中形成并以此越冬，翌年春季产生子囊。此类病菌的无性型在侵染上的作用不大。降雨多、湿度大的年份病害发生较普遍。

【防治措施】
① 清除侵染来源　秋、冬季收集病落叶烧毁。
② 化学防治　4、5月间子囊孢子开始成熟，分散之前可喷射1:1:(160~200)倍的波尔多液或50%多菌灵可湿性粉剂1000倍液，或50%代森锌可湿性粉剂500倍液。

(29)杉木细菌性叶枯病(Bacterial leaf blight of China fir)

【分布及危害】 杉木细菌性叶枯病广泛分布于我国江西、安徽、江苏、浙江、福建、湖南、四川、广东、广西、湖北、河南、贵州和重庆等地。海拔300m以上的山区和半山区较为常见，低山丘陵地带的一些地方也非常严重。病菌侵染针叶和嫩梢，引起针叶或梢头枯死。苗木及10年生以下幼林发病严重。据安徽省部分地区调查，人工幼林发病率一般为50%~80%，严重的高达100%，病株当年高生长下降30%~90%。受害严重的林分，林冠如同火焚，林分终遭毁灭。

【症状】 在当年生新叶上，最初出现针头大小褐色斑点，周围有淡黄色水渍状晕圈，叶背晕圈不明显。以后病斑扩大成不规则状，暗褐色，对光透视，周围有半透明环带，外围有时有淡红褐色或淡黄色水渍状变色区。病斑进一步扩展，使成段针叶变褐色，长2~6mm，两端有淡黄色晕带。最后，针叶在病斑以上枯死或全叶枯死。

老叶上的症状与新叶上相似，但病斑颜色较深，中部为暗褐色，外围为红褐色。后期病斑长3~10mm，中部变为灰褐色。嫩枝上病斑开始同嫩叶上相似，后扩展为梭形，晕圈不明显，严重时多数病斑汇合，使嫩梢变褐致死（图2-60）。

【病原】 该病由丁香假单胞菌杉树致病变种(Pseudomonas syringae pv. cunninghamiae He et Goto)引起。病原细菌短杆状，单生，大小为(1.4~2.5)μm×(0.7~0.9)μm，鞭毛5~7根，生于两端。不产生荚膜和芽孢，革兰氏染色阴性反应。好气性。

在牛肉膏蛋白胨琼脂培养基上菌落较小，白色，圆形，平展，表面光滑，有光泽，边缘平整，无荧光。在PDA培养基上生长更好，菌落较大、较厚，有脂肪光泽。

在含葡萄糖、甘露糖、蔗糖、麦芽糖、木糖和甘油的组合培养液中产酸，不产气；在含乳糖、鼠李糖和山梨糖的培养液中既不产酸也不产

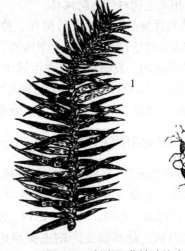

图2-60　杉木细菌性叶枯病
1. 病枝、叶症状　2. 病原细菌
（引自袁嗣令，1997）

气。不能液化明胶，不产生硫化氢，不产生吲哚。不能还原硝酸盐。V.P. 试验无乙酰甲基甲醇生成。M.R. 试验为阴性反应。石蕊牛乳试验呈微碱反应，不澄清也不凝固。生长pH 值为 4.4~9.2，最适 pH 值 6.8~7.6。生长适温为 10~32℃，最适 28℃，低于 8℃ 高于 34℃ 时停止生长，致死温度为 59℃。

【发病规律】 病菌在活针叶、枝梢的病斑中越冬。随雨滴的溅散和飘扬传播，自伤口侵入，亦可从气孔侵入，潜育期 5~8d。主要危害 10 年生以下杉木幼树，在病害盛发期，疫区的种子可能带病菌，对育苗有一定影响。苗木带病是远距离传播的途径。

据安徽和江西长江南岸一带丘陵地区的观察，病害于每年 4 月下旬至 5 月中旬开始发生，6 月为盛发期，7~8 月高温低湿期间，病害基本停止发展。9 月中旬至 10 月下旬又出现一个高峰，但不如 6 月严重。

在月平均气温达到 24℃ 时，病害高峰与月平均降水量成正相关，而与月平均气温、日照率和蒸发量成负相关。春秋二季雨水多的年份，发病重。

自然条件下，造成伤口的原因主要是杉木枝叶相互刺伤，因而，处在迎风坡或风口的林分发病重；林缘、林道发病重于林内；山腰以上部位发病重于山腰以下部位。

此外，立地条件不良或抚育管理差的杉木幼林发病严重。

病菌在自然界仅见于杉木，经人工室内接种尚可侵染柳杉（*Cryptomeria fortunei*）、秃杉（*Taiwania flousiana*）和池杉（*Taxodium ascendens*），但发病很轻。在不同杉木类型中，油杉发病重于芒杉。

不同地理种源之间存在感病差异，大多数种源中度感病，大田梅山、建瓯房道种源具有较强的抗性。

【防治措施】
① 林业技术措施 适地适树，选择土层肥沃、土壤疏松湿润、受风小的山坡、山洼造林，避免在迎风坡、风口处营造杉木林。病害发生较普遍的地区营造混交林，或在林分的迎风面用其他树种营造防风林。

② 选育优良品种 建立母树林、种子园，用抗病品系育苗、造林。育苗时进行药剂拌种。加强营林管理措施，适量增施磷、钾肥，提高抗病力。

③ 化学防治 发病重的地方可试用化学药剂于发病期防治。在发病初期喷施土霉素钙盐 500 倍液、1000 万单位硫酸链霉素可湿性粉剂 500 倍液；也可选用 70% 代森锰锌 500 倍液、70% 百菌清 600 倍液等杀菌剂喷雾防治。

(30) 核桃细菌性黑斑病 (Bacterial blight of walnut)

【分布及危害】 核桃细菌性黑斑病又称核桃黑、核桃细菌性疫病，是一种世界性病害，在北美、南美、澳大利亚、新西兰、非洲、欧洲和亚洲均有分布。在我国分布于山东、河北、河南、陕西、甘肃、山西、辽宁、贵州、江苏和浙江等地。危害胡桃属（*Juglans*）的许多种，是核桃生产的主要障碍之一。据山西左权等地调查，一般被害株率达 60%~100%，果实被害率为 30%~70%，严重的达 90% 以上，核仁减重 40%~50%，出油率减少一半左右。

【症状】 该病主要危害核桃的果实、叶片、嫩梢和花。幼果染病时，果面发生褐色小斑点，无明显边缘，以后逐渐扩展成片变黑，并深入果肉，使整个果实连同核仁全部变黑腐烂脱落。较成熟的果皮受侵后，往往只局限在外果皮或最多延及中果皮，变黑腐烂，病皮脱落后，使内果皮外露，核仁表面完好，但出油率大为降低。叶片受侵后，首先在叶脉上出现近圆形及多角形的小褐色斑点，逐渐扩展，常多个连接成不规则大斑，外围有水渍状晕圈。严重时，后期出现穿孔，病叶皱缩畸形。叶柄及嫩梢受害，病斑长圆形或狭长，褐色，稍凹陷，当病斑绕枝条一周时，造成枯梢。花序受害，先产生黑色水渍状斑，以后花轴也变黑，常弯曲、早落。病菌可随花粉侵入子房造成花萎（图 2-61）。

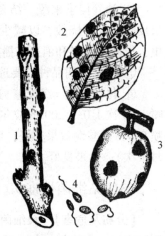

图 2-61 核桃细菌性黑斑病
（仿《林木病理学》，周仲铭）
1. 病枝 2. 病叶
3. 病果 4. 病原细菌

【病原】 是树生黄单胞菌核桃变种 [*Xanthomonas arboricola* pv. *juglandis* (Pierce) Vauterin, Hoste, Kersters *et al.*]。短杆状，单生，有时多个链状排列，大小为 (1.3~3.0) μm × (0.3~0.5) μm。极生单鞭毛，有荚膜，无芽孢。革兰氏染色阴性反应，在肉汁琼脂培养基上生长旺盛。菌落圆形，凸起，平滑，淡黄色，黏稠，有光泽，后呈奶油色。病菌能较缓慢地液化明胶，能使乳酸慢慢消解，使石蕊褪色。在葡萄糖、蔗糖及乳糖中产酸不产气。在醋酸铝琼脂上，产生 H_2S。能还原 CO_2，能水解淀粉。病菌生长温度为 5~37℃，适温为 28~32℃，致死温度为 53~55℃。适宜 pH 值为 5.2~10.5，最适 pH 值为 6~8。

【发病规律】 病原细菌主要在病枝、柔荑花序、病果、病芽和昆虫体内越冬。翌春涌出病菌，借风、雨、昆虫、带菌花粉及人为活动传播到叶、果和枝梢上，壁虱、蚜虫、核桃举肢蛾、蚂蚁、蜜蜂能携带细菌溢泌物和带菌花粉到健康树上使之发病。病菌由气孔、皮孔、蜜腺、柱头等自然孔口侵入，也可以从各种伤口侵入。主要侵害薄壁组织，偶尔也能侵害维管束，通过酶的作用使细胞结构破坏，甚至死亡。

病害潜育期的长短与寄主和环境条件有密切关系。在果实内潜育期为 5~34d，在叶子中为 8~18d，在田间条件下，一般只需 15d。该病侵染叶片的适温为 4~30℃，侵染幼果的适温为 5~27℃。当年发病的严重程度，取决于初侵染来源数量的多少。

病害发生与雨水有密切的关系，在雨水多的年份发病较重，干旱年份则发病较轻。此外，还决定于寄主各部位的幼嫩程度、组织积水状况和气孔开放的大小等因素。在组织幼嫩、气孔开放大以及伤口多的情况下，常有利于病害的发生。花期如遇湿冷天气，病害发生严重。

胡桃属的不同种和核桃 (*Juglans regia*) 不同品种对病害的抗性有差异。坡向、树龄、树势、虫害等因素也影响病害发生情况。阴坡重于阳坡，弱树重于健康树，苗木和老树重于中、幼龄树。核桃举肢蛾危害严重的植株，病害也严重。

【防治措施】

① 林业技术措施 加强管理，增强树势。如育苗应选择排灌方便，土壤疏松肥沃的地方，合理密植，合理施肥，不偏施氮肥，避免枝梢徒长；适时采收果实，采收时做到不伤树冠，尽可能减少伤口，以提高抗病力。

② 清除侵染来源　结合修剪，清除病枝、病叶、病果、落叶以及核桃采收后脱下的果皮，并及时烧毁，以减少侵染来源。在举肢蛾、长足象发生严重地区，要首先防治害虫，以减少伤口和消灭传播媒介。

③ 选育抗病品种　要选育抗病、抗虫性强的品种，并充分利用品种的避病性。

④ 化学防治　冬季修剪后发芽前，喷1次3°~5°Be石硫合剂，消灭越冬病菌，生长期喷1~3次1:0.5:200的波尔多液，或50%甲基托布津（雌花前、花后及幼果期各1次）；喷0.4%草酸铜效果亦好；也可用浓度为50×10^{-6}链霉素加2%硫酸铜药液，多次喷洒（半月1次），效果良好。

(31) 桑细菌性疫病(Bacterial blight of mulberry)

【分布及危害】　桑细菌性疫病，又称桑细菌性黑枯病、烂头病，是我国蚕桑区的主要病害之一。在我国江苏、浙江、山东、四川、辽宁、河北、广西、广东、云南、陕西等栽桑地区都有发生，以江苏、浙江发病最为严重。据江苏镇江高资和桥头两地调查，严重时枝梢发病率100%，顶芽和嫩梢一片枯焦，对蚕业影响很大。国外广泛分布，侵染多种桑树(Morus spp.)。

【症状】　病菌可侵染桑树的叶片、嫩梢和枝条，以新梢、嫩叶受害最为严重。感病嫩叶初生圆形或多角形油渍状、半透明斑点，扩大后成褐色至暗褐色斑，周围具褪色晕圈。病斑多时，可连接成大块的焦枯大斑，天气干旱时有的病斑中间破裂。发病较早的嫩叶，还会发生皱缩。叶柄、叶脉受害，形成黑色细长条状病斑，叶片皱缩卷曲，最后叶片焦枯易落。枝梢受害，产生水渍状条纹斑点病斑，病菌可深入皮层、韧皮部、木质部并达到髓部，使木质部和髓部变褐色，横切面可见病原细菌溢脓。后期病斑黑褐色，空气潮湿时，病部也可见细菌溢脓，整个嫩梢弯曲发黑枯死。苗木受害，常整株桑苗枯死。

【病原】　丁香假单胞桑致病变种[Pseudomonas syringae pv. mori (Boyer & Lambert) Youn. Dye & Wilke]。菌体短杆状，两端钝圆，大小为$(0.5~0.6)\mu m \times (1.2~2.5)\mu m$。一端生鞭毛1~5根，少数7根。革兰氏染色阴性反应。菌落乳白色，圆形、扁平、边缘整齐，表面光滑，有绿色荧光。果聚糖反应阳性，需氧生长，不还原硝酸盐，不产生H_2S，产氨，不生成吲哚，不液化明胶，不凝固，淀粉水解弱，V.P.反应和氧化酶反应阴性。生长温度范围1~35℃，最适气温28~31℃，致死温度为51℃/10min，可生长的pH值范围是6.1~8.8，最适pH值为6.9~11（图2-62）。

【发病规律】　病菌在枝梢病组织和土壤中的病叶残体内越冬，春季桑树发芽展叶时即开始侵染。病菌通过风雨和昆虫传播，由伤口和自然孔口侵入。病害在生长季节可不断蔓延扩展，但以梅雨期和夏秋台风后发展最快。这是由于风雨既有利于病菌的传播，又因造成伤口而有利于病菌的侵入。据调查，在丘陵地区较高的地方，尤其是风口处，常较低地及避风的地方发病重。此外，不同的桑树品种抗病性有差异，如有桑园栽植湖桑21号，发病率达90%以上，顶梢一片枯黄（枯焦），而湖桑13号发病率较低，抗病力较强，且抗性较稳定。

【防治措施】

① 选用抗病品种　如剑持桑、湖桑13号和197号、荷叶白及荷叶桑等。但品种的抗

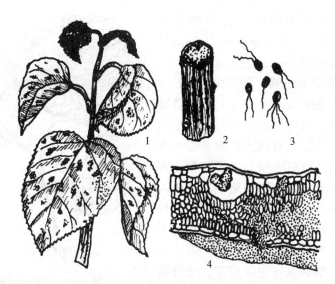

图 2-62　桑细菌性疫病（仿《普通植物病理学》）
1. 病梢症状　2. 病枝及其横切面症状　3. 病菌　4. 病叶切面

病性不是绝对不变的，须配合适宜的环境条件，如土壤的酸性不宜太强，排水要好，不要偏施氮肥和栽植过密，加强抚育管理，促使桑树生长旺盛以提高抗病性。

② 清除侵染来源　在早春发现有病的枝条，应从黑色点线状病斑下 10cm 处剪除烧毁，减少越冬病原体。在生长季节发现病条、病叶应及时剪除烧毁。

③ 化学防治　发病初即进行喷药，一般使用 500~1000 单位的链霉素，每 10d 喷 1 次，连喷 2~3 次。用 500 单位土霉素溶液喷叶（应先剪去病梢、叶），10d 后再喷 1 次可控制病害蔓延；喷药应避免在中午进行，只喷上部嫩梢、嫩叶即可。

④ 严格检疫　从外地引进苗木和接穗必须严格检查，剪除病部并集中烧毁，必要时应把接穗浸于 50℃ 温水中 30min 后取出，可以杀死病菌。

（32）丁香细菌性疫病（Lilac bacterial blight）

【分布及危害】　丁香细菌性疫病又称细菌性轮纹病、斑点病。广泛分布于我国北方各省，以黑龙江、辽宁和宁夏发病较重。此病发生严重时，全部叶片枯焦、卷曲，挂在树上，从远处观察，林相犹如火焚一样，故又称为火疫病。国外也广泛分布，据报道，该病菌可侵染多种树木，如苹果（*Malu pumila*）、稠李（*Padus racemosa*）、山楂（*Craetagu spinnatifida*）、桃树（*Prunus persica*）、杨树（*Populus* spp.）等。

【症状】　此病危害叶片和枝梢等。受害叶片，初生淡绿色圆形小斑点，迅速扩展，病斑中部变灰白色，周围黑褐色，迎光可清晰见到其外围的半透明晕环，病斑不断扩展，形成不太明显的同心环纹，最后病斑周围出现波状线纹，形似花朵，故有称花斑病的。幼小枝条受害，产生明显的黑色条纹，或整个枝条的一侧变黑褐色。花序、花芽受害后，变黑、变软。严重时叶片大部分枯焦，挂在树上不易脱落。此病害一般先从树冠基部叶片发病，自下而上蔓延。

【病原】 丁香假单胞菌丁香致病变种（*Pseudomonas syringae* pv. *syringae* van Hall）。菌体短杆状，大小约为（0.7~1.2）μm×（1.5~3）μm，呈长链状，有荧光色素，鞭毛极生，1~2根。革兰氏染色呈阴性反应。在2%~4%蔗糖的培养基中，多数菌株可形成果聚糖而产生黏液。可液化明胶。不需要有机生长素。专性好气。能利用葡萄糖、琥珀酸和L-丙氨酸作为碳源，而不能利用海藻糖、2-酮基葡萄糖、β-丙氨酸、L-异亮氨酸、L-缬氨酸和精氨酸。不从葡萄糖产生2-酮基葡萄糖酸盐。生长温度为4~40℃，最适温度为25~30℃（图2-63）。

图2-63 丁香细菌性叶疫病
（仿《园林植物病理学》，朱天辉）
1. 叶片症状 2. 病原细菌

【发病规律】 病菌在寄主受侵芽、叶等病组织中越冬，翌年生长季节，大量溢出菌脓。经风雨、昆虫等传播，从气孔、皮孔直接侵入或通过伤口侵入寄主组织。该病在春季或雨季，丁香抽新梢时症状最明显。幼苗和大苗对该病敏感，发病重。

温暖、潮湿，氮肥过多促进植物徒长，密植通风不良，或圃地淹水、植株生长衰弱均有利于病害的发生。该病菌具冰核活性，因此常与霜相联系，引起霜冻。丁香品种抗病性有差异，一般来说，紫花丁香和白花丁香抗病，朝鲜丁香较感病。

【防治措施】
① 林业技术措施 讲究园地、绿地卫生，及时剪除病枝、叶，烧毁。疏剪过密枝、叶，以利通风透光，减少发病。及时排除园地和绿地积水，不偏施氮肥，提高抗病力。
② 化学防治 发病期，喷洒1:1:160波尔多液，或65%代森锌500倍液，每半月1次，共2~3次。

（33）杨树花叶病（Poplar mosaic）

【分布及危害】 杨树花叶病于1935年在欧洲首次发现，目前已成为世界性病害。我国于1979年在北京首次发现此病，它是20世纪60年代和70年代初从国外引进易感病杨树品种时带进国内的，随着国外杨树的不断引进和在国内的推广，该病已成为国内发展杨树的一种潜在威胁。该病主要危害1~4年生的杨苗和幼树，被害植株叶片变小，分枝增多，高生长和径生长均受到一定的影响，材积增长一般要比健株减少30%~50%。严重发病的植株木材结构异常，密度和强度下降，使用价值降低。该病为系统感染，发病后难以防治。

【症状】 发病初期叶片呈现褪绿斑，许多小斑常聚集在一块，形成不规则的黄绿色花斑，叶片边缘褪色发焦，沿叶脉呈现出星状或长条形红晕，叶脉透明，叶面发皱、变厚、变硬、变小、甚至畸形。叶柄上经常有黑色坏死斑点，基部周围隆起，顶梢或嫩茎皮层常破裂，严重发病的植株，枝条变形，枝丫分叉处产生枯枝，树木生长显著不良（图2-64）。

【病原】 杨树花叶病毒（PMV），属麝香石竹潜隐病毒属（Carlavirus）。病毒粒子线状，

图 2-64 杨树花叶病(引自 Staniulis J. 等，2001)
1. 症状(田国忠摄) 2. 杨树花叶病毒粒体形态(标尺为200nm)

略弯曲，长(600~1000)nm×(10~14)nm，沉降系数156S。基因组为一条正链RNA，长度约6.48kb，衣壳蛋白为40 000Da。PMV的侵染力在20℃条件下可保持2d，在4℃下能保持6d。用灭过菌的葡萄糖粉吸附，在0~4℃冻干保存3个月后，仍有侵染性。该病毒粒子具有耐高温的特性，致死温度在75~80℃之间。稀释终点 10^{-3} ~ 10^{-4}，体外存活时间不超过7d。

杨树花叶病毒寄主范围较广，除危害杨树外，还能危害6科近20种草本植物。如豆科中的绿豆、豇豆等，茄科中的心叶烟、麦格隆息丰烟，黎科中的菠菜等，葫芦科中的黄瓜等，苋科中的千日红，旋花科中的矮牵牛花等。这些植物在人工接种时，大多引起局部症状，有的能产生系统症状，在症状上有一定的特殊性。人工利用这些特性，将其中一些对该病毒很敏感的植株作为鉴别寄主。如用麦格隆息丰烟(*Nicotiana megalosiphon*)和心叶烟(*N. glutinosa*)作鉴别寄主，人工接种PMV，在麦格隆息丰烟上表现为叶脉坏死，系统花叶；在心叶烟上表现为明脉，从而可以较快地做出诊断。

【**发病规律**】 病害可通过枝接、根接进行传播，昆虫能否传毒，尚待研究。远距离传播是通过长途调运带病毒的苗木、插条、接穗、种根等繁殖材料所致。

花叶病毒病多发生于春季和秋季，夏季高温季节病害不显著；树木年龄不同发病状况也不同，1年生苗病害严重，大树则不显著。

杨树花叶病毒能侵染所有黑杨派和青杨派的杨树。但不同品种杨无性系感病程度不同，黑杨派的杨树发病的最多，青杨派的发病次之。高度敏感的有I-63/51、I-69/55、I-72/51等，较感病的有沙兰杨、小美杨、健杨等。在黑杨派和青杨派中，抗病品种有群众杨、I-154、北京杨等。

一般对杨树花叶病的抗病性划分为5类：①抗病：插条不带病；②耐病：插条带病，但植株不表现症状；③轻感：病株叶部出现部分症状；④感病：叶部有明显症状；⑤高感：生长衰退。国内的I-63、I-69、I-72杨都属高感类型，因此，应密切注意它们可能发病的情况，严格防止其蔓延扩展。

【**防治措施**】

① 苗木检疫 在春末该病症状明显时，对所育黑杨、青杨苗木进行产地检疫，发现病苗即清除烧掉，禁止病苗出圃。禁止从该病发生区购买杨树苗木，特别是黑杨和青杨派杨树苗木。植树造林时，禁止栽植感染本病的苗木。育苗时，禁止使用带本病毒的插条、接穗等繁殖材料培养苗木。

② 清除侵染来源　及时对黑杨派和青杨派林木进行疫情普查，发现此病害株即刨除。

③ 培育和选用抗病品种　适于黑杨派和青杨派树木生长的地方，要培育抗病的杨树品种，更新淘汰易感病的品种。

(34) 阔叶树藻斑病 (Algae-spot of broadleaf tree)

【分布及危害】　藻斑病又称白藻病，是我国南方热带亚热带地区常见的一类病害，主要分布在我国云南、福建、浙江、台湾、广东、广西等地。寄生在多种阔叶树上，常见的有油茶、茶、杧果、柑橘、荔枝、龙眼、樟树、玉兰、相思、合欢、重阳木、冬青、梧桐、橡胶等。近年来，我国河南、湖南等地的杉木和油茶上也有发现。

藻斑病主要危害叶片及嫩枝，以对嫩枝的侵染危害较大，影响嫩枝上芽的萌发，导致叶片的褪色和早落，严重感染的嫩枝常枯萎死亡。

【症状】　藻斑主要出现在叶片表面，叶背面也偶有发现。初为针头状的灰白色、灰绿色或黄褐色小圆点，后逐渐向四周扩展，形成圆形、椭圆形或不规则的稍隆起的病斑，表面密布有细微、直立的红色纤毛，呈毛毡状，并具有略呈放射状的细纹。随着病斑的扩展，病斑中央逐渐老化，转呈灰褐色或深褐色，边缘仍保持绿色。藻斑大小不等，大者直径可达10mm。嫩枝被侵染后，寄生藻侵入皮层内部，表面症状不明显，直到翌年生长季节，病部表面出现寄生藻的红褐色、毛状孢囊梗时，才表现红色（图2-65）。

图 2-65　阔叶树藻斑病症状（贺伟摄）

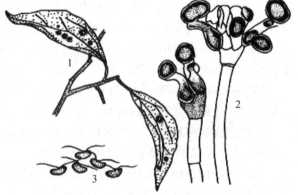

图 2-66　藻斑病及其病原物（仿《森林病理学》，杨旺）
1. 被害叶　2. 孢囊梗和孢子囊　3. 游动孢子

【病原】　藻斑病由藻物界（Chromista）的变绿头孢藻（*Cephaleuros virescens* Kunze ex E. M. Fries）引起。病斑表面毛毡状结构为变绿头孢藻的营养体，由稠密细致的二叉分枝的丝网构成。繁殖阶段从营养体上长出大量红褐色、毛发状游动孢子囊梗，其顶端膨大，上面生有小梗，每一小梗顶端着生有一椭圆形或球形的游动孢子囊。孢子囊成熟后，遇水破裂，并散放出游动孢子。游动孢子略呈椭圆形，有两根鞭毛，侧生，可在水中游动（图2-66）。

【发病规律】　变绿头孢藻以营养体在寄主受病组织中越冬。每年5、6月间，在炎热潮湿的气候条件下产生孢囊梗和游动孢子囊。成熟的孢子囊很容易脱落，借雨滴飞溅或气流传播。孢子囊在水中散放出游动孢子，从气孔侵入叶片组织。头孢藻产生的藻丝体在寄主植物叶片的角质层和表皮层之间生长,有时也可在栅栏细胞和叶肉细胞间生长,使得与之相邻的植物细胞变黄;若植物处于胁迫下,藻体便膨大,使受侵植物组织细胞死亡,从而产生病斑。在嫩枝上,变绿头孢藻侵入外部皮层,使病部略显肿大,为其他病原物的侵染提供有利条件。

温暖潮湿的气候条件适宜于头孢藻孢子囊的产生和传播。因此,在降雨频繁、雨量充沛的季节,藻斑病的扩展蔓延很快。树冠密集,过度荫蔽,通风透光不良也有利于病害的发生发展。土壤瘠薄,缺肥,干旱或水涝,管理不善等原因造成树势衰弱,均会导致藻斑病的扩展蔓延。

【防治措施】
① 林业技术措施　加强抚育管理,合理施肥,注意排水及灌溉,控制土壤肥力和水分,及时修剪,避免过密,通风透光,提高抗病能力。冬季要清园,平时注意清除病枝落叶,减少侵染来源。

② 化学防治　在病区内,每年4~5月定期喷洒0.6%~0.7%石灰半量式波尔多液,可抑制病害的发生发展。

2.2.6　炭疽病类

炭疽病是林木上一类很普遍的病害,针阔叶树上都有发生,特别是在阔叶树上更多。炭疽病不仅发生于叶上,也常发生于果实和小枝上。主要引起落叶和落果,有的造成叶枯和枝梢枯死。苗期发病,严重时可使幼苗大量枯死,甚至使整个育苗失败。对林木生长和生产影响很大。

【症状】　炭疽病虽然发生于许多树种,危害多个部位,它们的症状也有某些差异,但有共同的特征。主要表现为在发病部位造成各种形状、大小、颜色的坏死斑,有的在叶、果病斑上有明显或不明显的轮纹;在枝梢上形成梭形或不规则形的溃疡斑,扩展后造成枝枯。发病后期,一般都会在病斑上产生黑色小点——病菌的分生孢子盘,在高湿条件下多数产生橘红色胶黏状物。

【病原】　引起林木炭疽病的病原真菌,主要是无性型菌中的炭疽菌属(*Colletotrichum*),它们的有性型未发现或不常见。如果出现有性型,则主要是子囊菌中的小丛壳属(*Glomerella*)真菌。此外,也有将子囊菌门间座菌目(Diaporthales)中的日规壳属(*Gnomonia*)、小日规菌属(*Gnomoniella*)、梨孢日规壳属(*Apiognomonia*)、短喙间座壳属(*Lambro*)中一些种引起的病害称为炭疽病的。

炭疽菌的分生孢子盘初埋生,后突破表皮裸露。分生孢子单胞无色,椭圆形或长椭圆形,两端钝或尖,少数也有呈新月形的孢子,孢子内常有2个油球。在林木上最常见的是胶孢炭疽菌[*C. gloeosporioides*(Penz.)Penz. & Sacc.]。据报道,胶孢炭疽菌是个复合种(species complex),包含22个种和1个亚种。广义胶孢炭疽菌的分生孢子盘暗褐色至黑色,形状自薄盘状至座褥状,变异较大,直径40~1000μm以上。分生孢子梗通常较短,无色或基部褐色,无或有分隔。在分生孢子梗之间,或在分生孢子盘边缘生数目不定的褐色至黑色刚毛,有时不生刚毛。分生孢子无色,单细胞,椭圆形或棒形,两端钝圆。平均(12~19)μm×(4~6)μm。分生孢子聚集成堆时呈淡红色或橘红色。分生孢子萌发时产生

1个隔膜，在芽管端部形成1个附着胞，附着胞色暗，厚壁，扁球形、梨形、棒形或裂瓣形。

胶孢炭疽菌的有性型是围小丛壳菌[*Glomerella cingulata* (Stoneman) Spauld. & H. Schrenk]。该菌的子囊壳黑色，2至多个丛生或单生，半埋于基质中，直径85~300μm；子囊棒形或柱形，大小为(35~80)μm×(8~14)μm，在子囊孢子成熟后不久即溶化。子囊孢子单胞，无色或淡色，8个呈不规则的双行排列，椭圆形或纺锤形，大小为(9~30)μm×(3~8)μm，多为(12~24)μm×(4~6)μm。

胶孢炭疽菌对温度的适应范围很广，在8~39℃范围内都可生长和萌发。菌丝生长的最适温度约为25~28℃，分生孢子在20~25℃下萌发最好。分生孢子在水滴中才能萌发。分生孢子萌发速度快。在28℃下，分生孢子在水滴中有时经2h即行萌发，7h萌发率达到高峰。

炭疽病菌一般寄生性较弱，寄主范围较广。胶孢炭疽菌寄主有100多种植物，不同寄主中有些是可以交互感染的。如引起苹果炭疽病的病菌同时还侵染花红、梨、桃、核桃、刺槐和杨树等。因此，在苹果等生产中应注意不用刺槐等、杨树作果园周围的防护林。但另一方面，在不同的地区或不同寄主上，这种炭疽菌的致病性又可能存在着一定的差异。

【发病规律】 炭疽病菌一般以菌丝在落叶、落果或残留于树上的病叶、果和病枝组织中越冬，有的还可在芽鳞上越冬。此外，在有些地方病菌还能以子实体或分生孢子越冬。病菌孢子主要通过风雨传播，昆虫在传播中也有一定作用。通过带病的苗木和无性繁殖材料，有的甚至通过种子得以远距离传播。

病菌可以通过自然孔口和伤口侵入，也可穿透无伤组织直接侵入。杉木炭疽病菌常从发病的针叶扩展到嫩梢上。八角炭疽病菌常先侵入芽，造成芽枯，再延伸到主茎上。板栗炭疽病菌多从果壳上的毛刺侵入，再延伸到果实内危害。桃炭疽病菌分生孢子先以附着胞附着在幼果表面的绒毛上，然后扩展到果实内。由此可见，炭疽病菌能够通过多种途径和方式侵入寄主组织。由于侵入途径不同，会影响到病程的长短。但一般炭疽病的潜育期较短，特别是叶炭疽病，在适宜的条件下只需几天，且很快便产生分生孢子，因此，通常炭疽病都有再侵染。

潜伏侵染在林木炭疽病中已成为一种普遍现象。处于侵染初期的病菌，由于寄主生长状况或环境条件限制，而暂时中止侵染活动，待条件适宜时重新活动，引起发病。潜伏侵染几乎周年发生。病菌潜伏的部位，包括了树木地上各个可被侵染的部位。炭疽病菌一般以分生孢子萌发时产生的附着胞紧贴于寄主植物的表面，或以侵染丝、菌丝(菌丝块)在寄主角质层下、表皮细胞间隙或细胞内、气孔腔室呈潜伏状态。目前人们的看法多倾向于附着胞是潜伏侵染的关键结构，休眠的附着胞对物理、化学和生物方面许多不利影响具有较强的抗逆性。

炭疽病的流行与多种因素有关，尤其与降雨有密切关系，雨水偏多的年份发病也偏重。栽植密度大，枝叶稠密，通风透光差，易发病。杉木在立地条件差，土壤瘠薄，地势低洼，排水不良，粗放管理，林木生长差时，容易发生炭疽病。偏施氮肥枝条徒长，组织柔嫩也利于炭疽病的发生。

【防治措施】

① 林业技术措施　应在经营管理上采取合理措施，促使树木生长健壮。如造林时必须充分注意适地适树的原则。苹果园周围避免用刺槐和杨树等作防护林。造林时不宜过密，幼林要及时修枝，保持林内通风透光。

② 清除侵染来源　清除病叶、病果及病枝，以减少病菌的侵染来源。

③ 培育和选用抗病品种　利用和选育抗病树种和品种，或于林内补植抗病优株，改善原有林分结构，也是防治炭疽病中应注意的方面。

④ 化学防治　在加强经营管理的基础上，必要时也可以使用杀菌剂。但炭疽病一般发病期较长，并存在着潜伏侵染，化学防治喷药次数较多，成本较高。所以化学防治时，应选择那些有较强内吸作用的杀菌剂，才能减少费用，收到良效。

(1) 杉木炭疽病(Anthracnose of China fir)

【分布及危害】　杉木炭疽病在江西、湖南、湖北、福建、广东、广西、浙江、江苏、安徽、四川、贵州和河南等地都有发生，尤以低山丘陵地区人工幼林较普遍且严重。病轻的杉木针叶枯死，病重的大部分梢头枯死，严重影响杉木生长。定植1~2年的幼树感病时，可整株枯死。福建三明地区杉木人工林受炭疽病的危害，年损失木材达 $5.9 \times 10^4 m^3$，价值2360万元。

【症状】　杉木炭疽病主要发生于春末到夏初。不同龄的新老叶和嫩枝上都可发病，但以树木中、上部先年秋梢受害最重，通常是梢头顶芽以下约10cm的针叶集中发病，这种现象称为"颈枯型"，是杉木炭疽病的典型症状。

梢头的幼茎和针叶可能同时受侵，但一般先从针叶开始。病叶上先出现不规则形暗褐色斑点，随后病部不断扩展，使叶尖变褐枯死或全叶枯死，并延及幼茎，幼茎变褐色而使整个枝梢枯死。发病轻的，顶芽仍能抽发新梢，但新梢生长受影响。在潮湿条件下，病死针叶背面中脉两侧可见到稀疏的小黑点，以叶背面气孔带上为多。有时还可以见到粉红色的分生孢子堆。

在较老的枝条上，病害通常只发生在针叶上，使针叶尖端或整叶枯死。生长正常的当年新梢很少感病，秋季因生理原因引起黄化的新梢也可能发病。

【病原】　该病由胶孢炭疽菌(*C. gloeosporioides*)引起，分生孢子盘生于病部表皮下，后突破表皮外露，呈黑色小点状，直径50~170μm。分生孢子无色，单胞，长椭圆形，大小为$(15~19.5)\mu m \times (4.8~6.6)\mu m$。

其有性型为围小丛壳菌(*Glomerella cingulata*)，在自然界一般较少见到，但把人工接种发病的枝梢置于昼夜温差较大(25℃左右和15℃以下)的条件下很容易产生。子囊壳2至多个丛生或单生，梨形，颈部有毛，大小为$(250~350)\mu m \times (194~267)\mu m$；子囊棒状，无柄，大小为$(85~112)\mu m \times (7.2~9.9)\mu m$。子囊孢子大小为$(19.8~27.7)\mu m \times (5.6~6.6)\mu m$(图2-67)。

【发病规律】　病菌主要以菌丝在病组织内越冬，分生孢子随风雨溅散飘扬传播。人工伤口接种在20~23℃下，潜育期最短8d，在25~27℃下最快的3d后即可发病。4月下旬开始发病，随气温和相对湿度的增加，病害随之不断加剧。6月中旬，当气温为25℃，相

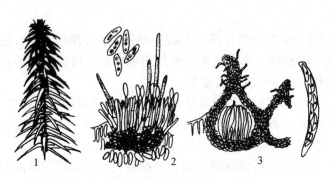

图 2-67　杉木炭疽病(仿《森林病理学》杨旺)
1. 嫩梢及针叶受害症状　2. 病菌的分生孢子盘和分生孢子
3. 病菌的子囊壳、子囊和子囊孢子

对湿度 85% 左右时,出现发病的年高峰期,针叶大量出现病斑;此外,在 7 月、9 月有两个发病次高峰,10 月下旬病情基本停止。

该病为潜伏侵染病害。根据病菌分离调查的结果发现,新梢普遍带菌。春梢于 4 月下旬开始被侵染,5~6 月被侵染的最多。秋梢在生长初期(8 月上旬)就有较高的带菌率。但这些被侵染的新梢只有少数在当年秋季发病,到翌年春季才开始大量急剧发病。

病害的发生与树龄有一定关系,随着树龄增大,林木抗病力增强,受害有所减轻。

病害的发生与立地条件和造林技术措施有密切的关系。杉木生长旺盛时并不一定发病。在立地条件差、土质瘠薄,又少抚育管理,杉木本身生长不良时,炭疽病就会大发生。在立地条件好、高标准造林和抚育管理好的杉木林一般发病都较轻。在不适宜的立地条件下,杉木很容易发生生理性黄化。黄化的杉木更容易发生炭疽病。炭疽病发病程度与黄化病的程度有密切关系。

【防治措施】

① 林业技术措施　造林时要适地适树。在杉木炭疽病的发病区,须注重营林措施,采取深挖整地、及时抚育、开沟培土排水、改变水肥条件、增施有机肥或压青的措施,促进杉木生长,增强抗病力。

② 化学防治　在轻、中等病区的郁闭林分,可施放百菌清等烟剂防治;低矮幼林、有水源的地方,适宜用甲基托布津喷雾,或抚育松土施药、肥综合防治。重病区应伐除病株进行补植补造。采用抚育松土施尿素(或磷肥),辅以喷甲基托布津综合防治效果良好,防治效率达 74.7%,而且能促进杉木生长。

③ 选育和利用抗病品系　利用杉树单株发病有很大差异,可进行单株选优,培养抗病子代。

(2) 油茶炭疽病(Anthracnose of oil camellia)

【分布及危害】　油茶炭疽病是油茶的主要病害。在我国长江流域以南各省以及河南、陕西南部地区发生普遍。寄主除油茶(*Camellia oleifera*)外,尚有茶树(*C. sinensis*)、小果油茶(*C. meiocarpa*)、大果油茶(*C. vietnamensis*)、博白油茶(*C. gigantocarpa*)、山茶(*C. japonica*)、攸县油茶(*C. yuhsiensis*)等。病害引起严重落果、落蕾、枝梢枯死,甚至整株衰亡。

油茶常因此病减产20%~30%，重病区可达40%~60%。在典型林分中，病落蕾占落蕾总数的26.1%~45.0%。晚期病果虽可采收，但种子含油量低，仅为健康种子的1/2。病害对出苗的影响较大，健果好粒出苗率为70%，而病果好粒为31.5%，病果病粒仅3.5%。

【症状】 炭疽病危害油茶果、叶、梢和花蕾等部位，以果实受害最重。果实初期在果皮上出现褐色小斑，后扩大成黑色圆形病斑。后期病斑出现轮生的小黑点，即病菌的分生孢子盘。天气潮湿时可产生黏稠状粉红色的分生孢子堆。一个果实可有1~10余个病斑，病斑扩展后可联合。接近成熟期的病果有时沿病斑中部开裂。未成熟种子病斑褐色或黑褐色，成熟种子病斑为褪色斑，种仁病斑黑褐色。病果易脱落。

叶片病斑多发生在叶缘或叶尖，半圆形或不规则形，褐色或黑褐色，边缘紫红色，病斑上常有不规则轮状细皱纹。后期，病斑中部灰白色，其上有轮生小黑点。

叶芽和花芽染病，多在鳞片基部出现不规则形或半月形病斑，黑褐色或黄褐色，后期灰白色，内面污黄色，有时有灰黑斑纹。花瓣基部病斑为黑褐色，半圆形。病重时，芽枯、蕾落。

春梢上病斑多发生在基部，呈舌状或椭圆形，褐色至黑褐色，病梢易弯曲，当病斑环梢一周，枝梢萎蔫，落叶枯死。在2~3年生枝条上病斑为梭形、下陷的溃疡斑（图2-68）。大枝和树干上为轮状大型病斑，由外向内逐层下陷，木质部灰黑色。

【病原】 该病由胶孢炭疽菌（*Colletotrichum gloeosporioides*）复合种引起。目前我国已报道的除胶孢炭疽菌狭义种（*C. gloeosporioides* sensu stricto）外，还有果生刺盘孢菌（*C. fructicola*）、暹罗刺盘孢菌（*C. siamense*）、山茶刺盘孢（*C. camelliae*）和博宁炭疽菌（*C. boninense*）。

狭义胶孢炭疽菌分生孢子盘大小为119~255μm。初期埋生于寄主表皮下，后外露。分生孢子无色，单胞，长椭圆形，两端钝圆，中间有时稍窄，大小(12~24)μm×(4~6)μm。内有许多颗粒物，有时可见到油球1~2个。萌发时产生或不产生附着胞。

暹罗刺盘孢菌分生孢子为单胞，无色，光滑，圆柱状、两头钝圆或一端稍尖，大小为(11~15)μm×(4~5)μm。菌丝体附着胞不规则状，浅褐色。

山茶刺盘孢分生孢子单胞，无色，光滑，长椭圆形或圆柱形，两端圆或一端略粗，另一端稍尖，大小为(11~15)μm×(4~5)μm。附着孢末端膨大，呈不规则形状，颜色较深。

果生刺盘孢菌分生孢子单胞，无色，椭圆形，大小为(16~17.5)μm×(5.3~6.1)μm，附着孢椭圆形，褐色。

博宁炭疽菌分生孢子圆柱状，边缘直，两端钝圆，大小为(12~17)μm×(4~7.2)μm。附着胞深褐色至棕黑色，椭圆形或不规则形状。

有性型是围小丛壳菌（*G. cingulata*）。子囊果略长圆形，散生，半埋于寄主组织。子囊无色，棍棒状，顶端开口，大小为(38.0~85.5)μm×(7.6~12.4)μm，群集于子囊壳内垫状物上，呈放射状或扇形。子囊孢子单胞，无色或淡色，椭圆形或纺锤形，大小(15~27)μm×(5~6)μm（图2-68）。

【发病规律】 病菌主要以菌丝在油茶树上各感病组织内越冬或以分生孢子越冬，还可在外表正常的青果和叶芽中潜伏越冬。生长季节可从各病部反复产生分生孢子，借雨、露

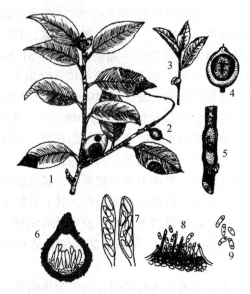

图 2-68 油茶炭疽病(仿董元、陈守常)
1. 叶、果症状 2. 嫩梢症状 3. 嫩叶症状 4. 果实症状
5. 枝、干梭形溃疡斑 6. 病菌子囊壳 7. 子囊与子囊孢子
8. 分生孢子盘 9. 分生孢子

分散后,借雨水飞溅和风力传播。从自然孔口、伤口和直接穿透侵入。油茶的各器官均可多次受到侵染。其中,以果实病斑多、孢子量大,在病原的增殖、积累和散布上占显著地位。带菌种子可成为远距离传播的载体。

一年中各器官被害顺序为:先嫩梢、嫩叶,后果实、花芽、叶芽,直至初冬的花。由病蕾发育成的花、幼果和枝端的病蕾痕继续发病,形成一个年周期的侵染链,经冬季休眠后连接到翌年春天。

每年发病时间主要受春季气温的影响,不同地区或同一地区不同年份均有差异。以果实发病为例,广东、广西和四川等地4月初即可发病,湖南、江西一般于4月下旬至5月上旬,浙江则在5月上旬后。随着气温升高和果实发育,发病率逐月增加。一般在7月中旬至9月上旬,随着林内病害株间传播流行,出现病落果高峰。入秋后,气温下降,果病率逐渐下降。

果病发生适温为15~19℃左右,25~27℃时扩展迅速。在适温条件下,果病增长率取决于降水天数。据四川和浙江等地观察,6~7月份降水日多,发病重。反之则轻。

病菌潜育期的长短与温度关系密切。气温低,潜育期则长;反之,潜育期缩短。温度25~28℃时,油茶果实炭疽潜育期在室内为5~7d;在林间为12~15d。不同器官采用不同接种方法,潜育期也各不可。伤口接种的潜育期比无伤接种的短。

病害的发生与种植条件有密切关系。丘陵区发病多于山区,而低山区又重于高山区。一般在阳坡、山脚、林缘多于阴坡、山顶和林内。偏施氮肥增加发病的严重程度,如施氮肥株的果病比对照株增加16.2%~98.9%。林分密度大的发病重,稀疏林分则发病轻。在油茶林内连季套种高秆作物发病重。

油茶各物种和类型抗病性差异显著。目前广泛种植的油茶严重感病，软枝油茶、大果油茶和小果油茶等也比较感病，而攸县油茶、宜春中子、黄花糙壳油茶、云南腾冲红花油茶、小叶油茶、茶梨油茶、徽州小红和徽州大红等抗性较强。此外，因普通油茶是异花授粉的混杂群体，在自然生态条件下，亦有许多不同程度的抗病类型或单株，如湖南的寒露品种比霜降品种好，发病轻，衡山苦槠子和紫皮果类型表现抗病。

据测定，油茶对炭疽病的抗病机制与果实表皮结构，果皮内含物等有关。如表皮细胞层次多，排列紧密，果皮单宁含量高，氧化酶和多酚氧化酶活性大，抗病性则强；果毛较多、果皮紫或红色的品种抗病性较强，而青色果皮的品种易感病。在果皮汁液和果皮煎汁培养基中培养的病菌孢子萌发率、菌落生长量也存在着一定的差异。抗病品种果实的浸提液中，病菌孢子萌发率低；在抗病油茶果皮煎汁培养基中菌丝生长极为缓慢。

【防治措施】

① 选育抗病品种　在普通油茶林，尤其重病区中，选出高产优质抗病单株，就地繁育，及时推广；在抗病的攸县油茶和较抗病的其他物种或类型中，择优试栽，适地推广；大力开展各物种中抗病单株选优，抗病优株种间、种内杂交，不断培育新的抗病丰产良种。此外，严格从无病树或轻病树的无病茶果中采种育苗。

② 林业技术措施　加强抚育管理，调整林分结构，保持林内株间枝叶不相衔接的密度。林内避免套种高秆或半高秆作物，以有利于林分通风透光。进行科学的土壤管理，合理垦复，适当间种绿肥，追施有机肥和磷、钾肥，不偏施氮肥。

③ 清除侵染来源　对油茶林分进行全面调查，标记和砍伐历史上严重病株，补植抗病优株，提高林分的抗病成分。在严重病区应全部清除病株、叶、果等病源物，最大限度地控制和消灭病源。

冬季至早春前，剪除病枝与带有病蕾、病幼果的小枝至病部以下5cm处。摘除病叶，病果。刮治大枝和干部病斑，刮口和工具用75%酒精消毒，伤口涂敷波尔多浆保护，初夏再次剪除当年带病春梢和由病蕾痕新发育成的枝条病斑，剪至枝段下5cm处。摘除早期病果。

④ 化学防治　75%百菌清、60%百菌通或75%甲基托布津500倍液于5月上、中旬和7月中、下旬进行喷雾，能较显著地控制油茶炭疽病害流行。也可选用70%扑菌清、12%叶斑净、50%多菌灵等药物。

(3) 泡桐炭疽病(Anthracnose of paulownia)

【分布及危害】　该病在泡桐栽植地区普遍发生。尤其是苗期危害更重，常使泡桐播种育苗遭到毁灭性的损失，如郑州1964年实生苗有的发病率高达98.2%，死亡率达83.6%。1年生埋根苗发病后，一般只引起下部落叶，对苗木影响轻。随着苗木的生长，抗病力也逐渐增强，2年生以上的苗木和幼树发病较轻。

【症状】　该病主要危害叶、叶柄和嫩梢。叶片上，病斑初为点状失绿，后扩大呈褐色近圆形病斑，周围黄绿色，直径约1mm，病斑多时可连成不规则较大的病斑，后期病斑中间常破裂。病叶早落。嫩叶叶脉受病，叶片常皱缩成畸形。叶柄、叶脉及嫩梢受病，初为淡褐色圆形小斑点，后纵向延伸，呈椭圆形或不规则形、中央凹陷的病斑。发病严重时，病斑连成片，常引起叶片和嫩梢枯死。雨后或高湿条件下，病斑上，尤其是叶柄和嫩梢的病斑上常产生黑色小点和粉红色孢子堆。

实生幼苗木质化前(2~4个叶片)被害，初期被害苗叶片变暗绿色，后倒伏死亡。若木质化后(有6片以上叶片)被害，茎叶上病斑发生多时，常呈黑褐色立枯型的枯死(图2-69)。

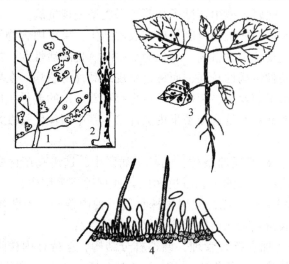

图2-69 泡桐炭疽病(引自周仲铭，1990)
1. 泡桐叶上病斑 2. 嫩枝上的病斑 3. 幼苗上的病斑 4. 病菌分生孢子盘和分生孢子

【病原】 由胶孢炭疽菌(*C. gloeosporioides*)引起。具体特征参看"炭疽病类"概述。分生孢子萌发最适温为25℃，35℃时仍有一定萌发力。相对湿度在80%以上时方能萌发，最适萌发湿度为90%以上。

【发病规律】 病菌主要以菌丝在寄主组织内越冬。苗圃内留床病苗及周围幼林和泡桐丛枝病病枝易发生炭疽病，常是泡桐苗发生炭疽病的初次侵染源。翌年4~5月间产生分生孢子，经风雨传播可以直接侵染幼嫩组织，潜育期3~4d。在泡桐生长期中病菌可多次侵染。

在陕西关中地区幼苗在5月下旬至6月初(2年生苗在4月下旬)开始出现病害，7月上旬盛发，中旬达第1次发病高峰。8月下旬至9月下旬多雨天气，该病又迅速蔓延，出现第2次发病高峰。在苗木生长期中，雨量多少和湿度高低是影响该病发生发展的主要因素。

苗木密度过大，通风透光不良，苗圃排水差，苗木生长细弱都有利于病害发生。

【防治措施】

① 林业技术措施　选择距泡桐林较远的地方育苗，避免连作。如必须连作，应彻底清除和烧毁或深埋病苗和病枝叶，以减少初次侵染源。提高育苗技术，加强苗圃管理，如深耕细作，施足底肥，注意排水，及时间苗，除草，适时施肥灌溉，促进苗木生长壮健。若用塑料薄膜温床育苗和小苗移植，则可使苗木提早健壮生长，增强抗病性。

② 化学防治　发病初及早拔除病苗，并喷0.5%的波尔多液或65%代森锌500倍液，每隔10~15d喷1次，共喷3~4次。

(4)核桃炭疽病(Anthracnose of walnut)

【分布及危害】 核桃炭疽病在辽宁、河北、河南、山东、山西、陕西、四川、湖南和江苏等地均有发生。主要危害果实,引起早期落果或核仁干瘪。有时病果率达40%~60%,致使丰产不丰收。叶被害,常引起病叶枯黄。

【症状】 果实上病斑初为褐色,后呈黑色,圆形或近圆形,中央下陷,上面形成许多黑色小点,有时呈同心轮纹状排列。一个果实上常有多个病斑,病斑连成片,使整个果实发黑腐烂。病叶上初为黑色小斑点,后成不规则斑。有的病斑沿叶缘扩展,有的沿主脉、侧脉呈长条扩展,发病重时引起全叶枯黄,病斑上也产生小黑点。湿度大时,病斑上的小黑点泌出粉红色孢子堆。

【病原】 该病由胶孢炭疽菌(*Colletotrichum gloeosporioides*)引起。分生孢子盘生于外果皮2~3层细胞下,成熟后突破表皮外露,圆形,直径为210~340μm,分生孢子大小为(14.9~19.8)μm×(3.3~6.6)μm(图2-70)。其他特征参见"炭疽病类"概述。

【发病规律】 病菌以菌丝体在病果、病叶上越冬,成为翌年初侵染来源。分生孢子借风雨传播,由伤口和自然孔口侵入。分生孢子在27~28℃下,在寄主上的水滴中6~7h即可萌发侵入,潜育期4~9d。可进行多次再侵染。

开始发病的时间,各地稍有差异,江苏、山东等地为6月下旬至7月,河北、辽宁为8月。发病早晚和轻重与当年雨水有密切关系。雨季早、雨水多则发病早又重;反之,则发病迟且轻。株行距小,树冠稠密,通风透光不良的核桃林,或栽植于河滩等地下水位高、湿度大的核桃林,往往发病重。

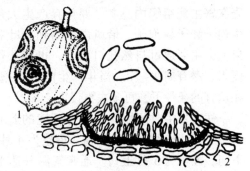

图2-70 核桃炭疽病(仿《经济林病理学》)
1. 病果　2. 病菌的分生孢子盘　3. 分生孢子

由于病菌也危害苹果,所以靠近苹果园的核桃林也容易发病。

不同类型(或种源)的核桃感病性有差异,如一般当地核桃比新疆核桃抗病。

【防治措施】

① 林业技术措施　加强抚育管理,结合修剪,保持树冠和林内通风透光。栽植核桃林时应远离苹果园。

② 清除侵染来源　清除病果、病叶,集中烧毁、或埋入土中,以减少初侵染来源。

③ 化学防治　在生长季节中,应根据天气和病情喷0.5%的波尔多液,或65%代森锌500倍液,每隔半月喷1次,直至收果前。

(5)油桐炭疽病(Anthracnose of tung tree)

【分布及危害】 油桐炭疽病在广西、广东、福建和湖南等地均有分布。此病主要危害叶片、果实和枝梢,导致早期落叶和落果、树势下降、桐油减产。20世纪80年代初期,广西南宁地区千年桐发病植率96.6%,病情指数达63。同期,福建因此病害流行而大量落果，造成减产40%~80%。

【症状】 叶片感病后，初生红褐色小斑点，后逐渐扩大成圆形或不规则形病斑，由红褐色变为灰褐色至黑褐色，具明显的暗色病斑边缘，后期病叶枯焦，皱缩卷曲，易落。典型病斑内常生有轮状排列的黑色小点，即病菌的分生孢子盘。

受害果实产生近圆形或不规则形的病斑，迅速扩大成黄褐色软腐状斑，失水后变成黑褐色、中间稍凹陷的大块枯斑，病斑中部出现许多黑色点粒状子实体。病果易落。

感病的1年生新梢产生黑褐色梭状病斑，形成枯梢。

【病原】 该病由围小丛壳菌（*Glomerella cingulata*）引起。子囊壳近球形或扁球形，单个埋生，大小为（81.7~125.5）μm×（80.5~108.5）μm。子囊孢子单胞，无色，大小为（10.5~18.2）μm×（5.5~7.4）μm。其无性型是胶胞炭疽菌（*C. gloeoporioides*）。分生孢子盘大小为（78~130）μm×（41~55）μm。分生孢子单胞，无色，长椭圆形或肾形，大小为（14.9~21.5）μm×（5.2~7.2）μm（图2-71）。

【发病规律】 病菌以分生孢子盘和子囊壳在寄主病组织内越冬，翌年春产生大量分生孢子和子囊孢子。借风雨传播到新叶和幼果上，主要通过自然孔口侵入，也能从伤口侵入。潜育期2~7d。当年产生的分生孢子，在适宜的条件下，可多次再侵染。

病害发生时间因各地生态环境的差异而有所不同，广西为3月下旬，福建为4月中、下旬，湖南为5月上旬。通常气温升达18~20℃、相对湿度在70%以上时开始发病。7~9月，气温在28℃以上，相对湿度80%以上，为发病高峰期。由于温、湿度的变化，1年可能出现2个发病高峰期。10月以后，气温下降到14℃左右，相对湿度在70℃以下，病害停止发生。

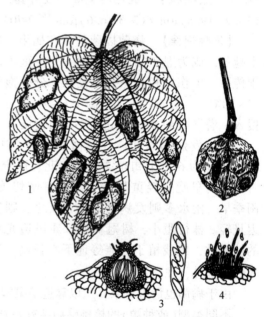

图2-71 油桐炭疽病（仿油桐病虫害及其防治）
1. 病叶　2. 病果　3. 子囊壳、子囊和子囊孢子　4. 分生孢子盘和分生孢子、刚毛

不同品种受害程度不同。病菌主要危害千年桐，尤以大面积纯林发病严重。三年桐通常受害较轻。此外，林分管理粗放，立地条件差，生长衰弱，发病重。

【防治措施】

① 林业技术措施　营造千年桐与其他树种的混交林，避免营造大面积纯林。结合抚育管理，于冬末或初春，将病落叶、果深埋土内，或集中烧毁，以减少初次侵染来源。

② 化学防治　发病初期，在雨后或早露未干时撒施草木灰和生石灰混合物（3:2或2:2），或喷洒70%托布津400~600倍液、50%多菌灵600~800倍液。

(6) 油橄榄炭疽病(Anthracnose of olive)

【分布及危害】 油橄榄炭疽病早在1899年在葡萄牙就有过报道,西班牙、日本、俄罗斯、希腊、乌拉圭、美国、意大利等国均有分布。在原产地阿尔巴尼亚是常见的病害之一。我国云南、四川、湖北、陕西、湖南、广西、江苏等地不同程度发生。造成落果落叶、枝梢枯死,树势衰弱,病果含油率降低30.4%~42.3%。据报道,葡萄牙南部病重区,曾发生过减产40%~50%的严重损失。陕西城固柑橘育苗场,1980年,果实发病率达95.8%,严重影响油橄榄栽培和丰产、稳产。

【症状】 油橄榄炭疽病在果实、叶片上症状明显。一般在果面上产生1至多个病斑,分布不规则。初为红褐色小斑点,圆形,大小为1~4mm,扩展速度缓慢。扩大后呈下陷黄褐色斑,并有白色环圈周绕。后期,病斑中央部分灰白色,出现细小颗粒状黑点,即分生孢子盘。在潮湿天气下,产生淡黄至粉红色的分生孢子堆。叶片感染率较果实感染率为低。受害叶片在叶面上出现黄褐色轮纹状病斑,边缘深褐色,直径5mm左右。后期中心浅灰色,出现褐色粒状分生孢子盘。一般每叶上出现1个病斑,褐色,呈长椭圆形或不规则形。被害嫩芽黑褐色,很快干枯(图2-72)。

【病原】 病原是胶孢炭疽菌(*C. gloeosporioides*)。具体特征参见"炭疽病类"概述。

【发病规律】 油橄榄炭疽病以菌丝体在病叶、病果和病枝上越冬,翌年春,气温回升到20℃以上时,产生分生孢子,通过雨水和昆虫传播,侵染叶、芽、枝和果实。在日平均温度为21~23.5℃,相对湿度90%~100%的条件下,病菌在擦伤的果实上潜育期为5~6d,发病周期为7~9d。

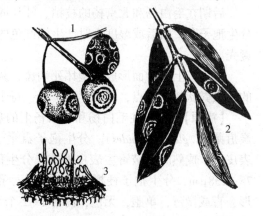

图2-72 油橄榄炭疽病(仿杨再新、张金钟)
1. 病果症状 2. 病叶症状
3. 病菌分生孢子盘和分生孢子

在昆明、武汉等地一般在8~11月发病,果实色泽还保持绿色,出现病斑,常引起落果。在柳州、桂林、南京等地,在6~10月发病较多,7、8月是发病盛期,造成大量枯芽和枯顶,其秋叶片病斑比春叶病斑多。在四川沪县,6月下旬在果实上开始出现病害,而在9月中旬至10月上旬果实将成熟时大量发生。

引种的油橄榄品种中,佛奥(Frantoio)、卡林(Kalinloti)、莱星(Leceina)、米扎(Mix-aj)等小果品种较易感病。生长在地势低洼、较潮湿地段上的植株容易得病。

【防治措施】

① 林业技术措施 加强管理,改善立地条件,增强树势,提高抗病力。秋冬结合修剪整形,彻底剪除病枯枝,减少次年初次侵染病源。必要时,可进行夏季修剪,除去再侵染源。对易染病的贝拉等大果型品种,可作蜜饯而提前采收,以减免病果损失。

② 选育抗病品种,培育无病苗木。

③ 化学防治 发病期每隔半月喷洒1次1%波尔多液。此外,还可选用如下可湿性粉

药剂：50%甲基托布津500~800倍液；65%代森锌250倍液；75%百菌清+50%甲基托布津1:1的700倍液；10%叶枯净500倍液。

(7) 杨树炭疽病 (Anthracnose of poplar)

【分布及危害】 杨树炭疽病分布于陕西、河南、河北、辽宁、吉林、黑龙江等地。发生在多种杨树上。以毛白杨和北京杨受害较重且普遍，引起叶片和枝梢枯死，削弱树势。1987年以来，北京市郊数十万株北京杨行道树受到侵害，病株率约50%。

【症状】 在不同树种上症状表现有所不同。在毛白杨上，初期在叶背出现水渍状、针头大小的斑点，病斑逐渐扩大，无定形，沿叶缘及叶脉发展较快。病斑中部略呈黄褐色与灰白色的轮纹，边缘有1条黑色宽窄不定的带，与其周围健康组织界限明显。病叶提早脱落。在嫩枝上初期形成黑褐色小点，继而扩大、下陷，呈黄褐色，逐渐变成淡栗褐色。病斑梭形，边缘隆起，纵向发展可达3~5cm。横向发展绕枝1周后，病斑以上枝梢枯死。

在北京杨上，发病初期，在叶柄基部出现黑褐色病斑。病斑扩展绕叶柄1周后，叶片迅速变黑枯死。受病叶片多数悬挂于树上，直到翌年新叶萌出才陆续脱落。有的叶柄基部的病斑向下扩展，使腋芽及其周围皮层组织坏死，造成芽枯。嫩枝上常形成以皮孔为中心的溃疡斑。病斑环割则引起枯梢。单株树自树冠下部开始发病，逐年向上蔓延。

后期在毛白杨和北京杨的枝梢、叶片或叶柄病斑上，形成黑色、近圆形、针头大小的分生孢子盘。雨后或湿度大时产生橘红色的分生孢子堆。在毛白杨枝梢病斑上还能形成子囊壳。

在山杨上，叶面形成大型坏死病斑，灰褐色，周边颜色较深，病斑表面散生许多细小的象虫粪状的小黑点，即分生孢子盘，每个叶片发生1~2个病斑，病叶早落。

【病原】 寄生在毛白杨和北京杨上的病菌是胶孢炭疽菌 (*C. gloeosporioides*)。分生孢子盘生于枝和叶的表皮下，成熟时突破寄主表皮外露。分生孢子盘直径75~238μm，分生孢子梗栅状排列，分生孢子长椭圆形，直或微弯，单胞，无色，内含1~2个油球，大小为(10~21)μm×(4.8~8.2)μm。分生孢子萌发时从中央产生1横隔，芽管顶端形成一扁球形、褐色的附着胞。

病原菌的有性型是围小丛壳菌 (*G. cingulata*)，产生于毛白杨枝梢病斑上。子囊壳半埋于子座中，单生或数个集生，暗褐色，杏仁状或卵形，大小(65~175)μm×(50~175)μm。子囊棒状，顶部厚，有圆孔，含8个子囊孢子。子囊孢子长椭圆形或卵圆形，无色，大小为(7.5~15.0)μm×(3.8~5.0)μm (图2-73)。

侵染山杨的病菌是无性型菌欧洲山杨盘长孢 [*Gloeosporium tremulae* (Lib.) Pass.]。分生孢子盘(136~338)μm×(46~82)μm，分生孢子椭圆形至长

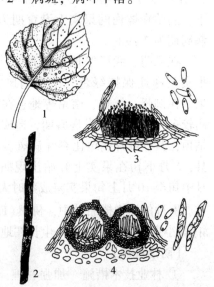

图2-73 杨树炭疽病(仿董元、景耀)
1. 叶部症状 2. 枝条症状 3. 分生孢子盘和分生孢子 4. 子囊壳和子囊孢子

椭圆形，单胞，无色，大小为(11.0~22.5)μm×(2.8~5.0)μm。其有性型在我国尚未发现。

【发病规律】 炭疽菌以菌丝体和分生孢子盘在树上先年病斑组织上越冬。在毛白杨上，3~4月开始在病菌的分生孢子盘中形成分生孢子作为初侵染源。旧病斑附近叶片常被首先侵染。6月，枝上的分生孢子盘停止产生分生孢子，并发育成子座，然后开始形成子囊壳。不久子囊孢子陆续成熟，并不断放散，侵染毛白杨枝叶。在北京杨上，5月下旬到7月下旬，病菌的越冬分生孢子盘产生分生孢子进行初侵染，2年生枝条顶梢旧病斑内的菌丝体向上延伸，使与之相连接的当年生枝条基部出现变色病斑。新发病组织上不久即形成新的分生孢子盘和分生孢子。病害的发生发展与降雨和雨日的多少关系十分密切。汛期出现得早则发病早；降雨量大、雨日多，则发病重。病菌通过伤口和皮孔侵入。在毛白杨上，病菌还可通过气孔侵入。在18~29℃的室温条件下接种北京杨叶片，潜育期为5d。

用自毛白杨和北京杨上分离出的炭疽菌交互接种，能够互相感染；用毛白杨炭疽病菌接种梨和苹果，也能使梨和苹果的叶片和果实发病。北京杨不同植株对炭疽病的抗病性存在明显差异，相邻成年树，有的发病很重，有的则完全不发病。研究表明这种抗病性是稳定的。人工接种试验表明I-214杨、I-72杨、小美旱杨抗病；I-69杨、沙兰杨次之；北京杨、毛白杨、箭杆杨感病。

【防治措施】

① 栽培抗病杨树品种　在北京杨炭疽病发生地区，选择优良抗病单株采条繁殖，以取代感病株。

② 化学防治　从初侵染期开始，喷药保护树木枝叶。可喷洒70%代森锰锌500~600倍液，或1∶0.4∶100波尔多液。

③ 清除侵染来源　剪除树冠下部病枝烧毁，以减少侵染来源。

(8) 橡胶树炭疽病(Anthracnose of para rubber)

【分布及危害】 橡胶树炭疽病于1906年在斯里兰卡首先发现，目前世界各植胶国均有发生，其中马来西亚、印度、中国和西非等国家和地区发病较严重。我国于1962年首次在海南国营大丰农场发现橡胶树炭疽病。此后，在海南、广东、广西、云南等地有逐年扩展和加重的趋势。1970年在广东粤西地区割胶林段大面积流行，使60多万株开割胶树因病落叶。海南垦区1990年发病面积21 334 hm²，损失干胶超过3000t；1993年发病面积38 667 hm²，损失干胶4060t；1996年发病面积达730 000 hm²，损失干胶15 000t。该病引起橡胶树不同程度的落叶，严重时可引起连续多次落叶，枝条枯死，对胶树生长和胶乳产量影响很大。

【症状】 嫩叶、叶柄、嫩梢和胶果均可感病。古铜色嫩叶感病后，产生不规则形、暗绿色似开水烫过的水渍状急性型病斑。这种病斑多在阴雨连绵或浓雾高湿天气出现，有时在病斑边缘可见黑色坏死线。病斑大，凹凸不平，叶片干枯皱缩，风吹即落，仅留叶柄。淡绿色嫩叶感病后呈现出近圆形或不规则形的暗绿色或褐色病斑，边缘凹凸不平，叶片皱缩畸形；随着叶片的老化，病斑边缘变褐色，中央呈灰褐色，并会穿孔。接近老化的叶片感病后，病斑凸起成小圆锥体。嫩梢叶柄感病后，出现黑色下陷小点或黑色条斑，有时会暴皮凝胶，顶芽枯死呈鼠尾状。芽接苗感病后，嫩梢回枯表现在第2蓬叶上。嫩茎一旦被病斑环绕，顶芽便会发生回枯，若病菌继续向下蔓延，可使整个植株枯死。胶果感病后，先出现暗绿色水渍状病斑，后整个组织变黑腐烂。未成熟胶果受害后，则很快变黑脱落。在高湿条件下，常在病部长出一层粉红色黏稠的孢子堆。

【病原】 该病由胶孢炭疽菌橡胶专化型［*Colletotrichum gloeosporioides* f. *heveae*（Petch）Saccas］和尖孢炭疽菌（*C. acutatum* J. H. Simmonds）引起，其中胶孢炭疽菌为主要病原。胶孢炭疽菌分生孢子盘多在叶面散生或不规则排列，浅褐色，圆形或卵圆形，扁平或隆起，直径 100～250μm。孢子盘上有时长有长而硬、直或弯的深褐色刚毛。分生孢子单胞，无色，椭圆形或圆筒形，直立或稍弯曲，有油点或无。孢子大小因培养基种类或寄生部位不同而有差异。华南热带作物研究院植保系测定，小的 12.2μm×4.0μm，大的 15.8μm×5.4μm（图2-74）。尖孢炭疽菌的分生孢子纺锤形，大小为（8～15）μm×（3.0～4.0）μm。

有性型为围小丛壳菌（*Glomerella cingulata*）。子囊壳深褐色，丛生。子囊棍棒状，大小为（55～70）μm×9μm。子囊孢子单胞，无色，略弯曲、大小为（12～22）μm×（3～5）μm。

两种病菌的生长、产孢和孢子萌发的气温范围为 15～35℃，最适气温范围为 28℃。胶孢炭疽菌在全光照的条件下，菌落直径最大；而尖孢炭疽菌在光暗交替的环境下菌丝生长最好。培养过程中，不同地区的胶孢炭疽菌菌株菌落的颜色、产孢量、黑色素量、菌丝的疏密度等形态特征差异明显，有的菌株不产生粉红色孢子堆，有的则不产生黑色素。尖孢炭疽菌的菌落颜色为鲜艳的橘黄色。

【发病规律】 病菌以菌丝体或孢子堆在病叶、病枝和病果上越冬，成为翌年新抽嫩叶的主要侵染来源。通过风雨传播，到达叶片后，迅速萌发，产生附着胞，并由此产生侵入丝，直接穿透嫩叶角质层，这是主要侵入方式。少数从气孔、伤口侵入。病菌孢子不能侵入老叶、老枝。老叶只有在人为创伤之后才会感染。在温湿度适宜情况下，潜育期为 2～4d。

图 2-74 橡胶树炭疽病
仿《热带作物病虫防治》
1. 病株 2. 病叶 3. 病枝
4. 病菌分生孢子盘 5. 分生孢子

炭疽病的发生流行，主要受春季温湿度的影响。据粤西地区 20 年的系统观察资料，嫩叶期间的雨日和相对湿度大于 90% 的天数、嫩叶期长短、嫩叶期寒潮（11～15℃）的天数及最低温度在 11℃ 以下的天数与病害流行密切相关。在橡胶树嫩叶期有 3d 以上的阴雨或大雾、相对湿度大于 90% 的天气，病情很快上升。在橡胶抽芽至古铜嫩叶期间（易感病阶段）若出现低温寒潮，叶片老化慢，则病害流行；如遇上日平均温度 28℃ 以上，最高温度 35℃ 以上，持续 5～7d 的高温干旱天气过程，病害发展缓慢或停止发展。

病害发生与立地环境有关，地势低洼、四面环山、日照短、晨雾大、近河边等地方，湿度较大，易发生炭疽病；风害寒害重的林段发病指数高于风寒害轻的林段。

橡胶树不同品系对炭疽病菌的感病性有明显的差异。同一品系在不同年份和不同地区发病程度也不相同。在无性系中，以联昌6-21、联昌6-23、联昌10-25、南华1号、天任31-45，PB86较感病；南强1-97，五星I_3比较抗病。

【防治措施】

① 林业技术措施 对历年重病林段和易感病品系，可在胶树越冬落叶后到抽芽初期，施用速效肥，促使橡胶抽叶迅速而整齐，以避开病菌侵染。在病害流行末期，对病树施用速效肥，促使病树迅速恢复生长势，对幼苗和幼龄胶树亦应增施肥料，排除积水。如发现幼树茎炭疽病，可切除病部，切口用波尔多浆涂封保护。在病害流行频率高的地区，应选种较抗病的高产品系。要注意苗圃地的选择及幼苗的抚育管理。不要在低洼积水和山谷地建立苗圃。

② 化学防治 50%开芽至80%古铜物候期为病害防治的关键时期。胶树苗圃地，在嫩叶发病初期，可用0.5%~1%波尔多液喷雾，7~10d喷1次，连续喷2~3次；或用50%多菌灵WP、75%百菌清WP和15%三唑酮WP药液喷雾。500×10^{-6}敌菌灵也可完全抑制该菌。

对历年重病区和易感病品系的林段，在胶树抽叶30%以前，若发现病株或病区，而天气又利于发病，即应对林分喷药保护。用28%复方多菌灵胶悬剂630mL/hm^2，兑水75 L喷雾，或用10%百菌清油剂150mL/hm^2喷烟雾，可取得较好的防治效果。此外，喷施40.44 g/L苯醚甲环唑热雾剂亦可取得较好的防效。

(9) 榆树炭疽病(Anthracnose of elm)

【分布及危害】 在黑龙江、吉林、辽宁、山东、山西、陕西、河南、内蒙古、江苏、安徽、北京等地有发生。国外在日本、英国、美国有分布，引起病叶早落，严重时小枝枯死。危害榆、椰榆、大果榆、春榆等榆属树种。

【症状】 危害叶及苗木的叶柄和枝。夏初在叶面上现黄褐色近圆形的斑点，后扩大后边缘不规则。病斑上生有黑色隆起小点，略成轮状排列，雨后上面长出黄色卷丝状的分生孢子角。秋末病斑中部出现一圈圆形凸起，即病菌的子座和子囊壳，病斑呈疮痂状。

【病原】 该病由子囊菌门日规壳属(*Gnomonia*)菌引起，我国发现有两个种。

榆大原氏日规壳菌(*G. oharana* Nishikado et Matsomote)：子座生于寄主表皮下，黑色，直径0.5~1.0mm。子囊壳球形或扁球形，埋生于子座中，黑色，外露颈口多偏于一侧，大小为(312~436.8)μm×(187.2~312)μm，喙长62.4~156.8μm。子囊棍棒状，大小为(45.5~57)μm×(10.3~13.3)μm，内含8个子囊孢子排成2列，无色，双胞，下面的细胞显著小于上面的细胞，子囊孢子大小为(11.4~15.3)μm×(3.7~6.3)μm。无性型为榆射丝孢菌[*Asteroma ulmi*(Klotz.)Cke.]。分生孢子器褐色，生于盘状的子座上，内生椭圆形至梭形、无色、单胞的分生孢子，大小为(3.4~8.5)μm×(2.0~3.1)μm。

榆日规壳菌[*G. ulmea*(Fr.)Thum]：与上一种的区别是子囊壳的颈生在中央。子囊孢子大小为(8~10)μm×(3~3.5)μm。无性型为 *Gloeosporium ulmeum* Miles。分生孢子单胞，无色，椭圆形，大小(8~10)μm×(2~2.5)μm(图2-75)。

【发病规律】 病菌子囊壳于10、11月成熟，即在落叶病组织中越冬，春天子囊孢子放射经风传播，进行初次侵染。

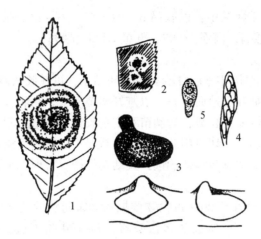

图 2-75 榆树炭疽病（仿李传道、魏景超）
1. 病叶症状 2. 后期病叶的部分 3. 病菌的
子囊壳和子囊壳的剖面 4. 子囊 5. 子囊孢子

【防治措施】

① 清除侵染病源 秋季在苗圃或庭院扫集落叶烧毁或深埋。

② 化学防治 在叶片长到一半大小时，喷洒65%代森锌或70%代森锰锌可湿性粉剂500倍液，隔10~12d喷1次，防治2~3次即可。

本章小结

树木的叶片表面积大，保护组织相对简单，易受到各种侵染性或非侵染性因素的侵害，因此叶部病害极为普遍。叶部侵染性病害的病原包括真菌、细菌、植原体、病毒、螨类、藻类等，其中以真菌引起的叶部病害种类最多，尤其是由锈菌、白粉菌、子囊菌引起的病害占了叶部病害的大多数。细菌、病毒、植原体病害多见于阔叶树种，极少见于针叶树上。

叶部病害的症状有畸形、小叶、黄化、花叶、白粉、煤污、黄锈、叶斑、炭疽、毛毡等多种类型，多数症状类型都与具某类特点的病原有密切联系。例如，白粉病、锈病、煤污病和炭疽病分别由真菌的白粉菌、锈菌、煤污菌和炭疽菌引起；叶片皱缩、变小或为囊状，则由真菌中的外子囊菌、外担子菌、病毒或某些非生物因素引起；病毒、植原体及某些生理因素、污染物可造成叶片变小、黄化或花叶；螨类的侵害则是叶片出现毛毡状增生的原因；真菌、细菌、病毒及某些非生物因素是造成形状、颜色、大小各异的斑点类病害的病原。大多数真菌引起的叶部病害可根据前述症状特点初步判断其病原，但由细菌、病毒、植原体及某些非生物因素引起的叶部病害仅仅根据外部症状特点往往不易准确判断病原，还需要借助其他方法加以诊断。

依树木种类、病害发生时期、病害发生场所的不同，各类叶部病害对树木造成的经济损害也不一样，故在生产上采取的防治策略也有区别。叶变形类病害不仅影响植物正常生长，在园林观赏植物上发生时还影响其观赏价值。应采取清除侵染来源和喷药保护相结合的方法加以控制。一般情况下，白粉病对林木的危害并不严重，但如发生在经济林、观赏植物上，可能造成较大损失。要清除侵染来源，适时喷药保护和治疗。煤污病在公园、庭院发生时显著影响树木景观。由于其发生与某些具刺吸式口器害虫对植物的危害相联系，煤污病的防治应首先控制害虫。叶锈病是林木最常见的病害类型之一，有些叶锈病在生产上引起重大经济损失。要根据具体叶锈病菌侵染循环的特点，制定相应的防治策略。一些叶斑病，尤其是针叶树上的叶斑病，在生产上常造成较大经济损失。这类病害的防治要清除病落叶，尽量减少病菌的侵染来源，在病菌侵染期，喷洒杀菌剂或施放杀菌烟剂。各种叶部病害的防治都需要以营林措施为基础，控制林分密度、通风透光，降低林内湿度，抗病品种的选择和利用。对于那些危险性有害生物，还须实施检疫措施。

复习思考题

1. 我国有哪些常见的针叶树叶斑病？
2. 如何区分松落针病、松赤枯病和松赤落叶病。
3. 杉木细菌性叶枯病的发生和流行与环境条件的关系？
4. 松针褐斑病的综合防治措施有哪些？这些措施的病理学依据是什么？
5. 松针红斑病和松针褐斑病在分布和症状上有什么不同？
6. 杨树灰斑病有哪些症状类型？
7. 油桐黑斑病、柿树角斑病和楝树褐斑病有何异同？
8. 我国杨树黑斑病的病原菌有哪些种类？它们在形态上有何区分？
9. 桉树上有哪些重要的叶部病害？分别由哪些病原菌引起？
10. 比较桃缩叶病和梨黑星病在侵染循环上的异同。
11. 杨树花叶病毒是如何传播的？如何防治杨树花叶病毒病？
12. 细菌引起的林木叶斑病与真菌引起的林木叶斑病在侵染循环和防治措施上有何异同？
13. 林木炭疽病在症状上有何共性？在侵染循环上有何特点？
14. 瘿螨危害的阔叶树症状有何特征？如何防治阔叶树瘿螨害？
15. 举1例白粉病，说明其侵染循环。
16. 毛白杨锈病和落叶松—杨锈病在侵染循环上有何异同？
17. 怎样根据梨—桧病的侵染循环特点防治该病害？
18. 杉木炭疽病的症状特点与发生规律？
19. 林木叶部病害中哪些病害是由细菌引起的？它们在发病规律上有何共性？
20. 煤污病的防治首先要防治介壳虫等具刺吸式口器的害虫，为什么？

推荐阅读书目

1. 袁嗣令. 中国乔、灌木病害. 北京：科学出版社，1997.
2. 叶建仁，贺伟. 林木病理学[M]. 3版. 北京：中国林业出版社，2011.
3. Sinclair W A. and Lyon H H. Diseases of trees and shrubs[M]. 2nd edition. Comstock publishing associates. Cornell University Press，2005.

第 3 章

林木枝干病害及其防治

枝干病害即发生在树干、枝条上的病害，既包括韧皮部产生的组织坏死，也包括由于木质部输导组织产生病变，影响水分输导，从而形成树木的枯萎；以及木质部纹理结构变形，机械强度降低等不正常变化。枝干作为树木根系与叶片的水分和养分通道，其上的任何病变，都将可能影响到树木的整体。因此，枝干病害通常受到高度重视。

本章按症状和病原将枝干病害分为 7 类，通过具体病例，介绍了每一类病害的症状、病原、病害的发展规律及防治策略。按类别掌握各类病害的特点有助于对枝干病害的理解与认识。

3.1 概 论

3.1.1 枝干病害的危害性

枝干病害是林木最重要的一类病害。这类病害种类虽不及叶部病害多，但幼苗、幼树或成年树枝条受病后一般导致枝枯，主干受病或某些系统性侵染的病害往往引起全株枯死。松类疱锈病、榆树荷兰病、板栗疫病、松材线虫病等均是世界性著名病害，造成过重大经济损失及生态平衡的破坏。我国 2013 年公布的"全国林业检疫性有害生物名单"所列的 3 种致病有害生物（落叶松枯梢病病菌（*Botryosphaeria laricina*）、松疱锈病病菌（*Cronartium ribicola*）、松材线虫（*Bursaphelenchus xylophilus*），全部为枝干病害的病原物。当前杨树腐烂病、杨树溃疡病、泡桐丛枝病、松枯梢病、桉树青枯病等枝干病害仍是我国森林营造中的重要障碍。

3.1.2 枝干病害发展特点及防治原则

按症状类型分，枝干病害主要包括干锈病、溃疡病、丛枝病、枯萎病、肿瘤病、流脂流胶病等病害。

枝干病害的种类不多，但病原的类群几乎涉及到所有引起植物病害的因素。灼伤、低温等所致病害是常见的非侵染性枝干病害。侵染性病害的病原有真菌、细菌、病毒和植原体，此外还有线虫、寄生性种子植物、地衣和藻类，其中以真菌性枝干病害分布最广，危害最严重。

各种侵染性病原的寄生性强弱相差悬殊，从弱寄生到专性寄生的种类均有。由于寄生性的显著差异而决定了各类病害发病规律的明显不同，将在各论有关部分分别予以叙述。

由于树木为多年生，发生于枝干上的病害也往往为多年生，直至枝干死亡或被寄主植物组织"挤走"。所以，寄生于活立木枝干上的病原物便成为初侵染来源。不少枝干病原物为弱寄生菌，被害枝干枯死后仍能在上面营较长时间的腐生生活，当温、湿度适宜时产生繁殖器官，成为初侵染的来源。例如，离体很久的感染杨树腐烂病的枝条，夏天遇雨后会出现很多分生孢子角，随雨滴飞溅感染新的杨树植株。枝干锈病在松树上也是多年生的。病菌一旦在松树上侵染成功，就可在其上存活，直至树木死亡。例如，松栎锈病菌，侵染松树产生病害症状后，在感病的松树枝上每年在受病部位形成性、锈孢子，锈孢子侵染转主寄主栎类叶片，成为栎叶锈病的初侵染来源。丛枝病、枯萎病、瘤肿病等也是多年生的。

枝干病害的再侵染不像大多数叶部病害那样明显。一方面是由于枝干病害的潜育期一般较长，需1~2个月或更长时间。当新接种体出现时，环境条件和寄主的生理状况不利于病菌的侵染，因此无再侵染发生。另一方面有的与枝干病害的特性有关。例如，由植原体引起的泡桐丛枝病，当泡桐初感植原体后，需秋天转移至根部，翌年春天随树液转移至枝干，并积累到一定数量后，才能使泡桐出现症状。枝干病害病原物的传播方式因病害种类而异。在自然条件下，病原真菌和细菌的传播主要靠风、雨或其协同作用；某些由真菌引起的枝干病害（如榆树枯萎病）、由线虫引起的松树枯萎病以及由植原体引起的病害主要靠昆虫传播；寄生性种子植物的种子则主要靠鸟类传播。种子被鸟吃后未被消化掉，随其粪便排泄到寄主枝干上，萌发后侵入树体长出新的植株。

由于枝干外部有较厚的树皮，病原物一般不可能直接穿透树皮，只有幼嫩树皮有被穿透的可能。寄生性种子植物的种子萌发后长出吸盘可直接侵入树皮内。许多枝干病害的病原物主要通过各种伤口侵入，如溃疡病类的病原菌通过机械伤、冻伤、灼伤、嫁接伤等侵入，真菌、线虫、植原体等主要以昆虫为传播媒介的病原物，则通过昆虫取食、补充营养等造成的伤口侵入。许多溃疡病菌还可通过气孔、皮孔、叶痕侵入树体。

有些枝干病害的病菌侵入寄主后，因种种原因受抑制而潜伏于树体内，当某种因素造成树势衰弱，抗病能力降低时，潜伏的病菌恢复侵染活动，使树木发病出现症状。由于这类病害具有潜伏侵染现象，给苗木出圃时病害的检疫及防治工作带来一定的困难。

枝干病害是一类非常复杂的病害，病原种类繁多，各类病害发病特点各异。专性寄生物所致病害与寄主树势的强弱关系不大，许多生长旺盛的植株仍被侵染。例如，松疱锈病，松材线虫病。但弱寄生物往往侵害衰弱的树木，或在树木衰弱的时候才表现出症状来。例如，杨树腐烂病多发生在因干旱缺水、管理不善、低温、冻害等导致树势衰弱的杨树林中。

枝干病害防治的难度一般都大于叶部病害。枝干病原物侵入树体后大多为多年生，与植物组织连成一体，且有树皮保护，因此清除病原非常困难。化学防治往往收效甚微。枝干病害的发生部位比较特殊，关系到树木整体的水分和养分输送，一旦发生，对树木的危害较大。老病株年年发病，新病株不断出现，发病面积逐年扩大，很易形成灾害性病害。此外，有些枝干病害的防治，至今尚无良策，或有些病害虽已有防治对策，但由于林业生产的种种特点而不能付诸实施。

　　由于不同症状类型的枝干病害发病规律有很大不同，必须根据各类病害的特点施策防治。一般应以林业技术措施为基础，根据造林地生态环境选用抗病优良品种，科学造林，加强管理，改善林地环境，提高林木生长势。清除严重病株，减少侵染来源。在营林过程中尽可能避免不必要的伤口，并采取措施处理和保护伤口，预防和消除病害诱发因素对树木生长的影响。对于那些在自然条件下主要靠昆虫传播的病害，需采取针对媒介昆虫的防治措施。对以土传方式传播的枯萎病要注意造林地的选择，必要时作土壤处理，改善土壤的理化性状，提高树木对病害的自控能力，必要时辅以化学防治。

3.2　各　论

3.2.1　干锈病类

　　针阔叶树的枝干部常常被锈菌侵染而感病，松类的干锈病最为严重，常常引起林木成片枯死，造林失败。

　　引起针阔叶树枝干锈病的病原种类很多，最常见的是柱锈菌属(*Cronartium*)、内柱锈菌属(*Endocronartium*)、栅锈菌属(*Melampsora*)、胶锈菌属(*Gymnosporangium*)、单孢锈菌属(*Uromyces*)等属的真菌。其中以柱锈菌属真菌引起的松树枝干病害种类最多，常常引起枝干枯死，所以造成的损失也最重。

　　松干锈病多分布于北半球，主要危害松树幼苗和20年生以下的幼树枝干部位的韧皮部，引起溃疡、肿瘤、丛枝或枯死等，以前两种症状最为常见。除了胶锈属真菌外，其他锈菌所致干锈病均在每年的一定时期(一般为夏初)于松树或其他树种的病部出现鲜黄色或褐色的粉状物，这是识别锈菌引起的枝干锈病最显著的标志。

　　松类干锈病病原菌全世界已知约20种，主要为柱锈菌属和内柱锈菌属真菌。内柱锈菌属是单主寄生于松树的锈菌，我国尚未发现。柱锈菌属是一类长循环史的转主寄生菌，其性孢子阶段(0)和锈孢子阶段(Ⅰ)寄生在松树上，夏孢子阶段(Ⅱ)和冬孢子阶段(Ⅲ)寄生在双子叶植物上。柱锈菌的种间形态差异不甚显著，但种内存在一定的变异，以往的分类主要根据夏孢子堆和冬孢子阶段的寄主来命名。Peterson(1967)确定了柱锈菌属的锈孢子阶段属于被孢锈菌属(*Peridermium*)类型，并根据锈孢子器及锈孢子形态描述了15种。70年代以后利用电子显微镜技术研究了柱锈菌的锈孢子、夏孢子及冬孢子柱表面形态，提出锈孢子表面疣突可作为分种依据之一。我国在70年代末开始对松干锈菌的病原菌超微形态进行了系统研究，认为寄主松树种类和锈孢子的超微结构形态可作为鉴别松干锈病菌种的主要依据。已知中国分布的松干锈病菌有3种。

①茶藨生柱锈菌(*Cronartium ribicola* J. C. Fisch.) 分布于欧洲、北美洲和亚洲。我国主要分布于东北地区、河北、陕西、四川、甘肃、云南、山西、内蒙古、安徽、山东及贵州等地寄主有红松(*Pinus koraiensis*)、华山松(*P. armandii*)、新疆五针松(*P. sibirica*)、乔松(*P. griffthii*)和偃松(*P. pumila*)等。

②松芍柱锈菌[*C. flaccidum*(Alb. et Schwein)G. Winter] 分布于欧洲和亚洲。国内分布于东北、西北及西南地区。东北地区主要危害樟子松(*Pinus sylvestris* var. *mongolica*)、油松(*P. tabulaeformis*)、赤松(*P. densiflora*),转主寄主为芍药(*Paeonia lactiflora*)和山芍药(*P. obovata*)。

③松栎柱锈菌[*C. quercuum*(Berk.)Miyabe ex Shirai] 几乎危害中国所有的双维松,分布较广。松栎锈病在我国的转主寄主较多,主要为栎属(*Quercus*)和栗属(*Castanea*)。寄生马尾松的 *C. quercuum* 与发生于日本的为同一种。此外,松栎锈病菌的4个专化型在欧洲、北美洲地区危害多种松树,尤以松栎柱锈菌梭形专化型[*C. quercuum* f. sp. *fusiforme* Burds. & G. A. Snow]造成的损失最大。

松类干锈病菌的转主寄主有双子叶草本植物及乔、灌木本植物。有的干锈病菌的转主寄主并非一种植物,而是多种,寄主范围宽广,甚至在不同地区还不同。有的干锈菌没有转主寄主或尚未发现,它们在松树上产生的锈孢子,又可直接侵染松树。病菌菌丝体在树枝干部不断蔓延,每年形成产孢器官,放出大量的孢子。病菌一旦侵入树木枝干以后,就不需要新的侵染来源而多年地延续着,直到枝干死亡。

干部锈病都有很长的潜育期。*Cornartium ribicola* 的担孢子芽管穿透角质层或气孔(或侵入嫩枝),进入当年或先年的松针,数周后侵染点上产生黄色或橘黄色小斑点。翌年春天菌丝才由松针达到枝干皮层。再过一年后在枝干上出现锈孢子,呈现明显症状。所以自病菌侵入针叶起,至第一次产生锈孢子大约需经三年时间。但在幼苗上病程进展较快。

柱锈菌的锈孢子在适宜条件下萌发,芽管从气孔侵入转主寄主的叶片,经10d左右的潜育期产生夏孢子堆。夏孢子萌发从气孔侵入,在生长季节中有多次再侵染。冬孢子柱在夏季即有产生,但一般以秋季最多。冬孢子萌发和担孢子萌发要求高的湿度和偏低的气温。在相对湿度低于97%,气温高于21℃就会阻止担孢子的形成和萌发。在20℃以上气温条件下形成的冬孢子,即使放在适宜的湿度条件下也不容易形成担孢子。从冬孢子萌发到担孢子侵染的过程一般在23~28h内完成,如果条件不适宜,担孢子可以产生次生担孢子增加菌源数量,遇到合适条件,次生担孢子再萌发侵染,这就增加了担孢子侵染概率。因此这类病害在生长季节(特别是7、8、9月)中,潮湿而气温不过高的年份和地区最为普遍。

担孢子随风传播,距离较短,一般在几百米之内;锈孢子萌发温度范围较广,为4~30℃,而且寿命比担孢子长得多,因此,传播距离也远。但是,靠其自然传播的距离总是有限,病害的长距离快速传播仍然是靠林业生产活动。松干锈病的流行是由于:个别地理环境或个别年份的气候条件适宜病菌生长发育和侵染;新病菌的传入或新菌系的形成;感病品种的广泛引种;林业经营方式有利于发病。

松树对柱锈菌的抗性表现在细胞、组织和形态上。*C. quercuum* 侵染松树后，寄主组织薄壁细胞数量增加，体积增大；木质部导管管胞增多或扭曲、变形、木质化程度不高而抗压性差；皮层和韧皮部细胞亦明显增多，内含物染成暗紫色，这可能是营养物质增多或单宁类物质积累所致。同时造成输导组织畸形、营养分配失调；病树木质部粗脂肪含量和韧皮部粗蛋白含量比健树高 4~5 倍，总糖含量为健株的 2.5 倍，但粗灰分含量低于健株；细胞分裂减少，分裂细胞黏滞性增强。马尾松受 *C. quercuum* 侵染后病瘤组织中的酚类及单宁含量均高于病树其他部位和健树，距瘤越远总酚、缩合单宁含量越低。瘤部木质部的含水率高于病树其他部位和健树木质部。

防治枝干锈病，首先应做好检疫工作。松疱锈病菌是林业检疫性有害生物，应做好产地检疫，严禁病苗或带菌体向外地传带。

铲除转主寄主，对于有转主寄主的锈菌引起的枝干锈病的防治，从理论上说，可谓有效的方法。但是，在实践中这种方法不易彻底而且费用高。因为这些转主寄主大多为杂草或灌木。在林区不仅分布广，而且十分顽固，不易铲除。如果结合造林后的抚育措施，铲除转主寄主，对于控制病菌的数量也有一定作用。在苗圃周围，特别是林间苗圃，铲除转主寄主还是必要的。

从幼林开始坚持修枝，结合间伐清除病株病枝，不仅可减少病菌的侵染来源，也有促进林木生长的作用。实践证明，这种方法是防治干锈病的有效措施。

苗圃中喷洒杀菌剂是防治苗木感病的重要方法。对于染病大树，人们曾试用放线菌酮一类抗生素药物涂抹病部，收到抑制病害发展的效果。用松焦油涂干部防治红松疱锈病方面已获得可喜的进展。

选育抗病品系以防治松类干锈病显示出良好的前景，美国在防治梭形锈病和五针松疱锈病方面已取得较大进展。较大面积建立抗病种子园、抗病母树林，子代抗性有显著提高。

生物防治干锈病也进行了一些尝试。松干锈病部常见到紫霉菌（*Tuberculina maxima*），能抑制锈孢子产生和溃疡斑的扩展。这种菌产生的酶能使寄主细胞被破坏，使专性寄生的锈菌不能继续扩展下去，但人工用于防治病害尚未成功。在松干锈病菌上发现其他一些重寄生菌如 *Cladosporium* sp. 等，还有些昆虫喜食锈孢子或夏孢子。对这些有利于抑制病害发生的生物因素，如何通过人工调节森林生态系统，发挥作用，尚待深入研究。利用流行病学知识，避免把易感病树种种植在易发病的生态区是可行的办法。为此，各地区在营造松林前进行实地考察和规划是非常必要的。

(1) 五针松疱锈病（White pine blister rust）

【分布及危害】 五针松疱锈病最早起源于亚洲，发生在西伯利亚红松 [*Pinus sibirica* (Loud) Mayr] 上，后传入欧洲。19 世纪后期，该菌传入了美国。主要危害五针松的枝干皮部，是世界有名的危险性病害，已被多个国家列为检疫对象。1956 年在我国辽宁草河口林场发现首例五针松疱锈病，至今已经蔓延到全国多个省（自治区、直辖市），几乎有红松和华山松分布的地方就有此病害。发病严重的林分的发病株率高达 70% 以上，给林业生产造成巨大损失。在我国，病害主要分布于黑龙江、吉林、辽宁、内蒙古、河北、河南、安徽、山东、山西、湖北、陕西、四川、甘肃、青海、宁夏、新疆、云南、贵州等地。其中，以东北林区的红松（ $P.$ koraiensis）和陕西、四川、云南三省的华山松（$P.$ armandii）受害最为严重。除华南五针松（$P.$ kwangtungensis）和海南五针松（$P.$ fenzeliana）外，大部分五针松疱锈病的分布与我国五针松的主要分布地一致，说明我国大部分五针松对疱锈病是感病的。而华南五针松和海南五针松至今未见发病报道，原因还有待进一步研究。

【症状】 五针松疱锈病主要危害苗木和20年生以内的幼树枝干皮部。发病初期，在枝干皮部出现淡橙黄色的病斑，病斑逐渐扩展并生裂缝，8月下旬至9月初在病部流出树脂状汁液，其中混杂有黄色蜜滴，即病原菌性孢子器时期的分泌物，干时凝固成小瘤状，黄褐色至灰黑色，皮下组织成红褐色血迹斑痕。次年至发病后第三年的4月下旬至6月中旬，病患部向上或向下扩展，树皮变粗糙，并显著增厚。在树皮微裂缝中，或多或少挤出灰白色至白色的泡囊状物，即病原菌锈孢子器。随着锈孢子的成熟，泡囊明显突出于病皮外，呈长枕状或圆筒形，后期常弯曲成弓形或不正形。泡囊壁呈黄白色，囊膜不规则破裂，散出鲜橘黄色粉末，即病原菌的锈孢子。

夏季，在转主寄主植物叶片上产生黄色的粉状物，经过一段时间，在生黄色粉状物处或新的叶组织处长出毛状物。

【病原】 五针松疱锈病的病原菌茶藨生柱锈菌（*Cronartium ribicola* J. C. Fisch.），属于担子菌门锈菌目柱锈菌属（*Cronartium*）。茶藨生柱锈菌有两个专化型：马先蒿专化型和茶藨子专化型。危害红松的是马先蒿专化型（*Cronartium ribicola* f. sp. *pedicularis* F. Z. Shi），转主是马先蒿属（*Pedicularis*）的返顾马先蒿（$P.$ *resupinata*）和穗花马先蒿（$P.$ *spicata*），茶藨子属（*Ribes*）的东北茶藨子（$R.$ *mandshiricus*）、黑茶藨子（$R.$ *nigrum*）等；危害华山松的是茶藨子专化型（*C. ribicola* f. sp. *ribicola*），四川的华山松疱锈病菌的转主寄主是狭萼茶藨子（*Ribes glaciale* Wall. var. *laciniatum*），而在云南的转主寄主则为冰川茶藨子（$R.$ *glaciale*）。

性孢子器扁平，生于皮层中，性孢子无色，梨形，与有甜味的黏液混合溢出皮外，大小为$(1.8\sim2.4)\mu m\times(2.4\sim4.2)\mu m$。锈孢子器疱囊状，初为黄白色后变为橘黄色，包被由多层护膜细胞组成，高$4\sim6mm$，长$4\sim40mm$。锈孢子球形至卵形，单个鲜黄色，成堆时橘黄色，表面具粗疣突，扫描电镜下可见疣呈平顶柱状，具$5\sim9$层环纹，环纹间常有纤丝联络，每个孢子表面都有一个明显的平滑区，其表面与粗疣顶部在同一球面上，大小为$(14.4\sim28.8)\mu m\times(22.8\sim33.6)\mu m$。红松和华山松疱锈病菌锈孢子表面形态相似，可能是一集合种。

病菌的夏孢子堆为带油脂光泽的橘红色丘状突起，破裂后呈橘黄色粉堆，夏孢子球形至椭圆形（也有卵圆形），表面有细刺，鲜黄色，大小为$(13.1\sim20.6)\mu m\times(15.6\sim30)\mu m$。冬孢子多半从夏孢子堆中生出，由梭形褐色的冬孢子联结成柱状，浅褐色，大小为$(3.6\sim13.5)\mu m\times(36\sim59.1)\mu m$。将带有冬孢子柱的马先蒿叶置于皿内室温下，保湿$24\sim48h$，冬孢子即萌发形成担子和担孢子，担孢子球形有喙，透明无色，具油球，大小为$(10\sim12)\mu m$（图3-1）。

【发病规律】 冬孢子于7月底开始出现，$8\sim9$月陆续产生，并萌发产生担子和担孢子，担孢子借风力传播与松针接触，萌发后由气孔侵入，个别由嫩枝侵入，在松针上可见小褐点。菌丝不断蔓延至枝干皮层中。至第$2\sim3$年，枝干皮部出现病斑，生裂缝。$8\sim9$

图 3-1　五针松松疱锈病症状及病原
1. 松干上的泡状锈孢子器　2. 转主寄主叶背生冬孢子柱　3. 冬孢子柱萌发的担子及担孢子

月生蜜滴，为性孢子混合液，第 3~4 年的 5~7 月在病部生锈孢子器，内含锈孢子，以后每年都可以产生锈孢子，锈孢子借风力传播侵染转主寄主茶藨子和马先蒿叶片。锈孢子萌发气温为 3~30℃，以 19~21℃ 为最适宜。6~8 月产生夏孢子堆，夏孢子可进行重复侵染，8~9 月产生冬孢子柱，冬孢子萌发产生担子和担孢子，担孢子借风力传播侵染松针。

本病发生在树干的薄皮处，因而刚刚定植的幼苗和 20 年生以内的幼树易感病。在杂草丛生的幼林内，林缘，荒坡，沟渠旁的松树易感病，转主寄主马先蒿和茶藨子多的地区，病害严重。据报道，病菌的担孢子和锈孢子的传播距离多为 30~50m，最远为 100m。

【防治措施】

① 加强检疫　五针松疱锈病已被许多国家列为检疫对象。目前对该病的检疫主要有症状学、病原学和组织化学染色等。

② 林业技术措施　铲除转主寄主防治疱锈病，美国在 20 世纪 70 年代前曾作为唯一措施，后因防效不彻底和费用太高而逐渐放弃。我国在林缘或河边的红松疱锈病防治中通过铲除马先蒿取得了良好效果。

间伐和修枝防病在国内外有广泛应用，对幼林修枝抚育，不但减少初侵染源，且促进林木生长，结合卫生伐和铲除转主寄主的综合防效为 75.3%。

③ 化学防治　在锈孢子器始见期，用利刀砍口，或针刷、针刺树干病斑部，后涂柴油（原液），或 40% 多硫胶悬剂，1:（40~80），可获痊愈。对发病率在 10% 以内的林木，可用松焦油原液、焦化蜡或 875 水刷剂（氢氧化钠 1% + 石灰 25% + 水 74%）等涂抹病部，也可用质量浓度为 300×10^{-6} 内疗素注射皮部治疗。发病率在 40% 以上幼林要进行皆伐，改造其他树种。

④ 生物防治　该病菌的锈孢子阶段常见到一种紫霉菌（*Tuberculina maxima*）能抑制锈孢子产生和溃疡斑扩展；锈孢子也可被枝顶孢属（*Acremonium*）真菌寄生，室内实验表明寄生效果非常明显。值得进一步开展研究。

⑤ 选育抗病品种。

(2) 樟子松疱锈病 (Two-needle pine blister rust)

【分布及危害】 该病主要危害两针松。我国的黑龙江、辽宁、河南、陕西、湖北、贵州、浙江、内蒙古、四川等地均有分布。受害树种有樟子松、黄山松、云南松、马尾松和思茅松等。黑龙江的樟子松人工幼林被害严重，发病率高达40%，陕西的马尾松平均发病率为23.8%。发病面积也逐年扩大。近年来，在大兴安岭地区的樟子松人工母树林、幼树林和天然幼林发病也相当严重，常常引起整株枯死或影响。

【症状】 该病害发生在樟子松的枝干上，但多数在枝条上发病，逐渐向大枝和主干上扩展，在枝干的薄皮处最易受害。病皮部变色，溢脂，稍肿胀，粗糙干裂，略呈梭形。病部纵向扩展3~8cm，横向1~2cm。当病部围绕枝干1周后，上部即枯死，出现枯枝或干枯，病部还常遭受小蠹虫等次期害虫危害，或被野鼠啃食，从而会加速树木死亡。

在病枝上，当年秋季(8月中旬较多)溢出蜜色液滴，具甜味，为性孢子混合液。翌年5月中旬至6月上旬从裂缝中长出橘黄色的锈孢子器，锈孢子成熟后破囊散出呈黄粉状。

【病原】 该病害由担子菌门的松芍柱锈菌[*Cronartium flaccidum* (Alb. & Schwein) G. Winter]引起的。其转主寄主为山芍药。人工接种试验还可侵染芍药，芍药重瓣花型栽培种和萝藦。性孢子器扁平，生于皮层下，高(0.1~0.2)mm，性孢子梗直立；性孢子单孢，无色，梨形，大小为(2.8~4)μm×(1.8~2.6)μm。锈孢子器疱状，高2~3mm，长宽(5~40)mm×(2~5)mm，包被膜由白色梭形或长形细胞构成；锈孢子橙黄色，椭圆形或卵形，大小为(24~34)μm×(18~32)μm；孢子表面有一平滑区，其他部分布满疣突，每个疣突有4~7层环棱，疣间有纤丝相连。樟子松上的锈孢子与云南松等上的锈孢子差异较大，前者突起有时为圆柱形，具7~8层环纹，是否为一新的种下生态型有待研究。

夏孢子淡黄色，椭圆形至卵形，大小为(22~32)μm×(16~24)μm，表面有锥形刺。冬孢子柱生于夏孢子堆中或其附近，初淡褐色，后变暗褐色，呈毛状，直或弯曲，长1~1.5mm，直径80~120μm，冬孢子长梭形，黄至淡褐色，光滑，大小为(36~60)μm×(12~18)μm。成熟后3~5d即萌发产生担子和担孢子，附在冬孢子柱上呈白粉状。担孢子球形，光滑，无色，具短喙状突起，10~12μm(图3-2)。

马尾松疱锈病的转主寄主有松蒿(*Phtheirospermum japonicum*)、阴行草(*Siphonostegia chinensis*)等，但不侵染山芍药及芍药。夏孢子堆生于寄主植物的叶背面、嫩茎、萼片及果实上。锈孢子超微形态结构显示马尾松疱锈病的锈孢子表面光滑区不明显，疣突的基部两层环纹较厚而不同于樟子松疱锈病，且冬孢子柱较小，据此而将发生于陕西的马尾松疱锈病菌确定为阴行草专化型(*C. flaccidum* f. sp. *siphonostegium*)。由此看出，两针松疱锈病菌是一个集合种，在不同的地区，其转主寄主有所不同。

【发病规律】 冬孢子最早在7月中下旬形成，8月大量产生，成熟后萌发产生担子和担孢子，担孢子借气流传播，萌发后由气孔侵入松针。菌丝多年生，有隔，在寄主细胞间隙生长，以棒状或丝状吸器伸入细胞中吸收养分，并逐渐向枝干皮部延伸。二三年后皮部出现病斑，秋季生蜜滴，下一年春季产生锈孢子器，以后每年产生蜜滴和锈孢子器。锈孢子成熟后破囊散出，被空气传播，当它与山芍药等转主寄主接触后，萌发并由气孔侵入叶片，6月中旬至8月上旬产生夏孢子，再重复侵染山芍药，初秋产生冬孢子柱。越冬的夏

图 3-2 樟子松疱锈病
1. 樟子松枝上症状 2. 性孢子 3. 锈孢子 4. 芍药叶上的夏、冬孢子堆 5. 夏孢子
6. 冬孢子柱 7. 冬孢子 8. 担子及担孢子

孢子有2.96%的萌发率,并能侵染芍药发病。锈孢子于5月中旬至6月下旬分散最多,水平传播近30m,垂直分散5m。

当年4月份气温高,5~6月湿度高时,有利于锈孢子及夏孢子的产生和成熟,在湿度高的环境中,樟子松与芍药的距离越近,松疱锈病就越重。

【防治措施】 参考五针松疱锈病防治措施进行防治。

(3)松瘤锈病(Pine-oak gall rust)

【分布及危害】 松瘤锈病广泛分布于欧洲、亚洲和北美等地。我国黑龙江、吉林、河南、江苏、浙江、江西、贵州、安徽、广西、云南、四川和内蒙古等地均有分布。危害松属二、三针松类和壳斗科树木。据报道,可危害11种松类和26种栎类。马尾松、樟子松、兴凯湖松和云南松发病均很严重。云南松发病率可达30%,黄山松因病死者甚多,有些病树几乎不结实。在壳斗科寄主中,常见的有麻栎、栓皮栎、槲栎、白栎、板栗和波罗栎等,其中以麻栎和栓皮栎感病最重,在东北主要危害蒙古栎。但病害对栎类影响不大。

【症状】 病害发生在松属枝干上和栎、栗属树木等叶上。在松树枝干上,由于病菌刺激,木质部增生,形成近圆形或半圆形等大小不等的木瘤,甚至兴凯湖松的裸露根部也生长木瘤。一棵树上多达350个,在主干上有的木瘤直径60cm。瘤表面皮层密生裂纹,每年早春从裂缝处溢出橘黄色蜜滴,为病菌性孢子混合液,5月产生锈孢子器,成熟后散出黄色粉状锈孢子。木瘤逐年增大,以后每年产生性孢子和锈孢子。破皮处当年长出新的皮层,下一年再裂开。

在栎类的叶背面,初生黄色夏孢子堆,以后在夏孢子堆中长出毛状的冬孢子柱。在蒙古栎叶片上，和冬孢子柱相对应的叶表面产生明显的黄色病斑。冬孢子萌发产生担孢子后，冬孢子柱仍附在枯叶上，直至翌年春季随病叶落地。

【病原】 该病由担子菌门的栎柱锈菌[*Cronartium quercuum* (Berk.) Miyabe ex Shirai]引起。性孢子梗19.8μm×1.8μm，排成一层，梗下菌丝垫状物厚14~27μm。性孢子无色，棒状或长瓜子形，大小为(4.5~5.4)μm×(1.8~2.7)μm。锈孢子器包被两层，外层厚，白色，540~600μm，内层薄，10μm，内向面不光滑，有刺突，外向面略洼。锈孢子橘黄色，串生，椭圆形或卵圆形，大小为(29~38)μm×(21~28)μm，有4~6个油球。电镜扫描下可见锈孢子表面有柱形疣和一具网纹的平滑区，疣顶由数个纵向上疣组成，每疣有4个环纹。

病菌的夏、冬孢子产生在栎类、栗类叶上，于叶背产生黄色夏孢子堆和丛生毛状的冬孢子柱。夏孢子堆产自6月上旬，夏孢子橘黄色，圆形、卵形或椭圆形，大小为(19~30)μm×(13~23)μm，表面有锥刺。6月下旬产生冬孢子柱，3~5根一丛。冬孢子黄色菱形，(35~49)μm×(23~41)μm，壁光滑，厚8μm，8月中旬至10月，冬孢子萌发产生担孢子。担孢子梨形或圆形，有喙状疣，无色光滑，大小为11~15.5μm(图3-3)。

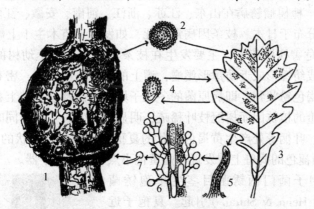

图3-3 樟子松瘤锈病
1. 病瘤上的疱囊 2. 锈孢子 3. 蒙古栎叶上的冬孢子柱
4. 夏孢子 5. 冬孢子柱 6. 冬孢子萌发产生担子及担孢子 7. 担孢子萌发

【发病规律】 冬孢子成熟后，不经休眠即产生担子和担孢子。担孢子借风传播，落到松针上萌发生芽管，由气孔侵入松针，并向枝皮部延伸，有的由伤口侵入皮层中。菌丝呈网状分布于木质部、韧皮部、形成层和皮层的薄壁细胞间，以一个单胞、单核、顶端钝的棒状体吸器在细胞内吸收营养。至第2、3年在瘤面上产生蜜滴和锈孢子。在大兴安岭地区4月，在黑龙江省密山1~2月即可产生性孢子，5月中、下旬开始放散锈孢子，6~7月在蒙古栎叶背面产生夏孢子堆(在南京均要提前1个月)，7月中、下旬至8月产生冬孢子柱，8月下旬至9月冬孢子萌发产生担孢子，再侵染松针，病菌以菌丝体在松树皮层中越冬。木瘤中的菌丝体多年生，每年产生锈孢子，木瘤亦年年增大。

松林附近或松树下有转主寄主生长时，病害发生严重。据调查，病害在夏秋间气温较低，空气湿度经常很高的地方松类易发病。如在安徽黄山海拔800~1100m之间和重庆缙云山的上部都具有这种气候特点，因此黄山松(黄山)和马尾松(缙云山)感病率很高。而在气温高,相对湿度小的地区,即使松栎相邻栽植,病害也不严重或完全不发生病害。

在美国,由松栎柱锈菌梭形专化型(*C. quercuum* f. sp. *fusiforme*)引起的梭形锈病主要发生在该国南部的湿地松和火炬松上,危害极大。据保守估计,每年因此病所致损失约在2800万美元。湿地松幼苗感病率和死亡率都很高,在幼树和大树上则形成大块溃疡斑,深入木质部,造成风折和生长量明显下降。我国将其列入进境植物检疫性有害生物名录。

【防治措施】

① 林业技术措施　在适合发病的地段上,不造松、栎混交林,2种树距离至少2km。樟子松林内混有蒙古栎生长时要伐除。成林后及时修枝,保持林内透光通风。结合抚育剪除病枝,伐掉重病树,防止病菌向外传播。

② 化学防治　发病幼林可喷65%可湿性福美铁或福美锌1:300倍液,或65%代森锌500倍液防治。每株松树用0.025%~0.05%链霉菌酮液喷干3mL,可兼收预防和治疗作用,也可以做成软膏每树5g,用松焦油涂抹树木病部也有很好的治疗效果。

(4) 槐树瘤锈病(Gall rust of Japan pagodatree)

【分布及危害】　槐树瘤锈病在山东、江苏、浙江、河南、安徽、江西、四川、河北等地均有发生。国外分布于日本。枝条因病常枯死,如发生于苗木主干上影响更大。

【症状】　该病危害槐树苗木,主要发生在枝条上,2~3年生幼树的主干上也曾发现被害,被害枝上形成纺锤形或近纺锤形瘿瘤,瘤上的树皮粗糙纵裂,密布纵裂纹。秋天在裂纹中散生大量黑褐色粉状物,即病原菌的冬孢子堆。干部瘿瘤与枝上相似,病瘤以上枝条逐渐枯死。发病重的植株因而树冠枝叶稀疏,明显影响生长。病菌同时还危害叶片和叶柄,在叶背和叶脉、叶柄等处产生黄褐色粉状的夏孢子堆和黑色粉状的冬孢子堆(量比瘿瘤上少)。在叶正面褪色的病斑上曾发现有蜜黄色小点状的性孢子器。

【病原】　由担子菌门柄锈菌目茎生单孢锈菌(*Uromyces truncicola* Henn. & Shirai.)引起。夏孢子近球形至椭圆形,黄褐色,表面有刺状突起,大小为(25~35)μm×(18~25)μm;冬孢子堆黑色,早期裸露,冬孢子卵圆形,褐色,表面有微小疣,大小为(30~46)μm×(22~27)μm。顶部增厚有乳头状突起,厚达11μm,色较淡,侧壁厚3.5μm。柄近无色,不脱落,长达70μm(图3-4)。

该菌为同主寄生,但未见锈孢子器阶段。从病原菌的菌丝和吸器是双核来看,病菌在性孢子器内受精后的菌丝,显然就可以形成夏孢子和冬孢子世代。

图3-4　槐树瘤锈病
1. 被害枝条(贺伟摄)　2. 冬孢子

【发病规律】　病菌在病瘤内越冬,可存活多年,在寄主体内连年危害。病瘤枯死前可以每年产生大量的冬孢子,夏秋病部产生夏孢子和冬孢子,借风传播,侵染枝叶。在北方由于温度较低,生长期较短,苗木发病后,病情发展较慢,发病后7~8年,瘤以上枝干不死,但树势明显衰弱,易导致立木腐朽病菌的寄生。

【防治措施】

① 清除传染病原 严格检疫,不栽带病苗木;经常检查,发现枝上瘿瘤及时剪除,幼苗、幼树干上发现瘿瘤连根拔除烧掉。

② 化学防治 用松焦油或不脱酚洗油涂刷病部,每年4、6、8月份各涂1次,连续涂刷2年。用0.03%内疗素注射于病皮下,于4月下旬起每半月注射1次,连续注射3次。

(5) 竹秆锈病(Bamboo stem rust)

【分布及危害】 该病在国内分布很广,江苏、浙江、安徽、山东、河南、湖北、湖南、广西、贵州、云南、四川、陕西和台湾等地均有发生。危害刚竹属、青篱竹属、赤竹属、苦竹属、箭竹属、方竹属、唐竹属、剌竹属、慈竹属、箬竹属、短穗竹属中的各竹种。浙江省被害竹种达17种以上。江苏、浙江、安徽的早竹、淡竹、白哺鸡竹、雷竹等受害较严重,发病率一般在50%左右,严重的达70%~90%以上。病株易枯死,材质变脆,重病竹林常因病衰败,甚至毁园,对竹林生产影响很大,也影响到竹材工艺的价值。

【症状】 该病多发生在竹秆基部近地表的竹节两侧,随着病害不断加重,发病部位逐渐提高,从竹秆基部、中下部、上部、一直到小枝甚至跳鞭都会产生病斑。病部最初产生褪色黄斑,11~12月至翌春2~3月间病部产生黄色至橙黄色的冬孢子堆,突破表皮外露。冬孢子堆圆形或椭圆形,厚0.5~1.0mm,宽1~2mm,常密集连成片,紧密结合成毡状。夏孢子发育于冬孢子堆下。在南京于4月中下旬开始,雨后冬孢子堆吸水翘裂剥落,夏孢子堆即显露出来。夏孢子堆也连成片,初呈紫灰褐色,不久变成黄褐色,粉质。没有冬孢子堆的部位,也不见夏孢子堆。当夏孢子堆脱落后,病斑表面呈暗褐色斑痕。到下一个冬春老病斑向周围扩展,又产生新的冬孢子堆和夏孢子堆,病斑进一步扩大,当包围或接近包围竹秆1周时,病部即发黑,竹秆逐渐枯死。重病竹林不仅病株基部发黑枯死,而且竹鞭也易发黑枯死,导致竹林衰败毁园。

【病原】 该病由担子菌门柄锈菌目皮下硬层锈菌[*Stereostratum corticioides*(Berk. & Broome)H. Magn.]引起。冬孢子广椭圆形,两端圆,双细胞,淡黄色或近似无色,成熟的冬孢子大小为(27.0~32.4)μm × (19.8~23.4)μm,有细长的柄,无色,长达200~400μm。夏孢子近球形或卵形,单胞,近无色或淡黄色,壁上有小刺突,大小为(23.4~28.8)μm × (19.8~23.4)μm。冬孢子萌发常自一个细胞产生担子和担孢子,担子棍棒状,直立或向一方弯曲。担孢子单胞,无色,瓜子形或一侧平直,大小为(9.0~11.7)μm × (4.5~6.5)μm(图3-5)。

成熟的冬孢子堆在充分吸水后,于10~25℃下,冬孢子萌发,最适温度为16℃,但必须有散射光。夏孢子在水滴中才能萌发,对光照及营养要求不严,萌发气温为17~32℃,以21~25℃萌发率最高。在适温和水滴中2h即有10%的夏孢子萌发,7h后达到最高峰。室内测定结果表明,夏孢子寿命最长不超过30d。接种表明担孢子不侵染竹子。

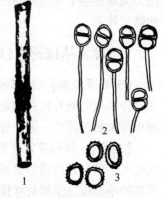

图3-5 竹秆锈病
1. 病竹秆症状 2. 病菌的冬孢子 3. 病菌的夏孢子

【发病规律】 病菌以菌丝体和不成熟的冬孢子越冬。至今未发现转主寄主及锈孢子和性孢子阶段，病害唯一的侵染来源是一年一次产生于冬孢子堆下的夏孢子。在南京，夏孢子产生始于4月下旬，5月中旬至6月中旬是盛发期，借风传播，主要侵染当年新竹。夏孢子飞散期间，正是新竹成长期，此时作有伤或无伤接种均能发病。但2年生竹只有伤口接种才有少量发病。该病潜育期长达7~19个月，5月接种的新竹，多数在第1个冬春开始产生冬孢子堆，少数到第二个冬春才产生冬孢子堆。

病菌可危害许多竹种，但各竹种间发病情况有很大差异。刚竹属中感病的竹种最多如淡竹、早竹、白哺鸡竹、水竹、篌竹和沙竹等最易感病。桂竹等一般发病较轻，槽里黄刚竹抗性较强，一般情况下不发病，只有在与发病率高达90%以上的竹林混生时，才有少量植株轻度发病。浙江淡竹抗性更强，在与重病竹林紧相邻20年无一株发病，人工接种也不发病。

在江苏、安徽等地一般淡竹发病较重，而刚竹、早竹等不发病，特别是早竹用淡竹上的病菌夏孢子接种也不发病。但浙江余杭早竹发病很普遍，不少竹林发病也很重，用余杭早竹上病菌夏孢子接种南京早竹能发病。这说明竹秆锈病菌很可能有专化型存在。在南京等地毛竹不发生秆锈病，但在广西等地毛竹上发病，是否也因病菌有不同的专化型有关。

据调查表明，竹秆锈病在发病历史、竹种等相同条件下，相互邻近的竹林，凡地势较低、湿度较大的发病较重；反之发病轻。

【防治措施】

① 林业技术措施　合理砍伐，防止竹林过密。改善林内卫生条件，一旦发现个别病株，及早清除，避免病害蔓延扩展。栽植适生高抗竹种，不用带病竹造林。

② 化学防治　在5月产生夏孢子堆、10月产生冬孢子堆前，用多菌灵、百菌清烟剂在发病严重且面积较大的竹林内熏杀，或用15%的粉锈宁弥雾喷粉，每隔7d喷1次，连施3次，连续几年，可彻底控制该病。在发病面积不大的林区，于3月底用20%粉锈宁乳油剂原液或1:1的煤焦油柴油液(或直接用重柴油)涂在病竹的冬孢子堆上，使其萎缩板结在病部不脱落，这样不会产生夏孢子。连续防治3~4年，病株率可控制在10%以下。或用刀刮除冬孢子堆及其周围上下各10cm、左右各5cm的健康组织后再涂药，可取得很好的防治效果。

(6) 冷杉丛枝锈病（Fir broom rust）

【分布及危害】 冷杉丛枝锈病分布于云南、四川、河北、黑龙江、吉林、新疆等地。几乎冷杉属的所有树种均可受害，该病主要危害植株的嫩枝，引起枝条肿大，丛生。严重时可导致植株死亡。国外分布于北美、欧洲。

【症状】 感病芽发育形成肿大的嫩枝，以后在肿大的嫩枝上面产生丛生的小枝，病枝浅黄色，较正常的枝条短而粗，而且垂直向上生长。病枝上的针叶呈浅绿色或黄绿色，比正常叶小而短，呈螺旋状排列于病枝上，在春季和夏季形成帚状丛枝。夏季，病针叶上产生许多蜜黄色的点状物，为病原菌的性孢子器。以后叶背面，多沿叶脉两侧双行排列生出橙黄色至淡红黄色、半球形或短柱状物，为病原菌的锈孢子器，秋季随病叶脱落，翌年夏天，又从丛生枝条上长出冬芽，其上产生性孢子器和锈孢子器。锈孢子借风雨侵染繁缕草

(*Stellaria* spp.)或卷耳(*Cerastium* spp.),并在其上产生夏孢子堆和冬孢子堆。受害枝干部位常肿胀,枝条丛生,新生针叶畸形。

【病原】 病原为石竹状小栅锈菌[*Melampsorella caryophyllacearum* (DC.) J. Schrot.],隶属担子菌门柄锈菌目小栅锈菌属真菌。锈孢子橙黄色,球形,密被疣,大小为(14~18)μm×(16~28)μm。夏孢子黄橙色,椭圆形,稀有疣刺,大小为(12~18)μm×(16~30)μm。冬孢子堆生下表皮,壁薄,单细胞,圆柱形,直径12~24μm(图3-6)。

【发病规律】 病原菌以冬孢子在石竹科繁缕属(*Stellaria*)和卷耳属(*Cerastium*)植物叶肉组织中越冬,翌年萌发产生担孢子,担孢子于5~6月随风传播至冷杉,从芽侵入。病菌的菌丝体在寄主枝条中生长,当年秋季这些受侵的枝条伸长肿胀,翌年夏初,由这些肿胀区域的芽生出丛枝,其上着生苍白柔软的针叶。6~9月病针叶上产生性孢子器和锈孢子器,秋季病针叶脱落。锈孢子随风传播至转主寄主繁缕草,在其叶背产生橘黄色的疱斑(夏孢子堆)和淡黄色至淡粉红色的垫状物(冬孢子堆)。

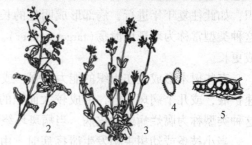

图3-6 冷杉丛枝锈病
(仿 Susan K H)
1. 被害枝干(阿地力摄) 2. 转主寄主:繁缕 3. 转主寄主:卷耳 4. 病原菌夏孢子 5. 病原菌冬孢子堆

该病的发生与林分密度相关,郁闭度越大,越有利于该病的发生;幼树易受侵染,但受害不如大树重。

春季湿润气候有利于病原菌的侵染,幼树易发病,特别是当某一树种幼树感病期与病菌担孢子释放期相吻合时,更易发病。在水湿条件下,病菌的锈孢子和夏孢子能够在5~30℃下萌发,20~25℃萌发最快。

【防治措施】
① 林业技术措施 剪除病枝(瘤),铲除病株,以及小范围内清除转主寄主对防治该病有一定的效果。减小林分郁闭度,适当增加林分天窗,可抑制该病的流行。
② 防学防治 发病初期,喷施30%可湿性特富灵或25%可湿性粉锈宁液。每隔7~10d喷1次,喷2~3次。

3.2.2 溃疡病类

溃疡病是指林木枝干局部性皮层坏死。坏死后期因组织失水而稍下陷,有时周围还产生一圈稍隆起的愈合组织。根据这个定义,除包括典型的溃疡病外,还包括腐烂病(烂皮病)、枝枯病、干癌病等所有引起树木枝干韧皮部坏死或腐烂的病害。林木溃疡病类病害是危害严重、分布普遍、防治困难的一类病害。溃疡病在针阔叶树上均有发生，尤其在阔叶树上更为常见。从南方的热带树种（如橡胶树割面条溃疡），到北方的耐寒树种（如落叶松癌肿病），特别是皮层较薄的树种，不良的环境条件及管理粗放更易发生溃疡病。发病轻者，对树木的生长影响不甚明显；发病严重时，则使局部枝条枯死甚至全株死亡。溃疡病对苗木和幼树危害较为严重，特别是在植树造林初期，有时出现很高的病株率和死亡率，造成大面积树木枯死。例如，杨树溃疡病和腐烂病的危害，是不少地区春季造林失败的主要原因。松干枯病、落叶松枯梢病等均是危害非常严重的病害。

【症状】 溃疡病的典型症状是初期枝干受害部位产生水渍状病斑，有的形成水泡状，圆形或椭圆形，大小不一，并逐渐扩展，后失水下陷，并出现病菌的子实体。病部有时会出现纵裂，皮层脱落，木质部表层变成褐色。后期病斑周围形成隆起的愈伤组织，阻止病斑扩展，将病部与健康组织隔离开。有的溃疡病在寄主生长旺盛时停止发展，病斑周围形成愈伤组织，但病原物仍在病部存活。翌年病斑继续扩展。然后周围又形成新的愈伤组织，如此往复年年进行，病部形成明显的长椭圆形盘状同心环纹，且受害部位局部膨大。这种类型常称为环靶形溃疡（target canker）。有的多年形成的大型溃疡斑可长达数十厘米或更长。

有些树木形成愈伤组织的能力不强，或病菌生长速度较愈伤组织形成速度快，病斑迅速扩展，或几个病斑汇合，形成较大面积的病斑，上面长出颗粒状的子实体，皮层腐烂，这种类型称为腐烂病或烂皮病。当病斑环绕树干一周时，病部上面枝干枯死。

当小枝条或幼树主梢发生溃疡病时，由于病斑很快包围小枝或顶梢一周，致使小枝、主梢很快枯死，上面出现子实体，常不出现典型的溃疡病症状，这种类型称为枝枯病。

老树干有时也被溃疡病危害。由于树皮粗糙坚厚，初期看不见任何症状。只有在树皮裂缝中出现病菌的子实体或分生孢子角时，才会发现树木被害，这种类型称为隐蔽性溃疡病。杨树细菌性溃疡病病菌有时呈黏液状在树体内流动蔓延，外部无明显特征。

上述各种症状有的在同一种病害中均可见到，有的则只见到1或2种类型。例如，上述4种症状类型在板栗疫病中均可见到，不同的症状类型是病害在不同时期、不同部位、不同树势情况下的不同表现。

【病原】 溃疡病的病原非常复杂，既有非侵染性的因素，又有侵染性的病原菌。有些非侵染性因素成为侵染性病害的诱因，而侵染性病原所致溃疡病又会削弱树木对非侵染性因素的抵抗能力。

非侵染性病原主要有日灼、冻害和某些机械损伤等。日灼和冻害多见于较幼嫩的枝条、顶梢和皮层较薄的树种，北方地区的所谓"烧条"（"枯梢"）是常见的一种现象，就是由于秋冬之冻害和春季旱风所致。

大多数溃疡病由真菌中的子囊菌及其无性型引起。如葡萄座腔菌属（*Botryosphaeria*）、壳梭孢属（*Fusicocuum*）、黑腐皮壳属（*Valsa*）、壳囊孢属（*Cytospora*）、疡壳孢属（*Dothichiza*）、小穴壳属（*Dothiorella*）、拟茎点属（*Phomopsis*）、薄盘菌属（*Cenangium*）、丛赤壳属（*Nectria*）、黑盘孢属（*Melanconium*）及毛杯菌属（*Trichoscyphella*）等。藻菌界卵菌门中的疫霉属（*Phytophthora*）也能引起树木的溃疡病，如橡胶溃疡病为橡胶园中常见病害。担子菌中的一些真菌也是溃疡病的病原，如油茶半边疯的病原即为伏革菌属（*Corticium*）中的一个种。

细菌引起的树木溃疡病不多,但危害很大,如猕猴桃细菌性溃疡病(*Pseudomonas syringae* pv. *actinidia*)和柑橘溃疡病(*Xanthomonas axonopodis* pv. *citri*)。杨树细菌性溃疡病(*Xanthomonas populi*)是欧洲广泛流行的一种病害,我国目前尚未发现。东北地区发生的细菌性溃疡病是由草生欧文氏杆菌[*Erwinia herbicola*(Lohnis)Dye.]引起,此细菌具有冰核活性,使得树木组织在比通常冰点较高的温度下结冰,从而使树木受冻。近年来,我国河南、山东等地的欧美杨上出现一种新的细菌性溃疡病(*Lonsdalea quercina* subsp. *populi*),对欧美杨的生产造成严重危害。

【发病规律】

Ⅰ. 发病期

枝干溃疡按其危害年限及症状表现,可分为一年性溃疡和多年性溃疡。一年性溃疡病原真菌是一种机会菌,当寄主组织出现伤口,寄主尚未产生抗病性反应之前迅速侵入寄主;而当寄主产生抗病反应时,溃疡斑的扩展就被阻止。一年性溃疡非常普遍,但由于对寄主的影响很小,常常被忽略。伤口周围产生愈伤组织,形成不规则粗糙的树皮组织是一年性溃疡的典型特征。在一些用材林树种的木材中出现暗色的条纹是一年性溃疡侵染的结果。由镰刀菌属(*Fusarium*)真菌引起的糖槭溃疡病属此类型。

多年性溃疡病原真菌侵入寄主植物组织后,病害进展速度较慢,但病菌都比较顽固。每年于发病季节,病斑经过缓慢的扩展之后,即为寄主的稍隆起的愈合组织所包围而停止发展,而病菌仍存活于其中。翌年当发病季节到来时,病菌侵入此愈合组织而继续向外扩展,夏季病菌再度被新的愈合组织所包围。如此反复进行,致使枝干上的病斑形成一个同心轮纹的环靶状物。由于病害发展速度慢及枝干不断加粗,病斑不致在短期内环切枝干,因此,往往表现为多年延续的慢性病。由丛赤壳属真菌(*Nectria*)引起的阔叶树溃疡病多属于这一类型。但二者并不是绝对不变的,基本上属于多年性的溃疡病,在某种条件下可能发展成一年性的;相反,本来属于一年性的溃疡病,由于愈伤组织不完善,树势过弱,来年可能再次复发。

溃疡病的发展均有明显的周期性,一般有2个发病期。通常于早春至初夏开始,病斑迅速扩展。此时树木刚开始生长,抵抗力弱。夏天,当树木生长旺盛时,病害即停止发展,病斑逐渐被愈伤组织所包围。秋季,溃疡病可能有少量发生和扩展,但一般不如春季严重,然后进入越冬休眠阶段。

溃疡病菌均为弱寄生菌,病菌接触植物后,以体表寄生菌的方式萌发,侵入植物组织后菌丝在细胞间生长,寄主生活力降低时才进一步侵染。子囊菌门葡萄腔菌科的一些溃疡病菌种类,如松枯梢病菌(*Diplodia pinea*)在对寄主的侵染过程中产生非专化植物毒素"sapinofuranone",对寄主细胞产生毒害作用,使病菌的菌丝进入寄主细胞。对于已侵入树体内的病菌,树木通常采取物理的或化学的方法抵御其扩展。树木对枝干溃疡病菌的侵袭一般是产生组织限制反应,在侵染点周围的组织中发生细胞壁木质化,形成愈伤组织,限制病菌的扩展。

Ⅱ. 病菌的越冬、侵染来源及传播

溃疡病菌以菌丝或子实体在病株的病斑中越冬。由于溃疡病菌既能营寄生生活,又能进行腐生生活，可在枯死的植株、枝条、伐根、残桩、篱笆、棚架等处长时间腐生，潮湿时有的还能长出分生孢子角。所以，病株、病枝及有病菌存在的死树、枯枝等均成为溃疡病的侵染来源。

潜伏侵染在溃疡病类中是常见的现象。试验结果表明，许多外表无任何症状的枝干经诱发试验后可出现溃疡病斑，并长出病菌的子实体。事实说明，这类病菌常年都具有侵染力的孢子，也存在孢子萌发及侵染的外界环境条件，当孢子萌发侵入树体后，由于不具备扩展和发病的条件，暂时处于休止状态，一旦树体内的抗病因素消失或减退时，病菌便恢复侵染活动，使病程继续，最终导致寄主发病。由此可见，带菌的苗木、枝干也将成为病害的侵染来源。

病害的传播，一方面是病菌孢子借风、雨、昆虫、鸟兽等进行传播，有些病菌可产生数厘米长的分生孢子角，溶化于水中随水流走或雨水溅滴，干孢子角也可被风吹走而传播；另一方面可借带病或带菌的苗木、插穗等繁殖材料，甚至带皮的枝条、原木进行远距离的传播。

Ⅲ. 侵入途径

树木枝干一般都具有较厚的树皮，幼嫩枝干的表面有很厚的角质层和胞壁加厚的表皮细胞，较老枝干则有坚厚的木栓层保护，病菌无法直接侵入，只能通过气孔、皮孔等各种自然孔口及伤口侵入。尚未木栓化的幼茎表面有气孔，木栓层形成后则留有皮孔与外界相通，这些通道常成为病菌侵入的门户。例如，杨树溃疡病、槐树腐烂病的病斑常以皮孔为中心，可以说明病菌是从皮孔侵入的。而杨树细菌性溃疡病（*Xanthomonas populi*）则可通过叶痕侵入树体。果树上的花序、果蒂、花梗等也成为病菌侵染的途径。

修剪和自然整枝产生的伤口是溃疡病菌侵入的重要途径。修剪和自然整枝后遗留下来的枝桩几乎无一例外地受到各种病菌的侵染，这些病菌以此作为基地继续向下蔓延侵入健康的组织。此外，在这些残桩、枯枝上营腐生生活的病菌可成为健株的侵染来源，一俟条件合适便可蔓延发病。

嫁接伤口也常成为溃疡病菌的侵入途径。如板栗幼树不仅新嫁接口附近经常出现溃疡病斑，而且有时嫁接后4~5年仍容易在嫁接口附近出现溃疡病斑。日灼、烧伤、冻害造成的伤口非常有利于病菌的侵入。如杨树干基部遇火烧后，树皮烧损。烧伤不仅为腐烂病菌提供了侵入途径，且火烧后树势衰弱，加重了腐烂病的发生。我国北方寒冷地区杨树腐烂病发生严重的原因之一是冻害严重。冻害不仅削弱树势，使树木抗性降低，而且冻伤为病菌侵入提供了条件。虫伤及动物伤在某些情况下也是病菌的重要侵入途径。例如，蛀干害虫中的天牛、杨干象、透翅蛾等危害树木时所造成的伤口（羽化孔等）便成为病菌的侵入门户。虫害往往成为一些溃疡病发生的重要诱因，例如，杨树大斑溃疡病的发生与杨树干部害虫关系密切。在杨树大斑溃疡病发生的杨树林分中，凡经杨天牛、杨干象等危害者，几乎都发生了杨树大斑溃疡病。

Ⅳ. 病害流行条件

i. 寄主的抗病性

溃疡病菌均为弱寄生菌，主要侵害树势衰弱及抗病性弱的树木，因此抗病能力的大小是影响树木感染溃疡病的主要因素。例如，板栗疫病在中国大部分地区未流行的主要原因是中国板栗对疫病有较强的抗病性。植物抵抗有害生物侵害的主要因素是物理障碍和抑制寄生物生长物质的存在。杨树树皮的组织结构与杨树抗溃疡病能力的关系密切。一般欧美杨树皮较粗糙,溃疡病较少;青杨派及其杂种杨,如北京杨,树皮光滑,发病较多;有些树种,如波兰15A杨,幼时树皮光滑,易发病;成年树后,树皮粗糙,很少感病。

国内外对树皮含水量同树木的活力和溃疡病的关系进行了一系列研究。据报道,树皮含水量与杨树溃疡病菌接种发病率及病斑的扩展呈明显的负相关,即树皮含水量越低,发病率越高,病斑扩展范围越大。此外,树皮含水量越高,树木产生愈伤组织能力及插条生根的能力亦较强。据测定,树皮相对膨胀度在80%以上时,可顺利生成愈伤组织;降到70%以下时,即失去愈伤能力。研究结果还表明,树皮内部邻苯二酚等酚类物质含量与树皮含水量呈正相关,含水量越高,抑菌物类酚类含量愈高;高含水量时,树体内苯丙氨酸解氨酶的活性强,次生代谢旺盛,加速了酚类物质的合成,增强了寄主的抗病能力,因此发病较轻。

树木对溃疡病的抗病性往往与它们的抗逆性(耐干旱、寒冷、盐碱、风沙、污染等)大小密切相关,抗逆性强的树种抗溃疡病的能力也较强。

ii. 环境条件

树木同其他生物一样,在其生长发育过程中要求一定的环境条件,超出了它们的适应范围时生活力降低,抗病性减弱。例如,雪松适于气候温暖、潮湿的南方地区生长,移栽北方后,如冬天保护不当或遇到寒潮的突然袭击,很容易出现枝干枯死的现象。

气候条件是溃疡病流行的重要因素。冬季异常严寒、春季干旱、多风,夏季炎热少雨,是北方地区许多溃疡病、腐烂病、枝枯病发生的重要原因。河北迁西县是板栗疫病轻病区,通常病害很少大发生,1978年春板栗幼树突然严重发生栗疫病,究其原因是与1977年冬天异常寒冷有关。

土壤状况是影响溃疡病流行的另一重要因素。土壤是树木生长发育所需水分、无机盐、微量元素的主要来源,也是根部所需空气的供给者。因此,土壤的质地、结构、含水量、盐碱含量、氮、磷、钾等无机物成分及有机物含量等均影响树木的生长。在土壤干旱、瘠薄、保水性差,或土壤黏重板结、透气不良、盐碱含量高的地方,溃疡病往往严重。

iii. 栽培管理

在自然条件下,树木经过长期的生存竞争已适应复杂的生态环境。同时也限制了它们,使它们只能适应一定的气候、土壤等环境条件。人们栽培树木时应遵循自然规律,充分满足树木对温、光、水、肥等的要求,使其正常生长。从育苗、造林到管理的每个环节、每项技术,都关系到树木生长发育所需条件能否满足。因此,栽培管理是否合理与溃疡病流行关系非常密切。

苗木质量与造林成活率关系密切,尤其苗木带菌量直接影响造林初期的发病率及成活率。这是由于造林初期的发病基本是潜伏于苗木中的病菌活动的结果。从起苗到造林的每个过程保持苗木水分是减少溃疡病流行的重要条件。假植时间过长,长途运输,植后不及时灌水,致使树皮含水量明显降低,为溃疡病发生创造了有利条件。

叶部病害、食叶害虫、蛀干害虫、根部病害的严重发生均能诱发溃疡病的流行。例如，山东昌邑一些杨树根朽病危害严重的地段和植株，杨树大斑溃疡病和溃疡病也严重发生。

【防治措施】

溃疡病类为寄主主导型病害，病害发生的状况主要取决于寄主的抗病性是否得到充分发挥。因此，病害防治的关键在于通过综合治理措施改善环境条件，提高树木的抗病能力，以林业技术措施为主、化学防治为辅，将防病保健及丰产措施融为一体。

在造林规划中，注意适地适树，选用抗病性强及抗逆性强的树种。培育无病壮苗；避免长途运苗，尽量随起苗随栽，植前用水浸根；在保水性差且干旱少雨的沙土地，可采取必要的保水措施，如施吸水剂、盖薄膜等。造林后应加强管理和病虫害的监测。结合抚育及时清除严重病株及病枝，保护嫁接及修枝伤口。进行必要的化学防治，阻止病菌的侵入，抑制病菌的扩展，促进病斑的愈合。

(1) 杨树溃疡病 (Botryosphaeria canker of poplar)

【分布及危害】 杨树溃疡病是我国杨树上重要的枝干病害，自1955年首次在北京的德胜门苗圃发现以来，相继在我国的黑龙江、辽宁、天津、北京、内蒙古、山东、山西、河北、河南、安徽、江苏、湖北、湖南、江西、陕西、甘肃、宁夏、贵州和西藏等20个省（自治区、直辖市）发生。目前杨树溃疡病的发病范围仍在不断扩大，随着杨树栽植面积的不断扩大，病害向我国南方扩展迅速。从整个分布的气候区域来看，差别较大。从较寒冷的东北到华北地区，从风沙区的内蒙古到干旱、半干旱的西北地区，从温暖湿润的长江流域到高海拔西藏的"一江两河"流域均有该病害的分布和危害。发病严重的地区，杨树发病率在96.1%~100%，感病指数在68.7~95.8，严重影响造林后的成活及生长。特别对栽植初期的苗木和幼树的危害就更大，引起大量苗木的死亡，造成整个春季造林的失败。

【症状】 依发生特点和病斑形状，杨树溃疡病的症状主要分为三类：

① 水泡型 此为溃疡病的典型症状。该类型症状发生于光皮树种上，于秋季发病初期在皮孔附近出现水泡型病斑，泡内充满树液，圆形或椭圆形，直径0.5~1.5cm，随后水泡破裂，流出淡褐色液体，有腥臭味，遇空气氧化成赤褐色，并把病斑周围染成黑褐色，最后病部干缩下陷，形成枯斑，中央有一纵裂缝。

② 梭形或椭圆形斑 感病枝干的症状不经过水泡阶段，而在皮孔周围呈现褐色的浸润斑，纵向扩展，失水成梭形或椭圆形溃疡斑，病斑长2~3cm，最大可达5cm。

③ 不规则浸润斑 多发生于苗圃和当年定植的幼树主干上，出现数毫米大小的黑色不规则云块状浸润斑，稍隆起，手压有湿润感，后干缩成微陷的圆斑，病斑随苗木的失水而扩展，很快包围主干，致使上部梢头枯死。

5~6月在病斑上出现稀疏分布的小黑点，突破表皮外露，此为病菌的分生孢子器。湿度大时，从中泌出分生孢子，干后白色丝状。秋季，有时在病部产生较大的黑色小点，即病菌的子座及子囊腔。

【病原】 病原是葡萄座腔菌 [*Botryosphaeria dothidea* (Moug.) Ces. & De Not]，属子囊菌门葡萄座腔菌目葡萄座腔菌属真菌，子座埋于寄主表皮下，后突破表皮外露，黑色，近圆形，子座单生直径0.2~0.4cm，集生为2~7cm。子囊腔散生或簇生，扁圆形或洋梨形，黑褐色，具乳头状孔口，大小(180~260)μm×(210~250)μm。子囊棍棒状，有短柄，壁双层透明，顶壁稍厚，易消解，大小(100~120)μm×(17.6~19.8)μm。内含孢子8个，中部成双行斜列，下为单列。子囊间有假侧丝，子囊孢子单细胞，无色，倒卵形或椭圆形，大小为(19.2~22.3)μm×(6.1~8.0)μm。春季发生的病斑上，当年秋季形成分生孢子器；秋季发生的病斑则在翌年春季形成分生孢子器。分生孢子器暗色，球形，单生或集生于子座内，大小为(180~210)μm×(160~230)μm，成熟时突破表皮，孔口外露，孢梗短而不分枝，无色，分生孢子单胞无色，长椭圆形、纺锤形至梭形，大小为(20.4~27.2)μm×(4.8~6.8)μm(图3-7)。

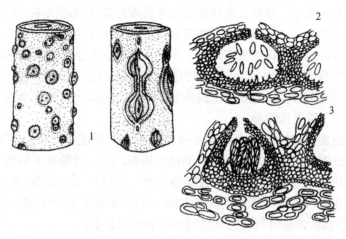

图 3-7　杨树溃疡病(仿林木病理学)
1. 树木受害症状　2. 分生孢子器　3. 子囊腔、子囊和子囊孢子

病菌的分生孢子在蒸馏水中萌发率为85.1%，树皮浸汁液中88.7%，2%葡萄糖液处理的孢子萌发率为92.8%，分生孢子萌发不超过2h。生长最适气温为25~30℃，pH值6生长最好。在麦芽糖和PDA培养基上生长较好。在PDA上生长20d即可产生分生孢子器。菌丝生长对氮素的要求以蛋白胨最好，其次是天门冬素、硝酸钾、硝酸铵，特别是硝酸钾对分生孢子的形成有利。黑暗条件对孢子萌发和菌丝的生长均有利，光照对子囊孢子的萌发几乎没有影响。

在PDA培养基上病菌菌落圆形，初为白色，后中央渐变为墨绿色，偶尔形成深浅不一的环带，最后全部变为墨绿色或黑色。大多菌株气生菌丝发达，后期气生菌丝集成小团簇，呈棉絮状，也有的菌株气生菌丝不发达，后期菌丝不集成团簇。

近年来，一些研究者认为中国的杨树溃疡病病原存在多样性，除了葡萄座腔菌外，还存在小葡萄座腔菌(*Botryosphaeria parva* Pennycook & Samuels)、树花地衣葡萄座腔菌[*Botryosphaeria obtusa* (Schwein.) Shoemaker]和红葡萄座腔菌[*Botryosphaeria rhodina* (Berk. & M. A. Curtis) Arx]等葡萄孢腔菌科真菌，需要深入研究。

【发病规律】病菌以菌丝体和未成熟的子实体在病组织内越冬，越冬病斑内分生孢子器产生的分生孢子成为当年侵染的主要来源。病菌主要由伤口和皮孔侵入，自然条件下，病斑往往与皮孔和小伤口相连。分生孢子成熟时期不同，成活期又长达2~3月，且萌发时对温度适应性强（13~38℃），因此，几乎长年存在具侵染力的接种体。但病害发生呈现春—夏、夏—秋两个间断的高峰期，两个发病高峰出现的时间在不同的地区有所不同。在北京地区是在4月初发病，5月底为春季发病高峰，6、7月病势减缓，9月再次出现高峰，10月以后逐渐停止；在南京是6月和9月两个发病高峰。11月至翌年3月，病害停止发生和发展。

病菌主要借风、雨传播，带病苗木和插穗等繁殖材料的调运可进行远距离传播。

杨树溃疡病菌具有潜伏侵染的特点，未移植的苗木一般不发病或病害很轻，一经移植，水分失去平衡，如果定植后不及时灌水和管理，必然导致生理机能失调，此时寄主抗病力差，病害便易于发生。春季发病高峰是先年秋季侵染造成的结果，而不是当年春季侵染的缘故。春季造林时，初定植幼树上的新病斑也是先年在苗圃感染所致。所以，苗木带菌数量与新林地幼树的发病程度密切相关。干旱瘠薄的立地条件是发病的重要诱因，也是我国干旱和半干旱的"三北"地区溃疡病特别普遍而严重的主要原因。此外，起苗时大量伤根和造林时苗木大量失水，易诱发潜伏的病菌活动，是初栽幼树易于发病的内在原因，而后如果管理得当，一般发病较轻。

杨树溃疡病的发生与树皮内水分含水量密切相关。树皮含水量与树皮膨胀度紧密关联，研究表明树皮相对膨胀度与树皮内抑菌物质邻苯二酚、对羟基苯甲酸等酚类含量呈正相关，而树皮内几丁酶、β-N-乙酰氨基葡萄糖苷酶、超氧化物歧化酶（SOD）、过氧化物酶（POD）、多酚氧化酶（PPO）和苯丙氨酸解氨酶（PAL）等及细胞壁内富含羟脯氨酸糖蛋白（HRGP）等多种物质的含量也与杨树抗溃疡病菌有密切关系。

杨树溃疡病菌为弱寄生菌，由于种种原因如栽培管理不善，水分、肥力不足，养分失调，树苗移植伤根过大，春旱、春寒、风沙大，砂质土或土壤黏重易板结积水、盐碱土等，导致树木生长势不良等，均易引起发病。

不同杨树种（品种）对溃疡病的抗性有明显差异。树皮光滑的北京杨、群众杨、大官杨等感病较重，沙兰杨、I-214杨等中度感病，毛白杨、加杨、健杨、日本白杨、107杨、108杨等感病较轻，波兰杨15A杨在造林初期感病很重，但随着生长树皮变粗糙后则有较强的抗病性。同一杨树在其适生区内抗病性较强，而植于非适生区则严重降低其抗病性。溃疡病菌除危害杨树外，还危害柳树、刺槐、油桐、苹果、杏、梅、核桃、石榴、海棠等多种阔叶树种和雪松等少数针叶树种。

【防治措施】 作为寄主主导性病害，杨树溃疡病的控制应强化生态调控因子的综合治理（IPM）技术策略。将杨树速生丰产林建设与保健防病抗病措施紧密结合，以调控生态因子为基础的林业技术措施为重点，化学防治措施为辅助，提高和诱导树木的抗病性，确保杨树健康生长。

① 林业技术措施

培育健康壮苗。重视苗源，建立卫生苗圃，把好苗木质量关。禁用重病苗木造林或截干后定植，清除苗圃周围重病树，以减少病菌的侵染来源。

适地适树。造林之前，应根据造林地的立地条件做出溃疡病发生的危险性评价，将相应的防治规划纳入总的造林规划之中。干旱、瘠薄的土壤地段属病害高发区，忌用感病树种造林。选用抗病树种。白杨派和黑杨派树种大多数为抗病和较为抗病的；青杨派及青杨派和黑杨派的杂交种较为感病、黑杨×青杨派则是易感病和严重感病的；黑杨派内的杂交种则多为抗病和高度抗病的。营造混交林，改善林分结构。

营林措施。造林过程中采取措施保持和提高苗木的含水量。起苗、造林时注意保护根系。减少苗木运输时间，以减少苗木失水量。在有条件的地方，苗木起出后，浸入水中24h，以利于树皮含水量的保持。栽前对根部施入具有促进生根、生长、伤口愈合、抑菌的制剂。缺水地区造林时，在定植坑土壤中加吸水剂，地面覆盖农用薄膜防止土壤水分散失。采取合理的营林措施。造林后前几年可进行林粮间作或间种沙打旺等牧草压绿肥，增加土壤肥力。通过修枝、间伐等措施控制林分密度。防治杨树林分的其他病虫害，减少胁迫因素对树木的影响。

② 化学防治　药剂防治以秋防为主，同时春天对新植树木及时施药，在主干上喷洒50%甲基托布津200倍液，50%多菌灵或50%的代森铵200倍液等，均有较好的防治效果。

(2) 杨树大斑溃疡病(Cryptodiaporthe canker of poplar)

【分布及危害】　杨树大斑溃疡病又称杨疡壳孢溃疡病，是一种世界性的杨树病害，1884年首次在法国发现，1916年在美国发现，已在欧洲和北美一些国家的杨树上危害成灾，被认为是欧洲杨树上最严重的病害之一。我国1978年在南京合作杨和蒙古杨上首次发现，1979年在辽宁、1984年在山东相继发生危害。此后在黑龙江、吉林、内蒙古等地相继发现，1978年曾被列为我国对外检疫对象，该病害虽在国内少数地区发生，但在一些地区的危害极为严重，常在短时间内造成大片杨树的死亡，如在山东昌邑县的重病区沙兰杨死亡株率达80%~90%，确属杨树的一种危险性病害。

【症状】　该病害不仅危害幼苗、幼树的主干及枝条，也危害7~8年生成林的大树，病斑多发生在皮孔、伤口、枝条分叉及叶痕等处。初期，病斑呈水渍状，病部色暗，为暗灰色，随后变成黄褐色或深褐色，并向周围扩展，此后失水下陷，颜色变浅。病斑梭形、近圆形、椭圆形或不规则形，直径大小不一，小者3~5cm，大者长达几十厘米，病斑常相互连接在一起，病斑处皮层坏死，边材变褐色，后期病斑树皮往往开裂，病斑表面生有许多突起的扁圆形黑褐色点状物，有时呈同心环状排列或直线状排列，此为病菌的分生孢子器，潮湿时挤出乳白色至淡黄色短链状而风干后呈褐色盾状的分生孢子角或孢子堆。当病斑不断发展环绕树干一周时，引起树冠上部的枝枯和梢枯。感病树的叶片早春萌叶晚、叶片小而淡黄、提早变黄，随即脱落。

【病原】　大斑溃疡病是由子囊菌门间座壳目(Diaporthales)的杨隐间座壳菌[*Cryptodiaporthe populea*(Sacc.)Butin ex Butin]引起，其无性型为杨盘孢[*Discosporium populea*(Sacc.)B. Sutton，异名：*Dothichiza populea* Sacc. et Br.]。我国尚未发现其有性型。有性型的子实体黑褐色，革质，直径5mm，在枝条上形成密集的团状。子囊棍棒状，具长柄，大小为$(75~90)\mu m \times (8~9)\mu m$，子囊孢子长椭圆形，稍弯曲，大小为$(16~18)\mu m \times (4~5)\mu m$。无性型的分生孢子器扁圆形，平滑，暗黑色，单生或聚生于子座内。子座大小为0.5~3.0mm，成熟时自树皮突出，不规则开裂。分生孢子器大小为$(160~200)\mu m \times (120~150)\mu m$，分生孢子单胞，无色，球形到卵圆形，大小为$(9~14)\mu m \times (7~9.5)\mu m$(图3-8)。

病菌菌落白色至浅土黄色，轮纹状扩展。病原菌分生孢子发芽的有利条件是在PDA

膜上(空气相对湿度100%)或有营养的液滴、pH值为6~7，温度25℃及无光的黑暗处，3h即可发芽。

【发病规律】 该病菌以菌丝和分生孢子器在树皮内越冬，越冬的菌丝在4、5月份形成分生孢子器和分生孢子，越冬的分生孢子器也产生分生孢子，借风、雨水、昆虫及人为活动传播。伤口和自然孔口是病菌的主要侵入途径，也可通过由青杨叶锈菌引起的未成熟叶片落叶形成的叶痕侵入。据报道，在欧洲一些国家，病菌在春季通过芽鳞痕，而在秋季通过叶痕侵入。

杨树大斑溃疡病在山东3月份上、中旬开始发病，4月中、下旬为发病盛期，5月中、下旬病斑停止发展，秋季不发病，但在辽宁南部地区该病从4月上旬开始发病，一直延续到10月上旬停止发病。

不同杨树品种对大斑溃疡病的抗性表现不同。在我国该病主要危害青杨派树种

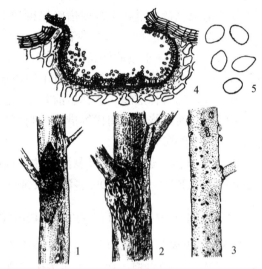

图3-8 杨树大斑溃疡病(仿Butin)
1. 初期被害状 2. 后期被害状 3. 枯死树干上的子实体、分生孢子角 4. 分生孢子器 5. 分生孢子

或以其为母本的杂交种，某些黑杨派树种及其杂交种具有较强的抗病性。沙兰杨、I-214杨、I-72杨、健杨、I-45杨、I-69杨、毛白杨均可发病。

该病菌为弱寄生菌，并有潜伏侵染特性，凡引起树势衰弱、抗病性降低的因素都有利于病害的发生，造林时苗木质量差，伤根重，失水多，栽植地土质差，整地不好，根系不能舒展，苗木缓苗期长，病害发生就重。干旱缺水，管理不善，其他病虫害发生严重等造成树势衰弱，是发病的诱因，促进该病的严重危害。

【防治措施】 由于该病与杨树腐烂病、杨树溃疡病的发病规律、病菌特性具有很多相似之处，防治措施可参看这2个病害。

① 清除侵染来源 应抓紧4~5月份检查林内病死枝干树，并及时清除烧毁，以减少病菌侵染来源。

② 化学防治 杨树发芽前后，对干枝喷布50%代森铵100~200倍液，以后隔半个月再喷2~3次。

(3)杨树细菌性溃疡病(Xanthomonas canker of poplar)

【分布及危害】 杨树细菌溃疡病是一类比较复杂的病害。世界各地的杨树细菌溃疡病在症状、病原和发病规律等方面存在很大的差异。由 *Xanthomonas populi* (Ride) Ride & Ride 引起的杨树细菌溃疡病，是一种危害杨树无性系枝干的毁灭性传染病，引起枝干溃疡和枯死，成为发展杨树的一种潜在威胁，被列入"中华人民共和国进境植物检疫性有害生物名录"。

该病在爱尔兰、波兰和英国发生普遍，在奥地利、比利时、捷克、斯洛伐克、法国、德国和俄罗斯局部发生，匈牙利、荷兰、罗马尼亚和塞尔维亚等国对该病也有报道。病原菌通常侵染 10 年以上的杨树，偶尔侵染幼树，在苗圃中也有发生。该病很少造成树木死亡，但经常削弱树木生长，主干溃疡可大大降低树木的利用价值。除了直接的损害之外，该病还限制了某些无性系的发展，许多栽培特性优良的品种，由于易感细菌溃疡而难以生长。我国至今尚未发现由 Xanthomonas populi 引起的杨树细菌溃疡病。东北地区发生的杨树细菌性溃疡病是由 Erwinia herbicola (Lohnis) Dye 引起的。

【症状】 初春，幼枝上没有放叶的芽的基部稍肿大并在表面产生浅裂缝，从裂缝处渗出浓的灰白色的黏液；被侵染的枝或干上的肿大的叶痕处也有灰白色的黏液溢出；有的感病树皮上产生黄豆粒大小的疱，开裂后也会从裂隙处渗出黏液。随着病害的发展，有时枝条被溃疡环绕一周而枯死。随树木的生长，伤口也不断愈合，因而形成溃疡。年复一年，由于伤口不断扩展，形成不规则的或封闭或开放的突起溃疡斑。每年发展的溃疡和枯枝是细菌溃疡的最典型症状。高度感病的无性系往往在感染后的翌年夏季结束之前就被溃疡环割而枯死。低度感病的无性系仅有轻微的损伤，伤口上产生粗糙的愈合痂。而高抗无性系则没有溃疡病的发生。

【病原】 引起国外杨树细菌溃疡病的病原为杨黄单胞菌 [*Xanthomonas populi* (Ride) Ride & Ride，异名：*Aplanobacterium populi* Ride]。该菌为革兰氏阴性菌 (G^-)，菌体短杆状，无芽孢，具极生鞭毛，大小平均为 $1.0\mu m \times (1.0 \sim 1.5)\mu m$（图3-9）。在酵母膏蛋白胨葡萄糖琼脂培养基上，菌落奶油色黏液状，生长缓慢。

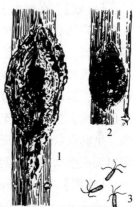

图 3-9 杨树细菌性溃疡病
(仿 Butin)
1、2. 病害症状 3. 病原细菌

【发病规律】 病原细菌在病株多年生的病斑内越冬，翌年春天潮湿多雨时，病菌开始活动，并从裂缝中流出，借雨水沿树枝、干流动或随风传播，遇到叶痕、托叶痕、芽鳞痕和各种伤口侵入寄主，在侵入点周围形成溃疡斑。最初为隐性溃疡，随后出现开口或形成多年生溃疡。病菌也可通过昆虫和人为活动传播。发病杨树产生的黏液是重要的侵染源。病原菌为兼性寄生菌，气候因素、土壤状况、树木的抗病性等均影响病害的发生。高温能抑制病害的发展，温暖、潮湿、多雨的气候有利于病害的发展。杨树不同派系及不同品系之间对细菌溃疡病感病性有很大差异。青杨派和黑杨派中，有的种类、品种和无性系抗病，有的则感病。白杨派中的欧洲山杨(*Populus tremula*)感病，而银白杨(*P. alba*)和灰杨(*P. pruinosa*)及其无性系是抗病的。香脂杨(*P. balsamifera*)和黑杨的杂交种在商业上具有很大潜力，但在种间甚至无性系间的感病性差异很大。

【防治措施】
① 严格检疫 严禁带病苗木、插条调运，对可疑的苗木、插条进行消毒处理。对引进的苗木、插条等无性繁殖材料要首先隔离试种，证明确实无病时再引种栽植。
② 培育和选用抗病品种 种植抗病品种代替感病品种。

(4)欧美杨细菌性溃疡病(Bacterial canker of poplar caused by *Lonsdalea quercina* subsp. *populi*)

【分布及危害】 2005年首先发现于我国河南濮阳的中林46杨(*Populus × euramericana* cv.'Zhonglin46')、107杨(*P. × euramericana* cv.'74/76')上,随后在河南安阳、开封、焦作、鹤壁、山东菏泽、兖州、济宁、天津武清等地陆续发生,使这些地区的欧美杨遭到严重危害,成为影响欧美杨生产的一种重要的新病害。目前国外仅在匈牙利和西班牙有报道。

在河南省清丰县,5年生中林46杨林地的一般发病率为10%~30%,病害严重的林分病株率可达70%以上。病害形成大量伤流,造成树势衰弱,病部以上枝条枯死,树木材积和其他可利用部分减少,病害还影响树干木材的强度,常在病斑处造成风折,严重时造成树木死亡。

田间调查表明,此病害还发生在中菏1号(*Populus deltoids* cv.'Zhonghe 1')、健杨(*Populus × euramericana* cv.'Robust')等欧美杨品种上。人工接种时,欧美杨多个品种都感病。

【症状】 在树木主干和侧枝的树皮上形成纵的裂缝和长形溃疡斑。树干从基部向上至十余米高的范围内均可出现溃疡斑,而以树干的中部和中上部较多。1株树上可产生1至多个病斑。4月下旬至5月中旬,在枝干上形成小型病斑,树皮呈湿润状,切开病皮可见木质部表面的树木形成层上出现白色乳状黏液,韧皮部呈褐色。随着气温的升高,病斑逐渐扩展,病部皮层开裂,从中流出白色乳状黏液,发出酸臭味。伴随着树液伤流,自发病部位流出大量黄褐色至褐色液体,沿树干流下。发病后期,病部皮层干枯,与木质部剥离,呈麻丝状。溃疡斑一般长15~50cm,宽4~8cm。在1~2年生的主干和侧枝上,常局部出现疙瘩状肿胀,剖开肿胀处,皮层变色处呈不规则线纹,其下木质部表层少许变色。

【病原】 *Lonsdalea quercina* subsp. *populi*,属于变形菌门(Proteobacteria)肠杆菌目(Enterobacteriales)肠杆菌科(Enterobacteriaceae) *Lonsdalea* 属细菌。北京林业大学从河南濮阳107杨病株分离出病菌,在感病欧美杨品种上接种诱发出典型的病害症状。通过病原菌形态观察、病菌培养的生理生化性状分析和多相分类,表明病菌为 *L. quercina* subsp. *populi*。

细菌杆状,菌体大小为(0.5~1.0)μm×(1.0~2.0)μm。革兰氏染色阴性,鞭毛周生,4根,有运动性(图3-10)。兼性厌氧。

在胰蛋白胨大豆琼脂(TSA)培养基上培养24h,菌落为白色至乳黄色,圆形,表面凸起,光滑,液滴状,半透明,全缘,直径约为0.8~1.0mm。在NA和PDA上生长良好。可在pH值5~11的培养基上生长,最适pH生长范围为6~7。生长温度范围为10~37℃,最适生长温度为30~34℃。

氧化酶、淀粉酶、苯丙氨酸脱氨酶,纤维素降解、硫化氢产生、吲哚产生、硝酸盐还原反应、丙酮酸盐反应等为阴性。接触酶、柠檬酸盐利用等为阳性。葡萄糖氧化发酵为发酵型。

【发病规律】 根据在河南濮阳的调查,病菌可在先年在树干皮层上产生的病斑中越

 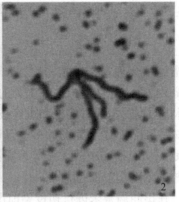

图 3-10　欧美杨细菌性溃疡病
1. 症状(贺伟摄)　2. 病原菌形态(鞭毛染色)

冬。翌年 4 月上中旬病菌开始活动，4 月中旬至 5 月中旬田间树木上出现新的发病组织，从病组织表面所分泌的黏液中可以检测到病原菌，说明黏液带菌。病菌在田间借雨水和昆虫传播，可随带菌苗木远距离传播。室内外接种试验表明，在感病树种上，30℃左右的气温下，潜育期为 4~6d。有重复侵染发生。

7 月下旬至 9 月上旬是发病高峰期。高温高湿有利于病害发生，9 月中旬以后病情减缓，到 10 月底至 11 月初以后，随着气温下降，湿度降低，病害停止发生。

杨树不同品种发病状况不同，中林 46 杨的发病率和发病指数高于 107 杨；树龄和林分密度影响病害发生的程度，不同树龄和不同株行距欧美杨林中，溃疡病的平均发病株率和发病指数存在显著差异；在 8 年生以下树龄的林分中，随树龄增大，病情加重；密度越大，发病率越高。4~9 月，欧美杨溃疡病的发生情况随着每 10d 降水量的累计值、日平均气温和日平均相对湿度的增大而逐渐变重。

欧美杨细菌性溃疡病菌主要通过伤口(机械伤口、虫咬伤口、人为制造的伤口)侵入寄主组织，也可以通过芽鳞痕、叶痕侵入。病原菌侵染植物后，树皮和木质部组织都产生一系列的生理反应来阻止病原菌的进一步扩展，如细胞壁增厚、产生侵填体等。在接种后产生的病斑中，韧皮部细胞变色多于薄壁组织，说明病原菌主要集中在韧皮部。从木质部横断面看，靠近韧皮部的浅层木质部中有侵填体，而朝向心材的木质部中无侵填体，表明病菌在侵染过程中，其扩展仅仅局限在侵染点周围较小的范围内，为局部侵染。病菌侵染引起寄主树皮组织细胞壁降解，细胞解体，形成较大的空腔。

在病害发生的过程中，茄镰孢菌(*Fusarium solani*)常出现在病组织上。单独接种镰刀菌或 *L. quercina* subsp. *populi* 均能使欧美杨树皮组织产生病斑，但后者可产生典型症状，在病害发生过程中起主要致病作用；*F. solani* 在溃疡病发生中后期出现较多，致病力较低，常常伴随 *L. quercina* subsp. *populi* 发生，扮演着加重病害发生的角色。

致病基因研究：基因组序列分析表明病原菌染色体上存在一套完整的三型分泌系统，该系统由 27 个基因组成，约 23 kbp，其中 9 个为高度保守的结构 *hrc* 基因，其余 18 个基因是调控基因或者三型分泌系统(T3SS)的效应子。将三型分泌系统中 *hrcV*、*hrcJ* 等结构基因突变后，生物测定结果显示其致病力与野生菌株相比显著下降，而这些基因的互补菌株致病性能恢复到野生菌株水平。表明病原菌的三型分泌系统的结构基因与病原菌对寄主的致病性有关。

【防治措施】

① 林业技术措施　合理安排种植密度，加强抚育管理，适当施肥，增加树势，提高抗病力。尽可能减少灼伤、冻伤、虫伤和人为的刀伤等损害。在过密的林分中，应适当间伐，修枝，降低林内湿度。清除重病株和重病枝，及时烧毁，减少侵染源。

② 选用抗病树种和品种　欧美杨的多个品种均感病，但感病程度有差异，可选栽较抗病的品种，不栽中林46杨和中菏1号等严重感病的品种。白杨派树种抗病。种植毛白杨，多品种搭配种植或与其他树种混交。

③ 化学防治　在田间病害未进行初侵染前用1%波尔多液喷洒整个树冠和树干，保护欧美杨不受或少受病菌侵染。

(5) 红松流脂溃疡病(Tympanis canker of Korean pine)

【分布及危害】　红松流脂溃疡病是北方红松人工林中的一种危险性病害，是目前红松人工林的亟待解决的严重问题之一。该病在东北三省的人工林中几乎都有不同程度发生，导致严重损失。1936年国外首次报道了芽孢盘菌(*Tympanis* sp.)溃疡病在美国的发生情况。我国20世纪80年代初报道了该病害在东北地区发生的情况。根据1982年对本溪市城郊林场红松人工林调查，该病发病率90.9%，死亡率2%~3%。1983年至1985年对黑龙江省、吉林省六个林业局进行调查，结果表明该病发病率37.0%~86.9%，病情指数14.3%~49.4，死亡率0~9%。

【症状】　病害多发生在15~30年生的红松林内，以20年生左右林分危害最重。主要危害主干和侧枝。发病初期，病皮略有肿胀，并出现许多松脂小泡，直径约1cm，不断增大、增多。因泡内松脂不断积累，最后顶破表皮，不断流出淡黄色松脂，带状凝固在树干上，干燥后变灰白色。病部上缘界线清楚，下缘由于松脂遮盖不太明显，病皮颜色加深，剖开可见皮层变黑褐色，腐烂，形成层也变成深褐色，木质部为棕色。溃疡斑通常为长椭圆形、圆形，长7~90cm，宽2~15cm，病斑长轴与树干平行，偶尔数个溃疡斑联合环截树干一周，有时可见几段。树干被害后皮部失水，下陷，收缩，纵裂，导致梭形扁干、细缢或畸形，严重者，输导组织被破坏，树木整株枯死。后期在病皮上散生或丛生分生孢子器和黑色子囊盘。同时在松脂上伴生许多橘黄色子囊盘和分生孢子器。

【病原】　引起红松流脂溃疡病的病原菌为子囊菌门柔膜菌目的混杂芽孢盘菌(*Tympanis confusa* Nyl.)。子囊盘从皮下长出，散生或簇生，黑色，圆形或波浪状，近无柄，基部窄，直径0.5~1.5mm，高0.3~2mm，角质，遇湿变软；子实层下凹至平坦，暗黑色至浅黑色；子囊圆筒形至棍棒状，具短柄，内含初生子囊孢子1~4~(8)个，后期含多个孢子，子囊大小为$(80\sim160)\mu m \times (9\sim16)\mu m$；初生子囊孢子无色，长纺锤形至棍棒形，1至多个细胞，聚成不规则二列或单列，大小为$(13\sim17)\mu m \times (2\sim4)\mu m$；次生子囊孢子无色，圆筒形至腊肠形，单胞，大小为$(2\sim4)\mu m \times (1.0\sim1.5)\mu m$；侧丝无色，具分隔，分枝或不分枝，直径为1.5~2μm，顶端膨大至3.0μm，埋在胶质中形成囊层被。分生孢子器褐色至黑色，生子座内，单腔或多腔，自皮下突出，无柄，球形至不规则形，侧壁常融合，

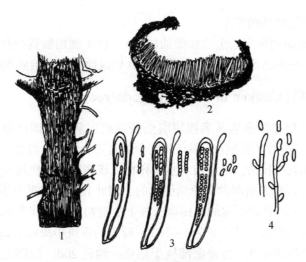

图 3-11 红松流脂溃疡病
1. 树干细缢、畸形 2. 病原菌子囊盘 3. 子囊、初生子囊孢子及次生子囊孢子 4. 分生孢子梗和分生孢子

具共同子座,直径 0.2~0.3mm,组织和硬度与子囊盘相似;分生孢子梗无色,线形,不分枝,有分隔;分生孢子无色,单胞,圆筒形或腊肠形,大小为 $(2.0~4.0)\mu m \times (1.2~1.5)\mu m$,从分生孢子梗顶端或侧面生出(图 3-11)。

在病皮松脂表面,还经常见到橄榄芽孢盘菌[*Retinocyclus olivaceus* Fuckel. = *Tympanis olivacea* (Fuckel.) Rehm]。该菌只生在松脂表面,为 *T. confusa* 的伴生菌,不具有致病性。该菌子囊盘为橘黄色,初生子囊孢子、次生子囊孢子和分生孢子均为球形。

病原菌在 10~35℃ 下均能生长,最适生长温度为 25℃,该菌喜酸性,pH 值 3~6 为宜。菌丝在散光下生长最好。

【发病规律】 病菌以菌丝、分生孢子器和子囊盘越冬,翌年产生子囊孢子和分生孢子成为初次侵染源。孢子借风和雨水传播。病菌由伤口侵入,潜育期 50d 以上,病状出现后约 30d 开始产生子实体。病害从 4 月下旬开始发生,5~6 月为发病盛期,7 月末病情减缓或趋于停止。孢子飞散量随着温度和降水量增高而增多。

红松流脂溃疡病病菌是一种弱寄生菌,发病主要取决于诱病因子的存在与否,其中林龄是发病的重要条件,抚育措施恰当与否是病害发生的关键,纯林、阳坡、过密或过稀、日灼、被压木、虫害等则有利于发病。林木生长健壮,抗病力强;混交林发病轻。

【防治措施】
① 林业技术措施 适地适树,营造混交林。针对红松造林地应选择排水良好的山地,土壤湿润肥沃等为宜。在适宜的立地条件下可以营造红松与紫椴、黄波罗、核桃楸、水曲柳、桦木、色木等阔叶红松林。其混交方式采用带状或块状混交为宜。

做好幼林抚育。在造林后 1~5 年间主要以改善林地环境为目的进行除草、割灌等工作,促进红松生长,加速郁闭成林,提高对病虫害的抵抗能力。

适时抚育间伐。造林后 10~15 年应结合上层阔叶树合理间伐,进行透光,抚育强度以 50%~70% 为宜,分 2~3 次;逐年透光,使抚育后的林分成为以红松为主的针阔混交林，可减轻或避免流脂溃疡病发生。

② 化学防治　发病初期用松焦油加柴油(1:1)、25%琥珀酸铜胶悬剂100倍液、70%代森锰锌200倍液、松焦油原液、75%百菌清200倍液涂干，防治效果较好。

(6) 槐树溃疡病(Canker of Japan pagodatree)

【分布及危害】　槐树溃疡病又名槐树腐烂病或烂皮病。我国江苏、河北、河南、北京、天津、安徽、山东等省(直辖市)都有发生。以北京、天津、合肥、南京发病较重。轻者引起苗木、幼树和大树枝枯，重者苗木整枝死亡。该病寄主有槐树和龙爪槐。

【症状】　槐树溃疡病是由两种病原菌引起的，因此其症状表现也不同。

镰孢霉属(*Fusarium*)真菌引起的溃疡病，枝干上最初出现黄褐色水渍状，近圆形的病斑，尔后逐渐发展为梭形斑，其长径为1~2cm。较大的病斑中央略下陷，有酒糟味，呈典型的湿腐状。病斑常环切主茎，致使上部枝干枯死。约经20d，病斑上出现橘红色分生孢子堆。如病斑未环切主干，病斑多能于当年愈合。

小穴壳属(*Dothiorella*)真菌引起的溃疡病，其初期症状与镰孢菌所致相似，但病斑初为圆形或椭圆形，黄褐色，颜色较深，边缘为紫黑色，长径可达20cm以上，病斑发展迅速，亦可环切树干。后期病部产生许多黑色小点状的分生孢子器。随后病部逐渐干枯下陷或开裂，但其周围很少产生愈合组织(图3-12)。

上述两种病菌引起的溃疡病，多发生2~4年生大苗的绿色主茎及大树的1~2年生绿色枝上。

【病原】　槐树溃疡病的病原菌已知有两种。一为三隔镰孢菌[*Fusarium tricinctum*(Corda)Sacc.]，属无性型菌物丝孢类镰孢霉属。在PDA培养基上气生菌丝旺盛，培养基内有桃红色到紫红色色素。分生孢子两种类型：大孢子镰刀形，2~5个隔膜，多数为3个隔膜，大小为(25~36)μm×(3~5)μm，无色；老熟孢子中部的细胞常可形成厚垣孢子，小型分生孢子无色，单生，长卵圆形，大小为(7~12)μm×(3.5~5.3)μm。在我国尚未见其有性态。

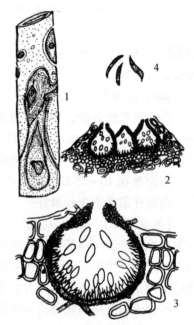

图3-12　槐树溃疡病
(仿《林木病理学》)
1. 由聚生小穴壳引起的幼干上的病斑
2、3. 聚生小穴壳菌的分生孢子器和分生孢子
4. 三隔镰孢菌的分生孢子

另一病原为聚生小穴壳菌(*Dothiorella gregaria* Sacc.)，属无性型菌物、腔孢类小穴壳属。子座暗褐色，近圆形，埋生在寄主皮层组织中。分生孢子器球形、椭圆形，单生或数个聚生在子座中，暗色，直径为166~360μm，分生孢子无色，纺锤形，(14~19.4)μm×(4.2~6)μm。病菌在PDA培养基上菌落呈圆形，为深墨绿色，该菌的有性型为葡萄座腔菌[*Botryosphaeria dothidea*(Moug.)Ces. & De Not]，属子囊菌门葡萄座腔菌目葡萄座腔菌属。

【发病规律】　镰刀型溃疡病约在3月初开始发生，3月中旬至4月末为发病盛期，此时病害发展迅速，至夏初槐树进入生长旺季，病害逐渐停止发展。直径为 1~2cm 的茎或枝，半个月左右就可被病斑环切。5~6 月在病部产生橘红色分生孢子座，6~7 月间病斑一般停止发展，并形成愈合组织。由小穴壳菌引起的溃疡病发病稍晚，病斑于当年子实体出现后就不再扩展，来年多有复发现象。

槐树溃疡病具有潜伏侵染的特性，上述两种病原均终年存在于健康的绿色树皮内，当寄主健壮生活力强时，病菌呈潜伏状态，寄主不发病。两种病菌多自皮孔侵入寄主，也可从断枝、残桩及修剪伤口、虫伤(如大浮尘子产卵留下的伤口)和死芽等处侵入。潜育期约 1 个月。受聚生小穴壳菌侵染的新移栽幼树由于移植过程中植株失水而易发病。定植数年后的幼树发病，可能与冬春季干旱有关。试验证明植株失水愈多，发病愈重。因种种原因导致树势衰弱，常引起溃疡病的发生。

【防治措施】

① 林业技术措施　在起苗、假植、运输和定植的各个环节过程中，要尽量避免苗木失水，提高树木自身抗病能力。

② 化学防治　秋冬和早春施用含有硫黄粉的白涂剂涂干，剪除病枝和刮除病斑，然后在剪口和伤口处涂药保护。浮尘子危害严重地区要结合防虫治病。用 25% 瑞多霉 300 倍液加入适当泥土后涂于病部，或用 70% 托布津 800 倍液、90% 百菌清 300 倍液、40% 乙磷铝 250 倍液喷洒，均有较好的效果。

(7) 橡胶树割面条溃疡病(Stripe canker of rubber tree)

【分布及危害】　橡胶树割面条溃疡病因侵染胶树割面皮层而得名，也称黑纹病，世界性分布重要病害，1909 年在斯里兰卡首次发现，主要分布在南亚和东南亚，如马来西亚、菲律宾、泰国、印度，其次是南非和西非，在南美的巴西也有分布。1961 年中国云南垦区首次发现，1962 年，在海南垦区第一次爆发流行。引起橡胶树割面树皮不同程度的溃烂，严重时整个割面甚至割面上下未割胶部分树皮也会大幅度溃烂，多年不能恢复割胶。加上小蠹虫蛀蚀，病树常被台风吹断，造成更大的损失。1978—1980 年云南西双版纳垦区割面条溃疡病发生流行，因病停割的重病树达 23 万多株，年损失干胶近 800t。

【症状】　有两种不同的症状：

① 黑线或黑条斑　发病初期，在新割面嫩皮上出现竖立的黑线或黑条斑，彼此平行排列，病斑深达木质部。

② 斑块腐烂　一般由条斑腐烂扩展而成。病部呈水渍状、泪状流胶或流出褐色汁液，经常有小蠹虫蛀食。有时，病皮隆起，内层有弹性凝胶块，切开病皮可将凝胶块拉出。在多雨天气，病部会长出一层白霉，为病菌的菌丝和孢子囊。块斑亦可分为 3 类：

a. 急性扩展型病斑：病健皮层界线不明显，刮去粗皮，可见病斑黑褐色，边缘呈暗色水渍状，此类病斑扩展最快。

b. 慢性扩展型病斑：病健皮层界线明显，整个块斑被黑线纹包围，这类病斑扩展慢。

c. 稳定型病斑：整个病斑干枯下陷，边缘长出愈伤组织，这类病斑已停止扩展。

【病原】　病菌属藻物界、卵菌门、霜霉目、棕榈疫霉 [*Phytophthora palmivora* (E. J. Butler) E. J. Butler]，菌落呈放射状，均匀，气生菌丝较少，边缘明显。菌丝形态简单，宽 2~5μm，偶有菌丝膨大体，球形或角形，8~24μm。孢囊梗合轴分枝，粗 1.5~2.5μm。孢子囊球形、卵形、椭圆形，基部圆形，乳突明显，常为一个，大小为(34~51)μm×(24~37)μm。长宽比值为 1.2~1.6；孢子囊具有短柄，长 3.3~5.1μm，萌发产生芽管或游动孢子，每一孢子囊内含 18~51 个游动孢子；游动孢子肾形，大小为(10~13)μm×(8~10)μm；卵孢子球形，直径 20~27μm，壁厚 1.0~2.7μm，满器或不满器(图3-13)。

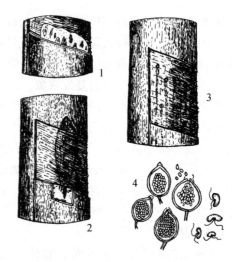

图 3-13 橡胶割面条溃疡病(仿《热作病虫防治》)
1. 橡胶割面罹病初期产生黑线，内层亦有相应的黑色条斑 2. 病部扩展成腐烂块斑
3. 后期病部水渍状，有泪状流胶
4. 病菌的孢子囊及游动孢子

【发病规律】 病菌主要存在于土壤中，由于该病菌除危害橡胶树割面外，还侵染树冠上的叶片、嫩梢、胶果。还危害其他植物如可可、椰子、胡椒、槟榔、剑麻、肉桂、木菠萝、柑橘和番木瓜等数十种植物，因此这些植物的病菌都是侵染来源。病菌的好水性强，只有在雨天或相对湿度达 90% 以上的条件下孢子囊才能形成、萌发、传播和侵染。病菌主要靠雨水传播，喜欢冷凉气温，生长的温度范围为 10~30℃，最适为 24℃，35℃下不能正常生长。疫霉菌孢子囊在 25℃左右直接发芽，在 20℃左右间接发芽。

据海南观察，本病每年有两次发病高峰。5 月下旬开始发病，6 月底至 7 月上旬出现第一次发病高峰。10 月下旬至 11 月上旬出现第二次发病高峰。

发病严重程度与下列因素关系密切：

① 气象因素 降雨或高湿度尤其是持续的毛毛雨天气是病菌侵染的主要条件，高湿并冷凉气温是导致病斑扩展、树皮溃烂的主要因素。

② 割胶强度、高度和深度 割胶强度大，刀数多，发病重。割胶过深、伤数多，割正刀，吃麻面，割线呈波浪形或扁担形等发病重。冬季深割比浅割发病重。高产树、长流胶树病较重，低产树病较轻。

③ 树木繁育方式和品种 芽接树一般比实生树病重。在芽接树中，PB86、PRIM600 和天住 30-22 最易感病，PR107 次之，GT、PRIM513 和 RRIM603 发病较轻。在实生树中，幼龄树病害重，老龄树病较轻。

④ 管理水平 林段管理良好，能及时控萌除草、疏通防护林带，降低林段湿度，发病较轻。林带失管、荒芜、湿度大，则发病较重。

【防治措施】 要采取综合防病措施，正确处理好营、养、割的关系。在管好、养好树的基础上进行科学割胶。

① 林业技术措施 砍除林内高草，修除下垂枝，砍除防护林下的灌木，藤蔓，降低林内湿度。贯彻冬季安全割胶措施，避免"加刀强割"，坚持"一浅四不割"所谓"加刀强割"就是刀数多、深割、割伤树。所谓"一浅四不割"，就是适当割浅，留皮 0.15cm；四不

割就是早上 8:00,气温在 15℃ 以下,当天不割;毛毛雨天气和割面未干时不割;易感病芽接树位前垂线离地面 50cm 以下,中至重病实生树位前垂线离地面 30cm 以下的低割树不割,另转高线割胶;病树出现 1cm 以上的病斑,未处理前不割。

② 化学防治 瑞毒霉、乙磷铝、甲霜灵 1000 倍液或 70% 敌克松 1000 倍液涂于病部。在晴天用利刀把胶树病皮切除干净,使好皮不与病部相连,再修成梭形。边缘斜切平滑,伤口用瑞毒霉 1000 倍液涂抹,然后用凡士林涂树皮切口。

(8)猕猴桃细菌性溃疡病(Bacterial canker disease on kiwifruit)

【分布及危害】 该病是 1980 年在美国加利福尼亚州和日本神州静冈县首次发现的一种具有毁灭性的细菌性病害。1985 年在我国湖南东山峰发现以来,已在福建三明、四川广元、陕西关中地区发生,发病率在 35% 以上,重病区发病率高达 90% 以上,流行年份致使全园濒于毁灭,造成很大的经济损失,因而被列入"全国林业危险性有害生物名单"。

国内分布于北京、河北、辽宁、安徽、江西、山东、河南、湖北、湖南、陕西等地。国外分布于日本、韩国、新西兰、美国。

【症状】 主要危害树干、枝条、花及叶片,引起枝干溃疡或枝叶萎蔫死亡,叶片产生暗褐色具黄晕不规则病斑。植株被害后多从茎蔓幼芽、皮孔、落叶痕、枝条分叉处开始发病,病斑初呈水渍状,后扩大,颜色加深,皮层与木质部分离,用手挤压呈松软状。后期病部皮层纵向线状龟裂,流出清白色黏液,不久变为红褐色。病斑可绕茎迅速扩展,用刀剖开病茎,皮层和髓部变褐,髓部充满乳白色菌脓,受害茎蔓上部枝叶萎蔫死亡。基部发病,则上部枝条枯死后,近地面部位或砧木部,又可萌发新枝;叶片发病后先形成红色小点,外围可见不明显的黄色晕圈,后形成 2~3mm 不规则形褐色到暗褐色病斑,可见宽约 2~5mm 的明显黄晕,潮湿条件下扩大成多角形水渍状大斑。

【病原】 猕猴桃溃疡病病原属于、变形菌门(Proteobacteria)、假单胞菌科(Pseudomonadaceae)的丁香假单胞杆菌猕猴桃致病变种(*Pseudomonas syringae* pv. *actinidiae* Takikawa et al.)。革兰氏染色阴性,不具荚膜,氧化酶反应阴性(图 3-14)。美国、新西兰、日本曾报道主要危害李、樱桃等果树的丁香假单胞菌死李致病变种[*Pseudomonas syringae* pv. *morsprunorum*(Wormald)Young et al.]也能引致猕猴桃溃疡病,但该菌属于 *Pseudomnas syringae* pv. *actinidae*)的异名。

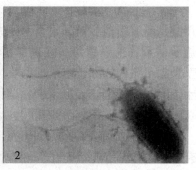

图 3-14 猕猴桃细菌性溃疡病
1. 枝条上的症状 2. 病原细菌

【发病规律】 猕猴桃溃疡病病原菌主要从植株体表各种伤口处侵入。刀伤、冻伤、雹伤及风雪伤等都是病菌侵入的重要途径。在植株处于休眠期(12月下旬至1月下旬)时，溃疡病菌就开始由植株的气孔、水孔、皮孔、伤口(虫伤、冻伤、刀伤)等侵入植株体内，此为病害发生始期。在植株伤流开始后(2月上旬至3月上旬)，病菌于寄主体内进行潜育增殖扩展，此为病害增殖期。萌芽前(3月中下旬至4月中旬)，枝条等部位开始出现流胶流锈水，此时进入发病高峰期。在抽梢至伤流止时(4月中旬至4月下旬)，气温升高，发病开始变慢，此为病害发展缓慢期。在孕蕾至开花期(4月下旬至5月中旬)，溃疡病菌开始侵染花蕾，枝干停止发病，花蕾受害发病，此为花蕾受害发病期，此时若天气特别潮湿多雨，病株伤口处可再度出现流胶。在生理落果期(4月下旬至5月下旬)，枝梢开始进入枯萎期，溃疡病菌停止侵染危害。

病害田间发病主要从新伤口侵入，植株旧病斑的复发率较低，而且其主要以侵染1~2年新生枝梢为主。病菌主要在田间感染病枝蔓上越夏越冬，也可随病残体在土壤中越冬。园地周围野生猕猴桃病株与栽培苗木带菌是田间发病的主要侵染来源，暴风雨危害对病害的侵入和近距离传播起着重要作用。翌年春季病原细菌从病部溢出，通过风雨、昆虫传播，或春季修剪等农事操作时，借修剪刀、农具等传播，从气孔、水孔、皮孔、伤口等侵入。病部溢出的病菌，不断传播引起多次再侵染。一年中有2个发病时期：一是春季伤流期至谢花期；二是秋季果实成熟期前后，多半发生于秋梢叶片上。

该病属低温高湿性病害，凡冬季和早春寒冷受冻，则病害重。一般背风向阳坡地发病轻，海拔高的园地发病重，低海拔区发病轻或不发病；果园间作其他作物、修剪过重、施肥过量，发病较重；周年生长期中的伤流期发病重；成年挂果树较幼年树发病重。一般野生株、雄株、砧木(实生苗)发病很轻。研究表明该病发生的早迟和危害程度与极端低温出现的早迟和低温程度关系密切。当极端低温达-12℃以下时5d内发病，此年将成为重病年或严重病年；当旬平均气温达20℃时，病害停止蔓延危害；品种的抗性对此病的危害起着关键性的作用。

同时该病的发生与品种、树龄、土壤、气候等因素也有一定的关系。

猕猴桃细菌性溃疡病菌主要危害中华猕猴桃(*Actinidia chinensis*)等猕猴桃属植物；人工接种也可使桃(*Prunus persica*)，杏(*Armeniaca vulgaris*)、梨(*Pyrus* spp.)、樱桃(*Cerasus pseudocerasus*)、梅(*Prunus mume*)等轻度发病。

【防治措施】

① 加强检疫　严禁从疫区引苗，对外来苗木要进行苗木处理。

② 林业技术措施　防霜冻，强树势。在选择园址时，应选择土壤结构好，不易发生霜冻的地方建园，已建成的园子应该注意防止霜冻。同时加强树体管护，增强树势，防止树体提前衰老。建园应就地育苗就地栽植。另外，注意雌、雄比的搭配，使雄株既能满足授粉的需要，又要防止雄株过多，招致溃疡病的发生。

加强栽培管理。在陕西关中地区，夏剪以摘心、疏枝、疏果为主，避免"大小年"，以保持旺盛的树势。冬季修剪应在落叶后至1月中旬之间进行，冬剪的轻重应掌握好幼树重、成年树轻，弱重旺轻，大年重小年轻的原则。提倡"少留枝多留芽"的剪法，以促进枝梢生长，平衡营养生长与生殖生长的关系。冬灌不能晚于11月底，忌大水串树盘浇；春灌不早于4月，5~10月可根据地墒随时灌溉；合理施肥，控制春季萌芽的早晚、伤流的多少和树木生长势。冬灌时以农家肥为主，同时配施适量的P、K肥，萌芽期追施N肥，开花期、座果期、果实膨大期追施P、K肥，提高树体的抗病性。在生长期进行中耕除草，间种绿肥，改善土壤的通透性和蓄水性，增加土壤有机质含量，提高土壤肥力，降低发病率。

③清除侵染来源 结合园内卫生管理和化学防治，控制介体昆虫种群数量，减少病菌传染机会。

④化学防治 多采用收果后或入冬前期喷施铲除性杀菌剂，铲除潜伏病菌；在立春后至萌芽前施用内吸治疗性杀菌剂抑制病菌扩展，预防发病；在萌芽后至谢花期喷施灭生性杀菌剂，控制病情。据报道选择混配药剂(50%加瑞农+77%可杀得+溃疡灵)于刮除病斑后涂抹并用药棉包扎，其防效可达100%。一些试验也表明冬末夏初采用"划道"可控制病斑扩展，夏季采用彻底刮除治疗病斑，其疗效高达90%。

(9)杨树腐烂病(Cytospora canker of poplar)

【分布及危害】 杨树腐烂病又称烂皮病，是杨树的重要枝干病害。广泛分布于世界杨树栽培区，我国东北、华北、西北地区分布较多。除危害杨属各种外，也危害柳树、核桃、板栗、桑树、槭、樱、花椒、木槿、接骨木等多种木本植物。危害严重时，常引起林木的大量死亡，河北省张北县中白林场1972年曾因病情严重而伐除病死树4万余株。北方不少地区春季造林大面积枯死，造林失败的主要原因是干旱缺水，导致腐烂病大发生，而使树木死亡。

【症状】 杨树腐烂病主要发生在树干及枝条上，表现为干腐和枝枯(梢枯)2种类型。

干腐型：主要发生于主干、大枝及分杈处。有些地区因日温差显著，出现日灼伤，往往在树干基部向阳面首先出现病斑。发病初期呈暗褐色水渍状病斑，略微肿胀，皮层组织腐烂变软，以手压之有水渗出，后失水下陷，有时病部树皮龟裂，甚至变为丝状，病斑有明显的黑褐色边缘，无固定形状，病斑在粗皮树种上表现不明显。后期在病斑上长出许多针头状黑色小突起，此即病菌的分生孢子器。在潮湿或雨后，自分生孢子器的孢口中挤出橘红色胶质卷丝状物。在条件适宜时，病斑扩展速度很快，向上下扩展比横向扩展速度快。当病斑包围树干一周时，其上部即枯死。病部皮层变暗褐色，糟烂，纤维互相分离如麻状，易与木质部剥离，有时腐烂达木质部。如环境条件对树木有利，抗病性提高，病斑的周围组织则可长出愈伤组织，阻止病斑的进一步扩展。在东北和华北一些地区，病枝上后期会产生一些黑色小点，突破表皮外露呈灰色颗粒状物，此为病菌的子囊壳。

枯梢型：主要发生在苗木、幼树及大树枝条上。发病初期呈暗灰色，病部迅速扩展，环绕一周后，上部枝条枯死。此后，在枯枝上散生许多黑色小点，即为分生孢子器。

在老树干及伐根上也有时发生腐烂病，但症状不明显，只有当树皮裂缝中出现分生孢子角时才开始发现。

【病原】 引起腐烂病的病原菌主要是子囊菌门间座壳目(Diaporthales)的污黑腐皮壳菌(*Valsa sordida* Nitschke)，其无性型为金黄壳囊孢菌[*Cytospora chrysosperma*(Pers.) Fr.]。子囊壳多个埋生于子座内，呈长颈瓶状，子囊壳直径350~680μm，高580~896μm，未成熟时为黄色，成熟后为黑色。子囊棍棒状，中部略膨大，子囊孢子4~8枚，2行排列，单胞，腊肠形；大小为(2.5~3.5)μm×(10.1~19.5)μm。分生孢子器埋生于子座内，不规则形，孔口突出寄主表皮面外露，分生孢子器直径(0.89~2.23)mm，高(0.79~1.19)mm。分生孢子单胞，无色，腊肠形，大小为(0.68~1.36)μm×(3.73~6.80)μm(图3-15)。

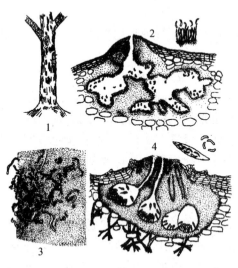

图3-15　杨树腐烂病
1. 示病株的干腐和枝枯型症状　2. 分生孢子器、分生孢子梗和分生孢子
3. 病枝皮上的分生孢子器和分生孢子角　4. 子座、子囊壳、子囊和子囊孢子

引起杨树腐烂病的，尤其是引起成年树枯梢型病的还有子囊菌门间座壳目的杨树白座壳[*Leucostoma niveum*(Hoffm.)Hohn. = *Valsa nivea*(Hoffm.)Fr.，其无性型为*Leucocytospora nivea*(Hoffm.)Tak. Kobay]。其有性子实体生于枯枝或枯死树的树皮上，子囊壳数个聚生于子座中，子座宽1090~1230μm，高为820~960μm，基部有一明显的黑色带状结构。子囊壳初埋生，后突破表皮外露，在孔口周围有1圈白色粉状物，球形或扁球形，大小为(160~200)μm×(130~200)μm，壳壁褐色或暗褐色，具有200~300μm长颈。子囊棍棒状，大小为(30~45)μm×(6~12)μm，子囊孢子腊肠形，2行排列，单胞，无色，大小为(8.2~13.0)μm×(1.5~4.0)μm。分生孢子器也埋生于子座中，不规则形，多室，具共同孔口，子座基部也同样具1条明显的黑色条带。分生孢子腊肠形，单胞，无色，大小为(6~8)μm×(1.0~1.5)μm。*Leucostoma niveum*在PDA培养上的菌丝初为白色，后渐变为灰白色至黑绿色，而*Valsa sordida*在PDA培养基上的菌丝始终为粉白色，而且其致病力也较弱。

【**发病规律**】　病菌以子囊壳、菌丝或分生孢子器在植物病部组织内越冬。翌年春天，当温度(10~15℃)、湿度(60%~80%)适合时，产生分生孢子进行传播。北京地区于3月下旬在树干病部糟烂部分或枯枝上普遍产生*Leucostoma niveum*的子囊壳。用子囊孢子接种1星期后即发病，半个月左右病部形成分生孢子器。病菌孢子借气流、雨水或昆虫传播，病菌通过各种伤口侵入寄主体内，潜育期一般为6~10d。

该病于每年3、4月开始发生，各地区气温不同，发病迟早和侵染次数也不同。北京地区3月中、下旬开始活动，东北地区稍迟，多在4月上旬至4月中旬、下旬开始活动。5、6月为发病盛期，7月后病势渐趋缓和，至9月基本停止发展。

腐烂病菌为弱寄生菌，有较多的营养体亲和群和遗传多样性，并只能侵害生长不良、树势衰弱的树木，在野外随寄主呈均匀分布。病菌先在各种伤口或衰弱的部位生活，并逐渐对活组织进行侵染。该病菌可在已死的树木上进行较长时间的腐生生活。腐烂病菌在苗木中带菌率很高，当条件合适的时，病害可大量发生。树皮含水量与病害发生关系密切，树皮含水量低有利于病害发生。研究表明：杨树腐烂病的发生与影响树木树势及抗病性的自然因素及人为因素关系非常密切，主要因素有以下几方面。

① 树种的抗病性　不同杨树对腐烂病的抗性有明显的差异。一般认为小叶杨、加杨、钻天杨较抗病，而小青杨、北京杨、毛白杨较感病，在西北地区银白杨、胡杨最抗病，箭杆杨次之。不同种的杨树表现抗病性差异的主要原因是各种杨树对寒冷、日灼、干旱、盐碱、风沙等的抗逆性反应不同。如银白杨在-40℃下无冻害，且耐干旱、盐碱，适应性强，故发病少，而新疆杨则较差。各种杨树均有一定的适生区，超出其适应范围则表现异常。如小叶杨一般被认为抗病性较强，但在异常寒冷的年份或地区受冻严重，也会引起病害大发生。再如，I-72杨、I-69杨等在我国湖南、湖北等较温暖地区生长良好，对腐烂病的抗性强，但在河北等地栽植时很易感染腐烂病。

② 气候、土壤条件　据观察，平均气温在10~15℃时有利于病害发展，若上升到20℃以上时，则不利于病害的发展，据报道，温度在6~10℃时有利于病菌的侵染。冬季冻害，夏季日灼，不仅削弱树势而且提供侵入伤口是引起的北方地区腐烂病发生的重要诱因。

③ 造林及管理状况　造林时苗木过大，根系损坏严重，假植时不认真且时间过长，长途运输，树体水分损失过多，则易发病。造林后不及时灌水，管理粗放更会加重病害发生，甚至导致造林失败。

④ 树龄、林分结构、方位、密度、病虫危害等　当年定植的幼树及6~8年生幼树发病重，但遇到异常气候时，大树也会严重发病。株行距过小，树木间竞争激烈，树势衰弱，则易发病；相反，郁闭度过小时也易发病；与适宜的树种混交，增强树势，则病害减轻。其他病虫害严重发生，削弱树势，亦可成为腐烂病发生的诱因。例如病原物寄生性稍强的溃疡病在新定植的杨树上严重发生，往往成为病原物寄生性更弱的腐烂病发生的先驱。食叶害虫、蛀干害虫、叶部病害严重危害后，都将导致腐烂病的大发生。

【防治措施】

① 选用抗病良种造林　杨树对腐烂病的抗性是与其抗逆性相联系的，要选用抗寒、耐干旱、耐盐碱、耐日灼、耐瘠薄的杨树。树种本身的抗病能力是防病的关键，但任何树种都有其适生区，因此要适地适树，选择适于当地土壤、气候条件的杨树造林。

② 林业技术措施

培育健康壮苗，提高造林质量。苗木尽量少带菌，插穗在2.7℃以下的阴冷处贮存，避免病菌的侵入和生活力的降低。造林时尽量少伤根，避免长途运输和长期的不认真假植。植树后及时灌水，缩短缓苗期。营造混交林时，根据立地条件、树种特性及用途确定合理的株行距。

造林后加强管理。及时排灌，适时松土除草，林粮间作，合理整枝间伐，保护伤口，防治病虫害。

改善林地及周围卫生状况。清除严重病弱株(枝)及林分，对轻病株或林分，除加强管理外，要及时采取刮除病斑，喷(涂)药等措施。树桩或篱笆用的杨树枝干上有大量病菌，会成为侵染源之一，因此，桩木及篱笆应剥皮或喷药后再用。

③ 化学防治　目前常用的药剂有代森锌100倍液，10%碱水，5%托布津，5°Be石硫合剂等，有条件时用刀划破病斑后涂药效果更好。初冬早春树干下部刷涂白剂。

④ 生物防治　哈茨木霉(*Trichoderma harzianum*)、绿色木霉(*T. viride*)中某些株系，对病菌制率达60%以上，并随时间增加而增强。鳞柄白鹅膏粗提液对病原菌丝生长抑制率达100%，对该菌孢子萌发抑制率可达93%以上，杨树内生细菌、毛壳菌某些株系对杨树烂皮病菌也有一定的颉颃作用，微生态调控被认为是杨树烂皮病可持续控制的有效办法之一。

(10) 板栗疫病(Chestnut blight)

【分布及危害】　板栗疫病又称干枯病、胴枯病。1900年首先发现于美国东部的美洲栗(*Castanea dentata* Borkh)上，在以后的20多年里，疫病迅速蔓延，几乎摧毁了北美的全部美洲栗林。1938年此病传至欧洲，此后的10多年时间里在欧洲多个国家传播蔓延，导致欧洲栗(*C. sativa* Milier)亦几遭覆灭之灾。亚洲近邻韩国和日本有分布。在我国此病分布于北京、河北、辽宁、陕西、安徽、江苏、浙江、江西、山东、山西、河南、湖南、重庆、云南、广西和广东等地。病害造成板栗树势衰弱，栗实产量大幅度下降，严重时引起树木死亡。

此病除危害板栗(*C. mollissima* Blume)之外，在我国还见于日本栗(*C. crenata* Sieb. et Zucc.)和多种栗类(*Castanea* spp.)。国外报道也能危害毛枝栗(*C. pumila* Mill.)、红花槭(*Acer rubrum* Linn.)、美国山核桃(*Carya illinoensis* Wangenh. K. Koch.)等树种。

【症状】　板栗疫病主要危害主干及较大的侧枝，但1~2年生枝上也时有发生。在光滑树皮上，发病初期形成圆形或不规则形的水渍状病斑，黄褐色或紫褐色，略隆起，较松软，湿度大时会溢出黄褐色汁液；发病至中后期，病部失水，干缩下陷，皮层开裂。撕开树皮，在树皮与木质部之间可见有羽毛状扇形的菌丝层，初为乳白色，后为浅黄褐色。病斑边缘形成愈合组织，来年旧病复发，向外扩展并形成新的愈合圈，年复一年形成同心的、密集的、中心低边缘高的多层复合圈，为长椭圆形盘状。如病斑显著向树干上下方向发展，则形成大的长形病斑。春季，在感病部位产生橙黄色疣状子座。此后子座顶破表皮外露，遇雨或空气潮湿时，产生黄褐色、棕褐色胶质卷丝状的分生孢子角。入秋后，子座颜色变为紫褐色，并可见黑色刺毛状的子囊壳颈部伸出子座外。病斑常发生于嫁接口附近，受昆虫危害的树皮处常出现栗疫病溃疡斑。幼树在干基部发病较多，造成上部枯死。溃疡斑以下部分可产生大量萌蘖。翌年春，旧病复发，前一年大多萌蘖枯死，未死部分又可产生新的萌蘖，如此往复数年，最后导致病树死亡。

【病原】　栗疫菌[*Cryphonectria parasitica*(Murrill) M. E. Barr.]，属子囊菌门间座壳目隐球赤壳属。

分生孢子器生于鲜色肉质的子座中，不规则，多室。分生孢子单胞，无色，长椭圆形或圆柱形，直或略弯曲，大小为(1.2~1.5)μm×(3.0~3.5)μm。子囊壳产生在子座底层，黑褐色，球形或扁球形，直径为260~315μm。每个子囊壳均有与顶端相通的长喙。一个子座中生数个至数十个子囊壳。子囊棍棒状，其间无侧丝，无色，大小为(38~43)μm×(6.0~8.0)μm。子囊孢子8个，成单行或不规则排列于子囊内，椭圆形，无色，双细胞，分隔于中间，分隔处稍显缢缩，大小为(5.5~9.9)μm×(2.6~4.0)μm（图3-16）。

在PDA培养基上菌落呈黄白色至橙黄色，棉絮状，生长迅速。少数菌株的菌落深黄色或深褐色，这类菌株的扩展速率较慢。还有一部分菌株在一周内菌落基本保持白色，很少形成孢子器，此为弱毒菌株。弱毒菌系的出现是由于病原真菌毒性菌系感染病毒的结果，这种

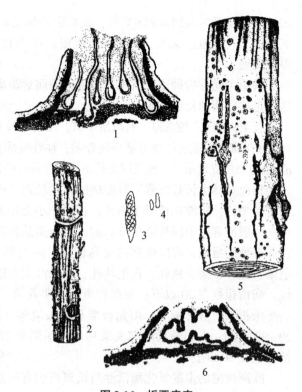

图3-16 板栗疫病
1. 子囊壳 2. 分生孢子角 3. 子囊及子囊孢子
4. 分生孢子 5. 病害症状 6. 分生孢子器

病毒无蛋白衣壳，具双链RNA，被称为与低毒力相关的病毒(hypovirulence-associated virus)，或低毒病毒(hypovirus)。据研究，国内栗疫病菌根据致病力的大小分为弱毒系、毒性系和强毒系。将弱毒系与强毒系混合接种栗树，弱毒系能使强毒系的致病力极显著降低。我国栗疫菌营养体亲和群(vegetative compatibility group，VCG)众多。仅在苏皖地区分离出的219个菌株就可划分为131个营养体亲和群，燕山栗产区有43个营养体亲和群。菌丝体结构、温度、营养不亲和基因的数目等多种因素影响dsRNA从弱毒性菌株向毒性菌株的转移。dsRNA的转移频率与营养不亲和基因的数目之间呈显著负相关的关系。

我国东部12个省(直辖市)栗疫菌交配型均存在两种交配型，交配型A与a之比约为1∶2。由于存在两种不同的交配型，可以预料该菌的遗传变异将随着杂交频率的增大而增大。

【发病规律】 病菌以多年生菌丝体和子座在病树上越冬。翌年3月底至4月上旬病菌开始活动，4月中、下旬产生新的分生孢子，5月中旬大量出现分生孢子角。分生孢子借雨水、气流、昆虫和鸟类传播。10月下旬开始产生有性型。子囊孢子主要借气流传播。分生孢子和子囊孢子均可进行侵染，有重复侵染发生。孢子萌发后，只能从伤口侵入。不能直接侵染健壮的或无伤口的衰弱栗树。日灼、冻害、嫁接和虫害等所致伤口，是病菌孢子的主要侵染途径。

病原菌的生长适温为25~28℃，高于30℃生长不良，低于7℃，菌丝停止生长。在我

国江南，早春气温回升到6℃时，此病菌开始活动，5~9月，气温在20~29℃时，病害发展迅速。气温超过30℃，病害发展缓慢。11月以后，气温下降到10℃左右，病害基本上停止发展。

病菌可随带病种子、苗木和接穗运输而远距离地传播。栗园周围染病的其他栗类，往往亦是栗疫病的侵染来源。

板栗喜生于土壤深厚，有机质丰富，湿润而排水良好的砂岩、花岗岩风化的砂质土壤上，在过于瘠薄、黏重的红壤上适应性较差，往往疫病重。在山谷地积水，石灰岩山地土层较薄，pH值过碱的立地条件，板栗树生长不良，疫病亦较重。管理粗放，虫害严重则发病重。

板栗幼林生长势旺盛，对疫病的抗性较强，而往往随着树龄增长而病情加重。在相同的树龄条件，阳坡病情轻于阴坡；在同一小土丘上，山顶轻于山脚。

一般而言，中国板栗是抗病的，但板栗品种间的抗病性有明显差异。据广西、湖南和江苏等地的报道，高度抗病的是乌板栗、油毛栗、铁粒头、板栗九家以及明栗、长安栗；宅栗、隆林板栗、焦扎、青毛软扎、中果红皮栗以及油光栗、二露栗、领口大栗等发病较轻，病情指数在20以下；发病较重的是半花栗、薄皮栗、兰溪锥栗、大底青栗以及广西的平乐板栗、玉林板栗、阳朔板栗和毛板栗等，调查林分发病株率达50%，病情指数在20~30之间；发病最重的有大果乌皮、福栗和柳州板栗，林分发病株率在50%以上，病情指数在30以上。

欧洲栗树的多酚氧化酶活性与抗栗疫病有明显关系，多酚氧化酶活性越高，板栗抗疫病性越强。栗树中存在多聚半乳糖醛酸酶抑制蛋白(PGIP)，较抗栗疫病的品种 PGIP 含量高，中国栗树树皮中的 PGIP 比美洲栗树中的含量高 5~20 倍。

【防治措施】

① 林业技术措施　选用抗病品种，选择地势平缓、排水良好、土层深厚肥沃、微酸的砾质壤土栽培板栗。加强抚育管理，适当施肥，增加树势，提高抗病力。杜绝折枝采果或只收不管。尽可能减少灼伤、冻伤、虫伤和人为的刀伤等损害，保护好嫁接伤口。彻底清除重病株和重病枝，及时烧毁，减少侵染点和侵染源。对树势衰弱的重病区，可采用高接换种办法，提高抗病力。

② 化学防治　对树势尚盛的轻病株，可刮除主干及大枝上的病斑，将病组织连同周缘0.5cm的健皮组织刮除至木质部，伤口处用200倍的抗菌剂401，500倍的甲基托布津或"843"原液涂抹伤口。嫁接口要及时涂药保护。

③ 生物防治　在欧洲，1965年发现栗疫病菌的弱毒菌系(Hypovirulent strain)。这个弱毒菌系对板栗几乎没有致病力，但能够将强毒菌系(Virulent strain)转化为弱毒菌系，一般接种3年后，可以治愈。弱毒菌系的 dsDNA 可以通过有亲和性的菌系的菌丝细胞的融合而转移到毒性菌株中，使正常毒性菌株转化为弱毒菌株。法国、意大利等国利用弱毒菌系成功地控制了欧洲栗疫病的发生。美国用遗传工程方法，将低毒病毒全长 cDNA 整合到毒性菌株染色体上，获得了完整低毒力表型的转基因工程菌株。此工程菌株可以经有性生殖将病毒 cDNA 传到不同营养亲和类型的后代群体，使得低毒病毒的传播可以跨越菌株间营养不亲和的阻碍，因而具有潜在生防效果。

(11) 刺槐干腐病(Stem canker of black locust)

【分布及危害】 该病在江苏、山东、辽宁和陕西等地均有发生，特别是江苏各地堤岸、公路或农田防护林发生较普遍。一般年份零星发病，逐年枯死，严重年份则大量死亡。苏北运河堤岸宝应至高邮段1971—1973年间，死亡达万余株。1980年阜宁罗桥地区的农田防护林，死亡率55%~82%。

【症状】 从2年生苗木至大树的枝干均能受害，引起枝枯或整株枯死。大树主要发生在干基部，受害后初期症状不明显，外部略见潮湿病痕，但剥开树皮内部已变色腐烂，有臭味，如果病斑不断扩展，包围树干一周，叶片即发黄凋萎，造成病斑以上枝条枯死。发生在枝梢或幼树的主干时，病组织呈水渍状腐烂，产生明显的溃疡斑，稍凹陷，边缘紫褐色。随着病斑的扩展，不久病斑以上部位即枯死。发病后期病斑上常有大量橘红色镰孢菌的孢子堆。

【病原】 将病组织进行组织分离培养时，可获得镰孢菌(*Fusarium* spp.)、疫霉菌(*Phytophthora* spp.)和小穴壳菌(*Dothiorella* sp.)等几种菌的菌落。它们的出现频数依次渐少。除此之外，也见有大量的细菌菌落。接种试验的结果表明，只有樟疫霉菌(*Phytophthora cinnamomi* Rands)对刺槐具有明显的致病力。但目前尚未完全搞清楚它和其他几种菌之间存在着何种关系。亦有人对分离自刺槐干腐病病组织的56个菌株经形态、生理和致病性等方面的研究鉴定为3个疫霉种：槐生疫霉(*Phytophthora robinicola* Lu, Xu & Fang sp. Nov.)、掘氏疫霉(*P. drechsleri* Tucker)和烟草疫霉(*P. nicotianae* Breda de Haan)。其中，槐生疫霉是疫霉属的一个新种，也是引起刺槐疫病的主要致病种。

【发病规律】 病菌在土壤中宿存，土壤带菌是重要侵染来源，带菌病株也可传病。地下害虫的伤口是侵染主要途径。土壤含水量过高或大风造成的伤口，以及人、畜活动造成的机械伤，都能成为侵染途径。

人工接种潜育期10℃下为10~15d，20℃下为7~8d，30℃时为2~3d。病害盛发期在5~9月。此时如降水量达150mm，相对湿度80%以上，有利病害发生。气温25℃以上，相对湿度85%以上时，病斑扩展迅速，每天可达2.6cm，死株率达50%。

在生长不良、植株过密的林分中，或低洼积水的林地有加重发生的趋势。在林缘易受人畜活动危害造成机械损伤，以及截干的刺槐林易发病。

【防治措施】

① 林业技术措施 低洼积水或靠近水源，均不宜栽植刺槐。或做好开沟排水，降低土壤湿度。

② 化学防治 及时清除死株或残桩，土壤用5%甲醛液消毒。

树干涂白和用硫酸铜、硫酸亚铁或石灰撒于土表，其上覆土，有一定的防治效果。

早期病斑采用外科手术挖除或在病斑上打孔或用刀划破，然后涂25%多菌灵30~50倍液，涂2~3次，对病害有抑制作用。

用溴氰菊酯2000倍液灌浇土壤，防治地下害虫。

(12) 核桃干腐病(Stem canker of walnut)

【分布及危害】 核桃干腐病又称核桃溃疡病，主要分布于湖南、江西、安徽、广西、江苏、四川、陕西、河南、山东和云南等地。危害核桃的主干和枝条,引起干腐和枝枯,病株1~2年内由于生长势衰弱而死亡。在江南夏季高温干旱地域,常导致植株枯死,使引种造林失败。

【症状】 此病主要危害3~7年生幼树的主干,也危害主侧枝和果实。感病的主干和枝条,初期以皮孔为中心形成淡灰褐色、近圆形、微突起的病斑,直径约为0.8~1.5cm,用手指按压,可挤出汁液。后期,由于病斑增多,并不断扩展,病斑连结成纵向、梭形、红褐色至黑褐色的大病斑,严重病株可延伸到半边或大半边树干,以致树木枯死,相连接的枝丫亦受病干枯。在大块的病斑上,产生许多散生或集生的小黑点,即病菌的子实体。病皮下面的木质部呈浅灰褐色(图3-17)。

果实染病,病斑初期近圆形,暗褐色,大小不一,逐渐扩展,可延及整个果实,病果易脱落。病果表面产生的微突起的黑色点粒状物,即病菌的子实体。

【病原】 该病由子囊菌门葡萄座腔菌目的葡萄座腔菌[*Botryosphaeria dothidea*(Moug.)Ces. & De Not.]引起。子座黑色,球形或扁球形,其中埋生一个至数个子囊腔,寄生树皮内,后突破寄主表皮外露,直径为161~179μm。子囊束生腔内,棒形,无色,双层壁,大小为(68~93)μm×(10~19)μm。子囊孢子单胞,椭圆形,无色,大小为(20~23)μm×(5~7)μm。分生孢子器单生或集生于子座内,暗色,球形或扁球形,直径90~237μm。分生孢子梗无色,较短。分生孢子无色,长梭形至纺锤形,(16~25)μm×(4~6)μm(图3-17)。

【发病规律】 病菌以菌丝或子囊腔在寄主组织内越冬。翌年春、夏间,气温回升,雨量充沛时,子囊孢子成熟,借风雨或气流传播,从枝干皮孔或受伤的垂死组织侵入,菌丝在韧皮部潜育蔓延,形成病斑。夏秋之际,产生分生孢子器,成熟的分生孢子随气流或风雨传播,扩大再侵染。

核桃干腐病菌是一种弱寄生菌,经常生长在死枝和弱枝上,当树木受到日灼和冻害后,便乘虚而入,因此常在树干南面或西南面开始发病。在管理粗放、虫害严重,树势衰弱的核桃林内,常常发病严重。多次移栽会导致生长势下降,有利于病害的发生和发展。

不同立地条件对干腐病影响显著,在干旱瘠薄、过酸并黏重的红壤上,株数发病率可达86.3%~100%,病情指数为42.0~61.5。而在土层深厚、疏松、肥沃、湿润、中性偏碱的钙质壤土上,核桃发病轻或不发病,生长势好。在阴凉的山谷地,适当间种夏季绿肥、花生或其他农作物,有利于核桃生长,病情较轻微。

此外,由咖啡木蠹蛾(*Zeuzera coffeae* Nietner)危害所造成的伤口,常出现干腐病斑,且蔓延迅速。据在长沙、城步和常宁等地的调查,由此害虫伤口引致的干腐病,占总发病率的10%~17%。

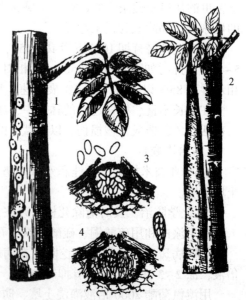

图3-17 核桃干腐病
1. 初期症状 2. 后期症状 3. 分生孢子器和分生孢子 4. 子囊壳腔、子囊和子囊孢子

【防治措施】

① 林业技术措施　营造核桃林，应注意选择土层深厚、疏松、肥沃、湿润、中性偏碱的钙质壤土，并于林地间种绿肥或花生等农作物。避免多次移栽，及时防除咖啡木蠹蛾等害虫，以提高树势，增强树木的抗病力。

② 化学防治　树干涂白，预防日灼、虫伤和冻伤。对初发生小块病斑的幼树，宜用氯化锌、甘油、95%酒精等量配成的合剂涂抹治疗。方法是，先用针束在小病斑上刺几次，然后用毛笔蘸药液涂抹病斑，每2d涂药1次，连续3次，可收到良好效果。对树干上已成较大块的病斑，可用刮治的方法，即用利刀彻底削去病组织，包括已变色的木质部。然后用波尔多液涂抹保护伤口，同时注意水肥管理，促使尽快愈伤。

（13）落叶松癌肿病（Larch canker）

【分布及危害】　落叶松癌肿病也叫溃疡病、枝枯病、干枯病，是流行于欧、美的严重病害，19世纪中、下叶，该病害在德、英等欧洲国家流行，毁掉了大面积欧洲落叶松。以后该病在日本、美国、加拿大等国家相继发现，给这些国家的林业造成重大损失。1976年我国最先在小兴安岭发现该病害。据1979年在大兴安岭的调查，该病普遍发生于包括加格达奇、新林、塔河等各地的兴安落叶松天然更新的林内。该病主要危害兴安落叶松的枝干，发病率在局部地区曾高达97%。落叶松属所有种类均不同程度感病。

【症状】　本病危害落叶松枝干。发病初期皮部死亡下陷，树皮变黑色、开裂、略肿。若小枝发病，当发病部绕枝一周时，病部以上即行枯死，发病部位常留有死枝、死芽或枯死簇叶。若粗枝或主干发病时，在下陷的死皮周围当年生出愈伤组织，但多数不能使病部愈合，第二年随着树木的生长和病菌的继续侵染，新的愈伤组织再在老的愈伤组织内侧形成。如此年年生长，年年留下不能痊愈的伤口，因而使病部肿大呈梭形。病部横切面，木质部呈凸凹不平的梯状溃疡伤。溃疡边缘常着生数个橘黄色病菌子实体(即病菌的子囊盘)。盘成熟时为浅漏斗状，外侧有细毛，污白色或灰白色。子实体逐渐增生扩大，在溃疡口周围形成同心环状的隆起带，而下陷部形成空洞，流出大量黏稠黑褐色树脂。由于溃疡处暴露，常引起真菌及蛀食性害虫侵入，加重了病情。

【病原】　该病病原为子囊菌门柔膜菌目的韦氏小毛盘菌 [*Lachnellula willkommii* (R. Hartig) Dennis]。子囊盘成熟时呈浅漏斗状，直径1~4mm，厚0.3mm，无柄或有0.55mm短柄。子囊棍棒状，大小为(8~12)μm×(115~163)μm。子囊孢子短梭形至长椭圆形，单胞，无色，在子囊中排列成单行，大小为(5~9)μm×(15~27)μm。子囊孢子常在萌发时产生横隔，将孢子分成1~4个细胞，每胞均生芽管。侧丝线状、不分枝，有的顶端膨大（图3-18）。

该菌为弱寄生菌，只有在树木生长衰弱或受到伤害时，才侵染受伤部位而致病。子囊孢子在5~25℃均能萌发，以15℃左右最适宜。适宜pH值为5，相对湿度41%~100%都能萌发，以100%萌发率最高。

【发病规律】　病害经常发生在春秋两个季节。病害初期的侵染源为子囊孢子，子囊孢子萌发后常侵入活树上的死组织，然后逐渐对活体组织产生致病影响。天然更新和人工林中的兴安落叶松都能受侵染发病，过熟林及衰老林病重。在天然老龄病树附近的人工林内

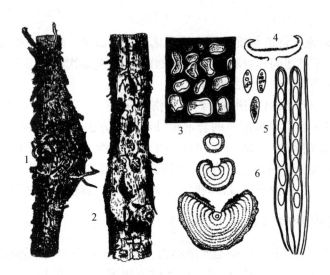

图 3-18 落叶松癌肿病
1、2. 病害症状 3. 病部放大(示子囊盘外形) 4. 子囊盘剖面
5. 子囊、侧丝及子囊孢子 6. 枝干被害处横断面

病情最为严重。病树多集中发生在寒冷地区和山下洼地的易结霜地段上，枝与干上的发病部位多集中于西南侧。由此可见，本病与霜冻和日灼伤关系密切。由于昼夜温差过大从而引起日灼伤，不但为病原菌的侵入创造了条件，并且对病后愈伤组织也有很大的破坏力，因而造成了病害连年大发生。根据调查，发病株以死枝与死芽为中心发病的占70%，以伤口为中心发病的占21%。

【防治措施】

① 清除侵染来源　要注意林地的卫生状况，及时清除病树，特别是成林要经常适当修枝，可防止病菌老枝上的定居、繁殖及其传播。

② 林业技术措施　落叶松造林时，要避免在沼泽地、山脚霜洼地和易生日灼伤的地段造林。多营造混交林以增强立木抗冻性。

(14) 松枝枯病(Cenangium dieback of pines)

【分布及危害】　松枝枯病又称松烂皮病、干枯病，是一种世界性病害。在欧洲又被称为垂枝病、软枝病及枯梢病。我国黑龙江、吉林、辽宁、山东、河北、陕西、江苏、四川等地均有分布。据了解该病害除危害黑松外，还有赤松、红松、樟子松、云南松、油松等。2000年山东省调查结果显示，松枝枯病在全省松林内均有发生，发病株和枯死株在松林内大多数呈零星分布。成片枯死的松林主要集中在地势低洼的沿海防护林和海拔较高的山区防护林内。在严重发病区内发病株率在80%以上，感病指数在60以上，死亡株率在50%以上。泰安市林业局对该市主要林业有害生物发生情况调查表明，松枝枯病在泰安市2007年上半年发生1193hm²。原黑龙江省海林林业局的19年生红松人工林发病率达80%，严重病区的林木成片枯死。辽宁省红松发病率最高曾经达97.5%，损失严重。

【症状】　病害多危害幼树的枝干。被害部小枝和针叶变成黄绿色或灰绿色，后逐渐变成褐色至红褐色，针叶逐渐脱落。小枝发病后易干枯死亡，呈枯枝状；侧枝皮层被病菌侵染，侧枝则逐渐向下弯曲；大枝或主干发病后，病部发生溃疡呈烂皮状，常流松脂。病部一侧的枝条枯死，当病部围绕树干一周时整株枯死。被害枝干部常因失水而收缩起皱。

【病原】 引起松枝枯病的病原为子囊菌门柔膜菌目的铁锈薄盘菌[*Cenangium ferruginosum* Fr., 异名：*Cenangium abietis*(Pers.)Rehm.]。子囊盘初生在表皮下，表皮破后伸出表面。子囊盘无柄，盘径2~3mm，成熟后可达5mm。子囊棍棒状，无色，内单行排列子囊孢子8个，有时双行。子囊孢子无色至淡色，单胞，椭圆形，大小为(8~12.5)μm×(6~8)μm。侧丝无色，顶端膨大（图3-19）。

该病原菌菌丝最适生长温度为15~20℃，在10~25℃均可生长，pH值为4~5生长最好。子囊孢子萌发气温为15~28℃，以25℃为最适宜，所需相对湿度达100%，pH值为3.6~5.6。

图3-19 红松枝枯病（仿周仲铭，1990）
1. 病皮外观，可见烂皮下陷，并流脂，生有大量病原菌子实体 2. 病原子实体放大 3. 子实体纵切面图
4. 子囊及子囊孢子 5. 子囊孢子及萌发状态 6. 侧丝 7. 性孢子及性孢子梗

【发病规律】 本病原菌通常情况下腐生在树冠下部的枝条上，对树无害，且有促进整枝的作用。国外报道，可从健康松针中分离到病原菌，显示病菌在侵染的初期是以内生菌的形式存在于松树针叶中的。

病原菌在夏、秋季侵染后，以菌丝在病皮内越冬，翌年1~3月出现松针枯萎，3~4月在皮下产生子囊盘，5月下旬至6月下旬开始成熟，子囊孢子放散盛期为7~8月。子囊孢子借雨水、风来传播，雨后大量飞散。病原菌由伤口侵入，过冬后再表现出症状。

松枝枯病是一种弱寄生菌，只有当松林生长状况不良时，受到旱、涝、虫害后长势衰弱时才会发生侵染，造成松树枯枝和整株死亡。因此，松树生长衰弱是松枝枯病发生的根本原因。另外，松枝枯病也是一种传染病，各地病害的诱因不尽相同，病菌首先在伤口或死皮上腐生一段时间后再侵染活组织。

【防治措施】

① 林业技术措施 对密度大的林分及时进行透光抚育，清除衰弱木和被压木，防止病原菌进一步扩散蔓延。封山育林，改善生境，提高土壤肥力，促进林下植被的生长，加快天然更新。适时施肥、浇水，提高树势。

② 化学防治　调查当地发病原因，采取措施控制由于虫害而诱发病害。对日本松干蚧和赤松毛虫发生严重的林分，用化学药剂进行防治，压低虫口，减轻危害。

发病严重地区可在子囊孢子放散期间喷洒1:1:100波尔多液或2°Bé石硫合剂、50%多菌灵300倍液，均有明显的防治效果。

（15）核桃枝枯病（Melanconis dieback of walnut）

【分布及危害】　该病在江苏、浙江、辽宁、河北、陕西、甘肃、山西、山东、河南、吉林、黑龙江、云南等地均有分布。侵害幼苗至大树，除危害核桃外，还能侵害核桃楸、山核桃和枫杨。发病严重时造成大量枝条枯死，产量影响很大。

【症状】　病菌首先侵害顶梢嫩枝，然后向下蔓延直至主干。受害枝条皮层颜色初期呈暗灰褐色，而后变为浅红褐色，最后变为深灰色，不久在枯枝上形成许多黑色小粒点，为分生孢子盘。受害枝条上的叶片逐渐变黄脱落。湿度大时，大量孢子从孢子盘涌出，呈黑色短柱状物，随湿度增大而软化，形成圆形或椭圆形，黑色馒头状突起的孢子团块，直径约1~3mm，其内含有大量的分生孢子。

【病原】　病原为子囊菌门间座壳目的核桃黑盘壳菌[*Melanconis juglandis*(Ellis & Everh.)Groves]，子囊壳群生，埋生于皮层内的假子座呈带毛的黑色小点，后孔口突破表皮外露。子囊壳烧瓶状，具长颈，壳直径0.5~0.8mm，颈长0.82~1.17mm，颈粗93~159μm。子囊圆筒形至棍棒形，具短柄，大小为(103~137)μm×(14~19)μm，子囊孢子通常8个，单列或不规则双列，梭形至长椭圆形，双胞，无色或浅褐色，分隔处多数缢缩，大小为(17~22)μm×(8.5~13)μm。无性型在我国有矩圆黑盘孢(*Melanconium oblongum* Berk.)与核桃黑盘孢(*M. juglandinum* Kunze)两种，均属于腔孢类黑盘孢属。分生孢子盘初生在表皮下，后突破表皮外露，呈黑色瘤状突起。*Melanconium oblongum*的分生孢子盘直径0.9~1.2mm，分生孢子梗无色，大小为(25~50)μm×(3~4)μm，基部分枝，顶端具1~5个环痕，分生孢子初无色，成熟后呈褐色，单胞，卵形或椭圆形，两边常不对称，大小为(16~27)μm×(8~13)μm；*M. juglandinum*的分生孢子盘较大，直径0.9~2.0mm，分生孢子梗较细，大小为(20~36)μm×(1.5~2.5)μm，分生孢子较粗大，椭圆形或卵形，大小为(18~20)μm×(12~14)μm(图3-20)。

*Melanconium oblongum*的分生孢子萌发气温为10~35℃，在25℃下经8h便开始萌发，至14h达到萌发高峰，核桃树皮中存在促进分生孢子萌发的活性物质。

【发病规律】　病菌主要以菌丝体和分生孢子盘在枝干部越冬，翌年环境条件适宜时，病部产生分生孢子通过风、雨、昆虫等传播，从冻伤、日灼伤、虫伤或其他的机械伤口侵入皮层。病菌是一种弱寄生菌，在枯死枝上可长期存活，只有种种原因造成树势衰弱时病菌才能进行侵染。因此，凡管理不到位，立地条件差，遭受风寒旱害，或受其他病虫害严重危害导致树势衰弱，发病就重，反之则轻。

【防治措施】

① 清除侵染来源　剪除病枝并集中烧毁，以减少菌源，防止病害蔓延。

② 林业技术措施　适当增施肥料，增强树势，提高抗病能力，在冬季和春季对苗木和幼树要做好防冻、日灼及旱害工作，及时防治虫害，避免造成各种机械伤口，减少病菌

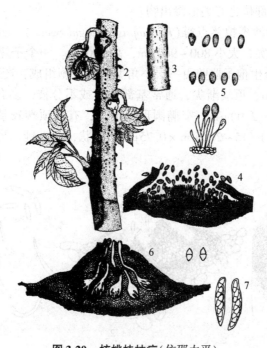

图 3-20　核桃枝枯病（仿邵力平）
1. 病害症状　2. 病枝上的分生孢子角　3. 病枝上的子囊壳座　4. 分生孢子盘
5. 分生孢子梗、分生孢子　6. 子囊壳座　7. 子囊和子囊孢子

侵染机会。

② 化学防治　主干发病，可刮除病斑，并用 1% 硫酸铜消毒伤口后，外涂伤口保护剂。

核桃园里可喷 70% 甲基托布津 800~1000 倍液、90% 百菌清 300 倍液或其他渗透性药剂均可。

(16) 沙枣枝枯病（Phomopsis shoot dieback of elaegnus）

【分布及危害】　在国外，该病分布在中东和东亚沙枣栽培地区，以及加美的加拿大和美国。沙枣枝枯病和由轮枝孢菌（*Verticillium*）引起的沙枣枯萎病是导致沙枣衰退和死亡的重要原因。该病可侵染生长旺盛的沙枣，并可迅速导致生长衰弱和其他病虫害的发生。在我国新疆、甘肃、宁夏、陕西沙枣栽培区均有发生。

【症状】　受害部位形成大小不等的溃疡斑，中后期病斑开裂，枝干枯死，新枝梢枯萎死亡。枯萎叶片常残留在枝条上。主干和大枝上有椭圆至长椭圆形病斑，病斑大小不一，大多数 2.5~15cm 长，病斑皮层黄棕色到暗棕红色，周围有明显的轮廓。

在直径小于 2.5cm 的枝条上，病斑下陷不明显，树皮仍保持光滑，颜色变为红棕色，边缘为暗棕色。受害枝条随病斑的扩大而渐渐枯萎死亡，木质部由白色变成棕色或黑色。病斑周围皮层组织颜色也会改变。后期，病斑上大量出现圆形、微突的子实体，即 *Phompsis* 的分生孢子器。琥珀色至棕色的黏性渗出物会从坏死病斑裂缝间，尤其是病斑边缘流出。受害枝条其他部位也有类似渗出物。

【病原】 病原菌为沙枣拟茎点霉(*Phomopsis elaeagni* Sacc.)。分生孢子器贴生于病组织表皮下，亚球形，微突，大小 800~900μm，高 500μm。一个子座中有 1 到多个分生孢子器，通常 1~2 个，分生孢子器壁由一层小角型黑色细胞组成，产孢梗圆柱形或瓶梗形，(6~16)μm×(1~2)μm，顶端渐尖，通常基部分枝或不分枝，多有一隔膜，α 分生孢子(5.5~11.0)μm×(1.5~2.0)μm，窄椭圆形到梭形，有的顶端较基部细，直或微弯，无色，单细胞。β 分生孢子(15~20)μm×0.75μm，丝状，一端钝，另一端渐细，弯曲，无色(图 3-21)。

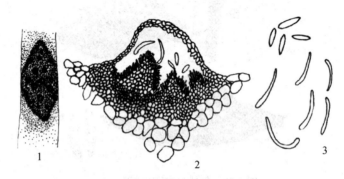

图 3-21　沙枣枝枯病
1. 受害枝条上溃疡斑　2. 病原菌分生孢子器　3. α 分生孢子和 β 分生孢子

【发病规律】 病菌以菌丝体和分生孢子在病斑部位越冬，不能在土壤中越冬。侵染期若天气湿润，分生孢子将大量产生。分生孢子借昆虫、雨水或人为机械传播。病菌通过表皮伤口、修枝伤口或损伤的皮刺侵入。病菌侵染力强，可侵染生长季节不同大小的生长旺盛的沙枣树木。

1 年生枝条在受侵染 1 个月后就会逐渐枯死。枝干和大的枝条受侵染后 1 年或更长时间后就会死亡。病菌侵染 4~6 周后，溃疡斑上产生分生孢子器。分生孢子在整个生长季节可发生多次再侵染。

【防治措施】
① 林业技术措施　把好苗木质量关，使用健康种苗，避免使用感病种苗。
② 清除侵染来源　所有感病沙枣应平地砍伐，焚烧。枝干上的溃疡斑进行刮除或对病枝进行彻底修剪。对经济价值较高的大树主干、主枝上新发枝条，一旦发现枯萎症状，立即进行修剪清除。修剪留下的伤口应进行保护性处理。

(17) 肉桂枝枯病(Branch blight of cassiabark tree)

【分布及危害】 肉桂枝枯病(俗称桂瘟)主要分布在广东和广西的肉桂产区。自 1989 年以来，在广西的岑溪、容县、苍梧、梧州、藤县、玉林、桂平、平南等主产肉桂的县、市，发生极为严重，受害面积 $45×10^4 hm^2$，占肉桂种植面积的 40%。罹病植株减产 20%~50%，给肉桂生产造成巨大威胁。目前此病有继续扩大蔓延的趋势。

肉桂枝枯病的病原菌可寄生 280 个属的植物，广泛分布于热带和亚热带地区，属于弱寄生菌类。

【症状】 肉桂植株受害部位主要集中在顶梢以下80cm范围内的上部枝干。病斑常在枝干分叉处出现，初期圆形、灰褐色，水渍状，后沿枝条上下扩展呈黑褐色梭形斑或段斑，如环绕枝条，嫩梢不久即表现枝枯，较大的枝干褐斑皮层及木质部通常肿胀、开裂。在初夏多雨季节，病部有时可见散生或集生黑色小颗粒，为病原菌子实体。

【病原】 病原菌为可可毛色二孢菌[*Lasiodiplodia theobromae*(Pat.)Griffon & Maubl.]，属子囊菌门葡萄座腔菌目(Botryosphaeriales)真菌。皮层下的小黑粒为分生孢子器，内有分生孢子。分生孢子初无色，单胞，卵圆形或椭圆形，老熟后变为黑褐色，具纵条纹，中间有一横分隔，大小为$(21.3～33.8)\mu m \times (11.3～16.3)\mu m$，平均为$26.0～13.4\mu m$。分生孢子器具侧丝，平均为$47.0～2.5\mu m$。分生孢子器散生或集生于子座内，表面常有暗褐色菌丝丛。有性型很少出现。

【发病规律】 病菌主要在病枝和枯枝上越冬，翌年春由风雨溅散及昆虫传播进行初次侵染。带菌昆虫、野生寄主绒毛润楠的枯梢也可成为初次侵染的来源。病害3月下旬开始发生，6~9月最为严重。

病害发生的影响因素主要有：

① 气候条件　在适宜的气温条件下，相对湿度、雨量分布及雨日长短与周期出现的孢子飞散数量呈正相关。如4月上旬至6月中旬，气温在22~28℃，降水较集中，在降雨和雨后1~2d内，孢子出现达到高峰期。7月后当气温超过32℃时，遇降大雨，产孢也不再出现高峰，但这段时期，由于已积累了较多的前期受侵枝条，因而病情表现格外严重。

② 媒介昆虫　枝枯病的发生与昆虫的危害几乎分不开。媒介昆虫主要为泡盾盲蝽(*Psuedodoniella chinensis*)和肉桂木蛾(*Thymiatris loureiriicola*)。媒介昆虫本身带菌。在进行取食及其他活动时将病菌带入，造成枝干伤口或坏死斑痕，为气传孢子提供侵入通道。泡盾盲蝽在4月中、下旬开始活动，6~9月为发生高峰期，发生时间与桂瘟同步，其成虫与若虫刺吸树体内汁液，在枝梢上造成灰褐色坏死圆斑，病害即从此褐斑开始发生和扩展。木蛾幼虫啃食树皮，然后钻蛀孔道进入木质部，造成枝条创伤。

③ 其他因素　林间调查发现，土层深厚，长势健旺的植株发病相对较轻。感病较重地区的肉桂，其枝条含硼量及土壤有效硼量都明显低于感染较轻的地区。纯林发病率较重，松林下栽种的肉桂感染较轻。树龄一般与病害发生关系不大。肉桂品种中，本地桂高度感病，大叶青化桂比较抗病。

【防治措施】

① 林业技术措施　定植前，应彻底清除各种植物残体，定植后应保持林分内通风透光，及时清除枯枝落叶，减少初侵染来源。种植施基肥时，加上适量硼砂，预防枝枯病发生；控制氮肥用量，增施复合肥，避免植株组织过于幼嫩而招致病虫危害。防止干旱季节树木出现水分亏缺，提高树势，增强树木的抗病力。

② 选用抗性品种。

③ 病虫协同化学防治　防治媒介昆虫是整个病害防治重要的一环。6~10月肉桂生长旺盛，夏、秋梢抽发最多，也是泡盾盲蝽发生期，此时使用杀虫剂喷洒能有效地降低泡盾盲蝽虫口密度。

用桂虫灵乳油 1500~2000 倍，施药后 5d 虫口减退 80% 以上，15d 持效最高可达 61%，从而使枯梢大幅度减少。溴氰菊酯+敌敌畏(3:1)的 4000~6000 倍液以及 1% 溴氰菊酯粉剂喷洒，能有效控制媒介昆虫的危害，使病虫综合感染率降低 50% 以上。杀虫剂与杀菌剂同时使用或混用，如硫酸铜+溴氰菊酯，巴丹+百菌清+硫酸铜，溴氰菊酯+百菌清，等都取得一定的效果。用 50% 林病威 500 倍液 1 年喷 3 次，防治幼林枝枯病取得明显的防治效果。

(18) 松枯梢病(Pine shoot blight)

【分布及危害】 松枯梢病广泛分布于世界各地。我国于 1976 年首次发现该病害，目前在湖南、广东、黑龙江、吉林、辽宁、陕西、湖北、江西、江苏、浙江、福建、广西等十多个省份有分布。该病寄主范围很广，包括松、冷杉、云杉、落叶松、雪松、刺柏、崖柏和黄杉 8 个属近 60 种针叶树，其中松属占绝大部分。在许多地区引起大面积松林衰退或死亡。20 世纪 90 年代中期，该病使江苏盱眙和安徽滁州的上万亩湿地松和火炬松幼林死亡、江苏句容上千亩湿地松幼林完全病死。在辽宁、吉林、湖南、湖北、福建和广东等地该病也十分严重。

【症状】 该病可侵染幼苗和各种年龄的树木，以幼苗和幼树受害最重，可出现枯芽、枯针、枯梢和溃疡斑等症状，枯梢为典型症状。发病初期，当嫩梢受到侵害后，出现溃疡斑，皮层开裂流出松脂，其附近针叶褪色变黄、死亡，以后部分溃疡愈合，有些继续扩展，导致顶梢弯曲，形成枯梢，类似松梢螟危害。在枝干上溃疡不断扩大后，病部长期流脂。病斑一旦围绕枝干，则整株死亡。较老的树木遭受侵害导致枯梢和溃疡斑后，被害部常流溢松脂，边材发生蓝变，并在死亡组织表面产生病菌的分生孢子器。

【病原】 该病由无性型菌松杉球壳孢[*Sphaeropsis sapinea*(Fr.)Dyko & B. Sutton]引起。分生孢子器圆形或椭圆形，黑色，半埋于表皮下，有乳头状孔口，大小为(180~360)μm×(150~335)μm。分生孢子卵形至椭圆形，初为单胞、无色，成熟后变为淡褐色，单胞或双胞，大小为(22~40)μm×(10~17)μm(图 3-22)。

在 PDA 培养基上，2d 即长出白色绒毛状菌落，有光条件下渐变灰绿色，病菌生长的

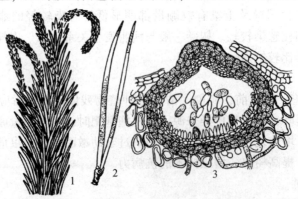

图 3-22 松枯梢病
1. 樟子松新梢发病后萎蔫 2. 松针上的分生孢子器 3. 分生孢子器和分生孢子

最适温度为26℃。光照对促进产孢的作用至关重要，黑暗条件下上生长30d（25℃）后均不产孢，在黑光或荧光间歇照射下，15d即产孢。分生孢子萌发的气温范围为15~35℃，最佳为25℃左右。在相对湿度达90%以上时，孢子萌发率随湿度增大而提高。

研究发现该病菌有明显的群体分化，存在众多的营养亲和群。根据培养性状、致病力综合变异及分子水平的遗传分析，我国松树枯梢病菌可分为3个类群。

【发病规律】 病菌以菌丝体及分生孢子器在染病组织中越冬。翌年分生孢子吸水后释放分生孢子，成为初次侵染来源。分生孢子借雨水传播，萌发后主要从伤口侵入，也可以从气孔侵入或直接侵染嫩梢、嫩叶。松枯梢病菌普遍存在着潜伏侵染现象，潜伏部位主要是枝、新梢和芽。在野外，潜育期多数在15~20d，最长可达数月。

在辽宁西北部，病菌的侵入期主要在5月下旬至6月下旬，树木多于6月下旬开始出现枯梢，8月中下旬至9月下旬为发病盛期，表现为枯梢、枯枝甚至枯死，10月基本停止。在江苏，孢子放散有4次高峰，即4月中旬至5月上旬，6月上旬至7月中旬，9月中旬和10月中旬至11月上、中旬，分别侵染春、夏、秋梢和秋末形成的过冬芽。

松树枯梢病发生与众多环境因子有关。樟子松引种至辽宁、吉林，湿地松、火炬松引种至我国遭受严重病害，除寄主本身易感病外，很大程度上与引种地和原产地气候方面的差异有关。从病害发生与气候因子的角度分析，我国南方松树枯梢病发生呈现出地域性分布，可分为轻（无）度病害区、中度病害区和重度病害区三大类。

干旱、雹灾、异常高温或异常低温有助于病害发生。在病菌自然散放期间，过度降水促使孢子大量传播也使病情加重，4、5月份水分胁迫能引发我国南方松树枯梢病的发生。

病害的发生与林分及立地因子关系密切。林分郁闭度大，病害发生重；树龄越大，病害发生严重。瘠薄立地条件下发病严重，反之发病相应较轻。土壤中缺硼是南方松枯梢病发生的诱因之一。上坡和通风性较差的山坳发病较为严重。土壤干旱的年份，病害比较重。

病害的发生与虫害、以及一些人为因素，如不适宜的引种、非适地适树、大面积营造纯林等有关。

不同树种及地区，树木抗病性不同。在南非，辐射松和展叶松的感病性＞湿地松和火炬松；在我国黑龙江，樟子松、长白松、黑皮油松和杜松均感病，但樟子松感病率最高；在辽宁，樟子松受害最重，油松、赤松即使与感病的樟子松混生也安然无恙。在江苏、福建，火炬松和湿地松的感病性＞马尾松，而在广东，马尾松的感病性＞湿地松和火炬松。

【防治措施】 松树枯梢病是一种寄主主导性病害，它的流行常与特定的地理和诱导因素相联系。防治上主要从提高寄主抗病力，减少诱导因素的影响来考虑。

① 清除侵染来源　新建苗圃时，应避免设在已发病林分附近，要及时清除苗圃周围和圃内感病的行道树，以减少侵染来源。

② 林业技术措施　适地适树，不仅要考虑到树种对气候条件的适应性，而且要照顾到海拔、地形、土壤等条件。成林后及时修枝、间伐，清除病株、濒死木或已病死的植株搞好林内卫生。对重病林分，要适当加大伐除力度，必要时进行更新。

在幼林或中幼林中增施N肥、P肥或N、P肥，每株施0.5~1kg或用0.1%硼砂液喷雾。可明显提高树木生长势，增强树木的抗病力，减少病害的发生。

③ 化学防治 用百菌清可湿性粉剂 500 倍液 +0.1% 硼液分别于侵染(或潜伏侵染)的时期进行超低容量喷雾,喷雾时期为 4~5 月春梢抽梢前,7~8 月夏秋梢抽梢前,10~11 月冬芽休眠之前至少各喷雾 1 次。或者选用 70% 甲基托布津 2000 倍液、50% 多菌灵 1000 倍液、50% 苯莱特 800 倍液进行喷雾。

(19)落叶松枯梢病(Shoot blight of larch)

【分布及危害】 落叶松枯梢病是落叶松人工林一种危险性传染病害。1939 年在日本首次发现该病及病原菌,到 20 世纪 60 年代落叶松枯梢病在日本广泛流行并造成极大的危害。在朝鲜、韩国、俄罗斯亦有分布。2013 年落叶松枯梢病被列为"全国林业检疫性有害生物名单"。该病对幼苗至大树都能危害,以中、幼龄林发病最为严重,主要是当年生新梢染病。受害林分,轻者病树呈单株或几株的零星分布,重者十几株或几十株呈团块状,甚至连片危害。该病分布于我国黑龙江、吉林、辽宁、内蒙古、山东、陕西、甘肃等地,成为我国北方落叶松人工林的一种严重病害。该病主要侵染兴安落叶松(*Larix gmelini*)、华北落叶松(*L. principis-rupprechtii*)、黄花落叶松(*L. olgensis*)、朝鲜落叶松(*L. olgensis* var. *koreana*)、日本落叶松(*L. kaempferi*)等,其中以日本落叶松感病最轻。

【症状】 一般从树冠上部或主梢开始发病,然后由树冠上部向下蔓延发展,加重病情。先期染病的新梢嫩茎部逐渐褪绿,顶部弯曲下垂呈钩状。发病较晚的枝梢由于木质化程度比较高,枯梢不弯曲下垂,为直立型枯梢。直立型枯梢顶端很少残留枝叶,也很少有溢脂、流脂现象。如连年发病,则树冠呈扫帚状丛枝,树木材积生长量下降,严重者全株枯死。新梢发病后 10d,在梢顶端残留叶簇或弯曲的茎轴部表面,可见散生隆起近圆形的小黑点,为病原菌的分生孢子器。同时,在其下部的病梢表面也常见散生

图 3-23 落叶松枯梢病症状(贺伟摄)

针头大的小黑点,即病菌的性孢子器。8 月末至下一年 6 月,在梢顶端残留的病叶表面、病梢表皮下或皮层纵裂缝中可见单生或数个梭形至长椭圆形小黑点或黑粒,为病原菌的子囊座(图 3-23)。

【病原】 病原为子囊菌门葡萄座腔菌目的落叶松葡萄座腔菌[*Botryosphaeria laricina* (Sawada)Y. Z. Shang]。子囊壳瓶状或梨形,黑褐色,单生、群生或丛生于病枝表皮下,成熟后仅孔口外露。子囊棒状、双壁、无色,顶端圆,有短柄,成排生于子囊腔基部。子囊孢子 8 个,椭圆形至纺锤形,单胞,无色,双行排列,大小为(23~40)μm×(9~15.5)μm。具有很多永存性假侧丝。分生孢子器单生或群生于病枝表皮下,近球形至扁球形,黑色。分生孢子梗短,圆柱形,无色,不分枝。分生孢子椭圆形至纺锤形,单胞,无色,大小为(19~35)μm×(6~12)μm。性孢子器球形至扁球形,单生或丛生于病枝表皮下或子囊座内。性孢子杆状或椭圆形,无色,大小为(3~6)μm×(1~2)μm(图 3-24)。

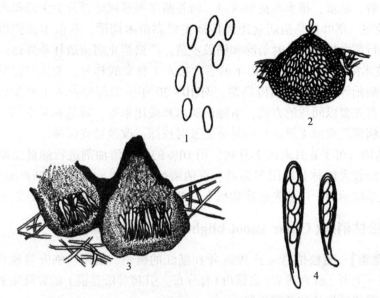

图 3-24　落叶松枯梢病菌形态(引自中国乔、灌木病害)
1. 分生孢子　2. 分生孢子器　3. 子囊座和子囊　4. 子囊和子囊孢子

子囊孢子和分生孢子发芽最适气温为 25~27℃，保湿 2h，发芽率达 80% 以上。前两年旧病梢上残留的隔年子囊孢子仍具发芽能力。但当孢子脱离寄主病组织后，在自然条件下或室内阴干两日，保湿培养的孢子其发芽率迅速降低，阴干 7~10d 则完全丧失发芽率力。菌丝在病组织中可存活 3~4 年。性孢子不发芽，无侵染能力。

【发病规律】　病菌以菌丝、未成熟的子囊座和分生孢子器在病梢和梢顶端残留叶中越冬。东北地区当年的初侵染来源分别为：一般 6 月中旬子囊腔中的子囊孢子陆续成熟，借风力传播；分生孢子靠雨水飞溅和风力传播。前者起着远距离传播侵染的作用，而后者在近距离传播侵染中作用明显。病菌一般通过伤口侵入，潜育期 11~15d。6 月下旬或 7 月初为新梢发病，7 月中下旬急剧显现症状，8 月中旬至 9 月上旬症状最明显。7 月中、下旬在当年新病梢、病叶上产生分生孢子器，此为二次侵染源。8 月末至 9 月初，经性细胞配合后，在病梢上陆续产生子囊腔。根据观察，6 月中旬至 8 月中旬为孢子飞散期，如遇连续降雨，孢子飞散数量迅速增加，出现孢子飞散高峰。

落叶松枯梢病的发生发展与地势、地形、风、树冠的垂直高度有密切的关系。一般位于山坡下部，靠近林缘，其中土壤质地黏重，滞水性强的林分易发病；另据调查，东南风出现频度高的年份，往往发病严重，东南风走向的沟塘两侧林分发病也重。另外向风地带，道路两侧发病相对较重；一般该病多发生在树冠枝梢与枝梢，树与树之间接触摆动最大位置，这些部位由于风等原因易造成损伤，使病原菌侵入，因而发病较重。另外，在造林密度过大、经营管理不善造成树木生长衰弱的林地病害均重。大面积落叶松的纯林发病严重，而人工—天然针阔混交林则轻。

【防治措施】　落叶松枯梢病属于生态性病害，霜冻、温差大、土壤黏重和风力大均可诱病，因此防治要坚持"预防为主，综合防治"；注意营造混交林，适地适树，合理密植，避免在土壤贫瘠、黏重、排水不良和风口、河谷两岸等迎风地带营造大面积落叶松纯林。

① 严格检疫　落叶松枯梢病远距离传播主要靠苗木调运。在苗木出圃以及上山造林之前，都要进行苗木检疫，及时清除和销毁疫苗，严格禁止病苗造林和外运。

② 林业技术措施　对10年生以下的落叶松人工林发病林分，要搞好除草松土，清除病腐木，剪除病梢等措施，控制侵染源；对10~20年生的落叶松人工林发病林分，可根据发病程度，首先要以间伐的方式，清除病腐木和被压木等，降低林分病情；对落叶松生长极度衰退、病情严重而无望成材的林分要及时伐除，改换适宜树种。

③ 化学防治　可于6月末或7月初，用10%的百菌清油剂进行超低量喷雾防治。对郁闭度高、林龄较大的林分可用多菌灵、百菌清烟剂防治，用量为15kg/hm^2，分两次进行。在实施化学防治前，应首先清除病损木、被压林，剪除病梢，这样效果会更好。

(20) 雪松枯梢病(Cedar shoot blight)

【分布及危害】　雪松枯梢病于1986年在浙江的杭州、富阳、临安等地首次发现，目前浙江、江苏、上海、江西等省(直辖市)有分布。引起雪松春梢上的针叶束和嫩梢大量枯死，严重影响雪松的生长和观赏价值。

【症状】　感病初期在针叶近基部产生淡黄色小圆点，后扩大成段斑，迅速蔓延至叶束座处，并传至同束其他针叶，致使整束基部变黄褐色萎缩，而叶尖端尚呈淡绿色。病健叶交界处不明显，最后针叶变黄褐色，全部枯死，易脱落。春季温暖多雨，病害迅速向周围针叶束传播，并蔓延到嫩梢上，因而引起春梢枯死。在连续阴雨天气，病叶束基部常可见灰白色菌丝及分生孢子堆。

病菌也可直接危害嫩梢，产生淡褐色小斑。以后扩大成凹陷、水渍状、略缢缩的段斑，引起梢头变褐，弯曲形成枯梢。雨天可见病斑上有灰色霉状物。如病害停止发展，则病斑周围产生隆起愈伤组织，在小枝上留下溃疡斑。

【病原】　本病由蝶形葡萄孢菌(*Botrytis latebricola* Jaap)引起。分生孢子梗直立或弯曲，分枝或不分枝，顶端膨大呈半球形或不膨大，灰白色，大小为(95~300)μm×(8~16)μm。分生孢子无色或淡灰，单胞，卵圆或椭圆形，大小为(6.3~21)μm×(6.3~15)μm，聚生在分生孢子梗顶端，形如葡萄串(图3-25)。

病菌生长最适温度为25℃。菌落在葡萄孢培养基上呈茸毛状，灰白色至深灰带蓝色，在20~25℃温箱中培养5d，直径可达9cm，7d后开始在培养皿壁上和边缘产生黑色小菌核，15d后则形成直径3~5mm的大菌核，7~10d就能产生大量的、密集的、灰白色的分生孢子堆。孢子在10~30℃范围内均能正常萌芽，最适温度15~25℃。

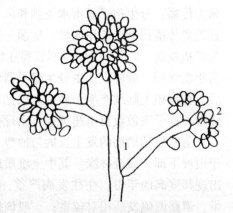

图3-25　雪松枯梢病病原菌
1. 分生孢子梗　2. 分生孢子

【发病规律】
病原菌在小枝溃疡斑和病落叶痕上越冬，翌年3月气温达10℃以上时，则开始活动。

病害最早于3月中旬发生在去年秋梢的针叶束上,4~5月雪松新梢和针叶萌发,是发病高峰期。此时若低温多雨,阴雨期长,就加速病害发生与发展。6月上旬以后,随着气温升高,病害就停止发展。

【防治措施】
① 清除侵染来源　冬季结合修剪,清除病枝病梢,减少侵染来源。
② 化学防治　新梢和针叶萌发期,每隔10~15d,用70%甲基托布津500倍液,或1%波尔多液进行喷雾,可减轻发病。

(21) 毛竹枯梢病(Moso bamboo shoot blight)

【分布及危害】　毛竹枯梢病自1959年于浙江宁波发现后,迅速蔓延扩展,已相继传播至江苏、安徽、上海、江西、福建、湖南等地,且在浙江、福建等地的部分地区大面积流行。1971年浙江杭州、嘉兴、湖州等地区,发生面积1.2×10^4 hm^2;1988年福建省发生面积达3.0381×10^4 hm^2。该病危害当年新竹,轻度受害时病株质量下降,出笋量锐减,严重受害则造成竹林成片枯死,对毛竹生产威胁很大。

【症状】　该病首先在当年新竹主干1~3级侧枝节叉处出现,初为浅黄色斑点,后扩展成梭形或舌形至不规则形病斑,颜色逐渐加深呈褐色。根据发病部位及发展程度,最终呈现出枝枯、梢枯和整株枯死3种症状:病斑在侧枝横向扩展一周时,出现枝枯;竹梢1级侧枝节叉处病斑扩展绕竹杆一周时,出现梢枯;如果竹杆基部1级侧枝节叉处感病,绕主秆一周时,则导致整株枯死。但在发病很轻时,有的病枝上仅有病斑,不扩展引起枝枯。剖开病竹,竹腔内病斑处组织变褐,并长有白色棉絮状菌丝体。翌春,在枯死的病部开始产生稀疏的黑色颗粒状突起物,即为该病原菌的子实体。

【病原】　毛竹枯梢病原菌为竹喙球菌(*Ceratosphaeria phyllostachydis* S. Zhang)。子囊壳球形至扁球形,黑色,埋生于寄主病组织中,聚生,偶单生,直径225~385μm。顶生一个圆筒形暗褐色的长喙,突破寄主表皮而外露,喙的外壁上具有暗灰色喙毛。子囊圆筒形,基部有一个很短的柄,内含8枚子囊孢子,双行排列。子囊孢子椭圆形,无色至淡黄色,多数具3个横隔膜,少数具有2个或4~5个横隔膜,隔膜无明显缢缩(图3-26)。

无性型产生暗褐色、近圆锥形的分生孢子器,底部着生于病组织内,大部外露,顶部不开裂。在高湿条件下分生孢子器顶部溢出黑色卷须状分生孢子丝。分生孢子单胞,无色,形状多样,一般为腊肠形,少数弯曲成钩状,具有2~4个油球。

温、湿度和光照显著影响该病菌子实体的形成。病菌最适生长气温为25~28℃,于25℃时菌丝生长最快,产子实体最多;20℃菌丝生长缓慢,产子实体少;15℃只有少量菌丝生长,无子实体产生;5℃以下或35℃以上菌丝不能生长。明暗交替条件下有利于孢子产生。子囊孢子在相对湿度93%条件下萌发率最高,在70%以下不能萌发。子囊孢子寿命较短,在室温贮存10d,萌发率大幅度下降,15d后则基本丧失萌发力。

【发病规律】　该病病原以菌丝体、子囊孢子和分子孢子越冬,其中病组织中菌丝体为越冬的重要形式,但以子囊孢子为最主要的初侵染源。子实体主要产生于1~3年前生病竹病部,以2年前感病竹内菌丝体产生子实体能力最强。4月雨量充沛、月均温达15℃以上时子实体开始产生,5月上旬至6月中旬成熟,在阴雨条件下或饱和湿度下释放孢子,

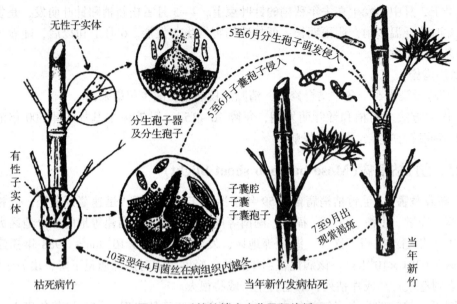

图 3-26 毛竹枯梢病病菌及侵染循环

借风雨传播。此时正是新竹放枝展叶期，是毛竹易感病期。孢子萌发后通过伤口或直接侵入，潜育期一般为 1~3 个月，没有再侵染。

病害的流行与气候和竹林经营管理水平等密切相关。如果竹林病枯枝（株）残留量多，又遇 4 月份气温回升快，5、6 月份降水多达 300mm，7、8 月份高温干旱期长，则枯梢病有可能流行。

一般在山岗、风口、林缘、阳坡、土壤瘠薄的纯林内新竹发病较重。

【防治措施】

① 严格检疫 严禁用病竹作母竹移栽新区，病区钩梢后加工的产品，也要防止流入新区，防止该病继续蔓延扩展。

② 林业技术措施 清理病株、病枝，钩梢以减少侵染源；合理采伐、加强竹林抚育、施肥以提高竹林生长势，从而降低发病率和严重程度。

③ 化学防治 在病菌孢子释放和侵染盛期（大约在 5 月中旬至 6 月中旬），施放多菌灵和五氯酚混合烟剂，用药量 $15kg/hm^2$，每隔 7~10d 施放 1 次，连续施 2~3 次，对病害可起到控制作用。或用 50% 多菌灵、50% 苯莱特 1000 倍液，1% 波尔多液等进行喷雾。

（22）油茶半边疯病（Corticium wood decay of oil camellia）

【分布及危害】 油茶半边疯又名油茶烂脚瘟、白皮病、白腐病、干枯病、石膏病等，是油茶老林内常见的一种病害。1958 年以来，广东、广西、浙江、江西、安徽、湖南等地相继报道。多分布在 20 年生以上密度大的中老龄茶林中，发病率一般为 3%~5%。感病植株生长衰弱，枝叶稀疏，叶片发黄，继之落叶、落花和落果，最后枝干枯死。

【症状】 主要危害主干，并常延及枝条。发病多以油茶枝干背阴面基部或中部倾斜面的下方开始发生，感病后的树皮局部凹陷，病部与健康部交界处有棱痕。染病后先是树皮腐烂，后木质部呈干枯状、灰褐色，病皮失去原有光泽，较为粗糙。以后在发病部位产生石膏状白粉层，平铺于病组织表面，即病原菌子实体。病斑自枝干一边开始，纵向比横向扩展较快，因而病部常呈长条形，并可向枝条上蔓延，远看雪白一条。病斑周围常有一层至数层愈合组织，使病斑下陷。病原菌丝侵入木质部后，木质部呈黄褐色腐朽。在横切面上，病部与健部交界处可见明显棕褐色带纹。患病油茶半边或全株枯死。

【病原】 病原为担子菌门的碎纹伏革菌（*Corticium scutellare* Berk. & M. A. Curtis）。子实体膜质，紧密仰生，平铺于基物表面，像涂上一层石膏状。子实体边缘不定，厚65~75μm，表面光滑，担子之间无真正囊状体。担子棍棒状，无色，大小为16μm×6μm。担孢子单细胞，无色，发亮透明，卵圆形，大小为4μm×5μm（图3-27）。

图3-27　油茶半边疯（仿罗晋灶）
1. 病腐部症状　2. 健部

采用油茶干煎液、葡萄糖、琼脂培养基，容易分离到病原菌。基质菌丝白色，菌丝结构紧密，在25~30℃生长良好。

【发病规律】 病菌在病枝干中越冬，通过风雨传播，从伤口侵入枝干。病害流行与气温、林龄及立地条件关系密切。该病在老林和萌芽林内发生较多，由老油茶树桩萌发出来的枝条发病最多，生长旺盛的实生中龄油茶树几乎不发病，20年以内幼林不发病；阴坡、山坳、密林、土壤瘠薄和管理较差的油茶林发病重。在江西，日平均气温13℃时，病斑开始扩展，7~8月当日平均气温29℃以上，病斑则在8~9月间扩大到45cm。

【防治措施】
① 林业技术措施　造林密度不得过大，以便通风透光；同时要加强油茶林抚育管理，避免树干造成伤口，促进油茶生长健壮，增强油茶抗病力。

冬季至早春间截除发病重的枝干和树桩以及过多的萌芽条和徒长枝，并携出林外烧毁；结合油茶冬垦和修剪，彻底清除病株，防止病菌扩散。

② 化学防治　对轻病枝、干，应及时刮治，用1:3:15的波尔多浆涂刷病斑。

(23) 毛竹基腐病（Foot rot of moso bamboo）

【分布及危害】 毛竹基腐病于1975年在江苏省常熟市首次发现，目前在浙江、安徽、江西、湖南、湖北和四川有分布。国外至今未见报道。该病主要危害当年生的嫩竹，轻者在竹秆基部留下凹陷的烂斑，影响竹秆材质，易遭风折，重者病斑包围竹秆一圈或大部，造成全株枯死，直接影响竹林的成竹数和整个竹林生长及以后的出笋量。该病在局部地区发生甚为严重，有些竹林发病重时，当年幼竹和笋100%发病，70%左右枯死或退笋。

【症状】 该病主要发生在嫩竹（笋）近基部3~5节上，初为黄褐色至紫褐色的点状病斑，此时由于笋箨包裹着，不易发现。当笋箨自然开裂或脱落后，星星点点的病斑连成小块或长短不一的条状病斑，并迅速向上发展，病斑一旦到达竹节处，则迅速横向发展，然后再向上蔓延，最终导致全株枯死。病斑表面初为黑色或黑褐色，逐渐变为黄褐色，边缘色深，中部色浅，凹陷或有纵向皱纹。在湿度大的情况下，病斑表面可出现泪状液滴或白色黏液，干后留下白色粉状物，这些粉状物不易用手指揩掉（图3-28）。

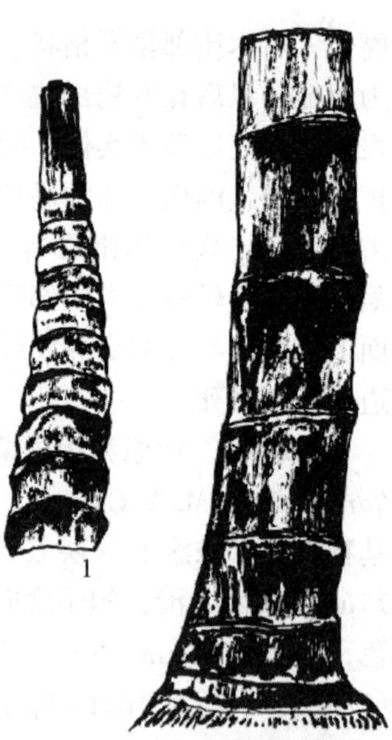

【病原】 毛竹基腐病主要由无性型菌暗孢节菱孢［Arthrinium phaeospermum (Corda) M. B. Ellis］侵染引起。其典型的分生孢子梗母细胞葫芦状，大小为 $(5\sim 8)\mu m\times(4\sim 5)\mu m$，常见的还有桶状、圆锥形等，少数呈圆筒形或丝状。分生孢子梗纤细，宽 $1\sim 1.6\mu m$，少数达 $3\mu m$ 以上，长 $3\sim 6\mu m$，少数可达 $50\mu m$ 以上；无色，不分枝，隔膜不明显。分生孢子单细胞，扁球形，由两个盔状凸面体构成凸透镜状，黑褐色，直径 $7.3\sim 11.7\mu m$，厚 $4.6\sim 6.5\mu m$，在两凸面体连接处为一无色的发芽缝。此外，还有椭圆形到棍棒状的长形分生孢子，通常着生在孢子梗的顶端（图3-29）。

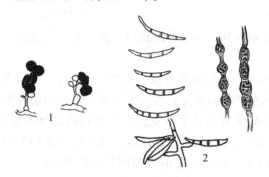

图3-28 毛竹基腐病症状
1. 病笋　2. 干基部症状

图3-29 毛竹基腐病病原菌形态
1. 暗色节菱孢菌分生孢子梗上的母细胞，纤细的产孢细胞与向基性陆续形成的孢子
2. 次生病原异孢镰刀菌的分生孢子及厚垣孢子

暗孢节菱孢在 PDA 培养基中生长迅速，气生菌丝白色、絮状，随着大量暗色孢子的产生而逐渐转变为灰白色。菌落底部起初无色，逐渐变为淡黄色到深褐色。分生孢子在 $24\sim 32$℃ 范围内萌发较好，以 28℃ 为最佳。

在多雨潮湿的条件下，部分病株可在中、后期的病斑中心部位出现异孢镰刀菌（Fusarium heterosporum Nees & T. Nees）的菌落，用这种镰刀菌进行接种，和暗孢节菱孢菌一样，对毛竹有极强的致病力，并能引起与自然发病相一致的症状。由于在自然发病的过程中，暗孢节菱孢始终出现，而在感病初期，从病斑表面到内部组织均未看到或分离到镰刀菌；在干旱的年份，或在发病初期将病株基部笋箨剥除，则在整个发病期间很难找到镰刀菌，故确认暗孢节菱孢是毛竹基腐病的主要病原菌，异孢镰刀菌是次生菌，它可加速病害的发展和加重危害程度。

【发病规律】 病菌以菌丝或孢子在病株及其残体和土壤内越冬，成为翌年的初侵染来源。病菌孢子主要通过风、带风的雨和雨水反溅进行传播。在自然情况下，病菌主要通过无伤的幼嫩表皮侵入，没有再次侵染。

寄主的感病期很短，通常在4月底5月初，新竹生长到1.5m左右时开始发病，当嫩竹组织木质化程度高时，病菌不能再侵染。制约病害发生发展的主要因素是4~5月的降雨、温度及寄主的生长状态。不低于16℃的气温和4mm以上的降雨是病害发生的必需条件，雨量大、持续降雨时间长、气温低，病害发生严重；反之则轻。凡处于山岙地势低、地下水位高、排水不良的竹林受害重，栽培管理水平高，竹子生长健壮的竹林受害轻。

【防治措施】 毛竹基腐病的治理强调各种技术手段的综合运用。

① 林业技术措施 避免在低洼易积水的山脚平地栽植毛竹，低洼林地应注意开沟排水。通过垦抚施肥等栽培技术培育使其快速生长，从而达到避病的效果。

及时清除竹林内病竹、病竹蒲头和竹笋箨，集中于林外烧毁，以减少侵染源。

② 化学防治 在出笋前可在病竹林土壤中施用杀菌剂。如每公顷施用生石灰1875kg，撒下后，再用锄头浅翻一遍。处于感病状态的竹笋在发病前喷洒拌种双杀菌剂，杀死笋箨外表和周围土壤中的病菌，具有很好的防病作用。在竹笋的感病初期，及时剥除基部的笋箨，并用70%甲基托布津可湿性粉剂或20%粉锈宁油乳剂200倍液，洒竹秆基部，能较有效地控制病情的发展。

3.2.3 丛枝病类

树木丛枝病又称扫帚病。常发生于多种针阔叶树上。它们的危害性因病原种类不同而异。由植原体等引起的丛枝病，是一类危险的往往具有毁灭性的病害。如泡桐丛枝病和枣疯病在我国已分别成为发展泡桐和枣树的重大障碍，桑萎缩病也成为蚕桑地区的一个大害。由真菌引起的丛枝病危害虽较植原体丛枝病小，但发病重时也会使树木生长明显衰退，甚至枯死。国内不少地方淡竹、刚竹林的衰败和竹丛枝病的严重发生有一定的关系。

【症状】 丛枝病的症状主要表现为个别枝条或整个树冠枝条顶芽生长受抑制或枯死，而休眠芽和不定芽萌发，形成小枝小叶。丛生小枝一般垂直向上生长，主枝不明显，节间常缩短，病枝细短，叶小，叶色黄或稍黄，叶肉内栅栏组织和海绵组织常分化不明显。由于丛生小枝机械组织形成不良，一般较柔弱，冬季易遭冻害而枯死。有的病枝并不很快枯死，尤其是较粗大的病枝，可延续生长数年或十多年，但终因逐渐丛生新枝叶，养分消耗过多而枯死，有的甚至全株枯死。

【病原】 病因及其诊断树木发生丛枝的原因比较复杂，一般有：

① 由生理性引起的 如缺素(以缺硼引起的丛枝较为常见)、霜冻害、机械损伤等。要分清其原因，必须通过仔细的调查观察，从当地的气候、土壤以及其他立地条件等方面来分析比较，必要时还要用人工诱发试验证实。

② 由昆虫、螨类危害引起的 如竹小蜂引起的丛枝。

③ 由真菌引起的 这类病原真菌一般寄生性较强，侵染幼嫩组织(芽或分生组织)，诱发侧芽或不定芽萌发形成丛枝，并在病部产生病征。病菌在病组织中能存活多年。有些丛枝病，丛生小枝基部常形成瘤肿，瘤上每年又可形成很多小丛枝。由真菌引起的丛枝病如：

外子囊菌引起的树木丛枝病种类较多，它们常刺激受侵的幼嫩组织(芽)肥大，诱发丛枝，叶也或多或少肥大变形。春天在病叶的叶背或叶面形成白色粉末状的病征。如由樱树丛枝外囊菌[*Taphrina cerasi* (Fuckel) Sadeb.]引起的樱树丛枝病。该病在日本发生较多，我国偶有发生。

由五孢外担子菌(*Exobasidium pentasporium* Shira.)引起的杜鹃丛枝病，春天子实层产生于病枝新叶背面，呈白色粉末状。

由锈菌引起的丛枝病种类也较多，在丛生小枝、叶上常产生明显的病征——冬孢子堆、夏孢子堆或锈孢子器。如冷杉丛枝病，为锈菌中的石竹状小栅锈菌[*Melampsorella caryophyllacearum*(DC.)J. Schrot.]，性孢子器、锈孢子器(O、I)阶段生于冷杉属(*Abies* spp.)植物上引起丛枝，夏孢子堆、冬孢子堆(Ⅱ、Ⅲ)阶段生于石竹科多种植物的叶部。又如由桦长栅锈菌[*Melampsoridium betulinum*(Pers.)Kleb.]引起的落叶松丛枝病，O、I阶段在落叶松上，Ⅱ、Ⅲ阶段在桦树上。

白粉菌中也有个别的病菌能使寄主表现丛枝症状，如 *Sphaerotheca lanestris* Harkn. 能使栎树发生丛枝和局部肥大。

其他真菌引起的树木丛枝病：

竹丛枝病：由竹针孢座壳菌(*Aciculosporium take* I. Miyake)引起。枫杨丛枝病：由核桃微座孢菌[*Microstroma juglandis*(Berenger)Sacc.]引起。

④ 植物菌原体(*Phytoplasma*)　简称植原体，是丛枝病类最为常见的病原物。

植原体引起的树木丛枝病，症状较明显，由于病原侵入植物体后，干扰了植物体内正常的激素代谢，使细胞分裂素和生长素的含量和相对比例发生变化，当达到一定的阈值时，植物解除顶端优势，使休眠芽或不定芽萌发，形成丛枝。由于同样的原因，小枝上的腋芽又萌发成小枝，这样甚至可以重复3~4次，使病株小枝丛生成团。

有些树木如泡桐和枣树等病株因生理功能受干扰，使花器变性，退化成小枝小叶。一般丛生小枝上的叶片都变小，叶色变浅或黄化。有的植物受植原体侵染后出现韧皮部坏死，最终全株枯死，如榆树韧皮部坏死病。由植原体引起的丛枝病病部始终无病征出现。

凡表现上述症状的丛枝病可能由植原体引起，但要作进一步的试验。如从病株材料中提取 DNA，用特异性引物 PCR 扩增植原体 16S rDNA，检查是否存在相应的 DNA 条带；通过嫁接，观察接穗和砧木间能否互相传染；用四环素类抗生素处理是否有抑制症状的作用；电镜检查等手段有助于病原的确诊。

植原体通常寄生于寄主的韧皮部(包括筛管细胞、伴胞、韧皮部薄壁细胞等)内，其中以筛管细胞中最多，其数量越多，表现症状也越重。但有人发现杉木丛枝病病原只存在于薄壁组织中，而筛管中却没有见到。

植原体侵染植物后引起如此显著的症状，表明病原物干扰了植物的生理代谢功能，但这种过程的生理生化本质还了解得很少，需要进一步研究。

⑤ 细菌　韧皮部杆菌属(*Liberobacter*)的细菌，以前称为类细菌(bacteria-like organism)，可引起与植原体病害类似的丛枝症状。如苦楝丛枝病，木麻黄丛枝病，在这2种病害中，韧皮部杆菌属细菌与植原体复合侵染，致使树木产生丛枝。这类细菌在寄主体内局限于韧皮部，不能在人工培养基上生长。

少数能够人工培养的细菌也可引起丛枝病，如日本报道的茶树丛枝病(*Pseudomonas tashirensis* Uehara et Nonaka.)。该病的主要症状特点是：最初受侵部的芽肥大，徒长或矮化，浓绿色，水渍状，其组织极柔弱，叶小、厚，病梢易枯死。病枝基部不久肥大形成瘤肿，并从瘤肿部产生很多不定芽，形成明显的丛枝状。病组织内含有大量的病原细菌。除危害茶树外，还可危害山茶和油茶。

另外，寄生性种子植物矮槲寄生（如油杉寄生），也会引起寄主产生丛枝现象。

【发病规律】 丛枝病病原的传播和侵染上述各种丛枝病病原微生物都可以在病组织内越冬，都可通过病株或带病无性繁殖材料传播。另外，真菌的孢子和细菌的菌体还可通过风、雨等传播。

植原体除主要通过无性繁殖传播蔓延外，在自然界常可通过媒介昆虫传播。如桑萎缩病可以通过菱纹叶蝉和拟菱纹叶蝉传播，泡桐丛枝病由烟草盲蝽和茶翅蝽传播；枣疯病由中华拟菱纹叶蝉等3种叶蝉传播；苦楝丛枝病由斑叶蝉传播。说明这些病原体的传播必须以特定的昆虫作媒介，而其他同类的昆虫为何不能传播，尚有待作深入探讨。这类丛枝病有的还可以通过菟丝子传播，如泡桐丛枝病通过菟丝子把植原体传到长春花（Vinca rosea）上，使长春花发病，表现黄化、丛枝等症状。国外报道，檀香树穗花病的病原体也可通过菟丝子传给长春花而引起丛枝病。但在枣疯病的传播试验中没有成功，因菟丝子只能寄生在无病的枣苗上，而不能寄生在病苗上。这类丛枝病一般不通过种子传播，或种子传播率极低，如泡桐丛枝病。

林木丛枝病类，有的是局部侵染性病害，有的是系统侵染性病害。由真菌引起的丛枝病多数是局部侵染性病害。如由外子囊菌、外担子菌及锈菌引起的丛枝病。枫杨丛枝病病菌菌丝体虽然可以在寄主组织内随着时间的延续作较远距离的扩展，以至凡是从这一病枝上萌发出来的新枝无例外地被病菌所侵染，新枝上的叶片，有的在外形上无明显变化的也能产生大量的分生孢子。但这些被害的枝条对全株来说仍只是局部性侵染。

植原体对树木的侵染是系统侵染。病原体进入植物体后主要通过韧皮部筛管运输至植物体的各个部分。这一过程在不同的树木和组织中有所不同，是否表现症状与该部分组织中植原体的浓度和植物组织本身的生理状况有关。关于植原体在寄主体内增殖、运转和贮存问题的研究不仅具有重大理论意义，而且在林木丛枝病的防治中有十分重要的指导意义。根据对泡桐丛枝病、枣疯病等病害的研究，可以明确病原体在寄主体内的上下运转，主要是通过筛管实现的。秋冬枝叶停止生长时，病原体随同化产物运转由上向下，贮存在根部。翌年春天随着枝叶的生长，病原体由下而上运转至树冠，引起疯病枝。如此年复一年，病害也就从局部扩展到全株，疯病枝也从少数增加至很多。病原体随季节的运转并不完全，在原侵染部位和发病部位保留较多的病原体，因此病害症状总是先出现在这些部位，若砍除不及时，常常不能起到根除的效果。

【防治措施】 对于由植原体引起的丛枝病的防治，首先要选用无病的繁殖材料，不要在有病林中选取母树，采取根插条或根蘖苗，以确保培育无毒苗木。对无病或少病区还应加强检疫措施。其次，对已发病的植株，应及早砍除病株（枝），可减少病害的侵染来源。利用某些药物或温水处理苗木或繁殖材料，在有些丛枝病的防治试验中已取得较好的效果。对于已发现有昆虫传播的丛枝病，治虫对防病有积极的意义。选用（育）抗病良种，在一些丛枝病的防治中有很好的作用。

（1）泡桐丛枝病（Witches broom of paulownia）

【分布及危害】 泡桐丛枝病在国外发生于日本、韩国等国。在国内分布较广。发病以泡桐主要产区河南、山东、河北南部、安徽北部、陕西南部、台湾等地较为严重，长江以南的江苏、浙江、江西、湖北、湖南栽植泡桐的地区也不同程度地发生。在河南各地，苗木和幼树发病率一般为5%~30%，6~7年生的发病率可达50%，严重区高达80%以上。幼苗及幼树病重者当年枯死，大树则影响植株生长。年龄愈小，丛枝病影响泡桐生长愈大。2~3年生时，病树胸径比健树降低生长量1/6左右，树高降低1/5，材积降低1/4以上，而10年生以后下降率很小。

【症状】 枝、叶、干、根、花部均能表现症状。常见的是2种类型：

① 丛枝型 即在个别枝上腋芽和不定芽大量萌发，侧枝丛生，节间变短，叶片黄而小，且薄，有时皱缩，整个丛枝呈扫帚状。幼苗发病则植株矮化。

② 花变枝叶型 花瓣变成叶状，花柄或柱头生出小枝。花萼明显变薄，花托多裂，花蕾变形

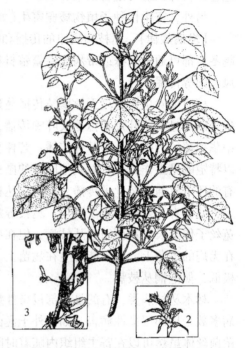

图 3-30 泡桐丛枝病（仿董元）
1. 丛枝型病状 2. 柱头长成小枝病状 3. 花瓣叶化症状

（图3-30）。丛枝病苗翌年发芽早，萌芽密，且集中于近根约10cm处，顶梢多数枯死。刨开土壤，其地面下根系亦呈丛生状。病枝常在冬季枯死。据报道，泡桐丛枝病外部症状差异与其韧皮部筛管中病原体的含量有直接关系。一般情况下，植原体的浓度高低依次为花变叶部位＞丛枝部位＞黄化部位≥无症部位。

【病原】 泡桐丛植病病原为植原体（*Phytoplasma*）。通过泡桐丛枝植原体 16S rDNA 和延伸因子（EF-Tu）tuf 基因序列分析确定我国大陆泡桐主栽区与已经报道的台湾省泡桐丛枝植原体基本一致，全部归属于植原体 16Sr I-D 组，即翠菊黄化暂定种（*Candidatus phytoplasma asteri*）的 D 亚组，而与云南泡桐丛枝病植原体不同，后者属于翠菊黄化组 B 亚组（16Sr I-B）。在电镜下观察存在于病株韧皮部筛管细胞中的植原体，其形态呈圆形或椭圆形，直径大小为 100~670 nm，没有细胞壁，外部由3层单位膜、2层蛋白膜和中间1层脂肪膜组成，厚度为 10 nm，内部有核糖核蛋白颗粒和脱氧核糖核酸的核质样纤维，繁殖主要是二均分裂，其次是出芽繁殖和从细胞内释放新生体。

【发病规律】

Ⅰ. 病害生理

植原体侵入泡桐植株后引起植株一系列生理病变。病叶叶绿素含量明显减少，为健叶的1/3，粗蛋白质为健叶的1/2.6。分析表明，健树比病树过氧化氢酶活性高 1.2 倍；病

株过氧化氢酶活性的明显降低与病叶叶绿素的减少是一致的。说明病树比健树的同化作用低得多，能量积累是减退的。病枝叶呈现瘦小、黄化、营养不良而逐渐枯死。采用反相高效液相色谱法分析丛枝病病叶、健叶中8种游离氨基酸，发现病叶中谷氨酸、甘氨酸、丝氨酸、丙氨酸、精氨酸、天冬氨酸及组氨酸的含量明显高于健叶的含量。健病之比为1:2.5，脯氨酸1:1.4。病叶中游离氨基酸的增加，反映出丛枝病叶内氮代谢遭到严重的干扰，导致病枝叶增生。通过对表征上健康的植株和病株新生萌条叶腋的组织进行培养，结果表明，不同激素水平对泡桐丛枝的发生与抑制有显著影响。在一定范围内。细胞分裂素与生长素的比值较高时，健株组织的再生新枝发生丛枝；2种激素的比值较低时，则病株组织的再生丛枝受到抑制。泡桐丛枝病的发生可能与在病原物作用下泡桐病株体内细胞分裂素与生长素比例失调有关。试验研究表明，感染植原体后的泡桐组培苗体内过氧化物酶及同功酶活性增加，邻苯二酚含量明显降低，从而促进了由过氧化物酶—吲哚乙酸（IAA）氧化酶参与的生长素氧化分解，导致体内游离IAA含量明显低于健康水平，引起植株间节缩短，顶端优势丧失，腋芽萌生，生根能力下降或丧失，最后表现为典型的丛枝症状。

Ⅱ. 病害传播途径

嫁接：在温室内用树皮、病芽嫁接，半年后实生苗出现典型的丛枝病。

病根繁殖：用病株的树根育苗，幼苗当年发病或定植1~2年后发病。

媒介昆虫取食：已证实烟草盲蝽（*Crytopeltis ternuis*）、茶翅蝽（*Halymorpha picus*）是传毒昆虫。从通过上述3种途径染病植株的韧皮部筛管细胞以及接种昆虫的唾液腺细胞中均可检到大量植物菌原体。用病枝叶浸出液以摩擦、注射、针刺等方法接种泡桐实生苗，均不发生丛枝病。种子、病株土壤也不传病。

Ⅲ. 影响发病的因子

不同品种类型的泡桐抗病程度不同：一般认为兰考泡桐、楸叶泡桐、绒毛泡桐发病率较高，白花泡桐、川泡桐发病较少。不同无性系及杂交组合间抗病性存在明显差别。

育苗方式不同，发病情况也有差异：用种子育苗在苗期和幼树未见发病。根繁苗、平茬苗发病率显著增高。

不同立地条件和生态环境因素对丛枝病的发生蔓延有一定关系：一般干燥气候有利于虫媒繁殖传病，但过量降水也会加重病害的发生。病害的发生可能与海拔有一定关系，如栽种在河南嵩山1000m以上的泡桐基本不发病。土壤中某些元素的含量及相应比例与病害的发生程度有关。有试验表明，兰考桐、毛泡桐在河南或陕西关中和渭北一些地区表现感病，是由于这些地区的土壤中缺磷多钾。在一定范围内，磷的含量越高，泡桐丛枝病发病越轻，相反钾含量越高，发病越重。这可能是磷对植原体有钝化作用。

【防治措施】

① 培育无病苗木　严格选用无病母树作为采根植株，不用留根苗或平茬苗造林。发病严重地区应尽可能用种子育苗代替根插育苗。在35℃下培养茎尖可以脱除泡桐组织中的植原体，是培育无病苗木的重要途径。采根后，用40~50℃温水浸根30min或50℃温水加土霉素（浓度为1×10^{-3}）浸根20min有较好防病效果。

② 建立无病幼林　用无病苗木造林，加强抚育管理，适时施肥，防治病虫害，促使幼林健康生长。及时挖除定植后1~2年发病幼树，以减少病原扩散。

③ 对病枝进行修除或环状剥皮　由于病原物在寄主体内随寄主同化产物运行，可在春季泡桐展叶前，在病枝基部将韧皮部环状剥除，环剥宽度因环剥部位的枝条粗细而定，一般为 5~10cm，以不能愈合为度，以阻止病原由根部向树体上部回流。夏季修除病枝，用利刀或锯把病枝从基部切除，伤口要求光滑不留茬，注意不撕裂树皮，切口处涂 1:9 土霉素碱凡士林药膏。若有新萌出的病枝，可再次修除，使病原不能下行到根部。

④ 选育抗病品种和抗病无性系　结合泡桐种源分布区域，初步得到较抗病的品系，因地制宜引种推广，并应从中选优，防止退化和混杂。

⑤ 对病害进行早期检测　以便及时防治。目前用于泡桐丛枝病病原检测的方法主要有核酸杂交技术和常规 PCR、巢式 PCR 等技术。

⑥ 药物预防和治疗　用 1 万单位盐酸四环素液和以四环素族为主剂的"去丛灵"100 倍液，注入苗木髓心内，每株 25mL，栽植后其发病率明显降低；用"去丛灵"500 倍液，于早春树液流动前，在 2~3 年生病幼树干基部打孔施药带，可使轻病树当年治愈，发病较重的减轻病情，治愈率达 39.2%~84.7%。

总之，泡桐丛枝病的防治，要着重苗期和树龄 5 年以下的幼龄阶段的预防和治疗，把选栽抗病泡桐种类，培育无病苗木和幼林，化学药物处理和修除病枝等项技术有机地结合起来，才能有效地控制丛枝病的发生。

（2）枣疯病（Witches broom of jujube）

【分布及危害】　枣疯病又称"公枣病"，是枣树（*Zizyphus jujuba*）上一种毁灭性病害。我国枣区均有该病发生，其中以河北、山西、山东、河南等地发病最重。多数感病品种幼苗当年即枯死，幼树 1~2 年死亡，成年结果树枣果产量逐年下降，病枝上开出变态花器，不结果，或结不成熟的畸形果，失去食用价值，病树会在 3~5 年逐渐衰退死亡，因而给我国众多枣产区的红枣生产构成巨大威胁，许多枣园因此病而毁灭。河北曲阳、阜平、唐县每年刨除病树不少于 20 万株。

【症状】　枣树染病后主要表现为枝叶丛生和花器返祖等畸形变化。

地上部分症状的发展顺序，一般是最先叶色不匀，继而发生皱缩，皱缩叶上的花蕾产生变态，随后出现丛枝和病果。

叶片在花后表现明显病变。先是叶肉变黄，叶脉仍绿。逐渐整个叶片黄化，叶缘上卷，暗淡无光，硬而脆。花后长出的叶片狭小，具明脉，翠绿色，易焦枯。

花器受害后，花梗延长 4~5 倍，萼片、花瓣、雄蕊均变为小叶，雄蕊变为小叶的叶柄且较长，有的基部增生 1 支小枣头，与叶片连生或分离。雌蕊全部转化成小枝。由雄蕊变成的小枣头，呈纤细丛生状，留在树上不落（图 3-31）。

果实受病后，小而瘦，表面有红色条纹斑点，呈花脸型，果肉组织松散，不堪食用。

病株 1 年生发育枝上的正芽和多年生发育枝上的隐芽，大部分萌发生成发育枝，其上的芽又大部分萌发小枝，如此逐级生枝而形成丛枝。病枝纤细，节间缩短，叶片小而萎黄。

根部受害后，由不定芽发育成一丛丛的短疯枝，这种根蘖枝叶经强日光照射后即全部焦枯呈刷状。后期病根皮层变褐腐烂。

图 3-31　枣疯病(仿周仲铭，1990)
1. 病枝(示叶片丛生、变小和褪绿)　2. 受害之花器转变成叶片　3. 病果皱缩变形

【病原】　枣疯病的病原是植原体，属于柔膜菌纲(Mollicutes)植原体属(*Phytoplasma*)。通过枣丛枝病植原体 16S rDNA 和 *tuf* 基因的序列分析，确定我国陕西、河北、山东等地枣疯病植原体属于榆树黄化组(EY) 16SrV-B 亚组，根据枣疯病植原体 16S rDNA、16S-23S 间区序列(SR) 及 *sec*Y 基因序列，不同地区不同品种枣树上枣疯植原体间存在着较为丰富的遗传多样性。电镜观察枣疯树韧皮部超薄切片及其提取液，见有堆积成团和连接成串的不规则球状植原体，直径 90～260nm，外膜清晰可辨，厚度 8.2～9.2nm。疯枝上的花叶症状可能与病毒有关。

通过嫁接对病原物在寄主体内的运行规律有所了解。病原物运行方向和枣树同化产物的运行方向基本一致，且病原物一旦侵入地上部分树体内，必须首先向下运行到达根部，而后才上行，引起树冠发病。从嫁接到新生芽上表现出症状，最短 25d，最长可达 1 年以上。潜育期的长短取决于接种时间、接种部位、接种量。

【发病规律】

Ⅰ. 传播途径

枣疯病用汁液摩擦接种或用病株的花粉、种子、土壤以及病健株根系间的自然接触，都不能染病；但各种嫁接方法和根蘖等无性繁殖均可以传病。枣疯病在田间的传播主要通过 3 种叶蝉，即凹缘菱纹叶蝉(*Hishimonus sellatus* Uhler)、中华拟菱纹叶蝉(*Hishimonoides chinensis* Anufriev)和片突菱纹叶蝉(*Hishimonus lamellatus* Cai et Kuoh)。

Ⅱ. 病害生理

病树丛枝病状的出现，主要是由于病树的细胞分裂素(C)和生长素(A)的比值异常增高，环剥可以阻止生长素的下行而累积起来，从而改变了两者的比值，使之暂时接近了正常的平衡而"康复"。枣树感染枣疯病后，病叶的代谢受到严重干扰，不仅叶绿素大量减少，叶内游离氨基酸的变化也很剧烈。枣树叶内多种游离氨基酸的浓度几乎在整个枣树的生长季节内大量持续增高，病叶游离氨基酸的总量高于健叶约 10～15 倍。谷胱胺和天门冬酰胺高出健叶 4~5 倍，病叶内的精氨酸的积累也不正常。

Ⅲ. 病害发生影响因素

枣疯病的发生与枣树品种有明显关系，不同枣树品种，抗病力也有所不同。抗病品种有骏枣、壶瓶枣等，感病品种有冬枣、梨枣、赞皇大枣、龙枣等，多数野生酸枣种类抗性中等。

土壤干旱瘠薄，管理粗放，树势衰弱的枣园发病较重。但在盐碱地却很少发病，其原因在于盐碱地的植被种类不适合介体叶蝉的生长繁殖。

枣疯病的发生和流行还和枣园的海拔、坡向有关。不利于叶蝉生长的区域，枣疯病发生轻或无。

【防治措施】

① 培育无病苗木　在无枣疯病的枣树上采取接穗、接芽或分根进行繁殖。采用热处理与组织培养相结合的办法脱除病株组织内的植原体。秋冬从患病枣树基部剪取 1~2 年生的根蘖条，截成 20cm 左右的枝条，45~50℃恒温处理 60min，取水培后抽出的新芽，表面消毒后，在解剖镜下剖离茎尖分生组织，接种于 MS 培养基上，38℃下培养 2 周，即成为无毒枣苗。苗圃中一旦发现病苗，立即除去。

② 选用抗病品种和砧木　酸枣品种间抗病性的差异很显著，可以选用抗病酸枣和具枣仁的抗病大枣作砧木。目前，一些地区已筛选出抗病单株和单系，获得了良好的抗病种质资源。

③ 林业技术措施　加强栽培管理，以提高树木抗病力。为进一步杜绝媒介昆虫的滋生和越冬，还应注意及时清除枣园及其附近的杂草，保持田园卫生，适时防治传毒昆虫。

④ 清除传染来源　在枣疯病的治疗过程中应坚持手术治疗，对病枝要随发现随去除，尤其对新发病树和轻度患病树，以便在病原未扩散之前完全去除病原，治愈病树。

其他措施可参照"泡桐丛枝病"的防治办法。

(3) 桑树萎缩病(Mulberry dwarf)

【分布及危害】　桑树萎缩病因症状上的差异可分为花叶型、萎缩型和黄化型。花叶型分布于浙江、安徽、江苏、湖南、湖北、河南、四川、重庆、广东、广西等地，其中浙江湖州、嘉兴地区受害特别严重。发病面积约占全国桑园总面积的 15%，桑树株发病率在发病严重的桑园可达 60%~80%。萎缩型除江苏、浙江、安徽有发生外，四川、广东也有发生。浙江省嵊县等地曾大面积暴发过此病，严重的桑园发病率高达 70%~90%。黄化型除在江苏、浙江、安徽有发生外，其他如福建、广东、湖南、湖北、陕西、山西、山东、河北，甚至辽宁、黑龙江等地都有分布，其中以江苏南部蚕区发生最多最重，一般发病率达 20%~40%，严重的桑园达 70% 以上。20 世纪 70 年代后期起，江苏北部一些地方发病也趋严重。该病害对桑树危害较大，造成桑园严重减产。

【症状】　该病以局部枝条开始表现症状，逐渐发展到全株，3 种病型症状如下：

① 黄化型　发病初期枝条顶端的叶片变小，变薄，稍向背面卷缩，叶黄化，因下部叶片仍较大而呈塔状。随病情发展，病叶缩小明显，叶片向背面卷缩更严重，色黄质粗，叶序变乱，侧枝细小且多，不坐桑果。发病重者桑叶瘦小似猫耳朵，腋芽不断萌发，细枝

成簇丛生，似帚状。病株的细根变褐枯萎、腐烂，往往于发病后2~3年内枯死。

② 萎缩型　发病初期枝条顶端叶缩小，叶面卷缩，略变黄。发病中期枝条中上部腋芽早发，叶黄质粗，无花葚。发病末期枝条细短，病叶更小，裂叶可变圆叶，侧枝丛生。病株的细根发霉、腐烂，2~3年或数年后枯死。

③ 花叶型　病害不一定从枝条上部叶片开始，叶片稍缩小，向上卷缩。叶片的侧脉间出现淡绿色或黄绿色斑块，近叶脉处仍为绿色，形成黄绿相间的花叶。叶片质地粗糙，叶背叶脉变褐色，其上生疣状和棘状突起，后期明显。尚能产生果实。枝条上腋芽早发，枝条细短，节间稍密，有侧枝。病株根系正常，病株可延续多年不死（图3-32）。

【病原】　通过电子显微镜观察、柯赫法则验证以及病原体的16SrRNA基因序列分析等研究，已确认桑萎缩型萎缩病和黄化型萎缩病的病原为植原体（Phytoplasma）。根据16S rDNA序列的相似性分析，桑树黄化型萎缩病植原体归为翠菊黄化组，即16Sr I组。

图3-32　桑萎缩病症状

桑花叶型萎缩病的病原虽然有不少研究，但是到目前为止尚不能确定。一些学者在电子显微镜下观察到病桑组织内一种(12~20)nm×(1000~1200)nm线状病毒粒体，据此认为是由这种线状病毒侵染所引起。但试用各种植物病毒抽提方法进行试验均未能获得病毒粒体。目前有学者用分子生物学技术检测到病桑组织存在一种类似类病毒的小分子环状RNA，根据Diener所提出的植物类病毒病的条件，初步认为是一种类病毒，可能是桑花叶型萎缩病的病原。

【发病规律】　3种类型桑萎缩病的病原物均在病株中越冬，都可通过嫁接传染。花叶型还可能通过汁液传染，但不能通过昆虫和土壤传染。黄化型和萎缩型还可通过菱纹叶蝉（*Hishimonoides sellatus* Uhler）和拟菱纹叶蝉（*Hishimonoides sellatiformis* Ishihura）传染，而汁液、土壤和种子都不能传病。3种类型都可通过接穗及苗木的调运而被远距离传播。

影响桑萎缩病发生的条件因不同类型而有差异，气温对发病的影响较明显。花叶型发生于22~29℃的春季和初夏之际，30℃以上时不表现症状，晚秋季节气温下降又再出现病症。萎缩型和黄化型正相反，25℃以下很少发生，20℃以下的春季转为隐症，30℃以上最为适宜，以7~9月为盛发病期。另外，冬季低温对枝条内的黄化型病原体可能有钝化失毒的作用，而根部的病原体都仍能保存。据试验，若将病苗于11月至翌年3月加温保护，然后取接穗接于健砧木，或作为砧木取健穗嫁接，发病率都很高，而对照不加温的病穗接于健砧木上都不发病，但用健穗接于病砧木上发病率又很高。根据这一现象就可利用低温处理接穗来防治，然而这一现象在萎缩型中并不明显，这表现在当年枝条的传病率比黄化型约高3倍，这可能是低温对萎缩型病原体钝化不完全，或由于在冬季枝条中病原体不减少或减少不多的缘故。

桑树品种间的抗病性在不同型的萎缩病中有一定差异。对花叶型较易感病的品种有桐乡青、白条桑和剑持等，睦州青、早青桑、湖桑32号、湖桑197号等抗病性较强。对萎缩型很易感病的如早生桑中的红皮火桑及浙江崃县一带的崃县青、望海桑等品种，而荷叶白、团头荷叶白、桐乡青对萎缩型的抗性最强。对黄化型较易感病的有红皮大种、火桑和荷叶白（湖桑32号）等，而抗性强的有育2号、湖桑7号、湖桑199号等。

桑园的栽培管理措施和发病也有密切关系：如施肥不足对花叶型，偏施氮肥对花叶型及萎缩型，夏伐过迟和秋叶采摘过度对萎缩型和黄化型都会加重发病。另外，衰老的桑树和多湿地区、地下水位较高的田块花叶型更易发生，而幼龄和中龄桑树易感黄化型及萎缩型萎缩病。

【防治措施】

① 严格检疫　建立无病育苗基地，禁止从疫区调运桑苗、接穗及砧木。

② 推广抗病品种　目前尚无特效药物防治桑树萎缩病，在病区应大力推广抗病品种以代替感病品种。

③ 加强桑园栽培管理　有机肥和无机肥配合施用，N、P、K比例要适当，并注意桑园的开沟排水，这些方面对防治花叶型萎缩病更为有效。及时夏伐，适当留养秋叶，防止过早过度采叶，以利桑树生长和提高抗病能力，这些对萎缩型和黄化型萎缩病尤其要注意。

④ 定期全面巡视桑园，及时发现，彻底挖除病树，以防止病害蔓延。治虫防病。对能被菱纹叶蝉和拟菱纹叶蝉传播的萎缩型和黄化型萎缩病要根据当地虫情发生规律切实做好灭虫工作。一般在4月中下旬，喷洒80%敌敌畏乳油和50%马拉硫磷乳油1500倍混合液，防治第1代叶蝉若虫。第二次用药应在夏伐后，及时喷洒90%晶体敌百虫3000倍液防治第1代高龄若虫、成虫和其他桑树害虫。苗圃在9~10月初、桑园在全年养蚕结束后，用菊酯类等药效期长的农药防治3、4代成虫。另外，喷50%稻丰散乳油500倍液杀卵，防效可达80%以上。

⑤ 化学防治　对花叶型萎缩病，硫脲嘧啶可抑制病害的发生和发展，用100mg/kg硫脲嘧啶溶液喷洒到病叶上可使桑叶增产。

（4）竹丛枝病（Witches broom of bamboo）

【分布及危害】　该病又称竹扫帚病或竹雀巢病。国外分布于日本，印度和韩国。在我国分布极广，江苏、浙江、安徽、山东、河南、湖北、湖南、贵州、四川、陕西、台湾、广东和广西等地均有发生。危害的竹种很多，其中以刚竹属中被害的竹种最多。在浙江定海、重庆万州、广东清新、广西桂林等地的毛竹上发病也很重，2002年8月调查，桂林北部毛竹发病面积达$1.97 \times 10^4 hm^2$。病竹生长衰弱，发笋减少，竹材产量明显下降，竹林常因病而衰败。

【症状】　发病初期，被侵染的新梢延伸成多节细弱的蔓状枝，病枝上叶片退化呈小鳞片状。秋天或翌春开始产生小侧枝。每年4~6月间（广东、广西早1~2个月）病枝新梢端部叶鞘内产生白色米粒状物，即病菌的无性子实体（假子座），大小约$(5~8)mm \times (1~3)mm$。9~11月间病枝秋梢端部也会产生米粒状物，但不如春梢普遍。冬天过后小枝枯死更多，从而促使翌年产生更多的小枝。以后丛生小枝逐年增多，老病枝常成鸟巢状或球状下悬。

在广东，除了丛枝型症状外，还有香柱状型症状，其主要特征是受侵染的毛竹幼芽春季萌发旺盛，节间短，并再次分枝，细长的小枝常数条至数十条丛生在一起，病枝上的叶片变小，3月中旬病枝梢端逐渐肿大，从叶鞘中慢慢抽出长达4~5cm、灰黑色细长子实体，很像香柱。

【病原】 该病害由子囊菌门肉座菌目(Hypocreales)中的竹针孢座壳菌(*Aciculosporium take* I. Miyake)引起。病菌的菌丝组织包裹寄主病枝梢端组织形成米粒状的假子座，假子座内生有多个不规则相互连通的腔室，腔室中生有大量的分生孢子。分生孢子无色，细长，长约37.8~56.7μm，有3个细胞，两端的细胞稍宽1.9~2.5μm，中间细胞稍细，约1.3~1.9μm。病菌一般于6月间在假子座外方的一侧产生淡褐色垫状子座，子座长约3~6mm，宽2~2.5mm，与假子座连接处稍缢缩。子囊密集埋生于子座表层，瓶状，成熟时露出乳头状的孔口，大小为(380~480)μm×(120~160)μm。子囊细长棒状，大小为(240~280)μm×6μm。子囊孢子线形，无色，大小为(220~240)μm×1.5μm(图3-33)。

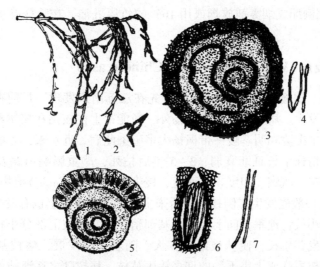

图3-33 竹丛枝病(引自杨旺，1996)
1. 病丛枝 2. 病枝梢部米粒状的子实体 3. 病菌的无性子实体剖面
4. 分生孢子 5. 病菌的有性子实体剖面 6. 单个子囊壳 7. 子囊孢子

病菌在培养基上以25℃生长最好。成熟的分生孢子在12~30℃都能萌发，以24~25℃为最适，同时需要100%的相对湿度。子囊孢子在10~35℃下萌发，以25℃为最适，需要92%以上的相对湿度。

对黄刚竹、淡竹和毛竹丛枝病的病原按柯赫法则进行接种试验，证明竹针孢座壳菌确是引起上述典型丛枝病症状的病原菌。除竹针孢座壳菌外，也有些报道认为此病害与植原体和类细菌有关，它们和本病发生的关系，尚待进一步探索。

【发病规律】 病菌以菌丝体在未枯死的病枝内越冬，翌春产生分生孢子。分生孢子通过风雨飘扬传播。在南京，5~6月是传播盛期，也是侵染新梢的主要时期。被侵染新梢约经40d以上的潜育期，逐渐长成具鳞片状小叶的细长蔓枝。病枝梢在冬天常被冻死，促使翌春产生更多的丛生小枝。另据报道，竹尖胸沫蝉(*Aphrophora horizontalis*)是毛竹丛枝病发生流行的重要传播昆虫。昆虫和风雨造成的伤口是病原侵入的主要途径。

带病母竹在剪除病丛枝后栽植，经多年观察，一般均不发病。在重病竹林内有时可见从跳鞭上长出细弱的嫩竹当年全株发病现象，但在同一鞭系上从在土中的竹鞭上长出的新竹并不发病。这可能是由于跳鞭上的笋芽被病菌侵染的结果。如上所述，本病是由于病菌侵染芽或新梢生长点，并由此发展成小枝丛生的结果。

病害的发生常和竹林的抚育管理有关。土壤肥力差，管理粗放、长势衰弱的竹林发病较重；老竹林、生长过密、通风透光条件差也容易发病。

【防治措施】

① 林业技术措施　按期砍伐老竹、病竹，保持适当密度。同时注意定期进行樵园、压土、施肥。对发病轻的病竹应及早剪除病枝。对于一些残次竹林，要进行更新，造林时不要在有病竹林内选取母竹。

② 化学防治　发病期可用20%粉锈宁乳油（1000mg/kg）进行喷雾防治或用粉锈宁乳油与柴油按1:15比例配成烟雾剂放烟或用16%的竹康乳油，在竹株基部采取竹腔注射法防治。

(5) 枫杨丛枝病（Witches broom of Chinese ash）

【分布及危害】　枫杨丛枝病于1954年首先在江苏南京发现。目前在安徽、河南、山东、浙江等地都有发生。病原菌除危害枫杨外，尚能寄生在核桃和核桃楸叶片上，但不引起丛枝症状。南京中山陵和明孝陵一带枫杨大多感染此病。近年来，该病在无锡和苏州发生仍较严重。感病植株生长日渐衰弱，3~5年后枯死，严重影响道路及风景区的绿化成效。国外分布于北美、欧洲、印度、新西兰，侵染山核桃属（*Carya*）植物。

【症状】　病害一般先发生在侧枝上，后来主干上的萌芽条上也有发生。发病初期，局部枝条呈簇生状，小枝背地垂直向上生长，基部稍肿大。病枝上部分小枝在冬季受冻而枯死，多数小枝次年发芽生长，使丛枝继续扩大。随着病情发展，病枝基部逐渐肿大成球形。数年后，整个树冠变成大小不等的许多簇生丛枝，病树随之逐渐枯死。

病枝上的叶片较正常的为小，新发病叶略带红色，边缘微向背面卷曲。在南京，病叶背面自4月下旬开始出现霜霉状白粉斑，为病菌的子实体。叶正面相应部分略微褪色。5月，整个叶背满布白粉，有时叶正面也有小部分产生白粉，但不如叶背面浓密。6月以后，病叶自边缘开始枯焦脱落，病枝上当年再发新叶。9~10月间，又有部分病叶上产生白粉，但不如5月之盛。有些枝条未呈簇生状，叶形也正常，但叶背已有白粉产生，这些枝条到秋天也会形成较多的侧芽，至翌年萌发，表现簇生症状。

【病原】　该病害由担子菌门微座孢菌目（Microstromatales）核桃微座孢菌[*Microstroma juglandis* (Bérenger) Sacc.]引起。病菌的菌丝体生于寄主叶肉细胞间，在气孔下室形成子座。子座圆形或圆锥形，结构疏松，由许多平行的菌丝组成，大小为(45~60)μm×(25~35)μm。分生孢子梗棍棒状，无色，密集成一丛，生于子座上，自气孔突出寄主表面，大小为(12~18)μm×(5~7)μm。分生孢子椭圆形，单细胞，无色，2~6个着生于分生孢子梗顶端，大小为(6.5~8.2)μm×(3.3~4.0)μm（图3-34）。

该病菌在核桃楸（*Juglans mandshurica*）和核桃（*J. regia*）叶背上只引起霜霉状的病斑，没有丛枝现象。

在患丛枝病的枫杨幼嫩枝叶及树皮中发现有多形态的类立克次体(RLO),而健康组织中未发现 RLO,RLO 在枫杨丛枝病中起何作用尚不清楚。

【发病规律】 病害常成片状分布,但孤立的大树也能感病。幼树发病较重,死亡较快。常见相邻两树,一健一病,病、健枝相互交错,历经数年,健株并不发病。病菌的侵染循环和发病规律尚不清楚。有报道称病菌以子座在落叶上越冬,春季孢子通过气流传播。

【防治措施】 植株发病初期,将病枝连着生的大枝及时砍除,以抑制病害蔓延扩展。

(6)苦楝丛枝病(Witches broom of chinaberry)

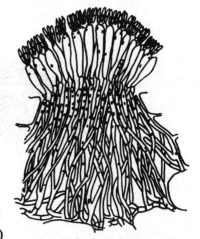

图 3-34 枫杨丛枝病病原菌
(仿李传道)

【分布及危害】 苦楝(*Melia azedarach*)丛枝病又名簇顶病,是华南地区严重病害。广东种植的苦楝发病率达 90%以上,死亡率接近 50%;广西、湖南、湖北、海南、江苏、浙江、福建、江西、安徽等地也普遍发生。川楝(*M. tosendon*)亦受同样的危害。

【症状】 苦楝丛枝病的病原侵染苦楝幼嫩枝梢后,新梢虽然仍能萌发,但顶芽生长受阻或很快干枯死亡,腋芽和不定芽不断大量萌生,萌生的新枝又继续抽出新芽,形成层叠徒长的纤弱枝叶,最后成为近似球形的簇顶状。叶片症状表现黄化、斑驳、皱缩变形,叶脉略呈透明肿大。主干及侧枝不断抽出大量短小而幼细成束状的不定芽,但生命力不强,小枝、侧枝自上而下干枯。根部的表现是须根明显减少,根部略有变色现象。病株的休眠期与健康植株相比,一般推迟 1 个月左右,病株 2~3 年即枯死。

【病原】 苦楝丛枝病是由植原体和木质部小菌属(*Xylella*)细菌混合侵染引起的。植原体存在于寄主韧皮部的筛管细胞,多数松散排列,少量密集排列,似有通过筛板孔移动现象,幼枝内植原体较少,根部未发现植原体。植原体圆形、椭圆形或哑铃形,大小为 100~420 nm,偶有芽殖形态,细胞外面由三层明显的单位膜所包围,是两暗一明的膜状结构,由蛋白质与类脂体组成,单位膜厚度为 8 nm;根据 16S rRNA 基因和核糖体蛋白基因(rp)序列分析结果,我国苦楝丛枝(China berry witches'broom,CWB)植原体划属于 16SrI 组(Aster yellows groups,翠菊黄化组)B 亚组。木质部小菌属细菌存在于木质部的导管和薄壁细胞中,为多态形,大小为(0.16~0.3)μm×(0.45~0.90)μm。

【发病规律】 苦楝丛枝病植原体传播介体主要为斑叶蝉(*Erthoueure* sp.)。从自然感病的苦楝植株上捕捉斑叶蝉进行传毒试验,证明传毒时间 15~30 d,植株 6 个月后开始发病,若虫比成虫传毒效率高且快,植株更易发病。木质部小菌属细菌则以小绿叶蝉(*Empoasca* sp.)传病,45 d 后植株发病。因此在虫害大发生的年份,病害最严重。大树感病后一般 2~3 年即死亡。病害在每年 3 月下旬开始发生,4~5 月为发病高峰期,此时正是叶蝉若虫大量发生期;5 月中旬为叶蝉的成虫期,5 月下旬以后叶蝉逐渐消退,病害的发生也基本停缓。

1 年生苦楝苗木只有个别单株发病,9 月才表现病状。造林后,2 年生幼树在 8~9 月

图 3-35　苦楝丛枝病(毛矗绘)

发病。3 年生以上幼树 5 月中旬开始发病，以后各月陆续出现病状。10 年生以上大树发病较轻，植原体在树体内分布不均匀，轻病株症状有的会自然消失，外表恢复正常状态。

【防治措施】

① 防治媒介昆虫　用 40% 乐果乳剂 1000 倍液或 20% 叶蝉散乳油 500 倍液喷杀叶蝉，喷药时间应在 3 月中至 3 月底进行，以减少病害的传播蔓延，这是当前防病的主要措施。

② 化学防治　对初发病树，于冬初植株进入休眠期间，在树干离地面 1m 高的位置上用刀将皮层切割成"["形，面积约 4~5cm^2，然后将土霉素调成浆糊状，每株用土霉素 1~2g，直接涂抹于皮层下，然后用塑料薄膜包扎；或在病株树干上钻洞后斜插玻璃瓶缓慢滴注 10 万单位四环素药液。两者均有一定疗效。

③ 选育抗病品种，增强苦楝抗病力。

3.2.4　枯萎病类

林木枯萎病是种类不多但危害极大的一类病害。非侵染性因素或侵染性病原危害均能导致树木枯萎，如长期干旱，水浸，污染物的毒害，根部皮层腐烂引起的根部吸收作用被破坏，或因种种原因造成输导系统的被堵塞，均能造成树木枯萎。本节主要讨论因病原物侵入使树木输导系统功能被破坏出现的枯萎病。这类病害也称维管束病害。枯萎病能在短期内造成大面积的毁灭性灾害，世界著名的榆树枯萎病、松材线虫枯萎病均属此类病害。

引起枯萎病的病原有真菌、细菌和线虫等。真菌中的枯萎病菌主要有蛇口壳属(*Ophiostoma*)、长喙壳属(*Ceratocystis*)、轮枝孢属(*Verticillium*)和镰孢菌属(*Fusarium*)等，分别引起榆树枯萎病、栎树枯萎病、黄栌枯萎病、油桐和合欢枯萎病。木麻黄、油橄榄、桉树、柚木等树木的青枯病则由细菌的茄劳尔氏菌(*Ralstonia solanacearum*)引起。由松材线虫(*Bursaphelenchus xylophilus*)引起的松树枯萎病是我国目前危害最严重的林木病害。

枯萎病病原物自根部或枝干伤口侵入或自根尖幼嫩组织侵入，一般病原真菌和细菌在导管、射线薄壁细胞中生长发育，大量繁殖。感病植株先是叶片失去正常光泽，随后凋萎下垂、脱落或不脱落，终至全株枯萎而死。有的呈半边枯萎，在感病植株主干一侧出现黑色或褐色的长条斑。在患病植株枝干的断面上，常可见到木质部边材部分出现深褐色的环纹，在纵剖面上可见到纵向平行的深褐色的线条，这是病原菌与寄主相互作用的结果。但在松材线虫病中这种变色纹并不明显。

此类病害的传播方式随病原种类而异。榆树枯萎病、栎树枯萎病及松材线虫病的主要传播媒介是昆虫，媒介昆虫体内外均带有大量病原物，当其成虫在树上进行取食、产卵等活动时，通过它所造成的伤口将病原物传给受害植株。黄栌枯萎病、合欢枯萎病、油桐枯萎病等属于土传病害，经常处于土壤中生活的病原物依靠其自身蔓延、流水、人为活动等进行传播，主要通过根部、干基处伤口侵入，也有的在枝干伤口处侵入。病树与健树根的接触传播也是枯萎病类的传播方式之一。

引起林木枯萎的机制，因病原物和寄主种类而可能不同。一般可归纳为机械堵塞作用和中毒的结果。病原物在维管束系统中生长和繁殖，分泌溶果胶酶，降解植物细胞壁；产生毒素毒害植物细胞，影响水分和矿物质的输导；并且随树液的流动，在维管束内蔓延，以致达到全株各个部位。作为对病菌侵染的反应，植物则产生侵填体、树胶和酚类物质等，阻止病菌的扩展。当植物的抗病反应不能有效阻止病原菌的扩展蔓延时，表现出萎蔫的症状。

在萎蔫症状中有的表现为急性型，即病株（枝）会突然萎蔫，枝叶还是青的，所以常有青枯病之称，这在苗木或幼树上较多发生。有的表现为慢性型，即感病植株先表现某些生长不良现象，叶色先失去正常光泽，并逐渐变黄，病株常要经较长时间才最后枯死。

枯萎病的发生及流行条件因病原物种类而异。属于土传病害的枯萎病，如各种林木青枯病，由镰孢菌及轮枝孢菌引起的枯萎病，土壤中病原菌积累的数量与发病关系非常密切，影响土壤中病原菌消长及树木抗性的因素都会影响病害的轻重，如土壤结构、水分、施肥等。而由昆虫传播的榆树枯萎病、松材线虫病等与这些昆虫的危害流行密切相关。此外，高温干旱的条件会促使病株加速枯萎。

枯萎病发展快，防治困难，一旦染病，很难挽救。因此，贯彻"预防为主"的原则更显重要。2012年，松材线虫病、榆树枯萎病、栎树枯萎病等被列为"中华人民共和国进境植物检疫性有害生物名录"，要严格检疫，严防带病及传播媒介昆虫的苗木、木材及其制品外流及传入。积极防治传病害虫，妥善处理受害树木和枝条。对以土传方式传播的枯萎病要注意造林地的选择，必要时作土壤处理，及时清除病株，改善土壤的理化性状。选育和使用抗病树种和品种，提高树木抗枯萎病的能力。

(1) 松材线虫病(Pine wilt disease)

【分布及危害】 松材线虫病（又称松树萎蔫病）是发生在松属树种上的一种毁灭性病害，1905年首先发现于日本长崎，目前在日本、美国、加拿大、墨西哥、中国、韩国、葡萄牙和西班牙有分布。1982年，我国首次于南京紫金山林区发现松材线虫病，此后，病害迅速蔓延，至2015年，疫区已经扩大到江苏、浙江、安徽、福建、江西、山东、河南、湖北、湖南、广东、广西、重庆、四川、贵州、云南和陕西16个省（自治区、直辖市）的187个县（区）。自1982—2012年，我国因松材线虫致死的松树达4882.81万株，因治理而皆伐和择伐的松林面积超过 $33.3 \times 10^4 hm^2$，不仅对我国的林业造成严重的威胁，而且还对许多自然景观和生态环境造成巨大破坏，给国民经济和人民生活带来不可估量的损失。由于该病危害严重、防治困难，很多国家将其列为检疫对象。

【症状】 松树感染松材线虫后，表现为当年枯死、越年枯死或枝条枯死。多数情况下，植株感病后于当年夏秋即全株枯死。典型症状为：感病初期针叶开始失去光泽，松脂分泌减少，蒸腾作用下降；接着，针叶开始变色，松脂分泌停止；然后，大部针叶变黄褐色，植株开始萎蔫；最后，全部针叶变为黄褐色至红褐色，全株枯死。少数植株感病后，由于感病较迟或本身的抗性或气温较低，可能延迟至次年春或初夏枯死。此外，有些植株感病后在 1~2 年内仅树冠上少量枝条枯死，而后随时间推移直至全株枯死。

【病原】 该病由松材线虫 [*Bursaphelenchus xylophilus* (Steiner et Buhrer) Nickle] 引起。雌雄线虫都呈蠕虫状，成虫长约 1.0mm。唇区高，头部和身体界线明显，口针细，基部有小的膨大。中食道球椭圆形，占体宽的 2/3 以上。背食道腺开口于中食道球，排泄孔位于食道和肠交界处。雌成虫阴门位于虫体 3/4 处，有阴门盖覆盖，尾端宽圆至指状。雄成虫交合刺大，近端喙突明显，尖细，远端有清晰的盘状突起。尾弓状，末端尖细，侧观呈爪状，交合伞卵形，透明包裹于尾端。

在许多松树的枯立木和濒死木中，也曾发现另一种线虫拟松材线虫 (*B. mucronatus* Mamiya et Enda)。该线虫在松材中可以单独出现，也可与松材线虫同时出现。它没有致病性或致病性很弱，但适应性较强，分布也较广。二者外形极相似，雌成虫均有阴门盖，雄成虫都有明显的交合刺，易混淆。其主要区别如下：

松材线虫：雌成虫尾部亚圆锥形，末端钝圆，无尾尖突或仅有少数（约占 10%）尾尖突长 1~2μm。雄成虫交合伞呈卵圆形。

拟松材线虫：雌成虫尾部为圆锥形，尾端尖削，有明显的尾尖突，长约 3.5~5.0mm。雄成虫尾端交合伞呈方形（图 3-36）。

由于少数松材线虫雌成虫也有具尾尖突的情况，且雌成虫培养需要一定的时间，给形

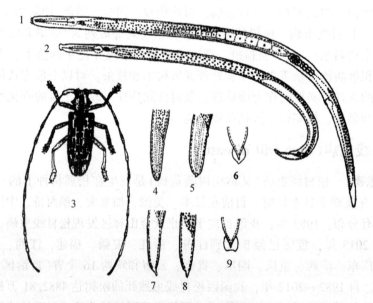

图 3-36 松材线虫及传播媒介
1. 雌虫 2. 雄虫 3. 松墨天牛 4、5. 雌虫尾部 6. 雄虫尾部交合伞
7、8. 拟松材线虫雌虫尾部 9. 拟松材线虫雄虫尾部交合伞

态学鉴别带来一定困难。随着分子生物学的发展，尤其是 PCR 技术的发展，分子鉴定技术将会成为线虫鉴定的主要方法之一。目前已有研究采用 SCAR 标记成功构建了松材线虫快速检测试剂盒。

松材线虫的发育温度为 9.5~33.0℃，最适温度为 25℃，该温度下 4~5d 即可完成 1 代，10℃以下停止发育或发育极迟缓，28℃以上雌虫产卵量受到抑制。其生活史包括卵、幼虫(1~4 龄)、成虫 3 个阶段，在 1 年中有 2 个周期，即繁殖周期和扩散周期。繁殖周期发生在生长季节，连续重复卵、1~4 龄幼虫和成虫各虫态，使种群数量不断扩大。扩散周期涉及线虫的休眠和传播，也包括幼虫和成虫，但此时 3 龄和 4 龄幼虫与繁殖周期不同，其形态结构和生理生化上发生了某些变化，并具有特殊的功能：3 龄幼虫角质层显著增厚，体腔内含物浓缩，肠内积聚类脂小滴，耐饥，对低温、干旱等不良环境抗性强，是松材线虫的休眠阶段，称之为扩散型幼虫；4 龄幼虫除角质层较厚外，口针和食道退化，头圆丘形，肠内还贮存糖原，体表具有黏胶物，特别抗干燥，适于昆虫介体传播，称之为持久型幼虫。

当天牛羽化时，大多数持久型幼虫钻入天牛成虫气管内，由天牛携带传播侵入松树，蜕皮变成成虫，又回到繁殖周期。

【发病规律】 松材线虫的自然传播主要通过墨天牛属(*Monochamus*)天牛进行，在亚洲，松墨天牛(*Monochamus alternatus*)是最重要的媒介昆虫。天牛以 3~4 龄幼虫、线虫以扩散型幼虫在病死木中越冬。

在我国，松墨天牛一般为 1 年 1 代，南方温暖地区可能 1 年 2~3 代，北方寒冷地区可能为 2 年 1 代。在南京，松墨天牛 1 年 1 代，约在 5~7 月间羽化。6 月中、下旬为羽化盛期。早春，越冬天牛幼虫化蛹，扩散型幼虫聚集到蛹室，待天牛羽化成虫，转移至天牛虫体。据报道，自病树中羽化的天牛 75% 以上带有松材线虫，每头平均可携带 15 000 条线虫，最高达 230 000 条。

羽化出孔的天牛，喜欢在健树新梢嫩枝上取食，补充营养，经 3~4 周后，又转移至树势衰弱、濒死或已枯死的树上产卵，每头天牛约可产 200 粒卵，产卵期约 2 个多月。松材线虫主要通过天牛取食造成的伤口侵入，只有少数可经产卵伤口侵入。侵入松树的持久型幼虫，很快蜕皮变成成虫又进入繁殖期，由于繁殖快，约在 2 周后就可扩散到全株。病株受侵后主要是树脂道细胞遭到破坏，造成树脂分泌减少或停止的异常现象，同时影响到水分输导受阻，呼吸作用加强，蒸腾作用下降和停止等，一般到夏秋或秋冬整株枯死。这些感病株正好为天牛产卵提供了更多的场所。

目前关于松材线虫致病机理方面，主要存在 3 种观点：

① 酶学说 松材线虫分泌的酶破坏了松树薄壁细胞的壁和膜，导致松树死亡；

② 毒素学说 松材线虫入侵松树后，树体内出现了导致松树死亡的毒素；

③ 空洞化学说 松树感染松材线虫后，树体内挥发性物质增加，管胞中形成了空洞，致使松树体内水分输导受阻，松树萎蔫死亡。

松材线虫的发育起始温度为 9.5℃，在年平均气温高于 14℃ 的地区该病发生并流行，在年平均气温高于 10℃ 的地区该病发生但危害不重。依据这个气象因子通过对我国 639 个气象台站的分析，有 217 个站点最适合松材线虫的生长发育，主要集中分布于华东和华南地区。

长时间的干旱和炎热条件有利于病害发生和流行。高温干旱年份能加快黑松、马尾松的发病，提高死亡率。

病害的发生与海拔高度有关，低海拔地区易发生和流行，随海拔高度增高发病程度减弱。

自然条件下，松材线虫可寄生70种针叶树，主要危害松属树种，不同树种对松材线虫病的抗性存在显著差异：日本黑松、日本赤松、琉球松、欧洲黑松、欧洲赤松等为高感树种；马尾松、华山松、海岸松等为感病树种；湿地松、火炬松、白皮松等为抗病树种；约弗松为高度抗病树种。此外，同一树种不同种源的抗性也存在差异，同一树种处于不同立地条件、不同生长阶段其抗性不同，其中树龄是影响其抗性的重要因素。

【防治措施】

① 严格检疫　严禁疫区松苗、松木及其产品(包括原木、板材、包装箱等)运入无病区，并防止携带松墨天牛出入境，杜绝人为传播。

② 清除侵染来源　伐除和处理被害木，2月底前彻底清除枯立木、濒死木，残留伐桩要低。4月前应剥除树皮，烧毁枝条。原木可集中用溴甲烷、硫酰氟等药剂熏蒸或浸水(100d)处理。也可将病材切成木片(刀距1.70cm以下)以杀死松墨天牛幼虫。将小径病材加工成活性炭，也可以杀灭病材中的松墨天牛。上述工作都必须在天牛羽化前完成。

③ 化学防治　a. 采用杀线剂防治松材线虫。用16%虫线清进行树干注射或5%克线磷颗粒剂，每株剂量150~200g进行开沟根施，均能通过内吸传导作用，毒杀松材线虫，效果显著。有研究利用苦豆碱打孔注药，也能抑制线虫的生长和繁殖，使之逐渐死亡。

b. 采用杀虫剂防治松墨天牛。在天牛羽化盛期，用8%绿色威雷300~400倍液、保松灵200倍液、16%虫线清等药剂对松树、枯死木树段等进行地面喷药，均能有效防治松墨天牛的幼虫、蛹及成虫。

c. 用引诱剂诱杀松墨天牛成虫。用以单萜烯和乙醇为主的混合物作引诱剂，在5月中下旬施于生长差、胸径在10cm以下的林间诱木上，以减少翌年虫口数量，降低了天牛向周围松林蔓延的速度。

④ 生物防治　利用小蠹虫大面积释传白僵菌(*Beauveria bassiana*)技术防治松墨天牛。用管氏肿腿蜂(*Scleroderma guani*)防治松墨天牛也能取得较好效果。

⑤ 选择适宜当地种植的抗病松树品种。

(2) 榆树枯萎病(Dutch elm disease)

【分布及危害】　该病是榆属(*Ulmus*)树木的毁灭性病害。20世纪30年代和70年代曾2次造成大规模流行，迅速传遍欧洲、北美和中亚的30多个国家和地区，对这些地区的榆树造成了毁灭性的破坏。美国在1930—1935年5年时间里，因该病处理了250万棵死树和濒于死亡的树；受害最重的英格兰，到1975年底死亡榆树总数达600万株；至1979年，葡萄牙80%的榆树死亡。除榆属树木外，此病在美国还能危害榉属(*Zelkova*)及水榆属(*Planera*)树木，不仅造成重大经济的损失，而且严重破坏了公园、道路等地的绿化。迄今为止，我国尚未发现该病，2012年被列入"中华人民共和国进境植物检疫性有害生物名录"。

【症状】 本病症状最初出现在树冠上部枝梢上，常表现为2种类型：

① 慢性黄化型 个别枝条叶片变黄色或红褐色，萎蔫，逐渐脱落，并向周围枝梢扩展，病枝分叉处常有小蠹虫蛀食的虫道。

② 急性枯萎型 上层个别枝条突然失水萎蔫，并迅速扩展到其他枝梢，叶片内卷稍褪绿(或仍保持绿色)，干枯而不脱落，嫩梢下垂枯死。两种症状类型病枝的横切面靠近外面几圈的年轮可看到深褐色条纹。剥去病枝皮层或从纵切面上可看到外层木质部上有黑褐色纵向条纹。切片镜检，可看到变色处导管被一些填充物和一些胶状物所堵塞。幼树发病常表现为急性型，易当年枯死，大树有的数年后枯死。

【病原】 该病害由子囊菌门蛇口壳菌目(Ophiostomales)中的榆蛇口壳[*Ophiostoma ulmi* (Buisman) Nannf.]和新榆蛇口壳(*Ophiostoma novo-ulmi* Brasier)引起。两者在形态上相似，但在基因水平上，对寄主的致病性等方面有显著差异。新榆蛇口壳致病性更强，且在很多发生榆树枯萎病的地区逐渐取代榆蛇口壳成为优势种群。其种内又分为两个小种，欧亚小种[*O. novo-ulmi* Brasier (EAN)]和北美小种[*O. novo-ulmi* Brasier (NAN)]。

子囊壳多着生于病株树皮下以及小蠹虫的虫道内，黑色，球形，具长颈，直径为 $105\sim135\mu m$，颈长 $265\sim380\mu m$，颈基部宽 $38\mu m$，顶部宽 $10\mu m$。颈端孔口具无色缘丝。子囊易胶化消失，子囊孢子月牙形，单胞无色，大小为 $(4.5\sim6.0)\mu m\times1.5\mu m$。子囊孢子成熟后从孔口溢出，呈黏液滴状。

无性型为榆黏束孢菌(*Graphium ulmi* M. B. Schwarz)。分生孢子有3种类型：

① 着生于孢梗束上，孢梗束黑色，长 $1\sim2mm$，端部散开呈绣球状，聚生乳白色黏质状的孢子团。孢子单胞，无色，卵圆形至长椭圆形，大小为 $(2\sim5)\mu m\times(1\sim3)\mu m$。

② 着生在菌丝分枝端部有小刺的梗上，形成典型的孢子簇，包埋在黏性的液滴内。孢子单胞，无色，长梨形，一端常向内弯，大小为 $(4\sim6)\mu m\times(2\sim3)\mu m$。

③ 酵母状孢子，菌丝体以类似酵母菌芽殖的方式增殖，也能在寄主导管中繁衍扩散(图3-37)。

在人工培养基上菌丝初为白色，生长很稀疏，后逐渐变为浅黄色。能形成分生孢子。分生孢子大小为 $(4\sim10)\mu m\times(2\sim3.5)\mu m$，聚集在孢子梗顶端，呈白色或黄白色黏液状。

【发病规律】 病菌孢子主要借助小蠹虫等媒介昆虫传播。已知传病的和可能传病的小蠹虫有18种，其中重要的有欧洲大榆小蠹(*Scolytus scolytus*)和欧洲榆小蠹(*S. multistreatus*)和美洲榆小蠹(*Hylurgopinus rufipes*)。夏秋2季，雌虫蛀入濒死植株(或衰弱木)皮内，造穴产卵，幼虫危害造成虫道。成虫羽化后，到活立木 $2\sim4$ 年生健康小枝补充营养，其体外携带的病菌孢子即通过虫伤侵入健康的寄主。孢子侵入榆树导管后，随树液的流动而扩散蔓延。孢子的存活期很长，在伐倒病株的原木上可存活2年之久。

该病也能通过树间嫁接和根系交叉接合传播，远距离传播主要通过带病苗木、原木或包装材料进行。长期干旱、天气炎热会加速病害发展。欧洲榆小蠹等媒介昆虫的危害也会加剧病害的发展。

不同种的榆树发病有明显的差异，所有欧洲榆和美洲榆都易感病，亚洲榆抗病性较强，我国大叶榆和小叶榆均属抗病种类。

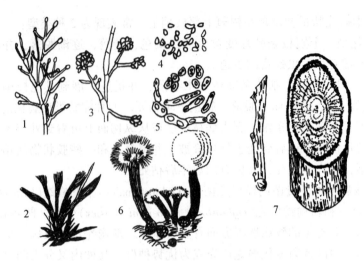

图 3-37　榆树枯萎病
1. 分生孢子梗　2. 集生的分生孢子梗束　3. 分生孢子堆　4. 分生孢子
5. 呈酵母状萌发的分生孢子　6. 带有分生孢子团的分生孢子梗束、菌核　7. 病枝剖面

【防治措施】　我国最主要的防治措施是严格执行对外检疫措施，严禁从国外输入榆属苗木、插条。对可能传带病菌和榆小蠹的产品，如原木、木材制品甚至是胶合板和包装箱垫的榆木等进行严格检查和处理。同时要防止媒介昆虫随其他产品混入国内。

在欧美病区，防治榆树荷兰病的根本措施在于选育抗病品种。积极防治小蠹，彻底砍除病株（枝）并烧毁，以防病害蔓延。对感病植株的树干或干基部注入内吸性杀菌剂如苯来特、多菌灵等，有抑制病害发展的疗效。对病株树桩及病株原木进行剥皮处理并涂上杂酚油，以防止病菌产生子实体。此外，其他一些防治方法也受到了关注。一位英国研究者正在研制一种可以杀死榆树荷兰病病菌的细菌状微粒，这一研究可能会为此病的生物防治提供一个可行的方法。荷兰科学家发明了一种叫作 Dutch Trig 的树木注射疫苗，现正在美国使用，估计不久就会进入商品化生产。

(3) 栎树枯萎病 (Oak wilt)

【分布及危害】　栎树枯萎病主要分布于美国以及欧洲的保加利亚、波兰、罗马尼亚，是栎树上的一种毁灭性病害。我国迄今尚未发现，该病菌是进境植物检疫性有害生物。

该病主要危害壳斗科的栎属植物，大树、小树或幼苗均可受害，病势发展迅速，可在症状出现后几周内便整株死亡，病害一旦发生，很难防治。各种栎树中，红栎类最易感病，感病植株当年即可致死，白栎类中的白栎和大果栎也易感病，但病势发展较慢，病树一般当年不死，有时可维持几年。此外，栗属、栲属和石栎属也已证实是感病的。

【症状】　栎树枯萎病的症状以春末夏初最为明显，病树的叶片皱缩，初为淡绿色，后自叶尖或叶缘渐向叶片基部变为青铜色或褐色，叶容易脱落。但病树上当年春天新抽出的嫩叶，则变为黑色、皱缩、下垂，不易脱落。

栎树感病后，首先是树冠顶部或侧枝顶端的叶片开始皱缩、变色，然后逐渐向树冠下部和内部蔓延，以致到整株发病，叶片相继脱落，全树枯死。红栎类从个别枝条发病到全株枯死，只需几周时间，而白栎类1年中只限于几个枝条发展。

栎树发病后，不仅叶片变褐、脱落，而且木质部也出现病变。木质部横断面最外层的年轮变为褐色或黑色。剥开树皮，在边材上可看到一条条长短不齐的黑褐色条纹。

病树死后的翌年春天，病菌在树皮和木质部之间形成一团团垫状的菌丝层，上面生有分生孢子梗和分生孢子。由于菌丝层不断生长，使树皮和木质部分离，最后树皮开裂，菌垫外露。

【病原】 该病由子囊菌门小囊菌目（Microascales）的栎长喙壳菌 [*Ceratocystis fagacearum* (Bretz) J. Hunt] 引起。病菌的子囊壳单生或丛生，黑色，瓶状，具长柄，基部球型，直径 240~380μm，几乎整个埋于基物内。子囊壳颈长 250~450μm，顶端有一丛无色须状物，在孔口排列成漏斗状。子囊球形至亚球形，直径 7~10μm，内含8个子囊孢子。子囊孢子无色、单胞、椭圆形、稍弯曲，大小为 (2~3)μm×(5~10)μm。子囊壁易消解，子囊孢子成熟后成团从孔口逸出，聚集在毛须状物内，呈一团白色黏液，肉眼可见。其无性型为 *Thielaviopsis quercina* (B. W. Henry) A. E. Paulin, T. C. Harr. & McNew。分生孢子内生，无色、单细胞、圆筒形，两端平截，大小为 (2~4.5)μm×(4~22)μm，有时形成分生孢子链。分生孢子梗分枝或不分枝，与菌丝区别不大，淡色至褐色（图3-38）。

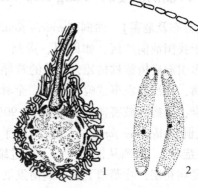

图 3-38 栎树枯萎病菌
1. 子囊壳 2. 子囊孢子
3. 分生孢子梗和分生孢子

人工培养时，菌落呈绒毛状，初为白色，后变为淡灰色至黄绿色。菌落上除生长菌丝、分生孢子梗及分生孢子外，有时还出现菌核及厚垣孢子。菌丝生长温度范围为 16~28℃，最适为24℃。分生孢子萌芽以25~32℃为最适，25℃条件下子囊孢子产生芽管，在芽管内形成内生的分生孢子。

【发病规律】 栎枯萎病是一种典型的维管束病害。白栎类较耐病，病树当年不死，病菌在病枝内越冬，翌年继续危害。红栎类感病后，一般当年即死，病菌主要在枯死的树干内越冬，翌年春天在树皮下形成菌垫，突破树皮而外露，产生大量的分生孢子进行传播。

自然界中，栎枯萎病菌的传播媒介昆虫有如下几种：果实露尾甲属1种 (*Carpophilus sayi*)、露尾甲属4种 (*Glischrochilus sanguinolentus*、*G. quadrisignatus*、*G. fasciatus*、*G. siepmanni*)、鬃额小蠹属2种 (*Pseudopityophthorus minutissimus*、*P. pruinosis*) 以及毛束小蠹 (*Scolytus intricatus*)。病树与健树根的接触可传播病害，远距离传播则是通过病苗及带病原木的长途运输。

病菌从伤口侵入，然后进入导管，在导管内生长，产生孢子。随树液的流动，在维管束内蔓延，以致达到全株各个部位。在代谢过程中能产生一种毒素，破坏寄主输导组织的功能。此外，寄主组织受病菌刺激后，在导管内形成侵填体，堵塞导管，阻碍了水分及矿物质的运输。由于上述种种原因，导致树木枯萎而死。

栎树枯萎病的潜育期因温度、季节而有所不同，在最感病的红栎上一般为4~6周。温度低，潜育期长，最适温度时则短。

【防治措施】 栎枯萎病是一种危险性病害，可以通过寄主原木、木制品和苗木或其上所携带的传播媒介进行传播，目前我国尚未发现，因此严格执行对外检疫制度，严禁病苗和带菌的原木输入，是预防该病发生的最根本、最重要的措施。除对美国的栎属、栗属、石栎属、栲属等各树种苗木、木材禁止进口外，为避免露尾甲等传病昆虫随其他树种混入国境，如发现有此虫迹象，应严格进行灭虫处理。

（4）油桐枯萎病（Tung tree wilt）

【分布及危害】 油桐（*Vernicia fordii*）枯萎病是一种毁灭性病害，有"桐瘟"之称。广泛分布于我国油桐产区，如四川、贵州、福建、广西、江西、湖南、浙江等。该病危害油桐，多引起病树整株枯死，严重的常导致整片桐林毁灭。1939年，广西柳州首先发现油桐枯萎病，在沙塘农事试验场附近，全林1/5植株被感染。据1963年在广西柳州、南宁等地调查，重病区被害株率高达70%~90%以上，有的油桐林近于毁灭。该病主要危害3年桐（光桐）（*Aleurites fordii*），很少危害千年桐（皱桐）（*A. montana*）。

【症状】 病菌从根部侵入，通过维管束向树干和树叶扩展，引起全株或部分枝干枯死。发病初期，叶萎蔫下垂，病情发展后，下垂叶片枯黄卷缩，悬于枝上，此为叶片的慢性型症状。急性型症状为叶脉及其附近叶肉组织变褐色或黑褐色，主脉稍突出，形成掌状或放射状枯死斑，病叶枯黄皱缩，但多数不脱落。枝梢初期外表无明显症状，到一定程度时病变呈赤褐色，整个枝条由先端向基部逐渐变为黑褐色而枯死。大枝或树干上有轻微黑褐色条斑，条斑扩展后成下陷溃疡，病皮常开裂，并易脱落，致使木质部外露。在病皮脱落之前，空气湿度大时，干基到枝条上的裂缝和皮孔里生出粉红色或浅棕色的镰刀菌分生孢子座，将病部树皮剥开，木质部呈红褐色或黑褐色。枝上病果，先发黄后发黑干缩僵化，剖视见种仁干腐，有时见有病菌的分生孢子和菌丝体。病株根部腐烂，皮层脱落。到全部腐烂时，地上部分全部枯死。地上部分的病情取决于根系的受害程度。如某一侧根腐烂，则为半边枯死或部分枝条枯死，其相应的树冠也枯萎。根际全部腐烂，植株全部枯死，根际半边腐烂，树冠半边枯死；根际不规则腐烂，树冠不规则枯死。

【病原】 病原物是无性型菌物尖孢镰刀菌油桐专化型（*Fusarium oxysporum* f. sp. *aleuritidis*）。病菌生活在土壤里，除能产生大小两种不同类型的分生孢子外，还能形成厚垣孢子。病菌菌丝茂密，白色棉絮状，菌落基质呈桃红色或紫红色。小型分生孢子着生在气生菌丝上，大小（5.0~18.8）μm×（2.0~5.0）μm，具多种形态：卵形、柱形、梨形、椭圆形、类球形等，直或稍弯，都聚成假头状。在PDA培养基上大型分生孢子较少；小型分生孢子较多。大型分生孢子形态多样，有镰刀形、纺锤形、弯月形等。具有多个细胞，三隔的较多，五隔的较少，个别达六隔，顶端细胞细且窄，末端细胞有短柄状脚胞。厚垣孢子多，球形，薄壁且光滑，顶生或间生，有的数个串生在菌丝之间也有成对串生的（图3-39）。

病菌孢子在pH值3~12的水滴中均能正常萌芽。15~35℃孢子萌芽率在70%以上，最适气温为25~30℃，相对湿度在80%以上孢子才能萌芽。

【发病规律】 病菌以菌丝或厚垣孢子在寄主体内或土壤中越冬。在适宜条件下，病菌主要从须根侵入，也从根部和根颈部伤口侵入。当两树之间出现连根时，病菌可从病根蔓延到健根。病菌侵入后在植株体内蔓延并分泌毒素，使组织遭到破坏，变化坏死。

病害一般在5~9月发生，6~7月为发病盛期。潜育期约15d。据广西、湖南调查，此病在高山地区很少发生，在低山丘陵红壤地区发病严重，在红壤地区比在石灰岩地区和黄壤地区发病严重。这是因为病菌是土壤习居菌，土壤性状对病菌的侵染和繁殖有很大影响。在油桐物种和品种方面，幼林和成林都易感病，3~15年生桐林较易发病；种子带病。三年桐发病重，而千年桐以及用千年桐作砧木，三年桐作接穗的嫁接桐不感染此病。

图3-39 油桐枯萎病（仿周仲铭，1990）
1. 病枝梢 2. 病菌的菌丝、厚垣孢子 3. 大、小分生孢子

不同的气候对该病的发生发展有影响。据广西南宁地区定点观察，气温在23℃以上，相对湿度在75%以上病情严重，若温度继续升高，病株更易枯死，因为随着温度升高蒸发量也随之增加。枝干部病菌孢子座的产生与相对湿度的关系密切。温度适宜时，相对湿度在75%~80%的范围内，发病植株少则5~7d，多则15d便产生橘红色的分生孢子座，若相对湿度低于75%，孢子座便推迟出现。

【防治措施】

① 抗病树种利用 千年桐作砧木、三年桐作接穗进行嫁接，是防治三年桐枯萎病的根本措施。嫁接可在春秋两季进行。春季以3月中旬到4月上旬为好，秋季以9~10月为宜。先培育好生长健壮、直径1.6cm以上的千年桐砧木，再从三年桐优株或丰产的三年桐母树上截取树冠中部外层1年生枝条的芽、明显而健壮的春枝作接穗。

② 林业技术措施 在三年桐枯萎病发生严重的红壤地带，应以发展千年桐为主。也可用千年桐和三年桐混交（或与其他不发此病的树种混交），以避免病根接触健树根际而传病。选择土质较好，中性或微碱性的石灰岩地区种植油桐。在丘陵红壤地区种植油桐，应多施有机肥、石灰、磷钾肥，并套种绿肥，以提高土壤肥力。不从病区引进种苗。

③ 化学防治 用抗菌剂"401"800倍液，50%托布津可湿性粉剂400~800倍液，淋浇根部，有一定效果。

(5) 合欢枯萎病(Mimosa wilt)

【分布及危害】 国内分布于山东、江苏、浙江、河北、河南、北京等地。幼苗和大树均能受害，严重时全株枯死。北京东北旺苗圃的合欢(*Albizzia julibrissin* Durazz.)6年生大苗死亡率达45.3%，几年后全部死亡。济南市街头成年树平均死亡率24%，发病严重的林地在2~3年内即可毁林。据2010年的调查，河南驻马店市区2245株合欢树中，因枯萎病死亡植株达35.2%。合欢育苗工作也由于此病危害而屡遭失败，已成为当前绿化生产中重要的问题。国外分布于美国、希腊、伊朗、俄罗斯等国，在波多黎各和阿根廷，阔荚合欢[*Albizzia lebbek* (Linn.) Benth.]和黄豆树[*A. procera* (Roxb.) Benth.]也受到该病的侵害。

【症状】 幼苗发病表现为猝倒。大树染病后，起初在枝干最外围的边材木质部纵向出现褐色线条，在呈现枯萎的枝干一侧的树干基部褐色线条最明显。有时在树干和主枝的树皮上产生裂缝，从中流出白色泡沫，有酒精味。在染病枝干上的叶片逐渐发黄、萎蔫、下垂，以至脱落，在叶片变黄的枝及与其相连的一侧树干枝条枯死。症状有时由1~2枝或几个枝表现出来，有时半边枝条枯死，在严重时全株在树干和枝条的横截面上出现圆弧或整圈变色，病株根部和干部皮层变褐腐烂。在潮湿条件下，树干的皮孔中可产生肉桂色至白色粉状霉层(图3-40)。

图3-40　合欢枯萎病症状
(贺伟摄)

【病原】 此病由尖孢镰孢菌合欢专化型[*Fusarium oxysporum* f. sp. *perniciosum* (Hepting) Toole]引起，隶属无性型菌物镰孢霉属真菌。病原菌在PDA培养基上气生菌丝茂盛，絮状菌丛反面呈淡紫色至紫色，少数白色。小型分生孢子产生于简单的瓶梗上，或产生在分枝的分生孢子梗上，卵圆形、圆形至圆筒形，大小为(5~12)μm×(2.5~3.5)μm。在PDA培养基上不易产生大型分生孢子，移至高粱培养基上，在室温下进行光暗交替培养，易形成大型分生孢子。大型分生孢子纺锤形至镰刀形，孢壁薄，两端尖，通常顶端细胞稍弯曲，3~5个分隔；3分隔的大小为(26~44)μm×(3~5)μm，4分隔的大小为(32~50)μm×(3~5)μm，5分隔的大小为(47~62)μm×(3~5)μm。厚垣孢子球形，光滑或粗糙，顶生或间生，单生或双生，偶尔串生(图3-41)。

在PDA上，菌丝生长的适宜气温在25~35℃之间，最适气温为30℃，5℃以下和40℃以上菌丝不能生长，分生孢子萌发的最适气温为30℃；菌丝在pH值6~12之间均能生长，以pH值6时分生孢子萌发率最高；光照对菌丝生长无明显影响，黑暗条件有利于病菌产孢。

【发病规律】 病原菌在病株上或随病株残体在土壤中越冬。翌年春、夏，遇到条件合适的环境时产生分生孢子，病菌由根或树干基部的伤口侵入，经维管束而扩散到植株各部分，并在维管束内继续增殖，毒害输导组织，引起植株萎蔫以至枯死。潜育期1个月至1年。在苗圃中，有的发病苗木根部完好，但剪口处变枯，纵向剪开后，内部已变褐色，从变褐色的边材中也能分离到病菌。因此，剪口也是病原菌侵入途径之一。该病属系统性侵染病害，在整个生长季均能发生，5月出现症状，6~8月为发病盛期，病害可一直延续到10月。高温、高

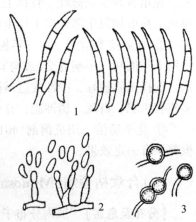

图3-41　合欢枯萎病菌
1. 大型分生孢子及其着生方式　2. 小型分生孢子及其着生方式　3. 厚垣孢子

湿有利于病原菌的增殖和侵染，暴雨和灌溉有利于病原菌的传播。

该病的发生与立地条件密切相关，土壤瘠薄，通气性差处如行道两侧、山地、高坡处发病率较高。田间1年生苗不易感病，6~8年的合欢树发病较严重。虽然高温、高湿有利于病害的扩展，但缺水和干旱也将促进病害的发生。

【防治措施】 该病菌源广，侵染适期长，通过土壤传播，又是系统性病害，在发病早期难以发觉，一旦出现症状则难以挽救。所以，必须以预防为主，强调综合防治。

① 加强植物检疫 严格控制合欢苗木的调运，尽量避免到合欢枯萎病高发地区调运苗木；在疫区内也应严格执行相关规定，不能使用带病苗木，防止病害的远距离扩散蔓延。

② 林业技术措施 选择适于合欢生长的生态环境种植。合欢在土壤较疏松的条件下生长较好，而街道上土壤坚实，地下空间狭窄，因此最好不要把合欢作路肩行道树。应栽植于路两侧的绿带之内。

加强抚育管理。定期松土或树盘四周铺通气砖增加土壤通气性，并注意防旱排涝。应尽量少剪枝，或剪后伤口涂保护剂。发现病株有超过1/3的枝干存在叶子发黄脱落时需砍伐病株，连土壤一起移走或用20%石灰水处理土壤，防止病菌蔓延。合理施肥，多施充分腐熟的有机肥，提高生长势，增强抗病力。

③ 化学防治 在生长季节于病害未出现症状前，对合欢树开穴浇灌内吸性药剂。可选用50%甲基托布津500倍液，40%多菌灵胶悬剂800倍液等。另外，在移植时用1%硫酸铜溶液蘸根，枝干处的伤口涂保护剂以防病原菌侵染。

④ 选择优良种源、抗枯萎病的壮苗造林。

(6) 黄栌枯萎病（Verticillium wilt of common smoketree）

【分布及危害】 目前在北京、山东的青州、济南等地有发生。在北京，黄栌枯萎病在香山公园和西山林场危害十分严重。据调查，在面积逾60hm^{2}共9.4万余株的黄栌林中，在不同地块，发病株零星或成片分布，发病株率从0.11%~46.2%；在1981—1991年的10年中，先后伐除死树13600余株。近几年每年仍有许多病株死亡。轻者严重影响红叶景观，重者死亡。

在北京香山公园，该病的寄主是黄栌（*Cotinus coggygaria* Scop.）。据国外报道，该病病原菌寄主广泛，能侵染70多个种和变种的树木以及多种灌木，其中以槭属（*Acer*）植物最易受侵染，梓属（*Catalpa*）、栾树属（*Koelreuteria*）、椴树属（*Tilia*）也很感病。紫荆属（*Cercis*）、鹅掌楸属（*Liriodendron*）、假山毛榉属（*Nothofagus*）、刺槐属（*Robinia*）、白蜡树属（*Fraxinus*）、栎属（*Quercus*）的某些种类也感病。国外分布于北美等种植黄栌的国家。

【症状】 在叶部表现为2种萎蔫类型。

① 黄色萎蔫型 先自叶缘起叶肉变黄，逐渐向内发展至大部或全叶变黄，叶脉仍保持绿色，部分或大部分叶片脱落。

② 绿色萎蔫型 初期，叶表现失水状萎蔫，自叶缘向里逐渐干缩并卷曲，但不失绿，不落叶，约2周后变焦枯。根、枝横切面上边材部分形成完整或不完整的褐色条纹和变色区域。剥皮后可见褐色病线，重病枝条皮下水渍状。在幼树上症状通常发展迅速，植株受

图 3-42 黄栌枯萎病症状（贺伟摄）
1. 叶片枯萎　2. 病枝木质部表面出现褐色条纹

侵后一般经过 2~3 年后死亡。而大树受侵后常存活多年，每个生长季节仅有几个枝表现症状或枯死（图 3-42）。

【病原】　病害由无性型菌物大丽轮枝孢菌（*Verticillium dahliae* Kleb.）引起。该菌为土壤习居菌，在 PDA 培养基上菌落灰白色，产生黑色的微菌核。分生孢子梗基细胞无色透明。分生孢子梗有 1~3 轮分枝，每轮有 3~4 个小枝。分生孢子长卵圆形，无色，单胞，大小为 (2~9)μm×(1.5~4)μm（图 3-43）。病菌在 PDA 培养基上生长良好，分生孢子致死温度大约为 45℃，最适宜萌发温度在 25~30℃。对碳的利用以葡萄糖、麦芽糖、淀粉为最佳；对氮的利用以硝酸钾为最佳，铵态氮对菌落的生长繁殖有抑制作用。

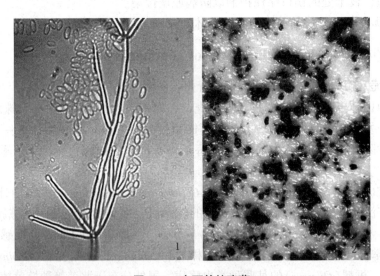

图 3-43 大丽轮枝孢菌
1. 分生孢子梗和分生孢子　2. PDA 上的微菌核

【发病规律】　*V. dahliae* 是植物土传病害病原菌。病菌在植物体内存活，可通过接穗、芽、砧木传播。病植株死亡后，病菌以微菌核的形式在土壤或病残体中生存，对大多数逆境的抵抗力很强，即使在无寄主的情况下仍可存活多年。当受到来自植物根系分泌物或正在分解的有机物质的刺激时，微菌核萌发形成的菌丝伸展到寄主的根部表面进行侵入。病原菌通过树木的根部和干基部的伤口，病根与健根的接触，也可能直接从黄栌苗木根部侵入。孢子萌发后产生的菌丝，通常附着在根尖或通过根尖延伸到主、侧根表面，菌丝会在表皮细胞间隙生长。大丽轮枝菌首先出现的位置在黄栌根尖的 1~3cm 处，同时该区域的表皮有瓦解的现象，表皮细胞的间隙同样有菌丝存在。因此，大丽轮枝菌很可能是由黄栌根部的伸长区及成熟区内进行侵入。病原菌侵入根组织后，在皮层中生长并进入中柱细胞，以菌丝形式不断生长，或者产生分生孢子通过水分运输到树木地上部。病原菌在黄栌上的纵向扩展过程中，导管内的胶状物及侵填体对于菌丝扩展可能起到阻碍的作用，导致菌丝及受侵染导管在垂直方向上是不连续的。通常在发病导管及其附近的导管中会产生胶状物、侵填体与导管壁的增厚，以此缩小导管内径或将导管堵塞，从而阻止病菌的扩展，大部分健康的导管仍然可以维持植株正常的水分运输。因此，虽然导管的阻塞具有致萎作用，但不足以影响到正常的生命活动。

实验表明，大丽轮枝菌在代谢过程中产生的糖蛋白毒素，对植物具有强烈的致萎力，并显示与病原菌侵染同样的特征性症状，同时能够诱导植物体内各种酶类的活性改变及病程相关的物质含量的变化。病原菌干扰树木的水分输导和其他生理功能，造成内在缺水，从而引起植物生病。干旱、积水、营养不良及其他减弱树势的因子均加重病情。病害症状严重的程度取决于树木根系受侵染的程度。病害发展速度及严重程度，与黄栌主要根系分布层中的病原菌数量呈正相关。病害的严重程度也受土壤湿度、边材中的含水量的影响，种植在含水量低的土壤中的树木以及边材含水量低的树木，萎蔫程度和边材变色的程度都有所增加。土壤中速效磷和速效钾含量较多的土壤病情较轻，过量的氮会加重病害，而增施钾肥则缓解病情。

来自不同寄主的野生型 *V. dahliae*，在侵染某种寄主时，可能在寄主体上通过准性生殖进行基因重组，从而产生新的菌系。大丽轮枝菌存在不同的营养亲和组（Vegetative-compatibility groups）。有试验证明，来自不同寄主的菌系，致病性常有某种变化。如来自棉花的大丽轮枝孢菌较来自黄栌的病菌的致病性弱，仅引起黄栌苗的轻微症状。同样来自北京香山黄栌病根部的 3 个菌株，其致病性亦有所差异。

【防治措施】

① 林业技术措施　加强栽培管理，提高树势。显示早期症状的植株应及时浇水和施肥。施用低氮和高钾肥以及有机肥料。栽培管理过程中避免黄栌的根部和根颈部损伤。

② 清除侵染来源　挖除重病株并烧毁，以减少侵染源，用后的工具应消毒。

③ 选育抗病品种　在病害发生严重地段换栽抗病树种。杨树、桑树、臭椿、银杏等阔叶树和针叶树抗病。苗圃土壤中若存在大丽轮枝孢菌，应培育针叶树苗木或其他抗病树种苗木，或经土壤熏蒸剂处理后再培育黄栌苗木。

④ 化学防治　新造林地的土壤要消毒。对已受到病菌侵染的幼龄苗木，施用化学杀菌剂和生物防治制剂可以抑制和减缓病害的发生。某些植物寄生性线虫能与轮枝孢菌协同作用，增加感病树木的病株率和病害严重程度，因此，在那些已知有轮枝孢菌出现的苗圃，针对线虫的防治措施也是有必要的。

(7) 桉树青枯病 (Bacterial wilt of eucalyptus)

【分布及危害】　桉树青枯病是桉树的一种新病害，1982 年由广西林业科学研究所首先发现，当时主要发生于从巴西新引进的柳桉（*Eucalyptus saligna*）和巨桉（*E. grandis*）上，前者发病较重，为17%，后者为13.3%。由柳桉和窿缘桉杂交的柳窿桉也发现青枯病。尔后在广西、广东、海南、云南、福建和台湾的许多引种点上，亦相继发现青枯病。在尾叶桉（*E. urophylla*）、巨尾桉（*E. grandis* × *E. urophylla*）、柠檬桉（*E. citriodora*）等桉树上也有发生，发病率为2%~10%不等。国外分布于巴西、澳大利亚、南非、刚果和乌干达等国。

【**症状**】　林间感病幼树症状大致可以分为2种类型：

① 急性型　病株叶片急剧失水凋萎，不脱落而悬挂于树枝上，呈典型青枯症状。根茎木质部变褐色坏死，枝干外面有时出现黑褐色条斑。后期根部腐烂，皮层脱落，木质部和髓部坏死，有水浸沤的臭味。剖视病根或病茎横切面，有淡褐色的细菌溢脓自变色木质部溢出。

② 慢性型　植株发育不良，较矮小，叶片失去光泽，基部叶片先变成紫红色，渐向上蔓延部分枝条和侧枝变褐色坏死，后期叶片脱落，严重时亦可整株死亡。这个类型植株由发病到整株枯死，时间稍长，通常为3~6个月或更长（图3-44）。

图3-44　桉树青枯病症状（陈帅飞摄）
1. 桉树青枯病症状　2. 病茎横切面的菌脓

【**病原**】　病原菌是茄劳尔氏菌[*Ralstonia solanacearum*(Smith) Yabuuchi *et al.*]，属生理小种1号，生物型Ⅲ。菌体短杆状，两端钝圆，大小为$(1.1~1.6)\mu m × (0.5~0.7)\mu m$。鞭毛1~3根，极生，革兰氏染色阴性反应，无芽孢和荚膜。用石炭酸复红染色，细菌两端着色，中间不着色。在PDA上，菌落初为乳白色，黏液状，后渐变褐色。在培养基中加入2,3,3-苯四唑氮（TTC）可以区别出菌落有无毒性。具毒性的菌落，形状不规则，胶黏，中央淡粉红色；无毒性的菌落则小而圆，乳黄色和深红色，具薄而淡的边缘。通常病菌经多次在培养基上移植后会丧失其毒性，但在灭菌水中保持2~5年仍不失其致病能力。病菌能液化明胶，还原硝酸盐，不产生吲哚，但能产生氨。甲基红、乙酰甲基甲醇反应为阴性。不能水解淀粉，石蕊牛乳变红色。病菌生长温度，最低气温4~6℃，最适气温32~35℃，最高气温40~41℃。病菌生长最适pH值为6.8~7.2。

茄劳尔氏菌的寄主范围很广，据统计可危害35科中的200多种植物。

【发病规律】 病菌能自然存活于土壤、植株残体和垃圾混合物中。凡是种植过烟草、花生、马铃薯、番茄、桑、木麻黄和桉树等的土壤和水源都可能存在该病菌。病菌在土壤中存活时间与土壤的温度、湿度、酸碱度关系密切，低温及中性土壤有利于病菌存活，土壤含水量在31%～37%时可存活390d以上；干燥和水浸时，仅能存活30d和90d。

桉树青枯病为典型的土传病害，病菌由根部侵入，在植株维管束内蔓延，致使植株凋萎。病菌又可由病株的根部转入土壤，再感染邻近健康桉树。根茎损伤、地表径流和根系接触是病菌侵入、传播的主要途径。

桉树青枯病的发生与气温、降雨及台风有关。高温季节，如遇台风雨或连续大风大雨，青枯病最易流行。据多年调查，一般在5～10月，如遇7d以上大风大雨，或在沿海地区遇强台风，适合发病的林地在3～5d内出现病株，1～3周内达到发病高峰。桉树青枯病流行最显著的特点，就是在短时期发病十分严重，故称为暴发性流行。

在广东病区调查和室内接种试验，结果表明桉树物种间和地理种源间对青枯病的抗性有显著差异。高抗树种和品种有巨桉×尾叶桉、柳桉7451、柳桉7651、雷林一号桉、柠檬桉(龙门)和窿缘桉等，中抗树种和品种有柳桉13341、杂种桉、小果灰桉、巨桉、柳桉13522、柠檬桉52号、赤桉12501、雷林一号桉(东圳)、柠檬桉(化家)、柳桉13434和柳桉13334；感病的树种和品种有刚果12号桉、尾叶桉和赤桉13923等。

【防治措施】

① 选好圃地，实行苗木检疫 应在无病地区选择苗圃地，避免在种过花生、番茄、茄子、烟草、辣椒、柚木和油橄榄的地方育苗。如果必须在这些地方育苗时，播种前将土壤翻晒数次，或用药剂如漂白粉或福尔马林进行土壤消毒。分床和出苗时，严格进行苗木检疫，病苗不得出圃。

② 选育抗病品种 选用抗病速生桉树种类或地理种源苗木造林。

③ 清除侵染来源 林间发现少量病株，及时将病株挖除，集中烧毁。在发病林地，开沟排水，隔离病株，减少地表径流传播病菌。

④ 生物防治 利用荧光假单胞杆菌(*Pseudomona flurecens*)防治该病，可以降低幼苗发病率30%～45%。另外，丛枝菌根(AM菌)对青枯病有一定的防治效果，接种AM菌的桉树不发病或者发病较轻，死亡率较低，对桉树生长也具有明显促进作用。有试验表明，对尾叶桉幼苗以1～5mmol的水杨酸淋根处理，可以诱导桉树苗显著地增强对青枯病的抗性。

(8)木麻黄青枯病(Bacterial wilt of horsetail beefwood)

【分布及危害】 病害分布于广东、海南、广西、福建、浙江等地，近年来由于青枯病的猖獗危害，木麻黄大量枯死，不仅影响了当地人民的生活，对海防建设和气候条件的改善，也有一定的影响。此病在木麻黄整个生长期间都能危害，但成林的木麻黄经台风强烈的袭击后受害更为严重，是当前木麻黄防护林二代更新中面临的非常严重的问题。国外的马拉维、毛里求斯、印度等国家也有报道。

【症状】 青枯病是一种破坏输导组织，引起全株枯死的细菌性病害。病株小枝稀疏，黄绿、凋落、枯枝枯梢多，根系腐烂变黑。重病株树干呈黑褐色条斑，树皮常纵裂成溃疡状；木质部变褐色；坏死的根茎有水浸臭味；横切后几分钟之内便有乳白色或黄褐色的细菌黏液呈环状溢出，患病苗木易枯黄死亡，但成年树木往往拖延4~5年才死(图3-45)。

【病原】 同桉树青枯病。

【发病规律】 试验证明，花生、烟草等作物的青枯病和木麻黄青枯病可以互相传染，因此，木麻黄青枯病的初次侵染来源，大都是带有细菌的花生、烟草、番茄和茄子等的病株。此外，老病株、伐桩、农家肥料以及人为活动也会成为侵染来源之一。

病菌侵入的途径是伤口和气孔、水孔、皮孔等自然孔口。侵入后便在细胞间或维管束内扩展，一般向上比向下扩展快。在潜育期中，细菌借分泌的酶来破坏细胞间的中胶层，使受病的细胞组织解离；或者借所产生的毒素，使受病组织的细胞质壁分离，引起组织坏死变色。病菌主要借风吹和水溅来传播，在台风暴雨后，病害往往随之流行而造成大量树木死亡，因强风不仅能将带菌雨滴传送到较远的距离，

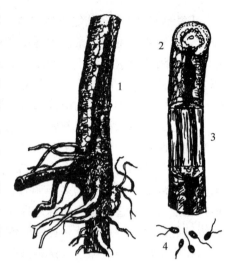

图3-45 木麻黄青枯病(仿董元)
1. 病株根茎 2. 茎横切面变色溢脓
3. 茎纵切面变色 4. 病原细菌

而且给树木造成许多伤口，增加了病菌入侵的机会。此外，木麻黄有根际连生现象，以致病菌可以从病株蔓延到健株上。

病害主要发生在干旱的季节里。高湿虽有利于病菌的繁殖和积累，但"台风旱"使林木长势更为衰弱，构成病害流行的条件。一般病情最重的是干旱的沙丘地和保持水分能力差的粗砂地。酸性土壤、地势低洼、土壤板结积水的地方发病严重；土壤疏松、排水良好的细砂土坡地，很少发病或不发病。

木麻黄种类不同，发病程度也不同。一般粗枝木麻黄(*Casuarina glauca*)较抗病，细枝木麻黄(*C. cunninghamiana*)次之，木麻黄(*C. equisetifolia*)较感病。但各种类的不同无性系抗病性也有所不同。

青枯菌对木麻黄的致病性与其在寄主根表的吸附情况和在根内的快速增殖具有密切关系，吸附量与致病性呈负相关，增殖量与致病性呈正相关，脂多糖起着细菌识别因子的作用，是病菌致病性的重要因子。

用病原菌悬浮液及培养滤液等对木麻黄无根苗和有根苗进行接种处理，结果显示青枯菌培养滤液对木麻黄具有强烈的致萎作用，而小苗枯萎主要是由滤液中毒性物质诱导植物产生填充体堵塞导管所致。

【防治措施】

① 选好圃地，实行苗木检疫 应在无病地区选择苗圃地，避免在种过花生、番茄、茄子、烟草、辣椒、柚木和油橄榄的地方育苗。如果必须在这些地方育苗时，播种前将土壤翻晒数次，或用福尔马林进行土壤消毒。分床和出苗时，严格进行苗木检疫，病苗不得出圃。

② 林业技术措施 适量施入粪尿和土杂肥、化肥等，以改善病株长势，增强抗病能力。幼林整枝要适宜，一般不要超过树冠高度的1/3，以免削弱树木的抗病力。

及时清除病株，减少侵染来源。

③ 选育抗病品种　加强抗病品种和无性系的培育和利用。

④ 生物防治　据报道，木麻黄根瘤内生菌——弗兰克氏菌(Frankia)对青枯病菌具有抑制作用，通过接种弗兰克氏菌，既能提高木麻黄苗木的共生固氮能力又能防治青枯病。

(9) 油橄榄青枯病(Bacterial wilt of olive)

【分布及危害】　自1964年在我国引种油橄榄以来，油橄榄青枯病在四川、湖北、广西、广东、福建、江西、湖南及上海等地的种植点均有发生，成为油橄榄生产中的严重障碍。四川重庆林业试验场，1964年8月开始发现病情，1966年发病率达30%，死亡率达18.4%，1974年死亡率达36.4%。油橄榄植株从定植2～3年生幼苗至开花结实的成年大树均能发病。

【症状】　油橄榄青枯病是一种维管束的细菌病害。初发病株，从地上部分不易察觉，较先表现为延迟抽发新枝、新芽，少数嫩梢、幼叶褪绿，失去油亮光泽。进而叶、果失水皱缩，叶片沿主脉向叶背反卷，表现较明显枯萎状。最后全株枯死，叶片大都干枯脱落，这是青枯病地上部分的典型症状。地下部分少数须根首先染病，变色腐烂，迅速向上蔓延，木质部局部变黑褐色，侧根皮层初期尚完好，后期才腐烂，病根有酒糟臭味。根颈横切面，从变色部位很快出现淡褐色黏稠状细菌溢脓。重病株，木质部的变色带可由根颈主干延伸到侧枝梢，最后整枝或全株萎凋死亡(图3-46)。

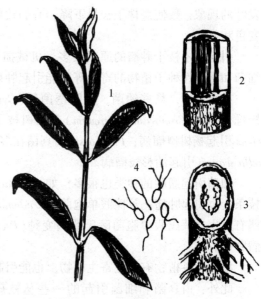

图3-46　油橄榄青枯病
1. 病枝叶青枯状　2. 病茎木质部变色
3. 病根颈横切面的溢脓　4. 病原细菌

【病原】　同桉树青枯病。

【发病规律】　本病害发生季节因地区不同而有迟早，在柳州一年四季均有发生，在四川4月份开始发病，一般4～5月病株逐渐增加，6～10月发病较重，9月为发病高峰，11月以后病情显著减轻。

油橄榄从幼苗到成年大树均可发病，以快开花结果的大树发病率高。据林间发病情况调查和对不同品种的人工接种试验证明，尖叶木犀榄(Olea ferruginea)有明显的抗病力；据柳州三门江林场观察，非洲油橄榄(O. africana)也有一定抗病力。其他如贝拉、卡林、爱桑、佛奥、米扎、苏11、苏12等都易感病。

【防治措施】

① 林业技术措施　严格选择造林地或育苗圃地。忌选用发生过青枯病的番茄、茄子、辣椒、烟草等为前作的土地。亦不在油橄榄林内种以上作物。

加强林地管理，控制病害发生条件。在病区内，做到及时清除和隔离病株(区)。开沟排水，合理灌溉，防止病菌随水传播。改良土壤，合理施肥，增强植株抗病力。间种覆盖作物，降低土温，抑制病害发生。

② 化学防治 施用浓度为 500×10^{-6} 农用链霉素、1:20 大蒜液较有效。宜在春季发病初期和病株刚表现症状时施用。

③ 选育抗病品种和抗病砧木 目前用"尖叶木橄榄"为砧木的嫁接苗，经过病区试验已表现了一定的抗病性，可供选育时参考。

3.2.5 肿瘤病类

树木枝干韧皮部或木质部受刺激后局部增生，形成各种形状的肿瘤，瘤内常集中有较丰富的营养物质。这些肿瘤如发生在小枝上，小枝容易枯死，如发生在大枝上或主干上，对林木危害虽不似小枝那样显著，但由于病瘤累年消耗养分和常伴有使树木提早落叶和晚发叶的现象，致使病株生长量下降，有的致使枝干逐渐枯死。肿瘤处木材纹理扭曲或伴有变色和腐朽。

引起树木枝干肿瘤的原因很多，机械损伤、植物体细胞的突变、昆虫的刺激、真菌、细菌和寄生性种子植物的寄生等都能引起肿瘤。还有许多不明原因形成的肿瘤。

在真菌中，某些锈菌，如胶锈菌属(*Gymnosporangium*)引起刺柏属植物小枝的肿大；松栎柱锈菌(*Cronartium quercuum*)在松树枝干上产生肿瘤。溃疡病菌，如 *Diplodia tumefaciens* 引起杨树瘿瘤病；*Phomopsis* 属真菌在多种树木上诱发枝干肿瘤；炭角菌目真菌 *Libertella wangii* 引起油杉枝瘤病。

细菌引起瘤肿的种类也很多，如 *Agrobacterium tumefaciens* 主要危害根部，但在树干及枝条上也引起肿瘤；苦楝假单胞菌(*Pseudomonas meliae*)引起的苦楝细菌性瘤肿病，在南京偶有发生；萨氏假单胞菌萨氏致病变种(*Pseudomonas savastanoi* pv. *savastanoi*)引起油橄榄瘤肿病。

桑寄生科植物有时在寄主植物上也能引起非常明显的瘤肿。

此外，由真菌和细菌引起的一些丛枝病，在其出现丛生枝的部位也常有肿瘤现象出现。

柳瘿蚊(*Rhabdophaga salicis*)，以幼虫从寄主植物嫩芽基部或由伤口裂缝处蛀入。被害处因受刺激引起组织增生，形成瘿瘤。

非生物因素引起的肿瘤，最明显的如南京行道树——悬铃木，主干基部常因机械损伤刺激形成大小不一的肿瘤。北京劳动人民文化宫等处的古柏树枝干上有明显的无名肿瘤等等。

肿瘤病类的防治，应根据病因及各自的发病规律采取防治措施。对于由生物因素引起的，通常采用及早剪除病枝的办法，可减少病原的侵染来源，以减少发病概率。

油橄榄癌肿病(Bacterial gall of olive)

【分布及危害】 油橄榄癌肿病又名油橄榄肿瘤病、结节病，广泛分布于欧美各油橄榄种植区，亚洲的伊朗，非洲的阿尔及利亚、突尼斯等国也有发生。1949 年我国引进大批油橄榄时，将此病带入国内。在广西桂林、柳州，贵州独山，云南昆明，四川重庆，浙江富阳和湖北武汉等引种点，均出现此病。但经各地多年一系列防治措施，该病在我国已基本消除。

除油橄榄（*Olea europaea*）外，此病还寄生白蜡树属（*Fraxinus*）、齐墩果属（*Olea*）、连翘属（*Forsythia*）、木樨属（*Osmanthus*）、茉莉花属（*Jasminum*）、流苏树属（*Chionanthus*）等植物，在桉树（*Eucalyptus*）上也可寄生危害。

【症状】 本病主要危害树干，影响生长，造成枝枯、落果和落叶。

本病的主要症状是肿瘤，多发生在枝条、树干、根颈、根部，亦发生在叶柄和果柄上。初发生时瘤小，似绿豆大小，逐渐增大，一般直径1~2cm，最大的达3cm以上。有些瘤与枝干上的伤口等长，多个瘤在一起长达20~30cm。肿瘤起初常为乳头状突起，似愈合组织，淡灰褐色，表面光滑，以后病瘤逐渐扩大，呈不规则形，表面粗糙，失去光泽，并逐步形成凹陷开裂。瘤内壳层组织为浅灰绿色，里层灰白色略带浅褐，常有褐色斑带，深及木质部，后期褐色斑带处形成空洞，越靠近空洞处颜色越深。肿瘤组织初时较软，待表面开裂后变硬，逐渐变脆，呈海绵状，最后分崩脱落，形成溃疡瘤。过一段时间后在其附近又重长新瘤。全过程需时2~3个月。瘤内含有大量细菌，在变色空洞处最多，遇雨天或天气潮湿时，细菌即从开裂孔道溢出，形成黏液状附在瘤的表面。随雨水传播，成为新的侵染源。

【病原】 本病由萨氏假单胞菌萨氏致病变种 [*Pseudomonas savastanoi* pv. *savastanoi* (Smith) Young *et al.*] 引起，菌体短杆状，大小为(1.3~1.5)μm×(0.7~0.9)μm。鞭毛1~4根，极生。革兰氏染色反应阴性。在PDA上菌落圆形，深层菌落梭形、直径0.4~0.6mm，透明，表面光滑，凸起，边缘整齐、无荧光。在牛肉膏蛋白胨培养基上，菌落稍大，略隆起，生长旺盛，能使培养基变黑色；能使牛乳产酸，由蓝色变棕色；不能液化明胶；能使葡萄糖、半乳糖、蔗糖、甘露醇产酸。病原菌在1~38.5℃下都能生长，但生长适温为22~25℃，致死温度为43~46℃，对光线敏感，直射阳光10~30min，可杀死此病菌。本菌对链霉素十分敏感，其次是土霉素（图3-47）。

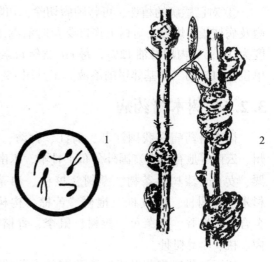

图3-47 油橄榄癌肿病
1. 病原细菌　2. 病枝症状

【发病规律】 病原菌在肿瘤内越冬，翌年春雨天或潮湿时，从肿瘤中溢出，通过雨水、昆虫、鸟类和人类的活动传播。病菌主要从机械伤口侵入，叶痕也是病菌的侵入途径。病菌通过伤口到达导管，大量繁殖，进而侵入附近的组织。由于病菌代谢所产生的吲哚乙酸（IAA）和细胞分裂素，刺激植物分生组织，引起细胞分裂，从而产生肿瘤。

老病株往往可以生成多个瘤，也可以在不同部位又长新瘤。特别是在嫁接植株上主干基部或其他部位的嫁接口附近最易发生，随之可往上往下蔓延。同时，原病株的枝干只要有新的伤口出现，经过一段时间后，都可能在伤口处出现肿瘤。在自然条件下，潜育期一般较长，潜伏期的长短主要取决于温度和湿度，高温高湿条件下发病较快。

病害多发生在生长良好的植株上，产生的肿瘤也较大，其重复感染率亦高。国外有对初感染病株 2~3 年内不施肥，以控制植株生长的防治经验。

病菌不仅可以通过橄榄蝇（*Dacus oleae*）传播，还能与橄榄蝇共生。当橄榄蝇产卵时，病菌和卵同时排出，并从产卵孔侵入寄主。

本病主要危害油橄榄，但品种不同，其发病程度有差异。1964 年在我国大批引种的品种中以贝拉（Berat）为最感病，卡林（Kalinloti）；米札（Mixaj）和爱桑（Elbasan）较抗病。

【防治措施】

① 加强检疫工作，严禁带病苗木出圃。对外应严格禁止从国外引进带菌的苗木，接穗、插条等繁殖材料。对已感病的肿瘤苗木或枝条要集中烧毁。现在尚未发病的引种种植点，应作为保护区保护起来。过去曾经发过病的引种点，近几年虽未发病，但每年也要严格检查一次，对可疑株，应就地隔离观察。对传病的橄榄蝇要严格进行检疫。

② 采果、修剪时尽量减少树木受损伤，修剪后的伤口应及时喷洒 1∶1∶100 波尔多液进行保护。在油橄榄生长季节每月喷洒 1 次，雨季每月喷 2 次，以保护植株不受病原菌侵染。

③ 对已感病的植株，可将肿瘤切除，切除位置应在肿瘤以下至少 15mm 处。切下的肿瘤及病枝集中烧毁。对树上伤口要及时消毒，伤口用药剂涂敷。常用药剂为链霉素液（浓度为 0.1%，内加甘油 12%，每 mL 含链霉素 1000 单位），土霉素软膏（每克含土霉素 500 单位），1% 的二硝基邻甲酚溶液。工具用 1% 福尔马林或开水消毒处理。

3.2.6　树木膏药病

树木膏药病在我国江苏、浙江、台湾、福建、湖南、江西、广东、广西、四川、贵州、云南等地有分布。国外分布于日本、东南亚、澳大利亚等国家和地区。该病可危害板栗、女贞、漆树、茶树、桑树、核桃、油茶、油桐、杉木、青冈栎、栓皮栎、枹树、苦槠、构树、楠木、金合欢、枫香、山茱萸、檫树、鼠李、青楷槭、野花椒、桃、李等树种。

树干膏药病病菌形成厚而致密的膏药状菌膜，紧贴在树木的枝干上，菌丝侵入皮层吸取养分和水分，轻者枝干生长不良，发病重者可引起枝干衰弱，甚至枯死。

树木膏药病因不同的病原菌或不同的树种常表现以下症状：在树干或枝条上形成圆形、椭圆形或不规则形的菌膜贴附于树上，外观似膏药（图 3-48）。可分为灰色膏药病和褐色膏药病两种。

① 灰色膏药病　发病初期在树干和小枝上出现圆形或椭圆形灰白色菌膜，而后菌膜扩展并多个结合呈

图 3-48　板栗膏药病症状（贺伟摄）

不规则形大块状，直径通常约1~5cm，颜色变为灰褐色或暗褐色。菌膜表面比较平滑，干后易脱落。

② 褐色膏药病　枝干被害处出现圆形、椭圆形或不规则形的紫褐色菌膜，长宽一般约2~10cm，而后逐渐变为栗褐色或暗褐色，较灰色膏药病稍厚，表面呈丝绒状，较粗糙，周缘比较整齐，有一圈窄灰白色带，后期表面龟裂，易脱落。

树木膏药病的病原菌为担子菌门隔担子菌目的多种隔担菌(*Septobasidium* spp.)，其中灰色膏药病的病原是茂物隔担耳(*Septobasidium bogoriense* Pat.)。担子果平伏，革质，长3~12cm，棕灰色至浅粉灰色，边缘初期近白色，质地疏松，海绵状，厚650~1200μm。基部系较薄的菌丝层，其上有直立的菌丝柱，柱粗50~110μm，由褐色、粗3~3.5μm的菌丝组成，柱上部与子实层相连。近子实层表面的菌丝产生原担子，原担子梨形或近球形，大小为(10~12)μm×(8~10)μm。担子长形，有横隔，由原担子顶端发出。担孢子腊肠形，光滑无色，大小为(14~18)×(3~4)μm。

褐色膏药病病原主要为田中隔担耳菌[*Septobasidium tanakae* (Miyabe) Boedijn. & B. A. Steinm.]。担子果平伏，被膜状，表面天鹅绒状，淡紫褐色、栗褐色以及暗褐色，初期圆形，后扩大直径可达10cm。周缘部通常灰白色，全厚约1mm。组成菌丝呈褐色，有隔膜，壁较厚，直径3~5μm。子实层产生于上层菌丝层，原担子单胞无色，担子纺锤形，具2~4个隔膜，大小为(49~65)μm×(8~9)μm。小梗(35~63)μm×(3.5~4)μm，上生担孢子，担孢子镰刀形，略弯曲，单胞，平滑，大小为(27~40)μm×(4~6)μm(图3-49)。

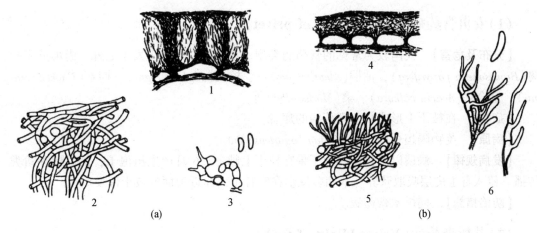

图3-49　茂物隔担耳(a)与田中隔担耳(b)
(a)1. 子实体断面　2. 子实体上层　3. 担子及担子孢子
(b)4. 子实体断面　5. 子实体上层　6. 担子及担子孢子

此外，我国尚发现柄隔担耳菌[*Septobasidium pedicellatum* (Schwein.) Pat.]，白隔担子菌(*S. albidum* Pat.)、金合欢隔担子菌(*S. acaciae* Sawada)、赖因金隔担子菌(*S. reinkingii* Pat. ex Couch)等多种病原菌引起膏药病。

【发病规律】　病菌以菌丝体和担子果(菌膜)在被害枝干上越冬，翌年春末夏初，湿度大时形成子实层，产生担孢子，菌丝迅速生长形成菌膜。

此病的发生与介壳虫有密切关系。病菌以介壳虫的分泌物为营养，介壳虫也因菌膜的覆盖而得到保护。病菌的菌丝体在树枝干表面生长发育，形成相互交叉的薄膜，也能侵入到寄主皮层吸取营养。在雨季，病菌的担孢子中通过蚧虫的爬行传播蔓延，也可借风雨而传播。所以介壳虫危害严重的林地发病重。

本病的发生发展与立地条件、树木生长状况有一定关系。在通风不良、土壤黏重或排水不良、隐蔽湿度大的林地易发病。所以一般多发生在山脚山谷、密度大、树势衰弱的林分。

【防治措施】
树木膏药病的防治可从以下几方面进行。

① 林业技术措施　造林应因地制宜，密度要适宜。及时进行抚育管理，加强整枝修剪，砍除杂草灌木，以免林内过分阴湿，使林内通风透光。增施肥料，提高树势，增强抗病能力。

② 清除侵染来源　结合修剪，剪除膏药病枝或刮除菌膜，并喷射1:1:100倍波尔多液或20%的石灰乳。

③ 化学防治　使用抗菌剂(401)200倍液或50%代森铵200倍液涂菌膜效果明显。

④ 防治蚧类　是防治树干膏药病的重要措施。常用的药剂是松碱合剂，即用松碱2份，松香3份，水16份。将水煮沸后，加入烧碱，待熔化后，慢慢加入研细的松香，边加边搅拌，均匀后再煮50min，冷却后加15倍的水，稀释后喷射防治蚧类。或用40%乐果乳剂400~500倍液。

(1) 女贞膏药病(Velvet blight of privet)

【分布及危害】　我国较为常见的膏药病类型。本病除在女贞上发生之外，尚可危害构树(*Broussonetia papyrifera*)、油桐(*Aleurites fordii*)、核桃(*Juglans regia*)、楠木(*Phoebe nanmu*)、金合欢(*Acacia kalkora*)、桑(*Morus alba*)等。

【症状】　在枝干上形成灰色膏药病的症状。

【病原】　茂物隔担耳(*Septobasidium bogoriense* Pat.)。

【发病规律】　病菌以菌丝体和担子果在枝干上越冬。6月产生担孢子，借风雨和蚧类传播。侵入寄主皮层吸取营养。本病多发生在密林中，靠近地面的枝干部发病重。

【防治措施】　同树木膏药病。

(2) 茶树膏药病(Velvet blight of tea)

【分布及危害】　茶枝膏药病是老茶园中发生非常普遍的病害。在印度、印度尼西亚、斯里兰卡、日本等产茶国均有报道。我国所有茶树栽培区均有发生。

【症状】　常见的有灰色膏药病、褐色膏药病两种。

【病原】　病原有2种：

① 灰色膏药病(*Septobasidium pedicellatum*)，称柄隔担耳菌。菌丝有两层，初生菌丝具分隔，无色，后期变为褐色至暗褐色，分枝茂盛相互交错成菌膜。子实层上先长出原担子，后在原担子上产生无色圆筒形担子，初直，后弯曲，大小为$(20\sim40)\mu m \times (5\sim8)\mu m$，具分隔3个，每个细胞抽生一小梗，顶生一个担孢子。担孢子单胞无色，长椭圆形，大小为

$(12\sim24)\mu m \times (3.5\sim5)\mu m$。

② 褐色膏药病(*Septobasidium tanakae*)，称田中隔担耳菌。

【防治措施】

① 发病重的茶园，提倡重剪或台刈，剪掉的枝条集中烧毁。

② 人工刮除菌膜，在冬季可用 $1°\sim3°Be$ 石硫合剂或 0.7% 石灰半量式波尔多液或 20% 的石灰水喷洒枝干。

③ 加强介壳虫的防治工作是防治本病的关键。

(3) 桑树膏药病 (Velvet blight of mulberry)

【分布及危害】 桑树膏药病在桑树全生育期均可发病，主要危害老枝干。多在枝干上形成圆形至不规则形厚膜层。

【症状】 桑树膏药病有灰色膏药病和褐色膏药病两种，大都在桑树主干的上中部和枝干基部表面危害。灰色膏药病一般在丘陵山区桑园发生较多，菌苔中央灰褐色，边缘暗褐色，最外缘有一圈灰白色老菌膜，表面有龟裂现象，整个菌膜有轮纹，但比较平滑。褐色膏药病多发生在平原桑园，一般寄生在树枝上，菌苔栗褐色，边缘有一圈细白线，菌膜表面呈天鹅绒状，较厚，老化时不龟裂。

【病原】 病原灰色膏药病 *Septobasidium bogoriense* Pat. 称茂物隔担耳菌；褐色膏药病病原为 *S. tanakae*。

【防治措施】

① 防治桑白蚧。

② 低洼潮湿桑园雨后及时排水，改善植株通风透光条件，增强抗病力。

③ 用刀子或竹片刮除菌丝膜，然后涂抹 $4°\sim5°Be$ 石硫合剂或 20% 石灰乳。

(4) 漆树膏药病 (Velvet blight of lacquer tree)

【分布及危害】 漆树膏药病在湖南、江西、陕西、湖北等地均有发生。在湖北安化县调查，重病区株发病率在 63%~90.5%，病情指数为 3.6~42.3。轻者影响植株生长，重病枝干枯死亡。

【症状】 漆树膏药病危害幼树和老龄树的枝干。其症状呈现灰色膏药病和褐色膏药病两种类型。

病部出现圆形或椭圆形灰白色菌膜。扩展后常结合成不规则形，质地疏松、海绵状、表面平。4~6月梅雨季节表面出现一层白粉状物。这是病菌的子实层。菌膜时间长后，由灰色变成紫褐色。病斑开裂，逐渐脱落。

病部菌膜为褐色膏药状物。有的边缘有圈白色薄膜。后期菌膜干裂而脱落。

【病原】 灰色膏药病由柄隔担耳菌(*Septobasidium pedicellatum*)侵染所致。褐色膏药病由田中隔担耳菌(*Septobasidium tanakae*)侵染所致。

【发病规律】 每年在 5~6 月间在前一年的担子果上产生担孢子。经传播萌发后，芽管从皮孔或伤口侵入，或穿过木栓层伸入其内寄生。然后在树皮上产生菌膜。

本病的发生与蚧类关系密切。据调查，湖南安化县清塘区 4 年生漆树，桑盾蚧危害指数为54，而膏药病发病率为46%。

另外，从云南、贵州引种的大木漆到湖南、江西、福建等地栽培，由于生态条件不适宜，在山脚山谷密度大、树势衰弱的漆树发病重。如湖南安化、城步、株洲、石门、攸县、怀化等地，引种的大木漆发病都较重。重病区发病率达78%以上，感病指数55.5。

【防治措施】

① 林业技术措施　加强抚育管理，造林密度要适宜。幼林期不宜间种高秆作物，以免林内过分阴湿，使林内通风透光。

② 化学防治　治病防虫用40%乐果乳剂400～500倍液喷洒，防治蚧类效果较好。有的地方使用合成洗衣粉或在树干蚧虫上刷黄泥浆效果也很好。

3.2.7　寄生性种子植物引起的病害

绿色种子植物大多是自养的，其中有少数由于缺乏足够的叶绿素或者因为某些器官退化而成为寄生物。寄生性种子植物都是双子叶植物，已记载的约2600种，分属于12科。它们大多生长在热带和亚热带的野生植物和树木上，有些寄生性种子植物可用作药材。

寄生性种子植物都没有固定于土壤中的根，叶片也退化或者只有部分光合作用，但可以开花结籽，其行使输导水分和养分的茎都较发达，这是其形态特征。它们有的寄生在植物根上，有的则寄生在植物的枝茎上。根据不同寄生性植物对其寄主植物的营养依赖程度，可将寄生性种子植物区分为半寄生和全寄生两大类。

半寄生又称为绿色寄生性植物，其叶片含叶绿素可进行光合作用，制造所需营养物质。通过形成吸器使自身导管与寄主导管组织相通，以便从寄主体内吸取水分和无机盐。属于这一类的寄生性植物有桑寄生和槲寄生。

全寄生又称为非绿色寄生植物，体内不含叶绿素或只有少量叶绿素，因而完全不能或仅能进行有限的光合作用。其所需的营养则全部或大部分从寄主植物吸取，因此与寄主植物之间不仅导管相通，而且筛管也相通，一切所需养分都可以从寄主获得，属于这一类的寄生性植物有菟丝子、列当等。

寄生性种子植物有的是其种子混杂于种子中被播入，条件适合时萌发，缠绕寄主后产生吸盘，如菟丝子。有的是其果实被鸟类啄食后，种子被吐出或经消化道排出黏在树皮上，条件适宜时萌发；胚根接触寄主形成吸盘，溶解树皮组织；初生根通过树皮的皮孔或侧芽侵入皮层组织形成假根并蔓延；之后产生次生吸根，穿过形成层至木质部，如桑寄生、槲寄生等。有的寄生植物从寄主自然脱落后，在遇到适宜的寄主植物时又能寄生，如列当等。

寄生性种子植物对寄主有一定的选择性。钝果寄生属(*Taxillus*)的四川钝果寄生(*T. sutchuenensis*)，多危害柑橘、茶树等，以中国云南、贵州、四川等地较常见。槲寄生(*Viscum coloratum*)和樟科的无根藤(*Cassytha filiformis*)危害多种树木。在非绿色寄生性种子植物的列当属(*Orobanche*)中，中国新疆等地的埃及列当(*O. aegyptiaca*)主要寄生于哈密瓜上。长江以南各省所常见的中国野菰(*Aeginetia sinensis*)、印度野菰(*A. indica*)，多寄生在甘蔗和禾草类植物的根部。菟丝子(*Cuscuta chinensis*)多寄生于豆科(*Leguminosae*)植物。矮槲寄生只寄生在松科和柏科植物上。

寄生性种子植物的防治宜结合耕作栽培技术，根据寄生植物的特点进行。如菟丝子的防治主要靠播种前清除混杂在作物种子中的菟丝子种子，或在菟丝子开花前割除其植株并深埋。桑寄生的防治应在寄生植物果实成熟前铲除寄主上的吸根和匍匐茎。清除病株上的寄生物，是矮槲寄生防治的重要手段。

（1）桑寄生害（Damage caused by parasitic loranthus plant）

【分布及危害】 桑寄生科植物主要分布于暖温带和亚热带地区。寄主多为阔叶乔木或灌木，夺取水分和无机盐类，营半寄生生活，常引起树势衰弱，并造成经济损失。在我国西南和华南地区最为常见，北方地区也有发生，如山西中条山部分林区的辽东栎受欧洲桑寄生危害株率高达90%，被害枯死或近枯死者达50%以上。在园林植物中，尤以山茶、石榴、木兰、蔷薇、榆、山毛榉及杨柳科等植物最为普遍。

【症状】 被害灌木和树木的枝条或主干上，出现桑寄生小灌丛，与寄主植物大多迥然不同，很易分辨，尤以冬季在寄主落叶后更为显著。由于桑寄生夺走了寄主的部分无机盐类和水分，并产生毒害作用，因而，导致受害植物叶片变小，落叶早，抽芽晚，不开花或延迟开花，易落果或不结果。树木枝干受害处最初略为肿大，以后逐渐形成瘤状。由于桑寄生的吸根向下延伸，因而往往形成鸡腿状长瘤。木质部纹理也受到破坏，出现裂缝或空心；易风折，严重时枝条或全株枯死。

【病原】 为桑寄生科桑寄生亚科（Loranthoidae）植物。常见的有桑寄生属（*Loranthus*）、钝果寄生属（*Taxillus*）等。桑寄生亚科植物为灌木或稀小乔木。花两性，稀单性，具副萼，花被花瓣状；花药2~4室，纵裂，花粉粒扁球形，极面观通常3裂瓣型，稀球形。浆果，果皮的黏质层位于维管束之外，稀为核果。我国常见的有桑寄生、樟寄生、北桑寄生等。

四川钝果寄生［*Taxillus sutchuenensis* (Lecomte) Danser］是钝果寄生属中常见的1种。主要寄生于蔷薇科、茶科、木兰科及桑、漆树、核桃、栎、桦等植物，多寄生于寄主的侧枝中部与上部。该寄生植物为丛生小灌木，高0.5~1m，小枝粗而脆，嫩梢约4cm处有黄褐色星状短毛；根出条极发达；叶椭圆形，对生，幼叶背面具褐色短毛，老叶两面光滑无毛，具短柄；花冠筒状，2.3~2.7cm，花淡红色，果红色，球棒状（图3-50）。

图3-50 桑寄生害（仿朱天辉，2003）
1. 具雄花序小枝 2. 寄生处呈肿瘤状，无根出条
3. 雄花 4. 雌花 5. 雌花序 6. 雌花蕾
7. 示雄蕊着生 8. 果实

分布于西南、华南、华东、华中地区及甘肃、陕西、山西等地。

樟寄生（*Loranthus yadoriki* Sieb.）又称毛叶桑寄生。主要寄生在樟科、茶科、山毛榉科植物的主干或侧枝的基部与中部。它与桑寄生的区别在于嫩枝前端15cm内和老叶背面，均被以褐色星状短毛；浆果成熟后黄色，椭圆形。分布于西南、华南、华东、华中地区及陕西南部。

北桑寄生(*Loranthus tanakae* Franch. et Sav.)为落叶灌木，高约1m，全株无毛。茎常呈二歧分枝，1年生枝条暗紫色；2年生枝条黑色，被白色蜡质层，皮孔稀疏。根出条不发达。叶对生，纸质，倒卵形或椭圆形，长2.5~4cm，顶端钝圆或微凹，基部楔形，稍下延；侧脉3~4对。穗状花序，顶生，长2.5~4cm，具花10~16朵。花单性，雌雄同株，近对生，淡青色；花冠花蕾为卵球形，花瓣6枚。浆果球形，长约8mm，橙黄色，果皮平滑。花期5~6月，果期9~10月。常见于四川、甘肃、陕西、山西、内蒙古、河北和山东。寄生于栎属、榆属、李属和桦属等树木上(图3-51)。

图3-51 北桑寄生
(贺伟摄)

【发病规律】 桑寄生亚科植物的种子主要由鸟类传播，在鸟类活动频繁的地方，桑寄生就普遍而严重。桑寄生因其浆果颜色鲜艳，成熟期多在其他植物无叶无果的休眠期，鸟类食料难觅，斑鸠、麻雀、土画眉、乌鸦等便寻食此种浆果。由于浆果的内果皮木质化，内果皮外有一层吸水性很强的黏稠的白色物质，含生物碱(槲寄生素)，味苦涩，具有保护种子的作用，因此，种子即使被鸟类吞食，经过消化道后既不能被消化也不丧失生活力。种子自鸟嘴吐出或随粪便排出后落在树枝上，靠外皮上的黏性物质黏附在树皮上，吸水萌发时必须有合适的温度和光线，若缺乏光线则种子不能萌发。种子萌发后在胚根尖端与树皮接触处形成吸盘，并分泌消解酶，以吸盘上产生的初生吸根自伤口或无伤体表穿过寄主枝条皮层进入木质部。种子自萌发到穿入皮层仅在十数日内完成。进入寄主体内的初生吸根又分出垂直的次生吸根，与寄主的导管相连，从中吸取水分和无机盐。与此同时，胚芽发育长出茎叶。如有根出条，则沿着寄主枝条表面延伸，每隔一定距离便形成一吸根钻入寄主皮层定植，并形成新的植株。因此，桑寄生根出条愈发达，危害性越大，愈难以根除。枝条初受害时，被害处稍肿大，对生长影响不大。随着寄生时间增加，寄生物植株长大，被害处的寄主组织不断肿大成瘤。将瘤剖开，可见寄生物吸根深入到寄主木质部中的情况。吸根将木质部分割开来。寄主木材呈明显偏心状。少数吸根在表层下顺枝干延伸。桑寄生对寄主的破坏过程很缓慢，寄主枝条从被寄生到完全枯死，往往历时5~10年不等。

【防治措施】

① 林业技术措施 坚持连年彻底砍除被害枝，是卓有成效的措施。实践证明，经营粗放的林分，桑寄生植物往往成灾，而坚持砍除病枝，病害则必然逐年减轻。砍除时，除将寄生物一并清除外，还应彻底除尽根出条和寄主体内吸根延伸到的部分，方能收到良好的效果。砍除时间应在寄生物的果实尚未成熟之前进行。秋、冬季节，寄主植物多已落叶，寄生物更易发现，是防除的最好时机。桑寄生植物可以入药，砍除的株丛既可达到防治目的，还可提供药源，实为一举两得。

② 化学防治　国外报道用氯化苯、氨基醋酸和硫酸铜等化学药剂进行防治，也有一定效果。

③ 生物防治　自然界有许多对桑寄生植物有害的生物，可以加以利用。如桑大茎点菌（*Macrophoma phoradendri* Walb.）能引起桑寄生植物落叶；一种壳针孢菌（*Septoria* sp.）在云南省昆明地区可以寄生在桑寄生植物的叶片上，引起叶斑病；有些天牛能蛀食桑寄生的茎。这些生物对桑寄生植物的生物防治是否有利用价值，尚需进一步研究。

(2) 槲寄生害 (damage caused by mistletoe)

【分布及危害】　槲寄生又称冬青，槲寄生属（*Viscum* L.）植物在世界范围内广泛分布，以东半球热带及亚热带最为普遍。全球约60种，我国产10种。在我国南北方果园、四旁树、防护林、经济林上均有发生，以南方为主。寄主范围非常广，涉及杨柳科（Salicaceae）、蔷薇科（Rosaceae）、胡桃科（Juglandaceae）、壳斗科（Fagaceae）、柏科（Cupressaceae）、松科（Pinaceae）等多科植物。受害枝、干的木质部被辐射向割裂，失去利用价值，有时导致腐朽，被害林木生长受阻。

【症状】　在被害林木枝干上寄生高约0.5~1m的常绿灌丛，灌丛着生处显著肿大。表皮下木质部有纵向延伸的寄主植物的假根，横断面有楔状指向髓心的吸根或次生吸根，树木木质部纹理被破坏，可导致腐朽，严重时枝条或整株树木枯死（图3-52）。

图3-52　槲寄生害（贺伟摄）

【病原】　为桑寄生科槲寄生属（*Viscum*）植物。该属植物均为绿色寄生性小灌木，二歧或三歧分枝；分枝处两节间几乎互相垂直。叶对生，常退化为鳞片。花单生，雌雄异株或同株，单生或丛生于叶腋内或生于枝的节上，罕有顶生；雌花花冠与子房合生。子房下位，花柱缺或无，柱头垫状。浆果肉质，中果皮有黏液，含槲生碱，有保护种子和使种子黏着于寄主体表面的功能。我国常见的槲寄生属植物有槲寄生、扁枝槲寄生、棱枝槲寄生和瘤果槲寄生等。

槲寄生[*Viscum coloratum*（Kom.）Nakai]高约1m，有圆筒形的二叉分枝，枝黄绿色，叶近于无柄，倒卵形或长椭圆形。花黄色，顶生，无柄，雌花1~3朵。雄花3~5朵。浆果呈半透明球形，直径约8mm，着生于叉状小枝之角。主要分布于我国中部及北方地区。寄生在多种阔叶树上。植株可入药，有补肝肾，除风湿、强筋骨、强心及降血压功能。

枫香槲寄生（*V. liquidambaricolum* Hayata）。灌木，高0.5~0.7m。茎基部近圆柱状，枝和小枝均扁平，枝交叉对生或二歧分枝，节间长2~4cm，宽4~6(~8)mm，干后边缘肥厚，纵肋5~7条，明显。叶退化呈鳞片状。聚伞花序，1~3个腋生，具花1~3朵，通常仅有1朵雌花或雄花，或中央1朵为雌花，侧生的为雄花。雄花：花蕾为近球形。长约1mm；雌花：花蕾为椭圆形，长约2~2.5mm，果椭圆状，长5~7mm，成熟时橙红色或黄色，果皮平滑。

分布于我国西藏、台湾及西南、华中、华南、华东等地。国外分布于尼泊尔、印度、泰国、越南。寄生于枫香、油桐或壳斗科植物上。

扁枝槲寄生(*V. articulatum* Heyne)。柔弱小灌木,短枝直立,枝较大时悬垂。枝灰褐色,小枝扁平,绿色圆柱状,节间宽 2~3.5mm,干后边缘薄,纵肋 3 条。果球形,直径 3~4mm,白色或浅黄色。在我国分布于云南、广西、广东。东南亚、大洋洲热带地区也有。寄生壳斗科植物上。

棱枝槲寄生(*V. diospyosicolum* Hayata = *V. angulatum* Heyne ex. Dc.)。亚灌木,高 0.3~0.5m,直立或披散。枝交叉对生或二歧分枝,茎基中部以下圆柱形。小枝节间稍扁平,长 1.5~2.5(~3.5)cm,干后具明显的纵肋 2~3 条。成株叶片退化呈鳞片状。聚伞花序 1~3 个,腋生。总苞舟形,具花 1~3 朵,3 朵时,中央 1 朵为雌花,侧生的为雄花,通常仅具 1 朵雌花或雄花。雄花:花蕾为卵球形,长 1~1.5mm;雌花:花蕾为椭圆形,长 1.5~2mm。果椭圆或卵球形,长 4~5mm,黄色或橙色,果皮平滑。花果期 4~12 月。我国除东北和新疆之外,各地均有分布,寄生于柿、樟、梨、油桐和壳斗科等多科植物上。

柄果槲寄生(*V. multinerve* Hayata)。灌木,高 0.5~0.7m。茎圆柱状,枝交叉对生或二歧分枝,小枝披散或悬垂。节间长 4~6cm。叶对生,薄革质,披针形或镰刀形。稀长卵形,基出脉 5~7 条,叶柄短。扇形聚伞花序,1~3 个腋生或顶生。总苞舟形,具花 3~5 朵,排列成 1 行。中央 1~3 朵为雄花。雄花:花蕾为卵球形,长约 1.5mm。雌花:花蕾为椭圆形,长 2.5~3mm。果黄绿色,长 7~8mm,上半部倒卵形或近球形,果皮平滑,花果期 4~12 月。分布于我国西南和东南部各地,寄生于壳斗科和樟、柯等植物上(图3-53)。

图 3-53 槲寄生害
1. 寄生在三年桐枝上的枫香槲寄生 2. 柄果槲寄生的花枝
3. 枫香槲寄生在寄主枝条上的着生状 4. 棱枝槲寄生的吸器

【发病规律】 槲寄生植物为常绿多年生,每年产生大量种子,种子主要靠鸟类传播。其浆果成熟期多在冬季,正值其他植物大多无叶无果休眠,麻雀、乌鸦、土画眉等鸟类食料缺乏,就食其果,浆果内果皮木质化,外有一层白色极黏物质,能保护种子,使种子在鸟类消化道随粪便排出或嘴吐出后有生活能力,种子靠内果皮外黏性物质附着于寄主树皮上,遇适宜的温度、光线即萌发形成吸盘,以初生吸根钻入寄生枝条皮层达木质部。从种子萌发到钻入皮层约需 10d,其派生出次生吸根,与寄主输导组织相通,吸取寄主的水分和无机盐,形成胚叶,发展茎叶部分。

【防治措施】 在园内及时检查,发现受害枝即砍除,砍除时间应在种子成熟前进行。因槲寄生的吸根在寄主的皮层下,可纵向延伸很远,而外表不显根,所以砍除时务必要彻底,并连续砍2~3年。另外槲寄生全株可入药,可除害药用相结合。

(3) 油杉寄生害 (Damage caused by dwarf mistletoes)

【分布及危害】 油杉寄生属寄生性种子植物因其个体矮小,常被称为矮槲寄生(dwarf mistletoe)。分布于非洲东北部的热带和温带地区、欧洲南部和北美洲,以及亚洲的西亚、中亚。我国主要分布于云南中部和西北部、四川西部、西藏的东部、青海等地。寄生于松科或柏科植物上,导致树木丛生疯枝,并生长出大量寄生植物,最后病树衰竭枯死。

油杉寄生属在北美洲西部针叶林内,是一类广泛分布的重要病害。在我国西部地区针叶林内,也是值得重视的一类病害。如云南玉溪北山林场的一片油杉林内,受油杉寄生严重危害的林分,发病率高达70%以上,因受油杉寄生的危害已伐去油杉林13.33hm^{2}以上。青海省仙米林场的1.3×10^4hm^{2}的云杉林中,云杉寄生害发生面积为3867 hm^2,占青海云杉面积的30%,枯死材积达1.1×10^4m^3。

【症状】 油杉寄生害的诊断主要根据寄主植物枝干上油杉寄生植株的存在,常表现为丛枝。当寄生植株脱落后,在侵入部位表面留下一个杯状窗,用放大镜观察病部横切面,可见略呈黄色的楔形吸根。寄主植物枝干上寄生物着生处常显现纺锤形肿大,后由于病部组织的死亡和脱落,留下溃疡性肿大部分。油杉寄生侵染的部位多在树冠中、下部,病部以上的针叶变得短小,呈黄绿色,顶梢及树冠上部逐渐枯萎死亡(图3-54)。

图 3-54 云杉寄生害(田呈明摄)
1. 云杉寄生 2. 云杉枝、叶

【病原】 油杉寄生属(*Arceuthobium*),属槲寄生科(Viscaceae)。寄生性亚灌木或矮小草本。茎、枝圆柱状,具明显的节,枝对生或轮生。叶对生,退化呈鳞片状,成对地合生呈鞘状。雌雄异株,花单性,小,交叉对生于叶腋或单朵,稀数朵顶生,花梗短或几无。

副萼无。花被萼片状。雄花：萼片通常3~4枚，稀2~7枚，雄蕊与萼片等数，贴生于萼片中部，花丝缺，花药近圆形，1室，横裂，花盘小。雌花：花托陀螺状，花萼管短，顶部二浅裂，子房1室，特立中央胎座，花柱短，柱头钝。浆果椭圆状或卵球形，下半部平滑，上半部为缩萼包围，中果皮具黏胶质，成熟时在基部环状弹裂，果梗短，稍弯。种子1颗，通常卵状披针形，胚小，胚乳丰富。

本属植物约有45个种，据报道加拿大分布6种，美国分布21种，墨西哥分布23种。我国已发现4个种和1个变种，其分种特征检索如下：

1. 雄花的萼片4枚，直径大约1.5mm；植株高2~8(~12)cm，寄主为油杉属植物和铁杉属植物 ·················· 油杉寄生(Arceuthobium chinense Lecomte)
1. 雄花萼片通常3枚，稀4枚 ·················· 2
2. 寄主为松科植物 ·················· 3
2. 寄主为柏科的圆柏属或刺柏属植物，植株高5~16cm，主茎基部粗1.5~5mm；雄花直径2~2.5mm，萼片3枚，有时4枚 ·················· 圆柏寄生(A. oxycedri (DC.) M. Bieb.)
3. 植株高5~15(~20)cm，主茎基部粗1.5~2.5mm；雄花直径为2~2.5mm，萼片3枚，稀4枚；寄主为松属植物 ·················· 高山松寄生(A. pini Hawksworth et Wiens)
3. 植株通常高不及5cm，主茎基部粗1~1.5mm ·················· 4
4. 寄主为云杉属植物，植株高2~6cm；雄花直径1.5~2mm，萼片3枚 ·················· 云杉寄生(A. pini var. sichuanense H. S. Kiu)
4. 寄主为冷杉属植物，植株高0.5~4cm；雄花直径2mm，萼片3枚，稀4枚 ·················· 冷杉寄生(A. tibetense H. S. Kiu. et. W. Ren)

油杉寄生属的一个特点是，侵入寄主植物枝条后，吸器在枝条内部延伸，往往在冬芽附近萌生新株，使树枝畸形肿大呈纺锤形。

【发病规律】 在云南中部，油杉寄生一般6~7月间开花，7月中、下旬开始结果，翌年10~11月果实成熟。在青海省黄南藏族自治州，云杉寄生一般在5~6月间开花，7月初开始结果，当年8~9月是果实弹射传播的高峰期。果实在成熟期，内部产生越来越大的压力，轻微的震动，就能引起成熟果实的爆破，并强力射出种子，水平距离一般可达数米，云杉寄生的种子弹射后多分布在距种子树3~7m之间，成为病害扩展蔓延的主要方式。此外，种子还能凭借动物和鸟类的活动作远距离传播。

种子表面有一层黏稠膜皮，能使种子黏附在幼嫩枝干表面。萌发时，长出胚根沿枝干表面匍匐延伸，在芽或叶基处形成不规则的附着器。接着从附着器的下侧长出初生吸器，伸达形成层后，沿枝干内纵向延伸，同时横向围绕形成层长出皮层吸器，纵向延伸的速度远较横向为快。在皮层吸器接触到形成层的地方，向内长出楔形吸根，沿髓线方向延伸入形成层，并逐渐埋生在新生木质部中。寄生物利用吸根从寄主体内吸取养料，同时向外长出萌生条。萌生条多年生，一般经过2年以上的生长发育才开花结果。雄株开花后利用昆虫传粉，传粉后雄株很快死亡。雌株也在果实成熟时放射种子后死亡。

和桑寄生属植物相比较，油杉寄生属植物较能耐阴，但仍然是在光线充足的情况下生长发育较好。油杉寄生属植物虽然也含有一些叶绿素，但它所需要的营养物质主要取自寄主植物。因此，它们的寄生性较桑寄生强。立木腐朽菌易从病部伤口侵入，加速病株的死亡。遇有大风，病株易从病部折断。

本属寄生植物均分布于海拔较高的地段。据调查，油杉寄生在1500~2700m，高山松寄生在2600~3500m，圆柏寄生在3000~3500m，冷杉寄生在3200~3400m，云杉寄生在(2800~)3800~4100m。由于海拔较高或干旱、水涝等不良因素影响，针叶林生长不良，疏密度较小，本属寄生则常较普遍。

【防治措施】

① 清除病株、病枝及病原物　为了控制油杉寄生的扩展蔓延，应结合抚育采伐，消除病株上的寄生物。对严重感染的林分，对主干受感染的病株也必须加以伐除。

仅是枝条感染的病株，应截除病枝，由于油杉属寄生植物从种子侵染到结果一般需要经过3年以上的时间，因此一次清除往往不可能彻底，有必要每间隔2年进行1~2次清除。清除病株、病枝的时间，应在油杉寄生属植物果实成熟以前，因为在果实成熟后进行清除，将起到帮助病原物扩展蔓延的作用。

② 化学防治　研究表明，在云杉寄生花期和果实形成初期应用乙烯利水剂能够成功阻遏云杉寄生果实的形成和传播，防止云杉寄生种子的扩散。实验中的防治效果均可达到90%以上，并且对寄主树木和环境几乎没有不良影响，但对其是否能够杀死植物内部寄生系统的研究有待进一步深入。

③ 抗病单株选择　调查证明，即使在严重感染的林分内，总会发现一些植株不受侵染，这些植株在遗传特性上可能是抗病的。如果保留这些植株作为天然更新的母树或从上面采种进行人工更新，就可能培育出较能抗病的树木，减少病害的损失。

④ 生物防治　为防治油杉寄生属植物造成的危害，近年来国外进行了油杉寄生属植物病虫害的调查研究，探索进行生物防治的可能性，取得了一些初步进展。结合我国西南地区油杉寄生性病害发生的具体情况，进行研究也将是必要的。

(4) 菟丝子害(Damage caused by dodder)

【分布及危害】　菟丝子可危害许多种植物，无论是木本或草木，亦不论是幼苗、幼树或成年大树，均可能受菟丝子寄生危害。菟丝子在全世界广泛分布，在我国各地均有发生，常寄生在多种林木上。危害轻者，使林木生长不良；重者，苗木和幼树可被缠绕致死。我国广西南部有12科22种树木被菟丝子寄生，其中台湾相思树、千年桐、木麻黄、小叶女贞、人面果及红花羊蹄甲等16个树种被严重寄生，受害率一般达30%。城市园林绿化植物中，多种木本和草本植物受害。此外，菟丝子还可作为某些林木病毒和植原体的传播载体。

【症状】　菟丝子为寄生性种子植物，以其茎蔓(细藤)缠绕在寄主植物的茎、叶上，吸器与寄主的维管束系统相连通，不仅吸收寄主的养分和水分，还造成寄主植物输导组织的机械性障碍，导致寄主植株矮小、生长衰弱，叶片黄化以致植株枯萎死亡。被缠绕的枝条，通常形成较明显的缢痕(图3-55)。

【病原】　菟丝子俗称"金丝藤"或"金线草"，是菟丝子科(Cuscutaceae)菟丝子属(*Cuscuta*)植物的通称，为1年生缠绕性草本植物。无根，借助吸器着生于寄主上，吸取养料；茎为黄色、白色或紫红色丝状物，缠绕在寄主植物的茎和叶部；叶片退化为鳞片状，不含叶绿体；花小，白色、黄色或粉红色，无梗或具短梗，穗状、总状或簇生成头状花序；蒴果球形或卵形，周裂或不规则破裂，种子2~4粒。

在我国园林植物上最常见的菟丝子有以下4种：

① 日本菟丝子(*C. japonica* Choisy.) 主要寄生于木本植物，常危害杨、柳、刺槐、榆树、枣树、木槿、紫丁香、榆叶梅、银杏、法国冬青等绿化树种和花灌木。该菟丝子茎粗壮，直径达2mm，分枝多，黄白色，具突起的紫斑；尖端及其下面3个节上有退化成鳞片状的叶；花萼碗状，有红紫色瘤状斑点；花冠管状，白色，长3~5mm，5裂；蒴果卵圆形，种子1~2粒，平滑，微绿至微红色。

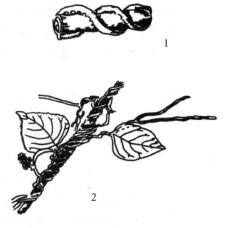

图3-55 菟丝子害(仿朱天辉，2002)
1. 菟丝子吸器 2. 枝条被害状

② 中国菟丝子(*C. chinensis* Lam.) 主要危害豆科和菊科等草本植物，有时也危害扶桑等木本植物。该菟丝子茎较日本菟丝子纤细、丝状，直径约1mm，橙黄色；花淡黄色，聚成头状花序；花萼杯状，长约1.5mm；花冠钟形，白色，稍长于花萼，浅5裂；蒴果近球形，种子2~4粒；种子卵圆形，长约1mm，淡褐色，表面略粗糙。

③ 田野菟丝子(*C. campestris* Yuncker) 主要危害一串红、金鱼草、翠菊、鸡冠花、荷兰菊等一二年生草本花卉及宿根花卉。该菟丝子茎丝状，有分枝，淡黄色，光滑；花序球形；花萼碗状，长2~2.5mm，黄色，背部有小的瘤状突起；花冠坛状，白色，长于花萼，深5裂；蒴果近球形，顶端微凹；种子椭圆形，褐色。

④ 单柱菟丝子(*C. monogyna* Vahl.) 多寄生于榆叶梅、玫瑰、珍珠梅、紫丁香和忍冬属、榆树等花木，也危害菊科、藜科、豆科等一些草本植物。该菟丝子茎较粗，直径达2mm，分枝众多，略带红色，并有紫色瘤状突起；穗状花序；花萼半圆形，5裂几乎达基部，背部有紫红色的瘤状突起；花冠坛状，长3~3.5mm，紫红色；蒴果卵圆形或球形，长约4mm；种子圆形，直径3~3.5mm，暗棕色，表面平滑。

【发病规律】 各种菟丝子发病规律基本相似。在自然条件下，菟丝子种子成熟后落入土中，或混杂在草本花卉的种子中，休眠过冬，翌年春末夏初成为初侵染源。有的地区寄生在花灌木和树木上的日本菟丝子，种子可随蒴果挂在树上过冬，翌春方逐渐脱落。菟丝子的种子一般在寄主生长以后才能萌发。种子萌发时，种胚的一端先形成无色或黄白色的幼芽，以棍棒状的粗大部分固着在土壤中。种胚的另一端也脱离种壳形成丝状的幼茎，生长极快，每天约可伸长1~2cm。在与寄主建立寄生关系之前不分枝。茎伸长后尖端约3~4cm的一段带有显著的绿色，具有明显的趋光性。迅速伸长的幼茎在空中来回旋转，当碰到寄主植物时便缠绕到寄主茎上，在接触处形成吸根，伸入寄主维管束中，吸取养料和水分。茎的顶端继续迅速伸长，并在茎尖与寄主接触处再次形成吸根。菟丝子吸根的维管束细胞在寄主组织中发展，并借以获得必需的有机物质。当寄生关系建立以后，菟丝子就和它的地下部分脱离。茎继续伸长，并不断分枝，缠绕寄主，并向四周迅速蔓延扩展危害，以至布满整个树冠，似黄色的"狮子头"。

菟丝子一般夏末开花,秋季陆续结果,9~10月成熟,成熟后蒴果破裂,散出种子。菟丝子的结实量很大,每株能产生种子2500~3000粒,发育好的植株,种子数量可达数万粒。种子生活力很强,其寿命可保持数年之久。在未经腐熟的肥料中仍有萌发力,故肥料也是侵染来源之一。种子随着蒴果成熟而开裂落到地上或随风吹到远处。

菟丝子的断茎如具腋芽,可发育成新的植株,断茎在生长季中可起到传播作用。

我国南方,寄生在木本花卉上的菟丝子,在冬季,只要它的吸根未冻死,翌春气候转暖后,在吸根处可萌发出较多的幼芽,迅速生长、蔓延,缠绕寄主引起危害。

【防治措施】

① 植物检疫　菟丝子的种子可随花木种子和苗木的调运而作远距离传播,因此,应加强种苗检疫。

② 林业技术措施　受害严重的花圃、苗床于每年播种前进行深翻,以深埋菟丝子的种子,使之不能发芽,以减少危害;花圃、花坛、风景区幼林中及庭院内,常清除地面杂草及攀缘性寄生植物,以减少"桥梁寄主"的传播作用;春末夏初,检查苗圃及幼林地,发现菟丝子应立即连同寄主的受害部分一起剪除,防止扩展蔓延,由于菟丝子的断茎有发育成新株的能力,剪除时务必彻底,剪下之物不可随意抛丢于其他植物附近或苗床上,以免助其传播。

③ 化学防治　用90%禾耐斯600~900 mL/hm^2,或48%拉索3000~3750 mL/hm^2,或敌草晴3.75kg/hm^2,加水50~75 L,于播种前或播种后出苗前喷施于土壤中。或在菟丝子种子的萌发高峰期,在地面上喷洒1.5%五氯酚钠,或2%扑草净,毒杀幼芽,均有效果。间隔25d喷1次,共喷3次。亦可试用利谷隆50%可湿性粉剂2.625kg/hm^2,加水50~75 L,于苗木播种后,喷洒土壤表面。

④ 生物防治　用"鲁保一号"生物制剂(毛炭疽菌制品)22.5~37.5kg/hm^2,于雨后阴天直接喷洒于菟丝子的蔓茎上,特别是使用前打断蔓茎,造成伤口,利于毛炭疽菌侵入,效果良好。

本章小结

枝干病害对树木造成的危害较大。病害发生在枝条上,通常引起枝、梢枯死,主干受病或某些系统性侵染的病害往往引起全株枯死。按症状,枝干病害可分为干锈病、溃疡病、丛枝病、枯萎病、瘤肿病、流脂流胶病等。各类病害的病原、发生发展规律有所不同,防治策略也有区别。

受锈菌的侵染,针阔叶树均可发生干锈病,但针叶树的干锈病常常危害更大。受林木干锈病的病原均为担子菌门的真菌,常见的有柱锈属(*Cronatium*)、内柱锈属(*Endocronartium*)、硬层锈菌属(*Stereostratum*)、单孢锈菌属(*Uromyces*)等,其中以柱锈属引起的枝干锈病危害最为严重。

林木枝干锈病菌多数有转主寄主,松树干锈菌转主寄主可为双子叶草本、灌木或者乔木,锈菌对寄主有严格选择。在松树上这类锈菌主要产生性孢子和锈孢子,在转主寄主上产生夏孢子、冬孢子和担孢子。一般秋季产生冬孢子和担孢子,春夏季产生锈孢子和夏孢子。有侵染能力的锈孢子、夏孢子和担孢子多靠风力传播，传播距离从几十米到数百米不等。感病树木体内常年存在活体菌丝，并不断扩展蔓延。较低的温度和很高的湿度对松干锈病菌的各类孢子的形成和萌发有利，因此，松干锈病常在生长季节湿度较大、气温不高的地区发生比较普遍，也较容易流行。

采取严格的检疫措施是预防松干锈病远距离传播的有效措施。在生产条件许可的情况下，铲除转主寄主。间伐和修枝，通风透光，降低林内湿度，可减轻病害发生的程度。用适宜的内吸剂涂干，抑制病害的发展。选育抗病品系防治松干锈病已显示良好效果和发展前景。

林木溃疡病类病害是一类分布普遍的病害，针阔叶树上均有发生，尤其在阔叶树上更为常见。溃疡病的病原非常复杂，既有非侵染性的因素，又有侵染性的病原菌。有些非侵染性因素成为侵染性病害的诱因，而侵染性病原所致溃疡病又可削弱树木对非侵染性因素的抵抗能力。

溃疡病的侵染性病原主要是许多弱寄生的真菌。溃疡病菌主要靠风、雨或其协同作用传播，通过伤口和皮孔等自然孔口侵入。很多溃疡病原真菌具有潜伏侵染的习性，当寄主植物生活力旺盛时，病菌处于休止状态，而在寄主受某种因素胁迫，生活力降低时，病菌恢复侵染活动，使寄主发病。

溃疡病的发展有明显的周期性。通常于早春至初夏开始，病斑迅速扩展。此时树木刚开始生长，抵抗力弱。夏天，当树木生长旺盛时，病害即停止发展，病斑逐渐被愈伤组织所包围。秋季，溃疡病可能有少量发生和扩展，但一般不如春季严重，然后进入越冬休眠阶段。溃疡病发生的这种季节性变化，主要决定于寄主的生长状态和抗侵染、抗扩展的能力，也决定于病原菌的致病能力。

溃疡病类为寄主主导型病害，病害发生的状况主要取决于寄主的抗病性是否得到充分发挥。因此，病害防治的关键在于适地适树、选用抗病性和抗逆性强的树种造林，造林后加强培育管理，改善树木生长的环境条件，消除病害诱发因素，提高树木的抗病能力。结合抚育及时清除严重病株及病枝，保护嫁接及修枝伤口。进行必要的化学防治，阻止病菌侵入，抑制病菌扩展。

侵染性的林木枯萎病是一类典型的维管束病害，可由病原真菌、细菌和线虫引致。真菌中的枯萎病菌主要有长喙壳属、蛇口壳属、镰孢菌属和轮枝孢属等4个属的真菌，分别引起栎树枯萎病、榆树枯萎病、油桐枯萎病及一些植物的枯萎病。引起林木枯萎的细菌病原主要有青枯拉尔氏菌，可导致桉树等树木的青枯病。松材线虫可危害松树导致枯萎病，该病是我国目前最严重的林木病害。

枯萎病病原物自根部或枝干伤口侵入或自根尖幼嫩组织侵入。感病植株先是叶片失去光泽，随后凋萎下垂，全株枯死。在病部，真菌引起的枯萎病常可见菌丝体和子实体，并有传播昆虫危害的虫道。被青枯病细菌危害的树木，切开病部的横切面，$5\sim10$ min后可见菌脓，切取小块组织置于清水中，则可见云雾状细菌从组织中渗出。被松材线虫危害的松木，木质部组织有蓝变现象。导致枯萎病的真菌和线虫均由昆虫传播，青枯拉尔氏菌则主要由流水和人为活动传播。

枯萎病的防治应以预防为主，严格检疫，防治传病害虫，选用抗病树种或品种。

树木丛枝病发生于多种针阔叶树上。它们的危害性因病原种类不同而异。由植原体等引起的丛枝病，是一类危险的往往具有毁灭性的病害。如泡桐丛枝病和枣疯病在我国已分别成为发展泡桐和枣树的重大障碍，桑萎缩病则影响蚕桑业的发展。这类丛枝病的防治要着重挑选无病繁殖材料、培育无病苗木，防止媒介昆虫传病。

寄生性种子植物是严格寄生物。根据对寄主的依赖程度可分为半寄生和全寄生两种类型。半寄生种子植物没有正常的根，但是有叶片，可以进行光合作用，如桑寄生科植物；全寄生种子植物叶片退化，不能进行光合作用，根退化为吸器，无机盐以及有机营养物质全部依赖寄主植物供给，如菟丝子科植物。寄生性种子植物的防治应结合林业栽培技术，根据寄生植物的特点进行。铲除寄生物在寄主体上的各种繁殖结构、清除侵染来源在这类病害的防治中是优先考虑的措施。如菟丝子的防治主要靠播种前清除混杂在作物种子中的菟丝子种子，或在菟丝子开花前割除其植株并深埋。桑寄生、槲寄生和油杉寄生的防治应在寄生植物果实成熟前铲除寄主上的吸根、匍匐茎、萌生条等组织结构。

复习思考题

1. 我国有哪些松树干锈病？它们在症状、病原菌种类、寄主和转主寄主、病害发生发展规律等方面有何区别？
2. 试述五针松疱锈病病菌的侵染循环。
3. 怎样防治五针松疱锈病？其病理学依据是什么？
4. 试述杨树溃疡病的发病规律。怎样根据其发病特点进行病害防治？
5. 由真菌和细菌引起的溃疡病有何不同？试举例说明。
6. 国内外在板栗疫病防治上采取的主要措施有何不同？原因何在？
7. 试举例说明枝干病害的危害性。
8. 我国有哪些重要的林木枯梢病？
9. 哪些因素可能引起林木丛枝病？举例说明。
10. 举例说明由植原体引起的丛枝病，并说明这类病害的发生发展规律。
11. 如何防治泡桐丛枝病？其病理学依据是什么？
12. 试述植原体引起丛枝病的可能的致病机制。
13. 引起林木枯萎病的病原有哪些？
14. 真菌性枯萎病和细菌性枯萎病各自有何症状特点？
15. 试述松材线虫病的发病规律。怎样根据其进行松材线虫病的防治？
16. 举1例由尖镰孢菌引起的树木枯萎病，阐述其发病规律和防治途径。
17. 为什么说枯萎病是一类防治难度极大的病害？
18. 黄栌枯萎病的病原菌在侵染循环上有何特点？
19. 哪些枝干病害的病原物通过昆虫传播？
20. 寄生性种子植物有哪几类？它们在形态上有何区别？

推荐阅读书目

1. 张星耀，骆有庆. 中国森林重大生物灾害[M]. 北京：中国林业出版社，2003.
2. 袁嗣令主编. 中国乔、灌木病害[M]. 北京：科学出版社，1997.
3. Paul D M. Tree disease concepts (second edition) [M]. New Jersey: Prentice-Hall, Englewood Cliffs, 1991.

第4章 林木根部病害及其防治

树木根系的健康是树木整体健康的基础,树干、枝条和叶片的生长取决于根部生长的状况。但在对树木健康状况作出判断时,人们往往总是先看叶片,然后是枝干,最后才是根,树木根系的健康状况常常被忽视。大多数根部病害的初期症状相似,由缓慢到迅速地衰弱和死亡通常始于枝条的上部。很多情况下,在任何明显的症状出现之前根系的大部分已被病原物危害致死,结果,当出现衰退症状的时候,常常难以防治。由于不易观察,人们对根部病害的了解还很不够。根部病害的诊断和防治也都有不同于叶部病害和枝干病害的特点。了解这些特点,有助于对根部病害的学习。

本章在阐述根部病害一般特点的基础上,列举了9种在林业生产上危害较大的林木根部病害,通过对这些病害的分析,加深对根部病害发生发展规律和防治措施的理解。

4.1 概 论

4.1.1 根病的危害性及特点

林木根部病害通常也称土传病害。也就是存在于土壤或土壤中植物根部及其残体上的病原,通过土壤侵染植物的根部或干基部所引起的病害。一些林木枯萎病的病原菌也可通过植物的根部侵染树木引起病害,但由于病原主要在树干中扩展蔓延,并产生症状,因此,这类病害放在枝干病害中介绍。一些主要发生在苗木上的根部病害,已放在第1章中讨论。

林木根部病害的种类虽较少,但多数根病所造成的危害很大。针叶树根白腐病(*Heterobasidion annosum*)在北美、北欧的针叶林中,是危害最为严重的林木病害。林木根朽病(*Armillaria* spp.)也是世界性分布的病害,受害树种多,危害严重,损失巨大,已构成一些地区发展林业的重要障碍。根部病害的这一特殊现象与根部病害的发生特点及研究上的困难有关系。

首先，根部病害发展初期不易觉察。植物的根系不仅是吸收水分和土壤养分的器官，同时也是植物地上部分与土壤间的媒介体和地上部的支柱。因此，根系被破坏后，就会涉及全株。轻者水肥吸收和输导受阻，供应不足，树势衰弱；重者不仅完全切断了水分和养分供应，且赖以固着和支撑的根系死亡腐烂，而导致全株枯死或倒伏。但根病危害根系时有一个由少到多，由局部到全体的相对缓慢的发展过程，尤其是成年树，有庞大的根系。感病初期，虽有少数根受害腐烂，但其他健康根仍"正常"工作，且还有新根不断出现，受害的损失还可得到补偿。这一状况有时还延续若干年。尤其有些根部病害不是直接危害根部皮层，对水及营养物质的吸收和输导的影响不是很明显，这类病害不易觉察。如根癌病及所引起木质部腐朽为主的根部病害，只有挖出根部时才被发现。当地上部分出现树叶变黄、变小、树势衰弱甚至枯萎死亡时，往往是发展到相当严重，以至无法救治的地步。

　　根病研究上的另一个困难，是不容易确切地诊断致病原因。根病受土壤的影响最大。土壤是一个复杂的综合体，也是一个包括多种非生物及生物因素的生态系。土壤中空气、水分、养料等的不适，有害物质的危害及有害生物的侵害都能致使植物生病。这些因素对植物的影响往往是先后衔接，相互作用。当某些非生物因素使植物根生长衰弱或死亡时，弱寄生物或腐生物往往接踵而至，侵入垂死的或已死亡的根。另外，当根部由病菌侵入致病而衰弱或死亡后，也常为其他微生物的侵入创造了条件。有的后侵入的微生物代替了原来侵入的真正的病原菌，或者与病原菌相伴并存。因此，容易将后来次生或腐生的微生物误认为是根病的病原菌。

　　林木的一些根部病害有时和某些枝干病害也相互作用，容易混淆。例如，由于土壤水分不适或有害物质过多，或有根朽病菌等的危害使树势衰弱，为弱寄生菌引起的一些枝干病害（如杨树腐烂病、溃疡病等）的发生创造了条件，更加速了树木的衰弱和死亡，这类病害表现在地上，而根源在地下之根部。

　　根病在研究上还有一个困难，是病菌较难分离。有些根病要采用特殊的方法，如有的不仅要求一定的表面消毒剂、合适的培养基及适宜的温度，还必须在培养基中加入某些抗生物质，才能使病菌分离出来。诱饵技术在某些根部病害病原物的分离中很有用，例如，对樟疫霉（*Phytophthora cinnamomi*）引起的根腐病，用苹果果实、发芽的羽扇豆种子或桉树子叶做诱饵，可比较容易分离到病原菌。

　　由于根病发生和有些根病病菌的上述特点，许多根部病害可能被忽略或误诊，或还没有得到深入研究，当研究方法得到改进，对根病的认识深化后，根病的名单又将得到补充。随着病害诊断技术的提高，根部病害病原的诊断变得容易起来。例如，由疫霉菌引起病害的诊断，可通过免疫测定或PCR扩增，在美国适于田间使用的商业测定试剂盒已开发出来。

4.1.2　根病的症状类型及病原

　　林木根病按症状和受害部位的不同，大致可分为3种类型：
　　① 根部和根颈部受害，以皮层腐烂为主，如林木根腐病、紫纹羽病等。
　　② 根部和根颈部形成瘤肿为主，如根癌病。
　　③ 根部和干基部受害，木质部腐朽，如蜜环菌根朽病、根白腐病等。

感染各种根病的树木，地上部分的病态表现常常相似。开始时新梢生长迟缓，叶色失去正常光泽或表现不同程度的失绿或黄化；继之，放叶迟缓，叶形变小，提早落叶。夏季遇到干旱炎热的天气易发生不同程度的萎蔫现象。这个过程是渐进的，由局部发展到整株，有的可延续数年之久。但在苗木和幼树上，有些根病发展很快，可能在1年或1个生长季节中全株枯死。根部病害病原菌通过病根与健根的接触和根状菌索的生长向周围的树木传播，因此，常出现侵染中心。其特征是中间有成团的已经死亡和正在死亡的树木，周围有树冠稀疏、叶色发黄的树木。

许多根部病害，在感病植株的根颈部，甚至在其附近地表，产生一些特殊结构。根朽病发生时，在被害株根颈部及其邻近地表处，有时在树干近地表处或伐根上长出病菌的子实体，针叶树受害后根颈部常有松脂流出，继而树皮与木质部脱离并逐渐腐烂剥落，有时可见到呈褐色的根状菌索。紫纹羽病危害的植株干基部覆盖一层紫红色毡状菌膜。白纹羽病在潮湿条件下可见到蛛网状的白色菌丝体。根癌病在干基处可见到的肿瘤，有时在大树根颈附近的地表出现由地表下面根上长出的巨大黑褐色癌瘤，有时在树干和枝条上也可见到。

但有些根病在根颈表面及周围看不到这些特殊标志，挖起病株检查，有的根及根颈处有水渍状变色；有的根毛和细根消失，根系不发达；有的局部坏死或具溃疡斑；有的呈畸形或产生瘤肿等等。此种情况，诊断就比较困难，特别是初期症状，容易发生混淆。

根病的病原种类很多，既有侵染性的也有非侵染性的。非侵染性的根病通常是由非生物因素，如土壤水分过多，根的呼吸不畅，窒息而死引起的，也可能是某些有毒物质污染土壤，使根部中毒引起的，等等。绝大多数根病是侵染性的，真菌是引起根病种类最多的病原物，少数也可能由细菌、线虫等所致。

根部病原真菌均为兼性寄生菌。它们的寄主范围虽有狭有广，但一般来说，多数根病病原真菌的寄主范围较广。

病原生物中，假菌界(Chromista)卵菌门(Oomycota)的疫霉菌(*Phytophthora* spp.)，除在苗圃以外，在较潮湿的林地上常引起林木根腐，以樟疫霉(*P. cinnamomi*)最为常见，寄主范围很广。在美国危害松树，在澳大利亚危害桉树，曾使桉树大面积枯死。我国一些地区的雪松根腐病也是由它引起的。棕榈疫霉(*P. palmivora*)危害棕榈、可可、橡胶等；恶疫霉(*P. cactorum*)的寄主中包括了许多种乔灌木。在美国和欧洲，引起栎树猝死病的多枝疫霉(*P. ramorum*)其寄主包括多种针阔叶树。

在子囊菌门的座坚壳菌(*Rosellinia* spp.)，通常是热带地区林地死被物的习居菌，是许多阔叶树的根病病菌，其中白纹羽病菌(*R. necatrix*)是常见的代表，可寄生在多种树上，受害根部腐烂，表面产生白色纹羽状菌丝体。在世界多地，主要是北温带，由炭角菌目(Xylariales)真菌 *Kretzschmaria deusta* 致死树木的边材部分，引起被子植物中的许多属乔木和灌木主根、干基和树干的白腐。同属的 *K. zonata* 则引起如茶树、油茶、柑橘、橡胶树树木的衰退病。由薄黏束梗菌[*Leptographium wageneri* (Goheen & Cobb) Harrington](有性型为 *Ophiostoma wageneri*)引起的黑变根病(black-stain root disease)，发生在北美某些松树种类的林分中，病菌侵入根和树干基部的管胞中，在这些部位的边材中沿树木年轮出现暗褐色至黑色的弧形条纹。由于管胞组织受到影响，树木地上部分出现类似于枯萎病的症状。

担子菌门中的紫色卷担子菌(*Helicobasidium purpureum*)能侵染许多草本和木本植物，引起紫纹羽病。蜜环菌(*Armillaria* spp.)可侵染许多针阔叶树种，引起根—干基木质部腐朽及皮层腐烂，以致整株枯死。由松根异担子菌(*Heterobasidion annosum*)引起的针叶树根白腐病是北温带地区普遍分布的一种重要根部病害，造成严重危害。假铁色灵芝(*Ganoderma pseudoferreum*)引起橡胶树红根病，是橡胶树常见病害之一。橡胶树的另一种根部病害—橡胶树褐根病是由有害木层孔菌(*Phellinus noxius* Corn.)引起的。

无性型菌物中，比较常见的林木根病病菌有镰孢菌(*Fusarium* spp.)，引起多种林木的根腐病。柱枝孢属(*Cylindrocladium*)和小柱枝孢属(*Cylindrocladiella*)(有性型分别为子囊菌门的丽赤壳属(*Calonectria*)和 *Nectricladiella* 的一些种类)引起多种草本和木本植物的根腐病，尤其在热带和亚热带地区。

病原细菌中，根癌土壤杆菌(*Agrobacterium tumefaciens*)引起多种植物的根癌病；与之同属的发根土壤杆菌(*A. rhizogenes*)则能引起一些阔叶树根形成毛根。

危害林木根部的线虫种类较多。如美洲剑线虫(*Xiphinema americanum* Cobb)引起栎类树木须根坏死；矮尾短体线虫(*Pratylenchus brachyurus*)引起美国鹅掌楸根腐烂；穿刺短体线虫(*P. penetrans*)的寄主十分广泛，可危害核桃、柳杉及仁果和核果类树木的根。根结线虫(*Meloidogyne* spp.)寄主较广，在我国常见的有楸、梓、泡桐、桑、柳、油橄榄等，苗木和幼树受害，特别是苗木受害损失较大。

在根部病害中，混合侵染的现象较常见。如北美黄杉苗木的栓根病，主要病原物是贝克剑线虫(*Xiphinema bakeri*)，但自病根中还常分离到毁灭柱孢(*Cylindrocarpon destructans*)。用这种真菌单独接种并无显著的致病力，但如用线虫和真菌混合接种，比单独用线虫接种发病要重得多。

4.1.3 根病的侵染循环特点

本节将主要讨论下列几个与侵染循环有关的问题。

4.1.3.1 根病病原体的传播

根病除随受病苗木的移植和调运等远距离传播，或管理操作等人为活动中通过工具等带土传播外，根病病原的传播有其特殊方式。多数根病真菌病原都具有主动传播的能力，它们主要是通过菌丝束或根状菌索等特殊结构在土壤中生长蔓延。如蜜环菌、紫纹羽病菌、白纹羽病菌等都有发达的根状菌索，它们可沿树根、倒木表面或土壤间隙中延伸，有的可达数米远。镰刀菌等的菌丝体也能在土壤中生长蔓延一定距离。但根病病原的传播距离和它们所引起的病害的传播距离往往相距甚远。例如，蜜环菌的根状菌索可蔓延很远，有时数十米，但其有效的传播距离可能不过几米。根状菌索自由伸展距离与有效传染距离存在差别的主要原因是根状菌索顶端的侵染能力是与其距离营养基地的距离呈负相关的，即距离营养基地愈远，侵染植物的能力愈弱。尽管如此，在寄主密集的林地上，病菌有足够的可能靠其根状菌索或菌丝体进行病害的有效传播，侵染周围的林木。

根病病原另一传播方式是接触传播。大多数根病病原都可以通过病根与健根的直接接触进行传播，它既包含病原随寄主植物根之生长而向前蔓延的被动传播的含义，又有从病根向健根蔓延的主动传播行为，这种传播方式远比枝叶病害和种实病害中的接触传播来得普遍和重要，它是林分中根病传播的主要方式。如在马来西亚受白根腐病菌（Fomes lignosus）侵害的橡胶树，常形成一个与老病根接触的发病中心，并不断向四周扩展。在森林中，树木的根部彼此盘结，病菌容易通过根系传播。尽管其速度是缓慢的，但由于林木的生产时期长，同时这种传播方式的持久性和稳定性。所以往往因出现大面积的染病而造成林木的成片枯死。

根病病菌中能产生大量孢子（或个体）的真菌和细菌，常随雨水和浇灌水流传播或飞溅。如卵菌门菌物产生的游动孢子，可沿着从感病根系散放出的化学物质的浓度梯度，从水中游向特殊的侵染点。有些根病真菌的孢子也能随风传播，如紫纹羽病菌和蜜环菌等的孢子。黑变根病可通过昆虫传播。

根病的自然传播距离一般说是有限的，由根部习居菌引起的根病，常自发病中心缓慢地向四周扩展，大面积发病往往是病原物长年积累的结果。由土壤习居菌引起的根病，由于病原物在土壤中较普遍存在，在有利发病的条件下，容易较快地造成较大的损失。

4.1.3.2　根病病原菌的侵染

很多根病病原真菌和根结线虫具有直接侵入的能力。如紫纹羽病菌、疫霉菌和镰孢菌等常可自根尖的幼嫩组织侵入，寄主组织的老化会逐步提高抗病力。蜜环菌的根状菌索在与树根接触处能分泌一种黏性物质，并产生一些菌丝侵入皮部的外层，更牢固地附着在根上，然后又生出侧枝，突破树根的表皮和周皮侵入内部组织。

菌丝和根状菌索特别是根部习居菌的菌丝和根状菌索的侵入能否成功，与本身的侵染势能有很大的关系。侵染点离开它们的营养基地愈远，侵染势能愈弱。此外，侵染势能的大小和营养基地养分供应的充分程度或者营养基质的大小成正相关。例如，蜜环菌的接种只有用自然感染或人工感染的木块作接种体才能成功；用根状菌索或者琼脂、麦麸的培养物做接种体都不能发生侵染。又如，橡胶根白腐病，用自然感染的病根作接种体时，接种体的体积在 81.94 cm^3 以上，侵染率达 100%；接种体积为 8.19~16.39 cm^3 的达 22%，体积在 4.10 cm^3 以下时，病菌只能在根表生长，菌丝束不能侵入寄主根部。

有些根病病原必须从伤口侵入。蜜环菌的担子孢子需要在树木新鲜伐根断面上萌发侵入，然后以感病伐根为基地，借病根同健根接触传播。根癌细菌常从嫁接等伤口侵入。昆虫产卵和取食造成的伤口是黑变根病病菌侵染的途径。

4.1.3.3　根病病原的存活和侵染来源

由于树木是多年生植物，病原物一旦侵入根部后，就可在相当长的时期内存活于根内，且根病病原菌常有比较广的寄主范围，更有利于存活。

根病病原物脱离活寄主后存活的情况，则与它们的生物学特性有着密切的联系。

在根部病原真菌中，一般将它们分为根部习居菌与土壤习居菌。

① 根部习居菌（Root inhabiting fungi）　主要侵染寄主的活根组织，较少直接侵染死组织。即具有特异（专化）的寄生性；必须有食（营养）基地（受侵染的寄主组织）时，才能继续存活和侵染寄主，在未灭菌的土壤中不易或不能生长，与土壤中的腐生菌竞争力弱，在土壤中易受腐生菌的抑制；寄主组织枯死后，随寄主组织在土壤中分解而逐渐消失。例如，根癌细菌，离开寄主残体，它们在消毒的土壤中可以存活半年以上，并保持侵染能力，但在未消毒的土壤中很快就失去了侵染能力或完全消失。这说明并非该菌缺乏一般的

腐生性，而是缺乏足够的和土壤中其他微生物竞争的能力。因此，根部习居菌在土壤中分布较局限。

② 土壤习居菌(Soil inhabiting fungi) 它们像腐生菌一样能在已死的植物组织上定殖，即具有没有寄主植物时也能利用其他植物残体等营腐生生活；在富有营养的土壤浸出液中，它们也能生长良好。能长期地存活于土壤中；在未灭菌的土壤中比较容易生长，与其他土壤微生物的竞争力较强。因此，在土壤中分布较广泛。

无论是哪一类根病真菌，常会形成休眠体，如厚垣孢子、根状菌索、卵孢子等。这些休眠体对不良环境的抗性强，在寄主不存在时能存活很长时间。如蜜环菌的根状菌索可以存活 2~5 年；镰孢菌的厚垣孢子可以保存 5~15 年。

这些根病病菌在寄主根外存活的年限，不仅受病菌本身的生物学特性影响而且还受各种环境条件的影响。影响的总趋势是，凡能延缓其萌发的因素，如干燥、低温等都有助于延长休眠的寿命。反之，诸如较高的土壤温度、合适的土壤湿度、土壤通气良好，以及某些自寄主植物上散发出来的挥发性物质，都不利于病原菌休眠体的存活。

此外，根病病菌还可能借助非主要寄主来延续其生命。病菌对这些寄主的致病力较弱，常不引起明显的症状或不造成重大损失，但却成为侵染源，一旦栽植感染的主要寄主，就可能蔓延成灾。例如，橡胶白根病菌，本是土生乔灌木上的根部寄生菌，当清除丛林开辟橡胶园后，病菌以残留的伐根为基地，侵染适生寄主橡胶树，逐年扩展，最终造成严重损失。

4.1.3.4 影响根病发生和流行的因素

这方面的因素异常复杂。林木是多年生的植物，在一个纯林的林分中，根病发展的趋势，差不多是逐年稳定上升，使被害面积逐年扩大。不少根病病原物，即使是土壤习居菌，在土壤中虽然较普遍存在，但只有积累到一定数量时，才可能引起流行。所以在育苗造林时要注意圃地和造林地前作种类和根病发生情况，以便采取必要的措施。

土壤中根病病原数量的多少和发病情况受到土壤环境、土壤微生物和林业生产措施等因素的影响。

(1) 土壤环境

① 土壤温度　各种根病病原物都有自己适生的温度，因而也影响到这些病害发生的时间和地域。例如，苗木白绢病菌喜好高温，在我国主要是在长江流域以南地区发生。但病菌生长的温度范围一般较广，有些根病发生很难从病菌适生温度得到解释。蜜环菌在培养基上生长最适气温是 25℃，而柑橘和蔷薇的发病适宜气温为 10~18℃。这可能是因为柑橘和蔷薇以 17~31℃ 时生长最好，病害在这些树木根系生长不利的温度下容易发生。可见温度除对病菌有影响外，对寄主的影响也是根病发生的重要因素之一。

② 土壤湿度　土壤湿度对林木根病发生的影响很明显。许多根病常在潮湿的林地上发生较重。由腐霉菌和疫霉菌引起的根病，因病菌本身喜水，潮湿自然是发病的重要原因。林木紫纹羽病、白纹羽病和黑变根病都在排水不良的土壤、潮湿的林地发病较重，高的土壤湿度促进根病发生，通常是由于：高湿有助于病菌繁殖体的形成、传播和生长发育；高湿导致土壤通气不良，根部呼吸受阻，甚至窒息，而有助于病菌的侵染；土壤在嫌气或半厌氧微生物活动下，会产生和积累某些有毒物质(如硫化氢和水杨醛等)，抑制了根

的正常生长，使某些根病得以流行。

有些根病真菌，在相对干燥的条件下，更有利于发病，如镰孢菌的某些种。在土壤含水量15%~20%之间存活期最长，并随土壤水分的增加而逐渐缩短。

③ 其他土壤因素的影响　土壤结构对某些根病会产生重要的影响，如白绢病菌常在土壤内或地表生长，在疏松的土壤内发病较重，并能向下延伸侵染根部；在黏土中发病较轻，多侵染根茎处。针叶树根白腐病菌（*Heterobasidion annosus*）导致的根腐病易在疏松的土壤中发生。桑紫纹羽病等常在黏重土壤中发生较重。土壤的酸碱度对一些根病发生也有影响，如蜜环菌适于偏酸的土壤中生长，细菌根癌病的发生则以碱性土壤更有利。土壤养分状况直接影响植物的生长状况，因而影响到植物的抗病性；另外也对根病病原物和土壤微生物产生影响，进而影响到根病的发生。

（2）土壤微生物

土壤微生物对根病的影响是不应忽视的。根病病原物和土壤微生物间的相互关系是极复杂的。经常进行着激烈的竞争，相互间常产生颉颃（抑制）和协生（促进或联合）的作用。

根部习居菌离开寄主的根后在土壤中常常不能存活。用它们的纯培养物置入没有灭菌的土壤中不能存活；在没有灭菌的土壤中接种，常常看不到明显效果。这些现象主要由于根部习居菌受到土壤微生物的抑制。土壤微生物中有许多种类能产生抗菌素、溶菌素或其他有毒物质。如从对茄丝核菌（*Rhizoctonia solani*）等具有抵抗作用的绿木霉菌（*Trichoderma viride*）中可抽提绿霉菌素（viridin）和胶霉菌素（gliotoxin）。在放线菌和细菌中也常有对根病病菌具有颉颃作用的种类。有些土壤微生物对根病真菌有直接寄生的作用，如土壤中的青霉菌、曲霉菌和绿木霉菌等常可寄生于茄丝核菌上。

某些土壤微生物间也存在着促进作用，如茄丝核菌和白绢病菌等菌核的形成，受到枯草芽孢杆菌（*Bacillus subtilis*）、地衣芽孢杆菌（*B. licheniformis*）、灰色链霉菌（*Streptomyces griseus*）的促进；蜜环菌根状菌索的分化和生长，受到出芽金担霉（*Aureobasidium pullulans*）的促进；樟疫霉的游动孢子囊的形成，受到假单胞杆菌（*Pseudomonas* spp.）的促进作用等。

各种植物的根系是影响土壤微生物种群消长的重要因素。根系影响所及的土壤范围，称为根围。在根围由于根系的分泌物，为土壤微生物提供了多种氨基酸和糖类。有人发现根围聚集了大量能合成维生素的细菌，由于根系和微生物的呼吸作用，提高了根围CO_2的含量，可以促使不溶磷酸盐等的溶解。加上根系本身组织老化经常脱落等，根围有丰富的有机质。因此，根围微生物的数量和活动都较一般土壤为大，同时在种群方面也有很大的差异。

根围微生物和病菌之间也存在着颉颃或促进的作用。据研究，有些寄主植物，对根病具有抗病性的品种（树种）和感病品种（树种）的根围微生物区系可能是不同的。它的抗病性可能部分是由于根围微生物对根病病菌的颉颃作用。在欧洲发现赤杨的根表面积和根围有大量放线菌和其他霉菌，它对挪威云杉的根白腐病菌有抵抗作用。因此，在云杉和赤杨混交林中，或赤杨采伐后的第1代云杉林中很少发生这种根腐病。

感病寄主的根围微生物对根病病菌常有促进作用，如茄丝核菌在感病寄主根围比一般土壤中菌核数和菌核的萌发数都有增加；在感病寄主根围，镰孢菌厚垣孢子的萌发也有促进作用。

（3）林业生产措施

林业生产措施对林木根病的发生也有影响。造纯林、林分密度过大使得根病更易发生；而混交林和适宜的林分密度则不利于根病的发生。

总之，影响根病发生和流行的因素，主要是通过土壤发挥作用的，而土壤因素是复杂的、综合的。在讨论某种因素对根病的作用时，必须注意到多种因素间的关系，以及当一种因素变动后，会引起其他因素的连锁反应。如土壤的结构必然影响到土壤的通气性、保水和保肥能力，以及酸碱度等情况，而这些又会直接关系到土壤微生物、根病病菌以及对寄主的生长发育，进而影响到根病的发生。正是如此，对根病的研究增加了难度，不经过深入细致地研究，常不易在错综复杂的因素中找出对病害起主导作用的因素。

4.1.4 根病的防治原则

根据根病的发生特点，可以从以下几方面采取措施：

(1) 提高造林质量，营造混交林，促使林木的健康生长

选择适宜的造林地，最好选择没有发过病的造林地。造林时苗木窝根易受蜜环菌侵染，应保证根系舒展，使根系尽快恢复生长，增强抗病力。林间栽植某些诱饵植物或适宜的树种作混交林，以减轻根病的发生。如马来西亚在防治橡胶园根白腐病（*Fomes lignosus*）时，在树间栽植了3种匍匐性的豆科植物（毛蔓豆、距瓣豆和三裂野葛）作为诱饵植物。欧洲用赤杨和挪威云杉造混交林，利用赤杨根围微生物中放线菌的优势来防治根白腐病等等。在根病较重的林分中，应在采伐后改栽其他非寄主树种，减少造林后根病的发生。

(2) 改良土壤的理化性状

对在潮湿环境下易发生的病害，如紫纹羽病和疫霉菌根腐病等，应注意排水，降低土壤湿度。通过施肥改变土壤pH值，减轻根病的发生，如施用石灰等碱性肥料可以减轻由小菌核菌引起的白绢病。施用棉籽饼等做基肥，能增加土壤中放线菌的活动，对根病真菌产生有效的拮抗作用，对根部习居菌的影响将更大。

(3) 清除侵染来源

对林分中的发病株做必要的处理，如挖除病苗、病树及其树桩和残根。在次生林等林地改造中，由于根病发生之初，常有发病中心，并以伐桩为其发病基地，所以应尽量把病株及其树桩残根挖除，彻底清除，以绝后患。发病的单株也可及早挖除后换土补植。既可避免从病株向四周蔓延扩展，又可使补植株免再发病。如夏威夷木瓜曾受棕榈疫霉（*Phytophthora palmivora*）严重危害，在补植时，在直径30cm、深10~20cm的穴内，填入不带病菌的山土，再植健康苗，防病取得了成功。

(4) 生物防治

还未发病裸露的树桩断面和残根，虽尚未枯死，但对于病菌的抵抗力已大大减弱，特别容易受侵染，而成为新植幼林的侵染源，所以处理树桩伐根在防治根病措施中甚为重要，特别是对防治像蜜环菌根朽病这类由根部习居菌所引起的根病。对于树桩、伐根的处理原则是促使其早死，死后易被土壤中其他腐生菌侵占，使蜜环菌等不能再侵染。如在伐木前先在干基做环状剥皮，这样早枯死的根易被绿木霉菌侵占。

在新鲜伐桩上接种腐生菌，使迅速占领而排除（免受）根腐菌的侵染。如对针叶树根腐菌的防治，现已在采伐的同时接上腐生的大伏革菌（*Phlebiopsis gigantea*）的孢子悬浮液，可以阻止病菌的侵染。

4.2 各 论

（1）林木根朽病（Armillaria root rot）

【分布及危害】 林木根朽病在全世界分布广泛，主要分布在温带地区，在热带常分布在海拔较高的地区。在我国根朽病发生也很普遍，云南、黑龙江、吉林、河北、四川、山东、内蒙古、陕西和甘肃等地都有报道。根朽病是一种危害严重的根部病害，尤其在种子园危害更为严重。1987年以来在山东新泰、潍坊等地区陆续出现杨树根朽病，造成大面积杨树枯死。仅昌邑县截至1989年年底，933.3hm² 丰产林因病砍除的已达225hm²，占总面积的27.1%。北京动物园沿湖岸边的柳树，60年代开始出现植株死亡，至1991年死亡率增加到15%，园内荟芳轩的柳树发病率竟高达47.2%。近年来东北地区的红松、落叶松人工林、苗圃、种子园普遍发病。吉林省汪清林业局50hm² 的落叶松种子园，1997年发病率达46%。敦化林业局红松母树林发病率达12%。蜜环菌在森林中造成的危害可以归结为四类：① 致死树木；② 引起树根和干基腐朽使树木易风倒；③ 损害根吸收功能使树木生长受到抑制；④ 造成树木衰弱使其易受次生性害虫的致命危害。

【症状】 由蜜环菌引起的根朽病地上部分的症状很难与其他病原引起的根或茎的病害相区别。这种病害有时发展比较慢，最明显的症状是地上部分常常是树叶变黄，或叶部发育受阻，叶形变小，枝叶稀疏，有时枝条梢端向下枯死。针叶树种，特别是松树被蜜环菌侵染后，根颈部分常发生大量流脂，与土壤结成硬块。

在树干基部或地面下靠近根颈的主根上，可以找到此病的病症。即剥开这些地方的树皮或已脱落的树皮紧贴边材的地方可见白色扇形的菌膜存在，这种菌丝组织层有浓烈的蘑菇香味。后期干基部树皮开裂、剥离。如果只是部分大枝或树体的半边表现衰弱时，则仅可在一两根主根或树干基部的一边找到真菌组织。在病根皮层内及病根表面以及病根附近的土壤内常见深褐色或黑褐色根状菌索，其断面为扁圆形。此外，根皮表面皮孔增大，皮孔数量增多也是蜜环菌根朽病很重要的特征。

病株根部的边材和心材部分都发生腐朽，有时甚至延伸到干基部。腐朽初期，病部表现暗淡的水渍状，后变暗褐色。腐朽后期，呈淡黄色或白色，柔软，海绵状，边缘有黑色线纹。在秋季，在靠近腐烂或枯死病树的干基部或其周围地面上，常出现一些丛状的淡褐色蜜环菌的蕈（图4-1）。

【病原】 由担子菌门伞菌目蜜环菌属（*Armillaria*）的一些种类引起。这些种类在形态上比较相似，故以前均称为蜜环菌［*Armillaria mellea* (Vahl) P. Kumm.］。病原菌子实体伞状，菌盖肉质，圆形，中央略突起，直径5~15cm，黄色至黄褐色，上表面有褐色毛状鳞

图 4-1　林木根朽病症状
1. 病部树皮下产生白色菌膜（王占斌摄）　2. 病树干基部生病菌担子果（贺伟摄）

片。菌柄实心，位于菌盖中央，黄褐色，上半部具有膜状菌环。菌褶初为白色，后略呈红褐色，直生或略呈延生，担孢子圆形，无色，光滑，大小为(8~9)μm×(5~6)μm（图4-2）。

 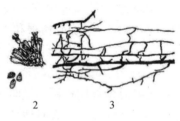

图 4-2　林木根朽病病原菌形态
1. 病菌子实体（贺伟摄）　2. 担子和担孢子　3. 根状菌索

研究表明蜜环菌是一些生物种组成的复合种。世界上已报道的蜜环菌生物种有30多个，而我国有14种。进一步的研究表明，这些生物种的致病性、寄生性、形态、生物学特性及地理分布上都有一些差异。

蜜环菌的菌丝体和根状菌索顶端能发荧光，在黑暗条件下可见淡蓝色光亮。蜜环菌的发光可能是由荧光酶引起的，与生物氧化过程有关。

【发病规律】　病菌以菌丝体、扇状菌膜及根状菌索在病树、伐桩及土壤内越冬。从蜜环菌子实体上产生的大量担孢子成熟后，随气流传播，飞落在林木残桩上，在适宜的环境条件下，担孢子萌发，长出菌丝体，从树桩向下延伸至根部，又从根部长出菌索，在表土内扩展延伸，这些菌索看起来像黑色鞋带，内部组织有明显的分化。当菌索顶端接触到活立木根部时，沿根部表面延伸，长出白色菌丝状分枝，以机械和化学的方法直接侵入根内，或者通过根部表面的伤口侵入。病树与健树的根部接触也是重要的传播方式。侵入活立木根部组织的菌丝体，在形成层内延伸直达根基，然后又蔓延到主根及其他侧根内。在受害根部皮层与木质部间形成肥厚的白色伞形菌膜，并从已经死亡的根部长出新的菌索来。当菌丝体在受害林木根颈部分形成层内引起环割现象后，林木便很快枯萎死亡。该病害常常有一个比较明显的发病中心，病树常呈簇状分布。侵入活立木的菌丝体，病原菌从根部沿主干向上延伸，引起干基腐朽，在皮层内木质部表面常能见到网状交织的菌索。在夏季潮湿季节，主干上的菌索也能向下延伸至地面转移到邻近的活立木根部进行侵染。此外，带有蜜环菌菌索或菌丝体的枯立木被伐倒以后，堆置在潮湿环境下或用作矿坑支柱，其上仍然可以产生菌索或子实体。

林木生长健壮，则抗蜜环菌侵染能力强，不易感病；林木如受干旱、冻害、食叶及根干部害虫侵害等影响生长不良时容易感病。地势低洼，林分密度大或造林时窝根严重，或造林地上有大量的新伐桩时，也易感病。据调查，10~20年生的幼树感病后，2~3年即枯萎死亡，而中年以后上的大树感病后，有时能持续存活10年以上。

不同蜜环菌生物种的寄主范围和对寄主的致病性有所不同。狭义蜜环菌（*Armillaria mellea* sensu stricto）寄主范围较宽，主要是阔叶树树种；奥氏蜜环菌[*A. oystoyae*（Herink）Romagnesi]则主要寄生针叶树，这两个种的致病性较强。其他蜜环菌生物种的致病性则较弱。蜜环菌常与其他侵染根的真菌和次生性害虫一起危害树木。不同树种的感病程度也有所不同，例如，对无菌环的假蜜环菌[*A. tabescens*（Scop.）Emel]，健杨比沙兰杨等树种感病，即使邻近健杨病株的沙兰杨也不感病。

【防治措施】

① 林业技术措施　实践证明，健壮林木抗蜜环菌侵染力强，因此，通过适宜的栽培措施，创造树木旺盛生长的生态环境，是防治该病害经济有效的方法。

② 清除侵染来源　在经济林或果园内，春季或者夏季清除病树树干周围约60cm的土壤，使根颈及较大的根暴露在外，削去完全腐烂的树皮，仔细地刮掉感病的根和病皮，清除能看见的真菌组织及水渍状木质部，伤口上涂上虫胶，并用树脂封住整个伤口表面。地上部分进行疏枝，消除生长在附近的小植物，让处理部位附近尽可能通风透光。另外，也要给该植株施用一些易于吸收的养料以促进生长。晚秋时，用新土覆盖暴露的根和根须部以防冻害。

③ 挖隔离沟　在林中，如有单株感病致死，在消除死树和主根之后，应在其周围挖一隔离沟防止其传染到附近的树上去。沟宽约30cm，深60cm，距树干约1.5~2m。清除沟内所有的根系，甚至连同附近健树的根系一起清除。

④ 化学防治　在经济林或果园内，可将病根切除烧毁，伤口涂50%多菌灵可湿性粉剂300倍液或甲基托布津70%可湿性粉剂500倍液，较大伤口涂抹后，应用塑料薄膜包扎，加以保护。也可用二硫化碳浇灌病株周围土壤，既消毒土壤，又促进木霉菌大量繁殖，抑制蜜环菌滋生。

(2) 针叶树根白腐病（Root and butt rot caused by *Heterobasidion* species）

【分布及危害】　针叶树根白腐病是世界性的病害，以北温带较为普遍，是针叶林中的重要的根部病害。可危害松、落叶松、云杉、冷杉、铁杉、雪松及侧柏等针叶树，也危害栎类、槭、桦、榆等阔叶树。根白腐病在欧洲和北美针叶林区危害严重，常导致重大损失。

我国东北林区、云南西北部的高山针叶林区内，有此病分布，但危害较轻。

针叶树幼林，特别是松树幼林被病菌侵染后，引起根腐，常导致大片幼林死亡。在成、过熟林内，常引起干基和主干心材腐朽，严重影响经济用材出材率，因此，造成损失也比较大。此外，根部腐朽后由于根系大部分腐朽死亡，成为引起林木风倒的原因之一。

【症状】 病原菌侵染根后，病菌逐渐向根颈部及其他侧根扩展，并继续沿主干向上蔓延，引起木质部白色海绵状腐朽，在病根皮层和木质部间产生白色薄纸状菌膜。病害初期腐朽部分呈现淡紫色，不久出现黑色斑块状组织，斑块逐渐变成白色，最后形成空洞。云杉根部的腐朽材中还夹有黑色线纹。含树脂较多的树种，如松类，被害根部常流出大量树脂，并和附近的泥沙石砾黏结成硬块附在病根表面。在枯死树或将要枯死树的干基部及根部的侧根分叉处可产生病菌的子实体。

病株地上部分，开始针叶呈黄绿色或淡黄色，叶形短小，早落，然后逐渐枯萎。受害林木容易招致害虫的侵袭和被风吹倒，形成林间空地。在伐倒大树桩的周围常见病树枯死的现象。从幼树到老树都可能发生根白腐病。20～30年生以下的幼树受害后常迅速死亡。成年大树受害后一般能持续存活较长的时间，主要表现为根部和干基腐朽，逐渐而缓慢地枯萎死亡。

【病原】 引起针叶树根白腐病的病原菌为多年异担子菌 [*Heterobasidion annosum* (Fr.) Bref. = *Fomes annosus* (Fr.) Cooke]，属担子菌门真菌。子实体多年生，木质或革质，呈贝壳状、覆瓦状互相重叠，有时平伏反卷。菌盖表面黄褐色、褐色或灰褐色。菌肉初白色，后变橙黄色。菌管黄色或淡黄色，层次不明显；管小而圆，白色。边缘有不孕部分形成一条白色细线。孢子卵形，无色，大小为 $(5\sim6)\mu m \times (4\sim5)\mu m$。生在干基（或干上）的子实体常为蹄状（图4-3）。在人工培养

图4-3 多年生层孔菌的担子果
（贺伟摄）

基上常产生大量分生孢子，在自然条件下也能见到该菌的分生孢子，在林内的树桩上接种分生孢子获得成功，因此病原菌的分生孢子和担孢子均为初侵染来源，但该病害的初侵染源主要还是其担孢子。

近年来发现，以前被认为是多年异担孔菌的病原真菌，是一个在遗传上异质的混杂群体，除了严格意义上的多年异担子菌[*Heterobasidion annosum* (Fr.) Bref. sensu stricto]外，还有2个近缘种，即小孔异担子菌(*H. parviporum* Niemela & Korhonen)和冷杉异担子菌(*H. abietienum* Niemela & Korhonen)。它们在生物学习性、形态特征、致病性、分布区域以及寄主专化性等方面都存在一定的差异。将中国东北和西南的异担子菌单孢菌株与欧洲的三种异担子菌进行交配，结果表明中国东北和西南地区的异担子菌是小孔异担子菌，因其与小孔异担子菌有性融合反应，而与多年异担子菌无性亲和反应。小孔异担子菌在东北地

区和西南地区的寄主都较广泛，但致病性较弱（图4-4）。我国根白腐病的发生虽然从总体上不严重，但鉴于该病害在国外的危害性，仍要做好预防工作。

【发病规律】 病原菌的孢子在一年四季均可产生，但孢子产生盛期出现在秋季潮湿的时间。担孢子通过气流传播，侵染新伐树桩，或从林木根部和干基部的伤口侵入。病菌也可通过病根与健根接触传染，向四周扩展。多年异担子菌对树桩有高度选择性，一般在伐倒

图4-4 由小孔异担子菌引起的针叶树根白腐病症状
（戴玉成摄）

2周内的树桩最易侵染，2周后的树桩表面常由其他微生物感染寄居，就不会被多年异担子菌侵染了。干基腐朽的高度因不同树种而异，这是因为不同树种，树脂多少含量不同造成。松树一般为1~2m，云杉感染根白腐病时，腐朽沿主干向上蔓延的高度可达6~10m，冷杉甚至达到10~20m。因此，根白腐病对不同树种经济用材出材率的影响也有差异。

温、湿度等气象因素影响根白腐病菌的孢子形成、萌发、传播及侵染危害。湿度直接影响新伐桩表面含水量的变化。伐倒林木时的气温是影响病菌能否在伐桩上定居的重要因素。据报道，日平均气温低于20℃，且高于0℃，都将不同程度上有利于病原菌的侵染，而日平均气温高于20℃，低于0℃则病原菌侵染的可能性很小。

碱性土壤上的针叶林比酸性土壤上针叶林易被病菌侵染，这可能和酸性土壤中常有绿色木霉抑制多年异担子菌滋生的结果。

【防治措施】

① 林业技术措施 适地适树，加强营林管理措施，促进林木健康生长，是预防根白腐病发生的最根本方法。

② 栽培抗病树种 由于多年异担子菌主要侵染各种针叶树，因此，选用能抗病的阔叶树种，营造针阔混交林可减少根白腐病的危害。

③ 化学防治 新伐树桩用硼砂处理伤口是有效阻止病原菌侵染危害的方法。感病树木被砍倒后立即在新伐树桩上喷洒硼砂，被证明是在美国南部和东北部非常有效的化学防治方法。对于已经受到该病原菌侵染的树木此方法是没有用的。

④ 生物防治 在新伐树桩上也可以接种其他竞争的微生物，抑制根白腐病菌的定居。如用大隔孢伏革菌（*Phlebiopsis gigantea*）孢子喷洒到新伐桩表面，并定居木质部中，根白腐病菌就不能在此种伐桩上定殖，从而收到比较好的防治效果。此法已在英、美等国广泛使用。目前大隔孢伏革菌的孢子已制造成片剂，水释即可使用。

(3) 根癌病（Crown gall）

【分布及危害】 根癌病，又名冠瘿病，是一种世界性的重要根部病害。国内在东北、

华北、华东、西北、中南等地都有发生，而以河北、山西等地较为严重。该病对树木的危害较大，幼苗染病后严重影响发育，甚至死亡；成年树患病后，树势衰弱，树木生长量明显下降。特别是根系，病株仅为健株的 50%~60%。根癌病病原细菌的寄主范围很广，除主要侵染果树外，还能危害 138 科 1100 多种植物，其中绝大多数是双子叶植物。北京市东北旺苗圃 1979 年春出圃的毛白杨大苗，病株率达 16%。江苏、浙江、福建、河南及上海郊区的桃园普遍发生桃树根癌病，严重的果园植株发病率为 90% 以上。此外，杏、梨、苹果、海棠、山楂、核桃等果树也不同程度地出现根癌病。

【症状】 病害主要发生在根颈处，有时也发生在主根、侧根和地上部的主干、枝条上。受害处形成大小不等、形状不同的瘤。初生的小瘤，呈灰白色或肉色，质地柔软，表面光滑，后渐变成褐色至深褐色，质地坚硬，表面粗糙并龟裂，瘤的内部组织紊乱，薄壁组织及维管束组织混生。在木本植物上，生长季末癌瘤组织常常裂解，为下一年新生的瘤组织所取代（图4-5）。

【病原】 引起根癌病的病原是根癌土壤杆菌 [*Agrobacterium tumefaciens* (Smith & Towns.) Conn]，薄壁菌门根瘤菌科土壤杆菌属细菌。菌体杆状，大小为 (1~3)μm ×(0.4~0.8)μm，具有 1~4 根周生的短鞭毛，如具单鞭毛，则多侧生。在液体培养基表面能产生较厚的白色或淡黄色菌膜，在固体培养基上产生稍凸起的半透明菌落。革兰氏染色阴性。发育的最适温度为 22℃，在 14~30℃发育良好，51℃时经 10min 死亡。耐酸碱范围为 pH 值 5.7~9.2，最适 pH 值 7.3。

图4-5 根癌病症状

【发病规律】 病原菌在病瘤内或土壤中的寄主残体内越冬，存活 1 年以上，2 年内得不到侵染机会即失去生活力。如果是单纯的细菌而不伴随寄主组织进入土壤，只能生活很短的时间。病菌从植物伤口侵入，在寄主细胞壁上有一种糖蛋白是侵染附着点。病菌一旦进入植物细胞，就刺激癌瘤的形成。致瘤原因是病菌含有一个大的致瘤质粒，称 Ti (tumor-inducing)质粒。其中有一小片段 DNA，即 T-DNA 或转移 DNA，其上携带着编码植物生长素和细胞分裂素合成的酶的基因，这些基因在转化细胞中表达后产生出相应的植物激素，刺激植物细胞无限增生，从而形成肿瘤。Ti 质粒同时还控制对细菌素（agrocin-84）的抗感性和寄主范围。Ti 质粒可因热处理或其他因素丢失从而使细菌失去致病性。病菌侵入植物细胞并使之致瘤分为 4 个步骤：①根癌土壤杆菌与寄主植物伤口细胞结合。②T-DNA 转移进植物细胞。③T-DNA 整合进植物细胞核 DNA。④T-DNA 上致瘤基因表达。一旦 T-DNA 与细胞核染色体整合后，就能稳定维持，随着细胞的分裂而不断复制。

根癌菌有不同的生物型（种）和质粒类型，在不同植物上的优势及侵染特点也不同，核果类果树根癌病菌以生物Ⅰ型（*A. tumefaciens*）为主，质粒类型主要是胭脂碱型，属于局部侵染；而葡萄的根癌病菌以生物Ⅲ型（*A. vitis*）为主，质粒类型主要是章鱼碱型，为系统侵染；毛白杨根癌菌包括 *A. tumefaciens*、*A. rhizogenes* 和 *A. tumefaciens-A. rhizogenes* 的中间型，质粒类型分别为胭脂碱型和农杆碱型。

雨水和灌溉水是传病的主要媒介。此外，地下害虫，如蛴螬、蝼蛄、线虫等在病害传播上也起一定的作用。采条、嫁接或耕作的农具都可能传播病害。苗木带菌是远距离传播的重要途径。

土壤湿度与性质直接影响发病率的高低。通常在湿度大的土壤中发病率高，微碱性和疏松的土壤有助于病害的发生，酸性和黏重的土壤则不利于病害的发生。

在不同寄主上，病害的潜育期有所不同，从几个星期到1年以上，一般约需2~3个月。

杨树不同种类间发病率有明显差异，毛白杨发病率高，加杨发病率低，沙兰杨未见受害。林、果苗木与蔬菜重茬或果苗与林苗重茬一般发病重，特别是核果类果树苗与杨树苗、林地重茬，根癌病发生明显增多、加重。

嫁接方式与发病也有关系。芽接比劈接发病率低。

此外，根部伤口的多少也与发病成正比。毛白杨埋条法繁殖比嫁接法繁殖发病重。

【防治措施】

① 严格检疫　防止带病苗木出圃，且将病苗烧毁。对可疑的苗木在栽植前进行消毒，用1% $CuSO_4$浸5min后用水冲洗干净，然后栽植。

② 林业技术措施　科学育苗。选择未感染根癌病的地区建立苗圃，发生过根癌病的果园和已育过苗的地块不能再做育苗地。苗木繁育尽量采用伤口小、愈合快的芽接法，并随时对嫁接工具进行消毒。苗木出圃时要尽量保持根系完整并进行严格检查，发现病苗立即淘汰。如果苗圃地已被污染需进行3年以上的轮作，以减少病菌的存活数量。

选用健康的苗木进行嫁接，嫁接刀要在高锰酸钾或75%酒精中消毒。

防止苗木产生各种伤口。采条或中耕时，应提高采条部位并防止锄伤埋条及大根。及时防治地下害虫。

③ 化学防治　经常观察植株地上部生长状况，发现病株后及时挖除病根，刮除癌瘤。癌瘤刮除后，用1%~2%硫酸铜液或石硫合剂渣涂抹消毒，并用100倍多效灵灌根。病重而无法治疗恢复的病株要拔除烧毁，并用100~200倍农抗120进行土壤消毒或更换新土。

④ 生物防治　国外已广泛采用放射性土壤杆菌K84（*Agrobacterium radiobacter* K84）防治核果和蔷薇根癌病，获得了良好的效果。国内报道用放射性土壤杆菌K84和D286的菌体混合悬液预浸毛白杨幼苗根部，可以抑制不同质粒类型的致瘤农杆菌，明显降低根癌病的发生率。在未知病菌的生物型和质粒型时，要采集根癌进行冠瘿碱分析，根据病菌的生物型和质粒型，选择适合的生防菌。

(4)镰刀菌林木根腐病(Fusarium root rot)

【分布及危害】　林木根腐病是发生在多种林木上的引起根部皮层腐烂的一类病害。在不同种类的树木上，病原可能不同，但病害症状相似，都对树木造成严重危害。如四川广泛分布的油桐根腐病是一种毁灭性病害，使油桐大量枯死，产量急剧下降。在湖南、湖北、山东、江苏等地一些低洼地中生长的杨树林，根腐病的危害严重，大量杨树枯死。在湖南、江西、安徽等地普遍发生的核桃根腐病，严重影响核桃育苗。在四川汉源花椒栽培区根腐病曾大流行,成年椒园花椒几乎全部死亡,幼苗发病率达70%。在麻疯树、油茶等植物上也有根腐病发生。

【症状】 该病首先从根部皮层腐烂开始,由须根逐渐发展到侧根、大根,在腐烂根系表面产生许多菌丝体。根系维管束无堵塞现象。在根系腐烂发展到一定程度时,病株的地上部分也开始表现异常。如油桐患根腐病时,植株叶片变小,叶片变为浅红色、浅褐色、红褐色,下垂,叶、芽停止生长,果小而干缩,全株枯死。

【病原】 无性型菌物镰孢霉属(*Fusarium*)真菌。多个树种根腐病的病原菌为腐皮镰孢霉[*Fusarium solani*(Mart.)Sacc.]。其形态如下:

分生孢子二型:小型分生孢子卵圆形、椭圆形及长椭圆形,大小为(4.6~25.3)μm×(1.8~6.4)μm,着生于不规则的分支或不分支的瓶梗上,聚合成假头状;大型分生孢子生于简单分支的瓶梗上或在分生孢子座上形成,纺锤形、梭形,两端对称,微弯曲,多孢,多为3隔,大小为(23.0~43.7)μm×(3.8~5.2)μm。厚垣孢子在菌丝间生或顶生,球形或椭圆形,单胞或2个细胞,大小为6.9μm×11.5μm。有时呈短串状。引起油桐、核桃、麻疯树、花椒、牡丹等木本植物根腐病。腐皮镰孢霉被认为是一个复合种,因此,不同种类木本植物上的腐皮镰孢霉在遗传上可能存在异质性(图4-6)。

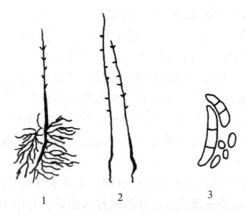

图4-6 花椒根腐病(毛霓绘)
1. 健康植株 2. 病根 3. 分生孢子

另外,还有锐顶镰刀菌(*F. acuminatum* Ellis & Everh.)、异孢镰刀菌(*F. heterosporum* Nees & T. Nees)引起杨树根腐病;层生镰刀菌[*F. proliferatum*(Matsush.)Nirenberq ex Gerlach & Nirenberq]引起油茶根腐病等。

【发病规律】 根腐病是一种土传病害,病菌以菌丝、分生孢子、厚垣孢子等存活于土壤中。油桐根腐病在桐林内有中心病株,呈团状分布,逐年顺坡和横山扩展,阴坡重于阳坡。环境对根腐病的发生有很大影响;苗床低温高湿和光照不足,是引发花椒根腐病的主要环境条件;育苗地土壤黏性大、易板结、通气不良致使根系生长发育受阻,也易发病。核桃根腐病多发生在地势低洼积水、土壤潮湿板结、或地下水位过高的地方。油桐根腐病与土壤温度关系密切,发病起始土温为9~10℃,盛期为15~22℃。4~9月均有发生,7~9月,尤其8月为全年病株死亡的主要时期。

核桃根腐病主要发生在苗期,而油桐根腐病等除危害幼树外,成年树也均有发生。

【防治措施】

① 培育无病健苗，减少病菌来源　播种前，种子可用种子重量0.1%的粉锈宁拌种，或用80%的402抗菌剂乳油2000倍液浸种5h；插穗基部也可用同样浓度药液浸1h后扦插。

② 林业技术措施　适地适树，加强抚育管理，改善林地土壤和环境条件，增强树木生长势。及时清除病株，防止病害蔓延。

③ 化学防治　轻病株根部灌施药剂，可用40%根腐宁1000倍液喷雾或浇灌病株；或80%的402乳油1500倍液灌根。抑制病菌发展，并根施促进生根的药物，以缓解病情。

(5) 白纹羽病 (Rosellinia root rot)

【分布及危害】　白纹羽病是许多针、阔叶树种上常见的一种病害，广泛分布在温带和热带地区。我国辽宁、河北、山东、浙江、江西、云南、海南、台湾等地都有报道。寄主范围达34科60种以上，也是经济林中比较常见的根部病害。此外，很多农作物，如马铃薯、蚕豆、玉米、大麦、大豆、花生等也受害。该病既可侵染苗木又侵染成年树木，被害植株常枯萎死亡，尤其对苗木危害更为严重。病原菌长期潜伏在土壤中，该病一旦发生较难根除。

【症状】　病害发生于植株根部，主要在主根基部和根颈部。发病初期，病部皮层组织浮肿、松软，出现近圆形褐色病斑，以后，病部开始呈水渍状腐烂，深达木质部表层。病根表面覆盖着密集交织的白色菌丝体，后呈灰色。菌丝体中有纤细的白色羽状菌丝束，病根皮层内有黑色细小的菌核。在潮湿的地区，菌丝可蔓延至植株四周地表，呈白色蛛网状。在根部死亡后，有时在皮层表面出现暗色粗糙斑块，上面长出刚毛状的分生孢子梗束。

感病植株树势衰弱，叶片变黄，逐渐凋萎、早落，枝条枯萎，最后全株枯死。苗木发病后，几周内即枯死。

【病原】　该病由子囊菌门炭角菌目的褐座坚壳菌(*Rosellinia necatrix* Berl. ex Prill.)引起。子囊壳产生于已死亡的病根上，球形，炭质，黑色，单个或成丛埋在菌丝体间，孔口处呈乳头状突起。子囊圆柱形，周围有侧丝，每个子囊内有8个子囊孢子。子囊孢子略呈纺锤形，单胞，褐色或暗褐色，单列排列，大小为 $(42\sim44)\mu m \times (4\sim6.5)\mu m$。病菌的无性型为白纹羽束丝菌(*Dematophora necatrix* R. Hartig)，从菌丝体上产生分生孢子梗束，有分枝，顶生或侧生1~3个分生孢子；分生孢子卵圆形，无色，单细胞，大小为 $(3\sim4.5)\mu m \times (2\sim2.5)\mu m$ (图4-7)。

【发病规律】　病菌以菌丝体和菌核在病腐根上存活。在适宜的条件下，菌丝在土壤中延伸蔓延。当菌丝接触林木幼嫩细根时直接侵入，或通过根部表面皮孔侵入。病根接触健根和菌丝束的主动延伸是该病主要传播方式。苗木移植、调运也是传播方式之一。在自然情况下有性孢子和无性孢子的传播作用很小。因此，自然条件下病根组织是主要侵染源。病菌在12~28℃下均可生长，而以20~28℃生长最好。病害发生与土壤条件有密切关系，土质黏重、低洼积水地发病重，土壤疏松、排水良好的地发病极少。温暖高湿的环境、苗木栽植过密或过于荫蔽均有利于病害的发生发展。果园管理不当造成的机械伤和虫伤，特别是根须处有机械伤口，可加重病害的发生。

【防治措施】

① 选择健壮无病的苗木进行栽植。对可疑苗木可用 20% 石灰水或 1% 硫酸铜溶液浸渍 1h 进行消毒后再栽植。

② 苗圃地注意排水，避免过多使用氮肥。原发病重的苗圃应休闲或改种其他非寄主植物，5~6 年后再育苗。必要时在清除病株病根后进行土壤消毒后继续育苗。

③ 林分中出现少数病株时，可在其周围挖沟隔离，清除病株及残根，集中烧毁，周围土壤用 500g/m² 石灰或 30g/m² 硫黄或其他杀菌剂进行消毒。防止病菌向四周扩散蔓延。

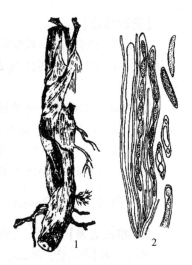

图 4-7　白纹羽病
1. 病根上羽纹状菌丝片
2. 病菌的子囊和子囊孢子

(6) 紫纹羽病 (Violet root rot)

【分布及危害】　紫纹羽病又称紫色根腐病。广布世界各地，我国东北和河北、河南、山东、安徽、江苏、浙江、广东、四川、云南等地均有发生。危害多种林木、果树、蔬菜及大田作物，寄主范围包括 51 科 90 属 128 种以上的植物。该病常见于苗圃和积水林地，苗木、幼树、成年树均可受害。苗木受害后，病势发展迅速，很快枯死。成年树木受害后，病势发展缓慢，主要表现为树势衰弱，叶黄早落；重病树枝条枯死甚至全株死亡。

【症状】　感病植株先从细支根开始发病，逐渐扩展到侧根、主根、根颈部。初发病时，根的表皮出现黄褐色不规则的斑块，病部颜色较健根皮颜色略深，内部皮层组织已变成褐色；不久，病部出现紫红色网状物，甚至满布紫红色厚绒毛状菌丝膜；后期膜上产生紫红色半球形菌核。病部皮层腐烂，木质部边材腐朽。病组织有蘑菇味。6、7 月间，菌丝体上产生微薄白粉状子实层。随着烂根数量的增加，地上部由衰弱渐至枯死。

【病原】　病原为担子菌门卷担菌目紫卷担子菌 [Helicobasidium purpureum (Tul.) Pat., 异名: Helicobasidium brebissonii (Desm.) Donk]，无性型为紫纹羽丝核菌 [Rhizoctonia crocorum (Pers.) DC.]。子实体扁平，膜质，深褐色，厚 6~10mm，毛绒状。子实层淡红紫色。担子无色圆筒形或棍棒形，向一方卷曲，有 3 个分隔，大小为 (25~40)μm×(6~7)μm。担孢子卵形或肾脏形，顶端圆形，基部细，大小为 (10~25)μm×(5~8)μm（图 4-8）。

在 PDA 上，病原菌初生的菌丝为淡褐色，随着菌落生长，菌丝由淡褐色变成暗褐色，在 26℃ 下培养约 2 周后出现菌核。病原菌最适生长 pH 值为 5.8 左右，但在 pH 值 5.0~8.5 范围内均能生长发育。

【发病规律】　病原菌以菌丝、菌核、菌索在病株、植物残体及土壤中越冬，可直接或自伤口侵入根部。病原菌菌丝能在土内和土表延伸，接触健康林木根部后即直接侵入。病菌常通过病根和健根的接触而传播蔓延，病原菌的孢子在病害的传播中几乎不起作用。该病害可通过苗木的调运，随带菌苗木进行远距离传播。在旧林地育苗或建园时发病较重。管理不当造成的机械伤，害虫造成的虫伤（如木蠹蛾危害处）等可加重紫纹羽病的发病程度。不良的土壤管理是诱发根病的重要因素。土壤板结、积水，土壤瘠薄、肥水不当，这些均可引起根部发育不良，降低其抗病性，有利于病菌的侵染与扩展，加重病害。低洼积

图 4-8　紫纹羽病
1. 症状　2. 病菌的担子和担子孢子

水潮湿地发病重。

【防治措施】

① 林业技术措施　选择排水良好、土壤疏松和前作没有发病的地块育苗或造林。造林时必须严格检查，防止苗木带病。

加强苗圃地和林地的抚育管理。注意排水和适当施用经过腐熟的有机肥，以增强植株的生长和抗病力，土壤黏重板结的林地要注意松土，但应避免伤及树木的根系。

② 化学防治　发现病株后，挖开根区土层，清除病根，然后灌用40%多菌灵500倍液或50%代森铵500~600倍液消毒。重病植株应挖除烧毁，然后再进行土壤消毒。

(7) 红色根腐病 (Ganoderma root and butt rot)

【分布及危害】　红色根腐病是我国南方热带原始丛林中普遍分布的一种根病。此病危害三十多种树木，其中较重要的有橡胶、鹅掌楸（鸭脚木）、厚皮树、苦楝、无患子、枫香、柑橘、茶、可可、荔枝、鸡血藤、油桐、咖啡等。在原始森林中一般为零星发生，危害不大，而在我国南方垦殖区内，红色根腐病是橡胶林内重要根病之一。普遍发生在云南、海南、广东、广西、福建等地的橡胶种植区内。在东南亚各国也是橡胶树上的一种主要病害。

【症状】　此病的典型症状是病根表面产生一层红色或枣红色菌膜，表面黏附泥沙，不易脱落。洗去表面泥沙后，就能看到红色或紫色菌膜。

初形成的菌膜为乳白色，随着菌膜的逐渐增厚，颜色渐渐转变为淡红色，鲜红色，最后呈枣红色，甚至紫黑色。菌膜主要由菌丝束集结组成，内部为黄白色。表面生菌膜后，病根皮层组织变褐，呈湿腐状。皮层与木质部间还有一层深黄色菌膜。病根木质部初期坚硬，淡黄色，后期暗黄色，松软，为海绵状湿腐，易撕裂，用力挤压，会有水溢出。这是诊断红色根腐病的另一重要依据。在已经死亡的主干或残桩上有时出现病原菌的子实体。

根部生病后，植株的地上部分表现为：树冠逐渐稀疏，枯枝多。抽叶较晚，叶小，质薄，重病树叶片下卷，早落，树干干缩，甚至整株死亡。干基部分有条沟、凹陷。表土略呈紫红色，有时出现枣红色菌膜。

【病原】 本病由担子菌门多孔菌目的橡胶树灵芝菌[*Ganoderma philippii*(Bres. & Henn ex Saccd.) Bres., 异名: *Ganoderma pseudoferreum*(Wakef.) Overeem & B. A. Steinm.]引起。子实体半圆形, 无柄, 平展, 木质, 常常相互重叠, 呈覆瓦状。上表面深褐色至近黑色, 坚硬, 光滑或被茸毛, 具有不同颜色环状轮纹和不规则瘤状突起, 边缘薄, 有一圈紫褐色环纹。老熟子实体上表面常有褐色粉末覆盖。菌肉淡褐色至深褐色。管孔小, 圆形, 灰白色。孢子铁锈色, 椭圆形, 基部平截, 内壁上有微细的刺状突起, 大小为(6~7.5)μm×(4.5~5)μm, 内有一明显油滴(图4-9)。

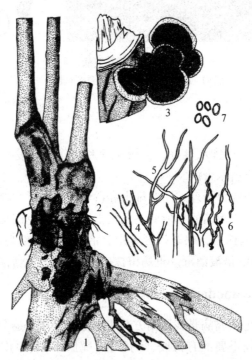

图4-9 红色根腐病(仿李楠)
1、2. 病根及根颈处的菌膜 3. 担子果 4. 生殖菌丝 5. 骨架菌丝
6. 缠绕菌丝 7. 担孢子

【发病规律】 病菌能在土壤中残存的病根上长期存活, 所以病株残桩和病根就成为侵染源。初感染的病株是林内根部病害扩展蔓延的中心。病害主要通过根状菌索的延伸在土壤中扩展蔓延, 当接触到健康树根时, 先在根部表面延伸一段距离(50cm), 然后伸出菌丝侵入皮层, 在皮层组织内扩展蔓延, 接着侵入木质部引起腐朽。病害一般从侧根开始发生, 向根颈处发展, 然后再侵入主根和其他侧根上, 一般达到茎基部分即止。病原菌孢子在病害传播上所起的作用主要是通过侵染新伐树桩, 深入根部, 进行接触传染。红根病发展缓慢, 根部感染到病株地上部分表现明显症状有时可长达10~12年。

据报道, 红色根腐病在橡胶根部蔓延的速度, 以6~8月最快, 每月蔓延的速度有时可达90cm。在土温25~30℃, 土壤含水量12%~18%的情况下最适宜病菌发展。土温在20℃以下蔓延较为缓慢。病菌在土壤表层根中的蔓延速度较为缓慢, 而在土层较深处病根中蔓延较快。红根病多发生在土壤结构较为紧密、呈酸性反应的红色黏壤土地区。

【防治措施】 为了防治红色根腐病一类的根病，我国在橡胶根病防治实践中积累了丰富的经验，对今后我国南方原始丛林的开发和人工林的培育也具有重要参考价值。具体如下：

① 清除病残体，减少侵染来源。病株的残桩、残根是更新幼林生长过程中发生根病的主要侵染源，在胶园更新或开发原始丛林进行人工造林时应尽量加以清除。最好采用机械垦殖，将伐根、残根翻出来集中烧毁。如无机垦条件，可对伐根注射0.2%~0.3%亚砷酸钠溶液、5%的2,4,5-T正丁酯(柴油溶液)、次氯酸钠等药液毒杀处理。

② 苗木出圃时应做好树苗的检疫工作，严禁病苗上山。在定植穴及其周围土壤中，如发现有病根要清除干净，防止病根回穴。

③ 林业技术措施。定植后，要加强林地的抚育管理，清除杂草，合理施肥，促使苗木健壮成长。

④ 根颈保护。据报道，用10%十三吗啉加在软沥青中，作为根颈保护剂，能有效地控制橡胶红色根腐病、褐色根腐病达两年之久，效果较好。

⑤ 切除病根，药剂处理。对感病较轻的树，应及时切根治疗和加强水肥管理，使其迅速恢复健康。检查处理时，首先是第一轮侧根，然后是主根；发现病根要彻底清除。切除病根要连同根部以上3~5cm的健康部位一起切除，切口可用煤焦油涂抹保护。病穴应经过1~2周日光暴晒再封土。发病初期，新病株喷洒75%十三吗啉乳油或丙环唑乳油和水乳剂200~400倍液，防治效果较好。

(8) 杉木半穿刺线虫病(Tylenchulus nematode disease of China fir)

【分布及危害】 杉木半穿刺线虫病于1984年在福建沙县首次发现。该病发生范围广，危害性大。经1989年和1990年2次对福建省9个地市、36个县市进行调查，发现均有半穿刺线虫病分布。受害最重的是顺昌、建阳、沙县、南平、政和、连江6县(市)。南平市莱州林场、沙县高桥乡、高砂乡林场，罹病杉苗死亡率高达50%~60%。三明市梅列区133.3hm^{2}的12年生的杉木林因此针叶普遍枯黄，且出现零星株枯。病原线虫在全世界柑橘栽培区均有分布，在福建新发现柳杉和野柿子是该病原新寄主。杉木感病后生长严重衰退，加重了炭疽病的发生，高生长下降20%~30%，甚至造成株枯，极大地威胁着杉木速生丰产林的发展。

【症状】 罹病杉苗植株矮小，针叶黄化。线虫寄生于杉木根部，引起根局部肿大或当年须根尖端膨大如小疣，根系发育受阻，须根少而短，杉苗的根系扭曲如鸡爪状。线虫寄生有利于土壤中病原真菌的侵染，导致皮层腐烂，根周皮组织与中柱鞘易分离。

【病原】 该病由垫刃目半穿刺线虫(Tylenchulus semipenetrans Cobb)引起。雄成虫线形，体长303~449μm。吻针和食道极度退化，单精巢，交合刺长15μm，具引带，无交合伞，排泄孔位于虫体中部或稍后(PE=60%)，雄成虫少见。雌成虫单个或成群寄生于根上，虫体前端约50%伸入根部周皮层内，露出根外的虫体逐渐膨大成囊状或袋状，虫体长334~449μm，排泄孔位于阴门稍前(PE=80%~90%)，孔口能分泌出小液滴，阴门位于虫体90%处，无肛门，尾端短且直伸向腹面，单卵巢，折叠卷曲，行孤雌生殖(图4-10)。

雌成虫平均产卵量近百粒，活卵率为85%。卵的孵化率在杉木浸汁液中是90%，在清水中为70%。在清水中从卵发育至雄成虫需46～55d,雌幼虫在根外不能发育成虫。卵的发育最高温度为35℃,致死温度是40℃。雌雄比为56:1。

【发病规律】 半穿刺线虫在福建年发生10～12代。以卵囊和2龄幼虫在根部或根际土壤中越冬。2龄雌幼虫侵袭寄生根表皮,头部不断伸入至中柱鞘外,虫体约50%侵入根周皮内,露出根外虫体逐渐发育膨大如囊状或袋状,发育成成虫。未侵入根部的雌幼虫不能发育为成虫。苗木根部携带线虫是该病害长距离传播的主要途径。

图4-10 半穿刺线虫病
1. 雌虫　2. 雄虫

线虫种群数量自然消长与土温有关,主要与杉木根萌发期一致。虫口密度一年出现2个高峰。1月至5月上旬和8月下旬至11月中旬虫口数量呈上升趋势。杉木春秋两季旺盛根系萌发期,虫口密度明显增大。

虫口密度随林龄增大而增加。同林龄不同坡向其虫口密度亦不同,正南坡最大,东南坡次之,西北坡最小。

杉木不同家系之间对该病害的抗性不同。福建省广泛推广的25个杉木家系中,1号和18号两个家系为高度抗病家系,28号和27号为高度感病家系。

【防治措施】
① 林业技术措施　选用抗病家系,营造混交林。杉木与非杉木半穿刺线虫寄主植物马尾松、酸枣、泡桐、火力楠、湿地松、楠木、檫树、油桐、枣柏、木荷等混交,可大大降低虫口密度。

② 物理防治　用40～50℃温水浸根10～15min可直接杀死线虫,是避免人为扩散的有效措施。

③ 化学防治　在杉木人工林重灾区,于春季可用10%二嗪磷颗粒剂7.5kg/hm^2,进行根际挖穴施药。此外,苦楝(500倍液)、包菜(100倍液)、木麻黄(50倍液)3种植物粗提物和稀释液对杉木半穿刺线虫毒杀效果较好,毒杀效果均达到80%以上。

(9)雪松根腐病(Root rot of cedar)

【分布及危害】 雪松根腐病在我国江苏、安徽、江西等地都有发生,是雪松上一种重要的病害。病菌主要危害幼嫩小根,严重时,植株成片死亡。除造成圃地幼龄雪松苗木枯死外,也可导致10年以上的大树枯死。如1984年江苏省林业科学研究所病死率50%,1985年江浦县2m以上雪松死亡百余株,南京市各公园60年以上大树也因病枯死。

【症状】 该病主要危害根部。新生根或部分老根染病后,在根尖及分权处产生褐斑,沿根扩展。如新根发生多,地上症状就不明显。危害严重时,针叶黄化脱落,甚至整株枯死。

干腐型主要发生在大树上,干基部以上出现流脂,病部皮层组织水渍状腐烂,深褐色,老化后变硬并开裂,不凹陷。扦插苗从剪口开始,沿皮层向下,病组织呈褐色水渍状。如发生在幼树上,病斑呈溃疡状。在苗圃有时尚有猝倒或立枯现象。

【病原】 引起雪松根腐的疫霉菌有3种：樟疫霉（*Phytophthora cinnamomi* Rands）、掘氏疫霉（*P. drechsleri* Tucker）及寄生疫霉（*P. parasitica* Dastur），其中前两种致病力强，樟疫霉为主要致病种。

樟疫霉生长最适气温为25～27℃，在LBA、OMA、CMA和PDA上均生长良好，特别在LBA和OMA上气生菌丝旺盛，生长很快。菌丝粗细不均，许多呈珊瑚状。菌丝膨大体球形或不规则，单生或簇生，呈葡萄状。孢子囊端生，无乳突，不脱落，卵形、椭圆形或长椭圆形，基部钝圆。

寄生疫霉生长最适气温为29～32℃，在LBA、OMA、CMA上均生长良好，在PDA上生长较差。孢子囊端生，卵形或近球形，有明显的乳突。

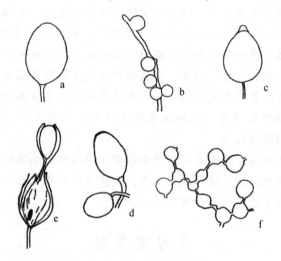

图4-11 雪松根腐病病原菌

a. 樟疫霉（*Phytophthora cinnamomi*）孢子囊　b. 樟疫霉菌丝膨大体
c. 寄生疫霉（*P. parasitica*）孢子囊　d. 掘氏疫霉（*P. drechsleri*）孢子囊
e. 掘氏疫霉孢子囊层出　f. 掘氏疫霉链网状膨大菌体

掘氏疫霉生长最适气温为28～31℃，在LBA和OMA上生长良好，在PDA、CMA上生长较慢，特别在PDA上菌落平铺，无气生菌丝。菌丝粗细均匀，较细。菌丝膨大体球形或不规则，串生或交织成网状。无厚垣孢子。孢子囊端生，无乳突，不脱落，椭圆形或长椭圆形，基部渐细（图4-11）。

【发病规律】 为土传病害，通过流水与带菌病土进行传播。地下水位较高或积水地段，病株较多；土壤黏重，含水率高，或肥力不足，移植伤根，均易发病。干旱年份很少发生，多雨年份发病较重。

【防治措施】

① 林业技术措施　开沟排水，降低土壤湿度。翻晒树冠下土壤，增加土壤通透性。增施速效肥，促进树木生长，以提高抗病力。

② 化学防治　尿素对樟疫霉有较强的毒力，1%～2%尿素浇灌根际有良好作用。或自4月起每平方米施乙磷铝20g及敌克松10g，加水混合浇灌根际，每月1次。用90%乙磷铝1000倍液或35%瑞毒霉1000倍液浇灌苗床，保护苗木。

本章小结

林木根部病害通常也称土传病害，即存在于土壤或土壤中植物根部及其残体上的病原，通过土壤侵染植物的根部或干基部所引起的病害。林木根部病害的种类较少，但大多数根病所造成的危害很大。根部病害一旦在林分定殖，常形成发病中心，不断向外扩展，终致整个林分受侵。根病在发展的早期不易察觉，而当地上病害症状比较明显时，根部病害已很严重，常常达到难于防治的程度。

根部病害病原的传播有其特殊方式。多数根病真菌病原都具有主动传播的能力，接触传播是林分中根病传播的主要方式。病原物从根组织直接侵入，或通过伤口侵入。病原物一旦侵入根部后，就可在相当长的时期内存活于根内。病原物脱离活寄主后存活的情况，则与它们的生物学特性有着密切的联系；病原物常常借助所形成的休眠体度过不良环境。

土壤理化性状、土壤微生物等因素，不仅对树木的生长起着至关重要的作用，也对病原物的种群变化和数量增长产生明显影响，因此对根病的发生和流行产生重要影响。在讨论某种土壤因素对根病的作用时，必须注意到多种因素间的关系，以及当一种因素变动后，会引起其他因素的连锁反应。

根部病害防治的关键在于及时发现和早期诊断，以便根据病害的性质，采取相应的措施。病害防治的主要措施包括：清除侵染来源；改良土壤的理化性状；提高造林质量，营造混交林，促使林木健康生长；生物防治等。

复习思考题

1. 根部病害有哪些症状？
2. 怎样进行根部病害的诊断？
3. 根部病害病原物的传播有何特点？
4. 影响根病发生和流行的主要因素有哪些？
5. 根病防治应注重哪些方面？
6. 试述根白腐病生物防治的机制。
7. 试述镰刀菌林木根腐病的发病规律。
8. 根朽病病菌侵染循环有何特点？
9. 红色根腐病的病原菌有何特点？
10. 如何区分紫纹羽病和白纹羽病？
11. 查阅文献，论述根癌病生物防治的现状。
12. 试述根癌病病原的致病机理。
13. 雪松根腐病病原菌有何特点？

推荐阅读书目

1. 叶建仁，贺伟. 林木病理学[M]. 3版. 北京：中国林业出版社，2011.
2. 袁嗣令. 中国乔、灌木病害[M]. 北京：科学出版社，1997.
3. Manion P D. Tree disease concepts [M]. 2nd edition. Englewood Cliffs: Prentice-Hall, 1991.

第 5 章

立木和木材腐朽

立木和木材腐朽是各国林业的大敌。在林分中它与其他病害不同，既不是偶发性的，也不是间歇性的，而是连年延绵持续性发展的。因此，病害造成的损失也总是年复一年地不断扩大。

5.1 概 论

林木腐朽病在我国主要发生在天然林中，特别是原始林中。由于我国目前原始林基本上都划为保护区，因此保护区中的林木腐朽病比较常见。近年来在人工林、行道树、公园和果园中也有林木腐朽病害发生，由于人工林等通常为纯林，有时发生腐朽病还比较严重。在我国的主要林区，如大兴安岭、小兴安岭、西南林区等地的天然林中，一些过熟林的活立木腐朽一般在40%左右，其他地区的小面积森林中的活立木腐朽也相当严重。值得注意的是在人工幼林中也发现了活立木腐朽。木材腐朽发生则更为普遍，仅全国矿柱和铁路枕木因木材腐朽所造成的损失十分惊人，特别是南方温暖多雨的地区，未经防腐处理的枕木，其使用寿命有时不足一年。

5.1.1 腐朽的概念

腐朽就是维管植物木材细胞壁被真菌分解引起的木材糟烂和解体的现象。能分解木材细胞壁的真菌为木材腐朽菌。根据腐朽树木的生活状态，一般将腐朽分成活立木腐朽和木材腐朽两种类型。

活立木腐朽和木材腐朽虽然同是引起木质部的变质，但却是两个不同的概念。活立木腐朽是指活立木木质部的腐朽，基本上是寄生性病害。主要发生在成、过熟林分，少见于中龄林以下林分，但某些立木腐朽，如杨树的心材腐朽有时甚至在幼龄林分中即可能发生。立木腐朽除使材质下降外，还引起生长量降低，甚至导致林木死亡。在成、过熟天然林资源丰富的国家，其所致损失往往超过其他林木病害的总和。木材腐朽是指枯立木、倒木、原木、方材、板材以及各种木制品的腐朽，是菌类腐生活动的结果。

引起木材腐朽的真菌绝大多数是担子菌中的多孔菌，病菌主要由伤口、根部、或死枝处侵入树木，由于被害部位不同，表现症状有很大差异。

根据活立木腐朽的部位不同，可将腐朽分成边材腐朽和心材腐朽。边材组织受害，最终导致树木死亡，通常称为边材腐朽；仅心材受害，通常称为心材腐朽。心材腐朽造成立木木材严重损失，尤其在成熟和过熟林中更为严重；心材腐朽虽然不对树木活组织造成危害，但在后期明显造成树木生长衰退，容易风折而死亡。最为常见的是由落叶松木层孔菌 (*Phellinus laricis*)引起的松属树木心材腐朽和火木层孔菌(*Phellinus igniarius*)引起的阔叶树心材腐朽。

根据活立木腐朽发生的高度，可将腐朽分为根朽、干基腐朽、干部腐朽和梢头腐朽或称枝条腐朽。干基腐朽主要有由蜜环菌(*Armillaria* spp.)引起的针、阔叶树根腐朽，由多年异担子菌(*Heterobasidion annosum*)引起的松根白腐，由松杉暗孔菌(*Phaeolus schweinitzii*)引起的松干基块状褐腐等。干部腐朽常见的有由火木层孔菌引起的心材海绵白腐，由松木层孔菌(*Phellinus pini*)引起的松心材蜂窝状白腐，以及由落叶松层孔菌(*Laricifomes officinalis*)引起的落叶松心材块状褐腐等。梢头腐朽常见的有由粗毛纤孔菌(*Inonotus hispidus*)引起的阔叶树梢头腐朽等。有一些腐朽的立木，尽管腐朽很严重，如果不产生病原菌的子实体，外观上和健康木相似，只能靠敲击树干声才能判断出来，这种立木腐朽称为隐蔽性腐朽，常见于大、小兴安岭的成、过熟林分内。

倒木、原木和木制品等的腐朽广泛发生于林地、矿井和建筑物中。参与这类腐朽的微生物远比导致活立木腐朽的种类为多。许多不能侵染活立木的菌类，也能引起上述木材的腐朽。木蹄层孔菌(*Fomes fomentarius*)、松生拟层孔菌(*Fomitopsis pinicola*)、多色栓菌(*Trametes versicolor*)、粗毛纤孔菌、篱边黏褶菌(*Gloeophyllum sepiarium*)和桦革裥菌(*Lenzites betulina*)等是枯倒木和原木上最常见的腐朽菌；而干朽菌(*Serpula lacrymans*)则是破坏建筑物中木质部分的主要真菌。这类木材腐朽的机制及类型与活立木基本相同。

5.1.2 木材腐朽的模式

5.1.2.1 降解木材的因素

木腐真菌产生专化胞外酶和非酶解聚因子，在木细胞壁表面有自由水时，将由木质素包围的由纤维素和半纤维素组成的木细胞壁分解成可溶性碎片，这些碎片被吸收到真菌中作为能量，使得腐朽过程得以持续。

不同的木材腐朽菌能分泌不同的水解酶如纤维素酶、甘露聚糖酶、木聚糖酶、木素酶等，因而导致不同的腐朽类型。降解纤维素和半纤维素的酶一般可分为两类：内纤维素酶(endocellulase)，将纤维素链随机地降解成不同长度的碎片；外纤维素酶(exocellulase)，从纤维素链的一端，将分子裂解成单个葡萄糖分子或二糖分子。

除了纤维素酶的裂解作用，某些真菌产生的非酶解聚因素(nonenzymatic depolymerizing agents)也起一定作用。真菌内具有自由基的氧化酶产生超氧阴离子，从木腐菌中释放出来，扩散到植物细胞壁中，对纤维素之间的无定形区域造成最初的侵蚀。

木质素的降解需要木素过氧化物酶和锰过氧化物酶，要使这两种酶起作用还需要过氧化氢。因此，在产生过氧化氢中涉及的酶对于木素降解也是需要的。

5.1.2.2 木材腐朽菌的类型

根据木腐菌对木材主要成分分解能力的不同，可将木材腐朽菌分成两种类型：

(1) 白色腐朽菌

它们可以利用纤维素、半纤维素和木质素，但对木质素的分解能力更强。木材成分是通过酶解聚的。在降解纤维素时，优先使用从纤维素分子末端降解纤维素的外纤维素酶。由于暗色的木质素被大量分解，主要留下纤维素和半纤维素，腐朽材变得松软而呈浅色，形成白色腐朽(white rot)。按腐朽木材表面显示的特征，白腐还可进一步分为蜂窝状、丝片状、杂斑状、海绵状等类型。引起白色腐朽的真菌种类很多，常见的如：多色栓菌(*Trametes versicolor*)、白黄侧耳(*Pleurotus cornucopiae*)、糙皮侧耳(*P. ostreatus*)、金孢展齿革菌(*Phanerochaete chrysosporium*)等，少数子囊菌如：炭角菌属(*Xylaria*)、炭团菌属(*Hypoxylon*)、炭壳菌属(*Daldinia*)等也引起白色腐朽，多发生在阔叶树。

(2) 褐色腐朽菌

它们可分解纤维素和半纤维素，但不分解木质素或分解木质素能力很弱，仅对木质素分子稍加改变，如使之脱甲氧基或加以氧化等。它通过非酶解聚因子把纤维素的无定形区域分解成各种不同长度的片段，这些片段在随机裂解的内纤维素酶的作用下进一步分解，最终成为纤维二糖和葡萄糖。腐朽木材由于木质素的残留而呈浅或深褐色，形成易于粉碎的、多少呈块状的褐色腐朽(brown rot)。引起褐色腐朽的真菌几乎全为担子菌，其种类也没有白色腐朽菌多，且多发生在针叶树上。如拟管革裥菌(*Lenzites trabea*)、茯苓(*Poria cocos*)、豹皮香菇(*Lentinus lepideus*)等。

5.1.2.3 木材腐朽的过程

从理论上，腐朽致病菌可单独导致腐朽，但在自然条件下一般都有其他非致腐菌类参加。上述两种腐朽真菌类群中，木质素分解真菌在以木质素作为唯一碳源时，一般不能生长，必须首先分解多糖类的纤维素以取得能量，进而才可分解木质素，因此，木质素的分解是这类真菌进行次生代谢的结果。在木材发生腐朽过程中，真正腐朽木材与未腐朽木材交界处，常有一个变色区，该区是木材变色菌引起的软腐。它们常是腐朽的前奏，引起木材组织细胞中某些阻碍腐朽致病菌扩展的物质的降解，因此，也常称这类真菌为先驱微生物(pioneer microbe)。还包括一些细菌作用。

活立木和木材在生长和使用过程中，由于各种原因产生伤口而出现变色现象，该变色为树木本身具有的自然保护反应。木质部由于创伤的刺激而发生色素、胶质物、单宁、醌类物质和填充体的积累现象，使颜色变深，质地变硬。变色的木质部对木材腐朽菌具有较强抗性；而木材细胞腔内含有的单宁、树脂和芳香油等物质对木材腐朽菌也有毒杀和抑制作用，使木材本身具有一定的抗腐能力。因此，在变色初期的木材中没有木材腐朽菌的菌丝体。但是，这种抗腐作用并不持久，木材变色后很容易为非致腐菌类，如接合菌、子囊菌和细菌所感染。这些非致腐菌类定居在变色区的木材细胞间隙中，其菌丝可通过木材细胞壁上的穿孔和纹孔伸入到细胞间隙和细胞腔内，分解细胞间和细胞腔内的单宁、醌、胶和填充体，使木材发生软腐，结果将变色区的抗腐能力消除了。软腐后的变色材易为木材腐朽菌所定殖，这些木材腐朽菌能分泌多种水解酶，把木材中的纤维素、半纤维素和木质素降解为简单的碳水化合物，作为它们生长和繁殖的能量和养分，使木材分解或腐朽。木材腐朽菌也能使细胞内的淀粉、葡萄糖、脂肪等分解掉，但破坏木材细胞壁是引起木材腐朽的主要原因。被木材腐朽菌侵染的木材，除了造成木材腐朽与变色外，主要是使木材失去了应有的使用价值。从木材微生物种群更替的观点来看，引起木材软腐的非腐朽菌类，便是木材腐朽菌侵袭定居的先驱微生物。

综上，木材腐朽的过程可以归结为4个阶段：①立木受伤或受到其他刺激；②发生自然保护反应变色，变色区产生抗腐能力；③变色区出现非木材腐朽菌类的先驱微生物，它们在变色区的木材细胞间隙和细胞腔内定居，分解单宁、醌、胶和填充体，结果使变色区褪色并消除其抗腐能力；④木材腐朽菌侵染并定居、分解破坏木质细胞壁，使木材呈现白色腐朽或褐色腐朽。

5.1.3 木腐菌的循环特点及发病条件

在自然状态下，木材腐朽菌主要由伤口、根部、或死枝处侵入树木。木材腐朽菌侵入立木后，菌丝释放酶和非酶解聚因子消解细胞壁物质，菌丝在木细胞空腔内分枝并生长，通过细胞壁上的纹孔在细胞间扩展。但由于立木本身的机械保卫反应、木材内含物等生理保卫反应，以及受温度、木材含水量等因素的制约与影响，木材腐朽菌的蔓延速度很慢。

一般来说，木材腐朽菌的潜育期都较长，多在数年至数十年之后才在树干上长出子实体。木材腐朽菌的子实体（绝大多数为担子果）1年生或多年生。1年生的至冬季死亡，翌年产生新的子实体；多年生的子实体则产生新的子实层体。多数木材腐朽菌的子实体是在夏、秋多雨的季节产生。子实体每年都产生和放散大量的担孢子，有的种类的一个子实体就能产生上百亿个担孢子，并且可以持续放散6个月之久。担孢子可以飘浮在空气中随大气流动进行远距离传播，在2000m的高空都有活的担孢子存在。担孢子被传播到木材上，通过木材上的各种伤口、小蠹虫等的孔道以及木材的裂缝或死枝处等侵入。如果外界条件适宜，担孢子便萌发形成菌丝，菌丝纵横交错形成网状的菌丝体，在木材上肉眼可看到的是白色的菌丝膜，菌丝膜有时呈扇状。菌丝体在立木中潜伏生长一定时期后，在立木表面形成子实体并产生担孢子。木材腐朽菌还可以通过菌丝或根状菌索的主动生长蔓延进行短距离传播。

活立木的腐朽与林木年龄有着密切的联系，在相同条件下，林龄愈大腐朽率愈高。在一般情况下，林木的直径与林龄的关系为正相关，因此，林木的腐朽率与林木直径也呈正相关的。在野外调查中，确定林木年龄与林木的直径关系后，便可直接根据林木的胸径推算出立木腐朽的大致程度。

腐朽与林型之间的密切关系反映了环境因素对腐朽的综合影响。在大小兴安岭的调查表明，落叶松对白腐病的感染率在草类落叶松林中要比水藓落叶松林低得多；缓坡蕨类树藓红松林的干基腐朽远比杜鹃细叶苔草红松林高。在后一例中，林分土壤的湿度显然起着重要的作用，在一定的范围内，林分内的湿度增高可促进微型真菌、细菌和木材腐朽菌的生长；潮湿的土壤能引起根部的窒息，因而促进了干基腐朽的发展。萌芽更新的林分最易感染干基腐朽，南方的杉木林和北方的蒙古栎林的萌蘖林发病率都很高，这与原始林分中木材腐朽菌的积累量有关，木材腐朽菌能够通过老的根株侵入干基部。

已经腐朽的立木在采伐后其腐朽症状仍能继续发展，且速度更快，也有可能产生子实体成为再次侵染来源。未腐朽的立木采伐后形成的原木在山场和贮木场保存期间、水运与陆运期间，加工板方材在保存期间以及使用期间，都有可能被侵染发生腐朽，其腐朽速度比立木快许多倍，可造成重大损失。

5.1.4 立木和木材腐朽的防治原则

活立木腐朽的防治主要是采取细致、合理的林业技术措施，其中包括控制采伐年龄、清除侵染来源、减少树木损伤等办法。木材腐朽的防治则主要是通过合理贮藏和化学防腐处理来进行。

(1) 加强抚育管理

加强抚育管理，促进林木提早成材，是减少和防治林木腐朽最合理的方法。不论任何树种和任何环境条件，腐朽株率和腐朽材积均随林龄的增长而增长。因此，应根据不同的立地条件为每一树种确定合理的采伐年龄，以协调生长速率与腐朽增长率之间的矛盾。

(2) 清除侵染来源

要经常保持林内卫生，不断清除病虫木、枯立木、倒木、大枝桠、风折木。有计划地清除林木上引起腐朽的病菌子实体，以减少侵染来源。树冠稀疏、叶色变黄的或生有子实体的林木，在不破坏林相的情况下也要逐渐清除。

林分除了正常的抚育采伐外，在病腐感染率较高的林分中，还应进行适当卫生伐。这种采伐在中年和成年林中更为重要。卫生伐的目的在于伐除已受木腐菌感病的病腐木，或极易遭受侵染的衰老木，以减少林分的病腐率，保证其他林木的健康成长。若林分病腐率超过40%，应有计划地在近几年内采伐利用。

(3) 减少树木损伤

在有条件的人工林中，可进行人工打枝。打枝的高度要合理。打枝时枝桩要平滑，切忌伤及干皮。行道树、公园的树木或其他珍贵树木打枝后最好用保护药剂涂抹伤口，以免病菌侵入。珍贵树木如已腐朽，用刀、斧、凿等挖去腐朽部分，在切口上涂以防腐剂（如3%的氟化钠溶液、5%的硫酸铜液或1:1:10的波尔多液等），然后在切口再涂一层不透水的油灰。油灰可参考下列配方：松脂80%、动物油5%、变性醇10%、赭石粉5%。经过上述处理后的树洞内务必不使其积水，以免再引起腐朽。为此，可以考虑用水泥把洞补平。由于腐朽菌主要由伤口侵入，所以要尽力避免各种机械伤、虫伤、兽（鼠、兔等）伤、灼伤、冻伤等。要特别注意防止林火，火灾后残存的林木，不仅抗病腐能力降低，而且火灾所造成的伤口很难愈合，最利于病菌的侵入。

(4) 合理利用枯倒木

为减少腐朽带来的损失，枯倒木应尽快运出林外归楞。归楞后保持干燥或保持超饱和含水量都可防止腐朽菌类的生长。对成材应及时干燥和进行药剂防腐处理。腐朽的木材要合理利用。处于腐朽初期的木材，经防腐处理后仍可作一般的经济用材（如门窗、家具等）。有的腐朽材有很美丽的花纹，可利用作工艺品、玩具等。有的腐朽材可作化工原料，白腐木材可以造纸。

5.2 各 论

(1) 针叶树干心材白色腐朽 (Heart rot caused by *Phellinus pini*)

【分布及危害】 此病分布极广，遍及北温带。在我国的大兴安岭、小兴安岭、长白山、云南西北部、四川、甘肃白龙江流域、内蒙古、河北、山西、陕西、新疆、西藏等地都有分布。受害树种几乎包括所有的针叶树，其中以松属(*Pinus*)、云杉属(*Picea*)、落叶松属(*Larix*)的树种受害普遍且严重。在东北多危害红松(*Pinus koraiensis*)、兴安落叶松(*Larix gmelini*)和云杉，在西南则常发生在云南松(*Pinus yunnanensis*)、高山松(*P. densata*)、云杉(*Picea asprata*)上，在白龙江流域以危害冷杉(*Abies fabri*)、岷江冷杉(*A. faxoniana*)、秦岭冷杉(*A. chensiensis*)、紫果云杉(*Picea purpurea*)、华山松(*Pinus armandii*)、油松(*P. tabulaeformis*)为主，在喜马拉雅山常侵染喜马拉雅铁杉(*Tsuga dumosa*)、高山松(*P. densata*)等。据报道个别的阔叶树种如槭、山楂、纸皮桦等也有受害的。

对于材积的毁坏力此病大于其他立木腐朽。小兴安岭红松(Ⅶ龄级)的腐朽率为3.8%~8.5%，大兴安岭兴安落叶松(Ⅹ~Ⅺ龄级)的腐朽率为6.9%，云南松(Ⅹ~Ⅺ龄级)在云南的腐朽率为6.1%，小兴安岭130年以上生落叶松的腐朽率达40%左右。感染了松白腐病的立木，其经济出材率平均下降20%以上。在成、过熟林中，腐朽发展到后期时，林木的高生长及直径生长将加速衰退。一般情况下，树木的龄级越大，发病率越高。

【症状】 病菌侵入以后在立木的干部形成白色中央腐朽，这种腐朽一般只限于心材，严重时才蔓延到活的边材。腐朽初期心材变色，较心材的本色为暗。在云杉上先为淡紫色，后变红褐色；在红松和兴安落叶松上表现为红褐色；在白松上为粉红色；而在侧柏及香柏上初期几乎没有变色现象。此阶段的木质仍保持坚固、强韧，只不过有时会有树脂渗透出来。各种被害木材到后期心材呈现出许多白色纺锤形或枣核形的小孔洞，状如蚁窝，东北林区工人称它为"蚂蚁蛸"。腐朽发展到最后阶段，全部木材都被破坏，有时形成空心。

图 5-1 松白腐病病菌担子果及所致木材腐朽特征
1. 病菌担子果(引自戴玉成等，《中国药用真菌图志》，2013)
2. 蜂窝状腐朽(引自袁嗣令，1997)

这种腐朽通常集中在树干的中部及下部，有时也可蔓延得较高。据在小兴安岭南坡的调查，红松和落叶松干上的腐朽自子实体着生处向上蔓延约 4~6m，向下 2~4m 左右，故对经济材出材率影响很大。

在小兴安岭南坡林区的调查中，经常遇到一种隐蔽性的干部腐朽，寄主为红松与落叶松。病腐木外观上与健康木无明显区别，树干上没有子实体或其他病症出现，通常只有流脂或不流脂的伤洞，伐倒后观察心材已发生腐朽。经鉴定，认为与该病为同种病原。原因可能是病菌没有形成子实体的条件，或未到此发育阶段；或是子实体因各种缘故而脱落。

【病原】 此病由松针层孔菌 [*Phellinus pini* (Brot.) Piát] 引起，该菌隶属于担子菌门刺革菌目。

松针层孔菌的子实体为多年生，形状变异很大，常呈马蹄形，也有扁平或贝壳状的，侧生于树干上。有时发生在同一种树种上，子实体外形不一致。菌盖木质，大小约 $(3~14)cm \times (4~23)cm$，厚 1~16cm，具有同心的凸起环棱，初期红棕色并有绒毛，后渐变为暗褐色、无毛，表面有辐射状裂纹或者很粗糙，边缘色渐淡且渐薄；菌肉浅黄色至深黄褐色，厚 1~6mm；菌管与菌肉同色，多层，每层厚 2~6mm，管壁厚；管口圆形，每毫米 3~5 个菌管，或多角形至迷路状，1~3 个菌管/mm；孢子近球形，光滑，最初无色，后变为淡褐色，大小为 $(4~6)\mu m \times (4~5)\mu m$。子实层中有很多锥形锐利、褐色刚毛，刚毛大小为 $(25~50)\mu m \times (6~15)\mu m$。

子实体一般自树节处长出，很少出自伤口。在冷杉上可直接由边材及皮层穿出。在云杉枯立木上也可由皮层穿出。

【发病规律】 生于树干上的子实体每年秋季释放大量的担孢子，担孢子借气流传播到寄主的伤口处，在适宜的条件下萌发出芽管侵入寄主，菌丝体穿透木材细胞壁，向纵横延伸，使木材部发生腐朽。菌丝体在立木中年复一年生长、蔓延，经数年至数十年后在树干外部断枝处生出子实体。新产生的子实体每年释放担孢子，侵染立木。

松干白腐病的发生与林型、林龄及地位级关系密切。一般立地条件比较干燥的林分，如细叶苔草红松林腐朽率较低，而潮湿的林分，如榛子红松林腐朽率则较高。溪旁落叶松林的腐朽率高于草类落叶松林或杜鹃落叶松林 6~10 倍。由于地位级的不同，相同林型的同龄林中的腐朽率也不同。腐朽是多年发展和多次侵染的，所以腐朽率也随林龄的增长而提高。在恶劣条件下生长的幼林，其腐朽率很高但只是处于隐蔽阶段。

【防治措施】 参看本章概论部分进行防治。

(2) 落叶松心材褐色腐朽 (Heart rot caused by *Fomitopsis officinalis*)

【分布及危害】 该腐朽广泛分布在世界各地，以北半球的分布较广。主要危害落叶松，有时也危害松、冷杉和云杉立木。腐朽发生于衰老的落叶松活立木干基部，引起干部心材褐色腐朽。腐朽木的出材率降低。该腐朽主要分布于成熟或过熟的落叶松天然林分。近年来由于成熟的落叶松林被砍伐，此种腐朽已经不常见。

【症状】 腐朽初期，腐朽区木材正常色消失，周围呈黑绿色，以后逐渐变为以黑、绿色为主的杂色，夹杂黄色的阴影，材质稍软，木材横断面上呈星状、地图形。后期腐朽区变为褐色，在立木内部出现褐色腐朽柱，且常常龟裂成大小不等的立方体，在朽材块之间生有较厚的菌膜。朽材酥脆，手捻即成粉末。腐朽有时可在树干内部由干基向上蔓延15~70cm左右。腐朽木外部常生有蹄形白色木腐菌子实体。

【病原】 该腐朽系由苦白蹄拟层孔菌[*Fomitopsis officinalis*(Vill.) Bondartsev & Singer.]引起。病原菌隶属于担子菌门多孔菌目。子实体马蹄形，单生在腐朽立木上，大小为(2~15)cm×(3.5~20)cm，厚5~18cm。白色至淡黄色。初期表皮具光滑的薄皮，后渐开裂变粗糙，具同心环纹，边缘钝圆。菌肉白色或浅黄色，味甚苦，老后易碎。菌管面白色至淡黄色，菌管细小，管口圆形，管壁常开裂，每毫米3~4个孔。孢子无色，光滑，卵形，大小为(4~5)μm×(3~4)μm(图5-2)。另据

图5-2 拟层孔菌的担子果
(引自戴玉成等《中国药用真菌图志》)

报道，紫杉帕氏孔菌[*Parmastomyces taxi*(Bondartsev) Y. C. Dai & Niemelä]也能危害兴安落叶松，造成干基心材褐色腐朽，目前只发现于长白山过熟的落叶松林分。此菌的菌盖为红褐色，很像灵芝属的种类，但子实体松软。

【发病规律】 病菌通过树干上的伤口、断枝和死枝桩侵入。该腐朽在天然纯林中腐朽率高于混交林。腐朽的发生与坡向坡位、林龄等关系十分密切。立地条件基本相同林分，腐朽率随着林龄的增加而提高。坡上比坡中腐朽率高，坡下的腐朽率则高于坡中。过火立木易被侵染危害。

【防治措施】 参看本章概论部分进行防治。

(3)冷杉边材白色腐朽(Sapwood rot caused by *Phellinus hartigii*)

【分布及危害】 该腐朽主要分布在我国的黑龙江、吉林、河北、山西、甘肃、青海、新疆、福建、广西、四川、贵州、云南等地。主要危害冷杉属、云杉属树木，也危害铁杉和柏木等树种。在原始冷杉林中，冷杉边材白色腐朽的发生率一般在50%左右，严重林分的腐朽率可达100%。被害木的经济出材率平均降低50%，受害严重的树木容易风折。

【症状】 该病害危害活立木树干木质部，导致活立木白色腐朽。腐朽初期，受害部位变色，冷杉变色区为淡黄色，其长度超过后期腐朽长度1.5m左右。之后变色区逐渐褪色，最后呈黄白色海绵状腐朽。树干横断面呈薄片状腐朽，纵剖面呈丝片状腐朽，并密布黄白色杂斑，常伴有黑褐色至黑色线条。受害木材与健康木材交界处有明显的黑线。

【病原】 该腐朽由哈尔蒂木层孔菌[*Phellinus hartigii*(Allesch. & Schnabl) Pat.]引起。病原菌隶属于担子菌门刺革菌目。子实体多年生，马蹄形，木质，无柄，侧生于立木上，大小为(4~10)cm×(5~15)cm，厚4~13cm。菌盖初土黄色，后变为灰褐色至暗褐色，表面有同心环棱，老时龟裂。菌盖边缘厚而钝，黄褐色，有滑润感。菌肉锈褐色，厚1~3.5mm。菌管多层与菌肉同色。管口小而密，圆形，每毫米5~7个。孢子近球形，无色，光滑，大小为(6~8)μm×(6~7)μm(图5-3)。

图 5-3 哈蒂木层孔菌的担子果
(引自戴玉成等《中国药用真菌图志》)

【发病规律】 病原菌以菌丝体和子实体在腐朽树上越冬。子实体每年秋季释放担孢子，担孢子随风传播，自树干上的伤口或树枝死节处侵入木质部。腐朽立木通常在树干上或树枝断节下表面长出子实体。也经常出现隐蔽性腐朽。该腐朽一般从侵染点向上蔓延 3.1~4.5m，向下蔓延 1.2~1.7m，往往与根干基腐朽相连。腐朽发生特别严重的林分，腐朽在树干上的长度平均超过 16m。

原始冷杉天然林、过熟林腐朽发生率较高。林木自然整枝不良、树枝死节多的林分，林内风折木、倒木和腐朽木多的林分，都可为病原菌的传播、侵染、蔓延提供有利条件。冷杉的愈伤能力差，因各种原因造成的伤口往往难以愈合，有利于病菌的侵染，所以该病害对冷杉危害更为严重。

【防治措施】 参看本章概论部分进行防治。

(4) 山杨树干心材白色腐朽 (White heart rot of hardwoods)

【分布及危害】 该腐朽分布在全国很多省份，引起多种阔叶树心材白色海绵状腐朽。尤其是山杨（*Populus davidiana*）、桦类最易发生。该腐朽降低经济材出材率。腐朽木很容易发生风折。黑龙江省东部山区天然次生林内 15~25 年生山杨的腐朽率达 30% 以上，材积损失近 40%；大、小兴安岭 80 年生以上山杨的腐朽率为 30%~78%。

【症状】 腐朽发生在树干和干基心材。腐朽初期，心材变成淡褐色至暗褐色，以后渐退为白色，周围生黑线纹，最后腐朽材变软，不碎不裂，形成典型的白色海绵状腐朽。有时在腐朽材中沿年轮产生大片菌膜。遇风雨时，腐朽立木常自腐朽部折断，露出雪白松软的朽材。腐朽达到一定程度时，在腐朽节等处形成马蹄形子实体。此腐朽常成隐蔽性腐朽，不产生子实体，但有明显的腐朽节、破腹、火烧愈合痕等特征。

【病原】 该腐朽由火木层孔菌 [*Phellinus igniarius* (L.) Quél.] 引起。该病原菌隶属于担子菌门刺革菌目。子实体多年生，蹄形，形状变化很大，质地坚硬不易剥落。菌盖表面具同心环棱，老时龟裂；菌盖暗黑色，较窄，宽 3~12cm，边缘钝圆，褐色。菌肉深咖啡色，硬木质。菌管多层，与菌肉同色，老的菌管内充满白色菌丝。管口面锈褐色，圆形，每毫米 4~5 个孔。子实层中有刚毛，刚毛基部膨大，顶端渐尖，大小为 (10~25)μm × (5~7)μm。孢子近球形，光滑，无色，大小为 (4.5~6)μm × (4~5)μm。生长在不同树

图 5-4 火木层孔菌的担子果 (戴玉成摄)

种上的子实体，其形状常有显著差异（图 5-4）。

【发病规律】 病菌主要由立木的伤口侵入，因而损伤是导致该腐朽的重要原因。腐朽发生在心材，常分布在干基处 4~5m 或更高，呈圆锥形。子实体常从断枝处生出。该病害的发生发展与林型、树龄和地位级等立地条件关系密切。同一地区的丘陵山杨林和阳坡山杨林的腐朽率低于坡地杨树林和沟谷地杨树林。同一立地条件下，腐朽率随树龄的增加而提高，腐朽率随地位级的下降而提高。不同土壤类型对山杨腐朽发生也有很大的影响，生长在原始型灰色森林土壤和淡灰色森林土壤上的山杨，其腐朽率显著高于生长在典型灰色森林土壤和暗灰色森林土壤上的山杨；在白浆土地带，山杨生长很差，因而腐朽发生也严重。

【防治措施】 参看本章概论部分进行防治。

（5）阔叶树边材黄褐色腐朽（Yellowish-brown sapwood rot of hardwoods）

【分布及危害】 该腐朽广泛发生在世界各地。在我国分布于黑龙江、吉林、辽宁、河北、四川、云南、宁夏、山西、台湾、浙江、福建、广东、广西、青海、新疆、西藏等地，主要危害栎属、桦木属、核桃属、沙棘属等多种阔叶树的活立木，有时也危害云杉、冷杉等针叶树的活立木。

【症状】 腐朽发生在立木中干的边材部，同时也危害形成层及心材。阔叶树被害后其腐朽部位向上下发展，形成长条死皮和扁平树干，其上生马蹄形、坚硬的木腐菌子实体。腐朽材初变褐色，后变亮黄色，有黑线纹和暗黄色污斑，形成黄褐色腐朽。在腐朽材上还可见锈褐色的菌丝丛。边材外层的形成层多受影响而死亡。

【病原】 引起该腐朽的病原是强硬木层孔菌[*Phellinus robustus*（P. Karst.）Bourdot & Galzin]，隶属于担子菌门刺革菌目。子实体中等至较大，多年生，宽马蹄形，无柄，木质，十分坚硬。菌盖半圆形，宽 5~14cm，表面有稀而宽的同心环棱，常有少数辐射状裂缝，灰褐色至锈褐色，后期变黑色并龟裂，边缘钝而宽，生长期有褐色细绒毛。菌肉褐色，有光泽及同心环带。菌管多层，每层 3~10mm，管壁厚，与菌肉同色，管孔面土黄色至深褐色，管孔近圆形至多角形，5~7 个孔/mm。孢子球形，光滑，无色，直径 6~8μm。刚毛稀或无，大小为（35~40）μm×（4~5.5）μm（图 5-5）。

图 5-5 强硬木层孔菌的担子果
（引自戴玉成等《中国药用真菌图志》）

【发病规律】 生长在活立木上的子实体为多年生，每年秋季放散大量的担孢子。担孢子借气流传播，由活立木的伤口、死节处侵入，侵入后在活立木边材内生长蔓延，有时甚至可蔓延至形成层及心材，引起腐朽。数年至数十年后在腐朽木外长出子实体。腐朽菌在栎林空气湿度小和树木含水量低的情况下生长良好，因此，受生理干旱的栎林，该类腐朽发生普遍而且严重。在西藏海拔 2800~4700m 的半干旱沙棘林中，该种腐朽发生率较高且很严重，腐朽严重时，单株材积损失可达70%以上。

【防治措施】　参看本章概论部分进行防治。

(6) 松干基褐色腐朽(Brown root and butt rot of conifers)

【分布及危害】　该病广泛分布于世界各地。在我国分布在香港、台湾、黑龙江、吉林、辽宁、内蒙古、河北、四川、云南、甘肃、新疆、西藏等地，主要侵害多种针叶树，偶尔也危害合欢、桉、榆、核桃、栎类、桦木、甜樱桃(*Prunus avium*)、斑叶稠李(*Padus maackii*)等阔叶树。松干基褐色腐朽是针叶树干基腐朽中最严重的一种，腐朽发生在立木的干基部及根部，向上蔓延1~3m。

【症状】　该腐朽主要发生在立木主干基部，也危害原木、倒木和伐桩。所致腐朽为干基心材褐色块状腐朽。腐朽立木除外部生有腐朽菌子实体外，无其他症状产生。腐朽初期，木材色淡，水渍状，渐变暗色，腐朽部位木材变为暗褐色，纵横碎裂成长方形或菱形的小立方块，朽块间常见白色菌膜。此时材质变松，变脆，用手捏易成碎片或粉末。腐朽木常在干基处或地下根部长出子实体，也可在干部和倒木木质部长出半圆形、无柄、片状的子实体，多数叠生。腐朽仅限于主干基部及根盘心材，有时延伸到主干距地面1~6m(平均2.5m左右)，损害树干最好的一段经济用材。此外，此病对立木的生长也有一定不良影响。

【病原】　病菌为松杉暗孔菌[*Phaeolus schweinitzii*(Fr.) Pat.]，隶属于担子菌门多孔菌目。子实体1年生，有柄或无柄，有柄者柄侧生、偏生或中生，无柄者则在基物上侧生并叠生呈覆瓦状，新鲜时海绵质或软木栓质，干后酥脆。一般在晚夏、秋季潮湿多雨的气候条件下发生最盛。菌盖近圆形，扁平或中心下凹呈漏斗状，边缘常裂成花瓣状，直径8~24cm，厚1~2cm，栗褐色至淡褐色，表面密被细绒毛，并具不甚明显的环纹；盖

图5-6　松杉暗孔菌的担子果
(引自戴玉成等《中国药用真菌图志》)

缘与菌盖同色，薄，有绒毛，干后内卷。菌肉海绵质，黄褐色至栗褐色。菌管单层，长2~5mm，常延生至菌柄上部，与菌盖同色；管口大小不等，近圆形、或椭圆形、或迷路状，后期呈现齿状，平均每毫米1~3个；孢子椭圆形或宽椭圆形，无色，光滑，大小为(5.5~7.5)μm×(3.5~4.5)μm。有时生有黄褐色、棍棒状的囊状体(图5-6)。

子实体通常生长在活立木的根部及根部附近的土壤上，偶尔也见于离地面2.3m高的活树干上。

【发病规律】　该腐朽多发生在过熟林内，尤其是浅根性树种最易受害。病菌是弱寄生菌，多从根部和干基部分的伤口侵入。林火灼烧伤口是最主要的侵入途径，因此，此菌在火烧迹地上的针叶树林中分布最广泛，发病率也最高。腐朽随林木的年龄而增长，有调查

证明，红松在Ⅵ龄级时病腐率为5.6%，而Ⅶ龄级红松的病腐率增加到25.0%；兴安落叶松草类林中落叶松腐朽率在200年生的林分为120年生林分的4倍，为80年生林分的6.5倍；云杉与落叶松一般从41~60年后发生干基褐色腐朽，41~80年生落叶松腐朽率可达30%~40%，161~200年生落叶松腐朽率至少为50%~60%。除老龄林木外，该病原菌尚能侵染龄级较小的林木，甚至20年生的花旗松(*Pseudotsuga menziesii*)根中已经出现由此菌所引起的腐朽。干基褐色块状腐朽在干燥的立地条件下发生率低，而低温的林地则发病率高。

【防治措施】 参看本章概论部分进行防治。

(7) 针、阔叶树干基褐色腐朽 (Brown root and butt rot caused by *Laetiporus sulphureus*)

【分布及危害】 这种腐朽广泛分布在世界各地。在我国分布在黑龙江、吉林、辽宁、内蒙古、山西、陕西、甘肃、河南、福建、台湾、云南、广东、广西、四川、贵州、新疆、西藏等地。危害针叶树和阔叶树，如红松、云杉、冷杉、落叶松、铁杉、栎、栗、桦、赤杨、核桃、李、柳、杨等。该腐朽除危害活立木外，还危害枯立木、倒木、原木，引起严重的干基褐色腐朽，大大地降低了经济出材率。

【症状】 腐朽初期，立木内部心材变为浅黄色，当纤维素逐渐被分解后，心材变为红褐色、红棕色或暗褐色，并沿年轮与髓射线方向碎裂成大小不等的块状，裂缝中可见白色菌丝膜。夏秋季于活立木干基部伤口处，或树桩、原木上出现担子果。

【病原】 本腐朽由硫色绚孔菌[*Laetiporus sulphureus* (Bull.) Murrill]引起，病原菌隶属于担子菌门多孔菌目。子实体1年生，无柄或近有短柄。菌盖片状平展，覆瓦状排列；新鲜时肉质，表面硫黄色至鲜橙色，有皱纹，边缘薄而锐，波浪状至瓣状；干后变白，干酪质，质轻且脆易碎，大小为(10~34)cm×(7~25)cm，厚0.5~2.5cm。菌肉白色或浅黄色。菌管单层，与菌肉同色，干后褪色；管口小而密，圆形、近圆形或多角形，每毫米3~4个管孔。孢子卵形至近球形，光滑，无色，大小为(5~7)μm×(4~5)μm(图5-7)。国外报道，在北美地区，*Laetiporus sulphureus*是一个复合种，根据其形态和生物学特性，可进一步分为5个种，不同种的寄主和地理分布有差异。

【发病规律】 病菌由树木的伤口、断枝、冻裂处和根部侵染，主要危害心材，有时也危害活立木的边材部分，使活立木枯死。此类腐朽多半是隐蔽性的，在外部不易被发现。腐朽经常发生在干基部，多在5m以下，但有的可达7~12m，或者更高。腐朽的发生发展与林龄及林型关系密切，腐朽率随着林龄的增加而增大。该腐朽多发生在立地条件比较阴湿的林分。火烧迹地受烧伤的

图5-7 硫色绚孔菌(*Laetiporus sulphureus*)的担子果
(崔宝凯摄)

林木腐朽严重，冻伤多的林分内林木腐朽也严重。

【防治措施】 参看本章概论部分进行防治。

（8）木材变色（Wood stain）

木材变色现象是十分普遍的。活立木在生长期间如果受到伤害，如机械损伤、菌类侵染、昆虫和动物的伤害、冻害、日灼伤等，甚至气压或气温变化时，都可发生变色现象。当木材受木材腐朽菌侵染时，也会发生变色反应。采伐后的原木、加工的板方材在使用期间和加工干燥时，也常发生变色现象。

木材变色现象的发生与刺激原因之间无专化关系，而木材变色后的色调与树种之间关系密切，如受伤后青杨材变为红色，栎树材变为银灰色，云杉材变为淡紫褐色，落叶松材和红松材则变为淡褐色。多数专家认为这种变色现象为树木本身的自然保护反应，是普遍存在的。

依据木材变色的原因可将木材变色分为四大类，即化学性变色、物理性变色、生理性变色和微生物性变色。

(1) 化学性变色

木材细胞中的内含物由于被氧化或因为沉积物的分解而变色为木材的化学性变色，如松木边材常变为褐色，桦材、槭材常变为黄色至锈色，赤杨材变为红褐色。这类变色容易显现，但对材质无任何影响。

(2) 物理性变色

人工干燥针叶树木材时，心材与边材常生褐色污斑，还带白色边缘，这是因为温度升高水分突然散失的结果。火力干燥时，木材又易产生褐色，并且很普遍，变色部位稍软，但大部分局限于表面上，这类变色为木材的物理性变色。变色部位在加工时可被刨掉，对木材材质也无任何影响。

(3) 生理性变色

一般的针叶树和阔叶树在生长期间若受到刺激，如气压急变、害虫蛀食、机械伤害、真菌与细菌的侵染、霜冻等，都会在刺激部位产生变色。变色后在木质细胞中沉积一些色素与胶质物和侵填体，这些沉积物使变色部位的硬度增加，使木材的质地变脆。这种变色区可以暂时防止任何木材腐朽菌的侵染，这是一种保卫反应，但不久这种抗腐能力就会因非腐朽菌类的活动而消失，而且经过非腐朽菌类活动的结果，更有利于木材腐朽菌的侵染，从而发生木材腐朽现象。这种反应在病理学上称作自然保护反应或称作生理性的护伤反应。这类木材变色称为木材的生理性变色。如落叶松活立木在其生长过程中，阳面材和粗枝下方的木材都比它相对的一侧的木材颜色深得多，这种变色对木材的性质无影响。

自然保护反应的变色位置，一般都分布在心材上，形状与年轮相吻合，一般变色年轮数有的只占全年轮数的 1/3，有的占 1/2，也有的占 2/3。变色区自下而上贯通整个树干，小枝、叶痕处的木质部也都变色。如有伤口，伤口周围也变同样颜色。这种自然保护反应变色在幼树中明显，可随着树木年龄的增大而消失。

有的针阔叶树种是显心材树种，因此心材百分之百变色，该类变色不应与心、边材发生局部的保卫性变色以及腐朽变色混同。如落叶松随着年龄的增加，心材由淡黄色逐渐转变为棕黄色、淡黄褐色、黄褐色，最后逐渐变成稳定的红褐色。

(4) 微生物性变色

微生物性变色包括木材变色菌引起的变色、木材表面污染性霉菌引起的变色、木材软腐菌和木材细菌引起的变色以及木材腐朽菌引起的变色等。

① 霉色　霉菌在木材表面上腐生，使材面着色。如链格孢(*Alternaria*)、青霉(*Penicillium*)、曲霉(*Aspergillus*)、木霉(*Trichoderma*)、镰刀菌(*Fusarium*)、葡萄孢菌(*Botrytis*)、色串孢菌(*Tolula*)等，常常在木材表面上生长，特别在湿度大的情况下，更易生长，在菌落下面的木材即产生各种颜色。一般木材产生霉色后，在加工时多被刨掉，无影响。但对胶合板会有影响，故保存胶合板时要注意防潮，以防止霉色的发生。

② 变色菌引起的变色　变色菌基本上生活在髓射线细胞和管胞中，很少破坏木质细胞，但可钻入细胞中去，这种变色对木材影响不大。但因变色部位硬度加强、韧性降低，所以木质部变脆。因而该类变色材不适用于特殊用材(飞机、轮船、仪器用材是不能用变色材的)。变色菌引起的变色，因树种与菌种而定，常见的为蓝、褐、黄、绿、红、灰、黑等色。最常见的是蓝变。

木材蓝变(blue stain)又称青变，主要是由变色菌危害而形成的一种木材变色，变色菌只渗入木材表面，多局限于边材变色，故又常称为边材变色(sapstain)。蓝变色菌生长繁殖相当迅速，在适宜的温湿度条件下，2~3d 便可以使整个板面蓝变。木材蓝变菌虽然不会导致木材腐朽和影响木材的强度，但它会使木材材面变蓝、变青甚至变黑，影响木材的外观，降低木材及木制品的价值，严重时会造成巨大的经济损失。据报道，新西兰的两家大型林产公司(Fleter Challenge Forests and Carter Holt Harvey Forests)，每年因木材蓝变造成的经济损失达 1 亿美元以上。据有关统计资料，我国仅考虑生物性破坏对新产竹木原料的消耗而言，每年经济损失可达 30 多亿元人民币。我国木材蓝变现象比较严重的是南方一些速生人工林树种，如马尾松、橡胶树、杨树、泡桐等。

导致木材蓝变的真菌木材蓝变主要是由子囊菌门(Ascomycota)真菌和无性型真菌(Anamorphic fungi)危害所致。子囊菌主要包括长喙壳属(*Ceratocystis*)、蛇口壳属(*Ophiostoma*)和拟长喙壳属(*Ceratocystiopsis*)的真菌。无性型真菌主要是短梗霉属(*Aureobasidium*)、喙枝霉属(*Rhinocladiella*)、瓶霉菌属(*Phialophora*)和枝孢属(*Cladosporium*)真菌。

我国最常见的木材蓝变菌是长喙壳属和蛇口壳属真菌。主要危害松科(Pinaceae)木材，特别是松属、云杉属、落叶松属木材。栎属、榆属、杨属、橡胶树属(*Hevea*)、悬铃木属(*Platanus*)、李属、栗属等属木材也容易受害。

木材蓝变菌生长与繁殖的物质基础主要是木材中的大量淀粉、糖类和蛋白质等营养物质。这些营养物质的来源有两种路径：①木材中木射线等薄壁组织细胞的内含物；②蓝变菌通过分泌纤维素酶的活动溶解木材细胞壁的纤维素而获得。适宜的温、湿度，木材中的 pH 值和氧气也是木材蓝变菌生长的重要条件。木材蓝变菌对环境的温、湿度有较严格的要求。木材蓝变菌生长与繁殖最适宜的温度为 25~35℃，在 7℃以下或 40℃以上时，木材蓝变菌就会停止生长与繁殖。绝大多数木材蓝变菌最适宜的木材含水率为 35%~60%，如果木材含水率低于 20%，或高于 100%，均可抑制木材蓝变菌生长与繁殖。

从砍伐到干燥的这一相对短的时间内，木材对蓝变菌非常敏感，有益菌在木材表面形成菌落能够限制此期间蓝变菌形成菌落。研究表明：柱顶孢属（*Scytalidium*）真菌都对蓝变菌 *Leptographium lundbergii* 具有抑菌活性；肉座菌目（Hypocreales）成员都能抑制木材的蓝变；细菌中的枯草芽孢杆菌（*Bacillus subtilis*）和洋葱假单胞菌（*Pseudomonas cepacia*）能够抑制各种主要木材蓝变菌的生长。

木材蓝变的机理：木材蓝变菌利用细胞腔中的内含物作为营养物而变色是最典型的变色方式，蓝变菌的深色菌丝体及其分泌的色素通过纹孔口从一个细胞蔓延到相邻细胞中去。边材木射线和薄壁组织细胞中富含菌丝所需要的营养物质而容易变色，心材由于没有或很少有营养物质而不会受到影响，所以心材不易变色。此外，蓝变菌分泌的酶与木材中的酚类物质作用也会导致木材变色。

③ 木腐菌引起的变色　当活立木和木材被木材腐朽菌侵害后，也会产生变色区。这种变色区对木材腐朽菌的菌丝体在木材中的发展是一种阻障，因而使腐朽现象进行得十分缓慢。然而这种变色区的抗腐能力不是不变的，终究会被非木腐菌类如真菌中的子囊菌、接合菌和一些细菌的侵入而初步分解，从而消除了抗腐作用，木腐菌便可向前扩展，进一步引起木材腐朽，然后在其外围重新产生新的变色区。这样，在这种变色区的中心部位有朽材变色部分和朽材变形部分，腐朽材可变为锈黄色、褐色、白色及出现黑斑、黑线纹等。自然保护反应变色在木材干燥后变色逐渐消失，而腐朽材中的变色在木材干燥后不消失。

木材腐朽菌侵染与一般伤害所引起的木材变色，其色调最初与各树种的自然保护反应变色是相同的，而腐朽后的木材色泽与自然保护反应变色是不同的。变色并不代表腐朽，而是腐朽的初步阶段。木材的腐朽变色与自然保护反应变色的区别：①自然保护反应变色按年轮分布或围绕伤口发展，而腐朽变色常不按年轮分布，在木材横切面上常呈地图形或星芒状；②自然保护反应变色木材干燥后色渐褪，腐朽变色木材干燥后色不褪；③自然保护反应变色色调均匀，腐朽变色色调不均匀，而且常有黑、绿、褐、锈、蓝色斑点和线纹等；④自然保护反应变色材硬度不变或变硬脆，腐朽变色材外围自然保护变色部分变硬脆，中心腐朽部分糟烂；⑤自然保护反应变色在老树上消失，腐朽变色永不消失；⑥自然保护反应变色100%发生，腐朽变色不会100%发生。

(5) 木材变色的防治

防止木材变色的最好办法是将伐下的原木，立即下锯，并接着进行防止变色的控制处理；或是将锯材立即送去窑干，并在窑中喷洒药物。

一般用材的真菌变色，如不严重，不必防治。但军事、仪器、车、船以及其他特殊用材，在保存木材期间要设法防治。

① 防虫　活立木要防治小蠹虫，防止它传播蓝变菌的孢子。

② 物理防治　条件允许时可浸水贮木，既防变色又防腐朽；或用蒸气蒸煮 3~5h 后，将木材交叉平叠风干保存。

③ 化学防治　对于针叶树木材可用碳酸氢钠液或碳酸钠水液浸泡储存。在空气湿度过高时可用 11% 的碳酸氢钠液或 80% 碳酸钠液，干燥时用 5% 碳酸氢钠液或 40% 碳酸钠浸渍后堆垛，通风保存。阔叶树材可用 5% 硼砂水浸渍，或用氰硫基甲硫苯并噻唑（TC-MTB）、百菌清溶液处理，也可以防止原木和木材变色。

④ 生物防治　采用浸渍或喷涂有益菌于木材表面，使材表形成一层均匀的孢子膜，孢子随后萌发可保护木材防止蓝变。据报道，在新西兰采用茶油和丁香油等天然物质对辐射松原木进行熏蒸处理也能有效地控制蓝变菌的危害。

本章小结

腐朽就是维管植物木材细胞壁被真菌分解引起的木材糟烂和解体的现象。

根据腐朽树木的生活状态，腐朽一般分成活立木腐朽和木材腐朽两种类型；根据腐朽的部位不同，将腐朽分成边材腐朽和心材腐朽；根据腐朽发生的高度不同，将腐朽又分为根朽、干基腐朽、干部腐朽和梢头腐朽或称枝条腐朽；根据腐朽后木材的颜色则将腐朽分为白色腐朽和褐色腐朽。

引起腐朽的真菌大多数是担子菌中的多孔菌。根据木材腐朽菌对木材主要成分分解能力的不同，将木材腐朽菌分为白色腐朽菌、褐色腐朽菌两种类型。木材腐朽菌依靠担孢子进行传播和繁殖，担孢子主要是靠风、水或昆虫、一些小动物和人的携带进行传播。主要由树木的伤口、根部、或死枝处侵入，经过较长的潜育期(多在数年至数十年)之后在树干上长出子实体。

木材腐朽的过程：立木受伤或受到其他刺激，发生自然保护反应变色，变色区产生抗腐能力；随后，变色区出现非木材腐朽菌类的先驱微生物，它们在变色区的木材细胞间隙和细胞腔内定居，分解单宁、醌、胶和填充体，结果使变色区褪色并消除其抗腐能力；最后木材腐朽菌侵染并定居、分解破坏木质细胞壁，使木材呈现白色腐朽或褐色腐朽。

林龄愈大腐朽率愈高；环境因素对腐朽发生有综合影响。

活立木腐朽的防治主要是采取细致、合理的经营措施，包括控制采伐年龄、清除侵染来源、减少树木损伤等办法。木材腐朽的防治则主要是通过合理贮藏和化学防腐处理来进行。

木材变色现象是十分普遍的，根据木材变色的原因将木材变色分为四大类，即化学性变色、物理性变色、生理性变色和微生物性变色。腐朽初期，木材腐朽菌侵染与一般伤害所引起的木材变色与各树种的自然保护反应变色是相同的，而腐朽后的木材色泽与自然保护反应变色是不同的。变色并不代表腐朽，而是腐朽的初步阶段。

复习思考题

1. 阐述木材腐朽的概念及木材腐朽的类型。
2. 试述木材腐朽的过程。
3. 举1例活立木腐朽病，说明病原菌的侵染循环。
4. 立木和木材腐朽的防治原则是什么？
5. 试分析木材变色的原因及对木材的影响。
6. 针叶树干心材白色腐朽发生的影响因素有哪些？

推荐阅读书目

1. 池玉杰. 木材腐朽与木材腐朽菌[M]. 北京：科学出版社，2003.
2. 戴玉成. 中国林木病原腐朽菌图志[M]. 北京：科学出版社，2008.
3. 袁嗣令. 中国乔、灌木病害[M]. 北京：科学出版社，1997.

第6章 非生物因素引起的林木病害

非侵染性病害发生普遍，病因复杂。本章根据病原性质的不同，将非侵染性病害分为大气污染、缺素、盐害、温度不适、综合因子引起的衰退病等类型。分别阐述了各种非生物因素引起的林木病害的症状、诊断和防治方法。

6.1 概 论

6.1.1 林木非侵染性病的危害、症状及诊断

由环境中不利于植物生长发育的物理和化学因素所直接引起的植物病害称为非侵染性病害(noninfectious diseases)，或称为生理性病害。其致病因素主要是土壤方面和气象方面的。植物的正常生活要求一定的土壤和气象条件，并且在一定的范围内有适应能力，如果超出了这个范围，植物正常的生理活动就会遭受破坏，发生一系列的病理变化，表现出病态甚至死亡。

非侵染性病害分布普遍，危害严重。林木从幼苗到大树均可能受到低温、日灼、干旱、水湿、盐碱、有毒物质等的侵害。如干旱缺水是北方许多地区造林失败的主要原因；土壤条件不适引起南方许多地区的杉木黄化病；低温造成毛白杨破腹病；夏季高温，苗木因灼伤而死的现象屡见不鲜。非侵染性病害最普遍的表现是叶片发黄、出现枯斑、畸形、落花、落果、枯死和其他生长不正常的现象。通常是全株性的，但也有些非侵染性病害只发生于一定的部位，如毛白杨破腹病只发生在树干的阳面的中、下部，由日灼引起的松苗猝倒病则发生在靠近地表的根颈部。

非侵染性病害的诊断是比较困难的。因为在一般情况下，温度、水分、无机盐类等都是植物必需的环境因素，只有当它们在量上超过了某种限度时才成为病原，而这个限度很难掌握；目前尚缺少这种适于病害诊断的"临界指标"值，病害诊断常凭借经验。非侵染性病害的诊断一般要首先进行现场调查，根据病害的症状、发生的时间、分布状况，环境条

件等判断病害的性质，必要时采集病组织进行分离和人工诱发检验。

病害的现场观察和调查，对于初步确定病害的类别、进一步缩小诊断范围有重要作用。要访问病害发生地的有关人员，了解相关的树木栽培管理状况和病害发生的特点，收集当地的气象条件和土壤类型等资料，仔细观察病害的症状和在分布上的特点。注意地形、地貌、邻作或建筑物对病害的影响。

一些非侵染性病害发生的时间常与气象条件的变化相关联。例如，晚霜之害多在春季冷空气过后晴朗无风的夜晚发生；工矿地区的空气污染害常在逆温天气出现。病害出现的时间往往比较突然而普遍，特别是由极端气象因素和空气污染所致的病害，致病因素在短期内自行减弱或消失，病害不会随时间的延续出现由点到面的扩散。这与侵染性病害由一个从少数到多数，从局部到全体的发展过程的情况是不同的。

非侵染性病害在田间的分布往往有较明显的规律可循，同地形、地势、土质及方位等特点有较密切的关系。例如，杉木黄化病主要发生在酸性红壤的丘陵地区，在山区则发生在地下水位高或土层瘠薄的林地上；当风的北向山垭常易遭受晚霜之害；毛白杨的树干冻裂多发生在树干的南面和西南面；空气污染多发生在工厂附近，且离工厂愈远受害愈轻。非侵染性病害在田间发病比较普遍，分布比较均匀，无发病中心。

植物病组织上无病征，也是非侵染性病害的特征之一。取新鲜病组织在25~30℃保湿培养2~3d，大多数真菌病害会在病组织上产生病原菌的菌丝或子实体，而非侵染性病害则不出现；也可以用组织分离法检查病组织中是否有病原生物存在。如果是非侵染性病害，则从病组织中不能分离出病原生物。但无论是用光学显微镜检查，还是用组织分离都不能使非侵染性病害区别于病毒病害或植原体病害。此外，在非侵染性病害植物的组织中，可能有次生的病原物以及植物内生菌的存在。因此，单纯利用镜检和组织分离方法还不能确诊某种病害是否属于非侵染性病害。

非侵染性病害可以用人工诱发试验来诊断。例如，进行缺素诊断时，通常用缺少某一种元素的完全培养液分别培养健康的植株，看它是否表现与病植株同样的症状，然后给病植物补充这种元素，看症状是否会逐渐消失。必要时可进行土壤和叶组织分析，以利于病害的确诊。对于怀疑由空气污染引起的病害，也可在人工控制的条件下，用有毒气体处理敏感的植物，观察它们是否表现与自然发病植株同样的典型症状。

无论在自然条件或人工栽培条件下，非侵染性病害的发生不仅非常普遍，而且致病的因素和症状非常复杂。同一症状可能由多种因素引起，有时还会和侵染性病害混淆或相互促进，增加了诊断工作的难度，至今有许多非侵染性病害的性质尚不完全清楚。

6.1.2 林木的非侵染性病害与侵染性病害的关系

非侵染性病害与侵染性病害是有区别的，但两者又是相联系的。作为非侵染性病害病原的土壤、气候等因素对侵染性病害而言则是环境因素，环境因素不能不对侵染性病害产生影响。首先，非侵染性病害可以为病原生物开辟侵入途径。银杏苗木茎腐病主要是土壤温度过高使苗木茎基部受到灼伤，病菌才得以从伤口侵入。其次，非侵染性病害可以降低植物对侵染性病害的抵抗力。杉木因水肥不足而发生生理性黄化病后，特别容易感染炭疽病。北方地区，冻害是杨树腐烂病发生的重要诱因。反过来，侵染性病害有时也削弱了植物对环境的适应性。例如，杨树苗木因黑斑病而提早落叶，秋季抽出的枝条木质化程度低，容易遭受霜冻。

植物的空气污染害与侵染性病害的关系则不完全如此。空气污染物与气候、土壤因素一样作为环境的组成部分而影响植物病害的发生。空气污染物可能改变植物与病原物相互关系。一般来说，受空气污染物毒害的植物对机会菌、非专化性病原菌变得更为易感。高度专化的病原菌，如锈菌或黑痣病菌，本身受到污染物的不利影响，在受污染空气中比清洁空气中对植物造成的病害程度更轻。

6.1.3 林木非侵染性病害的防治

植物非侵染性病害是由于不适宜的气候、土壤、有害物质等环境因素引起的。防治的途径就是改善环境条件，消除致病因素。采用合理的林业技术措施，促使林木健康生长。

在森林苗圃中，要注意选择适当的圃地，适时排水灌溉，施足基肥，及时追肥，对某些对气温敏感的树种采取遮阴和防寒措施。

造林时应选择同立地条件相适应的树种，进行合理的造林设计，营造混交林，避免在瘠薄、黏重、排水不良的土壤上造林，适时排水和灌水，及时进行林木抚育间伐，保持合理的林分组成和密度。在有环境污染的地区，除尽量减少污染物排放量外，还要选择抗污染树种造林，营造隔离林带，净化空气。

当非侵染性病害已发生时，首先要确诊病害的原因，然后采取相应的措施清除病因。例如，因干旱缺水而出现树木黄化、枯梢时，则应及时浇水解除旱象。对一时不能确诊的非侵染性病害的病因，有时可考虑采用防治试验手段来帮助诊断。例如，当怀疑苗木黄化是由于缺铁引起的时候，可用硫酸亚铁喷洒叶面或根施，如果叶片返绿，则可确认是由于缺铁引起的黄化，否则是由于其他原因引起的苗木发黄。

6.2 各 论

6.2.1 大气污染引起的林木病害

6.2.1.1 SO_2对林木的危害

(1) 危害症状

SO_2是我国主要的大气污染物之一。SO_2主要来源于矿物质的燃烧，煤中含硫0.5%~5%，石油中含硫0.5%~3%，燃烧后被氧化成SO_2，排放到大气中。气孔是SO_2进入植物体的主要通道，很少一部分从水孔或直接透过角质层进入叶内。由于SO_2随空气通过气孔进入叶内，因此，对植物的伤害首先表现在叶上，一般刚发育达到最大面积的幼叶对SO_2最敏感。这是由于这些叶片气孔张开的较大，且开闭频繁，吸收的SO_2较多之故。刚刚绽放出来的幼叶及生理功能衰退的老叶一般受害较轻。在大气中含有500×10^{-9}或以上浓度的SO_2下，处理1~3h，敏感植物上即产生可见症状。

树木受SO_2危害后，首先从气孔周围的细胞开始，然后扩大到海绵组织和栅栏组织，因此，初期出现的斑点与气孔形状相似，叶绿体被破坏，组织脱水而坏死，气孔周围出现褐色斑。针叶树受害后，首先针叶尖端发黄变褐，逐渐向下扩展，终至全叶枯死。阔叶树则多在脉间或叶缘出现大小不等的水渍状失绿斑，后发展为淡褐色或灰白色坏死斑。SO_2危害出现的伤斑与健康组织之间界线明显。受害树生长降低或停滞，发芽抽叶延迟，叶或果早落，严重受害树木全株枯死。

(2) 危害机制

硫是植物的组成部分之一，但植物所需要的硫是通过根吸收土壤中的硫酸盐，只有很少一部分来自空气中的SO_2。SO_2进入叶片后溶于细胞的水中，氧化成重亚硫酸离子（HSO_3^-）和亚硫酸离子（SO_3^{2-}），随后氧化成硫酸离子（SO_4^{2-}）存于叶片中。植物体内可积累的硫的限量是正常量的5~10倍，当大气中SO_2浓度很高及滞留时间长时，植物体内吸收SO_2过多，积累的HSO_3^-及SO_3^{2-}超过了植物代谢解毒的能力时，植物就会产生急性伤害。如植物长期受SO_2污染的危害，植物体内积累的SO_4^{2-}大于其被利用的能力，则会产生慢性伤害。SO_2刺激气孔的张开和关闭，影响正常的生理机能，新陈代谢受干扰，蒸腾作用加速，呼吸作用加快，光合作用降低，叶绿素含量减少，产量降低，氨基酸总量减少，总蛋白质含量降低。SO_2伤害植物的原因在于H^+降低细胞的pH值，干扰植物的生命活动。亚硫酸盐与含硫蛋白质中的二硫化物（如胱氨酸）发生作用，切断双硫键，蛋白质变性，膜蛋白结构遭破坏，改变了膜的选择透性，抑制了某些酶的活性，如过氧化氢酶，在光合作用中碳素固定的PEP羧化酶及RuDP羧化酶等，同代谢中间产物酮或醛作用形成α-羟基磺酸，也可抑制一些酶的活性。据报道，SO_2和NO_2进入叶片后，将降低欧洲赤松、核桃、紫丁香等多种树木过氧化酶的活性，且随污染物浓度的提高，酶的活性降低越明显。

(3) 环境因子与林木受害程度的关系

① 温度　在一定范围内，适当提高温度能促进植物生长，但提高温度也可促进植物对SO_2的吸收，因而增加危害程度。一年中以生长旺盛的7、8月树木受害最重，其次是生长开始不久的5、6月，生长后期的10、11月受害最轻，而生长停滞的1、2月几乎不受害。

② 光照　光照条件对植物的生理、代谢活动有直接影响。气孔的开闭受光照影响，在黑暗中气孔常呈关闭状态，因此SO_2很难进入植物体内，受害较轻。在光照条件下则情况相反。据报道，SO_2在晴天11:00前后最易使植物受害，这与光合作用强度及光照引起的气孔张开有关。

③ 空气湿度　大气干燥时，排出的SO_2很容易扩散；空气潮湿时，SO_2与水汽作用形成油雾状的气溶胶，极容易造成局部危害。此外，空气湿度大时，植物气孔容易张开，吸收SO_2较多，加重SO_2危害。

(4) 树种与SO_2危害的关系

在同样剂量、时间、环境条件下，不同树种受害情况有很大差异。一般讲，阔叶树种抗性大于针叶树种，常绿阔叶树种大于落叶阔叶树种。我国地域辽阔，各地区的土壤气候条件差异很大，树木长势及抗性也不一样。自20世纪70年代以来，经许多林业、环境保护及园林工作者的广泛调查研究，对各地区常见的园林、绿化造林树种的抗性进行了分级，确定了一批抗污染绿化树种。例如，北京地区抗性强的有侧柏、圆柏、白皮松、臭椿、榆树、构树、槐树、刺槐、加杨、毛白杨、垂柳、核桃、柿树、木槿、大叶黄杨等；抗性较强的有：北京杨、合作杨、桑树、三球悬铃木、板栗、华山松、榆叶梅、石榴等；抗性较弱的有：合欢、五角枫、复叶槭、河北杨、银杏、黄刺玫等；敏感的有：油松、雪松。同一树种在不同地区抗性可能不同，例如，侧柏在北方的北京、天津、内蒙古等地为抗性强的树种，但在南京、武汉等地则属抗性弱的树种。

6.2.1.2 氟化物对植物的危害

（1）危害症状

氟化物是一类对植物毒性很强的大气污染物，伤害植物的氟化物主要有氟化氢、氟化硅、氟硅酸、氟化钙等，以氟化氢为最普遍，毒性最大，影响也最严重。自然界中大气氟化物污染的程度不如 SO_2，范围也没有 SO_2 广，但氟化物中的主要成分氟化氢对植物的毒性比 SO_2 大 5~100 倍，大气中含有 5×10^{-9}~100×10^{-9} 浓度的氟化物时，经过几个小时敏感植物叶片就可出现急性症状，例如，阔叶树叶脉间坏死，针叶树叶尖灼伤等症状。氟化物污染主要来源于炼铝厂、磷肥厂、钢铁厂、玻璃厂、砖瓦厂、陶瓷厂以及大量燃煤的设施，其中，磷肥厂和铝厂附近的植物最易受害，因为这些生产场所使用富含氟的材料。

阔叶树受害时，伤斑主要出现于叶尖及叶缘；如危害严重，在脉间出现坏死斑，病健组织之间边界明显，有一条红棕色带，未成熟枝叶易受害而形成枯梢。针叶树受害时，当年生针叶尖端首先坏死，逐渐向下发展，受害组织先变黄，然后逐渐变为暗黄色或红棕色。叶片被氟化氢危害后，表皮细胞、栅栏组织、海绵组织均呈现红棕色，细胞原生质凝结成红棕色团块。初期叶绿体不变色，到后期叶绿体也被破坏。

（2）危害机制

以气体状态存在的氟化物主要从气孔进入植物体内，但不损害气孔附近的细胞，而是顺着导管向叶片的尖端和叶缘部分移动，因而叶尖和叶缘的氟化物含量较高，与叶片内的钙质发生反应，生成难溶性的氟化钙化合物，沉积于叶尖及叶缘的细胞间，浓度较高时即表现症状。氟化物在植物体内的毒害作用，主要是抑制一些酶的活性，阻碍代谢机能，破坏叶绿体和原生质；氟化氢能降低植物体内钙、镁的活性，产生钙、镁营养障碍，造成危害。此外，某些植物体内氟化钙的积累还可导致运输通道受阻，干扰水分和养分的运输，引起部分组织干枯、变褐。叶片表面附着过多的雾状或固体微粒状氟化物时，会对植物组织产生一定的腐蚀作用，影响光合作用，阻碍呼吸和代谢作用。氟化物可能和许多金属阳离子结合，改变细胞的营养状况、代谢物质的浓度和代谢反应。

（3）环境因子及树种抗性与危害程度的关系

① 温度 气温越高，新陈代谢作用越强，受害越严重。温度较低时则受害较轻。但温度降低时，氟化物易向地面沉降，造成局部严重受害。这是由于低温，且气流停滞不动时，空气中氟化物不易扩散所致。

② 光照 白天同化作用强，气孔张开较大，吸气量多，容易受害。尤其中午光强气温高，更容易受害；夜间、清早和傍晚光弱，温度低，受害较轻。例如，杏、水杉和紫荆，白天对氟化物的敏感性分别为夜间的 11、5.5 和 3.5 倍；白天最敏感期，杏树为 10：00 左右，水杉和紫荆出现在 14：00 左右，晚上基本不变。

③ 湿度　当空气湿度超过90%，植物叶片附近的水汽接近于饱和状态时，叶面上极易形成露水，它不仅可吸收含氟气体，还可冲洗叶片，尤其当有降水时，更可降低氟化物对植物的危害程度。

不同植物种类和同一种植物的不同个体对氟化物的抗性有明显的差异。不同植物种类的容氟量不同。由于植物对氟的抗性不同，降雨又可将氟从叶片中淋出，尚未找到氟含量和症状严重程度之间的绝对数量关系。一般而言，敏感植物的容氟量低，抗性植物的容氟量高。例如，抗性较弱的杏、李、松树等，叶片含氟量超过质量浓度为 50×10^{-6} 浓度时便会出现症状；而抗性较强的桑树，当质量浓度超过 $80 \times 10^{-6} \sim 90 \times 10^{-6}$ 时才会受害，一些抗性强的植物，如山茶、茶树、构树，在叶片含氟量质量浓度超过 1000×10^{-6} 时也不受害。在华北地区抗性强的有：白皮松、圆柏、侧柏、臭椿、银杏、槐、构树、泡桐等，抗性中等的有：华山松、桑树、杜仲等；抗性弱的有：油松、山桃、榆叶梅、杏、葡萄等。

6.2.1.3　臭氧(O_3)对植物的危害

光化学烟雾是污染大气的一类特殊混合物的总称，它是由汽车排出的氮氧化物和碳氢化合物等废气进入大气中，在太阳紫外线照射下，经过一系列光化学反应而形成的。其中最主要的成分是 O_3，占其组分的90%，其次是过氧乙酰硝酸盐(PAN)等物质。O_3 对树木的危害比其他任何一种成分单独作用都严重。在那些夏季白天臭氧平均浓度超过 50×10^{-9} 或每小时最大浓度超过 100×10^{-9} 的区域，敏感木本植物上出现急性或慢性症状。引起处在敏感条件下的敏感植物可见症状的典型最小剂量范围是 $40 \times 10^{-9} \sim 100 \times 10^{-9}$ 处理8h，或 $100 \times 10^{-9} \sim 250 \times 10^{-9}$ 处理1h。

(1) 危害症状

在叶片上主要侵害栅栏组织，受害的细胞簇的外在表现就是叶面出现暗色的点刻，或者在一些植物的叶片上表面出现白色或褐色斑点。严重发生时，植物的组织机能破坏，生长受到抑制，芽的形成及开花过程均受到抑制。在针叶树上，臭氧危害症状多出现在成熟叶上，嫩叶上症状极少。针叶受害时，先端首先变黄，随后逐渐枯死。在阔叶树上，对臭氧最敏感的叶组织是新展开的叶片的栅栏薄壁组织。因此，症状首先出现在抽生枝条的近顶端叶片上。

(2) 危害机制

O_3 对植物的伤害，首先是影响膜系统，而其他的生理生化变化，包括对光合作用、呼吸作用、蒸腾作用、代谢产物浓度等的影响是作用初期膜特性变化的次生结果。其变化顺序可能是：巯基的氧化，类脂水解，细胞的渗漏，类脂过氧化，然后细胞瓦解。膜的正常功能取决于受蛋白质中巯基所稳定的类脂成分。巯基对膜蛋白的结构完整性甚为重要。O_3 对巯基的氧化破坏了膜结构的完整性，增大了膜的透性，降低了原初代谢产物的合成；增高了酶和基质的反应，而提高次生代谢产物的数量。由于代谢活动的失调，使细胞受害。植物对 O_3 的敏感性，与植物的年龄和代谢活动等因素有关。老龄叶细胞发育成熟，液泡发达，细胞膜的机能逐渐下降，容易为 O_3 伤害。此外，老龄叶中可溶性成分的耗尽，也是叶片对 O_3 敏感的重要因子。通过控制气孔开闭及施加生长物质，可以改变植物对 O_3 的敏感性或抑制 O_3 引起的器官脱落。例如，向叶内输入可溶性糖，可降低植物对 O_3 的敏感性，用 NAA、IAA、2,4-D 等生长调节物质处理植物，可抑制因 O_3 危害引起的器官脱落。

(3) 影响臭氧危害程度的因子

① 光线　光照影响气孔的开关，光强时气孔张开，臭氧进入体内多，受害重；光暗时则不会产生危害。

② 温度　一般讲，随温度升高，植物受害程度越严重。光与温度有关，光强则温度高，植物受害便重。但如果人为控制光照强度不变，则随温度升高，植物受害越轻。

③ 湿度　处于高湿度下生长的植物比在低湿度下生长的植物对臭氧更敏感，即敏感性与空气湿度呈正相关。这是由于空气湿度影响植物表层的状况。当空气湿度小时，叶上面覆盖的蜡质层、结晶体覆盖住气孔，抑制有害气体的进入，植物受害则轻。

④ 植物抗性的差异　各植物种、品种对臭氧的抗性差异非常明显。抗性强的树种有：五角枫、侧柏、白蜡、银杏、圆柏、刺槐、紫穗槐、槐、钻天杨、红叶李等。国外报道，敏感树种有：火炬松、西黄松(*Pinus ponderosa*)、欧洲落叶松(*Larix dacidua*)、白栎(*Quercus fabri*)、臭椿(*Ailanthus altissima*)等。

6.2.1.4　酸雨对林木的危害

酸雨是 pH 值 5.6 以下的所有酸性降水，包括雨、雪、冰雹、雾、露水等。酸雨的主要成分是硫酸和硝酸，大多数地区多以硫酸为主。酸雨成分中还混有少量盐酸、碳酸、有机酸(甲酸、乙酸等)、NH_4 等。我国形成酸雨的地区主要以硫酸为主。森林衰退现象多与酸雨危害有关。酸雨对森林植物的危害是非常复杂的，有直接的干扰破坏，也有间接的影响。

酸雨对森林植物的直接影响：酸雨可直接损坏植物的表面结构，加速角质层的腐蚀；干扰保卫细胞的正常功能，导致气孔开关的失调，改变蒸腾速度和气体交换的过程；酸性物质进入植物体内后扩散，使植物细胞中毒，在叶片、花、嫩枝上出现深度坏死斑或衰老的斑点；正常的代谢或生长过程受到干扰，可能导致光合速率的降低，中间代谢过程的改变以及叶片或其他器官的异常发育或提前衰老。干扰植物的繁殖过程，可能降低花粉的生活力，干扰受精过程，种实产量降低，种子发芽力降低等。

酸雨对森林植物的间接影响：由于酸雨损伤了角质层及表皮细胞，可能加速了叶、枝和树干的无机元素和有机物质的淋洗。无机元素包括大量元素及微量元素，其中以 K、Ca、Mg、Mn 的淋洗量最多。有机化合物包括糖、氨基酸、有机酸、激素、维生素、果胶类和酚类化合物等。角质层的侵蚀，保卫细胞正常功能受阻，表皮细胞的直接伤害，可导致蒸腾速度加快，增加植物对干旱、空气污染物及其他有害因素的敏感性。植物叶片和根系渗滤过程的改变和有机物、无机物淋洗的加速，可能影响叶围、根围微生物的种群动态和共生关系，如菌根菌、固氮菌等；改变植物与寄生物之间的关系，增加植物对病原物及害虫的敏感性，削弱寄主植物对病虫害的忍耐能力，但也降低病原物对植物的致病能力。酸雨的影响可能随病原物的性质、寄主的种类、年龄、生理状况、病害的发生阶段而变化。

酸雨危害另一重要途径是对土壤的影响，引起土壤的酸化、加速土壤营养元素的淋溶，减缓腐殖质的矿化速率，进而减缓生态系统中的营养循环。由于酸雨的作用，促进土壤的酸化，增加了土壤中铝及其他重金属的活性，使铝离子浓度增加到使植物受害的程度，抑制镁、磷等的吸收，导致根系及全株植物枯死。酸雨对土壤的这种作用，因土壤的理化性质而异。在讨论酸雨对土壤的酸化作用时，不应忽视土壤的缓冲能力。酸雨对土壤的另一重要作用是影响土壤中微生物的种群、种类及其活性，关系异常复杂。例如，由蜜环菌引起的林木根朽病，在酸雨的影响下，林木的抗病性减弱，加重了根朽病的危害，但也改变了病菌的致病性。

酸雨是一种与环境污染有关的大气现象。一个地区的大气是否被污染及污染的程度如何，除与污染源的性质、多寡、源强及工业防治措施有直接关系外，还与地理位置、地质地貌、气象条件及植物的抗性有关。酸雨的分布具有明显的区域性特点。我国的酸雨地区主要集中在长江以南，北方较少分布。造成南北分布区差异的原因是多方面的，有气候、土壤条件的差别，也有耕作方式方面的原因。南方一些地区风速小，静风频率高，排放出来的污染物扩散缓慢，梅雨多，空气潮湿，污染系数大。土壤的化学性质南北区域分带很明显，土壤的pH值、阳离子交换量、盐基饱和度大体上由南向北逐渐升高，土壤对酸沉降的忍耐性大体上由南向北逐渐提高，地表水体的酸缓冲容量也自南向北逐渐增大。这些因素使得我国主要酸雨区均分布在土壤pH值比较低且偏酸性的区域。

6.2.1.5 氯气对植物的危害

一般情况下大气中氯气浓度很低，对植物不会产生明显危害，只有在化工厂、电化厂、制药厂、农药厂、冶炼厂、玻璃厂、塑料厂、自来水净化工厂等企业发生偶然的跑气、漏气等事故时，有氯气散放，使植物急性受害。氯气进入植物组织后，与水作用生成次氯酸，成为强氧化剂，比二氯化硫强 2~4 倍，对叶片有很强的杀伤力，破坏叶绿素，使叶子产生褐色伤斑，严重时使全叶漂白、枯卷、甚至脱落。受害伤斑主要分布于脉间，或呈不规则点状或块状，受害组织与健康组织间无明显界线。针叶树(如沙松、白皮松、雪松等)受害时首先尖端失绿发黄，逐渐向下发展，严重时整个针叶枯黄脱落。某些树木叶绿素被氯气破坏后，叶片会出现各种颜色的伤斑，枫树呈棕色，女贞、杜仲、薄壳核桃呈灰褐色，广玉兰呈红棕色。树木受害后，叶片两面都出现病斑，叶面尤甚。植物不同叶片对氯气的敏感程度不同，以成熟的、充分展开的叶最易受氯气危害，老叶次之，幼嫩叶不易受害。即使植物急性受害，尖端芽叶仍可继续生长。针叶树受害时，当年生针叶比 2 年生、3 年生针叶受害重，特别是刚萌发的针叶最敏感。

各树种对氯气的抗性不同。在上海地区，抗性强的有：棕榈、罗汉松、柳树、加杨、樱花、紫荆、紫薇等；抗性中等的有：大叶黄杨、栎树、臭椿、构树、枫树、龙柏、圆柏等；抗性弱的有：悬铃木、雪松、柳杉、黑松、广玉兰等。

6.2.2 缺素症

植物正常的生活中需要各种营养物质，既包括大量元素 N、P、K、Mg、Ca、S，也包括微量元素 Fe、B、Mn、Zn、Cu、Mo 等，这些矿质元素统称必需元素。当植物缺乏某种必需元素时就会使植物发生一定的症状，称为"缺素症"。植物不但需要完备的营养物质，而且要求各种元素的合理配比，某些元素过多就使另外的元素相对地缺少，对植物也是有害的。

植物所需的营养物质主要来自土壤，土壤的理化性状影响土壤营养元素的有效性和树木根系对营养元素的吸收。土壤的各种物理因素，例如，湿度、含氧量、矿物质含量、结构和剖面等与树木健康相互作用形成一个复合体，很难将其中一个因子的作用与其他因子的作用分开讨论。例如，排水不良的黏重表土有严重的缺氧效应，尤其在降水集中的季节。在这样的土壤条件下厌氧细菌产生的反硝化作用导致土壤中可被植物利用的氮（硝酸盐）和硫（硫酸盐）流失，使树木根系发育受到阻碍，导致树冠出现营养物质缺乏症状。向土壤施肥可能暂时缓解树冠症状，但解决不了树木根系更新和树冠生长对根系的要求之间的长期不平衡问题。土壤环境因素对树木健康的影响还涉及土壤物理因素对菌根、病原菌和许多相互作用的土壤微生物种类的间接作用。

天然林很少出现缺素症，因为其中的树木种类已适应森林环境，占据了那些能够提供所需营养的生境。种植外来树种则可能发生营养缺乏症；生长在城市环境或受到高度干扰场所的树木也时常出现营养缺乏症。

林木黄化病是北方阔叶树中常见的一种病害。引起树叶黄化的原因很多，但主要原因之一是缺铁导致植物叶片失绿黄化或白化。刺槐、悬铃木、苹果、桃、山楂树、杨树等树种易发生缺铁性黄化病。铁在植物体内某些酶系统中起着辅基或辅酶的生理作用，涉及叶绿体蛋白、叶绿体、含血红素酶，尤其是氧化酶和呼吸酶的合成主要有 2 个方面：一是作为酶的成分，铁是构成许多氧化酶的重要元素，对植物体内的氧化还原过程具有调节作用；铁的另一作用是作为酶的活化剂，它对叶绿素的形成有催化作用。叶绿素的成分虽不是铁，但叶绿素的合成需要铁，铁可能是合成叶绿素的一系列酶系统中某些或某种酶的辅酶或活化剂。树木叶片中铁的正常含量和缺失含量分别是 $40 \sim 100 \mu g/g$ 干重和 $25 \sim 40 \mu g/g$ 干重。由缺铁引起的黄化病首先在嫩叶上出现，叶呈淡黄色或白色，老叶仍保持绿色，这是由于铁在植物体不易移动所致。在碱性土壤或石灰含量高及土壤干旱的地区容易发生缺铁黄化病，因在这种条件下，可溶性铁变为非溶性的，植物不能吸收利用，而在土壤 pH ≤ 6 时铁处于可利用状态。近年来，河南省局部地区杨树大面积出现黄化现象，经诊断为缺铁所致。用硫酸亚铁对黄化的树木进行树冠喷洒、树干注射或土壤浇灌，均可获得良好防治效果。缺镁和缺锌也会造成树木叶片的黄化，据报道，近几年苏北杨树黄化是由土壤中缺镁和缺锌引起的。

缺硼也是在一些地区常见的缺素症。例如，20 世纪 60 年代我国南方各地引种了大量油橄榄，在云南等地栽植后出现了缺硼症，叶片先端褪绿，叶片稀疏，芽矮化而丛生，韧皮部变褐坏死。据报道，福建、浙江、安徽等地的一些杉木林区，由于缺硼引起的杉木"大头"病，分布广，危害严重。受害植株顶梢生长缓慢，变粗，顶芽膨大，针叶变小，节间短，进而顶梢生长停止，出现大头状或巨芽状，幼树顶梢枯死后，由不定芽抽出许多新梢，成多头状，发病严重者可全株枯死。在植物中硼涉及尿嘧啶的合成，因而间接涉及 RNA 合成和碳水化合物利用。在维持正常细胞壁结构、质膜和分生组织生理活动方面起重要作用。硼可促进植物的开花结果。树木叶片中正常和缺乏硼的含量分别是 $15 \sim 100 \mu g/g$ 干重和 $<15 \mu g/g$ 干重。缺硼时，植物生长不良，幼嫩部分表现症状特别明显。据杉苗缺硼症研究报道，防治工作中除注意圃地选择、施肥和管理外，在苗床撒施混有硼砂的砂土，在叶面喷洒 0.3% 硼砂或 0.2% 硼酸水可取得良好的防治效果。

6.2.3 药害

施用农药可以防治有害生物或调节植物生长，增加产量，提高品质，但用药不当也会造成严重的环境污染并导致植物的病害或伤害。目前常用的农药有杀虫剂、杀菌剂、除草剂、杀螨剂、植物生长调节剂等。药剂施到植物表面或渗入到植物体内，或多或少地影响植物的生理过程，表现出对植物生长的刺激、抑制或毒杀作用，尤其是除草剂及植物生长调节剂。

(1) 药害的症状

① 急性药害 一般在施药后 2~5d 内，在植物的不同部位，表现一定的症状。叶部表现最明显、普遍，出现叶斑、穿孔、焦灼、黄化、枯萎、失绿或白化、卷叶、畸形、落叶等。果实出现果斑、褐果、畸形、变小、落果或不结果。花期喷药易引起落花、落蕾。根部受害时出现粗短肥大、缺少根毛、腐烂等症状。受害植株生长停滞、植株矮化甚至全株死亡。

② 慢性药害 发生缓慢，逐渐影响植株的正常生长发育。慢性中毒后往往光合作用缓慢，生长发育不良，植株矮小，果实早落。药害的另一种形式是残留药害，是由残留在土壤中的农药或其分解产物引起的。当土壤中分解很慢和含金属离子的农药累积到一定浓度时，会影响到植物的生长，造成危害。

(2) 影响药害的因素

引起药害的因素有药剂、植物和环境条件，其中药剂因素更主要。

① 药剂的种类、理化性质、加工类型及所含辅助剂(溶剂、乳化剂、润湿剂等) 各种农药对动物或植物具有不同的生理作用，使用时所需的有效浓度或剂量也就不同。因此，农药发挥防治效果所需的最低浓度或剂量和植物对农药最高忍受浓度或剂量 2 个值的差异具有重要的实际意义。可用化学防治指数来表示二者的关系：

化学防治指数 = 植物对农药的最高忍受浓度或剂量/农药对有害生物的最低有效防治浓度或剂量

化学防治指数越大，对植物越安全。一般讲，其顺序为：杀虫剂 > 杀菌剂 > 除草剂，植物性农药 > 有机合成农药 > 无机农药。除草剂防除对象是杂草或其他有害植物，与农作物及林木同为高等植物，有的还同科同属；杀菌剂防治对象病原菌与植物有许多类似之处，且又寄生于植物体内。所以对杂草和病原菌有效的农药，对植物产生药害的可能性也大。无机的、小分子的、水溶性较强的药剂易产生药害。例如，硫酸铜水溶性强，对某些植物易生药害，但与石灰化合后变为碱式硫酸铜(即波尔多液)，则较安全，它不溶于水。乳剂一般比可湿性粉剂、粉剂易产生药害，颗粒剂则较安全。

② 喷药时，一种农药与另一种农药混合使用不当，会降低药效，而且易产生药害。此外，使用硬水喷药，喷药不均匀，雾点过大或多次重复用药，都能引起药害。

③ 植物耐药力的情况 各种植物对农药的敏感程度差异很大，例如，苹果中薄皮品种耐药力较弱，厚皮品种耐药力较强。植物的形态结构影响表面沉积的药量和药剂渗入的难易，影响最大的是气孔数量和开张程度。一般气孔少，开放小的不易发生药害。此外，叶面蜡质层和细胞壁厚、绒毛少的植物耐药力强。

植物的不同发育阶段对农药有不同反应。幼苗期、孕穗开花期耐药力弱；林木的休眠期比生长期耐药性强；老叶比幼叶耐药性强；健株比衰弱株耐药性强。

④ 气象因素 温度、湿度、降水量、露水、雾、风、光照等均有影响，尤以温度、

光照最为明显。一般气温高、光照强,易受药害;重雾及高湿的地区易受药害。

⑤ 土壤因素　砂质土壤及有机质少的土壤,药剂易淋至根部造成药害,壤土次之,黏土不易受害。使用除草剂时应特别注意此点。

6.2.4　温度不适宜引起的林木病害

温度是影响植物生长和发育的重要因素之一,植物体内的一切生理、生化活动和变化,都必须在一定的温度条件下进行。低于最低温度或高于最高温度都将使植物受害,尤其低温造成的危害更普遍和严重。

6.2.4.1　低温引起的林木病害

根据形成的原因、表现的症状可分为寒害、冻害、霜害、冻举(冻拔)、冻裂和生理干旱等。

(1) 寒害

喜温植物及热带、亚热带植物在温度不低于0℃时,因气温降低而引起的危害称为寒害。受害的原因是,这些植物终年生于温暖的环境中,对寒冷缺乏抵抗能力,如嫩芽裸露、木栓组织不发达;冬季气候干燥时,昼夜温差大,不能保持水分平衡;冬天不停止生长,所以无耐寒力。此外,在某些情况下,由于温度降低,植物体内新陈代谢协调性遭到破坏。

(2) 冻害

当气温降到0℃以下时,植物体内结冰而遭受的危害称为冻害。由于组织内结冰而使植物受害的原因有下面几种情况,温度骤然降低,引起原生质凝固;如温度逐渐下降,但延续的时间长,使细胞间隙形成的冰块扩大和细胞内原生质的失水超过了细胞的忍受限度时,则会使细胞受到机械挤压而损伤;或由于原生质缺水过多而引起凝固,当细胞间隙结冰以后,细胞尚未受害,但如果气温骤然升高,使解冻太快,细胞间隙的水分来不及被细胞吸收就蒸发了,使细胞因缺水而干死;另外由于解冻太快时,细胞壁吸水快,向外膨胀,而原生质吸水较慢,因此会受机械压力的损害。

冬季的反常低温可使常绿树的叶片和嫩梢冻死,落叶树未充分木质化的嫩梢也可能受害;一些果树,特别是向阳的树干和大枝条出现皮裂和溃疡,主枝横切面的木质部呈现黑环或黑心。

(3) 霜冻

在林业生产中,霜冻是常见的冻害现象。晚秋的早霜常使未木质化的植物器官受害。阔叶树受害后嫩梢变黑,叶片脱落。晚霜之害在树木冬芽萌动后发生,常使嫩芽新叶甚至新梢冻死。在针叶树上,晚霜发生后几个星期,嫩梢明显向下弯曲、枯死。果树的花芽、花或幼果受害则常引起落花落果。某些病原细菌和植物习居细菌,如丁香假单胞(*Pseudomonas syringae*)、荧光假单胞杆菌(*P. fluorescens*)、成团泛菌(*Pantoea agglomerans*)等的株系存在于叶片气孔腔内,当植物处在0℃以下的低温时,这些细菌充当了冰晶形成的冰核,提高了植物细胞结冰的温度,使植物组织在-5℃到-2℃的温度下即开始结冰,更易受到冻害。缺少这类细菌,植物可以忍受更冷几度,从而避免轻微冻害的发生。

霜害和冻害的发生常同地形和地势有明显关系,一般以西北坡向受害的为多。四面高中间低的山谷，冷空气常沉积在谷底，温度最低，这种地形常称为霜穴。林间小块空地上的幼树易受霜害也是这个原因。

预防霜冻在苗圃中可架设暖棚或用稻草、针叶树枝等覆盖苗床。果树和庭园行道树树干涂白可以防止冻害。易受霜害的地方应选耐寒树种造林。

(4) 冻举

冻举又称冻拔，多发生在寒温带，土壤含水量过大、土壤质地较细的立地条件下生长的苗木最易受害。冻拔是由于土壤结冰时是由距地面一定深度的土中开始，渐渐向上加厚，如此的连续寒冷，此冰层下面又可再结冰，形成很厚的冰层。因同质量冰的体积比水大9%，冰层可将土壤连同苗木举起来。解冻时，土壤下陷，苗木则留于原处裸露地面，倒伏死亡。通常大苗较小苗受害轻。

(5) 生理干旱

冬季，当土壤结冰时，树木根系也在"休眠"中，这时期如果地上部分蒸腾，不断失水，而根系又无水分供应补充，时间长了就会引起枝条干枯死亡，称为生理干旱。如近年来北京市郊一些苗圃中的白皮松幼树出现顶梢枯死的情况即属此。

(6) 冻裂

冻裂多发生在日夜温差大的西南坡上的林木，下午阳光直接照射树干，温度升高，入夜气温迅速大幅度下降。由于木材导热慢，因此造成树干西南一侧内热胀、外冷缩的弦向拉力，使树干纵向开裂。

杨树破腹病是北方地区常见的一种由冻裂引起的非侵染性病害。冻害造成的裂缝深达表皮层、内皮层，甚至到达木质部，裂口可长达数米。冻裂开始时有树液自裂缝中流出，流出的树液因发酵而奇臭。当环境条件好时裂口可自然愈合。据东北地区观察，破腹病之裂缝有多种状况。有的产生逐年加长的裂口，无愈伤组织；有的则在裂缝处产生新愈伤组织，如此年复一年地逐渐向两侧发展，中间露出木质部。外部出现多年的裂缝后，裂口附近的木质部部分会出现变色、变质、局部腐朽。

破腹病多开始于树干平滑处及皮孔处。如是幼树，往往发生于摇动树干时树干受力弯曲最大的部位，多在距地面不远处开始出现裂口。病害发生具有明显的季节性，多出现于早春3月份，秋末冬初也偶有发生（图6-1）。

在华北、山东、河南等地的杨树破腹病多发生于毛白杨上，故称毛白杨破腹病，在其他杨树上很少出现，这与毛白杨不耐寒有关。在东北地区则发生于多种杨树上。据报道，非抗性树种有小黑杨、小青杨、白城杨、俄罗斯杨、中东杨、北京杨、107杨等；抗性树种有香杨、山杨等。杨树抗破腹病的能力与树皮厚度有关，

图6-1 毛白杨破腹病症状（贺伟摄）

树皮愈厚抗性越强。树木生长速度快，木质化程度低也易感病。林内轻，林缘重，阳坡及零星树发病重；地势低洼，有积水的地块发病重；抚育管理差，人畜严重破坏的林地发病重。

杨树破腹病一旦发生很难防治，故关键在预防。首先要适地适树，注重对乡土树种的利用，栽植抗病品种，营造混交林；其次加强抚育管理，在阳面可适当多留几簇侧枝；树干涂白涂剂，在裂口处涂具有杀菌、抑菌、防腐的油剂，均有一定的效果。

6.2.4.2 高温引起的林木病害

高温对树木造成的危害主要表现为日灼。分为夏季日灼和冬季日灼。夏季日灼是对在夏季暴露在阳光下的树皮的热损害，随着溃疡斑的形成，受灼伤的树皮组织坏死。木腐菌可能侵入死树皮下的木质部，几年后此区域可能出现断裂。冬季日灼则是在寒冷和晴朗的冬天树皮温度发生剧烈变化产生的。树皮光滑而薄的树种更易受日灼伤害。果树经强度修剪后，荫蔽不足，果实易受灼伤。

幼苗根颈的日灼在林木幼苗培育中尤为常见。在苗圃中，夏季中午太阳辐射强烈，由于土表温度过高，使苗木的幼茎基部受灼伤，尤以黑色土壤的圃地为严重。针叶树幼苗受灼伤时，茎基部出现白斑，幼苗即行倒伏，很容易同侵染性的猝倒病混淆。阔叶树受害根茎部出现缢缩，严重的也会死亡。

高温对植物危害的过程比较复杂，主要有以下几方面的原因：首先，原生质结构的破坏，温度过高能引起原生质发生质变而凝固。其次，新陈代谢失调，例如，高温破坏叶绿体，使叶片不能进行光合作用。高温可破坏酶的调控作用，使植物的呼吸作用和物质转化过程不能正常进行。再一点是高温引起干旱。当气温和叶温增高时，由于植物蒸腾作用进行得非常强烈，使得根部吸水来不及供应叶部水分的散失，因此而出现暂时萎蔫；此时，若土温高，土壤中水分大量蒸发造成土壤干旱，将使植物发生永久性萎蔫。

树木涂白可以防止夏季或冬季的灼伤。在苗圃中，对易受灼伤的树种应注意遮阴、覆盖及灌溉，以降低土壤温度，苗木可适当密植，使其互相荫蔽。

6.2.5 土壤水分失调引起的林木病害

水分是植物健康生长的关键因素。没有足够的水分，大多数植物的主要生理过程如呼吸作用和光合作用将不能进行。在缺水的条件下，植物的生长受到抑制，甚至出现病害。

水分缺少引起的最明显的症状之一是叶片焦枯，阔叶树常出现在叶缘，针叶树则表现在叶尖。叶脉间组织的枯死也是水分亏缺的表现，因为叶脉是水分输送机构，水分胁迫首先出现在离叶脉较远的叶片组织上。此外，仲夏时节的落叶有时也是由于干旱所致。如果水分亏缺持续一个以上的生长季节，林木的树冠将出现衰退。树冠上部的枝条将出现回枯，逐渐向下以致使大枝枯死。苗木和幼树特别是当年定植的幼树，在严重干旱季节会发生萎蔫或死亡。干旱期与干旱症状的出现之间常有一段时间的迟滞，这给干旱胁迫的诊断造成一定的困难。由于水分亏缺可能在晚夏和秋季对根系造成广泛的损害，当年树木的叶片上可能不出现任何症状。但是，当年干旱的影响可能表现在来年的树木上，而翌年的降水可能是正常的。因此，了解每年的降水趋势是重要的；对水分胁迫的处理措施应在症状出现之前进行。许多树木种类，尤其是针叶树，干旱症状的出现表明树木的健康状况已经恶化。

土壤水分过多时，土壤孔隙中充满了水分，排除了空气，使植物根部呼吸困难，以致窒息而发生腐烂。由于土壤中缺氧，使得嫌气性细菌活跃，在土壤中产生亚硝酸盐等有毒物质，直接毒害植物根部。此外，根细胞直接受缺氧的损害，丧失选择透性，使有毒的金属进入植物体内。同时部分根的死亡对兼性寄生菌的生长有利，这些菌的作用使植物根系腐烂。水分过多常常是由于地势低洼，雨季局部积水，地下水位过高，林地沼泽化等原因引起的。

各种树木的耐水能力是不同的。核桃、板栗、悬铃木、青桐、合欢等树木不耐水湿，而柳树、杨树、枫杨等树木则耐水湿。

防止水分过多或不足，在苗圃中主要是及时进行排水和灌溉，造林地应根据土壤条件选择适合的树种。

6.2.6 盐性土引起的林木病害

在沿海新围垦地区，土壤含盐量很高，须经雨水或灌溉水淋溶之后才能种植树木或作物。在内陆雨量较少地区，常因蒸发量大而使盐分在表土层积累。盐对植物的影响有三方面：一是钠和氯吸收与积累对植物内部的直接影响。把氯化物转移到活跃生长部位的过程在植物叶片和枝条中浓缩了有毒的氯离子，而钠则取代了植物根系对钾的吸收。盐对植物的第二个效应来自土壤结构的改变。土壤中钠离子的积累取代了吸引到土壤颗粒表面的其他离子，结果导致土壤颗粒间力的改变，土壤空隙减少，缺少植物所需的矿物元素。盐的第三个效应在于土壤水分的有效性。土壤盐分提高了土壤溶液的渗透压，阻碍植物根系对水分的吸收。

通常在春季即可看到盐害的症状。症状表现依植物种类和盐分吸收的方式而异。在针叶树上，低浓度的盐分引起针叶叶尖褪绿和变褐，高浓度下则整个针叶变褐。通常枝上的芽仍然是活的，结果春季新一轮的生长维持了进行光合作用的叶片。到晚夏时，前一年冬季变褐的针叶开始脱落，树木看上去相当健康，只是树冠显得有些稀疏。

在阔叶树上，盐害表现为叶片边缘褪色、变褐，叶片集中在主干和大枝上，树冠外围小枝上的叶片枯落，小枝常常回枯。

在盐性土地区，应选用耐盐的作物和树种栽培。刺槐、苦楝、桑树、挪威槭等较耐盐害，白松、糖槭则对盐害敏感。应避免将树木种植到公路路面径流积累盐分的土壤中。

6.2.7 综合因子引起的林木病害

(1) 杉木黄化病(Chlorosis of China fir)

【分布及危害】 杉木黄化病在湖南、福建、广东、广西、江西、湖北、安徽、四川、云南、江苏等地均有不同程度的发生，受害植株生长缓慢，严重发生区成片枯死，直接影响杉木生产的发展。

【症状】 受害植株以幼苗、幼树为主。地上部分主要表现为针叶由下向上、由内向外逐渐发黄。黄化初期，春季尚能返青，新梢还继续生长，到8月间黄化才逐渐明显。但病情严重者5、6月间就开始出现黄化现象，这些杉树到春季很迟才慢慢返青或完全不能返青，随着病情的加重，病株新梢生长逐渐减少或完全不能抽新梢，生长停滞。

同时根系也会发生病变，在土壤含水过多的林地，须根、侧根甚至主根也逐渐变褐腐烂，病根皮层极易剥离，导致地上部分针叶黄化、枯死，甚至全株枯死。在土壤贫瘠非积水地区，主、侧根不腐烂，但吸收根很少，黄化植株不易枯死，但多成为"小老头"树。

【病原】 杉木黄化病为生理性病害，由多种非生物因素引起，主要有下述几个方面：

① 土壤肥力差、贫瘠 杉木生长需要较肥的土壤，在氮、磷、钾缺乏的林地很容易发生黄化。福建、浙江等地调查结果显示，造林地位于山顶、陡坡上，造林整地差，造林后未及时抚育，杂草灌木丛生，或造林密度过大、林间套种年限过长等均会导致肥力不足，致使林木严重黄化。黄化林地的土壤中氮、磷、钾含量都很低，尤其磷的含量更低，比正常林地土壤的含量低80%；另外，随着黄化程度的加重，叶内氮、磷、钾含量也逐渐降低，磷更低，与土壤分析结果基本一致。一般植物缺磷就影响其细胞的构成、分裂及整体的发育和根系的生长；缺氮则生长受到抑制，叶子表现失绿。由此说明，杉木本身缺磷、缺氮是引起黄化病的内因。

② 土壤含水量过低或过高 土壤水分不足，不仅使植株得不到充分的水分以保持正常的生活，而且也降低了植株对矿质营养的吸收，最后表现出黄化现象。在易干旱的山脊阳坡地，保水不好，则黄化严重；干旱季节和年份黄化重，多雨季节及年份则黄化轻。

杉木根系一般较耐水湿，但如土壤含水过多则根系窒息腐烂，是不少地区杉木黄化的重要原因。土壤含水量过高严重减少了根系对营养的吸收范围。同时，易使根系中毒，严重阻碍光合作用的进行。据江西等地材料，一般土壤含水量超过35%的林地，杉木都易黄化。在梅雨季节，土壤处于长时间积水，或地势低洼地积水，导致浅谷撂荒地或水平梯田的杉木林因排水不良而严重黄化。

③ 土壤种类、质地、结构、酸碱度不适宜 贫瘠低丘红壤地区土质黏重，结构不良，不透气，保水保肥力差，养分缺乏，氮、磷不足，杉木黄化明显。石灰性土壤黏重，坚实，通气性差，氮、磷缺乏，土壤偏碱性，造成杉木黄化。杉木适于酸性土壤生长，以pH值4.5~6.5为宜，土壤的pH值小于4.0或大于7.5，均可导致黄化病的发生。

土壤黏重，心土板结，有的还含有较多的锰铁结核，在底下形成一个不透水层，透水透气不良，不仅影响根系分布，而且雨季时因排水不良，导致根系窒息腐烂。

总之，杉木黄化病是杉木所必需的水、肥、土、气、管理等条件得不到满足而引起的。尤其造林几年后，地上部分和地下部分发展失去平衡，肥水得不到满足，出现生理失调，会发生黄化现象。

在某些地区，杉木的黄化可能与弱寄生菌的侵染造成根腐有关。

【防治措施】

① 遵循适地适树原则 造林地应选择土壤肥沃、土层较深厚、疏松、排水良好的地区。对已发生黄化病的杉木林地，应改植其他树种。

② 做好整地垦复 细致整地，最好全面垦复和撩壕，提高造林质量，宜营造混交林。

③ 加强抚育管理 在幼林中可林粮间作，套种绿肥，挖沟压青，施肥改土，增加土壤肥力。在排水不良和土层浅薄的地方应开沟培土，以便雨季能及时排除积水，旱季能

保墒。

(2) 森林衰退病 (Forest decline)

【分布及危害】 森林大面积死亡现象早在 300 余年前在欧洲就已发现, 有文献记载的也已有 100 多年历史。森林衰退病严重发生时会引起大面积森林毁灭, 不仅使林业生产蒙受惨重的损失, 而且对陆地生态系统的稳定, 也构成重大的威胁。近年来森林衰退病已成为林业工作者和植病工作者普遍关注的热门话题。自 20 世纪 70 年代末以来, 美国、加拿大、德国、俄罗斯、澳大利亚、新西兰等许多国家的森林普遍发生衰退现象, 而且病情发展迅速。我国广东、广西、四川、云南、湖南、湖北、安徽、陕西、黑龙江、吉林等地也出现大面积森林死亡现象, 如四川东部 $6.53 \times 10^4 \text{ hm}^2$ 华山松近三十多年来普遍出现针叶发黄、脱落, 继之枯死, 仅万县在 20 世纪 80 年代中期枯死面积就达 $1.33 \times 10^4 \text{ hm}^2$ 以上; 辽宁中部地区近三十多年赤松、油松受害面积达 $3.33 \times 10^4 \text{ hm}^2$, 其中 $0.33 \times 10^4 \text{ hm}^2$ 以上已全部枯死。

【症状】 森林衰退病的症状包括生长速度慢, 叶稀疏、变小及扭曲, 叶脉变褐色, 叶片过早变黄、脱落, 结果异常增多, 营养物质储备不足等。有的表现为顶尖出现丛枝状, 顶尖分支处肿大, 枝梢枯死, 生长势衰弱, 树冠变形, 球果发育不全, 结果量产籽量减少。整个过程从小枝、细枝、最后到全株, 不定芽萌条常沿着有枯枝的树干生出。一般的症状次序为: 如果衰退由切根、严重落叶引起, 作为应激反应, 侧芽和细枝会首先枯死, 随后出现其他症状; 如果衰退是遭受长期胁迫所致, 如与在紧实土壤中根系发育不良相联系的盐害、缺乏水分, 则可能先出现叶部症状及生长速度放缓, 然后是顶梢枯死等症状。

【病原】 关于衰退病产生的原因有 4 种说法:

① 衰退病是由一种因素长期、持续刺激引起的　这种因素可以是单一病原体或非生物环境的一个成分, 例如, 美国沼地栎 (*Quercus palustris*) 衰退病就是由于铁的吸收量不足所致。

② 衰退病是由于强烈伤害及次生应力引起的　这是植物病理学家和昆虫学家研究食叶害虫对树木衰退病所起的诱发作用后提出的一种概念, 并已经过实践证明。例如, 在美国中部和东部各州的原野和城市森林中, 当栎卷叶蛾、尺蠖或舞毒蛾蔓延成灾时, 引起栎树严重落叶, 造成强烈伤害; 又因在同一季节中树木二次绽芽发叶, 消耗大量树体的储备养分, 使树木生长势显著下降。这种状况持续两年, 则易受根朽菌如多种蜜环菌 (*Armillaria* spp.) 及次生性昆虫, 如双条栗吉丁 (*Agrilus bilineatus*) 侵袭, 引起进一步的伤害, 结果是根腐、梢枯等衰退病症状日趋明显, 最终导致栎树死亡。

③ 衰退病是由多种致病因素共同作用引起的　这一概念先由 Sinclair (1965—1967) 提出, 后经 Manion 加以补充和发展, 建立了三步链反应模式。这个模式的特点是将致病因素分为三组, 即诱发因素、激化因素和促进因素, 也可以说衰退病发生是经过有顺序的、渐进的三个阶段。诱发因素对林木长期、缓慢地施加影响, 使林木生长势下降, 例如, 气候不适、土壤不良、树龄增大、遗传潜力、病毒等; 激化因素则是在短期内对林木产生剧烈作用, 通常引起枝梢枯死, 例如, 食叶害虫、晚霜、干旱、空气污染等; 促进因素是在林木经过诱发和激化因素的作用, 并丧失其对弱寄生物的抵抗能力后, 对枝、干、根等都

进行侵袭，逐步导致林木死亡，例如，弱寄生性病原真菌、次生性害虫、线虫、病毒等。在上述三组致病因素中，有些可以互换，例如，病毒既是诱发因素，也是促进因素；又如，空气污染既是诱发因素，也是激化因素等。

④ 同步的群体衰老　这一概念由 Mueller-Dombois 等提出，先是用来解释在夏威夷森林中的树木(*Metrosideros collina*)衰退病，后又说明了在北美洲森林中的各种林木衰退病，其主要内涵是这些林木的年龄相似，且共同生长，表现出群体的特性和行为，到长大时，会承受环境中的各种应力，特别是季节性的水分不足，像干旱或高温引起的应力。当达到一定的程度，这些林木很可能同时趋于老弱并逐渐衰退，这种现象称为同步的群体衰退。以后由于病原真菌和害虫的侵袭，促进衰退病的发展，导致林木死亡。

森林衰退病病原的 4 种说法，除第一种是说明衰退病主要由单一因素引起外，其他三种都是阐述衰退病系由多种因素共同作用的结果。20 世纪 70 年代末和 80 年代初期，中欧一些地区，由于极端气候条件(干旱)的影响，加上严重的空气污染，突然发生了大面积的森林衰退病。这些受灾的森林，从生态学观点来看，大都是生态系统不稳定，并过重地承受各种内在应力，例如，土层浅薄、土壤酸化、养分缺少、水分供给不足以及抚育管理不当等，致使林木生长势显著下降，此时最易感受外在的应力，例如，空气污染的伤害，以后又由于病菌和害虫的侵袭，促使衰退病发生。可见在森林生态系统发展中，生态环境的变化，似乎是影响衰退病的重要条件。

【防治措施】　林木衰退病是多种因素综合作用的结果，因此森林衰退的防治将是一个艰巨的系统工程。陈守常提出了森林生态治理的设想：森林生态治理是综合治理的重要组成部分，针对林木衰退病的特征，通过合理的林业经营管理活动，协调和调整森林群落的生态环境，保持和恢复良好的森林生物动态平衡，从而抑制病原菌种群的大幅度增长，以达到有效控制林木病害形成灾害的目的。森林生态治理包括生态地理区划、森林培育技术和经营管理 3 个部分，它贯穿于林业生产各个环节：

① 进行生态地理区划　对影响森林病害的各种生态条件(森林类型、立地条件、气候因子等)进行合理区划和造林设计，以便分区实施。

② 运用合理的森林培育技术　选择优良品种，营造混交林，因地制宜，适地适树，密度适中，保证育苗和造林质量。

③ 加强管理　及时抚育，清除衰弱木、重病木，保持良好的林木卫生状况并使之健康生长。因环境污染而引起林木污染的地区，还应考虑抗污染树种的选择、隔离带的配置及污染治理等措施。

本章小结

非侵染性病害是由环境中不利于植物生长发育的物理和化学因素所直接引起的植物病害。林木在其生长的过程中，经常受到各种不利环境因素的影响，当树木不能适应这些胁迫因素时，即表现病态。一般表现为叶片发黄、枯斑、畸形、落花、落果、枯死和其他生长不正常的现象。通常是全株性的，无病征出现。同地形、地势、土质及方位等特点有较密切的关系。在田间分布比较均匀，无发病中心。

由于缺少树木对各种环境因素适应范围的资料，非侵染性病害的诊断常常比较困难。非侵染性病害的诊断一般要进行现场调查，根据病害的症状、发生的时间、分布状况、环境条件等判断病害的性质，必要时采集病组织进行分离和人工诱发检验。

非侵染性病害与侵染性病害是有区别的，但两者又是相联系的。非侵染性病害可以为病原生物开辟侵入途径，使得植物易受病原物的侵染；反过来，侵染性病害有时也削弱了植物对环境的适应性，使得植物易感非侵染性病害。

防治非侵染性病害的途径主要是改善环境条件，消除致病因素。适地适树，采用合理的林业技术措施，促使林木健康生长。

大气污染物主要包括二氧化硫、氟化物、臭氧、酸雨、氯气等有害气体和液态物质。这些污染物对植物造成不同的危害状；不同植物种类对这些污染物的适应程度不同。在污染区域栽植抗污染树种可以降低病害的危害程度，而消除污染物是防治这类病原造成植物病害的根本途径。

植物正常的生活中需要各种必需的矿质元素，当植物缺乏某种必需元素时就会表现出症状。缺素症的防治关键在于正确的诊断，然后补充植物所缺少的元素种类。生产过程中用药不当常造成植物的病害或伤害。引起药害的因素有药剂、植物和环境条件。施药时必须综合考虑这些因素，确定适宜的施药方案，避免药害的发生。在盐碱地，应选用耐盐的树种栽培。

根据形成的原因、表现症状的不同，温度不适宜可分为寒害、冻害、霜害、冻举（冻拔）、冻裂和生理干旱等低温危害和灼伤等高温危害。在林地温度易于变化，林木常因温度不适宜出现不正常的变化。适地适树，栽植抗逆性强的树种和品种，加强抚育管理，保持林地生态环境稳定，可以降低树木因温度不适宜出现病害的风险。

由综合因子引起的树木病害，常表现为叶片稀疏、发黄、枝梢枯死、根系发育不良，树木生长势减退等症状。这类病害是多种因素共同作用的结果，应采取综合措施治理。

复习思考题

1. 什么是非侵染性病害？
2. 怎样诊断非侵染性病害？
3. 林木的非侵染性病害与侵染性病害有何区别和联系？
4. 怎样防治林木非侵染性病害？
5. 引起林木病害的大气污染物主要有哪些？举例说明大气污染物造成的林木病害的症状、危害机制、环境因子与林木受害程度的关系、不同树种对污染物的抗性差异等。
6. 什么是酸雨？酸雨对森林植物产生何种影响？
7. 什么是缺素症？哪些环境因素影响树木对营养元素的吸收？
8. 举例说明由于缺素导致树木黄化。
9. 哪些因素影响药害的发生？
10. 温度不适宜引起的植物病害有哪些表现形式？
11. 试述杨树破腹病发生的原因。

12. 杉木黄化病的发生与哪些因素有关？
13. 什么是森林衰退病？试分析森林衰退病发生的原因。

推荐阅读书目

1. Manion P D. Tree Disease Concepts[M]. 2nd. edition. Englewood Cliffs：Prentice-Hall，1991.

2. Sinclair W A, Lyon H H. Diseases of Trees and Shrubs[M], 2nd. edition. Comstock publishing associates, Cornell University Press, Ithaca and London. 2005.

3. 杨旺. 森林病理学[M]. 北京：中国林业出版社. 1996.

参考文献

白锡川，沈佰鹤，沈玉丽.2000.夏季桑赤锈病大面积流行原因的分析[J].中国蚕业(2)：24-25.
白锡川，杨咏钢，柳丽萍，等.2007.影响桑赤锈病初次发病率因素的分析[J].浙江农业学报，19(6)：454-456.
白锡川，朱燕，沈汉初，等.2012.桑赤锈病的研究及防治进展[J].江苏蚕业(1)：9-13
鲍绍文，陶万强，田呈明，等.2001.黄栌与大丽轮枝菌互作的组织病理学变化[J].林业科学，47(2)：58-65
蔡国贵.1998.福建省毛竹枯梢病的监测调查及检疫防除[J].植物检疫，12(2)：70-72
蔡红，杨根华，孔宝华，等.2007.应用分子生物学方法检测植原体研究进展[J].云南农业大学学报，17(2)：188-191
蔡秋锦，宋漳，龚其锦，等.1990.杉木半穿刺线虫病的研究（Ⅰ）病原线虫鉴定[J].福建林学院学报，10(1)：1-6
蔡秋锦，龚其锦，林邦超，等.1990.杉木半穿刺线虫病的发现与研究（Ⅱ）生活史、自然消长及生物学[J].福建林学院学报，10(2)：89-95.
蔡秋锦，龚其锦，林邦超.1990.杉木半穿刺线虫病的研究[J].林业科学，26(6)：506-514.
蔡秋锦，林邦超，陈长雄，等.1998.杉木半穿刺线虫寄主及混交林效应研究[J].福建林学院学报，18(1)：8-11.
蔡秋锦，林邦超，罗婉珍，等.1999.杉木家系对杉木半穿刺线虫抗病性研究[J].福建林学院学报，19(1)：1-3
蔡秋锦，罗婉珍，陈长雄，等.1998.植物性杀线剂的提取与毒杀效果[J].福建林学院学报，18(4)：291-293
蔡三山，陈京元.2007.杨树花叶病毒研究进展[J].湖北林业科技(2)：36-38
蔡志英，李加智，何明霞，等.2009.三种热雾剂对橡胶树炭疽病大田防治试验[J].热带农业科技，32(3)：10-11.
蔡志英，李加智，王进强，等.2008.橡胶胶孢炭疽菌和尖孢炭疽菌对杀菌剂的敏感性测定[J].云南农业大学学报，23(6)：787-789.
曹秀文.2000.粗枝云杉、青海云杉叶锈病病原及转主寄主研究[J].中南林学院学报，20(2)：78-80.
曹支敏.1999.秦岭锈菌[M].北京：中国林业出版社.
曹支敏，杨俊秀，田呈明，等.1996.秦岭树木锈菌[J].西北林学院学报，11(1)：91-98.
曹支敏，余仲冬，潘延平，等.2005.中国落叶松-杨栅锈菌(*Melampsora larici-populina* Kleb.)生理小种分化[J].植物病理学报，35(2)：184-186.
曹支敏，周芳，杨俊秀.1991.杨树溃疡病流行规律与测报研究[J].森林病虫通讯(3)：5-9.
柴晓玲，钱振官，李涛，等.2005.桑葚菌核病发病症状及防治技术研究[J].上海农业学报，21(4)：132-13.
常乃庆，王永民，佟影，等.1991.落叶松落叶病发生指标和防治指标的研究[J].林业科学研究，4(2)：128-131.
车海彦，刘先宝，符瑞益，等.2008.海南苦楝丛枝病植原体核糖体蛋白基因片段序列分析[J].西北农林科技大学学报，36(12)：83-87.
陈保光，张颖，赖永梅，等.2004.合欢枯萎病的发生与防治[J].防护林科技，(增刊)：132-140.

陈凤毛, 汤坚, 叶建仁, 等. 2005. 松材线虫病鉴定方法与评价[J]. 安徽农业大学学报, 32(1): 22-25.
陈汉章, 陈惠敏, 刘志中, 等. 2013. 肉桂粉实病的综合防治措施的研究[J]. 哈尔滨师范大学自然科学学报, 29(2): 72-76.
陈惠敏, 宋漳, 俞亮, 等. 2002. 肉桂粉实病发生、病原生物学及药效试验[J]. 福建林学院学报, 22(2): 176-179.
陈京元, 罗治建, 赵升平, 等. 2007. 马尾松赤落叶病的流行规律[J]. 林业科技开发(1): 40-42.
陈鹏, 刘宏屏, 王达明, 等. 2006. 云南油桐黑斑病危险性分析[J]. 林业调查规划(31): 116-118.
陈全助. 2013. 福建桉树焦枯病菌鉴定及其诱导下桉树转录组和蛋白组学研究[D]. 福州: 福建农林大学.
陈全助, 郭文硕, 叶小真, 等. 2013. 福建省桉树焦枯病菌分类鉴定[J]. 福建林学院学报, 33(2): 176-182.
陈守常. 2008. 五针松疱锈病综合治理与抗病育种[J]. 四川林业科技, 29(3): 20-25.
陈守常, 朱天辉, 杨佐忠. 2006. 四川森林病害[M]. 北京: 中国林业出版社.
陈伟群. 1997. 链格孢及其相似属代表种的分子系统学研究[D]. 西北农业大学.
陈先中. 2005. 杨树烂根病病原生物学特性及与环境因子的关系[D]. 南京林业大学.
陈振佳. 1998. 中国咖啡锈菌(Hemileia vastatrix)生理小种研究[J]. 菌物系统, 17(1): 21-28.
程东升, 薛煜, 邵力平, 等. 1994. 利用酯酶同工酶区分松干及松针锈病病原菌[J]. 森林病虫通讯(3): 4-16.
程继鸿, 秦岭, 高遐红. 1997. 板栗抗栗疫病的研究进展[J]. 北京农学院学报, 12(2): 77-82.
池玉杰. 2003. 木材腐朽与木材腐朽菌[M]. 北京: 科学出版社.
崔昌华, 郑肖兰, 郑服丛. 2006. 不同来源橡胶树炭疽病菌对5种杀菌剂的敏感性测定[J]. 热带农业科技, 29(2): 7-11.
戴芳澜. 1979. 中国真菌总汇[M]. 北京: 科学出版社.
戴玉成. 2005. 异担子菌及其病害防治的研究现状[J]. 林业科学研究, 18(5): 615-620.
戴玉成. 2008. 中国林木病原腐朽菌图志[M]. 北京: 科学出版社.
邓才富, 申明亮, 章文伟, 等. 2007. 牡丹紫纹羽病病原菌的生物学特性及其防治[J]. 中国农学通报(5): 342-345.
邓玉森, 陈孝林, 林松煜, 等. 1997. 桉树焦枯病病原菌特性的观察[J]. 广东林业科技, 13(1): 30-35.
丁爱云, 郑继法, 万平平, 等. 2002. 山东省桑树细菌性疫病的发生与防治研究[J]. 蚕业科学, 28(3): 185-189.
丁宝堂, 王乃红, 石德田. 2001. 果树根癌病的发生与防治[J]. 林业科技通讯(9): 43.
丁正民, 金平一. 1980. 刚竹支原体的研究 I 刚竹鸟巢病株中支原体的发现[J]. 上海农业科技(1): 31-33.
董重武. 1989. 松、杉苗木猝倒病的发生规律及其防治[J]. 湖北林业科技(1): 26-27.
樊后保. 2003. 酸雨与森林衰退关系研究综述[J]. 福建林学院学报, 23(1): 88-92.
范俊秀. 2002. 国外森林保护先进思想和有益做法对我国森林病虫害防治工作之借鉴[J]. 山西林业(2): 28-29.
方太升; 刘世骐. 1992. 马尾松和黄山松疱锈病病原及转主的研究[J]. 真菌学报, 11(3): 243-246.
冯淑芬, 刘秀娟, 王绍春, 等. 1998. 橡胶炭疽病流行规律研究[J]. 热带作物学报, 19(4): 39-45.
冯淑芬, 刘秀娟, 郑服丛, 等. 1998. 橡胶树炭疽菌生物学和侵染特征研究[J]. 热带作物学报, 19(2): 7-12.

冯雪, 梁奎景, 王茜, 等. 2014. 合欢枯萎病病原菌的生物学特性研究[J]. 北方园艺 (2): 128-123.
冯贻标. 1981. 葡萄根癌病发生规律与防治的研究[J]. 葡萄科技 (2): 14-19.
冯莹, 韩正敏. 2007. 杨树与杨盘二孢菌激发子互作进程中活性氧的释放及膜脂过氧化[J]. 林业科学, 43(1): 68-71.
付文斌, 袁虹, 张元山, 等. 2000. 青海云杉球果生命表研究[J]. 北京林业大学学报, 22(5): 73-77.
付作霖, 高智辉, 王云果, 等. 2008. 云杉锈病病原菌畸形金锈菌风险性分析[J]. 西北林学院学报, 23(6): 138-141.
傅本重, 王立华, 李国元, 等. 2014. 板栗实腐病菌 rDNA-ITS 的 RFLP 和测序分析[J]. 经济林研究, 32(2): 9-13.
高爱琴, 梁英梅, 吐拉布比. 1999. 松苗立枯病防治试验[J]. 西北林学院学报, 14(3): 97-100.
高步衢. 1998. 森林植物检疫[M]. 北京. 中国科学技术出版社.
高国平, 王月. 2004. 油松落针病的病原菌生物学特性及其侵染循环[J]. 东北林业大学学报, 32(6): 87-88.
高克祥, 刘晓光, 郭润芳, 等. 2001. 木霉菌对杨树树皮溃疡病菌颉颃作用的研究[J]. 林业科学, 37(5): 82-89.
高玉海, 薛煜, 姜俊清. 1996. 鞘锈菌夏孢子表面超显微结构电镜观察[J]. 东北林业大学学报, 24(1): 102-107.
高玉海. 1987. 红松松针锈病的研究[J]. 东北林业大学学报, 15(3): 8-14.
葛玉祥, 何蒙德. 1988. 樟子松针锈病病原菌的研究[J]. 林业科学, 24(4): 509-510.
弓明钦, 陈羽, 王凤珍. 2004. AM 菌根化的两种桉树苗对青枯病的抗性研究[J]. 林业科学研究, 17(4): 441-446.
弓明饮, 陈羽, 王凤珍, 等. 1999. 外生菌根对桉树青枯病的防治效应[J]. 林业科学研究, 12(4): 339-345.
宫永红. 2012. 核桃细菌性黑斑病研究进展[J]. 北方果树(6): 1-4.
龚标勋. 1998. 咖啡锈病及其防治[J]. 植物保护 (1): 47.
顾雅君, 唐兆宏, 张瑞英. 2007. 蜜环菌在森林病理学上的作用[J]. 中国食用菌, 26(1): 15-16.
郭林, 周与良. 1991. 油盘孢属和泽田外担菌的研究[J]. 真菌学报, 10(1): 31-35.
郭文硕. 1992. 油桐品种抗黑斑病机制与超氧物歧化酶之关系[J]. 植物病理学报, 106.
国家林业局编. 2005. 中国林业检疫性有害生物及检疫技术操作办法[M]. 北京: 中国林业出版社.
韩兵, 朴春根, 汪来发, 等. 2007. 中国松材线虫病的发生现状及治理对策[J]. 林业科学, 23(2): 146-150.
韩剑, 罗明, 徐金虹, 等. 2014. 枣疯病植原体 TaqMan 探针实时荧光定量 PCR 检测方法[J]. 植物保护, 40(5): 111-116.
韩正敏, 李传道, 黄敏仁. 1998. 我国杨生褐盘二孢菌菌株比较[J]. 林业科学, 34(3): 59-65.
韩正敏, 叶建仁, 李传道, 等. 1991. 国外松松针褐斑病流行的区域性分析[J]. 南京林业大学学报, 15(3): 6-11.
韩正敏, 尹佟明. 1998. 杨树过氧化物酶活性、气孔密度和大小与黑斑病抗性的关系[J]. 南京林业大学学报, 22(4): 91-94.
郝芳. 2009. 油茶根腐病原菌及其 PCR 快速检测技术研究[D]. 中南林业科技大学.
郝祥国. 2013. 根结线虫病防治措施[J]. 宁夏农林科技, 54(2): 125-126.
何秉章, 侯伟宏, 刘乃诚, 等. 1995. 云杉芽锈病的研究[J]. 东北林业大学学报, 23(4): 111-114.
何秉章, 侯伟宏, 刘乃诚, 等. 1994. 樟子松松针锈病的研究[J]. 东北林业大学学报, 22(6): 7-12.

何礼远，康耀卫．1995．植物青枯菌致病机理[J]．自然科学进展—国家重点实验室通讯，5(1)：7-16

何美军，谭玉凤，吴云鹏．2007．五针松疱锈病研究进展[J]．防护林科技(2)：56-59．

何学友，杨宗武．1995．杉木不同种源细菌性叶枯病抗性人工接种测定[J]．福建林业科技，22(增)：83-87．

和波益，白如礼．1999．福贡县油桐林油桐黑斑病的成因及防治措施[J]．云南林业科技(3)：45-47．

和志娇，蔡红，陈海如，等．2005．云南泡桐丛枝病植原体核糖体蛋白基因片段序列分析[J]．植物病理学报，35(6)：18-21．

和志娇．2006．两个苦楝丛枝病植原体株系的比较鉴定[D]．昆明：云南农业大学．

河北省林业厅．1999．森林植物检疫[M]．北京：中国环境科学出版社．

贺伟，沈瑞祥，王晓军．2001．北京地区板栗实腐病病原菌的致病性及侵染过程[J]．北京林业大学学报，23(2)：36-39．

贺伟，尹伟伦，沈瑞祥，等．2004．板栗实腐病潜伏侵染和发病机理的研究[J]．林业科学，40(2)：96-102．

贺新生，刘超洋，林琦，等．2011．竹类煤烟病大型病原菌——海绵胶煤炱菌的分子鉴定[J]．福建林学院学报(4)：363-365．

侯保林，张志铭，杨兴民，等．1988，河北板栗种仁斑点类病害研究[J]．河北农业大学学报，11(2)：11-21．

侯立华，黄新，朱水芳，等．2010．枣疯病植原体实时荧光定量PCR检测方法的研究[J]．生物技术通讯，21(1)：70-72

胡国良，俞彩珠，华正媛．2005．竹子病虫害防治[M]．北京：中国农业科学技术出版社．

胡红莉．2004．五针松疱锈病国内研究概况[J]．西南林学院学报，24(4)：73-78．

胡炎兴．1996．中国真菌志．小煤炱目I[M]．北京：科学出版社．

胡征平．2004．雪松几种病虫害的发生及防治方法[J]．江西植保，27(4)：171-172．

花锁龙．1989．雪松枯梢病的研究[J]．林业科学研究，2(1)：47-54．

荒木隆男，许云龙．1983．紫纹羽病和白纹羽病的发生与土壤条件关系的研究[J]．河北林业科技(3)：38-40．

黄家标，高岗峰，张登强，等．1996．影响杉木炭疽病发生的主要因子分析[J]．南京林业大学，20(2)：39-43．

黄世钰，王建国．1983．刺槐干腐病的研究[J]．林业科学，19(4)：366-370．

黄世钰，朱晓鲁，杨建．1993．雪松疫霉根腐病药剂防治试验初报[J]．江苏林业科技(3)：41-44．

黄世钰．1988．雪松黄化现象的发生及其防治[J]．江苏林业科技(1)：33-34．

黄世钰．1988．雪松疫病的初步研究[J]．江苏林业科技(3)：24-28．

黄新华．2000．百菌清等3种药剂防治油茶炭疽病药效试验[J]．江西林业科技(2)：18-19

霍玉林，李广武．1990．烟台赤松衰弱与死亡因子的探讨[J]．森林病虫通讯(3)：21-22．

贾克锋，汪剑林，华正媛，等．2002．毛竹基腐病发生状况及防治对策[J]．浙江林业科技，22(4)：69-72．

蒋军喜，赵玉琼，李庚花，等．2004．金丝桃叶尖焦枯病病原初步研究．江西农业大学学报，26(5)：767-769．

金开璇，蔡希灼，阿·丝·诺耒斯，等．1982．苦楝丛枝病类细菌(BLO)、类菌原体(MLO)的电镜观察[J]．林业科学(4)：78-80．

景耀，陈辉，岳朝阳．1993．马尾松针叶锈病的研究[J]．中国森林病虫，22(1)：1-4．

景耀，王培新．1988．马尾松疱锈病菌及转主寄生的研究[J]．真菌学报，7(2)：112-115．

景耀,杨俊秀,王培新.1988.杨树病害[M].西安:陕西科学技术出版社.

邝炳朝,郑淑珍.1992.抗锈病3070、3072号柚木种源的选择[J].林业科学研究,5(3):290-297.

赖永梅,钱华锐,李宁,等.2006.青岛市小叶黄杨白纹羽病的发生规律及防治[J].农业科技与信息(现代园林)(11):63-64.

雷增普.1993.北京地区黄栌黄萎病病原菌的研究[J].北京林业大学学报(3):88-92.

李宾,李爱宁,魏强,等.2015.欧美杨细菌性溃疡病菌hrcJ基因的功能分析[J].林业科学,51(12):71-78.

李国清,陈帅飞,吴志华,等.2014.中国桉树焦枯病病原菌物种多样性及致病力初步分析[J].热带作物学报,35(6):1183-1191.

李国清,吴志华,谢耀坚,等.2013.国内外桉树焦枯病研究进展[J].桉树科技,30(1):45-50.

李国元,邓青云.2004.红栀子白纹羽病发生规律及综合防治[J].孝感学院学报(6):35-37.

李海炎,王力荣,曹珂,等.2015.桃根系与南方根结线虫早期互作的组织病理学研究[J].园艺学报,42(6):1040-1048.

李河,郝艳,赵胜利,等.2009.油茶白朽病菌ITS基因的克隆及序列分析[J].西北林学院学报,29(2):40-42.

李河,周国英,徐建平,等.2014.一种油茶新炭疽病原的多基因系统发育分析鉴定[J].植物保护学报,41(5):602-607.

李河,周国英,徐建平.2015.一种新油茶炭疽病原多基因序列鉴定[J].植物保护,41(2):92-96.

李俊文.1992.黄栌黄萎病病原的研究[J].林业科技通讯,21-24.

李兰英.2006.松材线虫病研究进展[J].浙江林业科技,26(5):74-80.

李兰珍,杨弘平,姜忠林,等.1993.落叶松落叶病生物农药防治技术的研究[J].东北林业大学学报,21(3):1-6.

李四有,邱学俊.2012.丙环唑防治橡胶树红根病田间试验[J].热带生物学报,3(4):325-328.

练飞,华美霞,许静.2009.云和雪梨3种根部病害发生规律及其防治[J].中国南方果树,38(2):59-60.

梁军,张星耀.2005.森林有害生物生态控制[J].林业科学,41(4):168-176.

梁英梅,田呈明,张星耀,等.2000.猕猴桃细菌性溃疡病发病规律研究[J].林业科学研究,13(专):119-124.

梁英梅,张星耀,田呈明,等.2000.陕西省猕猴桃枝干溃疡病病原菌鉴定[J].西北林学院学报,15(1):37-39.

辽宁省林业学校主编.1982.森林病理学[M].北京:中国林业出版社.

廖太林,杨晓军,安榆林,等.2005.美国栎树上传播枯萎病的几种重要露尾甲[J].植物检疫,19(1):37-38.

廖太林,叶建仁.2006.中国南方松树枯梢病地域分布的气候分区[J].林业科学研究,19(5):643-646.

廖太林,叶建仁,李百胜,等.2004.浅述林木病媒昆虫检疫的重要性[J].植物检疫(02):94-97.

林长春.2003.毛竹枯梢病的研究进展[J].竹子研究汇刊,22(2):25-29.

林春花,孙董董,韩丹,等.2014.中国橡胶树苗圃2种炭疽病菌分子鉴定及分布分析[J].热带作物学报,35(9):1802-1808.

林锦枫.2000.大连地区日本黑松大面积枯枝原因浅析[J].森林病虫通讯(4):45-46.

林木兰,张春立,杨继红,等.1994.核酸杂交技术检测泡桐丛枝病菌原体[J].科学通报,39(4):376-379.

林庆源,林强,黄吉力,等.1999.毛竹枯梢病发生与林分及立地条件的关系[J].林业科学研究,12(6):628-632.
林庆源.2001.毛竹枯梢病的综合治理技术[J].南京林业大学学报,25(1):39-43.
林文力,牟海青,赵文军,等.2010.枣疯病植原体tuf和rp基因的克隆与序列分析[J].微生物学报,50(10):1313-1319.
林雪坚,吴光金.1987.水竹丛枝病的研究症状和病原[J].中南林学院学报(7):132-135.
林雪坚,吴光金.1993.桉树青枯病病原菌的研究[J].湖南林业科技,20(2):6-10.
刘爱英,梁宗琦,康冀川.2002.茶饼病菌分生孢子阶段分离培养及其发酵液对植物的刺激作用[J].菌物系统,21(3):437-439.
刘碧荣.1979.杨树腐烂病的研究:有性世代在侵染中的作用[J].北京林学院学报(1):69-73.
刘成,李俊才,许雪峰,等.2009.梨黑星病研究进展[J].北方园艺(6):119-124.
刘刚,佟万红,王小芬,等.2006.桑树萎缩病发生规律及综合防治措施[J].中国蚕业,27(1):85-86.
刘洪波,史冬辉,陈旭华,等.2013.木麻黄青枯病研究进展[M].浙江林业科技,33(1):68-73.
刘焕芳,段成国,陈学森,等.2002.核果类果树根癌病菌寄主范围及抗性研究初报[J].北方果树(5):4-7.
刘会香,景耀,赵仕光,等.1997杨树溃疡病菌三菌系形态和生理学特性的研究[J].西北林学院学报,12(3):18-23.
刘建锋,孙云霄.2004.松树枯梢病发生规律研究进展[J].广东林业科技,20(3):60-63.
刘建峰,杨五烘,李敦松,等.1995.肉桂新害虫泡盾盲蝽的生物学特性及防治研究[J].广东农业科学(1):36-39.
刘建华,李秀生,吕东林,等.1993.板栗实腐病研究初报[J].森林病虫通讯(3):9-11.
刘莉,王西锐.2008.桑葚菌核病的发生与防治[J].陕西农业科学(5):201-202.
刘三宝.2011.油茶根腐病病原学初步研究[D].武汉:华中农业大学.
刘世彪,李勇,龙华,等.2012.油茶叶肿病子房瘿体和叶片瘿体的形态结构特征观察[J].西北植物学报,32(9):1752-1757.
刘世骐.1999.国外森林衰退病病原的若干概念[J].森林病虫通讯(5):38-39.
刘素青.1996.西双版纳咖啡锈菌夏孢子萌发速率的测定[J].云南热作科技,19(3):22-23.
刘文楠,南太揸.2011.青海云杉叶锈病病原及转主寄主初步研究[J].安徽农学通报,17(13):127-129.
刘锡琎,魏安靖,樊尚仁,等.1981.油茶软腐病病原菌的研究[J].微生物学报,21(2):154-163.
刘晓光,高克祥.1994.杨树细菌溃疡病的研究概况[J].河北林学院学报,9(3):261-265.
刘艳,叶建仁.2003.松树枯梢病潜伏侵染的研究[J].林业科学,39(4):67-72.
刘永军,郭学民,安红丽.2002.抗根癌菌剂I号对桃根癌病的生物防治[J].河北果树(6):1-12.
刘振坤,张新平,岳朝阳,等.1991.云杉雪霉病的病原菌研究[J].林业科学研究,4(4):400-404.
刘振坤,张新平,岳朝阳,等.1992.中国寄生云杉的顶裂盘菌及其无性阶段[J].真菌学报,11(3):198-206.
刘振坤,张新平,岳朝阳.1994.多菌灵在云杉幼苗和土壤中的残留动态[J].林业科学,30(1):44-49.
卢全有.2010.桑树黄化型萎缩病植原体延伸因子基因的克隆及序列分析[J].植物保护,36(5):43-46.
卢全有,夏志松.2006.桑花叶型萎缩病病原研究初报[J].蚕业科学,32(2):249-251.

陆燕君，李桂林，张秉新，等.1990. 山东杨树大斑溃疡病研究[J]. 山东农业大学学报，21(3)：23-30.

罗大全，车海彦，刘先宝，等.2008. 苦楝丛枝病植原体海南株系SecY基因序列分析及亚组分类[J]. 热带作物学报，29(6)：799-802.

罗大全，车海彦，刘先宝，等.2008. 海南苦楝丛枝病植原体的分子鉴定[J]. 热带作物学报，29(4)：522-524.

罗建华，易观路，林国荣.2004. 七种杀菌药物对桉树紫斑病的防治试验[J]. 广西林业科学，33(3)：153-154.

罗孟军，朱天辉.2001. 枯斑盘多毛孢菌生物学特性研究[J]. 四川林业科技(3)：15-18.

罗卓军，吴少伟，郭培照，等.2011. 十三吗啉防治橡胶树根病效应总结[J]. 中国热带农业(1)：58-59.

吕康生，黄志平，陆小妹，等.2011. 油茶半边疯的危害分析与控制技术[J]. 广西林业科学，40(3)：186-188，242.

马德钦，林应锐，周娟，等.1985. 我国葡萄根癌土壤杆菌的生化型与质粒类型的初步研究[J]. 微生物学报(25)：45-53.

马德钦，王慧敏.1995. 果树根癌病及其生物防治[J]. 中国果树(2)：42-44.

马海宾，康丽华，江业根，等.2011. 我国木麻黄青枯病防治研究进展与对策[M]. 防护林科技(5)：44-48.

梅汝鸿，陈宝琨，陈璧，等.1991. 板栗干腐病研究：Ⅱ症状及病原[J]. 中国微生态学杂志，3(1)：75-79.

孟繁荣，韩君玲，马玲.1986. 山杨灰斑病病原菌的研究[J]. 东北林业大学学报(14)：77-85.

倪琳，贺伟，常聚普，等.2014. 林分因子和气象因素对欧美杨溃疡病发生的影响[J]. 中南林业科技大学学报，34(8)：53-58.

倪杨，陈敏，郭利民，等.2010. 黑杨无性系苗期生长性能和叶部病害抗病性研究[J]. 安徽农业科学，38(12)：6519-6521.

庞联东，庞万伟，曾伟琼，等.2001. 桉树焦枯病药剂防治试验[J]. 植物检疫，15(5)：273-275.

潘彩霞，牛素华，罗晓明，等.2011. 驻马店市合欢枯萎病的发生与防治[J]. 现代农业科技(17)：168-171.

潘宏阳.2005. 基因工程在森林病虫害防治中应用(综述)[J]. 安徽农业大学学报，32(2)：207-211.

潘宏阳，吴坚.2001. "九五"期间重大森林病虫害发生动态及原因分析[J]. 中国森林病虫(4)：24-26.

潘学仁，刘传照.1985. 韦氏小毛盘菌生物学特性研究[J]. 东北林业大学学报，13(4)：55-61.

潘学仁，隋超，李玉莲，等.1993. 红松针锈病病原菌种及专化型的研究[J]. 东北林业大学学报，21(6)：31-38.

潘学仁，薛煜.1991. 中国松针锈病病原菌—鞘锈菌研究现状及问题[J]. 东北林业大学学报，19(5)：84-94.

潘学仁，薛煜.1992. 一种短循环型鞘锈菌新记录[J]. 真菌学报，11(3)：247-248.

浦冠勤，黄艳君，涂杨桃，等.2012. 合欢枯萎病的发生与综合防治[J]. 江苏农业科学，40(2)：108-109.

浦冠勤，毛建萍，朱引根，等.2008. 桑葚菌核病的发生与综合治理[J]. 中国蚕业(3)：51，54.

祁高富，叶建仁，包宏.1999. 松针褐斑病毒素的确定及其基本性质[J]. 安徽农业科学，27(5)：466-469.

戚佩坤.1995. 关于由非侵染性病害演变为侵染性病害的病原[J]. 植物病理学报，25(3)：197-198

秦岭,程继鸿,高遐虹,等.2001.燕山板栗疫病菌的培养性状与菌株的营养体亲合性研究[J].北京农学院学报,16(1):15-21.

邱子林,黄建河,林强,等.1991.毛竹枯梢病症状、病原形态与生物学研究[J].福建林学院学报,11(4):411-417.

阙生全,朱必凤,刘霞.2008.油茶饼病病原菌生物学特性的初步研究[J].福建林业科技,35(2):97-99.

冉俊祥.1999.中国和榆枯萎病的起源[J].国外林业(3):23-26.

冉隆贤,谷文众,吴光金.2004.水杨酸诱导桉树抗青枯病的作用及相关酶活性变化[J].林业科学研究,17(1):12-18.

冉隆贤,吴光金,林雪坚.1998.油茶软腐病的鉴别及防治实验[J].林业科技开发(1):37-39.

任广英,郭朝霞,邹良,等.1999.杨树灰斑病空间分布型的研究及其应用[J].辽宁林业科技(1):28-30.

任嘉红,王艳芳,叶建仁.2009.杨树腐烂病拮抗细菌筛选及其定植的研究[J].西南林业科学,38(2):6-11.

任玮,周彤燊,陈玉惠.1992.云南油杉叶锈病及其病原菌的研究[J].西南林学院学报12(2):148-155.

阮义理,金登迪,沈菊英,等.1985.苦楝丛枝病的症状和病原[J].浙江农业科学(1):45-46.

商巾杰,陈保善.2009.低毒病毒及板栗疫病菌低毒力机制[J].基因组学与应用生物,28(5):835-844.

商靖,李永,李爱宁,等.2014.欧美杨溃疡病菌在侵染寄主过程中的动态变化[J].东北林业大学学报,42(11):120-123,137.

邵力平,何秉章,潘学仁,等.1979.兴安落叶松癌肿病的研究[J].东北林业大学学报(1):22-31.

邵力平,何秉章,杨殿清.1983.落叶松褐锈病的研究[J].东北林学院学报,4(11):23-30.

邵力平,沈瑞祥,张素轩,等.1984.真菌分类学[M].北京:中国林业出版社.

沈佰鹤,潘金湘.2000.春伐桑夏季剪梢防治桑赤锈病试验[J].蚕桑通报,31(2):22-23.

沈菊英,钱力,陈作义,等.1980.泡桐丛枝病病原的电子显微镜研究[J].生物化学与生物物理学报,12(2):207-208.

盛世法,余丽云,伍建榕.2000.云南华山松人工林衰退现象研究[J].西南林学院学报,20(2):95-99.

盛世法.2003.认识和重视一类病害—森林衰退病[J].热带农业科技,26(1):27-31.

石方召.1984.油松与赤松疱锈病病原及转主的研究[J].真菌学报,3(1):54-58.

史英姿,吴云锋,顾沛雯,等.2007.泡桐丛枝植原体16SrDNA和延伸因子基因序列分析[J].微生物学通报,34(2):291-295.

首都绿化委员会办公室.2000.绿化树木病虫鼠害[M].北京:中国林业出版社.

束庆龙,徐向宇,刘世骐.1996.森林衰退病三种模式的比较(综述)[J].安徽农业大学学报,23(4):500-503.

松本直幸.1986.雪腐小粒菌核病的生物防治[J].今日の农业(11):104-107.

宋瑞清,董爱荣.2001.城市绿地植物病害及其防治[M].北京:中国林业出版社.

宋瑞清,黄永青.2001.红松树栖真菌引起的重要病害[M].哈尔滨:东北林业大学出版社.

宋瑞清,黄永青.2001.红松枝栖真菌群落结构(Ⅲ)[J].东北林业大学学报,29(1):108-114.

宋瑞清,冀瑞卿.2005.四种毒蘑菇菌株及其毒素对杨树烂皮病菌生长的抑制作用[J].北京林业大学学报,25(2):28-31.

宋瑞清, 冀瑞卿. 2006. 几种拮抗菌对杨树烂皮病菌的影响[J]. 林业科技, 31(6): 25-27.

宋玉双, 何秉章, 王福生. 1994. 我国松落针病研究的新进展[J]. 森林病虫通讯(2): 42-46.

宋玉双. 2006. 论林业有害生物的无公害防治[J]. 中国森林病虫, 25(3): 41-44.

宋玉双. 2013. 中国松材线虫防控——三十年回顾与思考[M]. 哈尔滨: 东北林业大学出版社.

苏瑾, 马鹏飞, 姜成英, 等. 2007. 油橄榄孔雀斑病田间药剂防治试验. 甘肃林业科技, 32(4): 52-53.

苏晓华, 张香华, 李金花, 等. 2000. 鉴别抗杨叶枯病基因连锁分子标记[J]. 林业科学, 36(6): 73-76.

孙爱芹, 胡江川. 2010. 梨黑星病的发生与防治[J]. 安徽农业科学(1): 76-77.

孙宝贵, 解华石, 王景义, 等. 1983. 红松流脂病的初步研究[J]. 森林病虫通讯(3): 4-6.

孙宝贵, 李桂和, 葛葆蔚, 等. 1984. 落叶松枯梢病药剂防治试验[J]. 林业科技通讯(5): 22-24.

孙立夫, 张艳华, 杨国亭, 等. 2007. 蜜环菌生物种和地理分布概况综述[J]. 菌物学报 26(2): 306-315.

孙美华, 韩新伟. 2011. 桃树缩叶病的发生与防治[J]. 现代农村科技(21): 21.

孙美清, 杨秀卿, 赵伟, 等. 2001. 松树枝枯病的研究进展[J]. 森林病虫通讯(3): 49-51.

孙明荣, 刘发邦, 王绍文, 等. 2001. 银杏茎腐病的防治[J]. 中国森林病虫(3): 22-23.

孙思, 王军. 2007. 14种杀菌剂对油茶炭疽病的防治研究[J]. 广东林业科技, 23(2): 42-45.

孙玉珍, 陈学勤. 1992. 南京玄武湖雪松病害防治措施初探[J]. 江苏林业科技(3): 35.

谈家金, 叶建仁. 2003. 松材线虫病致病机理的研究[J]. 华中农业大学学报, 22(6): 613-617.

汤铱泠, 周国英, 李河, 等. 2015. 多基因序列鉴定油茶炭疽病 Colletotrichum boninense 新种[J]. 热带作物学报(05): 972-977.

汤志凯. 2014. 长江中上游地区桃树缩叶病发病特征及防治技术[J]. 现代农业科技(9): 151, 155.

田呈明, 梁英梅, 康振生, 等. 2002. 青杨叶锈病菌侵染过程的超微结构研究[J]. 植物病理学报, 32(1): 71-78.

田呈明, 梁英梅, 康振生, 等. 2002. 杨树与栅锈菌互作的细胞学研究[J]. 林业科学, 38(3): 87-96.

田呈明, 梁英梅, 康振生, 等. 2001. 杨树与栅锈菌互作的组织病理学研究[J]. 林业科学, 37(6): 52-58.

田呈明, 梁英梅, 张星耀, 等. 2000. 基于栽培管理措施的猕猴桃细菌性溃疡病防治技术[J]. 西北林学院学报, 15(4): 72-76.

田呈明, 赵鹏, 曹支敏. 2008. 细胞壁降解酶在落叶松——杨栅锈菌与寄主互作过程中的作用[J]. 林业科学, 44(5): 79-83.

田呈明. 1998. 中国松干锈病研究概况[J]. 西北林学院学报, 13(3): 92-97.

田国忠, 黄钦才, 袁巧平, 等. 1994. 感染MLO泡桐组培苗代谢变化与致病机理的关系[J]. 中国科学(B辑), 24(5): 484-490.

田国忠, 张锡津. 1996. 泡桐丛枝病研究新进展[J]. 世界林业研究(2): 33-38.

童俊, 任玮. 1983. 油杉寄生生活史的初步研究[J]. 云南林学院学报(1): 19-25.

童如行, 朱建华, 巫秋善, 等. 1996. 杉木炭疽病对杉木幼树生长影响的调查[J]. 森林病虫通讯(1): 26-28.

汪太振, 魏淑艳, 许成启. 1983. 樟子松的一种新病害腐烂病[J]. 森林病虫通讯(3): 49-51.

汪鑫, 徐建明. 2007. 硼的植物生理功能研究综述[J]. 安徽农业科学, 35(30): 9611-9613.

汪志红, 姜海燕. 2000. 落叶松枯梢病预测预报的方法[J]. 辽宁林业科技(2): 22-24.

王焯, 周佩真, 姜秀英, 等. 1984. 中华(国)拟菱纹叶蝉生物学和防治的研究[J]. 植物保护学报, 11(4): 247-252.

王东升,孙礼,何平勋,等.1996.落叶松落叶病的生态控制技术的研究[J].林业科学研究,9(3):305-310.

王海妮,吴云锋,安凤秋,等.2007.枣疯病和酸枣丛枝病植原体16SrDNA和tuf基因的序列同源性分析[J].中国农业科学,40(10):2200-2205.

王洪凯,张天宇,张猛.2001.链格孢属真菌分类研究进展[J].山东农业大学学报,32(3):406-410.

王华清,陈岭伟,李馥纯,等.2005.广东省毛竹丛枝病研究初报[J].森林病虫通讯(3):22-25.

王慧敏,梁亚杰,王建辉,等.1995.抗根癌菌剂防治核果类果树根癌病的研究[J].植物保护,21(1):24-26.

王慧敏.2000.植物根癌病的发生特点与防治对策[J].世界农业(7):28-30.

王建美,才玉石,陶万强,等.2008.不同真菌菌株对黄栌致病性的研究[J].中国森林病虫,27(3):1-6.

王军,苏海.1998.肉桂枝枯病的发生与防治[J].四川林业科技,19(3):37-38.

王军,苏海,李若英.1997.青枯假单胞杆菌对木麻黄致病机理的初步研究[J].森林病虫通讯(2):21-22,31.

王军,苏海,李若英,等.2001.致伤类型与树皮含水量对肉桂枝枯病发病程度的影响[J].中国森林病虫(1):5-7.

王克荣,邵见阳,路家云.1991.苏皖地区栗疫病菌营养体亲和性研究[J].南京农业大学学报,14(4):44-48.

王克荣,周而勋,路家云.1997.中国东部栗疫病菌的交配型[J].南京农业大学学报,20(3):117-119.

王敏敏,叶建仁,潘宏阳,等.2006.松材线虫病致病机理和防治技术研究进展[J].南京林业大学学报,30(2):103-107.

王明霞,张华林.2010.高坪区桃树缩叶病的发生及综合防治技术[J].植物医生(6):23-24.

王明旭,藏良英,陈良昌,等.2000.毛竹枯梢病病原菌致病机制及防治技术[J].森林病虫通讯(5):8-10.

王明旭,奉孝恩,胡向红,等.1996.湖南江华松针褐斑病的发生与危害调查[J].植物检疫,10(1):9-12.

王绍春,冯淑芬.1998.橡胶树炭疽病大田化学防治试验[J].热带作物研究(3):1-4.

王绍春,冯淑芬.2001.粤西地区橡胶树炭疽病流行因素分析[J].热带作物学报,22(1):15-22.

王文龙,郭春秋,李密,等.2004.油茶饼病外担菌分生孢子阶段分离培养及培养基的筛选[J].湖南文理学院学报:自然科学版,16(1):45-47.

王瑶,柳晟,杜涛,等.2001.根癌农杆菌对健康和患丛枝病泡桐的遗传转化[J].西北植物学报,21(3):406-412.

王永昌,刘晓彦,卢丽丽.2012.油茶软腐病原菌生物学特性的研究[J].吉林农业(4):55.

王月,高国平,苑成坤.2006.辽宁地区油松落针病防治技术研究[J].林业科技开发,20(2):19-22.

王云章,R.S彼得森.1982.油杉叶锈研究[J].真菌学报,1(1):15-18.

王云章,吴兴邦,李滨.1987.金锈菌属一新种[J].真菌学报,6(2):86-88.

王忠民,林常松,孙丽娟,等.2014.油松落针病、赤枯病病害的调查[J].河北林业科技(3):30-31.

韦继光,黄晓娜,柳凤.2014.广西桉树焦枯病的流行规律研究[J].中国森林病虫,33(6):30-34.

韦瑞栋,莫润先,林东.2006.桑赤锈病在环江县的危害及防治[J].广西蚕业,43(3):34-35.

魏安靖,戚英鹤,杜红亮.1987.油茶软腐病防治研究[J].南京农业大学学报:自然科学版(3):82-87.

魏初奖. 1996. 福建省毛竹枯梢病的综合治理[J]. 森林病虫通讯 (3)：42 – 43.
魏初奖. 2005. 毛竹枯梢病病原菌竹喙球菌风险性分析[J]. 南京林业大学学报，29(2)：38 – 42.
魏淑艳，汪太振，郝宏，等. 1987. 小黑杨灰斑病发病规律及防治的试验研究[J]. 防护林科技(6)：96 – 101.
魏侠，李万海，张广兵，等. 2000. 杨树灰斑病优化管理技术的研究[J]. 林业科技，25(2)：24 – 26.
魏作全，黄桂菊，黎明，等. 1990. 红松烂皮病病原鉴定及致病性研究[J]. 沈阳农业大学学报，21(2)：115 – 118.
魏作全，黎明，牟忠良，等. 1991. 红松烂皮病病情及发病规律的研究[J]. 沈阳农业大学学报，22(4)：293 – 301.
温素卿. 2011. 梨黑星病的发病规律与防治技术[J]. 河南农业科学，40(7)：106 – 108.
温秀军，郭晓军，田国忠，等. 2005. 几个枣树品种和婆枣单株对枣疯病抗性的鉴定[J]. 林业科学，41(3)：88 – 96.
温秀军，孙朝晖，田国忠，等. 2006. 抗枣疯病枣树品系选育及抗病机理初探[J]. 林业科技开发，20(5)：12 – 18.
文新，张毓如，等. 1995. 肉桂枯枝病病原的研究[J]. 微生物学报，35(3)：181 – 185.
吴德喜，袁恩平，王连春，等. 2013. 苦楝丛枝植原体相关膜蛋白基因分析及结构预测[J]. 云南农业大学学报(自然科学)，28(3)：310 – 316.
吴光金. 1986. 经济林病理学[M]. 北京：中国林业出版社.
吴玲，李绍凯. 1990. 合欢枯萎病研究初报[J]. 森林病虫通讯(4)：13 – 14.
吴时英. 2005. 城市森林病虫害图鉴[M]. 上海：上海科学技术出版社.
吴文佑，朱天辉. 2006. 重大园林植物病害及其研究进展[J]. 世界林业研究，19(4)：26 – 32.
吴小芹，黄敏仁，尹佟明. 2000. 中国松树枯梢病菌遗传多态性的 RAPD 分析[J]. 林业科学，36(4)：32 – 38.
吴小芹. 1999. 全球松树枯梢病发生状况与防治策略[J]. 世界林业研究(1)：16 – 21.
吴小芹. 2000. 松枯梢病菌的培养性状和致病力变异及其相互关系[J]. 南京林业大学学报，24(2)：16 – 20.
吴小芹. 2000. 中国松树枯梢病菌营养体亲和性研究[J]. 林业科学，36(1)：47 – 52.
吴耀军. 2006. 桉树青枯病发生规律与控制技术[J]. 广西林业科学，35(4)：279 – 285.
吴永宏，江方明. 2004. 杜仲紫纹羽病及防治[J]. 湖南林业(11)：25.
吴玉柱，季延平，赵桂华，等. 2005. 牡丹根腐病及其防治的研究[J]. 南京林业大学学报(自然科学版)(6)：69 – 72.
吴跃开，欧国腾. 2011. 麻疯树根腐病病原菌有性阶段的调查及鉴定[J]. 中国农学通报，27(24)：297 – 301.
吴征镒. 2003. Flora of China[M]. 北京：科学出版社.
吴志华，谢耀坚，罗联峰，等. 2007. 我国桉树树青枯病研究进展[J]. 林业科学研究，20(4)：569 – 575.
伍建榕，盛世法，王海林，等. 2001. 攀枝花市凤凰木衰退病因的研究[J]. 云南林业科技(3)：53 – 56.
伍建榕，盛世法. 2000. 森林衰退病研究概述[J]. 西南林学院学报，20(2)：121 – 126.
西南林学院，云南林业厅. 1993. 云南森林病害[M]. 昆明：云南科学技术出版社.
夏博，田呈明，骆有庆，等. 2010. 云杉矮槲寄生开花特性及化学防控[J]. 林业科学，46(4)：98 – 102.
夏黎明，张素轩，黄建河，等. 1995. 毛竹基腐病病菌(*Arthrinium phaeospermum*)的研究[J]. 南京林业大学学报，19(2)：23 – 28.

夏志松，卢全有．2004．桑黄化型萎缩病防治技术体系及其应用效果[J]．中国蚕业，25(1)：74-75．
夏志松，卢全有．2005．桑花叶型萎缩病的研究现状与展望[J]．中国蚕业，26(2)：12-14．
夏志松，难波成任．2004．桑黄化型萎缩病病原16SrRNA基因的序列分析[J]．蚕业科学，30(2)：204-206．
向妙莲，冉隆贤．2004．桉树青枯病研究进展[J]．中国森林病虫，23(1)：37-40．
向玉英，徐梅卿．1980．杨树紫根腐病发生及防治的研究[J]．植物病理学报(2)：125-131．
向玉英．1987．杨树病害及其防治[M]．北京：中国林业出版社．
项存悌，潘学仁，项勇，等．1995．落叶松枯梢病寄主抗性的研究[J]．东北林业大学学报，23(4)：1-8．
项存悌，宋瑞清．1988．中国东北地区芽孢盘菌属的研究[J]．植物研究，8(1)：147-151．
项存悌，宋玉双，姜俊清，等．1985．红松流脂溃疡病的研究[J]．东北林业大学学报，13(4)：28-42．
徐光余，邵必发，陈可明，等．2008．油茶软腐病的防治研究[M]．河北农业科学，12(9)：36-37，44．
徐敬友，陆家云，方中达．1990．雪松上疫霉种的研究[J]．南京农业大学学报，13(4 增)：24-29．
徐敬友，陆家云，方中达．1990．洋槐上疫霉种的研究[J]．南京农业大学学报，13(4)：17-23．
徐凌飞，马锋旺．2000．梨黑星病研究进展[J]．中国农学通报，16(4)：32-34．
徐明慧．2002．园林植物病虫害防治[M]．北京：中国林业出版社．
徐启聪，田国忠，王振亮，等．2009．中国各地不同枣树品种上枣疯病植原体的PCR检测及分子变异分析[J]．微生物学报，49(11)：1510-1519．
徐志华．2000．果树林木病害生态图鉴[M]．北京：中国林业出版社．
徐志华．2006．园林花卉病虫生态图鉴[M]．北京：中国林业出版社．
许成启，汪太振，郝宏．1990．小黑杨灰斑病流行动态的模糊聚类分析及预测预报的初步研究[J]．林业科学，26(5)：419-426．
许华，汪波，蒋梦娇，等．2011．根结线虫的致病机理和防治研究进展[J]．安徽农业科学，39(31)：19154-19155，19161．
许丽月，王进强，周明，等．2012．几种热雾剂对橡胶树炭疽病的大田防治效果[J]．农药，51(9)：685-687．
薛煜，程东升，韩晓芸，等．1996．樟子松松针锈病病原菌-春孢子形态及酯酶同工酶变异[J]．东北林业大学学报，124(16)：47-49．
薛煜，侯伟宏，何秉章，等．1995．金锈属(Chrysomyxa)一新记录种[J]．植物研究，15(1)：55-56．
薛煜，邵力平，谷铜，等．1993．樟子松松针锈病病原菌鉴定[J]．东北林业大学学报，21(1)：1-4．
薛煜，邵力平，王振华．1990．兴凯湖松瘤锈病的研究[J]．东北林业大学学报，18(1)：38-48．
薛煜，邵力平．1995．鞘锈菌属一新种[J]．真菌学报，14(4)：244-245．
薛振南，全桂生，涂克林，等．2005．毛竹丛枝病防治技术研究[J]．广西农业生物科学，24(3)：205-209．
薛振南，文凤芝，全桂生，等．2005．毛竹丛枝病发生流行规律研究[J]．广西农业生物科学，24(2)：130-135．
薛振南，张超冲，李孝忠，等．1995．肉桂枯枝病初次侵染来源的调查研究[J]．广西植保(4)：1-3．
严进，吴品珊，施宗伟，等．2006．中国鞘锈菌属一新记录种[J]．菌物学报，25(2)：327-328．
杨宝君．2002．松材线虫病致病机理的研究[J]．中国森林病虫，21(1)：27-32．
杨斌，舒清态，叶建仁．2001．松针褐斑病及病原致病毒素研究[J]．西南林学院学报，21(4)：246-252．
杨光道，束庆龙，段琳，等．2004．主要油茶品种对炭疽病的抗性研究[J]．安徽农业大学学报，31(4)：

480-48.

杨国平,任欣正,王金生,等.1986. K84 的生物防治效果与土壤杆菌 Ti 质粒类型的关系[J]. 生物防治通报,2(1):25-30.

杨俊秀,李武汉.1987. 泡桐黑痘病的研究[M]. 森林病虫通讯(3):8-11.

杨俊秀,张刚龙,樊军锋,等.2007. 泡桐丛枝病与泡桐生长量的关系[J]. 西北林学院学报,22(2):109-110.

杨俊秀,张刚龙,王培新,等.2007. 抗丛枝病泡桐表型单株选择及其育种技术[J]. 西北农林科技大学学报,35(9):90-96.

杨立君,薛煜,邵正辉.1999. 松针锈病症状类型及锈孢子表面结构在分类学上的意义[J]. 森林病虫通讯(2):10-11.

杨莉,张力群,贺伟,等.2014. III 型分泌系统是欧美杨溃疡病菌 Lonsdalea quercina 重要的致病因子[J]. 植物病理学报,44(5):512-520.

杨旺,韩光明.1984. 杨树苗木带菌状况与溃疡病发生的关系[J]. 森林病虫通讯(4):13-16.

杨旺.1996. 森林病理学[M]. 北京:中国林业出版社.

杨旺,沈瑞祥,刘红霞.1999. 杨树溃疡病可持续控制技术的研究[J]. 北京林业大学学报,21(4):13-17.

杨兴伟,沈来波,朱燮辉,等.2002. 白夹竹竹秆锈病防治技术研究[J]. 四川林业科技,23(4):48-52.

杨秀卿,王桂清,邓力琴,等.1999. 大连地区日本黑松发生枯黄枯死原因的调查[J]. 沈阳农业大学学报,30(3):260-262.

杨永刚,吴小芹.2011. 竹丛枝病病原研究进展[J]. 浙江农林大学学报,28(1):144-148.

杨友联,刘作易,刘永翔.2011. 炭疽菌属真菌分类学研究进展[J]. 贵州农业科学,39(1):152-157.

叶建仁,贺伟.2011. 林木病理学[M]. 3 版. 北京:中国林业出版社.

叶建仁,黄麟.2012. 松材线虫病病原学研究的几个问题[J]. 中国森林病虫,31(5):13-21,44.

叶建仁,廖太林.2006. 松树枯梢病发生的立地条件及其主要诱因分析[J]. 林业科学,42(9):79-82.

叶建仁,祁高富,封维忠.2000. 松针褐斑病菌毒素对寄主细胞膜伤害机理研究[J]. 林业科学,36(2):41-47.

叶茂,戴良英,罗宽,等.2000. 毛竹枯梢病菌产孢条件的研究[J]. 湖南农业大学学报,26(1):15-17.

游崇娟.2012. 中国鞘锈菌的分类学和分子系统发育研究[D]. 北京:北京林业大学.

游铭佩,童俊.1987. 油杉寄生生物学特性及其对寄主危害性的研究[J]. 西南林学院学报(1):38-46.

游昕,贺伟,常聚普,等.2013. 茄镰孢霉在欧美杨溃疡病发生中的作用[J]. 中国农学通报,29(19):21-25.

喻德生,于振福,霍艳霞.1993. 应用烟剂防治落叶松和锈病的实验[J]. 林业科技,1(18):26-27.

袁川.2012. 四川两种林木真菌病害病原的分子检测技术研究[D]. 雅安:四川农业大学.

袁嗣令,张威铭,白利玉,等.1965. 落叶松早期落叶病子囊孢子扩散形式及药剂防治试验的初步研究[J]. 植物保护学报,4(2):185-189.

袁嗣令.1997. 中国乔、灌木病害[M]. 北京:科学出版社.

袁毅.1984. 我国杨树叶锈病菌种类的研究[J]. 北京林学院学报(1):48-82.

袁志文,苑健羽,李连芝.1991. 锈寄生菌对落叶松褐锈病抑制作用观察[J]. 生物防治,7(2):61-63.

袁志文,李连芝,范健羽.1993. 锈寄生菌的分布及其林间发生规律的研究[J]. 应用生态学报,2(4):178-181.

苑健羽, 袁志文, 李连芝. 1988. 锈寄生菌控制落叶松褐锈病的研究[J]. 锈寄生菌形态鉴定及培养形状[J]. 沈阳农业大学学报, 19(4): 17-22.

苑健羽. 1981. 落叶松褐锈病的研究.1. 夏孢子的发生及其形态鉴定[J]. 植物病理学报, 2(11): 57-60.

岳朝阳, 张新平, 刘振坤. 1992. 几种杀菌剂对云杉雪霉病病原菌的毒力测定[J]. 新疆林业科技(1): 8-13.

曾大鹏. 2002. 我国杨树发生的现状与防治[M]. 中国森林病虫, 21(1): 20-26.

曾大鹏. 2002. 我国杨树病害的研究现状与防治[J]. 中国森林病虫, 21(1): 20-26.

詹兴球, 蔡江文. 2012. 75%十三吗啉乳油防治橡胶红根病田间药效试验[J]. 热带农业科学(5): 59-60, 90.

张春霞, 何明霞, 李加智, 等. 2008. 云南西双版纳地区橡胶炭疽病病原鉴定[J]. 植物保护, 34(1): 103-106.

张春霞, 李加智, 何明霞, 等. 2008. 两种橡胶炭疽病菌生物学特性的比较[J]. 西南农业学报, 21(3): 667-670.

张广臣, 楚立明, 于文喜, 等. 1999. 落叶松枯梢病发生规律及防治技术. 森林病虫通讯(1): 9-10

张海娥, 乐文全, 张新忠. 2007. 梨黑星病抗性机理的研究进展[J]. 华北农学报, 22(增刊): 239-242.

张贺, 蒲金基, 谢艺贤, 等. 2008. 橡胶树红根病病原菌生物学培养特性[J]. 热带作物学报, 29(5): 632-635.

张景宁. 1980. 苦楝簇顶病病原的研究[J]. 林业科技, 94-96.

张景宁. 1984. 竹疯病病原的电子显微镜观察研究[J]. 广东林业科技(3): 18-19.

张静娟, 那淑敏, 余茂劾, 等. 1984. 北京郊区土壤杆菌生物性和质粒类型的鉴定[J]. 微生物学报, 24(4): 369-375.

张立钦, 方志刚, 刘振勇, 等. 2000. 竹秆锈病防治试验及其推广应用[J]. 竹子研究汇刊, 19(2): 72-75.

张培, 叶建仁, 张勇, 等. 2014. 榆枯萎病国内外研究进展[J]. 植物检疫, 28(6): 33-38.

张启云. 1986. 应用杀菌剂超低量喷雾防治杨灰斑病试验报告[J]. 吉林林业科技(2): 26-27.

张思迪. 2009. 桃树缩叶病防治措施[J]. 河南农业(17): 16.

张素轩, 曹越, 张宁, 等. 1995. 毛竹基腐病侵染循环的研究[J]. 南京林业大学学报, 19(2): 1-5.

张素轩, 曹越, 张宁, 等. 1997. 毛竹基腐病发生发展规律的研究[J]. 林业科学研究, 10(4): 356-359.

张素轩, 张宁, 陈震云, 等. 1999. 毛竹基腐病综合防治技术的研究[J]. 林业科学, 35(2): 65-69.

张素轩, 章卫民, 曹越, 等. 1995. 毛竹基腐病病原的研究[J]. 南京林业大学学报, 19(1): 1-7.

张天宇, 郭英兰. 1998. 中国链格孢属的研究[J]. 菌物系统, 17(1): 11-14.

张欣, 史学群. 2001. 橡胶树炭疽病病原菌变异的初步研究[J]. 热带农业科学, 93(5): 1-4.

张星利. 2005. 莲花山自然保护区青海云杉叶锈病初步研究[J]. 甘肃林业科技, 31(3): 32-34.

张星耀, 陈海燕, 梁军, 等. 2007. 金黄壳囊孢菌 Cytosporachrysosperma 的培养性状和营养体亲和性[J]. 西北农林科技大学学报, 35(3): 99-106.

张星耀, 骆有庆主编. 2003. 中国森林重大生物灾害[M]. 北京: 中国林业出版社.

张学武, 陈孝达, 唐德瑞. 2001. 美国黄松苗木立枯病的发生与防治技术研究[J]. 西南林学院学报, 21(1): 31-33.

张学武, 宋晓斌, 曹支敏, 等. 2007. 土壤处理对油松育苗及猝倒病发生的影响[J]. 西南林学院学报, 27(3): 58-75.

赵丹阳,秦长生,廖仿炎,等.2013.5种杀菌剂对油茶软腐病的防治研究[J].广东林业科技,29(2):28-31.

赵继鼎.1989.中国灵芝新编[M].北京:科学出版社.

赵锦,刘孟军,代丽,等.2006.枣疯病病树中内源激素的变化研究[J].中国农业科学,39(11):2255-2260.

赵锦,刘孟军,周俊义,等.2006.抗枣疯病种质资源的筛选与应用[J].植物遗传资源学报,7(4):398-403.

赵锦,刘孟军,周俊义,等.2006.枣疯植原体的分布特点及周年消长规律[J].林业科学,42(8):144-146.

赵经周,于文喜,王乃玉,等.1995.落叶松枯梢病国内外研究的现状[J].林业科技,20(5):23-24.

赵树权,任广英,邹良,等.1999.樟子松病害概述[J].森林病虫通讯(1):34-36.

赵树权,邹良,任广英,等.1998.杨树灰斑病对小黑杨苗木生长规律的影响[J].吉林林业科技(5):4-6.

郑金凤.2007.杉木细菌性叶枯病的发生及防治措施[J].福建林业科技,34(2):41-43.

郑美珠.2006.桉树焦枯病发病规律的研究[J].福建林学院学报,26(4):339-343.

郑万钧.1990.中国树木志[M].北京:科学出版社.

中国科学院中国孢子植物编辑委员会.1999.中国真菌志小煤炱目Ⅱ[M].北京:科学出版社.

中国科学院中国孢子植物编辑委员会.1987.中国真菌志(第一卷)白粉菌目[M].北京:科学出版社.

中国林木种子公司.1987.林木种实病虫害防治手册[M].北京:中国林业出版社.

中国林业科学研究院.1984.中国森林病害[M].北京:中国林业出版社.

中华人民共和国国家质量监督检验检疫总局.2003.SN/T 1271—2003 栎枯萎病菌检疫鉴定方法[S].北京:中国标准出版社.

中南林学院.1986.经济林病理学[M].北京:中国林业出版社.

钟建文,武文艳,喻德生,等.1989.红松流脂病防治技术的研究[J].森林病虫通讯(1):11-13.

周春娜,吴仕豪,邵庆华,等.2004.浅谈植物寄生线虫生物防治研究进展[J].中国植保导刊(8):12-14.

周而勋,王克荣,路家云.1999.栗疫病研究进展[J].果树科学,16(1):66-71.

周在豹,许志春,田呈明,等.2007.矮槲寄生的生物学特性及管理策略[J].中国森林病虫,26(4):37-39.

周在豹,许志春,田呈明,等.2007.促使云杉矮槲寄生果实提前脱落药剂筛选[J].中国森林病虫,26(3):39-41.

周仲铭.1990.林木病理学[M].2版.北京:中国林业出版社.

朱建华.1997.杉木炭疽病损失量估计的研究[J].福建林学院学报,17(2):115-119.

朱克恭.1995.松材线虫病研究综述[J].世界林业研究(3):28-33.

朱敏华,罗志芳,吴其龙,等.2008.果桑菌核病的综合防治技术[J].现代园艺(7):29-30.

朱天辉.1998.茄丝核菌引起苗木猝倒病的防治现状及展望[J].四川林业科技,19(3):65-68.

朱天辉,刘应高.2002.苗圃植物病虫害防治[M].北京:中国林业出版社.

朱天辉.2003.园林植物病理学[M].北京:中国农业出版社.

朱熙樵.1998.竹丛枝病的研究.Ⅰ.症状、病菌分离和接种试验[J].林业科学,24(4):483-487.

庄凯勋,姜兴林,杨立君,等.1995.种子园樟子松疱锈病病原及转主的研究[J].齐齐哈尔师范学院学报,15(4):47-49.

庄启国,刘应高,潘欣,等.2005.四川斑竹丛枝病植原体检测及16SrDNA片断序列分析[J].四川农业大学学报, 23(4): 417-419.

佐藤邦彦, 太昇, 庄司次男. 1959. *Roselllina herpotrichioides* Hepting et. Davidsonのエゾマツ苗雪腐病病原としての検討[J]. 日林誌, 41(2): 64-71

Asiegbu F O, Adomas A, Stenlid J. 2005. Conifer root and butt rot caused by Heterobasidion annosum (Fr.) Bref. sl[J]. Molecular plant pathology, 6(4): 395-409.

Bird A F. 1974. Plant response to root-knot nematode[J]. Annual Review of Phytopathology, 12: 69-85.

Boyce J S. 1961. Forest pathology[M]. Mcgraw-Hall Book Company.

Bradshaw R E, Bidlake A, Forester N, et al. 1997. Transformation of the fungal pathogen Dothistroma pini to hygromycin resistance[J]. Mycological Research, 101: 1247-1250.

Burdekin D. 1972. Bacterial canker of poplar[J]. Annals of Applied Biology, 72: 295-299.

CMI. 1980. Distribution Maps of Plant Diseases No. 422 (edition 2). CAB International, Wallingford, UK.

Cooksey D A., Moore, L. W., 1980. Biological control of crown gall with fungal and bacterial antagonists[J]. Phytopathology, 70(6): 506-509.

Coops N, Stanford M, Dudzinski K M, et al. 2003. Assessment of Dothistroma Needle Blight of Pinus radiata Using Airborne Hyperspectral Imagery[J]. Phytopathology, 93(12): 1524-1532.

Coutinho T A, Roux J, Riedel K H, et al. 2000. First report of bacterial wilt caused by Ralstonia solanacearum on eucalypts in South Africa[J]. Forest Pathology, 30(4): 205-210.

Crane P E, Hiratsuka Y, Currah R S, et al. 2000. Clarification of the life-cycle of Chrysomyxa woroninii on Ledum and Picea[J]. Mycol. Res, 104(5): 581-586.

Crane P E. 2005. Rust fungi on rhododendrons in Asia: Diaphanopellis forrestii gen. et sp. nov., new species of Caeoma, and expanded descriptions of Chrysomyxa dietelii and C. succinea[J]. Mycologia, 97(2): 534-548.

Crane P E. 2001. Morphology, taxonomy and nomenclature of the Chrysomyxa ledi complex and related rust fungion spruce and Ericaceae in North America and Europe[J]. Can. J. Bot, 79: 957-982.

Crane P E, Jakubec K M, Hiratsuka Y. 1995. Production of spermogonia and aecia of Endocronartium harknessii on artificially inoculated lodgepole pine and their significance in the life cycle[M]. Kaneko S., Katsuya K., Kakishima M. et al. In proceedings of the fourth IUFRO rusts of Pinus working party conference. Tsukuba, Japan, 101-107.

Daryaee T. 2012. The Oxford handbook of Iranian history [M]. Oxford: Oxford University Press, 208.

Deighton F C. 1987. New species of Pseudocercospora and Mycovellosiella, and new combinations into Pseudocercospora and Phaeoramularia[J]. Transactions of the British Mycological Society, 88, 365-391.

Dianese J C, Dristig M C G, Cruzc A P. 1990. Susceptibility to wilt associated with Pseudomomas solanacearum among six species of Eucalyptus growing in equatorial Brazil[J]. Australian Plant Pathology, 19(3): 71-76.

Dicke M, Dijkman H. 2001. Within-plant circulation of systemic elicitor of induced defence and release from roots of elicitor that affects neighbouring plants[J]. Biochemical Systematics and Ecology, 29: 1075-1087.

Dickens J S W, Cook R T A. 1989. Glomerella cingulata on Camellia[J]. Pl. Path, 38(1): 75-85.

Dicomo F, Nag Rag T R, Kendrick W B. 1984. A revision of the Phacidiaceae and related anamorphs[J]. Mycotaxon, 21: 1-234.

Ebrahim-Nesbat F, von Tiedemann S, Albrecht S, et al. 1990. Electron microscopical studies of poplar clones inoculated with Xanthomonas populi subsp. populi [J]. European Journal of Forest Pathology, 20 (6-7): 367-375.

Ellis M. 1971. Dematiaceous hyphomycetes[M]. Kew: Commonwealth mycological institute, 178-180.

Erich H. 1999. Russian-olive-Oleaster. Elaeagnus angustifolia L. Oleaster Family-Elaeagnaceae. Invasive Exotic

Plants of Canada Fact Sheet No. 14 [M]. Ottawa: National Botanical Services,

Feau N, Vialle A, Allaire M, et al. 2011. DNA barcoding in the rust genus Chrysomyxa and its implications for the phylogeny of the genus[J]. Mycologia, 103(6): 1250 – 1266.

Finch-Savage W E, Clay H A, Budge S P, et al. 2003. Biological control of Sclerotinia pseudotuberosa and other fungi during moist storage of Quercus robur seeds[J]. European Journal of Plant Pathology, 109: 615 – 624.

Francis S M. 1986. Needle blights of conifers [J]. Trans. Brit. Mycol. Soc., 87: 397 – 400.

Gao S, Shain L. 1995. Activity of polygalacturonase produced by Cryphonectria parasitica in chestnut bark and its inhibition by extracts from American and Chinese chestnut[J]. Physiological and Molecular Plant Pathology, 46: 199 – 213.

Geils B W, Cibrian T J, Moody B. 2002. Mistletoes of North American Conifers. USDA Forest Service Gen[R]. Tech. Rep. no. RMRS-GTR-98.

Goley-Smith J R. 1980. The Biology of Botrytis[M]. London: Academic Press Inc Ltd.

Goncalves W, Mazzafera P, Ferrazlc C B, et al. 1995. Biochemical basis of coffee tree resistence to Meloidogyne incognita[J]. Plantations Recherche Développement, 2: 54 – 58.

Gremmen J, Koster R. 1972. Research on poplar canker (Aplanobacter populi) in the Netherlands[J]. European Journal of Forest Pathology, 2: 116 – 124.

Groves J W. 1953. Concepts andmisconcepts in Tympanis[J]. Mycologia, 45: 619 – 621.

Guo Y L, Liu X J, Hsieh W H. 2003. Fl. Fung. Sinicorum[M]. 20: xiii, Beijing: Science Press.

Haase S, Ruess L, Neumann G, et al. 2007. Low-level herbivory by root knotnematodes (Meloidogyne incognita) modifies root hair morphology and rhizode position in host plants (Hordeum vulgare) [J]. Plant and Soil, 301: 151 – 164.

Hampson M C. 1981. Phomopsis canker on weeping fig in Newfoundland [J]. Canadian Plant Disease Survevy, 61: 1 – 4.

Hepting G H, Davidson R W. 1937. A leaf and twig disease of hemlock caused by a new species of Rosellinia[J]. Phytopathology, 27: 305 – 310.

Hiratsuka. 1995. Pine stem rusts of the world-frame work for a momgraph[A]. Kaneko S, Katsuya K, Kakishima M, et al. In proceedings of the fourth IUFRO rusts of Pinus working party conference[M]. Tsukuba, Japan, 1 – 8

Horner R A, Straby A E. 1973. Phopmosis elaeagni on Russian olive (Elaeagnus angustifolia) in Canada[J]. Plant disease survey, 53(4): 183 – 187.

Hurchanik D, Schmitt D P, Hue N V, et al. 2004. Plant nutrient partitioning in coffee infected with Meloidogyne konaensis[J]. Journal of Nematology, 36(1): 76 – 84.

Irene B, Crous P W, Brenda D W, et al. 2004. Multigene phylogenies reveal that red band needle blight of Pinus is caused by two distinct species of Dothistroma, D. septosporum and D. pini[J]. Studies in mycology, 50: 551 – 565.

Janse D J. 2009. Phytobacteriology principles and practice[M]. Oxon: CABI Publishing.

Jung H Y, Sawayanagi T, Kakizawa S, et al. 2003. "Candidatus Phytoplasma ziziphi", a novel phytoplasma taxon associated with jujube witches' broom disease[J]. International Journal of Systematic Evolutionary Microbiology, 53: 1037 – 1041.

Kaneko S. 1981. The species of Coleosporium, the causes of pine needle rusts in the Japanese Archipelago1 Rept [J]. Tottori Myco Inst, 19: 1 – 159.

Korhonen K, Stenlid J. 1998. Biology of Heterobasidion annosum[A]. In: Woodward S, Stenlid J, Karjalainen R, et a. l Heterobasidion annosum. Biology, Ecology, Impact and Control[C]. Oxon: CAB Publishing, 43 – 70.

Lee I M, Davis R E, Chen T A, et al. 1992. A genotype-based system for identification and classification of mycoplasma like organisms(MLOs) in the aster yellows strain cluster[J]. Phytopatholgy, 82: 977 – 986.

Li Y, He W, Ren F, et al. 2014. A canker disease of Populus × euramericana in China caused by Lonsdalea quercina subsp. populi. Plant Dis, 98: 368 – 378.

Lombard L, Crous P W, Wingfield B D, et al. 2010. Species concepts in Calonectria (Cylindrocladium) [J]. Studies in Mycology, 66: 1 – 14.

Maffei H M, Morton H L. 1983. Phomopsis canker of Russian-olive in southeastern Michigan [J]. Plant Disease, 67(9): 964 – 965.

Magasi L P, Pond S E. 1982. European larch canker: A new disease in Canada and a new North American host record[J]. Plant Dis, 66: 339.

Mannion P D. 1991. Tree Disease Concepts[M]. 2nd ed. Englewood Cliffs: Prentice-Hall, Inc.

Miller-Weeks M, Stark D. 1983. European larch canker in Maine[J]. Plant Dis. , 67: 448.

Moore L W, and Warren G. 1979. Agrobacterium radiobacter strain 84 and biological control of crown gall[J]. Annual Review of Phytopathology, 17: 163 – 179.

Nag Raj T R. 1979. Some coelomycetous anamorphs and their teleomorphs[M]. In the Whole Fungus. Kendrick B (ed), Ottawa: 183 – 199

Niemela T, Korhonen K. 1998. Taxonomy of the genus Heterobasidion[A]. In: Woodward S, Stenlid J, Karjalainen R, et al. Heterobasidion annosum. Biology, Ecology, Impactand Control[C]. Oxon: CAB International: 27 – 33.

Nyczepir A P, Wood B W, Reighard G L. 1997. Impact of Meloidogyne incognita on the incidence of peach tree short life in the presence of Circonemalla xenoplax [J]. Supplement to the Journal of Nematology, 29: 725 – 730.

Oliva J, Colinas C. 2007. Canopy openings may prevent fir broom rust (Melampsorella caryophyllacearum) infections [J]. European Journal of Forest Research, 10: 523 – 528.

Opgenorth D C, Lai M, Sorrell M. et al. 1983. Pseudomonas canker of kiwifruit[J]. Plant Disease, 67(11): 1283 – 1284.

Ostry M E, Wilson L F, McNabb H S, et al. 1988. Bacterial Canker and Dieback (Xanthomonas populi)[M]. A guide to insect, disease, and animal pests of poplars. Agric. Handb. 677. Washington, DC: U. S. Department of Agriculture.

Peterson G W, Walla J A. 1978. Development of Dothistroma pini on and within needles of Austrian and ponderosa pines in eastern Nebraska[J]. Phytopathology, 68: 1422 – 1430.

Phillips D H &Burdekin D A. 1992. Diseases of Forest and Ornamental Trees, Second Edition[M], London and Basingstoke: The Macmillan Press LTD.

Ridé J. 1988. Xanthomonas populi[A]. In: European handbook of plant diseases[M]. Smith I M, Dunez J, Lelliot R A, et al. Oxford: Blackwell Scientific Publications. , 169 – 171.

Roux J, Coutinho T A, Wingfield M J, et al. 2000. Diseases of plantation Eucalyptus in the Republic of Congo[J]. South African Journal of Science, 96(8): 454 – 456.

Sinclair W A, Hudler G W. 1980. Tree and shrub pathogens new or noteworthy in New York State. Plant Disease, 64(6): 590 – 592.

Shang J, Liu B L, He W. 2015. A new method to detect Lonsdalea quercina in infected plant tissues by real-time PCR[J]. Forest Pathology, 45: 28 – 35.

Shepherd R L, Huck M G. 1989. Progression of root-knot nematode symptomsand infection on resistant and susceptible cotton[J]. Journal of Nematology, 21: 235-241.

Sinclair W A, Lyon H H. 2005. Diseases of trees and shrubs[M]. second edition. Ithaca and London: Comstock publishing associates, Cornell University Press.

Sung K H, Wan G K, Gyoo B S. et al. 2007. Identification and distribution of two fungal species causing sclerotial diseaseon mulberry fruits in Korea[J]. Mycobiology, 35(2): 87-90.

Takao T, Wen H C, Shigenobu Y. 2005. Cochliobolus heveicola sp. nov. (Bipolaris heveae) causes brown stripe of burmudagrass and Zoysia grass[J]. Mycoscience, 46: 17-21.

Takikawa Y. Serizawa S, Ichikawa T. et al. 1989. Pseudomonas syringae pv. actinidae pv. nov. : The causal bacterium of canker of kiwifruit in Japan[J]. Ann. Phytopath. Soc. Japan, 55: 437-444.

Tattar T A. 1989. Diseases of shade trees[M]. Revised Edition San Diego: Academic Press Inc.

Thyr B D, Shaw C G. 1964. Identity of the fungus causing red band disease on pines [J]. Mycologia, 56: 103-109.

Tian C M. Shang Y Z, Zhuang J Y, et al. 2004. Morphological and molecular phylogenetic analysis of Melampsora species on poplars in China[J]. Mycoscience, 45(1): 56-66.

Tian C M, Kakishima M. 2005. Current taxonomic status of Melampsora species on poplars in China[A]. In: Ming Hao Pei and Alistair McCracken (eds). Rust on Willow and Poplar[M]. Oxon: CABI Publishing.

Tóth T, Lakatos T, Koltay A. 2013. Lonsdalea quercina subsp. populi subsp. nov. , isolated from bark canker of poplar trees[J]. International journal of systematic and evolutionary microbiology, 63(6): 2309-2313.

United States Department of Agriculture, Forest Service. 1991. Pest Risk Assessment of the Importation of Larch from Siberia and the Soviet Far East, Miscellaneous Publication No. 1495.

Weir B S, Johnston P R, Damm U. 2012. The Colletotrichum gloeosporioides species complex[J]. Studies in Mycology, 73: 115-180.

Ziller W G. 1974. The tree rust of western Canada [J]. Can. For. Serv, 1329: 272.

病原学名索引

A

Aciculosporium take 竹针孢座壳菌 204，213
Aecidium mori 桑锈孢锈菌 75
Aeginetia sinensis 中国野菰 240
A. indica 印度野菰 240
Agaricodochium camelliae 油茶伞座孢菌 108
Agrobacterium tumefaciens 根癌土壤杆菌 256，266
A. rhizogenes 发根土壤杆菌 256
Alternaria 链格孢属 8，10，56
A. alternata 链格孢菌 105
A. tenuis 细链格孢 22
Apiognomonia 梨孢日规壳属 129
Appeniculella calostroma 美座附丝壳 59
Arceuthobium 油杉寄生属 245
A. chinense 油杉寄生 246
A. oxycedri 圆柏寄生 246
A. pini 高山松寄生 246
A. pini var. *sichuanense* 云杉寄生 246
A. tibetense 冷杉寄生 246
Armillaria 蜜环菌属 262
A. mellea 蜜环菌 262
A. oystoyae 奥氏蜜环菌 263
A. tabescens 假蜜环菌 263
Arthrinium phaeospermum 暗孢节菱孢 202
Aspergillus 曲霉属 291
Asteroma ulmi 榆射丝孢 143
Athelia rolfsii 罗氏阿太菌 27
Aureobasidium 短梗霉属 291

B

Bipolaris heveae 橡胶树平脐蠕孢 111
Botryosphaeria 葡萄座腔菌属 160
B. dothidea 葡萄座腔菌 9，14，164，174，186
B. laricina 落叶松葡萄座腔菌 196
B. obtusa 红葡萄座腔菌 165
B. parva 小葡萄座腔菌 165

Botrytis 葡萄孢属 291
B. cinerea 灰葡萄孢 4，32，34
B. latebricola 蝶形葡萄孢菌 198
Bursaphelenchus xylophilus 松材线虫 146，216，218

C

Calonectria 丽赤壳属 256
Calonectria quinqueseptata 113
Candidatus phytoplasma asteri 翠菊黄化暂定种 206
Capnodaria theae 茶植壳炱 59
Capnodium citri 柑橘煤炱 58，59
C. footie 福特煤炱 59
C. salicinum 柳煤炱 58
C. tanaka 田中氏煤炱菌 57
C. theae 茶煤炱菌 57
Capnophaeum fuliginodes 烟色刺壳炱 59
Carlavirus 麝香石竹潜隐病毒属 126
Cassytha filiformis 无根藤 240
Cenangium 薄盘菌属 160
Cenangium ferruginosum 铁锈薄盘菌 188
Cephaleuros virescens 变绿头孢藻 128
Ceratocystiopsis 拟长喙壳属 291
Ceratocystis 长喙壳属 216，291
C. fagacearum 栎长喙壳菌 223
Ceratosphaeria phyllostachydis 竹喙球菌 199
Cercospora 尾孢属 37
Chrysomyxa 金锈属 63
C. deformans 畸形金锈菌 19
C. expansa 舒展金锈菌 63
C. ledi var. *ledi* 喇叭茶金锈菌 63
C. ledi var. *rhododendri* 杜鹃金锈菌 63
C. pyrolae 鹿蹄草金锈菌 18，19
C. qilianensis 祁连金锈菌 63
C. weirii 韦尔金锈菌 63
Ciboria batschiana 栎杯盘菌 9
C. betula 桦杯盘菌 9
C. shiraiana 桑实杯盘菌 16
Cladosporium 枝孢属 56，291

Cochliobolus heveicola 111
Coleosporium 鞘锈属 60
C. asterum 紫菀鞘锈菌 61
C. phellodendri 黄檗鞘锈菌 61
C. pini-pumilae 偃松鞘锈菌 61
C. plumierae 鸡蛋花鞘锈菌 61
C. saussureae 风毛菊鞘锈菌 61
C. tussilaginis 款冬鞘锈菌 61
C. tussilaginis f. sp. *pulsatillae* 白头翁鞘锈菌 60
Colletotrichum 炭疽菌属 129
C. acutatum 尖孢炭疽菌 142
C. boninense 博宁炭疽菌 133
C. camelliae 山茶刺盘孢 133
C. fructicola 果生刺盘孢菌 133
C. gloeosporioides 胶孢炭疽菌 129, 131, 133, 136, 137, 139, 140
C. gloeosporioides f. sp. *heveae* 胶孢炭疽菌橡胶专化型 142
C. siamense 暹罗刺盘孢菌 133
Coniothyrium kallangurens 桉盾壳霉 115
Corticium 伏革菌属 160
Corticium scutellare 碎纹伏革菌 201
Coryneum populinum 杨棒盘孢菌 104
Cronartium 柱锈属 148, 151, 249
C. flaccidium f. sp. *siphonostegium* 松芍柱锈菌阴行草专化型 153
C. flaccidum 松芍柱锈菌 149, 153
C. quercuum 松栎柱锈菌 149, 150, 155, 234
C. quercuum f. sp. *fusiforme* 松栎柱锈菌梭形专化型 149, 156
C. ribicola 茶藨生柱锈菌 146, 149, 151
C. ribicola f. sp. *pedicularis* 茶藨生柱锈菌马先蒿专化型 151
C. ribicola f. sp. *ribicola* 茶藨生柱锈菌茶藨子专化型 151
Cryphonectria parasitica 栗疫菌 182
Cryptodiaporthe populea 杨隐间座壳菌 167
Cuscuta 菟丝子属 247
C. campestris 田野菟丝子 248
C. chinensis 中国菟丝子 240, 248
C. japonica 日本菟丝子 248
C. monogyna 单柱菟丝子 248

Cylindrocarpon destructans 毁灭柱孢 256
Cylindrocladiella 小柱枝孢属 256
Cylindrocladium 柱枝孢属 256
C. clavatum 112
C. ilicicola 112
C. quinqueseptatum 113
Cytospora 壳囊孢属 160
C. chrysosperma 金黄壳囊孢菌 179

D

Daldinia 炭壳菌属 280
Dematophora necatrix 白纹羽束丝菌 269
Diplodia pinea 松枯梢病菌 161
Discosporium populea 杨盘孢 167
Dothichiza 疡壳孢属 160
Dothiorella 小穴壳属 160, 174
D. gregaria 聚生小穴壳菌 174
Dothistroma pini 92
Dothistroma septosporum 92
Drepanopeziza 101

E

Elaeodema cinnamomi 樟油盘孢菌 20
E. floricola 花生油盘孢菌 20
Endocronartium 内柱锈菌属 148, 249
Eriophyes dispar 四足螨 44
Erwinia herbicola 草生欧文氏杆菌 161
Erysiphe 白粉菌属 47
Exobasidium 外担子菌属 7
E. gracile 细丽外担菌 43
E. pentasporium 五孢外担子菌 204
E. sawadae 泽田外担子菌 20

F

Fomes fomentarius 木蹄层孔菌 279
F. lignosus 白根腐病菌 257, 260
Fomitopsis officinalis 苦白蹄拟层孔菌 279
F. pinicola 松生拟层孔菌 279
Fusarium 镰孢菌属 8, 10, 161, 216, 250, 291
F. acuminatum 锐顶镰刀菌 268
F. heterosporum 异孢镰刀菌 202, 268
F. oxysporum 尖孢镰刀菌 22

Fusarium oxysporum f. sp. *aleuritidis* 尖孢镰刀菌油桐专化型 224

F. oxysporum f. sp. *perniciosum* 尖孢镰孢菌合欢专化型 226

F. proliferatum 层生镰刀菌 268

F. solani 腐皮镰孢菌 14，22，268

F. tricinctum 三隔镰孢菌 174

Fusicocuum 壳梭孢属 160

G

Ganoderma philippii 橡胶树灵芝菌 272

G. pseudoferreum 假铁色灵芝 256

Gloeophyllum sepiarium 篱边黏褶菌 279

Gloeosporium tremulae 欧洲山杨盘长孢 140

Glomerella 小丛壳属 129

G. cingulate 围小丛壳 130，131，133，138，140，142

Gnomonia 日规壳属 129，143

G. oharana 榆大原氏日规壳菌 143

G. ulmea 榆日规壳菌 143

Gnomoniella 小日规菌属 129

Graphium ulmi 榆黏束孢菌 221

Gymnosporangium 胶锈菌属 148，234

G. asiaticum 亚洲胶锈菌 71

G. yamadai 山田胶锈菌 71

H

Helicobasidium purpureum 紫卷担子菌 256，270

Helminthosporium 长蠕孢属 56

Hemileia coffeicola 咖啡锈菌 79

H. vastatrix 咖啡驼孢锈菌 79

Heterobasidion annosum 多年异担子菌 253，259，264，279

H. abietienum 冷杉异担子菌 264

H. parviporum 小孔异担子菌 264

Hypoxylon 炭团菌属 280

I

Inonotus hispidus 粗毛纤孔菌 279

K

Kretzschmaria deusta 255

Kretzschmaria zonata 255

L

Lachnellula willkommii 韦氏小毛盘菌 187

Laetiporus sulphureus 硫色绚孔菌 289

Lambro 短喙间座壳属 129

Laricifomes officinalis 落叶松层孔菌 279

Lasiodiplodia theobromae 可可毛色二孢菌 193

Lecanosticta acicula 松针座盘孢 89

Lentinus lepideus 豹皮香菇 280

Lenzites betulina 桦革祠菌 279

L. trabea 拟管革祠菌 280

Leptographium wageneri 薄黏束梗菌 255

Leucostoma niveum 杨树白座壳 180

Leveillula 内丝白粉菌属 47

L. saxaouli 猪毛菜内丝白粉菌 50

Liberobacter 韧皮部杆菌属 204

Libertella wangii 234

Lonsdalea quercina subsp. *populi* 161，170

Lophodermium conigenum 针叶散斑壳 84

L. maximum 大散斑壳 84

L. parasiticum 寄生散斑壳 84

L. seditiosum 扰乱散斑壳 84

L. uncinatum 杉叶散斑壳菌 86

Lophophacidium hyperboreum 北方顶裂盘菌 30

Loranthus 桑寄生属 241

L. tanakae 北桑寄生 242

L. yadoriki 樟寄生 241

M

Macrophomina phaseolina 菜豆壳球孢菌 26

Marssonina 盘二孢属 37，100

Marssonina brunnea 杨生盘二孢 100，101

Marssonina brunnea f. sp. *monogermtubi* 杨生盘二孢单芽管专化型 101

Marssonina brunnea f. sp. *multigermtubi* 杨生盘二孢多芽管专化型 101

Marssonina castagnei 白杨盘二孢 101

Marssonina populi 杨盘二孢 101

Melampsora 栅锈菌属 148

M. aecidioides 锈栅锈菌 66

M. larici-populina 落叶松杨栅锈菌 68

M. magnusiana 马格栅锈菌 66

M. pruinosae 粉被栅锈菌　70
M. rostrupii 杨栅锈菌　66
M. populnea 杨叶栅锈菌　66
Melampsorella caryophyllacearum 石竹状小栅锈菌　159，204
Melampsoridium betulinum 桦长栅锈菌　204
Melanconis juglandis 核桃黑盘壳菌　190
Melanconium 黑盘孢属　160
M. juglandinum 核桃黑盘孢　190
M. oblongum 矩圆黑盘孢　190
Meliola acaciarum 金合欢小煤炱　59
M. antioquensis 安蒂小煤炱　58
M. butleri 巴特勒小煤炱　59
M. camellicolae 山茶生小煤炱菌　57
M. castanopsis 栲弯枝小煤炱　59
M. franciscana 红豆树小煤炱　59
M. garcinia 藤黄小煤炱　58
M. garciniicola 山竹子生小煤炱　58
M. kiraiensis 朝鲜小煤炱　59
M. koae 相思树小煤炱　59
M. kodaihoensis 高雄小煤炱　59
M. linderae 钓樟小煤炱　58
M. machili 润楠小煤炱　58
M. mammeicola 黄果木生小煤炱　58
M. phyllostachydis 刚竹小煤炱　58
M. praetervisa 疏忽小煤炱　58
M. quercina 栎小煤炱　59
M. saccardoi 萨卡多小煤炱　58
M. sempeiensis 赛楠小煤炱　58
M. taityuensis 矩孢小煤炱　59
M. theacearum 茶小煤炱菌　57
Meloderma desmazieri 德斯马泽黑皮盘菌　87
Meloidogyne 根结线虫属　28
M. hapla 北方根结线虫　28
M. incognita 南方根结线虫　28，30
M. javanica 爪哇根结线虫　28
M. orenaria 花生根结线虫　28
Microsphaera 叉丝壳属　47
M. alni 桤叉丝壳　46
M. robiniae 刺槐叉丝壳　55
M. sinensis 中国叉丝壳菌　48
Microstroma juglandis 核桃微座孢菌　204，214

Mucor 毛霉属　8，10
Mycosphaerella aleuritidis 油桐球腔菌　97
M. dearnesii 狄氏小球腔菌　89
M. gibsonii 吉布逊小球腔菌　24
M. larici-leptolepis 日本落叶松球腔菌　93
M. mandshurica 东北球腔菌　104
M. pini 松球腔菌　92
M. populi 杨球腔菌　103
M. populicola 杨生球腔菌　103

N

Nectria 丛赤壳属　160
Nectricladiella　256

O

Oidium heveae 橡胶树粉孢菌　46，51
Olivea tectonae 柚木周丝单胞锈菌　78
Ophiostoma 蛇口壳属　216，291
O. novo-ulmi 新榆蛇口壳　221
O. ulmi 榆蛇口壳　221
O. wageneri　255
Orobanche 列当属　240
O. aegyptiaca 埃及列当　240

P

Parmastomyces taxi 紫杉帕氏孔菌　285
Passalora sequoia 柳杉钉孢霉　96
Penicillium 青霉属　8，10，291
Peridermium 被孢锈菌属　148
Pestalotiopsis apiculata 枯顶拟盘多毛孢　83
P. funerea 枯斑拟盘多毛孢　9，82
Phaeolus schweinitzii 松杉暗孔菌　279，288
Phaeoseptoria eucalypti 桉壳褐针孢菌　114
Phakopsora ziziphi-vulgaris 枣层锈菌　73
Phanerochaete chrysosporium 金孢展齿革菌　280
Phellinus hartigii 哈尔蒂木层孔菌　285
P. igniarius 火木层孔菌　279，286
P. laricis 落叶松木层孔菌　279
P. noxius 有害木层孔菌　256
P. pini 松木层孔菌　279，284
P. robustus 强硬木层孔菌　287
Phialophora 瓶霉菌属　291

Phomopsis 拟茎点属 160，234
P. elaeagni 沙枣拟茎点霉 191
Phyllactinia 球针壳属 47
P. moricola 桑生球针壳 46，49
P. roboris 栎球针壳 46，48
Phytophthora 疫霉属 160
Phytophthora cactorum 恶疫霉 255
P. cinnamomi 樟疫霉 185，254，255，275
P. drechsleri 掘氏疫霉 185，275
P. nicotianae 烟草疫霉 185
P. palmivora 棕榈疫霉 175，255，260
P. parasitica 寄生疫霉 275
P. ramorum 多枝疫霉 255
P. rarobinicola 槐生疫霉 185
Phytoplasma 植原体 202，206，209，211
Pleochaeta 多针壳属 47
Pleurotus cornucopiae 白黄侧耳 280
P. ostreatus 糙皮侧耳 280
PMV 花叶病毒 126
Podosphaera clandesrina 隐蔽叉丝单囊壳 46
P. leucotricha 白叉丝单囊壳 46，53
P. tridactyla 三指叉丝单囊壳 46
Poliotelium hyalospora 透灰白冬孢锈菌 77
Poria cocos 茯苓 280
Pratylenchus brachyurus 矮尾短体线虫 256
P. penetrans 穿刺短体线虫 256
Pseudocercospora aleuritis 油桐假尾孢菌 97
P. kaki 柿假尾孢 98
P. pini-densiflorae 赤松假尾孢 24
P. subsessilis 楝假尾孢 99
Pseudomonas savastanoi pv. *savastanoi* 萨氏假单胞菌萨氏致病变种 234，235
P. meliae 苦楝假单胞菌 234
P. syringae pv. *actinidia* 丁香假单胞菌猕猴桃致病变种 161，177
P. syringae pv. *cunninghamiae* 丁香假单胞菌杉树致病变种 121
P. syringae pv. *mori* 丁香假单胞桑致病变种 124
P. syringae pv. *syringae* 丁香假单胞菌丁香致病变种 126
P. tashirensis 茶树丛枝病菌 204
Pythium 腐霉属 8，10

P. aphanidermatum 瓜果腐霉 22
P. debaryanum 德氏腐霉 22

R

Ralstonia solanacearum 茄劳尔氏菌 216，230
Rhinocladiella 喙枝霉属 291
Rhizoctonia crocorum 紫纹羽丝核菌 270
R. solani 茄丝核菌 22，259
Rhizopus 根霉属 8，10
R. stolonifera 葡枝根霉 13
Rhytisma 斑痣盘菌属 120
R. acerinum 漆斑痣盘菌 120
R. punctatum 斑痣盘菌 120
R. salicinum 柳斑痣盘菌 120
Rosellinia herpotrichioides 拟蔓毛座坚壳菌 95
R. necatrix 褐座坚壳菌 255，269

S

Scleromitrula shiraiana 核地杖菌 16
Sclerotinia laxa 桃褐腐核盘菌 10
S. mali 苹果核盘菌 10
S. pseudotuberosa 假块状核盘菌 15
S. sclerotiorum 核盘菌 9，32
Sclerotium rolfsii 齐整小核菌 27
Septobasidium acaciae 金合欢隔担子菌 237
S. albidum 白隔担子菌 237
S. bogoriense 茂物隔担耳 237，238
S. pedicellatum 柄隔担耳菌 237，239
S. tanakae 田中隔担耳菌 237，239
Septoria 壳针孢属 37，103
S. argyraea 沙枣壳针孢 118
S. mortarlensis 桉壳针孢菌 114
S. populi 杨壳针孢 103
S. populicola 杨生壳针孢 103
Serpula lacrymans 干朽菌 279
Sphaceloma paulowniae 泡桐痂圆孢菌 119
Sphaeropsis sapinea 松杉球壳孢 194
Sphaerotheca lanestris 204
S. rosae 蔷薇单囊壳菌 46
Spilocaea oleaginea 油橄榄环梗孢菌 109
Stereostratum 硬层锈菌属 249
S. corticioides 皮下硬层锈菌 157

T

Stilbechrysomyxa succinea 琥珀束梗锈菌 63

Taphrina 外囊菌属 7
Taphrina cerasi 樱树丛枝外囊菌 203
Taphrina deformans 畸形外囊菌 41
Taxillus 钝果寄生属 240, 241
T. sutchuenensis 四川钝果寄生 240, 241
Thekopsora areolata 杉李盖痂锈菌 18, 19
Tolula 色串孢属 291
Trametes versicolor 多色栓菌 279, 280
Trichoderma 木霉属 291
Trichoscyphella 毛杯菌属 160
Triphragmiopsis laricina 落叶松拟三孢锈菌 65
Truncatella angustata 窄截盘多毛孢 32
Tylenchulus semipenetran 半穿刺线虫 273
Tympanis confusa 混杂芽孢盘菌 172

U

Uncinula 钩丝壳属 47
U. necator 葡萄钩丝壳 46
U. verniciferae 漆树钩丝壳 46, 47, 52
Uncinuliella australiana 南方小钩丝壳菌 54
Uredo tholopsora 圆痂夏孢锈菌 66
Uromyces 单孢锈菌属 148, 249
U. lespedezae-procumbentis 平铺胡枝子单胞锈菌 9
U. truncicola 茎生单孢锈菌 156

V

Valsa 黑腐皮壳属 160
V. sordida 污黑腐皮壳菌 179
V. macularis 斑点黑星菌 107
V. nashicola 纳雪黑星菌 116, 118
V. populina 杨黑星菌 107
V. pyrina 梨黑星菌 116, 117
Verticillium 轮枝孢属 191, 216
V. dahliae 大丽轮枝孢菌 228
Viscum 槲寄生属 243
V. articulatum 扁枝槲寄生 244
V. coloratum 槲寄生 243
V. diospyosicolum 棱枝槲寄生 244
V. liquidambaricolum 枫香槲寄生 243
V. multinerve 柄果槲寄生 244
Vladracula 符氏盘菌属 120
V. annuliformis 环纹符氏盘菌 120

X

Xanthomonas arboricola pv. *juglandis* 树生黄单胞菌核桃致病变种 9, 123
X. axonopodis pv. *citri* 柑橘溃疡病菌 161
X. axonopodis pv. *lespedezae* 托叶胡枝子叶斑病菌 9
X. populi 杨黄单胞菌 161, 162, 169
Xiphinema americanum 美洲剑线虫 256
X. bakeri 贝克剑线虫 256
Xylaria 炭角菌属 280